高等院校金融学系列教材

艾洪德 总主编

保 险 学

（第二版）

主编 赵苑达

副主编 王立军 李加明

图书在版编目(CIP)数据

保险学 / 赵苑达主编. —2版. —上海：立信会计出版社，2013.10
高等院校金融学系列教材
ISBN 978-7-5429-4029-2

Ⅰ.①保… Ⅱ.①赵… Ⅲ.①保险学—高等学校—教材 Ⅳ.①F840

中国版本图书馆 CIP 数据核字(2013)第 252727 号

责任编辑　赵志梅
封面设计　周崇文

保险学(第二版)

出版发行	立信会计出版社
地　　址	上海市中山西路 2230 号　　邮政编码　200235
电　　话	(021)64411389　　传　真　(021)64411325
网　　址	www.lixinaph.com　　电子邮箱　lxaph@sh163.net
网上书店	www.shlx.net　　电　话　(021)64411071
经　　销	各地新华书店
印　　刷	上海天地海设计印刷有限公司
开　　本	787 毫米×960 毫米　　1/16
印　　张	29
字　　数	585 千字
版　　次	2013 年 10 月第 2 版
印　　次	2016 年 6 月第 3 次
印　　数	6201—8300
书　　号	ISBN 978-7-5429-4029-2/F
定　　价	45.00 元

如有印订差错，请与本社联系调换

总　　序

　　金融是现代经济的核心。我国经济从计划经济向市场经济的转轨已历时二十余年，实现这一转轨的目的就在于充分发挥市场在资源配置中的基础性作用，实现资源的优化配置。与计划经济体制下的行政调拨和使用票证等资源配置方式显著不同的是，市场经济是一种交换经济，要获得别人拥有所有权的资源，就必须遵循等价交换原则，即突出体现为"物随钱走"。因此，在市场经济体制下，实现资源优化配置的前提是实现资金的优化配置。以资金配置为核心功能的金融体系（包括金融机构体系和金融市场体系）对资金配置的合理性和效率，决定了一个社会对资源配置的合理性和效率。这也正是我国在深化社会主义市场经济体制改革的同时，不断深化金融体制改革的目的所在，即通过构建一个发达、完善、高效的金融体系，实现对市场经济体制下最稀缺资源——资金的优化配置，进而实现整个社会对资源的优化配置。

　　在我国金融体制改革不断深化的背景下，金融业已经并将继续发生深刻的变革，无论是以商业银行为主体的金融机构体系，还是以资本市场和货币市场为主体的金融市场体系，在取得长足发展的同时，无论在运营体制还是在业务种类等方面都有了质的变化。从适应社会主义市场经济体制不断深化所产生的全新的金融服务需求角度考虑，我国的金融服务供给也必将发生全新的变化，作为金融服务供给主体的金融体系的变革已成必然。而金融服务供给变革的一个重要方面就在于金融从传统的"融资"向现代的"融智"的变迁，即从传统的融通资金向现代的融通智慧的变迁，微观经济主体对金融服务的需求已不再仅仅局限于资金数量，更重要的是资金效率（节约财务成本，低成本高效率地融通与运用资金）。正如任何事物都包括数量和质量两个方面一样，资金数量和资金效率同样重要，而在现代经济条件下，资金效率问题已经取代资金数量问题成为现代企业最为关心的问题。

　　21世纪是开放经济的时代。伴随着我国加入WTO时间的推移，我国经济的开放程度不断深化,融入国际社会的进程也将进一步加快,作为现代经济核心的金融必然处于经济对外开放的核心和前沿。同时,21世纪也是知识经济的时代,知识成为决定经济增长的生产要素之一,人力资本在经济增长中的作用日益凸显。在经济全球化的时代,各国经济实力和综合国力的竞争日趋激烈,未来的竞争将是人才的竞争。培养富有创新精神和能力的人才已成为21世纪实现中华民族的伟大历史复兴的关键,这也正是我国20世纪90年代提出并实施科教兴国战略的意义所在。

基于以上背景,具体到金融业而言,培养适应我国金融业全新变革、开放经济和知识经济要求的金融人才,不仅关系到我国金融业的未来,也关系到我国经济的未来。而在人才的培养中,教育至关重要。

教育是对人的教育,而不是对技艺的教育,如果教育不传授精神,培养出来的学生只会成为工具。正如雅斯贝尔斯在《什么是教育》中所论述到的:"教育是人的灵魂的教育,而非理性知识和认识的堆积。"教育家斯金纳曾说:"如果我们将学过的东西忘得一干二净时,最后剩下来的东西就是教育的本质了。"这一系列关于教育的论述无疑为我们反思和改革我国现在的高等教育尤其是金融教育指明了方向。正如俗语所言,"授之以鱼,不如授之以渔",我国现在的高等教育在某种程度上更多地强调的是前者而不是后者。而要实现教育的根本变革,教师在其中的作用至关重要。教师的教学工作的核心并不仅仅是知识的简单传授,而是对学生创新能力的培养和创新思维的塑造。唯有如此,才能培养出适应未来需要的真正的人才,否则,真会出现"用过去的知识,教现在的学生,去面对未来的问题"的教育悲剧。

我国著名教育家梅贻琦在1931年就任清华大学校长时发表的就职演说中关于大学的论断,"大学者,非谓有大楼之谓也,有大师之谓也",无疑为教师在大学教育中的重要性提供了最为有力的论证。作为大师,最为重要的莫过于学术思想,而学术思想需要有效的承载体,学术论文与专著无疑是一种有效的承载体,但论文和专著更多地体现的是理论研究的成果,集理论研究成果与教学实践经验为一体的教材无疑是更为适合教育需要的学术思想的有效承载体。

基于此,东北财经大学与立信会计出版社决定组织一批在金融学领域既有深厚理论造诣,又有丰富教学经验的教师,策划并出版"高等院校金融学系列教材"丛书。这不仅能反映金融学科领域的最新研究成果,充分展现教师的学术水平,又能引导更多的学生沿着正确的学术方向步入所向往的科学殿堂,以推动我国高等金融学教育事业的发展,培养更多的创新型、开放型金融人才,为我国金融业的健康发展,进而为我国经济的健康发展和持续繁荣提供有效的人才保障。

中国的金融业正在发生全新的变革,金融学研究和教学也必须适应金融业的变化作出相应的调整,而作为金融学理论研究成果、金融体制改革实践和教学实践经验总结的教材也就必须不断地进行修订和完善。因此,本套丛书的出版之日,也就是对其进行进一步修订和完善的开始之日。除了源于上述要求的修订和完善之外,来自国内外同行,尤其是本套丛书的使用者,包括教师、学生和其他使用者的建议和意见,无疑也将是我们对其进行进一步修订和完善的重要依据。因此,我们衷心欢迎来自国内外同行的有关本套丛书的建设性意见和建议,我们深信,唯有集思广益,海纳百川,方能成就大业。

东北财经大学校长、教授、博士生导师

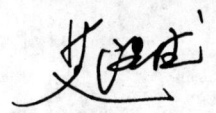

第二版前言

本次再版修订侧重于以下两个方面：

一是在理论知识方面吸收了一些新的研究成果。这些成果未必会为人们完全赞同与接受，但至少会引起读者尤其是学生的思考，乃至对相关问题产生研究的兴趣，并进行深入的研究。这不仅有助于这些问题的解决，而且有利于培养学生的分析问题、解决问题、表达思想的能力。与前者相比，显然后者更为重要。原因很简单：学生承载着民族的未来，是我们这个国家的希望所在。只有他们的素质高了，我们的民族和国家才能有美好的发展前景。老师讲，学生听，老师出题，学生把老师讲的"正确的"内容写进试卷的简单化的传统教学模式，与提高学生素质和培养创新型人才的要求是格格不入的，已经到了必须改变的时候了。实践已经并将继续证明，延续前大学阶段的应试教学，是中国大学教学的最大的败笔。使学生的学习与研究结合起来，把学习过程同时作为研究过程，置研究于学习过程之中，应当成为教师们予以选择和坚持的教学模式。

本次修订在理论知识方面所做的工作主要有：一是在近因原则一节关于近因的判断方法中，加入了插因及其与由初始原因启动的因果关系链条之间的关系的内容；同时提出了"接续原因"的概念，并将其界定为既是其后面原因或结果的原因，又是其前面原因的结果，以取代国内学者在阐述在多个原因存在的情况下何者为近因时使用的"前因"和"后因"的用语。二是在保险基本原则之后加入了等价交换原则一节。等价交换原则是商品交换的普遍原则，而不是保险交换的特有原则。之所以加入这一节，是因为保险学界充斥着对这一原则在保险交换中的适用性的否定（全部否定或部分否定）观点，而这种否定会对保险交换的公平合理和正常保险市场秩序的建立与维持产生重要的负面影响。只有承认等价交换原则在保险交换中的适用性，并在保险交换中遵循这一原则，才能从根本上消除这种负面影响。

本次修订在实践知识方面所做的工作主要是纳入了一些新的相关法律、

法规中的规定,置换旧的相关法律、法规中的规定。高素质学生和创新型人才的成长离不开理论研究的滋养,也离不开实践知识的熏陶。保险专业是一个实践性很强的专业,而保险实践又是与法律密切相关的,保险法律、法规的完善在一定程度上又是理论研究向前推进的结果。因此,我们在有关章节纳入了新的法律、法规中的规定,对其中已有的法律、法规中的规定予以置换:其一,在机动车辆损失险、第三者责任险和强制三者险中较多地纳入了《中华人民共和国道路交通安全法》、《机动车交通事故责任强制保险条例》、《中华人民共和国道路交通安全法实施条例》、《国务院关于修改〈机动车交通事故责任强制保险条例〉的决定》等法律、法规中的有关内容。其二,保险监管一章中较多地纳入了《保险公司偿付能力管理规定》、《保险公司非寿险业务准备金管理办法(试行)》、《保险资金运用管理暂行办法》、《保险公司业务范围分级管理办法》、《保险公司内部控制基本准则》、《保险资产配置管理暂行办法》、《财产保险公司保险条款和保险费率管理办法》、《寿险公司非现场监管规程(试行)》、《中国保监会现场检查工作规程》等法律、法规中的有关内容。

参与本书修订的人员及分工如下:赵苑达,第一章、第二章、第四章、第五章、第六章、第七章、第十一章、第十五章、第十九章;张建军,第三章;车辉,第八章、第十七章(赵苑达修订了"已发生未报案未决赔款准备金的提取"和"寿险责任准备金的提取"两个部分);李加明,第九章、第十三章、第十四章;王立军,第十章;李炎杰,第十二章、第十八章;董普,第十六章。本书由赵苑达主编、定稿。王立军、李加明作为副主编参与了修改、定稿工作。

感谢戈婕、张萍、武月、何震等研究生。他们不仅帮助校对了部分书稿,而且还就书稿中存在的问题提出了有价值的见解。廖婧伊、任艺、马玥、隋安琪、农师婕、丁姝元、王楠、苏飞月、李文锐等同学帮助校对了部分书稿,也向他们表示感谢。

感谢立信会计出版社的赵志梅编辑及校对人员。他们为本书的出版付出了很多心血和辛勤的劳动。

对于本书中存在的缺点、错误,敬请保险和其他相关学科的专家学者、同行、学生和读者批评、指正。

赵苑达

2013 年 10 月

前　言

本书是立信会计出版社出版的"高等院校金融学系列教材"中的一本。近几年,国内出版的保险学原理类教科书已经很多了。在接下本书的主编任务以后,我思考得最多的问题是,这本书怎么写和写些什么,才不是一种简单的重复劳动?才能有其存在的价值?我之所以反复思考这个问题,是因为教科书的用途决定了它在内容安排上的限制。这种限制虽然不是来自人为的规定,却是客观存在着的。因为,既然是保险学原理类教科书,我们首先应当为学生、为读者提供保险学的一些最基本的知识。在众多同类教科书中已经包含了这些知识,且经作者们相互借鉴、取长补短,已经相对稳定的情况下,要在教科书相对固定的基本框架内写出有别于他人且有价值的东西来,确实不大容易。但是,如果由你主持编写了一本书,消耗了各位合作者以及你自己、编辑和校对等人员的大量时间和精力,占用和耗费了社会的资源,却与他人的同类书籍基本上没有什么差别,不能给学生和读者以一些新的知识,或者有助于他们对一些基本问题的理解和深入的思考,又确实是一件没有意义的,也没有必要去做的事情。

经过与各位合作者沟通,我们形成了以下几点共识:一是应当从教科书的基本用途出发,在本书的编写过程中积极借鉴和吸收同类书籍中已有的、相对稳定的基本知识内容,但不是简单地抄袭和挪用,而是力图按照我们的理解将其阐述得清晰一些、准确一些;二是把我们在教学与研究中的一些思考渗透进去,以便使我们所阐述的内容能够深刻一些、丰富一些;三是适当地加入一些新的内容,以适应保险理论与实践发展的需要;四是从保险学原理类教科书概括地阐述保险的基本理论和基本知识的特点出发,该详则详,该略则略,尽可能地减少前后重复与矛盾的情况。这几点共识是我们在本书的写作中坚持的基本原则,也是本书所要达到的基本目标。

本书可以分为六个部分:第一部分为风险与保险,包括第一章、第二章、第三章;第二部分为保险的基本原则,包括第四章、第五章;第三部分为广义的财产保险,包括第六章、第七章、第八章、第九章;第四部分为人身保险,包括第十章、第十一章、第十二章;第五部分为保险实务,包括第十三章、第十四章、第十五章、第十六章、第十七章;第六部分为保险市场与保险监管,包括第十八章、第十九章。

  我们认为,保险的基本原则是保险理论的最为重要的组成部分,也是保险实务中保险机构制定保险条款、确定保险金额以及核保、理赔等保险主要环节必须遵循的基本准则。尤其是在处理和解决保险合同纠纷或争议时,仲裁机构和审判机关的相关人员更需要准确地把握和合理地运用保险的基本原则。可以说,在保险学原理类教科书的各部分内容之中,保险的基本原则无论就保险理论本身而言,还是就保险实务而言,都极为重要。因此,我们把保险的基本原则的阐述作为本书的主线与核心内容。其他各部分虽然都有其固有的、独立的内容,但从逻辑上说,这些内容都可以看作是围绕保险的基本原则展开的。第一部分介绍了风险、保险以及保险合同的概念、特点、类别等内容,为保险基本原则的阐述作了必要的铺垫,其中,第二章中"聚合安排对风险的影响"一节为保险产生、存在与发展的内在根据提供了数理上的证明。第三部分至第五部分则是保险基本原则的进一步展开和具体运用。鉴于保险基本原则在理论与实践以及本书中的地位,我们不仅加大了保险的基本原则这一部分的容量,以便尽可能地使其内容更加全面、丰富和具体,而且也力图适当增加这一部分内容的深度。其后是广义的财产保险和人身保险。这样的安排不仅是因为这两部分本身就是保险的基本内容,而且是因为在阐述了保险基本原则之后直接接触财产保险和人身保险的基本知识,会有助于学生和初识保险的读者对保险基本原则的理解。也正因为如此,这两部分内容只是介绍了广义的财产保险和人身保险的主要部分,而没有面面俱到。至于其他部分与保险基本原则之间的联系,比较容易理解,这里不再赘述。

  本书的编写作者为:第一章,赵苑达;第二章第一节、第二节、第三节,赵苑达,第四节,黄英君;第三章,张建军;第四章、第五章、第六章、第七章,赵苑达;第八章,车辉;第九章,李加明;第十章,王立军;第十一章,赵苑达、曹艳萍、车辉;第十二章,苏慧;第十三章、第十四章,李加明;第十五章,赵苑达;第十六章,董普;第十七章第一节,车辉、赵苑达,第二节、第三节,车辉;第十八章,刘凝思;第十九章,赵苑达。

本书由赵苑达任主编,负责组织编写、统稿、修改和定稿。王立军、李加明任副主编,协助主编做了很多工作。

本书在写作过程中参考了多种同类书籍和相关文章,吸收和借鉴了其中与本书相关的内容和研究成果。在本书后面列出的参考文献只是其中的一部分。在此,我们向这些书籍和文章的作者致以深切的谢意!

安平、王薇、王晓燕、张帆、隋志成、赵小西、黄昱侨、程丽萍、唐文心、丛茹芳、熊喆、胡雁、鲁丽、郭宇、赵重夫等同学不仅在紧张的学习生活中抽出宝贵的时间帮助我们校对了书稿,而且还指出了其中存在的问题,并就一些问题提出了一些有价值的见解。

立信会计出版社的编辑李云等为本书的出版付出了大量的心血和辛勤的劳动。他们的认真工作使作者有了修正书稿中存在的错误和不当之处的机会。

对于所有为本书的写作与出版提供帮助的人士,一并表示衷心的感谢!

对于本书中存在的不足之处,我们诚挚地期待各位专家、同行、学生和其他读者不吝指教。

赵苑达

目 录

第一章 风险与风险管理 ································ 1
  第一节 风险的构成与特征 ································ 1
  第二节 风险管理的目标与方法 ·························· 10
  第三节 风险管理的组织与过程 ·························· 15
  本章小结 ·· 20
  关键词 ·· 21
  复习思考题 ·· 21

第二章 风险的聚合安排与保险 ························ 22
  第一节 聚合安排对风险的影响 ·························· 22
  第二节 保险的定义与分类 ······························ 30
  第三节 保险的产生与发展 ······························ 35
  第四节 保险的功能与作用 ······························ 38
  本章小结 ·· 43
  关键词 ·· 44
  复习思考题 ·· 44

第三章 保险合同 ···································· 45
  第一节 保险合同概述 ·································· 45
  第二节 保险合同的要素 ································ 48
  第三节 保险合同的订立与生效 ·························· 54
  第四节 保险合同的履行、变更、解除与终止 ·············· 59
  第五节 保险合同条款的解释和争议处理 ·················· 65
  本章小结 ·· 67

关键词 ·· 67
　　复习思考题 ·· 68

第四章　保险的基本原则(上) ·· 69
　　第一节　可保利益原则 ·· 69
　　第二节　损失补偿原则 ·· 78
　　第三节　代位求偿原则 ·· 80
　　第四节　重复保险的分摊原则 ·· 86
　　本章小结 ·· 92
　　关键词 ·· 93
　　复习思考题 ·· 93

第五章　保险的基本原则(下) ·· 94
　　第一节　近因原则 ·· 94
　　第二节　最大诚信原则 ·· 104
　　第三节　等价交换原则 ·· 121
　　本章小结 ·· 133
　　关键词 ·· 134
　　复习思考题 ·· 134

第六章　企业与家庭财产保险 ·· 135
　　第一节　财产保险概述 ·· 135
　　第二节　企业财产保险 ·· 137
　　第三节　家庭财产保险 ·· 148
　　本章小结 ·· 152
　　关键词 ·· 153
　　复习思考题 ·· 154

第七章　交通运输保险 ·· 155
　　第一节　机动车辆保险 ·· 155

第二节　机动车交通事故责任强制保险 …………………………… 171
　　第三节　其他运输工具保险 …………………………………………… 178
　　第四节　运输货物保险 ………………………………………………… 182
　　本章小结 ………………………………………………………………… 189
　　关键词 …………………………………………………………………… 190
　　复习思考题 ……………………………………………………………… 190

第八章　责任保险 …………………………………………………………… 196
　　第一节　责任保险概述 ………………………………………………… 196
　　第二节　公众责任保险 ………………………………………………… 201
　　第三节　产品责任保险 ………………………………………………… 206
　　第四节　雇主责任保险 ………………………………………………… 211
　　第五节　职业责任保险 ………………………………………………… 215
　　第六节　其他责任保险 ………………………………………………… 217
　　本章小结 ………………………………………………………………… 220
　　关键词 …………………………………………………………………… 220
　　复习思考题 ……………………………………………………………… 220

第九章　信用和保证保险 …………………………………………………… 221
　　第一节　信用和保证保险概述 ………………………………………… 221
　　第二节　信用保险 ……………………………………………………… 224
　　第三节　保证保险 ……………………………………………………… 231
　　本章小结 ………………………………………………………………… 234
　　关键词 …………………………………………………………………… 235
　　复习思考题 ……………………………………………………………… 235

第十章　人寿保险 …………………………………………………………… 236
　　第一节　人寿保险概述 ………………………………………………… 236
　　第二节　传统人寿保险 ………………………………………………… 239
　　第三节　创新型人寿保险 ……………………………………………… 242

第四节　特种人寿保险 …………………………………………………… 244
　第五节　人寿保险的常用条款 …………………………………………… 246
　本章小结 ……………………………………………………………………… 253
　关键词 ………………………………………………………………………… 254
　复习思考题 …………………………………………………………………… 254

第十一章　健康与意外伤害保险 ……………………………………………… 255
　第一节　健康保险的特点与分类 ………………………………………… 255
　第二节　医疗与重大疾病保险 …………………………………………… 258
　第三节　人身意外伤害保险 ……………………………………………… 261
　第四节　其他健康保险 …………………………………………………… 266
　本章小结 ……………………………………………………………………… 269
　关键词 ………………………………………………………………………… 270
　复习思考题 …………………………………………………………………… 270

第十二章　年金保险 …………………………………………………………… 271
　第一节　年金保险概述 …………………………………………………… 271
　第二节　年金保险的分类 ………………………………………………… 273
　第三节　几种主要年金 …………………………………………………… 278
　本章小结 ……………………………………………………………………… 283
　关键词 ………………………………………………………………………… 284
　复习思考题 …………………………………………………………………… 284

第十三章　保险营销 …………………………………………………………… 285
　第一节　保险营销概述 …………………………………………………… 285
　第二节　保险营销策略 …………………………………………………… 289
　第三节　保险营销流程 …………………………………………………… 293
　本章小结 ……………………………………………………………………… 297
　关键词 ………………………………………………………………………… 297
　复习思考题 …………………………………………………………………… 297

第十四章 保险核保与理赔 ... 298
- 第一节 保险核保 ... 298
- 第二节 保险理赔 ... 304
- 第三节 财产保险的理赔 ... 308
- 第四节 人身保险的理赔 ... 314
- 本章小结 ... 317
- 关键词 ... 317
- 复习思考题 ... 317

第十五章 再保险 ... 318
- 第一节 再保险概述 ... 318
- 第二节 再保险的组织形式 ... 322
- 第三节 再保险的种类 ... 325
- 第四节 比例再保险和非比例再保险的基本形式 ... 328
- 本章小结 ... 336
- 关键词 ... 337
- 复习思考题 ... 337

第十六章 保险精算 ... 338
- 第一节 保险精算概述 ... 338
- 第二节 保险精算的基本原理 ... 340
- 第三节 寿险精算 ... 342
- 第四节 年缴纯保险费与责任准备金 ... 348
- 第五节 非寿险精算 ... 350
- 本章小结 ... 352
- 关键词 ... 353
- 复习思考题 ... 353

第十七章 保险资金的运用 ... 354
- 第一节 保险准备金及其计提 ... 354

第二节　保险资金的来源及运用原则…………………………………………… 362
　　第三节　保险资金运用的形式及其相关规定…………………………………… 365
　　本章小结……………………………………………………………………………… 374
　　关键词………………………………………………………………………………… 375
　　复习思考题…………………………………………………………………………… 375

第十八章　保险市场……………………………………………………………………… 376
　　第一节　保险市场概述…………………………………………………………… 376
　　第二节　保险市场的构成要素…………………………………………………… 379
　　第三节　保险市场的供给与需求………………………………………………… 387
　　本章小结……………………………………………………………………………… 394
　　关键词………………………………………………………………………………… 394
　　复习思考题…………………………………………………………………………… 395

第十九章　保险监管……………………………………………………………………… 396
　　第一节　保险监管的原则与目标………………………………………………… 396
　　第二节　保险监管体系…………………………………………………………… 399
　　第三节　政府监管的内容与方式………………………………………………… 404
　　本章小结……………………………………………………………………………… 441
　　关键词………………………………………………………………………………… 442
　　复习思考题…………………………………………………………………………… 442

主要参考文献………………………………………………………………………… 443

第一章 风险与风险管理

保险与风险是密不可分的。风险是保险的基础和前提,而保险则是风险管理的重要手段。因此,学习和研究保险,应当从风险入手。

第一节 风险的构成与特征

保险与风险存在着极为密切的关系,没有风险,不可能有保险。那么,究竟什么是风险?风险是由哪些因素构成的?风险具有哪些基本特征?这些都是本节所要讨论的问题。

一、风险的定义

对于什么是风险的问题,保险学界存在着多种观点。主要有:风险是对客观存在的遭受损失的可能性的疑虑,或在一定条件下对未来结果的疑虑;风险是实际结果与预测结果的可能差异;风险是指损失发生的可能性;风险是损失发生的不确定性;风险是不幸事件发生的可能性,等等。为了给风险下一个较为准确的定义,我们不妨对这些观点进行简要的分析。

认为"风险是对客观存在的遭受损失的可能性的疑虑,或在一定条件下对未来结果的疑虑"的观点承认风险是客观存在的,这是正确的。认为客观存在的风险需要人们在主观上去评价、去感受,也不存在任何问题,因为客观上存在着的同样风险,不同的人会有不同的感受、不同的评价,而不同的感受和评价决定着人们对风险所采取的态度和规避风险的方式。不过,尽管对风险的主观感受和评价是重要的,但风险的最基本的特点是其客观性,即风险是客观存在的,不以人们的意志为转移的,因此仅从人们对风险的主观感受和评价的角度来定义什么是风险,是不合适的。

认为"风险是实际结果与预测结果的可能差异"的观点承认风险是可以预测的,预测的结果与将来实际出现的结果之间存在着差异,这种差异就是风险,这是正确的。这里所说的"实际结果"即是客观结果,包含着风险的客观性的成分。客观存在着的风险需要预测,预测结果与实际结果可能存在差异也是客观的。但是,这种观点明显是从当事人尤其是作为风险经营主体的保险人的立场出发的,即这种观点所理解的风险实际上是当事人因为预测结果与实际结果可能存在差异而承担的风险,对保险人来说就是经营风险。尽管经营风险也具有客观的特征,但它与经营主体对客观存在着的风险的评价准确程度和在此基础上所采取的应对风险的决策和措施是否得当密切相关。也就是说,经营风险包含着更多的主观因素。用经营风险来定义客观存在着的风险,与风险的客观性是相矛盾的。更为重要的是,经营风险是在处理客观存在着的风险过程中存在或出现的风险,是"第二位的风险",用其来定义客观存在着的风险(即"第一位的风险"),是不合适的。

认为"风险是指损失发生的可能性"与认为"风险是损失发生的不确定性"的观点,从字面上看,区别只在于"可能性"与"不确定性"。那么可能性与不确定性是否有实质性的差别呢?可能性是指一种现象、事件或结果有可能会出现,与此相对应的则是该种现象、事件或结果也有可能不出现。不确定性是指一种现象、事件或结果能否出现,是不确定的,即它有可能出现,也有可能不出现。可见,可能性与不确定性并不存在实质性的差别。认为风险是指损失发生的可能性或不确定性,是以承认风险的客观性为前提的,是对客观存在着的风险基本特征的进一步刻画,与人们的主观愿望、主观评价无关。因此,这种定义是合适的。

认为"风险是不幸事件发生的可能性",是指不幸事件有可能发生,也有可能不发生。而不幸事件没有发生,不会有损失的结果出现;不幸事件一旦发生,即会导致损失的结果出现。因此,这种观点与前一种观点并无实质性的差异,所不同的只是,前一种观点是直接从损失的结果出发的,而后一种观点则是从损失的原因出发的。因此,这种定义也是合适的。

综上所述,我们可以给出风险的定义,风险是指损失或造成损失的不幸事件发生的可能性或不确定性。

二、风险的构成要素

风险是由风险因素、风险事故和损失三个要素构成的。

(一)风险因素

风险因素(Hazard)是指可能引发灾害事故从而导致损失发生,或在灾害事故发生后可能导致损失增加的因素。风险因素包括以下三类。

1. 物质风险因素

物质风险因素亦称客观风险因素。它是指可能引发灾害事故或导致损失增加的客观因素。例如,对于汽车而言,汽车本身的状况,如汽车的质量、性能、使用时间及与此相关的刹车系统的灵敏度、道路的质量和宽度、自然状况、交通信号系统的健全与完好程度等,一切可能导致交通事故发生的因素,都是物质风险因素。对于房屋而言,房屋的结构、所在地区的房屋密度、气候等自然条件、消防设施的状况、消防制度和消防机构的完备程度等,一切可能导致火灾发生的因素,都是物质风险因素。对于人的生命和身体而言,人们所在地区的卫生环境、医疗和防疫设施及制度的完善程度、体育设施和健身条件、居民家庭的经济条件以及由经济条件所决定的获得医疗、救护的能力等,一切可能导致疾病和死亡的因素,都是物质风险因素。此外,地壳和地球内部物体的运动、大气环流的异常变化、温室效应、山体的移动、植被的减少、河床的抬高、海平面的上升等,一切可能导致地震、洪水、台风、海啸、风暴潮、泥石流等可能造成人员伤亡和财产损失的自然灾害发生的因素,都属于物质风险因素。

2. 心理风险因素

心理风险因素是指可能引发灾害事故或导致损失增加的非恶性的主观因素。例如,对于汽车而言,驾驶人员驾车时的疏忽大意、侥幸心理、由于过度疲惫而注意力不够集中等,一切可能造成驾驶车辆碰撞、倾覆、火灾、爆炸等事故发生的非恶性的心理因素,都是心理风险因素。对于人的生命和身体而言,焦虑、忧伤、恐惧的心理和不良的卫生习惯、工作习惯、生活习惯、不遵守交通规则的习惯等,一切可能导致疾病、伤残、死亡的非恶性的主观因素,都属于心理风险因素。

3. 道德风险因素

道德风险因素是指可能引发灾害事故发生或导致损失增加的恶性的主观因素。例如,仇恨心理、报复心理、过分贪欲心理、欺骗心理、过度嫉妒心理等恶性的心理因素,都是道德风险因素。这些恶性的心理因素的积累和发展,很可能会导致行为人实施纵火、蓄意爆炸、故意杀人、故意伤害自己或他人、诈骗、制造和销售假冒伪劣商品、人为地制造保险事故等可能导致他人或自己人身伤亡或财产损失的故意行为。

心理风险因素与道德风险因素都属于主观风险因素。二者的本质区别在于,前者是非恶性的主观心理因素,后者是恶性的主观心理因素。在前一种主观心理因素的作用下,行为人的行为所导致的人身伤亡或财产损失的后果,是其不愿意看到的,即其行为是非故意的;在后一种主观心理因素的作用下,行为人的行为所导致的人身伤亡或财产损失的后果,是其希望发生的,即其行为是故意的。

(二) 风险事故

风险事故(Peril)是指在风险因素的作用下发生的,能够直接导致损失发生或增加的意外事件。例如,地震、洪水、台风、海啸、风暴潮、泥石流等自然灾害,车辆、船舶、飞机等交通工具的碰撞、倾覆、爆炸等事故,疾病、伤亡等不幸事件,火灾、爆炸、诈骗等事件。总之,一切可能导致人身伤亡或财产损失的事件,都是风险事故。

(三) 损失

由风险所定义的损失(Loss)是广义损失,既包括经济损失(财产损失、利益损失和责任损失),也包括疾病和人身伤亡[①]。有风险,意味着可能会有损失的结果;无风险,则意

---

① 有的学者认为,人身伤亡之所以会作为损失的一个内容,是因为人身伤亡也会造成损失。这是值得商榷的。简单地从人身伤亡会导致经济损失而将其纳入损失的范畴是不合适的,因为人身伤亡造成的损失远远不只是经济损失,或者主要的损失不是经济损失。

味着不会有损失的结果。风险大,意味着损失发生的可能性大,且可能会有严重的损失结果;风险小,则意味着损失发生的可能性小,且可能只有轻微的损失结果。风险作为一种可能发生的损失,是与风险事故直接联系在一起的,即风险事故是损失发生的直接原因,而损失则是风险事故的结果。风险事故又是由风险因素的累积和作用导致的,因此损失是由风险因素的累积和作用间接造成的。

风险与风险因素、风险事故和损失之间的关系,以及后三者之间的关系如图 1-1 所示。

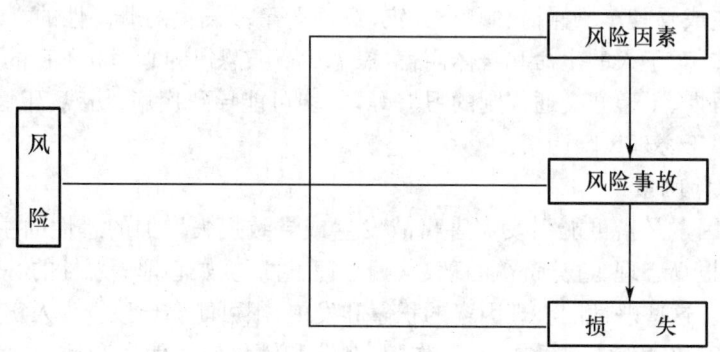

图 1-1　风险的构成要素及各要素间的关系

三、风险的基本特征

风险具有以下七个基本特征。

(一) 客观性

风险是独立于人们的主观意识之外的、不以人们的意志为转移的客观存在。洪水、地震、台风、风暴潮、海啸等自然灾害可能会导致社会成员或社会组织的重大财产损失、社会成员的重大人身伤亡,虽然几乎没有人希望它们发生,但任何人都不能阻止它们发生。疾病会给人们造成巨大的痛苦、严重的经济损失和沉重的精神负担,虽然谁都不希望得病,但人们还是会得病。虽然被行驶的汽车撞伤或撞死这样的事故主要是由人的行为所导致的,且大多数情况下是由人们的疏忽、过失所导致的,但对受害人来说,车祸的发生是其无法左右的,因为驾车人的疏忽、过失是独立于受害人的主观意识之外的因素,是不以受害人的意志为转移的。卖方按照买卖合同的规定把商品交给买方,如果买方收到商品而不支付价款,必然使卖方受到损失。虽然买方不支付价款的行为主要是由买方不讲信用等主观因素所导致的,但对卖方来说,这些因素却是客观的,不以卖方的意志为转移的。可见,风险的客观性不只是洪水、地震、台风、海啸等不以人类的意志为转移的自然灾害风险所具有的,来自人类自身的风险也具有客观性。对于当事人而言,只要某种风险来自他人,自己是无法控制的,这种风险就具有客观性。客观性是风险的最基本的特征。

（二）普遍性

风险的普遍性是指风险无处不在，无时不在。就自然灾害而言，其往往具有一定的区域性，即某些自然灾害只在一些具有相同自然条件的区域发生。例如，地震灾害等严重的自然灾害是很少发生的，但一旦发生，一般离不开特定的区域。在我国，洪涝灾害主要集中在长江、珠江、淮河、黄河、海河、辽河和松花江等七大江河的中下游地区。强烈的地震多发生在贺兰山—川滇带以东、秦岭—昆仑山以北的区域和贺兰山—川滇带以西、秦岭—昆仑山以南的区域。风暴潮灾害只发生在沿海地区，而泥石流只发生在山区。然而，就总体而言，在我国广袤的土地上，几乎没有一个地方没有自然灾害。至于说意外事故，更是哪里都可能发生。从时间上看，交通事故、疾病等随时都可能发生，且在一个较大的区域内几乎每时每刻都可能发生。

（三）多样性

社会成员或社会组织所面临的风险是多种多样的。这些风险既包括来自自然界的风险，如洪水、地震、台风、海啸、泥石流、冰雹、干旱、雷击等；也包括来自人类社会的风险，如战争、武装冲突、暴动、罢工、欺骗、抢劫、仇杀等；还包括来自当事人的风险，如疏忽、过失、不良嗜好、不合理的生活习惯和工作习惯等。科学技术的发展及新技术、新知识在社会生产和生活中的应用，在迅速地推动了社会经济的增长和增加人类福利的同时，也给社会成员和社会组织带来了越来越多的新风险，如空气污染、水污染、食物污染、海平面上升、大气臭氧层空洞扩大（使空气对紫外线的过滤和阻挡作用降低）、核泄漏、核污染、核辐射甚至核地震等。可以说，当今时代风险的多样性已经达到了防不胜防的程度。

（四）社会性

风险的社会性是指风险与人类社会存在着不可分割的联系。这种联系不仅表现在社会成员或社会组织所面临的很多风险都来自于人类社会，而且还表现在风险事故所危及的是社会成员或社会组织的利益。二者相较，后者尤其重要。因为无论是发端于自然界还是人类社会的事件，只有当其导致社会成员或社会组织的财产损失、社会成员的疾病或人身伤亡时，才能成为风险事故。例如，只有当洪水、地震、台风、风暴潮、海啸、火山喷发等自然事件导致社会成员或社会组织的财产损失或社会成员的人身伤亡时，才属于自然灾害，才能成为风险事故。否则，它们只能是一种与风险无关的自然现象。

风险的客观性、普遍性、多样性和社会性是形成社会成员和社会组织转移风险的动机的客观原因，因而也是保险得以产生和发展、保险的种类或类别不断增多的内在根据。

（五）不确定性

风险的不确定性或偶然性主要表现在四个方面：① 灾害事故能否发生不确定；② 灾害事故发生的时间不确定；③ 灾害事故发生的地点不确定；④ 灾害事故所造成的结果不确定。

在较长的时期和较大的区域内，某一种自然灾害事故是必然会发生的。但在一个有限的区域和时间内,这种自然灾害能不能发生,人们是难以确定的。例如,交通事故总是要发生的,但某一时间在某一路段上能否发生,在什么时间什么路段上发生,人们事先是无法确定的。至于交通事故所造成的人身伤亡或财产损失,在事故发生前人们更是无法确定的。风险的不确定性或偶然性是保险得以存在的前提。

(六)可变性

风险的可变性主要表现在两个方面:一是风险的种类会随着人类社会的发展和科学技术的进步而增加。原来不存在的很多风险在当代社会已经出现了,现在不存在的风险将来可能会出现。二是风险在程度上是可以变化的。风险程度与人的行为密切相关。人的行为可能会导致风险程度的提高,如酒后驾车会提高发生交通事故的可能性。人的行为也可能导致风险程度的降低,如完善交通信号系统、加强交通疏导、建立交通肇事惩罚制度等,可以大大地降低交通事故发生的可能性。再如,加强防疫、免疫工作,抓好公共卫生工作,可以大大降低流行病发生的可能性。风险的可变性是保险具有防灾、防损功能的内在根据。

(七)可测性

风险具有不确定性或偶然性,但同时风险又是可以测定的,可以度量的。就某一种灾害或事故而言,虽然具体到某一标的上,它能否发生或造成该标的的损失,人们事先是不能确定的。但是,人们可以利用以往的经验尤其是某一类标的损失的数据,计算将来一定时期内该类标的因该种灾害事故发生损失的概率和损失率。例如,通过对某一地区各年龄段人口的死亡率的长期观察统计,可以测算出以后该地区各年龄段人口的死亡率。再如,通过对某一地区以往交通事故发生率的统计,结合路况、交通安全管理设施的改善程度、车辆平均价格的变化趋势和幅度,以及由此决定的车辆密度等情况,可以预测以后该地区交通事故发生的概率和损失率。风险的可测性是科学厘定保险费率、合理收取保险费的客观依据。

四、风险的分类

风险是多种多样的。不同的风险有着不同的性质和特点,可以从不同的角度进行分类。

(一)从对当事人利益的影响的角度对风险分类

从这个角度可以把风险分为纯粹风险和投机风险。

纯粹风险是指对当事人来说,只有损失的可能性,而没有获利机会的风险。例如,各种自然灾害和意外事故一旦发生,当事人只能遭受财产损失或人身伤亡,而不可能获得任何经济上的利益,因此自然灾害和意外事故都属于纯粹风险。再如,疾病的发生只能给当事人带来精神与肉体上的痛苦和经济上的损失,而不可能使其获得经济利益,因此疾病也属于纯粹风险。

投机风险是指对当事人来说,既有获利机会,又有损失可能性的风险。例如,证券市场上的股票买卖既可能使当事人获得经济上的利益,也可能使当事人遭受损失,因此证券市场上的风险属于投机风险。再如,赌博既可能使当事人获得经济上的利益,也可能使其遭受损失,因此赌场上的风险也属于投机风险。

(二) 从危及对象和来源的角度对风险分类

从这个角度可以把风险分为财产风险、人身风险、责任风险和信用风险。

财产风险是指可能导致财产损毁、灭失和贬值的风险。例如,地震可能使建筑物发生倒塌,火灾可能使建筑物和建筑物内的财产被烧毁,洪水可能使建筑物被冲毁或因被浸泡而倒塌,干旱和冰雹可能使庄稼颗粒无收。所有这些危及财产、可能使财产发生损失的风险都属于财产风险。需要注意的是,这里所说的财产应当理解为广义的财产,即它既包括房屋、车辆、衣物等有形财产,也包括与有形财产相关的利益。例如,企业的厂房设备如果因地震等自然灾害发生严重损失从而导致企业停产,那么在有形财产发生损失的同时,企业的利润也会随之发生损失。能够危及利润等经济利益的风险,也属于财产风险。

人身风险是指可能导致人的伤残、死亡、劳动能力丧失或为使身体康复而必须承受经济损失的风险。例如,地震、洪水等自然灾害,撞车、矿难等意外事故,中风、癌症等疾病可能会造成人的伤残、死亡,或为使身体康复而必须支付医疗费用从而承受经济损失。所有这些危及人的身体,可能使人发生伤残、死亡,或为使身体康复而必须支付医疗费用从而承受经济损失的风险,都属于人身风险。

责任风险是指个人或团体可能由于疏忽或过失造成他人的财产损失或人身伤亡,按照法律的规定必须对受害方给予经济赔偿的风险。例如,生产商或销售商生产或销售的产品因存在某种缺陷,使消费者、使用者在消费或使用的过程中发生人身伤亡、疾病或财产损失,按照法律的规定,生产商或销售商必须承担赔偿责任。生产商或销售商生产或销售的产品因存在某种缺陷而可能发生的经济赔偿责任,就是责任风险。再如,驾车人在驾车行驶的过程中因疏忽或过失导致他人财产损失或人身伤亡,按照法律的规定也必须对受害方承担经济赔偿责任。驾车人因疏忽或过失而可能发生的经济赔偿责任,也是责任风险。

信用风险是指经济活动中的权利人可能因义务人拒绝履行义务、无力履行义务或无法履行义务而遭受经济损失的风险。例如,在进出口贸易中,出口商已经按照合同的规定把货物发给进口商,但进口商却没有按照合同的规定在收货后把货物的价款支付给出口商,由此会使出口商遭受损失。出口商所面临的货物发出后而进口商可能拒绝付款、无力付款或无法付款而遭受损失的可能性,即属于信用风险。

(三) 从风险成因的角度对风险分类

从这个角度可以把风险分为静态风险和动态风险两大类。

静态风险是指由于自然因素或由于人的疏忽或过失等心理因素所形成的风险。静态风险一般与社会的政治、经济因素的变动无关。例如,地震、洪水、泥石流、台风、风暴潮等自然现象的发生可能会导致人身伤亡或财产损失的结果。这些现象的发生与社会政治、经济因素的变动无关,属于静态风险。由于人的疏忽或过失等心理因素的作用,可能会导致交通事故的发生,可能会使有缺陷的产品流入市场,导致消费者或使用者的人身伤亡或财产损失的结果。有缺陷的产品流入市场,与社会的政治、经济等因素没有直接的联系,也属于静态风险。

动态风险是指由于社会的政治、经济等因素所形成的风险。例如,在进出口贸易中,出口商已经按合同的规定把货物发给进口商,但由于进口国有关当局可能在货物发出后颁布法律、命令等,禁止货物进口,或禁止以某种货币支付货物价款,出口商因此会遭受损失。这样的风险就属于典型的动态风险。再如,证券市场交易规则或交易税率的变化,可能会使一些投机者获利,并使一些投机者受损。

静态风险一般为纯粹风险,而有的动态风险则包含投机性风险。静态风险通常有一定的规律性,而动态风险则可能无规律可循。因此,多数静态风险可以成为保险人承保的对象,而多数动态风险则不能成为保险人承保的对象。

(四) 从是否可保的角度对风险分类

从这个角度可以把风险分为商业性可保风险与商业性不可保风险两大类。

商业性可保风险是指通常能够为商业性承保主体所承保的风险;商业性不可保风险是指通常不能为商业性承保主体所承保的风险。商业性可保风险与商业性不可保风险是非常重要的一对概念。判断一种风险究竟是否属于商业性可保风险,需要把握商业性可保风险的必要条件。符合这些必要条件的风险一般属于商业性可保风险;反之,则属于商业性不可保风险。

商业性可保风险主要应具备五个必要条件。

1. 非投机性

一般来说,投机性风险不能为承保主体所承保,不属于商业性可保风险。这不仅是因为投机性风险过大,超出商业性承保主体所能承受的限度,而且是因为投机性风险受投机主体主观意志、个人偏好的影响过大,风险具有过大的不确定性,承保主体对投机风险的大小无法预测。更为重要的是,如果投机性风险可以通过投机主体投保商业保险的途径转移给商业性承保主体,会极大地助长投机主体的投机心理,不仅会无限制地增大承保主体的承保风险,而且在一些重要领域(如股票与债券市场)里的过度投机行为会扰乱社会的经济秩序,甚至会造成国民经济的动荡。

2. 导致损失的风险事故的发生必须是偶然的

如果导致损失的风险事故的发生是必然的,那么承保主体的赔偿责任也一定会发生,这是任何承保主体都不会承保的。导致损失的风险事故的发生必须是偶然的,主要是指风险事故的发生是随机事件,是被保险人一方无法控制的,即非被保险人一方故意造成的。如果导致损失的事故是由当事人的故意行为造成的,在不考虑其应负的法律责任的前提下,损失也理应由其自己承担。如果由保险人负责赔偿,不仅不公正、不合理,而且还会极大地助长人们的不道德行为,甚至会助长人们的犯罪心理和犯罪行为。就保险活动而言,由于当事人故意造成标的损失的行为通常只能发生在保险合同生效以后,这种风险的不可保性主要体现在对损失结果的处理上。也就是说,尽管保险合同已经签订并在正常条件下已经生效,但由于导致损失的事故是由当事人的故意行为造成的,所以保险人对已经发生的损失不予赔偿。从损失的结果看,这相当于保险人事先没有承保。不同的只是,在保险人已经承保的条件下,保险人已经收取了保险费,并且已经收取的保险费不能退还给被保险人一方。

3. 风险事故所导致的损失必须是事先可以测定的

虽然就一个具体的保险标的而言,其能否发生风险事故以及风险事故所造成的损失的大小事先是不能预料的,但就某一类保险标的而言,特定风险事故发生的概率和特定风险事故所造成的损失程度是可以根据以往的数据资料加以测定的。只有特定风险事故发生的概率和特定风险事故所造成的损失程度是可以测定的,才能合理地厘定保险费率,此种风险才能成为商业性可保风险。

4. 可供承保的同质风险必须是大量的

所谓的同质风险,是就某一风险对不同标的的影响而言的,即不同的标的发生同一类风险事故的概率基本相同,且风险事故发生时的损失率基本相同。或者说,发生同一类风险事故的概率基本相同,且风险事故发生时的损失率基本相同的标的所面临的风险为同质风险。只有这样的风险是大量的,或者说,具有同质风险的标的是大量的,才是商业性可保风险。因为风险的同质性是相对的,绝对同质的风险是没有的,只有相对的同质风险是大量的,保险人一方利用以往的相关数据资料计算出来的风险事故发生的概率和标的损失率才能与以后可能出现的情况相吻合,根据此概率和损失率所厘定出来的费率才是合理的、科学的;也只有具有相对同质风险的标的是大量的,才能在更高的程度上分散保险人的承保风险,使保险人所承担的风险以更大的幅度降低。因为保险人收取的保险费中用于赔付的部分是根据期望损失确定下来的。如果不考虑其他因素,二者在理论上应当相等。保险标的的数量越少,实际发生的损失背离期望损失的可能性和幅度越大,保险人所承担的赔付金额超过保险费中用于赔付的部分的风险也越大;反之,保险标的的数量越大,实际发生的损失背离期望损失的可能性或幅度越小,保险人所承担的赔付金额超过保险费中用于赔付的部分的风险也越小。例如,一个保险人承担风险的大小与保险标的的数量之间的关系如表1-1所示。由此表可以看出,随着房屋(保险标的)数量的增加,在损失发生的概率不变的条件下,相对标准差也会逐渐变小。这表明,随着保险标的的数量的增加,在损失发生的概率不变的条件下,保险人所承担的赔付金额超过保险费中用于赔付的部分的风险逐渐变小。

表 1-1

标的数量增加时风险的变化（假定损失概率为 0.001）

房屋数量为 n	$n=1\,000$	$n=10\,000$	$n=100\,000$
相对标准差 （标准差÷期望损失数量）	1.0000	0.3160	0.0999
标准差（$\sqrt{n\times 0.001\times 0.999}$）	1.00	3.16	9.99
期望损失数量（$n\times 0.001$）	1	10	100

资料来源：特瑞斯·普雷切特等著，孙祁祥等译：《风险管理与保险》，中国社会科学出版社 1998 年版，第 43 页。

5. 风险事故所导致的标的损失的相关性必须较小

标的损失的相关性较小，是指风险事故所导致的标的损失具有显著的独立性，即不会出现众多标的因同一次风险事故而同时发生损失。如果同一次风险事故发生后所导致的是众多标的损失（灾难性损失），极有可能威胁保险人的偿付能力，导致其赔付困难，甚至因无力赔付而破产倒闭。通常能够导致众多标的同时发生损失的风险事故主要是地震、洪水等严重自然灾害和战争等人为的灾难。因此，在商业保险实践中，地震、洪水等严重自然灾害风险和战争等人为的灾难通常或者作为除外责任，或者作为附加险的承保对象，或者由政府提供保险保障或非保险保障。无论是把地震、洪水等严重自然灾害风险和战争等人为的灾难作为主险的承保对象，还是作为附加险的承保对象，只要是商业保险，就要求其发生的概率必须很小，而且保险金额要限制在保险人可以承受的范围内。

第二节 风险管理的目标与方法

保险是风险管理（Risk Management）的一种有效方式。因此，在讨论保险之前，应当先了解一下风险管理的定义、目标及方法。

一、风险管理的定义

美国保险学家特瑞斯·普雷切特等人认为："风险管理可以被描述为一个组织或个人用以降低其所面临的风险的负面影响的过程。"[①]这里的"负面影响"，实际上是不幸事件

[①] 资料来源：特瑞斯·普雷切特、琼·丝米特、海伦·多平豪斯、詹姆斯·艾瑟林著：《风险管理与保险》，中国社会科学出版社 1998 年版，第 18 页。

一旦发生可能对风险承担主体(组织或个人)所造成的损失。本书为风险管理所下的定义是,风险管理是指风险承担主体通过一定的方式或途径规避或减少可能由自己承担的损失的过程。这个过程包括风险识别、风险估测、风险评价、风险控制等环节。

如前所述,从对当事人利益的影响的角度可以把风险分为纯粹风险和投机风险两大类。由于纯粹风险可以成为商业性保险保障的对象,而投机风险则一般不属于商业性可保风险,所以本节所讨论的风险管理的对象主要是包括大部分的静态风险和小部分的动态风险在内的纯粹风险。风险承担主体包括社会组织、家庭和个人。由于社会组织的规模、构成、活动和所承担的责任远非家庭和个人可比,对于风险的管理也比家庭和个人复杂得多,同时也规范得多,更有计划得多,且对社会组织的风险管理的分析也适用于家庭和个人,本节主要讨论社会组织的风险管理。企业是社会的经济细胞和最基本的经济主体,故本节对社会组织的风险管理的分析主要放在企业层面上。

纯粹风险所导致的损失包括直接损失和间接损失。企业的直接损失是由风险事故直接造成的损失,主要包括因被破坏、损毁或征收而导致的财产损失;因雇员受到伤害或生病而支付的费用;因解决争议或纠纷而支付的诉讼费用等。间接损失是由直接损失所引起的损失,如主要生产或经营设施在灾害事故中遭受严重破坏,导致生产或经营无法进行所引起的利润损失;部分生产或经营设施在灾害事故中遭受一定程度的破坏,导致生产或经营规模缩小,但经常性费用却不能相应减少所导致的费用损失;直接损失发生后,为使生产经营得以恢复而使用银行贷款或发行新股所导致的成本增加等。在这些损失中,保险所保障的通常主要是可能发生的直接损失(但不是直接损失的全部,如船舶保险中保险船舶可能被征用或征购所导致的损失,就不属于保险所保障的可能发生的直接损失),以及少部分的可能发生的间接损失,如利润损失等。

二、风险管理的目标

风险管理的目标在于防止损失的发生或减少损失。风险管理不可能完全消除风险,即不可能完全避免损失的发生,而只能减少损失。风险管理本身也需要付出代价,是有成本的,而成本的支付也是损失。损失是经济价值的减少,因此,也可以说,风险管理的目标在于控制风险承担主体所拥有的经济价值的减少。

风险管理的目标可分为损失前目标和损失后目标。损失前目标是防止或减少风险事故的发生,从而防止或减少损失。损失后目标是风险事故发生后对风险事故进行有效控制,从而避免损失的扩大,即把损失控制在最低限度;并通过有效途径使已经发生的损失迅速得到补偿或抵补,避免或减少可能发生的间接损失,如保持企业生产经营活动的连续性,或使其迅速恢复生产和经营活动,避免或减少其利润损失甚至破产倒闭,等等。需要注意的是,损失后目标并非是损失发生后才制定的,合理的做法是在损失发生之前就要作出妥善的安排,如与保险公司签订保险合同,与银行签订专项借款合同等。

三、风险管理的方法

风险管理的方法大体上可以分为风险规避、损失控制、损失融资、同其他主体签订风险转移合约和内部风险分散等。

(一) 风险规避

风险规避(Risk Averse)是指避开风险,使导致损失的风险事故不可能发生,或者说使其发生的概率等于零。风险具有普遍性的特征,任何主体要想完全避开风险是不现实的。但是,这并不意味着任何风险都是不可避免的。有些风险是可以避免的。例如,一家生产药品的企业要想完全避开产品责任风险,最有效的办法是停止药品的生产;一家生产煤炭的企业要想完全避开工人安全责任风险,最有效的办法是停止煤炭的生产;一家航空公司要想完全避开飞机失事风险和旅客人身伤亡责任风险,最有效的办法是停止航空运输;一个人要想完全避开溺水风险,最有效的办法是远离河流、湖泊、海洋甚至水库和池塘,或离开水上运动,等等。但避开风险是有机会成本的。生产药品的企业停止药品的生产会中断利润来源,生产煤炭的企业停止煤炭的生产,航空公司停止航空运输,也是如此。一个人远离河流、湖泊、海洋甚至水库和池塘,或离开水上运动,则会失去很多必须与水接触(间接或直接)才能获得的机会或乐趣。况且避开了一种风险的过程有时也是选择另一种风险的过程。例如,要从一地到达较远的、必须利用现代交通工具才能到达的另一地,不坐轮船就必须改乘火车或者汽车、飞机等。这样,水上风险是得以避开了,但取代它的却是其他风险。一个企业不生产这种产品,可能就要生产另一种产品,从而一种产品责任风险避免了,但另一种产品责任风险却可能接踵而至。即使没有了产品责任风险,也可能会有其他风险。

(二) 损失控制

损失控制(Loss Control)也称风险控制,是指通过降低损失频率和损失程度来减少期望损失成本。降低损失频率的途径是防止导致损失的灾害事故的发生。例如,对飞机、船舶、机动车辆和机器设备等定期进行保养和检修,能够有效地防止意外事故的发生,从而降低损失的频率。降低损失程度的途径是在灾害事故发生后防止损失的扩大,从而降低损失的程度。例如,在建筑物内的合适位置放置足够的消防设备,在发生火灾时可以用于灭火,从而有效地防止损失的扩大。当然,降低损失频率的途径和降低损失程度的途径往往无法严格区分开来。例如,在建筑物内的合适位置放置足够的消防设备,既可以在火灾尚未形成时及时将其扑灭,从而降低损失的频率;也可以在火灾已经发生时有效地防止火灾的蔓延,从而降低损失的程度。再如,在地震多发地区,在建筑物建造时就采用抗震性能强的材料和结构,既可以有效地避免由地震所造成的损害,从而降低损失的频率;也可以减少由地震所造成的损失,从而降低损失程度。

(三) 损失融资

损失融资(Loss Financing)也称风险融资,是指企业等风险承担主体利用自有资金或外部资金抵补或补偿风险事故所造成的损失。对风险事故所造成的损失的抵补或补偿，是企业等风险承担主体维持或恢复正常的生产经营活动或正常生活所必需的。损失融资通常有风险自留、购买保险等方式。

1. 风险自留

风险自留是指企业等风险承担主体自己负担全部或部分可能发生的损失。也就是说，企业等风险承担主体没有就标的所存在的风险安排风险转移的计划，或只安排了部分风险转移的计划，因而风险事故一旦发生，由此造成的标的全部损失或部分损失只能由自己承担。后者是主体已经意识到风险的存在而有意地自留一部分风险。前者则可能是主体已经意识到了风险的存在，同时又觉得风险事故不大可能发生，因而故意把全部风险自留；或者可能是主体根本就没有意识到有风险存在，而不自觉地把风险全部留下。企业或其他风险承担主体用来抵补此种损失的资金来自于其内部。就企业而言，风险自留所需要的资金的主要来源有以下五个方面：

（1）生产经营活动中的净现金流，即流入现金超过流出现金的差额，包括企业的库存现金、银行存款、其他货币资金以及能随时变现为确定金额用于支付的其他流动资产。企业用净现金流抵补损失的程度，取决于企业可能出现的损失的程度和净现金流的稳定程度。净现金流的波动越大，将其作为应对可能发生的损失的融资方法就越不可靠。对于相当多数的企业来说，只有较小的损失才能用企业的现金流加以抵补。利用生产经营活动中的净现金流抵补因自留风险所致损失，将会相应减少企业的收益，如银行存款利息的损失等。

（2）净运营资本，即企业流动资产与流动负债之间的差额。前者是指企业在一年或一个经营周期内变现或耗用的资产，包括货币资金、应收账款及预付款项、存货等；后者是指企业在一年或一个营业周期内偿还的债务，包括短期借款、应付票据、应付账款、预收款项、应付职工薪酬、应交税费、应付利息、其他应付款等。同样，企业能够用净运营资本抵补损失的程度，取决于企业可能出现的损失的程度和净运营资本的稳定程度。利用生产经营活动中的净运营资本抵补因自留风险所致损失，也会相应减少企业的收益，如银行存款利息的损失、净运营资本不能用于扩大生产规模所导致的利润损失等。

（3）专项基金，即企业为了抵补可能出现的损失而专门设立的基金。专项基金在未使用时通常用来购买可用来交易的市场化证券，即以证券化资产的形式存在，并随着证券的增值而累积增大。当损失发生时，企业可以卖出其所持有的证券化资产，再用所取得的货币资金来抵补已经发生的损失。例如，用货币资金购买或修复损坏的厂房和机器设备等，使生产经营活动不致中断或缩短生产经营活动中断的时间。利用专项基金抵补因自留风险所致损失，会因该项基金不能用于扩大生产规模而导致企业发生利润损失等。

（4）信用额度，即企业按照与银行的期权合约可以从银行取得的约定数额的贷款。也就是说，企业要在损失发生前就可能发生的损失与银行签订合约，并在一定时间内按规定的利率借支约定数额的贷款,用于抵补已经发生的损失。企业要用银行信用额度抵补可能发生的损失,需要提前作出安排,并与银行就贷款数额、利率等进行商洽。利用银行信用额度抵补因自留风险所致损失,会导致企业产生相应的利息支出。

(5) 事后融资,即在损失发生后融入资金,用以抵补已经发生的损失。也就是说,在损失发生之前,企业并没有对可能发生的损失作出安排。只是在损失发生后,为了抵补损失才融入资金。事后融资包括从银行取得贷款和发行新证券来募集外部资金。在损失已经发生的情况下,融入或募集资金的方式很可能要以较高的利率和募集成本为代价。在后一种事后融资方式下,损失在名义上是由新的投资者承担的,实际上并非如此。损失的承担者仍然是损失发生前的投资者。因为损失的发生必然会对证券价格形成负面的影响,所以新的投资者是以较低的价格购入证券的。未发生损失时的证券正常价格与发生损失后的证券价格之差在一定的程度上代表着损失,而这个损失只能由企业原来的投资者承担。

2. 购买保险

购买保险是指企业等风险承担主体按照与保险人签订的保险合同的规定,向保险人交付保险费,在保险标的发生保险责任范围内的损失后,通过向保险人索赔而获得损失赔偿。也就是说,企业等风险承担主体以向保险人交付保险费为代价,把保险标的存在的风险转移给保险人,即换取保险人对可能发生的损失的保险保障。保险人则通过与大量的标的具有同质风险的企业等风险承担主体签订保险合同,积累起足够用于保险标的损失赔偿的保险基金,实现承保风险在众多被保险人之间的分散。

(四) 同其他主体签订风险转移合约

同其他主体签订风险转移合约也可以把风险转移给后者。例如,建设单位在与建筑商签订的建筑合同中可以就建筑施工过程中可能出现的人身伤亡赔偿风险设置由后者负责的条款。这样,在建筑施工过程中一旦出现人身伤亡,则按照事先约定,相应的赔偿责任就由建筑商承担。再如,房屋出租人在与承租人签订的租赁合同中设置关于房屋发生火灾由后者负责的条款。这样,一旦在租赁合同有效期内房屋发生火灾,承租人应对房屋因火灾而导致的损失承担赔偿责任。向其他主体转移风险,通常会增加风险承担主体的支出或减少其收益。

(五) 内部风险分散

这主要是指在大型集团公司内部成立专业自保公司,为母公司或母公司的其他子公司提供保险保障,从而在集团公司内部实现风险的分散。最初,专业自保公司都只承保集团公司内部母公司和其他子公司的业务。后来,一些专业自保公司除了其所属集团内部的保险业务外,还承保来自其所属集团以外的其他企业的一些业务。如果是后一种情况,风险就在更大的范围内分散了。通过设立专业自保公司在集团内部分散风险,母公司或母公司的其他子公司需要向专业自保公司提供或交付风险基金或保险费。

第三节 风险管理的组织与过程

一、风险管理的组织

由于灾害事故的发生往往会给企业造成严重的损失,所以风险管理已经成为企业的一个重要职能。大企业资产规模庞大,灾害事故一旦发生所导致的损失可能比一般中小企业大得多,因此许多大企业内部都设立了专门的职能部门负责风险管理。大企业内部的风险管理部门应当由熟悉财产与责任保险、员工赔偿、安全和环境危险、法律诉讼以及员工福利计划等知识的人员构成。由于风险管理部门的职能是保护财产免受损失,或在灾害事故已经发生的条件下减少损失以及安排损失融资计划等,与财务部门关系密切,所以该部门通常隶属于财务部门。

由专门的职能部门负责风险管理,是风险管理集中化的组织安排。由于这种集中化的风险管理模式职责明确、人员构成合理,风险经理易于与公司高层管理人员、各分公司或其他分支机构的管理人员进行有效的沟通,所以有利于制定和实施整个公司的风险管理决策和具体措施。同时,由于这种集中化的风险管理模式可以从整个公司的角度制定损失融资计划,因而在安排损失融资时具有一定的规模优势,可以在一定程度上降低融资成本。当然,由于集中化的风险管理模式由专门的职能部门负责风险管理,所以也可能降低公司内部各分公司、其他分支机构或职能部门经理和员工对风险管理的重视程度和参与风险管理的积极性和主动性。因此,对于大企业来说,一方面应当设置专门的风险管理职能部门;另一方面则要把集中管理与各分公司、各分支机构的管理责任结合起来,以发挥集中管理与分散管理各自的优点和二者的合力作用。对于中小企业来说,则要安排专门的人员来负责风险管理,或者建立风险管理责任制,把风险管理的责任落到实处。

二、风险成本及其各组成部分间的替代关系

风险成本(Cost of Risk)是指由于风险的存在而导致的风险承担主体所拥有的经济价值的减少。就纯粹风险而言,其纯粹风险成本可以下式表示:

$$纯粹风险成本 = 纯粹风险不存在时的价值 - 纯粹风险存在时的价值①$$

由此关系式可以推导出:

---

① 由于风险具有普遍性的特点,风险不存在只是一种假定,所以,风险不存在时的价值可以看作是风险能够在不支付任何成本的情况下被完全消除时的价值。参见 Scott E. Harrington, Gregory R. Niehaus 著,陈秉正、王珺、周伏平译:《风险管理与保险》,清华大学出版社 2001 年出版,第 16~17 页。

纯粹风险存在时的价值＝纯粹风险不存在时的价值－纯粹风险成本

显然,假定企业在风险不存在时的经济价值一定,纯粹风险成本越小,企业的经济价值越大;反之亦然。可见,要实现企业经济价值最大化的目标,是使纯粹风险成本最小化。因此,也可以说,风险管理的目标是实现风险成本最小化。

纯粹风险成本包括期望损失成本、损失控制成本、损失融资成本、内部风险控制成本及其他成本(见图1-2)。

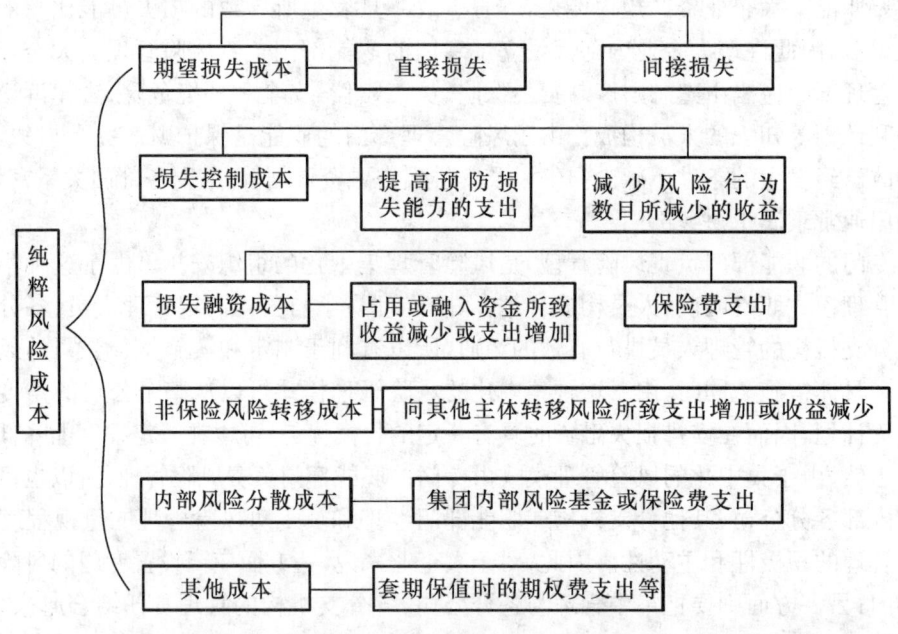

图1-2 纯粹风险成本的构成

风险成本的各个组成部分有的是以可能发生的损失的形式客观存在的,有的则是为防止损失的发生或减少损失而付出的,即使是防止损失发生或减少损失的措施,也存在为达到防止损失发生或减少损失的目的而付出成本的多少或效果的好坏等差异。因此,在风险成本的各个组成部分之间存在着替代关系。所谓的风险管理,在一定程度上就是合理利用这种替代关系。例如,购买保险的实质就是以交付保险费这种融资成本替代可能发生的损失成本。风险成本的各个组成部分之间的主要替代关系有:

(1) 直接损失或间接损失的期望成本与损失控制成本之间的替代关系。增加损失控制成本,可以减少期望损失成本。因此,为了使风险成本最小化,企业等风险承担主体需要投入足够的资金。这里所谓的"足够的",不是指投入的资金越多越好,而是投入的资金要有一个合理的边界。这一方面是因为,即使投入的控制损失的资金再多,也不可能彻底消除风险,即不可能彻底阻止损失的发生;另一方面是因为,虽然风险是客观的、普遍存在的,但损失并不一定会发生,且在通常情况下损失发生的概率较小。如果投入的控制损失的资金过多,以至超过了期望损失成本,那么实施损失控制的措施非但没有减少风险成本,反倒增加了风险成本,这在经济上是不合理的。因此,为实施损失控制措施而投入的资金的合理边界在数量上等于期望损失成本。

(2) 直接损失或间接损失的期望成本与损失融资成本之间的替代关系。交付保险费购买保险,增加了损失融资成本,但可以补偿因风险事故的发生所导致的直接损失,如因被破坏、损毁或征收所导致的财产损失,因雇员受到伤害或生病所支付的费用,因解决争议或纠纷所支付的诉讼费用等。间接损失是由直接损失引起的。保险这种损失融资方式虽然通常并不赔偿间接损失,但由于它补偿了直接损失,因而可以避免间接损失。间接损失包括很多方面,因现金流的波动而引起企业破产或陷入财务困境则是其中的一个重要方面。如果通过保险等风险融资方式把可能发生的损失转移到企业外部,那么一旦发生损失,企业就不会依赖现金净流量来抵补已经发生的损失,从而也就不会破坏现金流的稳定性,企业就不会因现金流的稳定性被破坏而陷入财务困境,甚至破产倒闭。损失融资成本与间接损失成本的替代关系及其实际效果表明,企业通过交付保险费等融资成本防范风险对于企业财务稳定乃至其生存发展有非常重要的意义。在企业集团内部设立专业自保公司,母公司及其他子公司向后者提供风险基金或保险费,这种集团内部的风险融资方式也能起到与购买其他保险公司的保险这种外部风险融资方式相似的作用。

(3) 损失融资成本与内部风险分散成本之间的替代关系。作为外部风险融资方式的保险所具有的对直接损失或间接损失的期望成本的替代作用,内部风险分散这种集团内部的风险融资方式也都具有。因此,二者之间也必然存在着替代关系。企业集团内部设立专业自保公司的目的之一,就是要用内部的风险保障机制取代外部风险保障机制。不过应当看到,集团内部设立的专业自保公司承担风险的能力与规模、风险的分散程度通常远不如外部风险融资机构。这就决定了集团内部的风险融资方式与外部的风险融资方式仍然存在一定程度的联系。这种联系主要体现在两个方面:一是专业自保公司可根据其对所承保的集团内部风险的判断,在需要的时候把超过自己正常承受的风险以再保险的方式转移给外部的保险机构;二是在承保集团内部风险的同时,也承保部分集团外部的风险,以增加保险标的的数量,实现风险在较高程度上的分散。

三、风险管理的过程

风险管理作为风险承担主体规避或减少可能发生的损失的过程,包括风险识别、风险评估、风险应对方案的制定、风险应对方案的实施与调整等基本环节。

(一) 风险识别

风险识别是指风险管理部门或风险管理人员对风险承担主体面临的现实的或潜在的风险进行观察、判断、归类和定性的过程。就企业而言,其面临的现实的或潜在的风险可能复杂、多样,其中,现实的风险可能为人们所忽视,潜在的风险人们可能意识不到。因此,无论是现实的风险还是潜在的风险,都需要人们去发现、去识别、去判断。只有发现了风险,对风险的类别、性质、变动的方向和速度等作出正确的判断,人们才会有针对性地选择适当的对策和措施去防范风险、化解风险,避免或减少由风险事故所造成的损失。风险识别包括风险感知和风险分析两个方面。

风险感知是指风险管理部门或风险管理人员通过现场调查、环境考察等方式,直接观察和寻找风险承担主体所面临的风险的过程。就企业而言,可以通过直接观察企业的生产流程和工人的工作状态等,寻找企业存在的各种风险,如可能导致人身伤亡的不安全因素等;通过直接考察企业的内部环境和外部环境,寻找可能导致财产损失的事故隐患等;通过与其他部门交流与沟通,可以在一定程度上了解到各部门的风险状况。尤其是各部门中有较强风险意识和专门技术知识的人员对其所在部门的风险状况可能非常熟悉,对如何规避风险也可能有好的经验或建议,可以给风险管理部门或风险管理人员识别风险和制定风险管理对策和方案提供重要帮助。同时,这种交流与沟通也会提高各个部门的风险意识和主动参与风险管理的意识。

风险分析是指风险管理部门或风险管理人员对各种与风险相关的资料进行分析,对风险是否存在及风险的类别和性质作出判断的过程。具体方法主要有:

(1) 利用以往的有关资料,分析风险事故发生的可能性。例如,在一定的技术设备条件下,产量和意外事故可能存在一定程度的相关性。利用以往的有关资料,可以判断技术设备条件基本相同或相似的情况下,企业目前或今后一个时期发生风险事故的可能性。

(2) 利用财务数据资料,分析损失发生的可能性。在企业财务管理制度较为完善,从而企业的财务数据资料较为完备的情况下,企业的财务数据资料可以反映企业生产经营活动各个方面的情况。对企业财务数据资料进行分析,可以判断企业面临的财务风险,如是否会陷入财务困境甚至破产倒闭等。

(3) 编制风险清单,对企业可能存在的风险逐个进行分析,找出企业面临的现实风险。也可以利用风险清单对各种可能存在的风险之间的相互联系进行分析,判断连锁式风险存在的可能性。例如,根据企业有无导致爆炸的因素,从而判断企业是否有可能发生爆炸。根据爆炸源的位置和周围是否存在易燃物,判断爆炸是否会引起严重的火灾等。

(4) 聘请风险工程师或专业风险管理机构进行现场勘察,对企业面临的风险进行判断。在上述工作的基础上,可以对风险的类别和性质作出判断。也就是说,企业存在的风险属于经济风险,还是自然风险;是法律风险,还是政治风险;在经济风险中,是直接风险,还是间接风险;是财务风险,还是利率风险;还是各类风险兼而有之,都需要给出明确的判断。这是进一步有针对性地进行风险评估和制订风险应对方案所不可缺少的。例如,如果判断企业的风险主要是利率风险,那么接下来的工作就是对利率风险进行评估,以选择和确定合理的规避利率风险的方案。

（二）风险评估

风险评估是在风险识别的基础上，利用数理统计等方法对所收集的数据资料进行深入的分析研究，从而对可能发生的损失的可能性的大小（损失频率）和可能发生的损失的规模或损失的严重程度（损失强度）进行评价和估算，确定风险等级的过程。综合对损失频率和损失强度的估计，可以把风险分为重大风险、重要风险和一般风险等风险等级，并对所考察的风险进行等级认定。风险评估的结果为风险管理者进行风险管理决策、选择和确定最合理的应对风险的方案提供了重要的依据。因此，风险评估是风险管理的关键环节。

（三）风险应对方案的制定

在通过风险评估对企业所存在的风险的严重程度作出明确的判断，并据此对其进行了风险等级归类的基础上，可以选择和制定风险应对方案。如果经过风险识别和风险评估，判定企业的主要风险是利率风险，而且这种风险属于致命风险或重要风险，那么企业就应选择适当调整贷款规模，或者利用利率期货等进行套期保值的应对方案。当然，利率的变动方向可能是上升的，也可能是下降的，因而不属于纯粹风险。我们在这里所要着重讨论的是纯粹风险。例如，为了规避产品赔偿责任，企业可以减少产量，也可以加强管理，改进产品质量，提高产品的安全性，还可以购买产品责任保险。但问题是，企业究竟应当选择哪一种方案呢？或者说选择合理的风险应对方案的依据是什么呢？图1-3有助于解决这一问题。

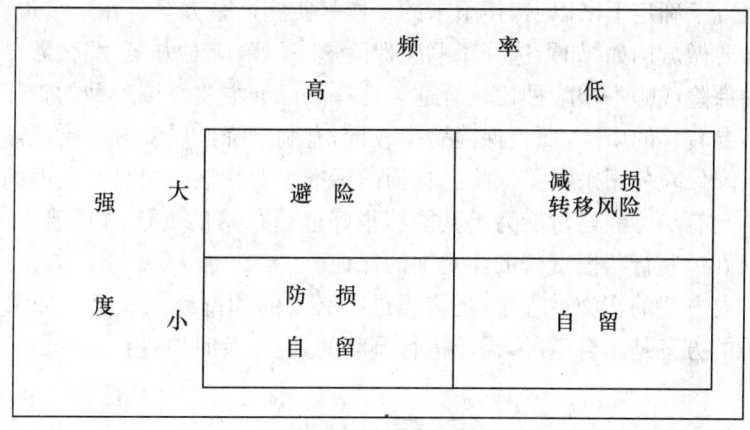

图1-3 风险管理矩阵①

---

① 资料来源：特瑞斯·普雷切特、琼·丝米特、海伦·多平豪斯、詹姆斯·艾瑟林著：《风险管理与保险》，中国社会科学出版社1998年版，第29页。

从图1-3可以看出,对于损失强度大、发生频率高的风险,最合理的应对方案是避险。例如,一家公司考虑在海岸上建造一个建筑群,而这个地方极易为大的海潮所侵袭,并引起严重损失。这样,这家公司选择避险的应对方案是合理的。例如,可以改变建筑地点,避开海潮侵袭;或者在建筑周围修筑坚固的挡水墙,防止建筑物直接受海潮的冲击。

对于损失强度小、发生频率高的风险,最合理的应对方案是防损和自留。这是因为,损失强度小,企业自己可以承受;损失发生的频率高,使得风险更有规律可循,企业自己可以较为从容地应对,采取风险自留并加强防损工作的方案不仅能够有效地控制风险,而且还能够节约成本。

对于损失强度大、发生频率低的风险,最合理的应对方案是减损和转移风险。减损是因为损失强度大、发生频率低的风险往往是自然灾害或意外事故等风险,这两类风险因不可阻挡或难以避免,只有采取适当措施尽可能地减少损失。转移风险是因为减损并不意味着损失不发生,也不意味着减损的措施一定很有成效,只有转移风险,即付出一定代价把可能发生的损失转移给专门经营风险的机构,才能使难以避免的损失通过后者的赔偿得到有效的补偿。最常用的和最有效的转移风险的途径是购买保险。

对于损失强度小、发生频率低的风险,最合理的应对方案是自留。由于损失强度小、发生频率低,即损失很少发生,一旦发生又不严重,企业自己完全可以自己承担,而且又不影响生产经营活动的正常进行和财务稳定。在这种情况下,采取自留以外的其他应对风险的方案,在经济上很可能是没有效率的、不合理的。

(四)风险应对方案的实施与调整

风险应对方案确定下来以后,接下来的工作是实施这一方案。在这个过程中,还有一些具体的工作要做。例如,如果选择了购买保险这一风险应对方案,那么需要考虑的问题是购买哪一种保险或哪一个险种比较合适。选择的标准主要是该险种的责任范围能够涵盖本企业所需要转移的风险,而且保险费率较低,有利于降低风险成本。还需要考虑的问题是选择哪一家保险公司来购买保险。选择的标准主要是该公司具有足够的偿付能力和良好的信用。具有足够的偿付能力是其能够很好地履行赔偿责任的基础,而良好的信用则是其能够很好地履行赔偿责任的主观上的保证。

在风险应对方案的实施过程中,还应当进行必要的和持续的监督。如果发现已确定并正在实施的方案是不合适的,需要进行调整的,应当及时地进行合理的调整。

本 章 小 结

风险是指损失或造成损失的不幸事件发生的可能性或不确定性。风险是由风险因素、风险事故和损失三个要素构成的。风险因素是指可能引发灾害事故从而导致损失发生,或在灾害事故发生后可能导致损失增加的因素。风险因素包括物质风险因素、心理风险因素和道德风险因素。风险事故是指在风险因素的作用下发生的,能够直接导致损失发生或增加的意外事件。广义损失既包括经济损失(财产损失、利益损失和责任损失),也包括疾病和人身伤亡。

风险具有客观性、普遍性、多样性、社会性、不确定性、可变性、可测性的特征。风险的不确定性或偶然性主要表现在四个方面:① 灾害事故能否发生不确定;② 灾害事故发生的时间不确定;③ 灾害事故发生的地点不确定;④ 灾害事故所造成的结果不确定。风险的可测性是指人们可以利用以往的经验尤其是某一类标的损失的数据,计算将来一定时期内该类标的因该种灾害事故发生损失的概率和损失率。

商业性可保风险应具备的条件主要有五个:① 非投机性;② 导致损失的风险事故的发生必须是偶然的;③ 风险事故所导致的损失必须是事先可以测定的;④ 可供承保的同质风险必须是大量的;⑤ 风险事故所导致的标的损失的相关性必须较小。

风险管理是指风险承担主体通过一定的方式或途径规避或减少可能由自己承担的损失的过程。这个过程包括风险识别、风险估测、风险评价、风险控制等环节。风险管理的方法包括损失规避、损失控制、损失融资、同其他主体签订风险转移合约和内部风险分散等。保险是风险管理的最便捷、最有效的方法。

关 键 词

风险 纯粹风险 投机风险 财产风险 人身风险 责任风险 信用风险 静态风险 动态风险 损失规避 损失控制 损失融资 风险识别 风险评估

复习思考题

1. 保险学界对于风险的定义主要有哪些观点?如何评价这些观点?
2. 风险是由哪几个要素构成的?
3. 试比较心理风险因素与道德风险因素的异同。
4. 风险有哪些基本特征?
5. 商业性可保风险应具备哪些条件?
6. 试述风险管理的目标和方法。
7. 试述风险成本及其各组成部分间的替代关系。

第二章 风险的聚合安排与保险

风险是客观的,是不以人们的意志为转移的。但是,人们对风险又不是无能为力的。人们可以通过对风险的聚合安排来抑制存在于每一个人身上的风险。这是保险之所以能够产生、发展的内在机理,也是我们定义保险这一范畴、探讨保险的功能与作用的理论前提。本章主要讨论风险的聚合安排对风险的影响,以及保险的定义、功能、作用与保险的分类。

第一节 聚合安排对风险的影响

一、风险的度量

对于风险管理者而言,其最关心的是损失发生的概率和可能发生的损失程度。损失发生的概率用于度量损失发生的可能性。损失发生的概率越高,在其他条件不变的前提下,意味着风险越大;反之亦然。损失程度用于度量事故所造成的损失的大小。损失的大小不能只从损失的绝对额来判断,还必须用损失金额占保险金额的比率,即损失率这个具有相对意义的指标来判断。损失金额与保险金额的比值为单位保险金额损失的数量。因此,损失率也可以表示为单位保险金额损失的数量。单位保险金额可能发生的损失数量越大,在其他条件不变的前提下,风险越大;反之亦然。对风险大小的判断通常要综合损失发生的概率和可能发生的损失程度这两个方面的因素来进行。

从风险的角度看,标的所发生的损失的次数和损失的数量都是随机变量。概率分布定义了随机变量所有可能出现的结果和各种结果出现的可能性的大小。当独立重复试验的次数很大时,事件发生的频率与概率有较大偏差的可能性很小,因此可以用事件发生的频率来代替事件发生的概率。当概率分布表示的是可能发生的损失的分布时,称其为损失的概率分布,简称损失分布。损失的概率分布是风险管理决策的重要依据。

损失的期望值是各种可能的损失结果以其对应的概率为权数的加权平均数。损失次数的期望值是各种可能的损失次数以其对应的概率为权数的加权平均数。假定有 n 个保险标的,x_i 为第 i 个保险标的发生损失的次数,p_i 为第 i 个保险标的发生 x 次损失的概率。对于可能发生的损失次数 X 而言,由于可能发生的损失次数是离散型随机变量,变

量 X 的期望值为：

$$E(X)=\sum_{i=1}^{n}x_i p_i \quad (X=x) \tag{2-1}$$

假定某保险公司一年承保 19 420 个风险单位。利用表 2-1 给出的某险种赔案发生的概率分布，可以计算索赔次数的期望值。

表 2-1

某险种赔案发生的概率分布表

损失发生的次数 x	发生 x 次损失的保险标的数	发生 x 次损失的概率
0	17 353	0.8936
1	1 414	0.0728
2	620	0.0319
3	25	0.0013
4	8	0.0004
总　　数	19 420	1.0000

索赔次数的期望值为：

$$0\times 0.8936+1\times 0.0728+2\times 0.0319+3\times 0.0013+4\times 0.0004=0.1421$$

对于可能发生的损失金额 Y 而言，由于可能发生的损失金额为连续型随机变量，变量 Y 的期望值为：

$$E(Y)=\int_0^\infty y f(y)\mathrm{d}y \tag{2-2}$$

其中，y 为可能发生的损失金额；$f(y)$ 为损失的概率密度函数。

假定某种保险赔款额的分布函数为：

$$F(y)=1-\mathrm{e}^{-0.001y}$$

则赔款额的概率密度函数为：

$$f(y)=\frac{\mathrm{d}F(y)}{\mathrm{d}y}=0.001\mathrm{e}^{-0.001y}$$

赔款额的期望值为：

$$\int_0^\infty 0.001 y\mathrm{e}^{-0.001y}\mathrm{d}y=1\,000 \text{①}$$

按照风险的定义，风险是指可能发生的损失，或者说，任何可能发生的损失都属于风险。然而，从保险学的角度看，则并非如此。从被保险人一方来说，无论其是否投保，标的损失的期望值都是由自己承担的，只是在投保的情况下，损失的期望值是以纯保险费的形式转移给保险人。因此，从被保险人一方来说，其实际风险为标的可能发生的损失大于损

---

① 保险金额是保险人赔偿的最高限额，故此式中的"∞"应以保险金额代替。

失的期望值的部分。从保险人一方来说,在其所承担的全部损失赔偿金额中,在不考虑其他因素的条件下,相当于损失的期望值的赔款来自于被保险人一方所交付的保险费。因此,其实际风险也为标的可能发生的损失大于损失的期望值的部分。

按照风险管理与保险的理论,完全商业性可保风险的特征不仅在于损失的可预测性,而且还在于要有足够多的同类或相似的风险载体,并且这些载体不会因大的灾难而全部或大部受损。也就是说,风险载体面临的风险必须是独立的或独立性较强,即各个风险单位的损失之间不具有相关性或相关性较低。

保险在实质上是一种依靠契约把众多标的的同类风险(可能性的损失)聚合起来并在投保人之间加以分散(分摊损失)的过程。概率分布的方差是表示概率分布出现的某个结果与期望值之间偏差的可能性及其大小的指标。在标的损失的期望值已定的前提下,风险可以看作是实际结果距离期望值的偏差。因此,可以用方差或标准差来度量标的的风险的大小。如果随机变量的方差较小,说明实际结果很可能接近期望值;反之,如果随机变量的方差较大,说明实际结果很可能远离期望值。因此,在保险活动中,方差是衡量风险大小的重要指标。

由于可能发生的损失次数 X 是离散型随机变量,变量 X 的方差为:

$$\sigma^2 = \sum_{i=1}^{n}(x_i - EX)^2 p_i \quad (X=x) \tag{2-3}$$

变量 X 的标准差为:

$$\sigma = \sqrt{\sum_{i=1}^{n}(x_i - EX)^2 p_i} \quad (X=x) \tag{2-4}$$

在其他因素相同的条件下,变量 X 的方差越大,表明实际发生的索赔次数与期望索赔次数偏离的程度越高,风险也就越大;反之亦然。

由于可能发生的损失金额 Y 是连续型随机变量,变量 Y 的方差为:

$$\sigma^2 = \int_0^{\infty}(y-EY)^2 f(y)dy \tag{2-5}$$

变量 Y 的标准差为:

$$\sigma = \sqrt{\int_0^{\infty}(y-EY)^2 f(y)dy} \tag{2-6}$$

在其他因素相同的条件下,变量 Y 的方差或标准差越大,表明实际发生的索赔金额与期望索赔金额偏离的程度越高,风险也就越大;反之亦然。

二、风险的聚合安排对风险的影响

一次风险事故可能会导致一个标的发生损失,也可能导致多个同类标的发生损失。如果一次事故只会导致一个标的的损失,其他标的并不同时发生损失,可以称为损失是不相关的;反之,如果一次事故会导致多个同类标的的损失,则称损失是相关的。一般而言,损失的相关性只有损失相关程度高低或大小的差别。同类标的损失的绝对不相关或绝对相关的情况是很少的。

作为以契约形式把很多个标的的同类风险聚合起来在投保人之间加以分散的过程，保险存在的根据是它能够降低当事人的风险。为了便于分析风险聚合安排对当事人风险的影响，我们不妨假设风险的聚合安排是在损失不相关和损失完全正相关两种极端的条件下作出的。

(一) 在损失不相关条件下，风险的聚合安排对当事人风险的影响

为了分析问题的简便起见，我们再假设同类风险的投保人(或被保险人)只有甲和乙两个人，保险只是针对这两个投保人的房屋的灾害事故所导致损失的风险所作的聚合安排。

假设甲和乙的房屋都有遭遇灾害事故而发生损失的可能性，且可能性的大小相同，都为 10%。为了分析问题的方便，再假设甲和乙的房屋的价值均为 100 万元，损失发生时的损失率均为 20%，即损失金额均为 20 万元。在没有进行聚合安排的条件下，甲和乙房屋损失的概率分布可用表 2-2 表示。

表 2-2

甲和乙房屋损失的概率分布表(在无聚合安排条件下)

可能的结果	损失(元)	概 率
不发生损失	0	0.90
发生损失	200 000	0.10

在无聚合安排条件下甲和乙房屋损失的期望值和标准差均为：

$$期望损失 = 0.90 \times 0 + 0.10 \times 200\,000 = 20\,000(元)$$

$$标准差 = \sqrt{0.90 \times (0 - 20\,000)^2 + 0.10 \times (200\,000 - 20\,000)^2} = 60\,000(元)$$

在有聚合安排条件下，甲和乙房屋损失的概率分布可用表 2-3 表示。

表 2-3

甲和乙房屋损失的概率分布表(在有聚合安排条件下)

可能的结果	总损失(元)	平均每人承担的损失	概 率
甲和乙房屋都未发生损失	0	0	0.90×0.90=0.81
甲房屋发生损失，乙房屋未发生损失	200 000	100 000	0.10×0.90=0.09
乙房屋发生损失，甲房屋未发生损失	200 000	100 000	0.10×0.90=0.09
甲和乙房屋都发生损失	400 000	200 000	0.10×0.10=0.01

在有聚合安排条件下,甲和乙房屋损失的期望值和标准差均为:

期望损失 $= (0.81 \times 0 + 0.18 \times 100\,000 + 0.01 \times 200\,000) = 20\,000$(元)

标准差 $= \sqrt{0.81 \times (0-20\,000)^2 + 0.18 \times (100\,000-20\,000)^2 + 0.01 \times (200\,000-20\,000)^2}$
$= 42\,426.41$(元)

可见,通过聚合安排,虽然甲和乙房屋损失的期望值仍然均为 20 000 元,但甲、乙二人承担的损失的标准差却由无聚合条件下的 60 000 元降到 42 426.4 元。双方各自承担 200 000 万元损失的概率已经从原来的 0.10 降到 0.01。

如果在同样的假定条件下,把保险标的损失定义为随机变量 X、Y。则随机变量 X、Y 之和的方差为:

$$Var(X+Y) = Var(X) + Var(Y) + 2Cov(X,Y) \quad (2-7)$$

其中,$Cov(X,Y)$ 为 X、Y 的协方差。由于相关系数 $\rho(X,Y) = \dfrac{Cov(X,Y)}{\sqrt{Var(X)}\sqrt{Var(Y)}}$,式(2-7)可以表示为:

$$Var(X+Y) = Var(X) + Var(Y) + 2\rho(X,Y)\sqrt{Var(X)}\sqrt{Var(Y)}$$

由于风险集合安排的参加者所支付的纯保险费为共同损失的平均值,则保险人所承担的损失,即随机变量 X、Y 之和的方差为:

$$Var\left(\frac{X+Y}{2}\right) = Var\left(\frac{X}{2}\right) + Var\left(\frac{Y}{2}\right) + 2\rho(X,Y)\sqrt{Var\left(\frac{X}{2}\right)}\sqrt{Var\left(\frac{Y}{2}\right)} \quad (2-8)$$

由于 $Var\left(\dfrac{X}{2}\right) = \dfrac{1}{4}Var(X)$,如果两个标的出险的概率和可能发生的损失相同,则随机变量 X 和 Y 有相同的方差,那么式(2-8)可以简化为:

$$Var\left(\frac{X+Y}{2}\right) = \frac{1}{4}Var(X) + \frac{1}{4}Var(X) + \frac{1}{2}\rho(X,Y)Var(X) \quad (2-9)$$

合并后得到:

$$Var\left(\frac{X+Y}{2}\right) = \frac{1}{2}Var(X)[1+\rho(X,Y)] \quad (2-10)$$

在 X 与 Y 不相关,即相关系数 $\rho(X,Y)$ 为 0 时,有:

$$Var\left(\frac{X+Y}{2}\right) = \frac{1}{2}Var(X)[1+\rho(X,Y)] = \frac{1}{2}Var(X) \quad (2-11)$$

即平均损失的方差为原方差的一半。

这表明,当同类标的损失的发生不具有正相关关系时,风险的聚合安排能够减少标的损失的方差和标准差,从而降低投保人的风险,并在方差和标准差由保险人承担的条件下降低保险人的风险。

在同类标的损失的发生不具有正相关关系的条件下,如果没有风险的聚合安排,那么全部风险都由每个风险主体承担。有了风险的聚合安排,每个风险主体损失的标准差会因这种安排而降低,平均损失的分布更接近于钟形(见图2-1)。

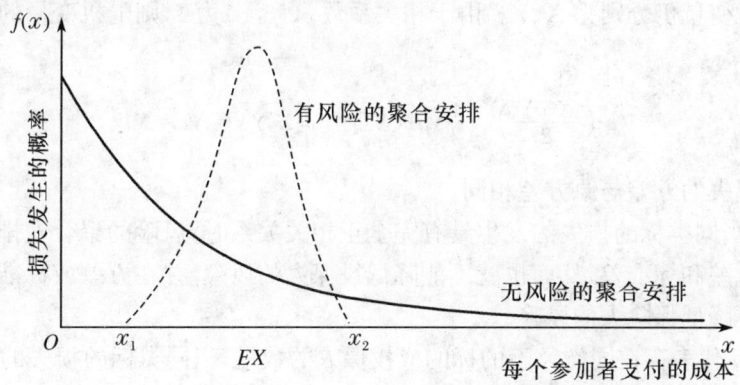

图2-1 风险不相关的条件下的聚合安排图

图2-1表明,风险不相关条件下的聚合安排使平均损失的标准差减小,即每个参加者面临极端损失结果(有聚合安排时的极端损失结果为 x_1 和 x_2,无聚合安排时的极端损失结果为0和标的的全部价值)的概率减小,他们所承担的风险得到了有效的抑制。

如果以 N 代表存在同类风险的标的或投保人的数量,那么在同样的假设条件下,保险人对每个标的承担的损失的方差由 Var 变为 Var/N。显然,随着 N 的逐渐增大,方差逐渐趋近于0。也就是说,在标的损失完全不相关的前提下,通过保险这种风险聚合安排的方式可以与标的数量成比例地缩小所有标的的平均损失的方差和标准差,从而成比例地降低保险人的风险。

设 X_i 为第 i 个参加风险聚合安排的投保人或保险标的的损失,$i=1,2,\cdots,N$(N 为参加风险聚合安排的投保人或保险标的的数量),如果所有标的出险的概率和可能发生的损失相同,从而每个投保人或保险标的具有相同的损失期望 μ 和标准差 σ,那么对于任意小的数 $\varepsilon>0$,有:

$$当 N\to\infty 时,\left[\left|\frac{\sum_{i=1}^{N}X_i}{N}-\mu\right|>\varepsilon\right] 的概率 \to 0 \qquad (2-12)$$

即当 N 趋向于无穷大时,每个投保人或保险标的的平均损失的标准差大于任意小的数 ε 的概率趋近于0。也就是说,随着加入风险聚合安排的保险标的数量的增多,标的的平均损失将接近于损失的期望值。

在标的损失完全不相关的前提下,风险的聚合安排能够缩小所有标的平均损失的标准差,从而最终降低保险人的风险,这是保险得以产生、存续和发展的内在根据。

(二) 在损失正相关条件下,风险的聚合安排对当事人风险的影响

当同类标的损失的发生完全正相关时,风险的聚合安排并不能缩小标的损失的方差,从而也就不能降低保险人所面临的风险。假设同类风险的投保人仍为两个人,保险标的损失作为随机变量仍分别为 X、Y。由于相关系数 $\rho(X,Y)$ 为 1,则随机变量的平均值的方差为:

$$Var\left(\frac{X+Y}{2}\right)=\frac{1}{2}Var(X)[1+\rho(X,Y)]=Var(X) \tag{2-13}$$

即平均损失的方差与原方差相同。

这表明,当同类标的损失的发生具有完全正相关关系时,风险的聚合安排并不能缩小标的损失的方差和标准差,从而也就不能降低投保人的风险,并在方差或标准差由保险人承担的条件下降低保险人的风险。

如果以 N 代表存在同类风险的标的或投保人的数量,当同类标的损失的发生完全正相关时,那么在同样的假设条件下,无论 N 取什么样的数值,通过保险这种风险聚合安排的方式都不能缩小所有标的平均损失的方差和标准差,从而都不能降低保险人的风险。

同类标的的损失完全正相关的情况很少见。但是,只要是正相关,平均损失分布的标准差就要大于不相关情况下的方差和标准差。损失的正相关度越高,平均损失分布的方差和标准差就越大;反之亦然。图 2-2 描述了同类标的的损失在正相关与不相关两种情况下聚合安排对平均损失分布的影响。它表明,当同类标的的损失正相关时,聚合安排使平均损失分布的标准差大于不相关情况下的标准差。也就是说,在同类标的的损失正相关的情况下,聚合安排对标的所有者承担的风险的抑制作用较小;损失的正相关度越高,聚合安排对标的所有者承担的风险的抑制作用越小。同类标的的损失完全正相关时,聚

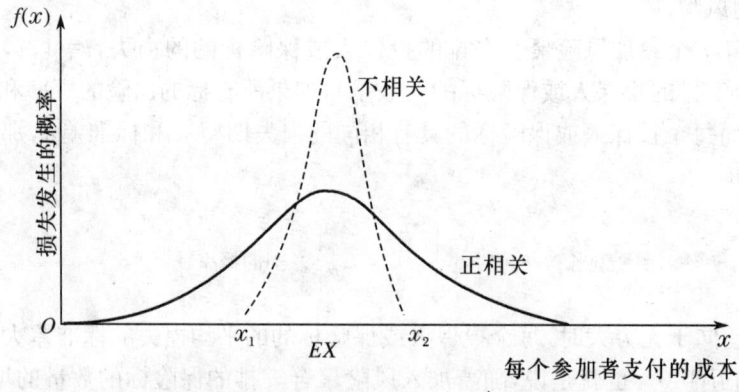

图 2-2 风险相关条件下的聚合安排图

合安排对标的所有者承担的风险没有抑制作用。或者说,风险完全正相关条件下的风险的聚合安排并不能使每个参加者面临极端损失结果(有聚合安排时的极端损失结果为 x_1 和 x_2,无聚合安排时的极端损失结果为 0 和标的的全部价值)的概率减小。

同类标的的损失完全正相关与完全不相关是两种极端情况,而实际发生的损失多数介于二者之间。损失正相关的程度越高,聚合安排对风险的抑制作用越小;反之,损失正相关的程度越低,聚合安排对风险的抑制作用越大。与损失不具有相关性的聚合安排相比,损失具有相关性的聚合安排对风险的抑制程度要低。①

我们可以按损失相关性的强弱程度把损失的相关性分为四种类型:完全正相关、相关程度较高、相关程度较低和完全不相关。这四种情况下的平均损失的标准差可以用图 2-3 表示。

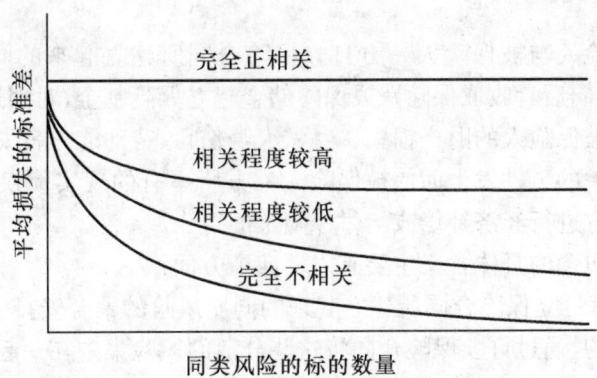

图 2-3 损失相关性的不同类型及其平均损失标准差与标的数量的关系图

保险作为在众多投保人之间分散风险、分摊标的损失的制度安排,是以签订契约的方式通过在投保人与保险人之间转移风险来实现的。对于损失完全不相关或相关程度较低的风险,一些投保人的非预期的高额损失将与其他投保人的非预期的低额损失相互抵消。保险人按照期望损失收取的保险费(纯保险费)能够抵补全部赔款支出,并以附加保险费的形式抵补费用支出并实现正常利润。因此,这样的风险可以成为完全的商业性可保风险。相反,损失完全正相关或相关程度较高的风险,则不能成为可保风险或完全的商业性可保风险。因为在后一种情况下,在按期望损失厘定保险费率(纯费率)的前提下,保险人所收取的保险费会大大少于保险赔款,从而使其偿付能力严重不足。

当然,除了同类标的损失的相关性之外,损失发生的频率也对其是否可保及可保的程度具有重要的影响。当某种损失发生的频率很高时,保险人通常不考虑承保。因为,在假

---

① 资料来源:Scott E. Harrington, Gregory R. Niehaus 著,陈秉正、王珺、周伏平译:《风险管理与保险》,清华大学出版社 2001 年版,第 44 页。

定每次损失的平均数额已定的条件下,一定时期内某种损失发生的频率越高,损失总额会越大。如果保险费率的水平与实际损失率相背离而与投保人所能接受的水平相吻合,保险赔款就会超过保险费收入,保险公司就会出现大的亏损;反之,如果保险费率的水平与实际损失率相吻合,那么人们就会放弃投保,使保险人无法经营这一业务。因为在这种情况下,保险标的的数量会大大减少,从而使风险高度集中;另一方面保险费收入也会大大减少,从而在大的损失出现后或累积的损失很大时,使保险人出现严重亏损。

第二节 保险的定义与分类

一、保险的定义

保险是通过保险人与被保险人一方订立保险合同所建立起来的同质风险的聚合安排,按照合同的约定向后者收取保险费或保险储金建立保险基金,对因遭遇合同约定的灾害或事故而导致的被保险人的财产损失、疾病、人身伤亡、劳动能力丧失,或因其他合同约定的与被保险人相关的事件发生而使被保险人一方所享有的现实债权出现,而根据合同约定对被保险人一方进行经济补偿或给付保险金的行为。

保险的定义所包含的具体含义主要有以下四个方面:

(1)保险是通过订立保险合同所建立起来的同质风险的聚合安排。风险本来是存在于每一个标的之上的,通过订立保险合同将这些分散的风险集中在一起实行统一管理,从而使每一标的出现极端损失(最大损失和损失为0)的概率大幅度降低,风险得到有效抑制。风险是多种多样的,但只有同质的且不相关或相关程度较低的风险的聚合安排,才能产生有效抑制风险的作用。在风险的聚合安排中,这些同质的且不相关或相关程度较低的风险存在于同一险种之下,且实行相同的保险费率。所谓的同质风险,是指损失发生的概率和损失发生时的损失率基本相同的风险。损失发生的概率是衡量损失发生的可能性大小的指标。损失率是指损失发生时,损失的价值与标的全部价值的比率。当然,所谓的同质风险中的"同质",只能是相对的,而不可能是绝对的。这不仅是因为损失发生的概率和损失率绝对相同的风险本来就是没有的,更为重要的是,如果把"同质"绝对化,那么即使具有同质风险的标的是存在的,那么在数量上也一定达不到保险中的一个重要法则——大数法则的要求,而且保险人还要支出更多的精算费用,而这些费用最终还是要通过实际费率的调整而落到被保险人一方身上。

(2)保险是一种民事法律行为。民事法律行为的本质特征在于,民事法律行为的主体之间的法律地位平等,任何一方都无权把自己的意志强加给另一方。保险人与被保险人双方在法律地位上是平等的。保险人可以制定保险合同条款,规定保险责任和保险费率,但它不能强迫被保险人一方必须与其签订保险合同。是否与投保人签订保险合同,完全取决于被保险人一方对相关风险的判断,对合同条款接受与否,支付保险费的能力以及对相关保险人的信任或认可的程度。《中华人民共和国保险法》(以下简称《保险法》)第十一条规定:"投保人和保险人订立保险合同,应当遵循公平互利、协商一致、自愿订立的原则,不得损害社会公共利益。除法律、行政法规规定必须保险的以外,保险公司和其他单位不得强制他人订立保险合同。"同样,被保险人一方也不能在保险人不愿承保的条件下强迫其承保。

(3) 保险是一种合同行为。保险人有向被保险人一方收取保险费的权利,也有根据约定向被保险人一方进行经济补偿或给付保险金的义务;被保险人一方有在约定的灾害、事故或事件出现后从保险人那里得到经济补偿或给付的权利,也有按照约定的费率和保险金额向保险人交付保险费的义务。由双方权利义务关系的严肃性、重要性、长期性(即使是期限最短的保险,从被保险人一方交付保险费到保险人进行赔偿或给付,也要有一段时间的间隔)和与此相关的争议的易发性所决定,双方之间的权利义务关系必须以合同的形式确定下来。有了保险合同,如果出现义务方违约而损害了权利方的利益,那么权利方可以利用法律的手段来维护自己的利益,并且使义务方承担违约责任。这样,合同就会对双方当事人产生有效的约束作用。因此,各国保险法都要求实施保险行为必须订立保险合同,并且都对保险合同的基本内容和对双方当事人在订立保险合同时的要求作了明确的规定。

(4) 保险是一种在保险人的主导下在全体被保险人之间分摊损失的行为。保险人要按照合同的约定向所有被保险人一方收取保险费,但除储蓄性的保险以外,只对因遭遇合同约定的灾害、事故而导致财产损失、疾病、人身伤亡、劳动能力丧失的被保险人一方提供赔偿或给付。保险人用于赔偿或给付的资金,来自于向所有被保险人一方收取的保险费所建立的保险基金。因此,保险人对部分被保险人的赔偿或给付,实质上是全部被保险人一方对部分被保险人的损失的分摊,只是这种分摊是在保险人的主导下,通过保险的特有机制实现的。保险是在简单的社会性直接互助方式的基础上产生的。从这个意义上说,简单的社会性直接互助方式是保险的萌芽形态。随着保险的产生与发展,简单的社会性直接互助方式让位于保险这种间接的社会性互助方式,但互助作为本质的东西在保险行为中依然存在,并将伴随保险的始终。

二、保险的分类

保险作为一种事物可以从不同的角度进行观察,进而从不同的角度进行分类。

(一) 按保险标的的类别分类

按照保险标的的类别,可以把保险分为财产保险、人身保险、责任保险和信用保险等。我国《保险法》把保险业务分为财产保险业务和人身保险业务两大类。我国台湾地区的保险法和美国一些州的保险法对保险的分类与此相类似。财产保险是指以财产及其相关利益或责任为保险标的的保险。人身保险是指以人的生命或身体及其相关利益为保险标的的保险。

财产保险业务包括财产损失保险、责任保险、信用与保证保险等保险业务。财产损失保险以被保险人的财产及与财产相关的利益为保险标的,当保险标的因自然灾害或意外事故及其他风险而发生损失时,保险人承担损失赔偿的责任。责任保险以被保险人的民事赔偿责任为保险标的,当被保险人因疏忽或过失造成他人人身伤亡或财产损失,因而对他人承担民事赔偿责任时,保险人在责任限额以内代替被保险人履行赔偿责任。信用与保证保险以被保证人的信用为保险标的,当被保证人不能履行自己的义务而给权利人(被保险人)造成损失时,保险人对权利人(被保险人)的损失给予赔偿。

人身保险业务包括人寿保险、健康保险、意外伤害保险等保险业务。人寿保险以人的生命为保险标的,当被保险人在保险期间内死亡,或保险合同到期时被保险人仍然生存,或达到合同约定的年龄时,保险人按合同的约定给付保险金。健康保险以人的身体、健康状况以及与健康状况相关的利益为保险标的,当被保险人遭遇疾病或意外伤害而导致医疗费用支出或收入损失时,保险人按合同的约定支付保险金。意外伤害保险以被保险人的生命和身体为保险标的,当被保险人遭遇意外伤害而导致其死亡或残废时,保险人按合同的规定给付保险金。

(二)按实施的方式分类

按照实施的方式,可以把保险分为自愿保险和强制保险。

自愿保险是指非法律强制性的,由保险人与被保险人在自愿协商的基础上,通过订立保险合同而成立的保险。绝大多数的商业保险都是自愿保险。自愿保险的经营主体是商业性保险公司。

强制保险通常也称法定保险,是指由国家通过颁布相应的法律或法令或条例,强制性地建立起来的保险。法定保险可以是全国性的,其经营主体是中央政府,也可以是地方性的,其经营主体是地方政府。法定保险可以由政府组建专门的保险机构经营,也可以由政府委托的保险机构经营。法定保险一般都具有全面性和统一性的特征。全面性是指凡属法律规定投保范围的社会成员,无论其愿意与否,都必须参加。统一性是指保险金额、保险费率、保险费的交付办法和保险金的发放办法,都由国家通过颁布的法律或法令或条例统一规定。

(三)按保险本身的性质分类

按照保险本身的性质,可以把保险分为商业保险、社会保险和政策性保险。其中,商业保险的经营主体是以盈利为目的的,而社会保险和政策性保险的经营主体都不是以盈利为目的的。

商业保险是指保险人以盈利为目的,与被保险人一方在自愿协商的基础上订立保险合同而成立的保险。绝大多数的商业保险都是自愿保险。

社会保险是指由国家出于保证社会成员的基本生活需要、维护社会稳定的目的，以相应的法律或法规为依据建立起来的保险。社会保险不以被保险人一方的主观意愿为先决条件。社会保险是社会保障制度的一个重要组成部分，主要包括社会性的养老保险、失业保险和医疗保险。社会保险通常都为强制保险。

政策性保险是指政府（可以是中央政府，也可以是地方政府）为实现某种政策目标开办的，不以盈利为目的的保险。目前，我国开办的政策性保险有农业保险、出口信用保险、法定第三者责任保险等。政策性保险可以由政府组建专门的保险机构经营，也可以由政府委托的保险机构经营。政策性保险的保险费率多为补贴性费率。与此相适应，政府对政策性保险多实行财政补贴制度，以弥补经营机构经营政策性保险业务时发生的亏损。

（四）按业务承保的方式分类

按照业务承保的方式，可以把保险分为直接保险、再保险、共同保险。

直接保险是指保险人与被保险人一方订立保险合同，承保直接保险业务的保险。相对于再保险而言，直接保险也称为原保险。

再保险是指保险人将其承保的直接保险业务部分或全部转移给其他保险人的保险。前者称为再保险分出人，后者称为再保险分入人。因此，再保险也可以定义为再保险分入人通过与分出人订立再保险合同，承保后者已经承保的部分或全部直接保险业务的保险。当再保险分入人分入的保险业务不是分出人的直接保险业务时，所形成的再保险称为转分保。

共同保险是指两个或两个以上的保险人联合起来共同承保同一笔保险业务的保险。与再保险不同的是，参与共同保险的保险人处在同一层次上，并与同一被保险人分别签订保险合同。

（五）按被保险人的构成分类

按照被保险人的构成，可以把保险分为个人保险和团体保险。这种划分常出现于人身保险之中。

个人保险是指在一份保险合同中，被保险人只是单个自然人，而不是若干个自然人所组成的团体的保险。

团体保险是指在一份保险合同中，被保险人不是单个自然人，而是由若干个自然人所组成的团体的保险。在通常情况下，这种团体存在于企业和其他社会组织之中，团体中的成员本来就是已经存在的集体的成员。

在个人保险中，保险人必须对每一个被保险人出立一份保险单，作为表明保险合同已经成立的法律文件。在团体保险中，保险人只需对作为被保险人组合的团体出立一份总保险单，在该保险单中载明保险条款、被保险人的姓名、年龄、性别及受益人的姓名等内容即可。当构成团体的被保险人人数众多时，可专门打印全体被保险人的名单，并加盖保险公司印章后附在总保险单上。当然，为了方便被保险人在保险事件出现时索取赔偿或给付,保险人最好向每一个被保险人出立一份保险凭证。

由于团体保险以一份保险单代替多份保险单,简化了承保手续;扩大了一次性承保的规模,提高了保险人的承保效率;以集体风险代替单个被保险人的个别风险,实现了个体风险在集体中的初步分散与均衡;减少了个体中时常出现的逆选择现象,降低了保险人的承保风险;不需要体检,节约了保险人的费用支出,使得其保险费率低于单个被保险人单独投保时的费率,对被保险人一方也大有益处。

(六)按保险金额确定的方式分类

按照保险金额确定的方式,可以把保险分为不定值保险和定值保险。

不定值保险是指在订立保险合同时,通常由被保险人一方确定保险金额,并载明于保险单中,作为保险赔偿的上限的保险。当保险标的出险时,对其实际价值要重新估计,并将重新估计的价值作为保险人确定赔偿方式以及计算赔款的依据。在保险条款中有比例赔偿规定的条件下,如果重新估计的保险标的的价值大于其保险金额,应视为不足额保险,实行比例赔偿方式,即按保险金额与实际价值的比例计算赔偿金额。需要注意的是,虽然有的险种(如车损险)规定保险金额可以由保险人和被保险人协商确定,但这种协商确定保险金额的方式并不能使保险成为定值保险,保险标的出险后还是要把出险时的市场价值作为确定赔偿方式和计算赔偿金额的依据。

定值保险是指在订立保险合同时,保险金额并不由被保险人一方自行确定,而是由保险人与被保险人协商确定保险标的的实际价值,并将此价值作为保险金额载明于保险单中,作为保险赔偿的上限的保险。当保险标的出险时,无须重新估计保险标的的实际价值,而是按照协商确定的价值和损失的程度计算赔款金额。需要注意的是,并不是所有的定值保险的保险金额都是保险人和被保险人协商确定的。例如,运输货物保险通常都为定值保险,但其保险金额并不是协商确定的,而是以货物的发票价格为基础,同时考虑合理利润等因素进行适当的加成确定的。

(七)按保险金额与保险标的实际价值的对比关系分类

按照保险金额与保险标的实际价值的对比关系,可以把保险分为足额保险、不足额保险和超额保险。这种区分只适用于财产保险,而不适用于人身保险。

足额保险是指保险金额与损失发生时保险标的的实际价值相等的保险。在足额保险条件下,如果不考虑免赔等其他因素,当保险标的发生保险责任范围内的损失时,保险人按保险标的的实际损失金额确定赔偿金额。当保险标的发生全部损失时,保险人按保险金额进行赔偿。

不足额保险是指保险金额小于损失发生时保险标的的实际价值的保险。我国《保险法》规定,保险金额低于保险价值的,除合同另有约定外,保险人按照保险金额与保险价值的比例承担赔偿责任。也就是说,在不足额保险条件下,如果不考虑免赔等其他因素,当保险标的发生保险责任范围内的损失时,保险人通常按保险金额与保险标的的实际价值的比例确定赔偿金额。如果是全损,保险人可直接按保险金额进行赔偿。

超额保险是指保险金额大于损失发生时保险标的实际价值的保险。我国《保险法》规定,保险金额不得超过保险价值;超过保险价值的,超过的部分无效。也就是说,在超额保险条件下,如果不考虑免赔等其他因素,当保险标的发生保险责任范围内的损失时,保险赔偿的方式与足额保险相同,即保险人按保险标的的实际损失金额确定赔偿金额。

第三节 保险的产生与发展

保险并不是在人类社会发展的初期就存在的,而是在人类社会发展的过程中逐渐产生和发展起来的。简要回顾与分析保险产生与发展的历史过程,有助于我们了解保险产生和发展的原因,认识保险与经济发展和人类进步相互依存、相互促进的关系,认识保险发展的规律性。

一、国外保险的起源与发展

（一）海上保险的起源与发展

早在3 000多年前,在古巴比伦的《汉谟拉比法典》中规定,商人可以雇用一个销货员去外国港口销售货物,当后者安全归来时,商人可收取一半的销货利润;如果销货员未归,或者归来时既无利润,也无货,商人可以没收其财产,或者把其妻儿作为债务奴隶。但是,如果货物被强盗劫掠,则可以免除销货员的债务。这里,商人很像保险人,而销货员则很像被保险人,销货员的债务类似于保险赔偿金,商人所收取的销货利润类似于保险费。因此,可以认为这是海上保险的原始形态。

共同海损分摊原则是海上保险的一个古老的而又十分重要的原则。地中海作为陆间海,比较平静,加上沿岸海岸线曲折、岛屿众多,拥有许多天然良港,是沟通三个大陆的交通要道。这样的地理条件,使地中海地区成为古代海上贸易最为发达的地区。由于当时的船舶较小、造船技术水平较低,船舶在海上航行时极易倾覆。为了避免船舶倾覆,一个有效的办法是抛弃货物,减轻船舶的重量。被抛弃货物的货主的损失可以从受益方摊回。这就是当时航海商所共同遵循的"一人为众人,众人为一人"的原则。这个原则为公元前916年颁布的《罗地安海商法》所采用。该法规定,凡因减轻船舶载重投弃大海的货物,如为全体利益而损失的,须由全体来分摊。这是共同海损分摊原则的最早的规范表述。

公元前800～前700年,地中海沿岸的一些城市船舶抵押贷款的贷款方式已经广泛流行。这种贷款方式的具体规定是,如果抵押船舶安全到达目的地,借款人向贷款人支付本金和利息;如果抵押船舶在航行途中沉没,则借款人无须归还本金和利息。由于当时船舶在海上航行时的风险很大,船舶抵押贷款的利息大大高于普通贷款的利息。这里,由于抵押船舶在航行途中沉没借款人无须归还的本金和利息,相当于保险赔款;船舶抵押贷款利息高于普通贷款利息的部分,相当于保险费;抵押船舶相当于保险标的;借款人相当于被保险人;而贷款人则相当于保险人。可以认为,船舶抵押贷款是海上保险的初级形式。

由于对东西方中介贸易的控制和商品经济的繁荣,早在14世纪中叶,意大利北部就出现了接近于现代形式的海上保险。其标志是后来全面取代口头保险契约的书面保险合同的诞生。1347年10月23日,一个名为乔治·勒克维伦的热那亚商人出立了一张承保从热那亚到马乔卡海上风险的船舶保险单(这是迄今发现的世界上最早的保险单)。尽管该保险单在措辞上类似于无偿借贷合同,在本质上与现代保险单还有相当大的区别,但它已经具有现代保险的一些特征。当地人把该保险单称为Polizza,后来传入英国称为Policy,并一直沿用至今。目前,这张保险单仍存放在热那亚国立博物馆。1393年,在佛罗伦萨出现的保险单中已经有了"海上灾害、天灾、火灾、抛弃、王子的禁止、捕捉"等与保险责任有关的用语,开始具有了现代海上保险单的雏形。

1384年3月24日,出现了保险人以纺织品为标的的从比萨到沙弗纳的保险单。这是最早的一张真正意义上的保险单。到了1424年,世界上第一家海上保险公司在热那亚宣告成立。保险从单个人的行为变为一种企业性的行为。这种变化在保险业的发展史上具有划时代的意义。

美洲新大陆发现之后,英国的对外贸易、海洋运输迅速发展,世界保险的重心逐渐转移到英国。1568年12月22日,伦敦开设了第一家皇家交易所,为海上保险提供了固定的交易场所。劳合社的出现在海上保险的发展史上具有里程碑式的意义。1683年,爱德华·劳埃德在伦敦泰晤士河畔开办了一间可供交流、传播海事航运、海上保险信息的咖啡馆,揭开了劳合社作为世界性的海上保险交易中心发展历史的序幕。1691年,劳埃德咖啡馆迁至伦巴第街,逐渐发展为海上保险的交易中心。1779年1月12日,由劳合社会员大会通过的劳合社SG保险单(劳合社船货保险单),不仅具有其他保险单所有的内容,而且制定了详细的保险条款。1795年,SG保险单取代所有其他海上保险单,并一直沿用到20世纪80年代。1906年,英国议会通过的《1906年海上保险法》把该保险单正式列为第一附件,该保险单成为英国法定的标准海上保险单。到1998年,劳合社的注册会员已经达到32 000多人,成为目前世界上最大的海上保险市场。其业务范围包括水险、非水险、航空险、汽车险等,但是最有影响的还是海上保险。1884年,由英国海上保险业务承保人参加的公会组织"伦敦保险人协会"成立。它所制定的海上保险新条款(简称协会条款)取代了SG保险单,使保险责任更加明了,保险实务操作更加简便,因而在国际海上保险市场得到了广泛的应用。英国的《1906年海上保险法》,对世界各国的保险立法产生了重要的影响。

(二)火灾保险的起源与发展

早在3 000多年前的古巴比伦《汉谟拉比法典》中,就有关于巴比伦国王命令僧侣、官员和村长向居民征税,以筹集火灾救济基金的规定。到中世纪,欧洲各国城市中出现了各种各样的互助性的行会组织,救济范围包括遭遇死亡、伤残、疾病、年老、被盗、沉船等不幸事件的会员或其家属。遭遇火灾的会员也在其中。1118年,冰岛成立了互助社,对因火灾而发生损失的社员给予经济补偿。在15世纪,德国的一些城市出现了承保火灾保险损失的相互保险组织——火灾基尔特。

1666年,英国伦敦发生特大火灾。这次火灾持续了5天,伦敦城约80%的建筑被烧毁。1667年,牙科医生尼古拉斯·巴蓬成立了第一家专门承保火灾保险的营业所,开了私营火灾保险的先河。1680年,尼古拉斯·巴蓬创立了拥有4万英镑资本金的火灾保险公司。房屋的保险费率按照结构确定:木屋的保险费率为5%,而砖石结构的房屋的保险费率为2.5%。差别费率反映了不同结构的建筑火灾风险大小的差异,与现代保险费率制定的思想完全吻合。因此,尼古拉斯·巴蓬被誉为"现代保险之父"。

1752年,美国人本杰明·富兰克林在费城开办了第一家火灾保险社。到了19世纪初,火灾保险公司已如雨后春笋在欧美诸国大量涌现出来。

(三)人身保险的起源与发展

据考证,早在公元前4 500年前,在参加金字塔修建的古埃及石匠中就出现过丧葬互助组织。参加者向该组织缴纳会费,用作参加者死亡后的丧葬费用。在古罗马时期,在士兵中曾出现过抚恤互助组织,该组织用收取的会费作为阵亡士兵家属的抚恤费用和退役士兵的旅途费用。这两种做法,被认为是人身保险的最古老的形态。

1551年,德国纽伦堡市长创立了儿童强制保险,现代人寿保险已初露端倪。1693年,英国数学家和天文学家埃德蒙·哈雷编制了第一张生命表,为现代人寿保险奠定了数理基础。

17世纪中叶,意大利银行家洛伦佐·佟蒂设计了"联合养老保险法"(简称佟蒂法)。佟蒂法的基本内容是,每人缴纳300法郎到140万法郎的资金,并在规定的一定时期以后逐年按缴费的多少和年龄向缴费者支付利息。缴费者按年龄分为14个群。缴费数量相同的,年龄大的多支付,年龄小的少支付。因为年龄大的生存时间短,领取利息的年数少;而年龄小的生存时间长,领取利息的年数多。如果缴费者死亡,则利息在其所在群中平均分配。佟蒂法引起人们对生命统计的重视,故在人身保险的发展史上占有重要地位。

1762年,英国的辛浦逊和道森发起成立了人寿及遗嘱公平保险社,第一次用生命表计算人寿保险的保险费率,标志着现代人寿保险已经诞生。

二、中国保险的起源与发展

与欧美诸国相比,我国的保险业起步要晚得多。虽然鸦片战争前后在我国的国土上陆续出现了一些保险公司,但这些保险公司都是外国人办的。直到1885年"仁和"、"济和"两家保险公司(后来合并为一家)的建立,我国才有了自己的民族保险企业。第一次世界大战期间,由于帝国主义列强忙于战争,中国的民族工商业有了较快的发展,从而为民族保险业的成长奠定了基础。但是,中国的民族保险企业大多规模较小,在与外国保险企业的竞争中处于劣势地位。因此,旧中国的保险市场实际上是由外国保险企业控制的,我国民族保险企业发展的空间十分有限。

中华人民共和国的成立,为我国民族保险业的发展提供了重要的制度保证。1949年10月20日,中国人民保险公司正式成立。到1952年年底,人民保险公司的分支机构已经达到1 300余个。我国的保险业开始步入良性发展的轨道。但好景不长,在1958年以后,由于特殊的历史原因,除上海、广州、天津、青岛、大连5个口岸公司的涉外业务被保留以外,国内的保险业务基本停办。直到1979年,国内保险业务才得以恢复。

从国内保险业务恢复到现在,又过去了20多年。这20多年是我国经济体制发生历史性变革的重要时期,是我国国民经济持续高速发展的时期,也是我国保险业改革、开放、阔步前进的时期。与20多年前相比,今天我国的保险业已经换了另一张面孔。这不仅表现在我国保险的业务种类迅速增加和业务总量的急剧扩大,更为重要的是,中国人民保险公司一统天下的垄断局面已被彻底打破,国内外众多保险经营主体相互竞争、相互促进的市场格局已经形成。截至2005年,我国的保险费收入已经达到4 927亿元,相当于1980年的1 000多倍。20多年来,我国的保险费收入年均增长率高达33%,远远高于新兴国家和地区平均8.6%的水平。截至2005年年底,我国开业的保险公司已经增加到82家,其中,中资保险公司42家,外资保险公司40家。省级分公司近700家,营业性机构为44 650家。我国保险业在世界的排名已经由2000年的第16位上升到第11位。这些简要的数字表明,目前我国的保险业正处在高速发展、全面跃升的时期,而且这种态势还将持续相当长的时间。

回顾保险的产生、发展的历史过程,可以看到,保险是与经济和人类社会的发展密切联系的。风险是客观存在的,是不以人们的意志为转移的。风险的客观存在是保险产生的前提,没有风险就不可能有保险。风险从人类社会产生的那一天起就与人类相伴随,但在人类社会产生后的相当长的时期里并没有保险。随着经济和人类社会的发展,人类开始认识客观存在着的风险,并逐渐地寻找规避和转移风险的途径;同时,人类也越来越有能力认识客观存在着的风险,越来越有能力找到规避和转移风险的途径。最简便易行和最有效的规避和转移风险的途径就是保险。保险的发展依赖于经济和人类社会的发展,同时也对经济与社会的发展发挥着越来越大的作用。这是保险能够不断发展的根本原因。

第四节 保险的功能与作用

一、保险功能研究的回顾和进展

随着保险业自身的波浪式前进、螺旋式发展,人们对于保险功能的研究和探讨也经历了一个从最初的单一功能论到多元功能论中基本和衍生功能的划分,再到近年出现的现代保险功能论的迂回反复的过程。

单一功能论是传统的保险功能学说。它认为保险只具有经济补偿和保障的功能。在持此种观点的保险学者看来,经济损失补偿不仅是保险产生和形成的原因,而且是建立保险基金的根本目的。单一功能论抓住了保险的经济损失补偿制度这一本质,但它只强调了保险机制的目的和社会效应,而未能说明该机制实现的手段。因此,该学说不能完整地描述保险制度运行的全过程,也不能完全说明保险的本质。

与单一功能论不同,多元功能论认为,保险除了具有经济补偿及保障功能之外,还有保险金给付、资金融通、储蓄、防灾防损等功能。持此种观点的保险学者认为,保险功能的确立是一个动态的过程,随着保险市场经济的发展,保险的功能会不断增加。许多海外保险学者也没有将保险功能局限于损失补偿、分散风险等个别方面上,而是用社会、宏观、国民经济等专业术语来表述保险在国民经济中的作用。比如,美国保险学者小哈罗德·斯凯博等在《国际风险与保险》一书中,将保险的好处归纳为七个方面,即促进金融稳定,可以替代政府的社会安全保障,推动贸易和商务,激活储蓄,促进风险管理,鼓励减损,推进资本有效配置。

现代保险功能论认为,保险具有经济补偿功能、资金融通功能及社会管理功能等三大功能。同时,社会管理功能又包括社会保障管理、社会风险管理、社会关系管理、社会信用管理。三大功能说较为全面地概括了现代保险对于现代经济发展和社会生活的重要意义,是对现代保险功能的较为恰当的表述。

二、保险的功能

保险的功能是指保险所具有的最基本的作用。保险的功能主要有保障功能、资金融通功能、社会管理功能和防灾防损功能。

(一) 保障功能

保险的保障功能是指在保险事故或保险事件出现后,通过对被保险人一方进行赔偿或给付的行为,使其受到的损失得到补偿或债权得到实现。保障功能主要体现在两个方面:

1. 分散风险功能

在原始保险时期,分散风险直接体现为均摊损失,即按照保险标的的实际损失量在参加保险者之间进行均摊,各个参加保险者应均摊的份额集中起来补偿给遭受损失的投保人。

在现代保险中,保险分散风险的功能体现为通过保险活动将遭受风险事故的被保险人的经济损失在众多投保人之间分摊。其关键在于预计损失,即运用大数法则可以掌握灾害事故发生的规律,然后根据预计损失确定投保人应交付的保险费的数额。保险组织通过预缴保险费的方式形成保险基金,当某一被保险人遭受经济损失时,用保险基金进行补偿,实际上是将一部分人面临的风险分摊给了众多的被保险人。

2. 经济保障功能

经济保障功能是指将集中起来的保险基金,用于补偿保险合同约定的保险事故发生给被保险人造成的经济损失。经济保障职能的实现是基于人们对分散风险的需要和对安全感的追求,也只有当人们认为保险满足了这种需要和追求之后,才会去购买保险,所以这种功能是保险最基本的功能。

在财产保险中,经济保障功能体现在补偿被保险人因自然灾害和意外事故造成的经济损失及其相关利益损失,广泛应用于财产损失保险、责任保险、信用保证保险。财产保险中损失比较容易确定。例如,火灾造成的房屋灭失,这类有形财产可依据损失金额和保险金额较低者确定;被保险人对第三人承担的赔偿责任,也可依据法律诉讼确定的赔偿或相关费用支出确定。

在人身保险中,经济保障功能体现为经济给付。这是由于人身保险的保险标的是人本身,其价值是不可估量的。因此,保险双方通过保险合同约定保险事故发生时的保险金额。实践中,人们对人身价值的确定往往以投保方的缴费能力和经济状况为标准,以求在约定的保险事故发生后,能使被保险人恢复到基本生活水平。例如,年金保险中,被保险人在活到约定年龄之后,便可领取维持基本生活水平的养老保险金。

(二) 融资功能

保险的融资功能是指将暂时不用于赔付的各项准备金和较长时期不用于赔付的总准备金用于投资,使保险资金的闲置部分重新投入社会再生产过程,发挥其促进社会经济发展的作用。保险可以在时间上和空间上分散风险,这必然导致集中起来的保险费预提后尚未赔偿或给付的情况,从而会产生一定的闲置资金,这也是保险投资的资金来源。

通过保险资金运用获取投资收益,可以提高保险公司的偿付能力,有利于实现保险的经济保障功能。保险资金的运用是实现保险分散风险职能的经济保证。特别是在储蓄性的保险中,保险人在保险合同中承诺给付的保险金中已经包括着保险费的未来收益,只有实现保险投资的预期收益额,保险人才有能力履行其所承诺的给付保险金的义务。

保险公司将积累的保险资金运用出去,可以满足未来支付的保险基金保值增值的需要。保险基金是资本市场的重要的机构投资者和资金供应方,也是资本市场重要的稳定力量。同时,充分发挥资金融通功能,可以为保险资金提供有效的风险分担机制,从而实现保险市场与资本市场的有机结合和协调发展。保险业与银行业、证券业一起成为了金融业的三大支柱。

(三) 社会管理功能

保险是经济的"助推器"和社会的"稳定器",其社会管理功能是指从社会属性角度看保险本质所产生的对整个社会的积极作用。这主要表现在四个方面:

(1) 社会保障管理。现代商业保险是社会保障体系的重要组成部分,为没有参加社会基本保险制度的劳动者提供社会保障,或在已有社会保险的基础上提高劳动者的保障水平,从而化解社会生活中的不安定因素,在客观上起到社会稳定器的作用。

(2) 社会风险管理。保险经营机构能够积极主动参与、配合社会防灾部门开展防灾防损工作,并为全社会风险管理和采取差别费率提供有力的数据和智力支持。

(3) 社会关系管理。在事故勘查和灾害处理及赔付过程中,通过保险经营机构的协调管理,有利于维护政府、企业和个人的正常的社会关系和秩序,减少社会摩擦,起到"社会润滑剂"的作用。

(4) 社会信用管理。保险公司通过经营过程中收集和记录有关企业和个人的信用状况,为社会信用体系提供重要的信息来源,有助于改善和推动社会信用制度建设。

(四) 防灾防损功能

保险的防灾防损功能是指保险提高了社会防灾防损的能力,这可以从以下三个方面来理解:

(1) 保险公司在承保、理赔过程中,掌握了财产的设置分布和各种灾害事故损失的统计资料,同时积累了大量的防灾防损的经验,许多保险公司还自身创造发明了有效降低风险的技术,如取得"汽车碰撞惯性减缓保险杠"的专利。

(2) 降低损失发生的概率和程度,可以使保险公司的赔付率下降,从而在既得的保险费一定的情况下,增加公司本身的利润,增加用于投资的闲置资金,所以保险公司具有加强防灾防损的动力。

(3) 保险双方通过订立保险合同,确立投保方的防灾防损、危险通知的义务,可以加大投保方的风险防范意识,此外,保险公司还会定期检查被保险人的安全设备,提供相应的防范建议等,从而使被保险人发生事故的可能性降到最低,使事故发生后损失程度控制在最小范围内。

从国外的经验来看,保险的防灾防损功能随着保险业务的发展而愈发得到重视。例如,美国财产和意外保险公司资助全国安全委员会、承保人试验所、公路安全保险协会等防损组织和研究机构;有的人寿保险公司也资助医学院、医药和保健研究项目;一些大的保险公司配备了大批工程技术人员来调查意外事故的原因和开展防损工作。

四、保险的作用

保险的作用是指保险发挥其功能时产生的社会效应。保险的作用包括宏观和微观两个层面。

(一) 保险在微观领域中的作用

保险在微观领域中的作用主要涉及保险对个人及其家庭的作用与对企业等经济单位的作用。

保险对个人及其家庭的作用主要体现在以下三个方面：

(1) 有利于安定人民生活。人有旦夕祸福，对于家庭和个人来说，灾害事故的发生及其损失程度是不可预料的，尤其是巨灾事故的发生。所以，保险对于家庭来说，是风险管理的有效方式，家庭财产保险可以使受灾的家庭恢复原有的物质生活条件；人身保险可以转嫁被保险人的生、老、病、死、残等风险，对家庭正常生活起保障作用。更为重要的是，个人通过保险这一经济行为，获得了心理保障及积极的生活态度，而不用过分担忧未来的不确定性的损失和支出。

(2) 有利于保证民事赔偿责任的履行。责任保险的保险人承担了被保险人因为过错导致的受害第三者的财产损失或人身伤亡引起的民事损害赔偿责任。被保险人可以将责任风险转嫁给保险人，而不用承担突如其来的巨额的民事赔偿，保障了生活和工作秩序的安定。同时，责任保险的出现，使得受害的第三者的经济利益得到保障。例如，机动车第三者强制责任保险中，因驾驶员酗酒等不法和违规行为导致的交通事故，保险人同样要赔付保险金，可以使受害第三人得到及时的治疗。

(3) 有利于提高人们的风险管理意识。人们往往容易忽略眼皮底下的危险，大多数风险事故的发生都是由人们自身的疏忽或其他行为导致的。保险通过宣传加强了被保险人的谨慎管理，在一定程度上提高了人们风险防范的意识，同时，发挥保险的防灾防损功能，给被保险人提供安全防备的建议，尽力将损失发生的可能性降到最低，将损失程度控制在最小范围内。

保险对企业等经济单位的作用主要体现在以下三个方面：

(1) 有助于受灾企业及时恢复生产或经营。自然灾害、意外事故的发生，尤其是重大灾害事故的发生，往往会破坏企业的资金循环，缩小企业的生产经营规模，企业甚至会由于不堪重负而中断生产经营过程，导致经济损失。所以，保险的存在，使得企业在发生保险责任范围内损失的同时，也能及时获得保险公司的赔款，从而尽快地恢复生产或经营活动。保险不仅可以为直接的经济损失提供保障，也可以为诸如营业中断造成的停产等间接损失提供保障，从而能够全面地促进受灾企业生产经营的恢复。

(2) 有助于企业加强经济核算。企业是自负盈亏、自主经营的经济实体，为了保证正常的持续经营，必然要对未来不确定的损失和将要遭遇到的自然灾害、意外事故等加以防范。企业倘若留置出一定的资金用于防备未来损失，这种做法将会导致资金闲置，不利于企业扩大经营规模、提高经营效益和增强竞争力。通过保险这一风险转移方式，可以将未来不确定的支出转化为确定的小额的保险费的支出，有利于企业加强经济核算和科学管理。

(3) 有助于企业加强风险管理。首先，保险业本身就是以风险为经营对象的，保险公司具有防灾防损技术和经验上的优势，可以通过对承保企业的风险状况进行监督和提供建议，以消除潜在的风险因素。其次，保险公司可以利用风险状况细分保险标的，对不同风险水平的企业采用不同的费率,从而督促企业加强风险管理。

(二)保险在宏观领域中的作用

保险在宏观领域中的作用主要有以下三个方面:

(1)稳定再生产循环,促进社会再生产的正常进行。社会再生产过程包括生产、分配、交换和消费四个环节,这四个环节互相联系、互为依存。但当自然灾害和意外事故发生时,其中一个环节或多个环节将会中断,受灾企业不得不转向财政和银行信贷支持,从而影响整个社会再生产过程的发展。保险对经济损失的补偿,使得受灾企业迅速恢复生产,保证了财政收入的稳定,同时也无须要求财政和银行信贷支持,因而也就不会对国民经济其他部门造成不利影响。另外,保险资金的运用,为社会再生产提供必要的资本,促进其正常进行。

(2)有助于社会稳定。保险是安定社会的稳定器和减震器。通过投保家庭财产保险、意外伤害保险、养老保险以及各种责任保险,可以保障个人与家庭生活的安定,而不至于因受灾而陷入困境。通过投保企业财产保险,可以保障企业的生产经营活动不会因灾害事故而中断,或在中断后能够迅速恢复,使职工不会因企业受损而影响正常收入。因此,保险有利于维护社会秩序的稳定。

(3)促进科学技术转化为现实生产力。市场竞争的根本在于技术竞争。新技术的采用在提高生产力的同时,也会给企业带来新的风险。保险可以通过对企业的技术风险提供保障的方式,有力地促进企业引进新技术、开发新产品,从而提高企业的经济效益和竞争力。

本 章 小 结

完全商业性可保风险的特征不仅在于损失的可预测性,而且还在于要有足够多的同类或相似的风险载体,并且这些载体的损失之间不具有相关性或相关性较低。在标的损失的期望值已定的前提下,风险可以看作是距离期望值的偏差。因此,可以用方差或标准差来衡量标的的风险的大小。风险不相关条件下的聚合安排使平均损失的标准差减小,即每个参加者面临极端损失结果的概率减小,他们所承担的风险得到了有效的抑制,从而最终降低保险人的风险。风险正相关的程度越高,聚合安排对风险的抑制作用越小;反之,风险正相关的程度越低,聚合安排对风险的抑制作用越大。这是保险得以产生、存续和发展的内在根据。

保险是一种民事法律行为,是一种合同行为,是一种在保险人的主导下在全体被保险人之间分摊损失的行为。分摊损失是保险的本质。

保险可以从不同的角度进行分类。在本章的各种分类中,按保险金额确定的方式分类和按保险金额与保险标的实际价值的对比关系分类尤为重要。按照保险金额确定的方式,可以把保险分为定值保险和不定值保险。按照保险金额与保险标的实际价值的对比关系,可以把保险分为足额保险、不足额保险和超额保险。

  保险的功能是指保险所具有的最基本的作用。保险主要有保障、融资、社会管理、防灾防损等功能。保障功能是指在保险事故或保险事件出现后,通过对被保险人一方进行赔偿或给付的行为,使其受到的损失得到补偿或债权得到实现。融资功能是指将暂时不用于赔付的各项准备金和较长时期不用于赔付的总准备金用于投资,使得保险资金的闲置部分重新投入社会再生产过程,发挥其促进社会经济发展的作用。社会管理功能是指保险对于社会经济与政治所具有的"助推器"和社会的"稳定器"的作用。

  本章还阐述了保险在宏观与微观两个层面上的作用。

关 键 词

风险相关性　风险聚合安排　同质风险　保险　自愿保险　强制保险　商业保险　社会保险　政策性保险　共同保险　不定值保险　定值保险　足额保险　不足额保险　超额保险

复习思考题

1. 同质风险的聚合安排对风险有何影响?
2. 保险的具体含义是什么?
3. 按保险金额确定的方式可以把保险分为哪几类?
4. 按保险金额与保险标的实际价值的对比关系可以把保险分为哪几类?
5. 定值保险与不定值保险有什么区别?
6. 保险主要有哪些功能?
7. 保险主要有哪些作用?

第三章 保险合同

保险是一种合同行为。保险合同所规定的合同双方当事人的权利和义务,对双方当事人具有法律约束力。他们所享有的权利受法律的保护,而他们所承担的义务也必须全面履行。因为一方当事人的义务即是另一方当事人的权利,一方当事人不履行自己的义务,另一方当事人的权利就无法实现。

第一节 保险合同概述

一、保险合同的概念与特征

保险合同是投保人与保险人约定保险权利义务关系的协议。保险合同所约定的权利义务关系是投保人依照合同的约定向保险人交付保险费,保险人则对合同约定的可能发生的事故发生后造成的保险标的的损失承担赔偿责任,或者当指定的被保险人死亡、伤残、疾病或者达到合同约定的年龄或时间时承担给付保险金的责任。保险合同是合同的一种,与一般民事合同相比,保险合同主要具有以下三个特征。

(一)保险合同是特殊的双务合同

双务合同是指合同当事人双方约定互负义务,并受其承诺约束的合同。保险合同设置了双方的特定义务:被保险人一方最基本的义务是向保险人交付保险费;保险人最基本的义务则是在保险合同约定的事实出现时,如保险事故发生、期限届满等,向被保险人或受益人支付赔偿金或保险金。但保险合同具有非典型双务合同的性质,一般双务合同双方的义务具有对等性,任何一方当事人履行义务是必然的,如果不履行义务必须具备法定条件,(如因为履行不能而导致合同解除)。保险合同中双方当事人承担的义务在形式上则不具有严格意义上的对等性,被保险人一方的义务通常具有履行的必然性,而在大多数保险合同中,保险人履行义务仅具可能性,或者可以说,保险人对其所承担的大多数保险合同所规定的义务,(赔偿或支付保险金)必然不履行。此外,一般双务合同,双方当事人的义务和他们享有的权利,是相互关联和互为因果的,而在保险合同当事人之间负有给付保险费义务的是投保人,保险事故发生后,保险人为保险给付的对象却不一定是投保人,尤其是人身保险合同中,投保人或被保险人均得另行指定投保人之外的第三人为受益人。

（二）保险合同是附和合同

附和合同是指当事人双方对于合同的具体事项一般并不进行协商，而由一方当事人单独制定条款，相对人只能概括地接受或不接受另一方所提出的合同条件的合同。由于保险合同的适用范围广泛，合同数量巨大，以及办理保险手续的快速、简捷的要求，标准化、定型化已成为各国保险合同订立所采用的一般形式，即由保险人事先拟定出保险合同的基本条款，投保人只需在印制的表格上填写有关事项。在订立合同时投保人既不能自行拟定保险单的内容，也不能对保险单所确定的条款进行修改。在某些特殊的情况下，如需变更保险单的内容，投保人也只能采用保险人事先拟定的附加条款或附属保险单，即只能按标准合同规定的条款订立合同，并无其他选择余地，故一般而言，标准合同即附和合同。不过与一般的标准合同有所区别的是，保险合同并不表现为标准合同文本，而是表现为标准格式的要保书、暂保单、保险单以及其他保险凭证等书面文件。在实务中，保险合同的订立并非必须采用或完全采用保险人拟定的标准格式合同，由于保险标的物的不同、保险期间不同、保险条件不同，保险格式化条款不一定能够完全满足当事人的需要，所以在不违背法律强制性规定或禁止性规定的条件下，当事人也可以个别商议形式，另行约定设置特别商议条款。在这种情况下，保险合同即由标准性合同与特别商议合同结合而成。

（三）保险合同是射幸合同

射幸是指相对人获取利益具有偶然性。射幸合同具有"碰运气"的性质，因此当事人因为合同所产生的利益或者损失不具有等价关系。这种合同有可能因违背公序良俗而无效，如赌博合同，但在符合法律规定的情况下，也可能具有效力，如合法的有奖销售。在财产保险合同和部分人身保险合同中，投保人向保险人交付保险费后，其能否获得补偿仅具可能性。就个别保险合同而言，若不发生事故，投保人除了交付保险费外什么也得不到；一旦发生损失，所取得的赔款将是所缴保险费的许多倍。因此，保险合同是一种射幸合同。保险合同的这种性质是由保险事故发生的不确定性所决定的。从投保人的角度看，在发生保险事故时，投保人获得的保险赔偿只是对其所遭受的经济损失的补偿，投保人并未因此获得任何额外利益；而从保险人的角度看，保险事故的发生，虽然对于个别投保人具有偶然性，但其对其整体而言却具有必然性。从理论上说，保险人收取的保险费总额与其所承担的赔偿总额应当是相等的。

二、保险合同的分类

保险合同可以从不同的角度进行分类。

（一）根据保险合同的标的的不同分类

根据保险合同的标的的不同，可以把保险合同分为财产保险合同和人身保险合同。

财产保险合同是指以财产及其有关利益为保险标的的保险合同。财产保险合同所涉及的标的包括有形财产和无形财产，以有形的物质财产为合同标的的是有形财产保险合同，如企业财产保险合同等；以无形的财产为合同标的的是无形财产保险合同，如责任保险合同、信用保险合同等。

人身保险合同是指以人的寿命和身体为保险标的的保险合同。根据人身保险合同所保障的风险不同，又可以把人身保险合同具体分为人寿保险合同、意外伤害保险合同和健康保险合同。

（二）根据保险合同订立时是否约定保险价值分类

根据保险合同订立时是否约定保险价值，可以把保险合同分为定值保险合同和不定值保险合同。

定值保险合同是指保险合同当事人事先约定保险标的的价值，并将其记载在合同中，保险金额则是指按照约定的保险价值来确定的保险合同。定值保险一般适用标的本身的价值难以确定或不可能复制，以及在保险有效期内市价变动较大的标的。例如，艺术品、书画、矿物标本以及海上货物运输等，这些财产的价值不易确定，为避免纠纷，需要由当事人双方事先约定财产的保险价值。在定值保险中，若保险标的因保险事故全损时，不论保险事故发生时保险标的的实际价值是多少，保险人都无须再加以估价，应依照所约定的保险金额全部赔偿；若发生分损，则依照保险金额乘以损失程度进行赔偿。需要注意的是，按照定值保险承保时，如果保险人对保险财产的估价缺乏经验，则容易引发被保险人的欺诈行为，因此定值保险除在海上保险中广泛使用外，在其他保险中很少使用。

不定值保险合同是指在投保时对被保险财产的保险价值先不确定，但合同中须载明保险事故发生后，再对投保的财产的保险价值按照一定标准进行估价的保险合同。在不定值保险合同中，如果保险金额小于保险价值就构成了不足额保险。在这种情况下，被保险人的损失就不会得到全部赔偿。

（三）根据保险人支付保险金的行为性质不同分类

根据保险人支付保险金的行为性质不同，可以把保险合同分为给付性保险合同和补偿性保险合同。

给付性保险合同是指事先由保险人与投保人协商一定数目的保险金额，待保险事故发生时，由保险人依照保险金额承担给付保险金义务的保险合同。这类保险合同多为人身保险所采用，如人寿保险与年金保险。

补偿性保险合同是指当保险事故发生时，保险人要对保险标的实际损失进行核定，并仅在被保险人所遭受的实际损失的范围内给予赔偿的保险合同。大多数的财产保险合同都是补偿性保险合同。

（四）根据保险合同标的是否为特定的标的分类

根据保险合同标的是否为特定的标的，可以把保险合同分为特定保险合同和总括保险合同。

特定保险合同又称特定式保险单,是指用来承保某一特定的标的的风险,并且为该特定的标的规定一个保险金额或赔偿限额的保险合同。多数保险合同都是特定保险合同。

总括保险合同又称为统保险单,是指用来承保某一类别的多个保险标的风险,并为多个标的确定一个保险金额或最高赔付限额的保险合同。例如,在忠诚保证总括保险单中,规定被保险人在特定地区的全部雇员在处理财产和现金时由于不忠诚所导致的损失的最高赔偿金额,而不是规定每一雇员不忠诚所导致的损失的赔偿金额。当其雇员不忠诚造成被保险人的损失时,由保险人在最高赔偿限额内进行赔偿,而不论每一雇员不忠诚所导致的损失的多与少。再如,在意外医疗费用总括保险单中,规定全部医疗费用赔付的最高限额,而不规定医疗、住院、护理等各个项目的医疗费用的保险金额。在最高限额内,保险人赔付被保险人的各种医疗费用,而不论各个项目的医疗费用的多与少。

（五）根据风险转嫁层次分类

根据风险转嫁层次,可以把保险合同分为原保险合同和再保险合同。

原保险合同是指投保人与保险人之间直接订立的保险合同。原保险合同保障的对象是被保险人的经济利益。被保险人将风险转嫁给保险人,由保险人承担其可能的风险损失,它是风险的第一次转嫁形式。

再保险合同是以原保险合同为基础,由原保险人与再保险人订立的将原保险人承担的风险责任,部分或全部转嫁给再保险人的保险合同。它是风险的第二次转嫁。

第二节 保险合同的要素

保险合同作为保险法律关系的表现形式,与一般法律关系一样,是由主体、客体和内容三要素构成的。

一、保险合同的主体

保险合同的主体有权利主体和义务主体之分。享有权利的一方是权利主体,承担义务的一方是义务主体。一般来说,保险合同的双方当事人既是权利主体,也是义务主体,但也存在当事人只承担义务而不享有权利的情况。例如,在人身保险合同中,投保人不是为自己投保时就只是义务主体,而不是权利主体。享有权利的是被保险人或者受益人。

（一）保险合同当事人

保险合同的主体是指保险合同的当事人。保险合同的当事人是指依法订立保险合同并享有权利和承担义务的利害关系人,包括保险人和投保人。保险人通常为法人,而投保人可以是法人,也可以是自然人。

1. 保险人

保险人(Insurer)又称为承保人,是指与投保人签订保险合同,向其收取保险费,并在保险事故或保险事件发生后对其承担赔偿或给付保险金责任的保险公司。保险人签订和履行保险合同必须具备如下两个条件:

(1) 保险人要具有法定资格。保险人必须是依法成立的保险公司,其设立不仅要符合我国《保险法》的有关规定,还须符合《中华人民共和国公司法》(以下简称《公司法》)的有关规定,其业务范围必须由国家保险监管部门核定,并只能在核定的业务范围内从事保险业务,要接受保险监管部门的监管;保险公司的组织形式应是国有独资公司与股份有限公司两种形式。

(2) 保险人必须以自己的名义签订保险合同。只有以自己的名义与投保人签订保险合同,保险公司才能成为保险合同的当事人。

2. 投保人

投保人(Applicant)是指与保险人订立保险合同,并按照保险合同的约定负有支付保险费义务的自然人或法人。

投保人必须具备三个条件:

(1) 投保人必须具有民事行为能力。民事行为能力是指有行使民事权利、履行民事义务的能力。保险关系是民事法律关系,签订保险合同的行为是一种民事法律行为。因此,作为投保人就应当具备民事权利能力和行为能力,否则所签订的保险合同无效。法人取得民事权利和承担民事义务的资格是国家依法赋予的,当然可以充当投保人。自然人有完全行为能力人、限制行为能力人和无行为能力人之分。只有完全行为能力人才能充当投保人。限制行为能力人和完全无行为能力人不能充当投保人,他们签订保险合同必须由其法定代理人代理。

(2) 投保人必须对保险标的具有保险利益。投保人对保险标的具有保险利益,是投保人签订保险合同的要件。即使已经签订,但如果无保险利益,保险合同也归于无效。

(3) 投保人必须承担交付保险费的义务。

(二) 保险合同关系人

保险合同的订立是在保险人与投保人之间进行的,但保险合同的内容往往会涉及关系人。保险合同的关系人是指并未参与保险合同的订立,但享受保险合同约定利益的人,包括被保险人和受益人。保险合同的投保人、被保险人、受益人通常均应在合同中载明,保险人则需在保险合同上签章。

1. 被保险人

被保险人(Insured)是指以自己的财产或者人身利益享受保险保障,在保险事故发生或者约定的保险期间届满时,对保险人享有保险金给付请求权的人。财产保险的投保人往往与被保险人是同一人。人身保险的投保人与被保险人在很多情况下可以不是同一人。在人身保险中,被保险人有时也要参与保险合同的订立,如指定或同意指定受益人等。我国《保险法》对投保人与被保险人的地位已经作了明确的划分,按照《保险法》的规定,投保人的地位主要体现为订立保险合同和承担交付保险费的义务,而被保险人的地位主要体现为享有保险金请求权。正是因为投保人与被保险人有不同的法律地位,所以保险合同的投保人与被保险人可以分离,投保人与被保险人可以为不同的民事主体。当然,如果被保险人以自己的名义与保险人订立保险合同的,投保人与被保险人即为同一人。被保险人享有保险合同项下的利益,但其利益的取得必须满足履行保险合同约定或者法律规定的各项义务这一条件。

2. 受益人

受益人(Beneficiary)是指人身保险合同中由投保人或被保险人指定的,在保险事故发生时,享有保险金请求权的人。投保人、被保险人可以为受益人。

受益人具有以下三个特点:

(1) 受益人是由投保人或被保险人指定的。当投保人指定自己或被保险人以外的其他人为受益人时须经被保险人同意。投保人或被保险人所指定的受益人应当在保险合同中载明。

(2) 受益人在保险事故发生后享有保险金的给付请求权。受益人的此项权利取得属于原始取得。当被保险人死亡后,保险合同中指定的受益人所领取的保险金既不纳入遗产分配,也不用于清偿被保险人的生前债务,受益人以外的任何人无权分享受益人领取的保险金。如果保险合同中没有指定受益人,则在被保险人死亡后其法定继承人为受益人,但后者所领取的保险金属于被保险人的遗产,应当用于偿还被保险人的生前债务。

(3) 受益人既可以是投保人,也可以是被保险人或第三人。前者属于"为自己利益的保险",后者则属于"为他人利益的保险"。

(三) 保险合同辅助人

保险合同的订立往往是在保险代理人、保险经纪人的参与下完成的。在订立保险合同前对保险标的实际价值的估算,在保险标的出险后对标的损失的估算,都会涉及专门知识、技术和经验,这往往是由公估人承担的。保险代理人、保险经纪人、保险公估人通常被称为保险合同辅助人。

1. 保险代理人

保险代理人(Insurance Agent)是指保险人的代理人。保险代理人的职责是根据其与保险人签订的代理合同或保险人的授权书所授予的权限,以保险人的名义代为办理保险业务,并向保险人收取代理手续费。保险代理人根据保险人的授权代为办理保险业务的行为,由保险人承担责任。保险代理人的具体业务通常包括代表保险人向客户推销或销售保险产品,代表保险公司向投保人收取保险费。

2. 保险经纪人

保险经纪人(Insurance Broker)是指投保人的代理人。保险经纪人受投保人的委托，代表投保人联系合适的保险人，办理投保手续，交付保险费；在保险事故或保险事件出现后，代表被保险人或者受益人向保险人索赔。

3. 保险公估人

保险公估人(Insurance Surveyor)也称保险公证人。保险公估人接受保险当事人的委托，专门从事保险标的的评估、勘验、鉴定、估损、理算等业务。

二、保险合同的客体

保险合同的客体是合同当事人权利义务共同指向的对象。保险合同的客体不是保险标的本身，而是被保险人一方对保险标的所具有的可保利益。但是，可保利益是与保险标的密不可分的，保险标的是可保利益的载体，一旦保险标的受损，被保险人一方的可保利益也将随之发生损失。因此，一般可将保险标的看成保险合同的客体。

财产保险合同的保险标的是被保险人的财产或与财产有关的经济利益；人身保险的保险标的是被保险人的生命、健康和劳动能力等；责任保险的保险标的是被保险人因被保险人的疏忽或过失而造成他人人身伤亡或财产损失时，应当承担的赔偿责任。

三、保险合同的内容

保险合同的内容是指保险合同所规定的双方当事人的权利义务及与之相关的各种事项。依照契约自由原则，投保人与保险人可以约定任何内容。但是，保险合同为格式合同，为保护被保险人和受益人的利益，在订立保险合同时，除法律另有规定外，保险人不得规避保险立法已经规定的事项，除非其约定较之法律的规定更加有利于被保险人和受益人。

保险合同主要包括以下十个基本内容。

1. 当事人和关系人的名称和住所

在保险合同中写明当事人和关系人的名称和住所，是保险合同得以适当全面履行的前提，也有利于确定保险合同履行的地点以及合同纠纷的诉讼管辖。保险人以经营保险业务的保险公司为限，其名称和住所一般印在格式保险合同上。投保人、被保险人和受益人可以为自然人或者为法人，可以为一人或者为数人，保险合同应当写明其姓名与住所。

2. 保险标的

保险标的是指投保人将其作为保险对象申请投保，而由保险人承担风险的财产（利益）或者人身（利益）。不同的保险标的决定着保险合同的种类和性质。保险标的不同，危险的种类和程度不同，保险费率也就不同。明确保险标的，一方面有利于判断投保人对保险标的是否具有可保利益，从而确定保险合同的有效性；另一方面也是投保人确定保险金额和保险人核算损失确定赔偿额的依据。

3. 保险责任和责任免除

保险责任是指保险人依照保险合同的约定，在保险事故发生时或者在保险合同约定的给付保险金条件具备时，应当承担赔偿或给付保险金的责任。保险人并不对保险标的的所有风险承担责任，此条款明确了保险人承担风险责任的范围，是确定保险人合同义务的基本依据。与此条款相对应的是责任免除条款（简称免责条款），它规定了保险人不承担赔偿或者给付责任的具体条件范围，是排除和限制其保险责任的合同条款。保险合同的免责条款必须是明示的，不允许以默示的方式作出。

4. 保险期间和保险责任开始的时间

保险期间是指保险人为被保险人提供保险保障的起讫日期，在该期间内发生保险事故或者保险合同约定的给付保险金条件具备时，保险人按照合同约定向被保险人和受益人承担赔偿或给付保险金责任。保险期间决定着保险人和投保人权利义务的存续与否，也是计算保险费的重要根据。保险期间可以按年、月、日计算，也可以按照航次、工期或生长期计算。保险责任开始时间即保险人开始承担保险责任的时间，通常以年、月、日、时表示。我国财产保险实务中以约定起保日的零点为保险责任开始时间，以第二年合同期满日 24 点为保险责任终止时间。

5. 保险价值

保险价值是指保险标的在某一特定时期内以货币估计的价值总额，它是被保险人向保险人索赔的最高限额。保险标的的保险价值，可以在投保时由投保人和保险人约定并在合同中载明，也可以按照保险事故发生时保险标的的实际价值或者重置价值确定。保险价值在财产保险中可以为确定保险金额和计算赔偿金额提供计算依据。

6. 保险金额

保险金额又称保额，是指保险人在发生事故或出现保险事件时，应赔偿或给付保险金的最高限额。保险金额超过保险价值，即构成超额保险，超过保险价值的部分无效。保险金额低于保险价值，即构成不足额保险，将导致保险标的损失不能得到全部赔偿。确定保险金额，既限定了保险人承担赔偿或给付义务的责任范围，也为计算保险费提供了依据。

7. 保险费以及支付方法

保险费又称保费，是指投保人为使其财产和人身获得保险保障，按合同约定向保险人支付的对价，它是建立保险基金的来源。保险费率通常为按照每千元保额计算的缴费标准。保险费通常以保险金额乘以保险费率计算。保险费可按照合同约定一次交付也可分期交付。保险合同应对保险费的支付和方式作出明确规定。保险费以及支付方法条款可以明确投保人所承担的义务和履行义务的方式、期限。此外，投保人交付保险费，在某些保险中也是保险合同生效的条件。

8. 保险金赔偿或给付办法

保险金赔偿或给付办法包括两个：首先，保险人给付多少保险金，即计算赔偿或给付金额所应采取的计算方式。保险种类不同，赔偿和给付保险金的计算方式也不相同。人身保险中给付保险金的计算方式，依险别不同而不同。例如，养老保险，以被保险人生存到约定年龄时，按约定的金额给付养老金；意外伤害保险，则以身体伤残的程度，按约定的比例计算给付保险金；医疗保险，则以被保险人实际支付的医疗费为标准，在约定的金额内给以补偿。财产保险中，定值保险按保险金额十足赔偿；不定值保险有第一危险赔偿方式、比例分摊赔偿方式、限额赔偿方式等。其次，保险金如何给付。保险合同有约定的，从其约定，约定的给付保险金期间应当符合保险赔付及时的原则；没有约定的，依法律规定的方式办理。我国《保险法》规定，保险人收到被保险人或者受益人的赔偿或者给付保险金的请求后，应当及时作出核定，并将核定结果通知被保险人或者受益人；对属于保险责任的，在与保险人或者受益人达成有关赔偿或者给付保险金的协议后10日内，履行赔偿或者给付保险金义务。

9. 违约责任和争议处理

保险合同当事人违反保险合同的约定，没能全面履行自己的合同义务，应当向对方当事人承担违约责任。当事人承担违约责任的方式除继续履行交付保险费或给付保险金义务外，还应当赔偿对方当事人因此受到的损失。争议处理是指保险合同发生争议后的解决方式。保险合同的争议处理主要有以下三种方式：协商、仲裁、诉讼。当保险合同发生争议时，投保人和保险人应当通过协商解决争议，通过协商不能解决争议或者不愿意通过协商解决争议的，可以通过仲裁、诉讼解决争议。

10. 订立合同的时间和地点

订立合同的时间可以用来判断保险合同成立的时间，判断在投保时投保人对保险标的有无可保利益，以及在投保时保险事故是否发生。保险合同的订约地，对于保险合同的生效、争议的法院管辖、法律适用等均有直接影响。所以，保险合同应当明确规定订约的保险合同时间和地点。

四、保险合同的条款

保险合同成立后，双方当事人的权利义务主要体现在保险合同的条款上。保险合同的条款是保险合同内容的主要构成部分。保险合同条款可分为基本条款和特约条款两种。

（一）基本条款

基本条款是保险合同中原有的载明保险合同双方当事人基本权利义务的条款。基本条款必须反映法律规定的保险合同应当包括的事项。保险合同的基本条款主要包括保险标的范围条款、保险责任和责任免除条款、保险金额与保险价值条款、保险费以及支付方法条款、保险金赔偿或者给付办法条款、违约责任和争议处理条款、双方的其他权利义务条款等。

（二）特约条款

除了基本条款外，当事人还可以根据特殊需要约定其他条款。为区别于基本条款，这类条款被称为特约条款。特约条款主要有附加条款和保证条款。

附加条款是指保险合同当事人在基本条款的基础上约定的补充条款，以增加或限制基本条款规定的权利义务。由于基本条款通常是事先印在保险单上的，所以附加条款一般采取在保险单空白处批注或在保险单上附贴批单的方式使之成为保险合同的一部分。附加条款是对基本保险条款的修改和变更，其效力优于基本条款。

保证条款是指投保人与被保险人就特定事项担保的条款。例如，人身保险合同的投保人保证其申报的被保险人年龄真实。保证条款一般由法律规定和同业协会制定，是保险合同的基础，也是投保人和被保险人必须遵守的条款，如有违反，保险人有权解除保险合同或拒绝赔偿。

第三节　保险合同的订立与生效

一、保险合同的形式

书面形式是保险合同的基本形式。载有保险合同内容的书面文件包括投保单、保险单、暂保单、保险凭证、预约保险单、批单，以及除此之外的其他书面协议。

（一）投保单

投保单又称要保书，是指投保人向保险人提出订立保险合同的书面申请。它是由保险人准备的、格式统一的书面单证，由投保人依其所列项目逐一填写，供保险人据以考虑是否同意承保。投保单本身并非合同的正式文本，但一经保险人签章接受后，即成为保险合同的一部分。就一般合同成立的程序而言，填写投保单是投保人对保险人提出的要约，经保险人同意后，签发暂保单或保险单是承诺。

（二）保险单

保险单简称保单，是指投保人与保险人之间订立保险合同的正式书面形式，它必须详细载明保险双方当事人的权利义务。保险单只是保险合同成立的凭证之一，不构成保险合同成立的条件。保险合同成立与否并不取决于保险单的签发，只要投保人与保险人就保险合同的条款协商一致，保险合同即告成立，即使尚未签发保险单，保险人也应负赔偿责任，除非投保人与保险人约定保险人签发保险单为保险合同生效的要件。

（三）暂保单

暂保单又称临时保险单，是指保险人签发正式保险单之前发出的一种临时保险凭证。暂保单内容比较简单,只记载被保险人、保险标的、保险金额等事项,以及保险单以外的特别保险条件,有关保险双方当事人的权利义务要以保险单的规定为准。暂保单与保险单具有同样的法律效力,但是其期限较短。正式保险单一经交付,暂保单即自动失效。

（四）保险凭证

保险凭证又称小保险单,是指内容和格式简化了的保险单。保险凭证不列明具体的保险条款,只记载投保人和保险人约定的主要内容,但却和保险单具有同等的法律效力。保险凭证未列明的内容以相应保险单记载的内容为准。目前保险凭证只在少数几种业务中使用,如货物运输保险和汽车保险等。

（五）预约保险单

预约保险单又称开口保险单或敞口保险单,是指保险双方预先约定保险标的、保险责任范围等事宜的对多次风险行为有效的期限较长的保险合同形式。例如,在海上（或内河）运输货物保险中,保险人与被保险人就一定时期内需要运输的分批运输的货物事先订立一个总的保险合同,在合同中规定货物的范围、保险责任、最高保险金额、保险费率等内容。对于每一批运输货物,在运输开始前由被保险人通知保险人,保险人按事先签订的合同规定的条件自动承保。对于每一批自动承保的货物,保险人通常向被保险人一方出立一份保险凭证,上面载明该批货物的保险金额。保险人根据所载明的保险金额收取保险费；当该批保险货物出险时,保险人在该批货物的保险金额内进行赔偿。

（六）批单

在保险合同有效期内,投保人和保险人经协商同意,可以变更保险合同的有关内容。变更保险合同的,应当由保险人在原保险单或者其他保险凭证上批注或者附贴批单,或者由投保人和保险人订立变更的书面协议。

批单是保险人应投保人或被保险人的要求出立的变更保险合同有关内容的证明文件。批单通常在以下四种情况下使用：一是扩大或缩小保险责任范围；二是保险标的的价值发生变化；三是保险标的的种类发生变化；四是保险标的的所有权发生变化,等等。

批单一经签发,就自动成为保险单的一个重要组成部分。凡是经过批改的合同内容,均以批单为准；多次批改的,应以最后的批改为准。

二、保险合同的订立程序

保险合同作为合同的一种,其订立过程也必须经过要约和承诺两个阶段。我国《保险法》规定,投保人提出保险要求,保险人同意承保,并就保险合同条款达成协议,保险合同成立。

（一）要约

要约是指一方当事人向对方当事人提出订立合同的意思表示。提出订立合同意思表示的当事人,称为要约人。收到当事人提出订立合同的意思表示,并可以决定是否与要约人订立合同的当事人,称为受要约人。构成要约有三个重要条件:① 明确表示订立合同的愿望;② 要约人提出合同的基本条款;③ 要约通知到达受要约人。如果受要约人在收到要约后,对要约的内容作出实质性变更,就构成了新要约。在保险理论和实务中,一般情况下,投保人是要约人,投保人完成填写投保单,表示要购买保险这一行为就是要约。而保险人制作投保单,进行保险展业宣传,推销保险单则是要约邀请行为。在有些情况下,保险人也可以成为要约人。例如,保险人收到投保人提交的投保单后,没有完全同意,而是提出一些条件,比如提高保险费率,增加保证条款,这些新内容的出现,就构成新要约,这时保险人成为新要约的要约人。

(二) 承诺

承诺是指受要约人对要约人的提议作出同意的意思表示。构成承诺有三个重要条件:① 承诺由受要约人作出;② 承诺的内容应当与要约的内容一致,不得对要约内容作出实质性改变;③ 承诺必须在要约有效期内作出。在保险实务中,如果保险人对投保单的内容没有异议,同意承担保险责任,就构成了承诺。保险人作出承诺意味着保险合同成立。保险人应当及时向投保人签发保险单或者其他保险凭证。

三、保险合同的附随义务

根据诚实信用原则的要求,保险合同当事人在订立合同时负有一定的附随义务,这些义务也称为先契约义务,具体包括两项内容。

1. 投保人对保险标的如实告知义务

订立保险合同时,投保人应当向保险人如实告知保险标的和被保险人的有关情况,告知的内容仅限于保险人向其"提出询问"的问题。保险人设计的投保单和风险询问表,视为保险人"提出询问"的书面形式。投保人对保险人询问事项的回答,限于其知道或者应当知道的内容。投保人故意隐瞒事实,不履行如实告知义务的,或者因过失不履行如实告知义务,足以影响保险人决定是否同意承保或者提高保险费率的,保险人有权解除保险合同。投保人故意不履行如实告知义务的,保险人对于保险合同解除前发生的保险事故,不承担赔偿或者给付保险金责任,并且不退还保险费。投保人因过失未履行如实告知义务,对保险事故的发生有严重影响的,保险人对于保险合同解除前发生的保险事故,也不承担赔偿或者给付保险金责任,但可以退还保险费。

2. 保险人对保险合同条款内容的说明义务

订立保险合同时,保险人应当向投保人说明保险合同的条款内容。在说明保险合同条款内容时,应当以普通人能够理解的程度为限,但是可以根据投保人的投保经验作不同程度的解释。保险人应当在保险单上或者其他保险凭证上对有关免责条款作出能够足以引起投保人注意的提示,并且应当对有关免责条款的内容以书面或口头形式向投保人作出解释。保险人对是否履行了明确说明义务承担举证责任。但是,保险合同中的免责条款本身不能证明保险人履行了说明义务。保险人在订立保险合同时对责任免除条款未向投保人作出明确说明的,该责任条款不产生效力。

四、保险合同的成立与生效

保险合同是诺成合同,合同成立的要件是双方意思表示一致,受要约人一旦承诺,保险合同即告成立。保险合同生效是指保险合同对投保人和保险人开始产生法律约束力。一般而言,法律对保险合同生效有规定的,依照法律规定办理;法律没有规定,而保险合同有约定的,依照保险合同约定办理;法律没有规定,保险合同也没有约定的,保险合同生效于保险合同成立时。

五、保险合同的无效

保险合同的无效,是指因法定或者约定的原因,保险合同的全部或者部分自始不产生法律约束力。

(一)保险合同无效的种类

1. 全部无效

保险合同全部无效是指当事人订立的保险合同因欠缺法定或约定的生效要件而不具有法律的约束力。无效的保险合同,在发生保险合同约定的保险事故时,投保人、被保险人和受益人不得基于保险合同,向保险人主张任何权利或享受任何利益。例如,投保人对保险标的没有保险利益的保险合同无效,被保险人不得基于此合同请求保险人承担赔偿或者给付保险金责任。

2. 部分无效

保险合同的部分无效是指保险合同的部分内容不具有法律效力。保险合同的部分内容因为欠缺生效要件而无效的,不发生无效保险合同的后果,亦不影响其余部分的效力,保险合同的其他内容仍然有效。例如,发生善意的超额保险时,仅保险金额超过保险价值部分无效,其余部分仍然有效。再如,未作说明的责任免除条款,仅责任免除条款无效,其余条款仍然有效。

(二)无效保险合同认定的法律依据

1. 以《保险法》关于无效保险合同的规定为依据

例如,《保险法》第十二条规定:"人身保险的投保人在保险合同订立时,对保险人应当具有保险利益。"第三十一条规定:"订立合同时,投保人对保险人不具有保险利益的,合同无效。"

2. 以《中华人民共和国合同法》(以下(简称《合同法》)关于无效合同的规定为依据

保险合同是民事合同的一种,《合同法》规定的无效合同的原因,对保险合同也适用。

《保险法》中关于保险合同方面的规定,较之《合同法》而言,只是一种特别法;而《合同法》则为普通法。按法律适用原则,特别法优于普通法,特别法有规定的,适用特别法;特别法没有规定或规定不明确的,适用普通法。据此,《保险法》有关于无效保险合同规定的,适用《保险法》;《保险法》没有规定或规定不明确的,则应以《合同法》中关于无效合同的规定来认定保险合同的有效或无效。

(三)保险合同无效的原因

1. 无保险利益

投保人对保险标的应当具有可保利益是保险合同的效力要件。投保人在订立保险合同时对保险标的没有可保利益的保险合同无效。《保险法》第十二条规定:"财产保险的被保险人在保险事故发生时,对保险标的应当具有保险利益。"合同成立后被保险人丧失可保利益的,从丧失之日起保险合同无效。

2. 超额保险部分

保险金额不得超过保险价值,超过保险价值的,超过的部分无效。超过的部分无效,原因在于投保人对超额保险部分没有可保利益。

3. 未经被保险人同意的死亡保险

投保人以他人的生命为保险标的,订立以被保险人的死亡为保险事故的人身保险合同,没有经过被保险人书面同意并认可保险金额的,以此订立的保险合同无效。

4. 未作说明的责任免除条款

凡保险合同中规定的责任免除条款,保险人在订立保险合同时都应当向投保人作出明确说明,没有作出明确说明的这些条款对投保人、被保险人和受益人不发生法律效力。

5. 保险合同的内容违反法律和行政法规

合同之所以具有法律效力,根本原因在于其内容的合法性。根据《合同法》第五十二条的规定,"违反法律、行政法规的强制性规定"的合同无效。需要注意的是,这里的"法律、行政法规"必须是全国人民代表大会及其常务委员会制定的法律和国务院制定的行政法规;导致保险合同无效的"违反法律和行政法规"的行为,应以违反法律、行政法规的强制性规定的行为为限。

6. 因欺诈所订立的合同

根据《合同法》第五十二条的规定,"一方以欺诈、胁迫手段订立合同,损害国家利益"的合同无效。欺诈是指一方当事人故意告知对方虚假情况,或者故意隐瞒真实情况,诱使对方当事人作出错误的意思表示的行为。因欺诈而订立的合同,是在受欺诈人因欺诈人的欺诈行为而作出错误意思表示的基础上产生的,是欺诈行为的结果。但是,并不是所有的欺诈行为都导致保险合同无效,只有那些因欺诈而损害国家利益的行为才能导致保险合同无效。若投保人故意违反如实告知义务,订立的保险合同并非无效,但保险人可以解除保险合同或者拒绝承担保险责任。

7. 无权代理

未经授权代理而擅自代替他人订立保险合同,或者代理人超越代理权限订立的保险合同,或者代理权消灭后仍为代理而订立的合同,未经被代理人追认的,保险合同无效。但是,行为人没有代理权、超越代理权或者代理权终止后,仍以保险公司的名义订立合同,投保人有理由相信行为人有代理权的,订立的保险合同有效。

8. 其他法定事由

保险人和投保人因为法律规定的其他合同无效的事由订立的保险合同无效。其他事由主要有:保险合同当事人不具有法定资格;恶意串通,损害国家、集体或第三人利益;损害社会公共利益等。

(四)无效保险合同的法律后果

无效保险合同从订立时起就不发生法律效力。所谓不发生法律效力,是指不能达到保险双方当事人所预期的目的,不受法律的保护。但这并不是说无效保险合同是没有法律意义的。保险合同一经认定为无效合同,同样产生一定的法律后果。这种法律后果主要涉及以下四个内容:

(1)返还保险费。返还保险费是针对保险人而言的。保险人在合同订立以后收取了保险费,后经确定该保险合同为无效合同,则保险人应将已经收取的保险费返还给投保人。

(2)退还保险金。退还保险金是针对投保人、被保险人或受益人而言的。保险人依合同约定,在保险事故发生以后支付了赔偿金或保险金,后该合同被确认为无效合同,则投保人、被保险人或受益人应将已经取得的保险金退回给保险人。

(3)赔偿损失。如果保险合同的无效是由于一方当事人的过错引起的,而且造成了对方的经济损失,则该过错的一方应当赔偿对方的经济损失。如果双方都有过错,则依过错的大小各自承担相应的责任。

(4)其他行政制裁。无论是返还保险费,退还保险金,还是赔偿损失,目的都是使保险合同双方恢复到该无效行为以前的状态。但是,如果保险合同无效是保险双方或一方故意所为(如规避法律等),则对该故意的一方或双方可以进行一定的行政处罚,如没收、追缴非法所得等。

第四节 保险合同的履行、变更、解除与终止

一、保险合同的履行

保险合同一经成立,即在当事人之间产生了一定的权利义务关系,保险合同的履行就是保险合同双方当事人依法全面完成合同约定义务的行为。

（一）投保人与被保险人的主要义务

1. 交付保险费义务

交付保险费义务是投保人最基本的义务。若投保人没有按时交付保险费，在财产保险合同中，保险人可以请求投保人交付保险费，也可以终止保险合同。在人身保险合同中，保险人可以进行催告。保险合同成立后，投保人未按照约定交付保险费，应当承担违约责任；发生保险事故的，保险人应当承担保险责任，但是《保险法》另有规定或者保险合同另有约定除外。保险合同生效后，投保人未按约定的期限交付保险费，但是约定有交费宽限期的，保险人对在宽限期间内发生的承保损失承担保险责任。

2. 维护保险标的安全义务

被保险人应当遵守国家有关消防、安全、生产操作、劳动保护等方面的规定，维护保险标的的安全。投保人、被保险人未按照约定履行其对保险标的的安全应尽的责任的，保险人有权要求增加保险费或者解除合同。

3. 危险增加通知义务

在合同有效期内，保险标的危险程度增加的，被保险人按照合同约定应当及时通知保险人。被保险人没有履行及时通知义务的，因保险标的的危险程度增加而发生的保险事故，保险人不承担赔偿责任。但是，保险人对与保险标的危险程度增加无关的因素而发生的保险事故应承担保险责任，不得以被保险人未履行及时通知义务为由拒绝承担保险责任。

4. 出险通知义务

投保人、被保险人或者受益人知道保险事故发生后，应当履行及时通知义务，在合理的时间内通知保险人。未及时通知的，不影响保险人的保险责任，但保险合同另有约定的除外。

5. 出险时的施救义务

保险事故发生时，被保险人有责任尽力采取必要措施，防止或者减少损失。投保人或者被保险人如果不采取必要措施，致使保险标的损失扩大的，保险人对损失扩大部分不承担赔偿责任。

6. 提供单证义务

发生保险事故后，投保人、被保险人和受益人依照保险合同请求保险人赔偿或者给付保险金时，应当向保险人提供其所能提供的与确认保险事故的性质、原因、损失程度等有关的证明和资料，包括保险协议、保险单或其他保险凭证、已支付保险费凭证、保险财产证明、被保险人身份的证明、保险事故证明、保险标的损失程度证明或人身伤残程度证明、索赔请求书等。

（二）保险人的主要义务

1. 赔偿或给付保险金义务

依照保险合同约定，向被保险人或受益人赔偿或给付保险金，是保险人的主要义务。

保险人履行此项义务,应当在与被保险人或受益人达成有关赔偿或给付保险金的协议后 10 日内履行。保险人自收到赔偿或给付保险金的请求和有关证明、资料之日起 60 日内,对其赔偿或者给付保险金的数额不能确定的,应当根据已有证明和资料可以确定的最低数额先予支付;保险人最终确定赔偿或者给付保险金的数额后,应当支付相应的差额。

2. 及时签发保险单证义务

保险合同成立后,及时签发保险单证和其他保险凭证是保险人的法定义务。保险单证是保险合同成立的书面证明,直接关系到被保险人和受益人权利的实现,也是保险人履行保险合同、被保险人和受益人行使保险合同权利的依据。

3. 为投保人、被保险人或再保险分出人保密

保险人或者再保险接受人在办理保险业务过程中,对投保人、被保险人或者再保险分出人的业务和财产情况及个人隐私,负有保密的义务。

二、保险合同的变更

经投保人和保险人协商同意,在保险合同有效期内,可以变更保险合同的有关内容。在变更保险合同时,保险人应当在原保险单上批注或签发批单。保险人没有签发保险单而是签发其他保险凭证的,变更保险合同时,应当在该保险凭证上批注。

(一) 当事人的变更

保险合同当事人的变更,往往是因为保险标的的所有权发生转移(包括买卖、继承、赠与等)而发生,一般又称为保险合同的转让。在财产保险中,除货物运输保险外,因保险标的的所有权的转移而转让合同的,应当取得保险人的同意,并由保险人在原保险单上批注或签发批单。在人身保险中,保险单转让一般不需要经保险人同意即可以转让,但在转让后必须通知保险人。此外,以死亡为给付保险金条件的保险合同的转让,未经被保险人的同意不发生转让的效力。

(二) 受益人的变更

受益人的法律地位源于人身保险合同的投保人或被保险人的指定,因此,被保险人或投保人可以变更受益人,但投保人变更受益人应当经被保险人同意。被保险人或投保人变更受益人应当通知保险人,若没有通知保险人的,受益人的变更不能对抗保险人。

(三) 内容的变更

保险合同内容的变更包括:① 被保险人地址的变更;② 财产保险中保险标的的价值、数量、存放地点、危险程度、保险期限、保险金额的变更;③ 保险责任范围的变更;④ 货物运输保险合同中的航期变更、船期变更;⑤ 人身保险中被保险人职业、保险金额、交费方式等发生变更。保险合同内容的变更一般由投保人提出,经被保险人同意,加批注后生效。

三、保险合同的解除

保险合同的解除是指有效成立的保险合同在有解除合同的事由发生时,因当事人一方或者双方的意思表示,而使合同关系归于消灭的一种行为(法律事实)。

(一)保险合同解除的原因

1. 保险合同因当事人行使解约权而解除

解约权是一种合同当事人单方面解除合同的权利,它或者源于法律的规定,或者产生于保险合同的约定。前者称为法定解约权,后者称为约定解约权。

(1)投保人解除保险合同。除《保险法》另有规定或者保险合同另有约定外,保险合同成立后,投保人可以解除保险合同。投保人依法解除保险合同,无须向保险人陈述解除合同的理由。投保人解除保险合同的意思表示,应当以书面通知送达保险人。除法律另有规定或者保险合同另有约定外,投保人解除保险合同的,保险人不得对投保人解除合同的通知提出异议。

(2)保险人依法解除保险合同。除《保险法》另有规定或者保险合同另有约定外,保险合同成立后,保险人不得解除保险合同。依照《保险法》的规定,在保险合同成立后,如有下列情形之一发生时,保险人取得解约权,可以解除保险合同。

第一,投保人违反如实告知义务。在订立保险合同时,投保人故意违反如实告知义务的,保险人可以解除保险合同。投保人过失违反如实告知义务,足以影响保险人决定是否同意承保或者提高保险费率的,保险人可以解除保险合同。但是,如果保险人在知道投保人违反如实告知义务后,继续向投保人收取保险费,或者有足够的时间决定是否解除保险合同但不作出此意思表示的,应当视为保险人放弃解约权,不得再行主张解除保险合同。投保人因过失未履行如实告知义务,如果保险事故的发生并非投保人未告知的重大事项引起,即未告知的事项不是发生保险事故主要的、决定性的原因,可以认定该未告知的事项对保险事故的发生没有"严重影响",保险人不得以投保人未告知为由解除保险合同或者不承担保险责任。

第二,投保人、被保险人违反防灾减损义务。被保险人应当遵守国家有关消防、安全、生产操作、劳动保护等方面的规定,维护保险标的安全;投保人、被保险人未按规定履行其对保险标的应尽的义务的,保险人有权要求增加保险费或者解除保险合同。投保人、被保险人违反防灾减损义务,保险人知道其事实却没有行使解除合同的权利,应当视为保险人放弃权利,保险人不得再以相同事由主张解除保险合同。

第三,保险标的危险增加。在保险合同有效期内,保险标的危险增加,保险人有权解除保险合同。保险标的危险增加,产生保险人请求增加保险费或者解除保险合同的选择权。但是,如果保险人已知危险增加而仍然收取保险费,或者在收到危险增加的通知后,不及时表示解除合同的,不得再主张解除保险合同。

第四,投保人误报年龄且被保险人真实年龄超过年龄限制。在人身保险中,投保人申报的被保险人年龄不实,并且其真实年龄不符合合同约定的年龄限制的,保险人可以解除保险合同,并在扣除手续费后,向投保人退还保险费,但是自合同成立之日起逾2年的除外。

第五,效力中止的保险合同超过法定期限。分期支付保险费的合同,投保人在支付首期保险费后,未按约定或法定期限支付当期保险费的,合同效力中止2年内双方未达成恢复合同效力协议的,保险人有权解除保险合同。

第六,发生保险欺诈行为。以下两种情况保险人有权解除保险合同:其一是被保险人或受益人在未发生保险事故的情况下,谎称发生保险事故,向保险人提出赔偿请求。其二是投保人、被保险人或者受益人故意制造保险事故。但人身保险的投保人缴足2年以上保险费的,保险人应当按照合同的约定,向享有权利的受益人退还保险单现金价值。

(3) 保险人依约定解除保险合同。保险合同约定有保险人解除保险合同条件的,当该条件出现时,保险人可以解除保险合同。例如,在财产保险合同中,若将未交付保险费作为保险人解除保险合同的条件,则在投保人未按照约定交付全部或者部分保险费时,保险人有权解除合同。合同解除前,未发生保险事故的,保险人有权要求投保人支付保险人开始承担责任之日起至合同解除之日止期间的保险费。

2. 保险合同因当事人协商一致而解除

保险合同因当事人协商一致而解除又称约定解除,是指投保人和保险人经过协商,同意解除合同的一种法律行为。保险合同双方当事人解除保险合同时要注意两个问题:一是不得损害国家和社会公共利益;二是货物运输保险和运输工具航程保险合同在保险责任开始后不得解除。

(二) 保险合同解除的法律后果

保险合同的当事人依照法律规定或者保险合同约定解除保险合同的,保险合同视为自始没有发生效力;当事人已受领的对方给付应当返还给对方,但是法律规定或者合同约定不予返还的不在此限。对于财产保险合同,保险责任开始前,投保人要求解除合同的,应当向保险人支付手续费,保险人应当退还保险费。保险责任开始后,投保人要求解除合同的,保险人可以收取自保险责任开始之日起至保险合同解除之日止期间的保险费,剩余部分退还投保人。对于人身保险合同,投保人解除合同,已缴足2年以上保险费的,保险人应当自接到解除合同通知之日起30日内,退还保险单的现金价值;未缴足2年保险费的,保险人按照合同约定在扣除手续费后退还保险费。保险合同成立后,当事人一方依据《保险法》主张解除合同的,应当书面通知对方,保险合同自通知书送达对方时解除。协议解除的,保险合同自达成解除合同的协议时解除。保险合同另有约定的从其约定。

四、保险合同的终止

保险合同终止是指因法律规定或当事人约定的情况出现导致保险合同当事人之间的权利义务关系消灭,保险合同法律效力终止的一种行为(法律事实)。

(一) 保险合同终止的原因

1. 保险合同因期限届满而终止

保险合同有期间的限制。在保险合同成立后,虽然没有发生保险事故,但如果合同的有效期已经届满,则保险合同终止。这种自然终止是保险合同终止的最普遍、最基本的原因。

2. 保险合同因保险人履行全部义务而终止

发生保险事故后,保险人已经支付全部赔款或给付全部保险金后,保险合同因保险人已经履行全部合同义务而终止。例如,定期人寿保险的被保险人死亡,保险人给付受益人全部保险金额后,保险合同即告终止。又如,财产保险的保险房屋数次遭到火灾,保险赔款已达到全部保险金额,保险合同也终止效力。

3. 保险合同因保险标的灭失或者损失而终止

保险合同的标的因或者非因保险合同约定的事故而全部灭失(死亡)的,保险合同因客体的消灭而终止。原则上,保险标的因或者非因保险合同约定的事故发生部分损失时,保险合同的效力并不当然终止,保险人应当对未发生损失的保险标的部分继续承担保险责任。但是,按照我国《保险法》的规定,保险标的发生部分损失的,在保险人赔偿后 30 日内,投保人可以终止合同;除合同约定不得终止合同的以外,保险人也可以终止合同。保险人终止合同的,应当提前 15 日通知投保人,并将保险标的未受损失部分的保险费,扣除自保险责任开始之日起至终止合同之日止期间的应收部分后,退还投保人。

4. 保险合同因解除而终止

保险合同的终止为保险合同效力的消灭,保险合同的效力可因保险合同的解除而消灭,保险合同解除属于保险合同终止的一种原因。

(二) 保险合同终止的法律后果

保险合同终止后,保险人自终止之日起,对被保险人或受益人不再承担保险责任。对于财产保险而言,保险标的发生部分损失的,保险人应将保险标的未受损失部分的保险费,扣除自保险责任开始之日起至终止合同之日止期间的应收部分后,退还投保人。

对于人身保险而言,符合法律规定或者保险合同约定的条件的,保险人在终止保险合同时,应当按照保险合同的约定退还保险单的现金价值。保险合同终止后,当事人依照诚实信用原则,应当履行通知、协助、保密等后契约义务。保险合同当事人违反后契约义务造成保险合同相对人损害的,应当承担损害赔偿责任。

第五节 保险合同条款的解释和争议处理

一、保险合同条款的解释

保险合同的条款争议是指当事人对保险合同所使用的语言文字的含义有不同的理解或者认识,或者依照社会观念,保险合同所使用的语言文字的含义不清或有两种以上的解释,这就会使保险合同无法履行,甚至导致诉讼。保险合同的解释是指当事人对保险合同的内容或者使用的语言文字发生争议,法院或者仲裁机构依据一定的事实,遵循有关原则,对保险合同的内容和含义作出的分析与说明。合同解释的直接目的在于正确地确定双方当事人的权利和义务,从而合理地解决合同纠纷。根据我国《合同法》和《保险法》的规定,保险合同应按以下三个规则进行解释:

(一)合同解释的基本原则和方法

1. 按照通常理解予以解释

在当事人就保险合同条款本身的用语发生争议后,就需要对该用语进行解释。我国《合同法》第四十一条规定:"对格式条款的理解发生争议的,应当按通常理解进行解释。"在合同条款发生争议后,首先应当就合同论合同,因为毕竟合同的条款是当事人合意的产物,它最接近于当事人的真实意思,不能完全撇开合同条款来任意作出解释。我国《合同法》第一百二十五条第一款规定:"当事人对合同条款理解有争议的,应当按照合同所使用的词句、合同的有关条款、合同的目的、交易习惯以及诚实信用原则,确定该条款的真实意思。"该条款实际上也就是要求对用语应当按照通常的理解进行解释。按照通常理解予以解释,具体包括以下两层含义:

(1)如果双方对合同条款的含义理解各不相同,应当按照一个合理的人处于缔约环境中对合同用语的理解,来探究合同用语的含义。例如,应当充分考虑谈判和签约的过程、行业习惯、履约的准备和履约的过程以及订约目的等多种因素。

(2)如果词句是一般用语,就应当按一般的通常的含义来理解。如果词句是专业用语,就应当按照专业上的特殊含义来理解。

2. 整体解释方法

整体解释是指将全部合同的各项条款以及各个构成部分作为一个整体,根据各个条款以及各个部分的关联性、争议条款与整个合同的关系、争议条款在合同中间所处的地位等因素,来确定争议条款的内容。在实际工作中,应着重把握以下四点:

(1)书面约定与口头约定不一致的,以书面约定为准。

(2)投保单与保险单或者其他保险凭证不一致的,以保险单或者其他保险凭证载明的内容为准。

（3）特约条款与格式条款不一致的，以特约条款为准。

（4）保险合同的条款内容因记载方式或者时间不一致的，按照"批单"优于"正文"、"后批注"优于"前批注"、"加贴批注"优于"正文批注"、"手写"优于"打印"的规则解释。

3. 按照对起草者不利原则予以解释

解释保险合同有争议的条款时，首先，应当适用合同解释的一般原则。按照一般解释方法，不能有效地解决因为保险条款所发生的歧义，即保险合同条款有两种以上解释时，应当适用格式合同的不利解释原则。《合同法》第四十一条规定："对格式条款的理解发生争议的，应当按照通常理解予以解释。对格式条款有两种以上的解释的，应当作出不利于提供格式合同一方的解释。"这也是我国《保险法》第三十一条规定的解释方法。不利解释原则是指保险人和投保人、被保险人或者受益人对保险合同的内容有争议时，法院或者仲裁机构应当对保险合同所用文字或条款作有利于投保人、被保险人、受益人，而不利于保险人的解释。法律规定采用不利解释原则主要有以下两点原因：首先，从利益的平衡考虑，保险人在起草保险合同条款时已充分考虑了自身的利益，如果在合同成立后，对合同条款发生争议时，应从利益平衡考虑作出对起草者不利而对另一方有利的解释。其次，从过错考虑，保险人在起草合同时，应当对保险合同条款负有更多的审核义务。如果因对保险合同条款的理解不同而发生争议，可以认为起草者有过错或者比非起草者有更多的过错，因此应当在解释保险合同时作出对保险人不利的解释。

需要注意的是，不利解释原则仅仅为保险合同的歧义提供了一种手段或者途径，它本身并不能取代合同解释的一般原则或方法，而且也没有提供解释保险合同的具体方法。再者，不利解释原则也不具有绝对性，不能排除解释合同一般原则或者方法的运用。

二、保险合同争议的解决方式

按照我国法律的有关规定，保险合同争议的解决方式主要有以下三种：

（1）协商。协商是指争议双方当事人在自愿诚信的基础上，根据法律规定及合同约定，充分交换意见，相互磋商与理解，求大同存小异，对所争议的问题达成一致意见，自行解决争议问题的一种方式。

（2）仲裁。仲裁是指争议双方当事人依照保险合同中的仲裁条款或仲裁协议，自愿将彼此间的争议交由双方共同信任的法律认可的仲裁机构的仲裁员居中调解，并作出裁决的一种方式。仲裁裁决具有法律效力，当事人必须予以执行。如果义务方不执行仲裁裁决，权利方可以申请法院强制其执行。

（3）诉讼。诉讼是指争议双方当事人通过国家审判机关——人民法院进行裁决的一种方式。当事人双方因保险合同发生纠纷时，有权以自己的名义直接请求法院通过审判给予法律上的保护。人民法院在受理案件时，实行级别管辖和地域管辖、专属管辖和选择管辖相结合的方式。当事人应当依法向有权受理该案件的人民法院提起诉讼。当事人提起诉讼应当在法律规定的时效内。

本章小结

　　保险合同是投保人与保险人约定保险权利义务关系的协议。投保人依照合同的约定向保险人交付保险费,保险人则对于合同约定的可能发生的事故发生后造成的保险标的的损失承担赔偿责任,或者当指定的被保险人死亡、伤残、疾病或者达到合同约定的年龄或时间时承担给付保险金的责任。保险合同有给付性保险合同和补偿性保险合同之分。给付性保险合同多为人身保险所采用,补偿性保险合同多为财产保险所采用。

　　保险合同是由主体、客体和内容三要素构成的。

　　保险合同的当事人包括保险人和投保人。保险人是指与投保人签订保险合同,向其收取保险费,并在保险事故或保险事件发生后对其承担赔偿或给付保险金责任的保险公司。投保人是指与保险人订立保险合同,并按照保险合同负有支付保险费义务的自然人或法人。

　　保险合同的关系人包括被保险人和受益人。被保险人是指以自己的财产或者人身利益享受保险保障,在保险事故发生或者约定的保险期间届满时,对保险人享有保险金给付请求权的人。财产保险的投保人往往与被保险人是同一人。人身保险的投保人与被保险人在很多情况下可以不是同一人。受益人是指人身保险合同中由投保人或被保险人指定的,在保险事故发生时,享有保险金请求权的人。投保人、被保险人可以为受益人。受益人是由投保人或被保险人指定的。当投保人指定自己或被保险人以外的其他人为受益人时须经被保险人同意。保险合同的辅助人为保险代理人、保险经纪人和保险公估人。

　　保险合同的客体是合同当事人权利义务共同指向的对象,即被保险人一方对保险标的所具有的可保利益。保险合同的内容是指保险合同所规定的双方当事人的权利义务及与之相关的各种事项。

　　保险价值是指保险标的在某一特定时期内以货币估计的价值总额,它是被保险人向保险人索赔的最高限额。保险金额是指保险人在发生事故或出现保险事件时,应赔偿或给付保险金的最高限额。保险金额超过保险价值,即构成超额保险。保险金额低于保险价值,即构成不足额保险。

　　保险合同争议的解决方式主要有协商、仲裁和诉讼三种。

关 键 词

　　保险标的　保险费率　投保单　保险单　暂保单　保险凭证　预约保险单　批单　无效保险合同　保险责任　责任免除　保险代理人　保险经纪人　保险公估人　保险期间

复习思考题

1. 保险合同有哪些主要特点？
2. 简述保险合同订立的程序。
3. 简述保险合同无效的原因和法律后果。
4. 投保人与被保险人有哪些主要义务？
5. 保险人有哪些主要义务？
6. 保险合同的变更有哪几种主要情形？
7. 保险合同的解除有哪几种主要情形？
8. 简述导致保险合同终止的原因。
9. 当事人就保险合同条款本身的用语发生争议时，应当如何解决？
10. 简述保险合同争议的解决方式。

第四章 保险的基本原则(上)

在保险形成与发展的过程中,逐渐形成了一些人们共同遵循的普遍性行为规则。其中重要的便被称为保险的基本原则。保险的基本原则主要包括可保利益原则、损失补偿原则及由其所派生出来的代位求偿原则、重复保险的分摊原则、近因原则和最大诚信原则。可保利益原则与损失补偿原则及其派生原则之间存在紧密的内在联系,本章主要探讨可保利益原则、损失补偿原则及由其所派生出来的代位求偿原则、重复保险的分摊原则。

第一节 可保利益原则

可保利益原则(Principle of Insurable Interest,又称保险利益原则)。它是保险的基本原则之一,其基本含义是投保人或被保险人对保险标的必须具有可保利益,对保险标的不具有可保利益的人不具有投保人或被保险人的资格。

与任何其他经济范畴一样,可保利益既有其质的规定性,也有其量的规定性[①]。

一、可保利益的质的规定性

可保利益的质的规定性的问题所要回答的是可保利益究竟是什么,以及谁是可保利益的主体。

(一) 可保利益的定义

可保利益(Insurable Interest)又称保险利益,是指投保人或被保险人对保险标的所具有的法律上所承认的利益。判断投保人或被保险人对保险标的是否具有可保利益的标准,是保险标的的存在状态与他们是否具有利害关系。如果保险标的发生灭失或损毁能够引起被保险人在经济利益上的损失,一般可以认为被保险人或投保人对保险标的具有可保利益;否则,一般可以认为被保险人或投保人对保险标的不具有可保利益。

可保利益原则是投保人向保险人投保,与保险人订立保险合同,并享受保险合同所赋

[①] 关于保险利益的质的规定性与量的规定性这部分内容,可参见赵苑达:《保险价值与可保利益不可分割》,《保险研究》2005年第1期。

予的权利的前提条件。无论是财产保险还是人身保险,投保人只有对保险标的具有可保利益,才有资格向保险人投保,与保险人订立保险合同,并在保险合同规定的保险责任范围内享有保险赔偿与给付的权利。对保险标的没有可保利益的人不能向保险人投保,即使是已经订立的保险合同也属于无效合同。在保险合同规定的保险期限内,如果投保人或被保险人失去对保险标的的可保利益,他也就同时失去了在保险合同规定的保险责任范围内享有保险赔偿与给付的权利。

(二) 可保利益的主体

在我国,在为可保利益原则下定义时大都着眼于两个方面:一是强调投保人与保险标的的关系,即投保人对保险标的必须具有可保利益;二是解释可保利益的含义,即认为可保利益是保险标的对投保人所具有的利害关系。《保险法》第十二条规定:"投保人对保险标的应当具有保险利益。投保人对保险标的不具有保险利益的,保险合同无效。保险利益是指投保人对保险标的具有法律上承认的利益。保险标的是指作为保险对象的财产及其有关利益或者人的寿命和身体。"这个法律规定的意义在于,它强调投保人对保险标的应当具有保险利益,并将其作为判断保险合同是否具有法律效力的标准。但是,不能由此得出,保险利益原则似乎只是对投保人的要求,而与被保险人无关,保险利益的主体是投保人,而不是被保险人的结论。否则,就很可能产生对可保利益原则和可保利益这两个概念本身的误解。

英国 1906 年《海上保险法》是世界上第一部比较完整的、系统的、科学的保险法。它对保险基本原则、基本概念所作的阐述,成为后来各国保险立法普遍遵循的重要依据。该法第五条第二款规定:"对海上运务中处于风险中的可保财产有合法或正当关系(衡平法①关系)的人来说,他对海上运务是具有利害关系的。正由于这个原因,这个人对可保财产的安全或及时运抵能得到益处,而对可保财产的灭失或损坏或扣留所产生的责任则受到损害。"这里虽然没有直接说被保险人是保险利益的主体,但已经明确指出对可保财产具有法律(包括普通法和衡平法)所承认的利害关系(利益可能受损,包括已有利益的直接丧失和由赔偿责任所导致的已有利益的付出)的人是可保利益的主体。而"对可保财产的安全或及时运抵能得到益处","对可保财产的灭失或损坏或扣留所产生的责任则受到损害"的情况,只能发生在被保险人身上。由此可以认为,它实际上已经间接地将被保险人看作保险利益的主体。

美国著名保险学者所罗门·许布纳等人认为,对于财产保险而言,"可保利益是指对财产或资产的潜在损失所具有的利益。这种利益源于一种合法的利害关系,即预期的

---

① 衡平法是建立在公平和正义原则基础上的。当遇到与普通法所订立的原则有矛盾的案件时,衡平法主张法官可考虑案件的实际情况,酌情处理。与普通法相比,衡平法灵活而富有弹性,可以在一定程度上弥补普通法的缺陷。由于衡平法多是以判例的形式出现,所以后人习惯称其为判例法。

风险事故对财产或资产造成的损失能够使被保险人遭受经济损失";"广义地说,可保利益是指被保险人和承保的风险事故之间的一种关系:这种风险事故的发生会造成被保险人的伤害或损失"。① 英国学者约翰·T·斯蒂尔也认为:"保险利益是产生于被保险人与保险标的物之间的经济联系,并为法律所承认的、可以投保的一种法定权利。"② 如果说英国1906年《海上保险法》对保险利益的主体的界定还需要借助于人们的理解才能作出具体的判断的话,那么许布纳和斯蒂尔等人则直截了当地将被保险人定义为保险利益主体。

将被保险人定义为保险利益主体是正确的。因为,保险所保障的是被保险人的利益,而不是投保人的利益。诚然,在很多情况下投保人自己的利益是可以得到保险保障的,但这要有一个前提,即投保人是在为自己的利益投保,因而他能够集投保人与被保险人双重身份于一身。他的利益之所以能够得到保险保障,不是因为他是投保人,而是因为他是被保险人。法律之所以规定投保人必须对保险标的具有可保利益,主要是为了保护被保险人的利益,使其避免为恶意的、与被保险的利益无关的投保人所损害。至于受益人之所以能够实际享有可保利益,只是源于保险合同或国家相关法律的规定对被保险人应得利益的受让或继承。由于投保人、受益人都与被保险人及其可保利益密切相关,我们可以将可保利益的主体定义为包括投保人、被保险人以及受益人在内的被保险人一方。但需要注意的是,将投保人和受益人引入可保利益的主体之中,并不会改变保险利益的根本主体是被保险人这一基本判断。我国《保险法》将保险利益的主体界定为投保人,其问题不只在于在主体范围上失之过窄,更为重要的是,它将主要的或最基本的保险利益主体——被保险人排除在外。这种做法可能会引发一系列理论上和实践上难以解决的或无法解释的问题。

被保险人作为可保利益的根本主体,表明了被保险人在被保险人一方中的核心地位。这一地位决定了保险活动中被保险人对投保人、受益人具有决定性的约束作用。当投保人与被保险人并非同一主体时,投保人为保险标的投保的行为必须经过被保险人委托、授权,或者是基于合同或法律的规定而应当对被保险人履行的义务。例如,在人身保险中,投保人为被保险人投保时必须经过被保险人书面同意,而同意本身就包含着委托或者授权的含义。在以死亡为给付保险金条件的人身保险中,投保人指定受益人时必须经过被保险人书面同意,而同意本身就包含着委托或者授权的含义。再如,在海上运输货物保险中,卖方就按照FOB价格成交的货物向保险公司投保海上运输货物保险的行为,通常是基于作为被保险人的买方的委托;而卖方就按照CIF价格

---

① 所罗门·许布纳、小肯尼斯·布莱克、伯纳德·韦布著:《财产和责任保险》,中国人民大学出版社2002年版,第47页。

② 约翰·T·斯蒂尔著:《保险的原则与实务》,中国金融出版社1992年版,第3页。

成交的货物向保险公司投保海上运输货物保险的行为,是基于《国际贸易术语解释通则》的规定而应当履行的义务。

二、可保利益的量的规定性

可保利益的量的规定性问题所要回答的是可保利益主体的可保利益在量上如何衡量,或其可保利益在量上是多少的问题。

可保利益可以定义为被保险人一方对保险标的所具有的利害关系,即保险标的的存在状态对被保险人一方利益的影响。从不同的保险标的的角度看,可保利益主要包括以下五个方面:一是实际存在但可能遭受损坏的财产,当其遭受损坏时对被保险人一方的影响;二是实际存在的但可能失去的利益,当其失去时对被保险人一方的影响;三是预期能够获得的但可能没有获得的利益,当其没有获得时对被保险人一方的影响;四是不希望发生但可能发生的责任,当其发生时对被保险人一方的影响;五是不希望发生的身体伤害或生命终结,当发生身体伤害或生命终结时对被保险人一方的影响等。其中,前四个方面属于财产与责任保险中的可保利益,而第五个方面则属于人身保险中的可保利益。由于作为人身保险标的的人的生命与身体不能以货币衡量其价值的大小,不涉及保险价值与实际价值在数量上的对比关系,在下面的分析中我们将主要针对财产与责任保险展开。

可保利益不仅存在着其属于谁,即谁是可保利益的主体的问题,而且还存在着其在量上大小或多少的问题。保险作为一种特殊的社会经济活动只能存在于商品经济条件下,因此可保利益的大小或多少只能用价值来表示,即可保利益有其在其价值上的数量界限。就财产保险而言,保险金额是保险标的出险后保险人向被保险人一方支付赔偿金额的最大边界,而这个边界只能是保险标的因保险责任范围内的灾害事故的发生可能遭受的最大损失,即保险标的的实际价值。按照保险标的的实际价值确定其保险金额是可保利益原则的基本要求。

可保利益原则是保险的最基本的原则,是其他保险基本原则存在的基础和前提。这一基本原则的含义有两个方面:

其一是它要求投保人或被保险人对保险标的必须具有可保利益,对保险标的不具有利害关系的人不具有投保人或被保险人的资格。但是,人身保险和财产保险的要求在时间上有所不同。在人身保险中,订立合同时投保人必须对保险标的具有可保利益。对保险标的没有可保利益的人不能向保险人投保,即使已经订立了保险合同,该合同也属于无效合同。在财产保险中,保险事故发生时被保险人必须对保险标的具有可保利益;否则,保险人对保险标的的损失应承担赔偿责任。在保险合同规定的保险期限内,如果投保人或被保险人失去对保险标的的可保利益,他也就同时失去了在保险合同规定的保险责任范围内享有请求保险赔偿的权利。

其二是它要求保险金额不得超过保险价值,超过保险价值的,超过的部分无效。① 如果说前者只是对投保人的要求,而后者则是对合同双方当事人的共同要求②。那么究竟什么是保险价值呢?保险价值是与可保利益不可分割的一个概念。可保利益是保险标的的存在状态对被保险人一方所具有的利害关系,保险价值则是这种利害关系的货币表现,即以货币形态来表现的被保险人一方对保险标的所具有的可保利益。保险标的存在状态对被保险人一方所具有的利害关系,在财产保险领域内只能是其出险后给被保险人一方所带来的最大直接损失。除抵押权人凭借抵押权而成为抵押财产的被保险人等少数情形外,这种最大直接损失用货币来衡量只能是保险标的的实际价值。因此,就财产保险而言,保险价值通常就是保险标的的实际价值。

《英国1906年海上保险法》第十六条对于如何确定海上保险保险标的的保险价值作了明确的规定:"除保险单的明文规定或定值外,保险标的的保险价值,必须按下列规定确定:①在船舶保险中,规定保险价值是风险开始时的船舶价值,包括船舶的装备、全体船员的食物与其他物料、预付给船员的工资以及为使船舶适合航行于保险单载明的航程或航海所可能产生的其他垫付费用加上全部保险费用。对蒸汽机船舶,船舶的保险价值还应包括机器、锅炉、被保险人拥有的燃料煤和机舱物料,而如果船舶用于特别贸易,则还需包括适合该贸易的通常装备。②在运费保险中,无论运费是否预付,保险价值是指被保险人处于风险中的总运费加上保险费用。③在货物或商品保险中,保险价值是该保险财产的成本价格,加上海运费和与海运有关的费用,及全部海运过程中的保险费用。④在其他保险中,保险价值是保险单生效时被保险人处于风险中的金额加上保险费用。"可见,在海上保险中无论哪一类保险标的,其保险价值都是其实际价值。由此推而广之,任何财产与责任保险的保险标的的保险价值都应当是其实际价值。认为保险标的的保险价值不等于其实际价值的观点,其实是对两者关系的一种误解。这种理论上的误解很可能对保险实践活动产生重要的长期的影响。③

三、可保利益的必备条件

投保人或被保险人对保险标的可能具有多方面的利益,但并不是任何利益都是可保

---

① 参见《中华人民共和国保险法》第十条、第三十九条。
② 对于可保利益原则,人们通常将其理解为只是对投保人的要求。这是片面的。在保险金额的确定方式由保险人在保险条款中已经确定下来,投保人只有选择权或实际上已经没有选择权的情况下,它更多地应该是对保险人的要求。
③ 在机动车辆损失保险中,人们长期把新车购置价作为机动车辆的保险价值,认为旧车只有按新车购置价确定保险金额才是足额保险,否则就是不足额保险,就是这种理论上的误解对保险实践活动产生重要而长期的影响的典型例证[参见笔者拙文:《合理确定车损险保险金额有利于车险市场发展》(一)、(二)、(三),分别载于《中国保险报》2004年3月3日、10日、17日]。

利益。作为可保利益必须具备以下三个条件。

1. 可保利益必须是合法的利益

合法的利益是法律认可并受到法律保护的利益，即在法律上可以主张的利益。采用非法手段占有或获得的利益不能成为可保利益。例如，投保人或被保险人对其以盗窃、诈骗、贪污、走私等手段所得到的或占有的财产，都不具有合法利益，都不能以这些财产为保险标的向保险人投保，已经订立的保险合同也属于无效的保险合同，即这些财产在保险合同规定的保险有效期内发生损失，保险人不承担赔偿责任。

2. 可保利益必须是经济上的利益或必须表现为经济上的利益

就广义的财产保险而言，可保利益直接就是经济上的利益，因而是能够以货币来衡量的。当保险标的发生灭失或损毁从而投保人或被保险人的利益受到损失时，可以从保险人那里得到货币形式的补偿。如果投保人或被保险人对保险标的所具有的利益不能在价值上以货币的形式加以衡量，那么保险人的保险责任和投保人或被保险人的权利也就无法在量上加以确定，双方也就无法就相互之间的权利义务进行协商，建立起保险合同关系。当然，这是对以财产形式存在的保险标的即财产保险的保险标的而言的。就人身保险的标的即人的身体和生命而言，无疑是不能以货币来衡量其价值的。但生命的丧失和身体受到的损害也可以使当事人或利益关系人在经济上受到损失，而这种损失还是可以以货币的形式来加以计量的。这说明投保人或被保险人对人身保险的保险标的所具有的利益也可以表现为经济上的利益，即表现为可以以货币来加以衡量的利益。

3. 可保利益必须是确定的利益

可保利益作为确定的利益是指它是一种客观存在的且具有数量界限的利益。那种人们主观臆想的或没有数量界限的利益，不能成为可保利益。可保利益包括现有利益和预期利益。前者是指在投保时已经存在的利益，如房屋所有者对其已经建成的房屋所具有的利益，企业所有者对本企业资产所具有的利益等。后者是指在投保时尚未存在，但根据法律、行政法规或有效合同等法律文件的规定在保险期限内可以实现的利益，如货物运输中的到付运费，货物运抵目的地出售后才能得到的利润等。这些利益不仅是客观存在的，而且都有数量上的界限，即都表现为一定数量的货币。这是投保人或被保险人确定保险金额，或投保人与保险人协商确定保险金额，保险人收取保险费和保险标的发生保险责任范围内的损失时确定向被保险人或受益人进行赔偿或给付金额的内在依据。

四、可保利益的种类

无论是财产保险还是人身保险，投保人或被保险人都必须对保险标的具有可保利益，但这两大保险类别中的可保利益是不同的。财产保险中的可保利益一般直接来源于各种经济权利；人身保险中的可保利益主要来源于与被保险人的生命和身体存在状态有关的经济利害关系。下面我们就这两大保险类别中的可保利益分别进行阐述。

(一)财产保险中的可保利益的种类

财产保险中的可保利益主要包括以下几种：

(1) 基于财产所有权而产生的可保利益。财产一旦发生灭失或损毁，财产所有者就要在经济上遭受损失。因此，财产所有者对于其所有的财产无疑具有可保利益。

(2) 基于经营权或使用权而产生的可保利益。财产的经营权人或使用权人虽然对财产不具有所有权，但财产的经营与使用可以给他们带来经济利益。财产一旦发生灭失或损毁，他们基于财产的经营或使用所能获得的利益也会随之受到损失。因此，财产的经营权人或使用权人对其经营或使用的财产，也具有可保利益。例如，国有企业、集体企业对其经营管理的国家财产、集体财产具有可保利益；企业承包人对其承包的企业财产具有可保利益；合伙企业中享有经营权的合伙人对合伙企业的财产具有可保利益。

(3) 基于抵押权、质押权和留置权而产生的可保利益。抵押、质押和留置都是对债权的担保形式。当债务人不能按约定清偿其债务时，抵押权人、质押权人和留置权人有权处理抵押物、质押物和留置物，并从所得的款项中使自己优先受偿。如果抵押物、质押物和留置物发生灭失或损毁，抵押权人、质押权人和留置权人的利益将受到损失。因此，抵押权人、质押权人和留置权人对抵押物、质押物和留置物具有可保利益。

(4) 基于保管权、承运权和租赁权而产生的可保利益。保管人、承运人和承租人对所保管的物品、运输的货物和租赁的财产既有获得收益或享用的权利，同时又负有保证其安全或使其不受损失的责任。如果保管的物品、运输的货物和租赁的财产发生灭失或损毁，保管人、承运人和承租人不仅会失去其即将获得的利益或继续享用的权利，而且还有可能承担赔偿责任。因此，保管人、承运人和承租人对所保管的物品、运输的货物和租赁的财产具有可保利益。

(5) 基于债权而产生的可保利益。债权人的债权能否实现，往往取决于债务人的信用，即债务人的信用状况对债权人具有利害关系。因此，债权人对债务人的信用具有可保利益。

(6) 经营者对其合法的、合理的预期利润或收益具有可保利益。例如，在正常情况下，经营者的经营活动可以获得利润，承运人提供的运输服务可以使其获得运费收入。如果因事先无法预料的事件导致经营活动或运输中断，他们的预期利润或运费收入就可能无法获得，这对他们来说无疑是一种损失。因此，经营者对其预期的合法利润收入和运费收入等具有可保利益。

(二) 人身保险中的可保利益的种类

人身保险中的可保利益主要包括以下几种：

(1) 基于自己的生命、身体而产生的可保利益。投保人或被保险人对自己的生命和身体具有当然的可保利益。

(2) 基于血缘关系而产生的可保利益。父母与子女之间相互具有法律所规定的抚养义务或赡养责任。一方的死亡、伤残或疾病,将给另一方造成经济上的损失和感情上的损害。因此,父母与子女相互之间对对方的身体和生命具有可保利益。

(3) 基于婚姻关系而产生的可保利益。丈夫与妻子之间相互具有法律上所规定的抚养义务或共同抚养子女和赡养父母的责任。一方的死亡、伤残或疾病将给另一方造成经济上的损失、经济负担的加重和感情上的损害。因此,夫妻相互之间对对方的身体和生命具有可保利益。

(4) 基于其他赡养、抚养关系而产生的可保利益。非父母与子女关系、非夫妻关系的其他家庭成员、近亲属相互之间,也会因一方的死亡、伤残或疾病给另一方造成经济上的损失、经济负担的加重和感情上的损害。因此,非父母与子女关系、非夫妻关系的其他家庭成员、近亲属相互之间,对对方的身体和生命具有可保利益。

(5) 基于雇佣关系而产生的可保利益。雇员的身体状况或生命的存续与否,对企业或雇主的经济利益具有直接或间接的影响,因此,企业或雇主对雇员的身体和生命具有可保利益。

(6) 基于共同利益关系而产生的可保利益。例如,合伙企业的合伙人之间具有共同的经济利益关系,因而一个合伙人的生命或身体对其他合伙人来说具有利害关系。如果前者健在或身体健康,他可以对自己应当承担的合伙企业的债务负责;反之,如果他已经死亡或身患重大疾病,那么他就无法或可能没有能力对自己应当承担的债务负责。按照法律的规定,合伙人之间对合伙企业的债务负连带责任。那么在后一种情况下,其他合伙人就要承担已经死亡或身患重大疾病的合伙人应当承担的债务。合伙人之间客观存在着的这种利害关系,表明他们相互之间具有可保利益。

(7) 基于债权债务关系产生的可保利益。对于具有债权债务关系的当事人来说,债务人对偿债义务的履行同时就是债权人债权的实现。债务人的死亡、身体伤残或疾病有可能影响到其对偿债义务的履行,从而影响到债权人债权的实现。因此,债权人对债务人的身体和生命具有可保利益。

(8) 被保险人同意投保人为其投保的,可视为投保人对被保险人的生命和身体具有可保利益。

对于人身保险可保利益的确定,世界各国的规定不完全一致。英美法系的国家主要采取利害关系原则,即以投保人与被保险人之间是否存在经济上的利害关系或其他利害关系,作为判断前者对后者是否具有可保利益的依据。有利害关系的投保人对被保险人的身体或生命就具有可保利益。大陆法系的国家多数采取同意主义原则,即无论投保人与被保险人之间是否具有利害关系,投保人只要取得被保险人的同意,就对被保险人的身体或生命具有可保利益。德国、瑞士、日本等所采取的就是这种原则。还有一些国家同时采取这两种原则。从我国《保险法》的有关规定可以看出,我国是以前一种原则为主,同时也适用后一种原则。

除了财产保险和人身保险之外,还有必要对责任保险与信用、保证保险的可保利益作些简要的介绍。

责任保险的保险标的是被保险人对第三者依法应承担的赔偿责任。承担经济赔偿责任的一方对经济赔偿责任具有可保利益。例如,各种固定场所(如饭店、商业、影剧院等)的所有人或经营人,对顾客、观众等在固定场所发生的人身伤亡或财产损失负有赔偿责任。承担这种赔偿责任对所有人或经营人来说,无疑是一种损失。因此,这些所有人或经营人对其所承担的赔偿责任具有可保利益。各类专业人员(如医师、设计师、律师等)由于工作上的疏忽或过失,致使他人遭受人身伤害或财产损失,依法应承担赔偿责任。他们对这类赔偿责任具有可保利益。制造商、销售商等因其生产或销售的产品存在缺陷,给消费者或使用者及其他人造成财产损失或人身伤亡,依法应承担赔偿责任。他们对这类赔偿责任具有可保利益。义务人的信用状况对权利人权利的实现或财产是否发生损失具有直接影响。因此,权利人对义务人的信用具有可保利益。权利人可以就义务人的信用投保相应的信用保险,也可以要求义务人就自身的信用投保相应的保证保险。

五、可保利益的时效和数量界限

可保利益的时效是对可保利益的时间要求。就财产保险而言,不仅要求投保人或被保险人在投保时对保险标的具有可保利益,而且要求被保险人在保险事故发生时必须具有可保利益。如果投保人或被保险人在投保时对保险标的不具有可保利益,他就不具有投保资格。即使是与保险人签订了保险合同,所签订的保险合同也是无效合同,保险标的发生损失时保险人不负赔偿责任。如果投保人或被保险人在投保时具有可保利益,则其与保险人签订的保险合同是有效合同,但在保险事故发生时其已经失去了对保险标的的可保利益,则保险人对保险标的的损失也不负赔偿责任。

不过,海上运输货物保险有所不同。在海上运输货物保险中,由于保险标的的所有权容易发生变化,且被保险人与保险标的的相互分离,不能对保险标的加以控制,保险合同可以不经过保险人同意而随着保险标的物权的转移而转让。也就是说,对于海上运输货物保险而言,只要保险事故发生时被保险人具有可保利益,保险人即对保险标的的损失给予赔偿。

人身保险要求投保人在投保时必须对保险标的具有可保利益,而不要求投保人在保险合同生效后仍然对保险标的具有可保利益。这是因为,对人身保险而言,保险合同所保障的是被保险人或受益人的利益,而非投保人的利益(除非投保人同时也是被保险人或受益人)。当保险事故或保险事件发生时,只有被保险人或受益人才有权领取保险金,享受保险合同规定的利益。在被保险人不同时是受益人时,受益人是由被保险人指定或同意的,即使当投保人就是被保险人时也是如此。因此,在保险事故或保险事件发生时,投保人是否还对保险标的具有可保利益已经不具有实际意义。

无论是财产保险还是人身保险,投保人或被保险人的可保利益都有其数量上的界限,这种量的界限在保险合同中都是通过保险金额体现出来的。不过,财产保险中的可保利益的数量界限的规定与人身保险是不同的。在财产保险中,要求投保人或被保险人要按照保险标的的实际价值确定保险金额。如果保险金额超过保险标的的实际价值,超过的部分是无效的。也就是说,当保险标的发生全损时,保险人最多只能按保险标的的实际价值进行赔偿,超过的部分保险人不予赔偿。

在人身保险中,由于保险标的是人的身体或生命,而人的身体或生命是无法用价值来衡量的,所以保险金额的确定只能根据被保险人的需要和投保人支付保险费的能力来确定。

第二节 损失补偿原则

保险标的发生保险责任范围内的损失,保险人应当进行赔偿。那么保险人应当依据什么样的原则来确定赔偿金额呢?本节主要讨论损失补偿原则的问题。

一、损失补偿原则的含义及其适用范围

损失补偿原则简称补偿原则(Principle of Indemnity)。其基本含义是,在保险标的发生保险责任范围内的损失后,通过保险赔偿只能使被保险人在经济上恢复到受损前的同等状态,而不能使其获得额外利益。通过保险赔偿只能使被保险人在经济上恢复到受损前的同等状态,主要是指在价值上使被保险人的损失获得补偿。因此,损失补偿原则主要适用于财产保险、责任保险和其他损失补偿性质的保险,而对非经济损失补偿性质的保险则不适用。[①]

损失补偿是保险的基本职能,也是保险活动的出发点和归宿点,所以损失补偿原则是保险的最基本的原则。它体现了保险的宗旨,既可以使被保险人的损失通过保险赔偿得到补偿,同时又可以避免被保险人通过保险赔偿而不正当得利。

二、损失补偿的条件

在保险标的发生损失后,被保险人获得保险赔偿的条件包括:

(1)被保险人对保险标的必须具有可保利益。投保时投保人和被保险人必须对保险

[①] 在我国保险学界,一般认为损失补偿原则只适用于财产保险,而不适用于人身保险。其理由在于,人的生命和身体是无价的,或者说是不能以价值来衡量的。这种笼统的看法是值得商榷的。因为,损失补偿原则是针对经济损失而言的,而与人的生命或身体是否有价,是否能以价值来衡量,并不存在必然的联系。除了包括责任保险等在内的广义财产保险外,健康保险、意外伤害保险等属于人身保险范畴内的保险种类所承保的风险多数是经济损失类风险,即保险事件的发生都会导致医疗费支出等经济损失。只有人身保险中的寿险及其他储蓄性质和投资性质等非经济损失补偿性质的保险,才不属于损失补偿性保险,因而才不适用损失补偿原则。

标的具有可保利益,在保险事故发生时,被保险人也必须具有可保利益。否则,保险人对保险标的的损失不予赔偿。

(2) 造成保险标的的损失的原因必须在保险责任范围内。这是因为,造成保险标的损失的原因很多,但保险合同所保障的只是保险责任范围内的损失,而不是任何损失。只有发生保险责任范围内的损失,保险人才能给予赔偿。

(3) 保险标的损失必须能够以货币形式在价值上加以量化。只有能够以货币量化的损失才能确定保险赔偿的金额,保险人才能进行赔偿。

三、损失补偿的界限

根据损失补偿原则的含义,由于保险责任范围内的原因导致保险标的损失的,保险人必须承担赔偿责任,但保险人在进行赔偿时,又必须将赔偿金额控制在合理的界限内。

1. 以实际损失为限

只有这样,才能既使被保险人的损失得到补偿,同时又不会使其不正当得利。实际损失通常是根据保险标的受损时的市场价值确定的。因此,保险人在实际理赔工作中必须充分考虑到保险标的价格变动的因素。例如,某幢房屋投保了家庭财产保险,保险金额为50万元。在该房屋出险时,由于房屋市场价格水平跌落,该房屋的市场价格已经下降到40万元。如果该房屋发生全损,保险公司只能赔偿40万元,而不能赔偿50万元。

需要注意的是,以实际损失为限的赔偿原则只适用于不定值保险,而对定值保险则不适用。假如前例中房屋投保的是定值保险,则在其发生全损时,保险公司的赔偿金额应该为50万元。

2. 以保险金额为限

保险金额是保险人承担赔偿责任的最高限额,赔偿金额只能等于或低于保险金额,而不能超过保险金额。假如前例中房屋的实际价值为60万元,而被保险人在投保时所确定的保险金额为50万元,则如果该房屋发生全损,尽管由于保险标的的实际损失为60万元,保险人也只能赔偿50万元。

3. 以可保利益为限

可保利益是被保险人需要保险人提供保险保障的实际利益,所以保险人在进行赔偿时,赔偿金额不能超过被保险人对保险标的所具有的可保利益。例如,在抵押贷款中,抵押权人对抵押财产具有可保利益。如果借款人借入的款项为30万元,而他用作抵押的财产的价值为50万元。即使抵押权人按50万元投保财产保险,在该抵押财产出险时,保险人最多也只能赔偿其30万元。

四、在不足额投保条件下的损失赔偿的方式

在不足额投保的条件下,财产保险的赔偿方式主要有两种,即第一危险赔偿方式和比

例赔偿方式。

1. 第一危险赔偿方式

在不足额投保的条件下,保险标的全部价值所存在的危险可分为两个部分:与保险金额相等的部分为第一危险;超过保险金额的部分为第二危险。保险人所承保的是第一危险。所谓第一危险赔偿方式,就是指在保险标的发生保险责任范围内的损失时,保险人以保险金额为界限进行赔偿。当实际损失小于或等于保险金额时,保险人的赔偿金额应等于实际损失金额;当实际损失大于保险金额时,保险人的赔偿金额应等于保险金额。我国的家庭财产保险的赔偿采取的就是第一危险赔偿方式。

2. 比例赔偿方式

比例赔偿方式是指在保险标的发生保险责任范围内的损失时,保险人的赔偿金额按保险金额与损失发生时保险标的的实际价值的比例计算。计算公式为:

$$赔偿金额 = 损失金额 \times \frac{保险金额}{出险时保险财产的实际价值}$$

为了更好地理解比例赔偿方式,可以把保险金额小于保险标的实际价值的部分,看成被保险人自保的部分。这样,被保险人与保险人之间就形成了一种共同保险的关系。根据共同保险的比例分摊原则,保险人与被保险人就应按各自的保险金额占全部保险金额的比例对保险标的的损失承担赔偿责任。在这里,全部保险金额是出险时保险财产的实际价值。

第三节 代位求偿原则

保险标的发生损失后,如果造成损失的原因在保险责任范围内,保险人应当进行赔偿。倘若损失是由第三方造成的,并且按照法律的规定第三方负有赔偿责任,那么按照损失补偿原则的要求,在保险人赔偿之后向第三方索赔的权利是否会发生变动呢?这就是本节所要解决的问题。

一、代位求偿原则的含义及其适用范围

代位求偿原则(Principle of Subrogation)的基本含义是,保险标的发生保险责任范围内的损失,且损失按照法律或法规的规定应由第三方承担的,保险人按照保险合同的规定履行赔偿责任后,依法享有向第三者追偿的权利。

代位求偿原则是由损失补偿原则派生出来的。按照损失补偿原则,被保险人在取得保险人的赔偿后只能使自己在经济上恢复到受损前的同等状态,而不允许其通过保险赔偿获得额外利益。如果被保险人在获得保险赔偿后还可以就全部损失向第三方索赔,并将所得的赔款全部归自己所有,那么就会出现不正当得利。要避免这种不合理的情况出现,被保险人在获得保险人的赔偿后必须将向第三方索赔的权利转移给保险人。

代位求偿原则只能适用于保险标的的损失由第三方造成,但同时又属于保险责任范围的情况。如果按照法律和法规或保险条款的规定,此时被保险人既可以选择第三方作为索赔的对象,也可以选择保险人作为索赔的对象。当被保险人选择保险人作为索赔对象时,就会出现保险人先赔偿,然后再行使代位权向第三方追偿的情况。

代位求偿原则是由损失补偿原则派生出来的。损失补偿原则主要适用于财产保险、责任保险和其他损失补偿性质的保险,当然,作为损失补偿原则的派生原则,代位求偿原则也主要适用于财产保险、责任保险和其他损失补偿性质的保险,而不适用于非经济损失补偿性质的保险。① 例如,人身保险中的寿险及其他储蓄性质的和投资性质的保险,不属于损失补偿性保险,因而不适用代位求偿原则。

二、代位求偿权产生的必要条件及保险人取得代位求偿权的方式

(一) 代位求偿权产生的必要条件

代位求偿权的产生必须具备以下三个条件:

第一,保险标的的损失是由第三方造成的,第三方依法应对被保险人承担民事赔偿责任。因为只有这样,被保险人才有权向第三方索赔,并在保险人赔偿自己的损失后将向第三方索赔的权利转移给保险人,从而使保险人获得向第三方代位求偿权的权利。

第二,造成保险标的损失的原因必须在保险责任范围之内。因为只有这样,才会涉及保险人先赔偿后追偿的问题。否则,保险人不会赔偿被保险人的损失,当然也就不存在代位求偿权的问题。

第三,保险人已经履行了保险赔偿责任。因为代位求偿权是转移的债权,如果保险人对被保险人的损失没有履行赔偿责任,那么就不会发生债权的转移,因而在保险人与负有民事赔偿责任的第三者之间就不会建立起债权债务关系,也就不会有所谓的代位求偿权。

(二) 代位求偿权取得的方式

保险人代位求偿权的取得是基于法律的规定,无需经过被保险人的确认。我国《保险法》第四十五条第一款规定:"因第三者对保险标的的损害而造成保险事故的,保险人自向

---

① 与认为损失补偿原则只适用于财产保险,而不适用于人身保险的说法一脉相承,在我国保险学界,一般认为代位求偿原则只适用于财产保险,而不适用于人身保险。其理由在于,人的生命和身体是无价的,或者说是不能以价值来衡量的,因而保险人与责任人同时给被保险人一方以赔偿,不存在不正当得利的问题。这同样是值得商榷的。代位求偿原则除了适用于包括责任保险等在内的广义财产保险外,还适用于健康保险、意外伤害保险等属于人身保险范畴内的损失补偿性质的保险。只有人身保险中的寿险及其他储蓄性质和投资性质等非经济损失补偿性质的保险,才不适用代位求偿原则。例如,被保险人投保的是意外伤害保险,因为意外伤害造成的医疗费支出性质的经济损失保险人应当进行赔偿。然而,如果意外伤害因他人故意或过错造成,从而按照法律的规定致害方对被保险人承担医疗费支出性质的经济损失负有赔偿责任的,保险人应当在其赔偿金额的界限内享有代位求偿权。

被保险人赔偿保险金之日起,在赔偿金额范围内代位行使被保险人对第三者请求赔偿的权利。"也就是说,按照我国《保险法》的规定,只要保险人向被保险人履行了赔偿责任,就自然取得了向责任方追偿的权利。不过,在实践中,保险人在履行了赔偿责任后通常还要求被保险人出具权益转让书。这种做法的意义在于:一方面,它确认了保险人取得代位求偿权的时间,方便保险人就索赔事宜与责任人接触,以保险人的身份开始代位求偿过程;另一方面,它确认了保险人向第三者进行追偿的金额,有利于保险人把握索赔的数量界限。

(三)特殊情况下代位求偿权的取得与行使

保险人代位求偿权的取得以其对被保险人赔偿责任的履行为前提条件。这一规定的根据在于代位求偿权是一种转移性债权,只有赔偿责任的履行才会导致债权的转移,而其目的则是保护被保险人的利益。因此,如果被保险人在没有获得保险人的赔偿的情况下愿意将向第三者索赔的权利转让给保险人,并以出具权利转让书作为凭证,那么保险人也可以在对被保险人履行赔偿责任之前,取得向对被保险人负有民事赔偿责任的第三者索赔的权利。例如,在我国保险公司承保的船舶被国外的船只撞击受损的情况下,为了防止肇事船舶逃逸,加大以后向其船东索赔的难度(世界上有些船公司是单船公司,且有些国家的船舶注册又较为随意,一旦肇事船舶逃逸,寻找该船或其船东可能非常困难),被撞船舶的被保险人一方可以在保险人对其进行赔偿之前,向保险人出立权益转让书,把向肇事船舶索赔的权利转移给保险人,由保险人凭借代位求偿权向肇事船舶追偿。当然,为了防止肇事船舶逃逸,保险人可依靠其特有的知识和经验向法院申请扣船。

被保险人在没有获得保险人的赔偿的情况下将向第三方索赔的权利转让给保险人,这种做法在保险标的的损失金额尚难以确定,而向第三方索赔又迫在眉睫等一些特殊情况下是有积极意义的。但需要注意的是,这只是在特殊情况下提前赋予保险人以代位求偿的权利,并不改变保险人对代位求偿权的取得仍以其履行对被保险人的赔偿责任为必要条件,只是这种赔偿责任的履行在取得被保险人的同意的前提下适当向后推延而已。

代位求偿权转移与行使的方式有时还与保险合同条款的具体规定有关。对于某种业务量大、保险标的众多的保险业务,有些保险公司为了减轻理赔的负担以及规避向负有赔偿责任的第三方索赔的风险(索赔完全不成功或部分不成功),有时在保险合同条款中规定保险事故发生后,如果事故由第三方的原因所导致,从而按照法律的规定应当由第三方承担赔偿责任的,被保险人一方应当向第三方追偿;只有追偿未果,才能向保险人追偿。例如,我国一些保险公司经营的机动车辆保险在保险条款中即是这样规定的。当然,这样的规定对被保险人一方是否公平,是一个值得研究的问题。

三、代位求偿原则对被保险人一方的要求

由于代位求偿权是被保险人向保险人转移其债权的结果,所以被保险人与责任人之

间的债权债务关系如何,对保险人能否顺利地行使代位求偿权并取得预期的结果是非常重要的。为了保证保险人的权益,我国《保险法》第四十六条规定:"保险事故发生后,保险人未赔偿保险金之前,被保险人放弃对第三者的请求赔偿的权利的,保险人不承担赔偿保险金的责任。保险人向被保险人赔偿保险金后,被保险人未经保险人同意放弃对第三者请求赔偿的权利的,该行为无效。"

被保险人不仅不得妨碍保险人行使代位求偿权,而且还有协助保险人向负有赔偿责任的第三方追偿的义务。我国《保险法》第四十八条规定:"在保险人向第三者行使代位请求赔偿权利时,被保险人应当向保险人提供必要的文件和其所知道的有关情况。"如果由于被保险人的过错致使保险人不能行使代位求偿权的,或使保险人在行使代位求偿权的过程中受到损失的,保险人可以扣减其对被保险人的保险赔偿金,或者对已经支付给被保险人的赔偿金中与保险人损失相关的部分予以追回。

需要注意的是,代位求偿的对象在法律上是有限制的。在通常情况下,作为代位求偿对象的第三方应为被保险人家庭成员或组成人员以外的其他人。只是在被保险人的家庭成员或组成人员故意造成保险标的损失的特殊情况下,被保险人的家庭成员或组成人员才会成为保险人代位求偿的对象。这是因为,保险合同保障的是被保险人的利益,而被保险人的家庭成员或组成人员与被保险人的利益是一致的。如果保险人对被保险人履行了赔偿责任之后又向保险人的家庭成员或组成人员进行追偿,实际上等于被保险人的损失未得到补偿,这是有悖于保险的损失补偿原则的。我国《保险法》第四十七条规定:"除被保险人的家庭成员或者其组成人员故意造成本法第四十五条第一款规定的保险事故以外,保险人不得对被保险人的家庭成员或者其组成人员行使代位请求赔偿的权利。"

四、代位求偿的数量界限

第三方对被保险人的赔偿责任属于民事损害赔偿责任,赔偿数额应依法裁定。保险人对被保险人的赔偿责任属于合同责任。赔偿的数额不仅取决于保险标的的损失金额,而且取决于保险金额以及保险合同对保险赔偿责任和赔偿方式的规定。这两种赔偿责任在性质上的差别,决定了二者在数量上可能存在着差别甚至是较大的差别。后一种差别会导致保险人向第三方追偿所得金额与其对被保险人赔偿的金额不一致。

如果保险人向第三方追偿所得金额大于其对被保险人的赔偿金额,保险人应将二者间的差额返还给被保险人,而不能因行使代位求偿权而获利。

如果在保险人对被保险人进行保险赔偿之前,被保险人已经从第三方取得损害赔偿,但所取得的赔偿金额少于保险人应该赔偿的金额,不足的部分保险人应予以补足。我国《保险法》第四十五条第二款规定:"前款规定的保险事故发生后,被保险人已经从第三者取得损害赔偿的,保险人赔偿保险金时,可以相应扣减被保险人从第三者已取得的赔偿金额。"

如果保险人的赔偿金额少于保险标的的损失金额,被保险人可以就未得到保险赔偿的部分向负有赔偿责任的第三方索赔。被保险人的这种索赔行为不受保险人行使代位求偿权的影响。我国《保险法》第四十五条第三款规定:"保险人依照第一款行使代位请求赔偿的权利,不影响被保险人就未取得赔偿的部分向第三者请求赔偿的权利。"

五、损失补偿原则及其派生原则与可保利益原则的关系

可保利益原则强调的是被保险人一方对保险标的必须具有保险利益。可保利益是被保险人一方对保险标的所具有的利害关系。在财产保险领域内,被保险人一方对保险标的所具有的利害关系只能是其出险后给被保险人一方所带来的最大损失。财产保险所保障的就是保险财产一旦出险给被保险人一方带来损失的风险。如果在保险合同有效期内保险财产出险,保险人最多只能赔偿被保险人所受到的损失,即因保险责任范围内的原因所失去的可保利益,而不能使被保险人一方通过向保险人索赔而获得超过其损失的可保利益之上的利益。这是保险损失补偿原则的基本要求。如果保险财产的损失是由第三方造成的,被保险人向保险人索赔并获得其应得的全部赔款后,其按照民法规定所享有的向第三方索赔的权利应当转让给保险人,后者可凭借此项权利向第三方追偿。这是代位求偿原则的基本含义。代位求偿的作用也是在于使被保险人通过向保险人索赔而最终获得利益(只是其因保险责任范围内的原因所失去的可保利益)。可见,损失补偿原则是由可保利益原则直接派生出来的,而代位求偿原则则是通过损失补偿原则由可保利益原则间接派生出来的。

六、委付

委付(Abandonment)是一种放弃物权的行为。当保险标的处于推定全损状态时,被保险人明确表示愿意将保险标的的所有权转移给保险人,要求保险人按全损进行赔偿,这个过程就是委付。委付成立后,如果保险标的损失是第三方造成的,保险人在按全损对被保险人进行赔偿后可以自己的名义向第三方追偿。保险人所行使的向第三方追偿的权利,是由被保险人由于已经获得保险赔偿而转让给保险人的本来属于其自己应当享有的权利。可见,委付实际上包含代位求偿的环节。正因为如此,我们把委付这部分内容安排在代位求偿一节之中。但是,委付与一般意义上的代位求偿是有本质上的区别的。

(一)委付的成立条件

委付成立需要具备以下四个条件:

(1)委付必须由被保险人向保险人提出。委付通知通常采用书面形式。

(2)委付必须经保险人同意方能成立。在被保险人提出委付请求后,保险人可以接受委付,也可以不接受委付。无论保险人接受委付还是不接受委付,都应当在合理的时间

内通知被保险人。

（3）委付的对象应是保险标的的全部。这是因为，保险标的往往具有不可分性。如果只有一部分委付，而其余部分不委付，则容易发生纠纷。不过，如果保险标的是独立可分的，若干个独立可分的部分处于推定全损状态，被保险人可就这些独立可分的部分提出委付请求，保险人也可以就这些独立可分的部分接受委付。

（4）委付必须不附带任何附加条件。在保险标的处于推定全损状态时，被保险人才可以向保险人请求委付，但不能附加日后只要他退还保险赔偿金即可取回该保险标的的条件。原因在于，委付本身就是保险标的所有权的转移。在保险人接受被保险人的委付请求，从而委付已经成立的条件下，保险标的的所有权已经属于保险人而不属于被保险人，被保险人已经无权收回保险标的。

（二）委付与代位求偿的区别

委付成立后，如果存在第三方赔偿责任，保险人可以向第三方进行追偿。但委付与代位求偿是有本质区别的。在代位求偿的条件下，保险标的的所有权并未发生转移，仍属于被保险人，因此保险人行使代位求偿权所得金额大于其对被保险人的赔偿金额时，大于的部分应转移给被保险人。而在委付的条件下，由于保险标的的所有权已经发生转移，所以如果保险人行使向第三方追偿权利所得金额大于其对被保险人的赔偿金额，大于的部分为保险人所有。

由于委付是保险标的所有权的转移，所以，从委付成立时起，与保险标的的有关的一切权利也就皆由被保险人转移给保险人。同样道理，从委付成立时起，与保险标的的有关的费用也由保险人承担。而在一般意义上的代位求偿的条件下，与保险标的的有关的责任是由被保险人一方承担的。这也是委付与代位求偿不同之处。

（三）协议全损条件下的委付

委付通常出现于推定全损的前提下。推定全损主要存在三种情况：第一种情况，保险合同定义的全损已经出现，但实际全损是否已经发生无法确定，按照合同的规定保险人应当按全损进行赔偿。第二种情况，实际损失已经达到很高的程度，且根据事故发生时的具体情况判断，如果不采取必要的施救措施，保险标的的实际全损已经不可避免，按照合同的规定保险人应当按全损进行赔偿。第三种情况，在前一种情况下，如果采取必要的施救措施，保险标的的实际全损虽然可以避免，但为此而支出的费用与已经发生的损失之和很可能会超过保险标的的实际价值，从而使保险公司的赔偿金额超过保险金额（假定保险金额不超过保险标的的实际价值），施救措施的实施在经济上已经不合理，保险人可以按全损进行赔偿。这时，由于保险标的的尚未达到实际全损的程度，因而还有余留价值，故被保险人如果要求保险人按全损进行赔偿，只能以把保险标的的所有权转移给保险人为前提条件。

不过，委付也可以出现在协议全损的条件下。协议全损是指保险标的的损失已经发生，但尚未达到可以推定全损的程度，甚至与实际全损相距甚远，经保险合同双方当事人协商同意，由保险人对被保险人按全损进行赔偿，但保险标的的所有权应当转移给保险人。协议全损通常适用于保险标的的损失程度或损失价值难以确定，或保险合同一方当事人对另一方当事人提出并坚持的赔偿金额或索赔金额拒绝接受，或双方当事人对公估机构等作出的损失估计结果都不满意，经双方协商同意，以保险标的所有权由被保险人转移给保险人为前提条件，由保险人对被保险人按全损进行赔偿。

委付之所以可以适用于保险标的处于推定全损和协议全损两种不同的全损状态之下，是因为在这两种全损状态下，保险标的都未达到实际全损的程度，因而受损的保险标的还有余留的价值，只是损失的程度不同，从而单位保险金额或保险标的的实际价值余留的多少不同罢了。如果保险标的因整体失窃（按照合同的规定，失窃又为保险责任）、失踪（如机动车辆、运行中的船舶因被盗窃、掠夺而在保险合同规定的时间内下落不明）、落海（处于运输过程中的货物落入海里无法打捞，或沉入海底）而全部失去其价值，则不存在委付的问题，除非这些标的有"失而复得"的可能。在保险标的的损失程度不同的条件下，对保险标的的损失的赔偿都按全损来处理，在事实上或实务中都有一个主观上推定和协议的过程。从这个意义上说，推定全损也是协议全损，协议全损也是推定全损，二者只存在损失程度的差异，而并没有本质上的不同。

第四节 重复保险的分摊原则

商业保险通常是建立在双方当事人协商基础上的自愿保险，只要保险标的合法，保险合同订立的过程合法，且双方的权利义务关系符合公平的原则，没有显失公平，那么投保人或被保险人就同一标的和同一险种与不同的保险人订立保险合同的行为，就应当是合法的，或者应当是法律允许的。同时，被保险人一方在保险标的出险后能否获得赔偿以及所获赔偿金额的多少，又与保险人的资信状况等因素密切相关，因此被保险人一方与保险人签订保险合同后，并不意味着已经不存在与保险标的有关的风险。这种来自保险人一方的风险，可能使被保险人一方在客观上产生就同一标的向两个或多个以上的保险人投保同一险种的客观需求。一旦这种需求变为被保险人的实际行动，那么就会形成重复保险。

重复保险(Overlapping Insurance)是指投保人或被保险人就同一保险标的、同一保险利益、同一风险同时与两个或两个以上的保险人存在保险合同关系，且保险金额超过保险标的的价值的保险。在重复保险存在的条件下，按照损失补偿原则的要求，各个保险人对已经发生的保险标的的损失应当如何进行赔偿呢？简言之，在重复保险的条件下，保险标的出险后，保险人对保险标的的损失的赔偿应当实行分摊的原则。本节所要讨论的内容就是重复保险的分摊原则。

一、重复保险分摊原则的含义

重复保险分摊原则的基本含义是,在重复保险的条件下,对于保险标的的损失应采取适当的方式在各保险人之间分摊赔偿,以使被保险人所获得的保险赔偿金额不超过其保险标的的实际损失金额。按照这一原则进行赔偿,既可以补偿被保险人的全部损失,同时又不会出现不正当得利。因此,重复保险分摊原则也是损失补偿原则的派生原则。在被保险人向两个或两个以上的保险人同时投保的情况下,以什么作为依据来判断是否为重复保险呢?这里的依据就是重复保险的特点。

二、重复保险的特点

1. 保险标的及可保利益相同

只有保险标的相同,同时存在的两个或两个以上的保险合同关系才有可能构成重复保险。如果保险标的不是同一个,同时存在的两个或两个以上的保险合同关系不可能构成重复保险。如果只是保险标的相同,而不存在相同的可保利益,同时存在的两个或两个以上的保险合同关系也不可能构成重复保险。例如,抵押人和抵押权人对抵押物具有的可保利益是不同的。这是因为,抵押物发生全部损失时,对抵押人在利益上的影响是其对抵押物所有权的丧失;对抵押权人在利益上的影响可能是使其以抵押物担保的债权无法实现。后者在抵押物为抵押人的唯一财产,而其对所欠债务按照法律的规定又只负有限责任的特殊情况下,是可能出现的。由于抵押人与抵押权人对充作抵押物的财产具有不同的可保利益,二者分别作为被保险人与保险人形成的同时存在的两个保险合同关系不构成重复保险。

2. 保险期间相同或重合

只有保险标的和可保利益是相同的,且已经订立的两个或两个以上的保险合同的保险期间相同或重合,由此形成的两个或两个以上的保险合同关系才能构成重复保险;反之,尽管保险标的和可保利益是相同的,但已订立的两个或两个以上的保险合同的保险期间不相同或不重合,由此形成的两个或两个以上的保险合同关系不构成重复保险。例如,某人对其所有的同一幢房屋分别于同一年的4月6日和9月2日在A、B两家保险公司投保了家庭财产保险(假定投保日即为合同生效日),且保险金额加总后大于该幢房屋的实际价值。如果两份保险合同的保险期限均为一年,那么这种情况是不是重复保险呢?这要视该幢房屋出险的时间是否在两份合同的保险有效期重合的时间内。两份合同重复的时间为当年的9月2日至下一年的4月5日。显然,该幢房屋只有在此期间出险,才构成重复保险。

3. 风险保障的范围相同或重合

重复保险不仅要求保险标的及可保利益相同,保险期间相同或重合,而且还要求风险保障的范围相同或重合。例如，所有者将一套住宅同时向两家保险公司投保了普通家庭财产保险，由于这两家保险公司的保险条款相同或基本相同，从而对被保险人提供的家庭财产风险保障的范围相同或重合，由此形成的两个或两个以上的保险合同关系即构成重复保险，或可能构成重复保险。所谓可能构成重复保险，是指在被保险人一方与不同的保险人签订的两份或两份以上的保险合同中，风险保障的范围既有不同的部分，也有相同的或重合的部分，只有导致保险标的损失的原因在相同或重合的部分内，且具备保险标的及可保利益相同，保险期间相同或重合的前提，才构成重复保险。否则，即使具备保险标的及可保利益相同，保险期间相同或重合的前提，但导致保险标的损失的原因不在保险的风险相同或重合的范围内，还是不能构成重复保险。

三、重复保险的损失赔偿方式

在重复保险的条件下，对于保险标的的损失应采取适当的赔偿方式在各保险人之间分摊赔偿，以使被保险人所获得的保险赔偿金额不超过其保险标的的实际损失金额。重复保险的损失赔偿方式主要有以下三种。

（一）比例责任分摊方式

比例责任分摊方式是指在重复保险条件下，对于由保险责任范围内的原因导致的保险标的的损失，各保险人按其所承保的保险金额占所有保险人保险金额总和的比例承担赔偿责任的损失赔偿方式。计算公式为：

$$赔偿金额 = 损失金额 \times \frac{保险人承保的保险金额}{所有保险人承保的保险金额总和}$$

例如，某人将其价值 120 万元的家庭财产分别在 A、B、C 三家保险公司投保了家庭财产保险，保险金额分别为 40 万元、50 万元和 60 万元，保险金额总和超过保险标的的实际价值。三家保险合同条款中都把火灾列为保险责任。为了说明问题的方便，我们假定三份保险合同同时生效，因而有效期完全重合。在保险合同有效期内，保险财产因火灾而发生部分损失，损失金额为 30 万元。这是一个典型的重复保险。按照比例责任分摊方式计算各保险人的赔偿金额，应当是：

$$A 保险公司的赔偿金额 = 30 \times \frac{40}{40+50+60} = 8(万元)$$

$$B 保险公司的赔偿金额 = 30 \times \frac{50}{40+50+60} = 10(万元)$$

$$C 保险公司的赔偿金额 = 30 \times \frac{60}{40+50+60} = 12(万元)$$

三家保险公司的赔偿金额总和为 30 万元，即赔偿金额总和等于损失金额，符合损失补偿原则。

(二) 限额责任分摊方式

限额责任分摊方式是指在重复保险条件下,对于由保险责任范围内的原因导致的保险标的的损失,各保险人按其在没有其他保险人承保的假定前提下应该承担的赔偿金额,占所有保险人按其在没有其他保险人承保的假定前提下应该承担的赔偿金额之和的比例承担赔偿责任的损失赔偿方式。计算公式为:

$$赔偿金额 = 损失金额 \times \frac{单独承保条件下的赔偿金额}{单独承保条件下的赔偿金额总和}$$

承前例,但假定在保险合同有效期内,保险财产因火灾而发生损失为 55 万元。在没有其他保险人承保的假定前提下,A 保险公司的赔偿金额为 40 万元,B 保险公司的赔偿金额为 50 万元,C 保险公司的赔偿金额为 55 万元。按限额责任分摊方式计算各保险人的赔偿金额,应当是:

$$A 保险公司的赔偿金额 = 55 \times \frac{40}{40+50+55} = 15.17(万元)$$

$$B 保险公司的赔偿金额 = 55 \times \frac{50}{40+50+55} = 18.97(万元)$$

$$C 保险公司的赔偿金额 = 55 \times \frac{55}{40+50+55} = 20.86(万元)$$

三家保险公司的赔偿金额总和为 55 万元,即赔偿金额总和等于损失金额,符合损失补偿原则。

(三) 顺序责任分摊方式

顺序责任分摊方式是指在重复保险条件下,对于由保险责任范围内的原因导致的保险标的的损失,各保险人按其出单的时间顺序在保险金额界限内承担赔偿责任的损失赔偿方式。也就是说,先出单的保险人先赔偿,只有在全部损失超过先出单的保险人的保险金额的情况下,超过的部分才由后一个出单的保险人赔偿。

承前例,且假定 A、B、C 三公司的排列顺序即为保险合同签订的时间顺序。按顺序责任分摊方式,A 保险公司的赔偿金额为 40 万元,B 保险公司的赔偿金额为 15 万元,C 保险公司的赔偿金额为 0,即由于全部赔偿责任已由 A、B 两家保险公司履行完毕,C 保险公司可以不承担赔偿责任。

在保险实务中,对于重复保险究竟采用哪一种分摊赔偿的方式,取决于不同国家或地区保险法律和法规的规定以及保险合同的约定。我国《保险法》第四十一条规定:"重复保险的保险金额总和超过保险价值的,各保险人赔偿金额的总和不得超过保险价值。除合同另有约定外,各保险人按照其保险金额与保险金额总和的比例承担赔偿责任。"这一法律规定表明,我国对于重复保险条件下的赔偿采用的主要是比例分摊责任方式。

四、重复保险条件非全部满足前提下的损失分摊

除保险标的发生全部损失,各个保险人按各自的保险金额(保险金额总和不超过保险标的的实际价值)进行赔偿外,部分损失的赔偿都要由各个保险人分摊。例如,某人将其价值120万的家庭财产在A、B、C三家保险公司投保了家庭财产保险,保险金额分别为30万元、40万元和50万元。保险金额总和为120万元,与保险标的实际价值相等。三家保险合同条款中都把火灾列为保险责任。为了说明问题的方便,我们假定三份保险合同同时生效,因而有效期完全重合。在保险合同有效期内,保险财产因火灾而发生部分损失,损失金额为20万元,没有超过任何一家保险公司的承保金额。如果已经发生的损失不按比例在三家保险公司之间分摊,那么每家保险公司均应赔偿被保险人20万元的损失。但这样赔偿的结果是被保险人得到60万元的保险赔偿金,即赔偿金额远远超过损失金额。这显然是违背损失补偿原则的。按照损失补偿原则的要求,这20万元的损失必须在三家保险公司之间按比例分摊:

$$A 保险公司的赔偿金额 = 20 \times \frac{30}{30+40+50} = 5(万元)$$

$$B 保险公司的赔偿金额 = 20 \times \frac{40}{30+40+50} = 6.67(万元)$$

$$C 保险公司的赔偿金额 = 20 \times \frac{50}{30+40+50} = 8.33(万元)$$

三家保险公司的赔偿金额总和为20万元,即赔偿金额总和等于损失金额,符合损失补偿原则。

因此,在保险标的发生部分损失的前提下,只要存在两个或两个以上的保险人共同承保同一保险标的,且导致保险标的损失发生的原因同为其保险合同条款所规定的保险责任的情况,各个保险人均要按各自的保险金额占全部保险金额的比例进行分摊赔偿。

当保险金额总和小于保险标的的实际价值时,按照法律或保险合同的规定,在实行第一危险赔偿方式的情况下,如果保险标的的损失不超过保险金额总和,全部损失按各个保险人的承保金额占保险金额总和的比例进行赔偿。例如,前例中三家保险公司各自的承保金额分别为30万元、40万元和30万元,保险金额总和小于保险财产的实际价值。已经发生的20万元的损失没有超过保险金额总和100万元,故全部损失都应当获得保险赔偿。按照损失补偿原则的要求,赔偿的方式也应当是按比例分摊:

$$A 保险公司的赔偿金额 = 20 \times \frac{30}{30+40+30} = 6(万元)$$

$$B 保险公司的赔偿金额 = 20 \times \frac{40}{30+40+30} = 8(万元)$$

C保险公司的赔偿金额与A公司相同,也为6万元。

当保险金额总和小于保险标的的实际价值时,按照法律或保险合同的规定,在实行比例赔偿方式的情况下,由于保险金额总和小于保险标的的实际价值,应视为总体性的不足额保险,故应先按保险金额总和占保险标的实际价值的比例计算出赔偿总金额,然后再对这个赔偿总金额在各个保险人之间按各自承保金额的比例进行分摊。仍承前例,相关的计算为:

$$\text{所有保险人应承担的赔偿金额总和} = 20 \times \frac{30+40+30}{120} = 16.67(\text{万元})$$

$$\text{A 保险公司的赔偿金额} = 16.67 \times \frac{30}{30+40+30} = 5.00(\text{万元})$$

$$\text{B 保险公司的赔偿金额} = 16.67 \times \frac{40}{30+40+30} = 6.67(\text{万元})$$

$$\text{C 保险公司的赔偿金额} = 16.67 \times \frac{30}{30+40+30} = 5.00(\text{万元})$$

即使是保险标的全损,各个保险人按各自的保险金额(保险金额不超过保险标的的实际价值)进行赔偿,实际上也是分摊赔偿。例如,假定前例中 A、B、C 三家保险公司各自的承保金额分别为 30 万元、40 万元和 50 万元,共 120 万元,即与保险标的的实际价值相等。保险标的因共同的保险责任——火灾而发生全损。于是,三家保险公司各自的赔偿金额分别为 30 万元、40 万元和 50 万元,即分别与它们各自的保险金额相等。由此可以认为,在保险金额总和与保险标的的实际价值相等的条件下,保险标的发生全损,各家保险公司均按其保险金额承担赔偿责任。但这与比例分摊并不矛盾。按比例分摊方式,相关的计算为:

$$\text{A 保险公司的赔偿金额} = 120 \times \frac{30}{30+40+50} = 30(\text{万元})$$

$$\text{B 保险公司的赔偿金额} = 120 \times \frac{40}{30+40+50} = 40(\text{万元})$$

$$\text{C 保险公司的赔偿金额} = 120 \times \frac{50}{30+40+50} = 50(\text{万元})$$

计算的结果与按保险金额直接确定的赔偿金额完全相同。

在上述各种不同条件下都存在损失分摊的情况表明,强调所有保险人的保险金额之和必须大于保险标的的实际价值,并无特别重要的意义。在多数保险学原理性质的教科书中,在为重复保险下定义时都要强调所有保险人的保险金额之和必须大于保险标的的实际价值。由于这样的定义在保险实务中没有多大实际价值,且易于引发歧义,所以本书还是采取了我国《保险法》中的定义,"重复保险是指投保人对同一保险标的、同一保险利益、同一保险事故分别向二个以上保险人订立保险合同的保险"[①]。

---

① 我国《保险法》第四十一条第三款。

五、重复保险中被保险人的法定义务

由于保险市场上存在着激烈的竞争，各保险企业的经济实力和经营策略、经营技巧的不同，保险企业经营与发展的稳定性也会不同。保险人一方经营与发展的不确定因素的存在，很可能会影响到被保险人一方的利益，使他们在不同的程度上面临着因保险人的原因而导致的保险利益不能实现的风险。为了避免或减少保险标的出险后保险人无力赔偿时给自己造成的保险利益的损失，法律上并不禁止被保险人一方的重复保险的行为。

然而，有些被保险人实施重复保险的目的却不是为了规避来自保险人方面的风险，而是为了在保险标的出险后获得各承保公司的远远高于其实际损失的赔偿，甚至是数倍于其实际损失的赔偿。为了避免被保险人的不正当得利，各国保险法都规定对重复保险要实行损失分摊赔偿的原则。而损失分摊赔偿的前提，是各个承保公司已经知道被保险人一方已经实施了重复保险的行为。为此，保险法为实施重复保险的投保人规定了一项特定的义务，即重复保险的投保人应当将重复保险的有关情况通知各保险人。

本 章 小 结

可保利益又称保险利益，是指投保人或被保险人对保险标的所具有的法律上所承认的利益。判断投保人或被保险人对保险标的是否具有可保利益的标准，是保险标的的存在状态与他们是否具有利害关系。可保利益不仅具有质的规定性，而且具有量的规定性，可以用货币衡量其大小或多少。

可保利益原则的基本含义是投保人或被保险人对保险标的必须具有可保利益。对保险标的不具有利害关系的人不具有投保人或被保险人的资格，但人身保险和财产保险的要求有所不同。在人身保险中，订立合同时投保人必须对保险标的具有可保利益，否则合同无效。在财产保险中，保险事故发生时被保险人必须对保险标的具有可保利益，否则不得向保险人请求赔偿保险金。

损失补偿原则的基本含义是，在保险标的发生保险责任范围内的损失后，通过保险赔偿只能使被保险人在经济上恢复到受损前的同等状态，而不能使其获得额外利益。

代位求偿原则的基本含义是，保险标的发生保险责任范围内的损失，且损失按照法律或法规的规定应由第三者承担的，保险人按照保险合同的规定履行赔偿责任后，依法享有向第三者追偿的权利。代位求偿原则是损失补偿原则的派生原则。

重复保险分摊原则的基本含义是，在重复保险的条件下，对于保险标的的损失应采取适当的方式在各保险人之间分摊赔偿，以使被保险人所获得的保险赔偿金额不超过其保险标的的实际损失金额。重复保险分摊原则也是损失补偿原则的派生原则。

关 键 词

可保利益　损失补偿原则　第一危险赔偿方式　代位求偿　委付　重复保险　比例责任分摊方式　限额责任分摊方式　顺序责任分摊方式

复习思考题

1. 作为可保利益必须具备的条件是什么？
2. 损失补偿原则的界限是什么？
3. 代位求偿必须具备的条件是什么？
4. 举例说明限额责任分摊。

第五章 保险的基本原则（下）

上一章已经探讨了可保利益原则、损失补偿原则及由其所派生出来的代位求偿原则、重复保险的分摊原则。本章主要探讨近因原则、最大诚信原则以及并非保险特有的基本原则的等价交换原则。

第一节 近因原则

导致保险标的损失的原因可能只有一个，也可能有多个。在后一种情况下，保险标的损失是否应当由保险人进行赔偿呢？这就需要对导致保险标的损失的各种原因在因果链条中的地位进行分析，以确定造成保险标的损失的主导性原因是什么，以及这个主导性原因是否在保险责任范围内。这些问题的解决需要用到保险的另一个基本原则——近因原则。

近因原则（Principle of Proximate Cause）的基本含义是，只有导致保险标的的损失的近因在保险责任范围之内，保险人才对保险标的的损失负赔偿责任。如果导致保险标的损失的近因在保险责任范围之外，保险人对保险标的的损失不负赔偿责任。近因原则已经通过惯例、立法或默认，成为世界各国保险业的通用原则。

一、近因含义的演进：由"时间最近"到"主要作用"

"近因"一词是从英文 proximate cause 译过来的。proximate 的基本含义是在时间、顺序等方面最接近、最邻近。人们最初就是在这一含义上使用近因这个概念的。也就是说，人们对某种与损失结果有关系的原因是否属于近因的判断和认定，通常都是基于原因距离损失结果在时间或顺序上的远近。距离保险标的损失在时间或顺序上最近的原因被认为是近因，而距离保险标的损失在时间或顺序上较远的原因被认为是远因。只有前者在保险责任范围内，保险人才应当对保险标的的损失给予赔偿。

1890 年，发生在英国的 Pink v. Fleeting 案就是一个典型的以时间或顺序远近为标准判断和认定近因的案例。其基本案情是：货方将其待运的柑橘投保了碰撞损失险。在运输途中，因载货船舶发生碰撞入港修理而需要卸载和重装货物，由此使部分货物因装卸直接受损，部分货物因运输延迟而腐烂受损。法官认为，导致货物损失的近因是卸载、重装和运输延迟，卸载、重装和运输延迟不是承保危险，故判决保险人无需赔偿被保险人的货物损失。①

这个案例可用图5-1例示。

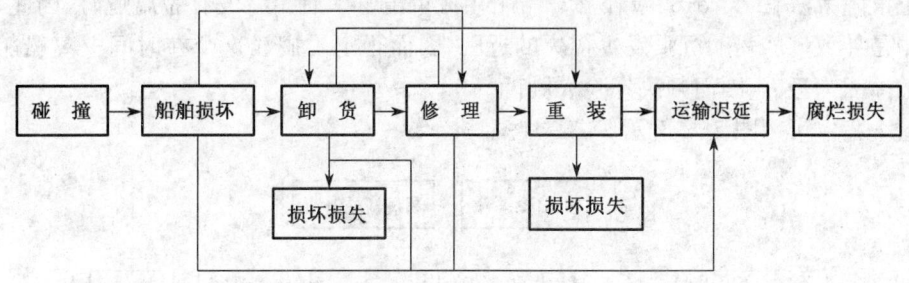

图5-1 案例示意图一

这个图示可以分解为两个损失形成系列：

(1)碰撞导致载货船舶损坏,载货船舶损坏导致船舶修理,船舶修理需要卸货,修理完成后需要重装货物。卸货和重装导致货物损失。可见,碰撞在导致卸货损失和重装损失的诸种原因中处于首要地位,是对卸货损失和重装损失起根本性、主导性作用的原因。

(2)碰撞、船舶损坏、卸货、修理、重装导致运输迟延。运输迟延导致货物腐烂损失。可见,碰撞在导致货物腐烂损失的诸种原因中也处于首要地位,是对货物腐烂损失起根本性、主导性作用的原因。

在这两个损失形成的系列中,碰撞都是对被保险货物的损失起根本性、主导性作用的原因。但是,按照"时间最近"标准,碰撞却不能成为近因,被保险人的货物损失也就不能得到保险人的赔偿。这样的判决对被保险人一方显然是不公平的。② 出现这种不公平判决的主要原因在于没有考虑到与货物损失相关的各种原因对于损失结果的作用的差异和各种原因之间的相互联系。因此,随着时间的推移,判定近因的"时间最近"标准逐渐被人们所抛弃,取而代之的是"主要作用"标准。

1918年,英国上议院在审理 Leyland Shipping Co. Ltd. V. Norwich Union Fire Insurance Society Ltd. (1918)一案时,将近因的判定标准从"时间最近"转向"主要作用"。1915年1月30日,正在行驶之中的艾卡里亚号商船(Ikaria)因被德国潜艇发射的鱼雷击中而严重受损。由于该船停泊之处靠近一个正处于进行繁忙运输之中的法国军事码头近旁,法国军方因担心该船的沉没会影响到正常运输而命令其离开。该船在防波堤外停泊时在低潮期搁浅损失加重,最终在2月2日涨潮时沉没。事故发生前船东已经为该船购

---

① 林宝清:《保险法原理与案例》,清华大学出版社2005年版,第90页。
② 应当说明的是,近因原则并不是绝对的,是可以在保险立法时或订立保险合同时,通过把某种或某些近因设定为除外责任的方式将其排除在保险责任之外的。

买了海上危险事故保险,于是被保险人以搁浅为保险责任范围的原因为由向保险人索赔。保险人则以"一切敌对行为或者类似战争行为的后果"为除外责任为由拒赔。审理此案的英国上议院大法官 Lord Shaw 认为,船舶在被鱼雷击中后始终没有脱离危险,因此,被鱼雷击中是导致该船船舶沉没发生损失的近因,因而否定了搁浅这个在时间上离船舶损失最近的原因为近因,因而判决保险人胜诉。

这个案例可用图 5-2 例示。

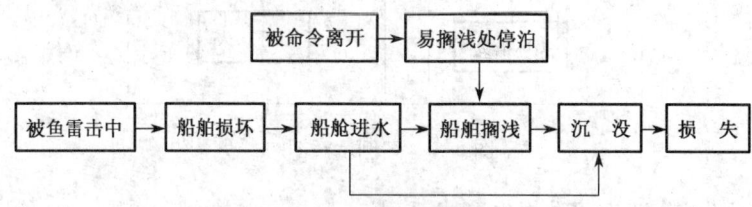

图 5-2 案例示意图二

船舶搁浅一方面可使船舶损坏加重,另一方面使船舶倾斜,船舱进水增多,最终导致船舶沉没。但是,如果没有被鱼雷击中,就没有船舶的最初损坏,船舶就不会进水,也就不会搁浅,从而也就不会沉没发生损失。因此,搁浅这个在时间和顺序上离沉没损失结果最近的原因不是导致该船舶发生沉没损失的根本性、主导性作用的原因。至于船舶被命令离开而在防波堤外停泊,对于船舶搁浅具有非常重要的作用,但该船停泊之处靠近一个正处于进行繁忙运输之中的军事码头近旁,为了不影响正常运输法国军方命令其离开是情理之中的。如果没有被鱼雷击中,船舶被命令离开其最初停泊之处并不会搁浅并最终沉没发生损失。因此,船舶被命令离开其最初停泊之处,也不是导致该船舶搁浅、并最终发生沉没损失的根本性、主导性作用的原因。对该船舶发生沉没损失起根本性、主导性作用的原因是其被鱼雷击中。因此,被鱼雷击中是导致该船舶发生沉没损失的近因。而被鱼雷击中属于除外责任中的"一切敌对行为或者类似战争行为的后果",所以保险人对船舶沉没损失不应当承担赔偿责任。

这个判例对于科学界定近因的含义和判定近因的标准,从而在保险理赔和保险争议案件审理实务中正确判断和认定近因与合理应用近因原则,具有极为重要的里程碑式的意义。大法官 Lord Shaw 就这一判例指出,近因不是时间上最接近损失结果的原因,而是指在作用上最接近损失结果的原因,是导致承保损失的最有效的原因。① Lord Shaw 所说的"最有效的原因"实际上就是对损失结果的发生具有"主要作用"的原因。Lord Shaw 对近因基本含义的界定得到了学者们的广泛认同与接受。

---

① Frederick Templeman, R. J. Lambeth, Templeman on marine insurance: its principles and practice. 5th ed., R. J. Lambeth. London: MacDonald and Evans Ltd., 1981:191.

在定义近因时由距离损失结果最近变为在作用上最接近损失结果,是一个重要的进步。但是,认为近因是导致损失的最有效的原因则是有问题的。判定一个原因是否为近因的目的不是这个判定本身,而是为了确定谁对损失承担法律责任。导致损失的最有效的原因,无非是导致损失的最主要的原因。在对损失结果的产生或形成有效的原因不只一个而是若干个时,非主要的原因所对应的当事人对于损失是否应当承担法律责任?不能合理地确定在对损失结果的产生或形成有效的原因为多个时当事人的法律责任,是最有效原因论的主要问题所在。

二、近因含义的重新表述

近因(proximate cause)判定的最终目的不是在若干个原因中确定何者为近因,而是在确定近因的基础上进一步确定谁应当对损失结果承担法律责任。[①] 正因为如此,《布莱克法律词典》把近因定义为"足以导致法律责任的原因",认为"如果行为人的作为或不作为导致了一个法律上的结果,那么行为人应该对这一结果承担责任"。[②] 近因是与损失结果存在因果关系的原因,即导致损失结果发生或形成的原因,但并不是凡是与损失结果存在因果关系,导致损失结果发生或形成的原因都是近因。"足以导致法律责任的原因"一定是对损失结果的发生或形成发挥了实质性作用的原因。因此,我们可以把近因定义为:对损失结果的发生或形成发挥了实质性作用,足以导致法律责任的原因。保险活动中的法律责任主要包括两个方面:保险人对被保险人一方所承担的保险标的损失(财产损失和人身伤亡)的赔偿或给付保险金的责任;被保险人一方对保险标的损失(财产损失和人身伤亡)的自负责任两个方面。保险领域中的近因应当是对保险标的的损失发生或形成发挥了实质性作用,决定保险标的损失法律责任归属的原因。

三、近因的类别、判定与损失责任归属

对于与损失结果有关的原因从数量上加以区分,无非有两种情况:单一原因和多个原因。

如果与损失结果有关的原因只有一个,则该原因即是近因。如果该原因在保险责任范围之内,保险人即应履行赔偿责任;反之,则不承担赔偿责任。

如果与损失结果有关的原因不止一个,而是多个,那么如何来判定近因呢?由于导致保险标的损失的具体原因不同,对近因的判定方法也应有所区别。

对于与损失结果有关的多种原因从时间上加以区分,无非有两种情况:多种原因同时出现、多种原因先后出现。多种原因先后出现的又有两种情况:多种原因形成一个统一的

[①] 当保险人对保险标的的损失不承担赔偿责任时,实际上是由被保险人自己对损失结果承担法律责任。

[②] Bryan. A. Garner, Black's Law Dictionary, 8th ed., West Group, 2004, P. 661.

因果关系链条;多种原因未形成一个统一的因果关系链条。

(一) 多个原因对损失结果的产生或形成同时发生作用时近因的判定

如果多个原因对损失结果的产生或形成同时发生作用,在这些原因之间不存在前因后果的关系,则它们均为近因。至于保险人对损失要不要进行赔偿和如何进行赔偿,则要取决于它们在不在保险责任范围内和是否全部在保险责任范围内。如果全部在保险责任范围内,保险人应按保险合同关于赔偿的规定对全部损失进行赔偿;反之,如果全部不在保险责任范围内,则对全部损失都不承担赔偿责任。如果在同时导致损失结果发生所形成的多种原因中,既有在保险责任范围内的,又有在除外责任范围内的,则要看两者所导致的损失能否分开以及对损失结果发生的作用的大小。如果能够分开,保险人应只对保险责任范围内的原因所致损失负责赔偿,且赔偿的比例取决于保险责任范围内的原因对损失结果发生的作用的比例。如果不能分开,可以由保险人与被保险人平均分摊损失。

(二) 多种原因形成一个统一的因果关系链条时近因的判定

如果多个原因对损失结果的产生或形成先后发生作用,在这些原因之间存在前因后果的关系,形成一个统一的因果链条(亦可称为原因链),则初始原因(最先出现的原因)为近因。如果初始原因在保险责任范围内,保险人对保险标的的损失应承担赔偿责任;反之,如果初始原因不在保险责任范围,保险人对保险标的的损失则不承担赔偿责任。

(三) 多种原因未形成一个统一的因果关系链条时近因的判定[1]

在多种原因未形成一个统一的因果关系链条的情况下,后出现的原因为插因。插因(inserted cause)是源于英美法系的一个概念。英国著名学者约翰·T·斯蒂尔指出:"近因是指引起一系列事件发生,由此出现某种后果的能动的、起决定性作用的因素:在这一因素的作用过程中,没有来自新的独立渠道的能动力量的介入"。[2] 斯蒂尔这里所说的"来自新的独立渠道的能动力量"就是插因。按照斯蒂尔的近因定义,只要有插因介入,由初始原因启动的因果关系的链条就会中断,初始原因就不能成为近因,能够成为近因的就只有插因。

《布莱克法律辞典》把插因称为介入原因(intervening cause),认为"一个事件切断了在顺序上的最初事件与最终结果之间的联系,由此改变了可能导致损坏的不法行为的自然原因。"这个事件就是介入原因。"如果介入原因强大到足以消除违法者的责任,它就成为最初事件的替代原因。一个附属的介入原因不是独立的行为,不可能成为替代初始原因的原因。一个独立的介入原因从根本上改变了由初始原因产生的条件,而并非从初始原因中产生出来。"[3] 这里的"附属的介入原因"是指由初始原因直接或间接派生出来的,

---

[1] 参见笔者拙文:《插因存在情况下近因的判断与近因原则的运用——对暴雨条件下保险车辆发动机进水损失保险索赔争议案件的思考》,《保险研究》2013 年第 5 期。

[2] 约翰·T·斯蒂尔:《保险的原则与实务》,孟兴国译,中国金融出版社 1992 年版,第 40 页。

[3] Bryan. A. Garner, Black's Law Dictionary, 8th ed., West Group, 2004:661.

处于因果关系链条中初始原因之后的原因。"独立的介入原因"虽然也出现于初始原因之后,却与初始原因无关或没有必然联系,或属于由初始原因启动的因果关系链条之外的原因。插因的介入使损失结果与相关原因之间的关系更加复杂化,加大了近因判断的难度。

斯蒂尔不仅为近因下了一个有着广泛和重要影响的定义,而且提出了两个顺序相反的判定近因的方法:逆推法和顺推法。前者是从损失结果开始,沿着因果关系的链条向前追溯近因的方法。用斯蒂尔的话说:"从损失开始,自后往前推,在事件链的每一个环节上都自问一句为什么事件会发生?只要事件链是自然的、连续的,近因就可以逆着事件链的方向一直追溯下去,最终一定能找到导致事件发生的最初事件。"这个导致事件发生的"最初事件"即为近因。"若事件链中断,事件与事件间有明显的脱离关系,损失的结果可能是由其它因素导致的。"这个导致损失的结果的"其它因素"即是近因。后者是从初始原因开始,沿着因果关系链条向后探寻近因的方法。用斯蒂尔的话说:"从事件链上的第一件事件开始,按逻辑推理,认真思考一下,合乎逻辑的发展下一个事件可能是什么,如果答案是从第一个事件依次引向下一个事件,一直延续到最后一个事件,那么最后一个事件的近因就是第一个事件。如果在这一顺向追溯过程中,事件链中断,环与环之间的关联不明显,那么导致损失结果产生的直接原因肯定受到另外事件的影响或者说是另外的事件引起了致损的结果。"这个导致损失结果的"另外事件"即是近因。① 前一种方法中所谓的"最初事件"和后一种方法中所谓的"第一个事件",都是初始原因。前一种方法中所谓的"其它因素"和后一种方法中所谓的"另外事件",都是在初始原因之后出现的,并且独立于初始原因或由初始原因启动的因果链,对损失结果的产生有实质性影响作用的原因,即都是插因。在没有插因介入的条件下,这种判断近因的方法无疑是正确的;在有插因介入的条件下,如果插因切断了由初始原因启动的因果关系的链条,认为插因是近因,也没有问题。问题是如果插因没有切断由初始原因启动的因果关系的链条,那么近因又是什么呢?

美国法学家耶利米·史密斯(Jeremiah Smith)认为,判断某一行为或事件与特定的损害结果之间存在法律上的因果关系的标准,不是该行为或事件与损害结果在时空上的远近,而是该行为或事件对损害结果的发生是否发挥了实质性作用。在《侵权诉讼中的法律因果关系问题》一文中,史密斯指出:"被告的行为必须能够作为一个实质性因素加以独立的追踪,并且对于损失有实质性的份额。一个在时间或空间上远离损害结果的侵权行为也可能实际对该结果发挥作用"。② 实质性原因一定是对损失结果的形成发挥了实际作用的原因,但又不是任何对损失结果的形成发挥了实际作用的原因都是实质性原因。

---

① 约翰·T·斯蒂尔著:《保险的原则与实务》,孟兴国等译,中国金融出版社1992年版,第41~42页。

② Jeremiah Smith, Legal Cause in Actions of Tort, Haward Law Review, Vol. 25, No. 2, (1911).

"在时间或空间上远离损害结果的侵权行为"应当是位于因果链顶端的原因,之所以能够成为"实质性原因",是因为其对损失结果的形成发挥了与因果链上其他原因不同的始发性、根本性、主导性和决定性的作用。① 显然,史密斯所说的"实质性原因"就是近因。"对于损失有实质性的份额"是就每一个"实质性原因"对同一损失结果而言的,意味着"实质性原因"可以不止一个,即同一个损失结果可以有两个或两个以上的近因。不同的"实质性原因"对于损失所应有的"实质性的份额"可以是有差异的,而这一差异的基础只能是它们对损失结果的形成所发挥的"实质性作用"的不同。也就是说,在两个或两个以上的近因存在的前提下,近因可以是导致损害结果形成的最主要的原因,也可以是导致损害结果形成的次要的原因。实质要素理论为合理地判定有插因存在的多因一果的复杂保险损失的近因,公平地处理此类保险理赔案件和诉讼案件,提供了重要的理论依据。

在有插因存在的条件下,插因和初始原因究竟何者为近因,无疑取决于它们及其接续原因②对保险事故发生和损失结果的形成是否发挥了实质性的影响作用。这种影响作用可以概括地用图5-3例示。

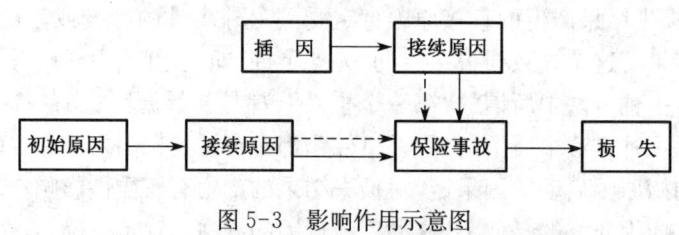

图5-3 影响作用示意图

注：──→代表原因对结果影响的连续,或原因对结果的实质性的影响。
　　---→代表原因对结果影响的中断,或原因对结果的非实质性的影响。

---

① 人们在为近因下定义时强调它的主导性,显然是只就有几个存在依次因果关系的原因形成的一个原因链而言的,没有把处于这个原因链之外的插因考虑在内。在有插因存在,且插因直接作用于损失结果,中间不存在接续原因时,这样的定义显然是不适用的。只有在插因与损失结果之间存在接续原因,这样的定义才能适用。

② 本文中所谓"接续原因",既是其后面原因或结果的原因,又是其前面原因的结果。接续原因可能只有一个,也可能有若干个。国内学者在阐述在多个原因存在的情况下何者为近因时,多使用"前因"和"后因"的用语。从字面上看,这样的用语不存在任何问题。所谓前因和后因无非是就两个原因的时间或顺序上的关系而言的,排在前边的原因为前因,排在后边的原因为后因。可是,如果存在一个由多个原因构成的因果关系链条,究竟哪一个原因是前因,哪一个原因是后因？是某一个原因前面的原因是前因,还是整个因果关系链条最前面的原因(初始原因)是前因？人们很难在前因与后因的框架下给出确切的答案。如果说就一个单一的因果关系链条而言,各个原因之间还可以排出前后顺序,那么在有插入原因存在的情况下,插入原因与初始原因之后的原因哪一个是前因,哪一个是后因,往往更是难以区分。使用插因、初始原因和接续原因(可以有若干个)的概念,则可以避免诸如此类的问题。

当插因及其接续原因对保险事故发生和损失结果形成的影响作用为实质性的,即插因及其接续原因导致了保险事故的发生和损失结果的形成时,插因即属于近因;否则,如果插因及其接续原因对保险事故发生和损失结果形成的影响作用为非实质性的,则插因不属于近因。同样,当初始原因及其接续原因对保险事故发生和损失结果形成的影响作用为实质性的,即初始原因及其接续原因导致了保险事故发生和损失结果形成,初始原因即属于近因;否则,如果初始原因及其接续原因对保险事故发生和损失结果形成的影响作用为非实质性的,则初始原因不属于近因。

在插因存在的条件下,根据插因及其接续原因和初始原因及其接续原因对保险事故发生和损失结果形成的影响作用,对插因与初始原因何者为近因的判断可以分为三种具体情形:

(1) 当插因及其接续原因对保险事故发生和损失结果形成未有影响或影响为非实质性的,只有初始原因或由初始原因启动的原因链对保险事故发生和损失结果形成的影响是实质性的,成为导致保险事故和损失结果发生的唯一原因或原因链时,初始原因为唯一近因。这种情形可用图 5-4 例示。

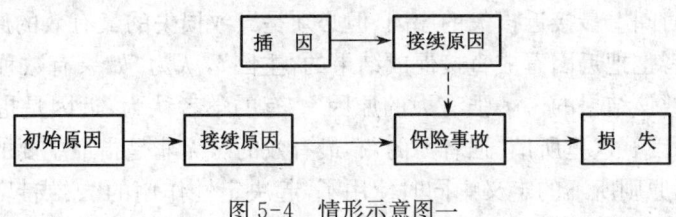

图 5-4　情形示意图一

(2) 当插因及其接续原因对保险事故发生和损失结果形成的影响为实质性的,并且插因及其接续原因切断了初始原因或由初始原因启动的原因链与保险事故和损失结果之间的联系,成为导致保险事故和损失结果发生的唯一原因或原因链时,插因为唯一近因。初始原因由于不是实际导致保险事故和损失结果发生的原因,而不能成为近因。这种情形可用图 5-5 例示。

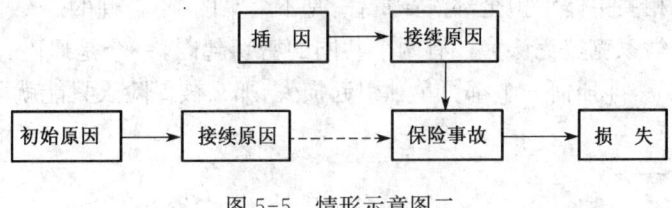

图 5-5　情形示意图二

(3) 当插因及其接续原因对保险事故发生和损失结果形成的影响为实质性的,但插因及其接续原因未切断初始原因或由初始原因启动的原因链与保险事故发生和损失结果形成之间的联系,因而未成为导致保险事故发生和损失结果形成的唯一原因或原因链时,插因与初始原因都是近因,即为共同近因。这种情形可用图 5-6 例示。

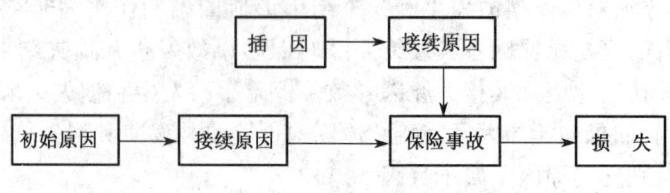

图 5-6 情形示意图三

1918 年,英国上议院在审理 Leyland Shipping Co. Ltd. V. Norwich Union Fire Insurance Society Ltd. (1918)一案时,将近因的判定标准从"时间最近"转向"主要作用",对于科学界定近因的含义,从而在保险理赔和保险争议案件审理实务中正确判断和认定近因与合理应用近因原则,具有极为重要的意义。大法官 Lord Shaw 就这一判例指出,近因不是时间上最接近损失结果的原因,而是指在作用上最接近损失结果的原因,是导致承保损失的最有效的原因。① 英国学者 Dover 也认为,导致损失的近因是最接近损失的原因,不一定是时间上最接近损失的原因,但必须是导致损失的最有效的原因。② 与此相似,我国有的学者也把近因看成直接促成结果的"主因",认为"如果有数种原因同时起作用,则近因是导致该结果的……强有力的原因";有的学者认为,近因是指促成损失结果的"最有效的"原因。这里所谓"强有力的"、"最有效的",无非是指最主要的原因。尽管这些学者在为近因原则所下的定义中同时使用了"起决定性作用的"、"或起决定性作用"的定语,但并列使用的这些用语并不能改变"强有力的"、"最有效的"的本来含义,而是似乎与后者的含义基本相同,并对其起着叠加的作用。

在把近因定义为导致保险标的损失的最有效的或最主要的原因的前提下,显然只有这样的原因才是应当承担法律责任的原因,而那些次要的原因虽然对损失结果的发生也有实质性的影响作用,却被排除在应当承担法律责任的原因之外。在主要原因与非主要原因共同导致了损失结果的发生的情况下,认定主要原因为承担法律责任的唯一原因,进而由主要原因的相关主体承担全部法律责任,是不公平的、不合理的。

英国保险法学家克拉克认为:"有两个共同的密切起因,一个是风险,另一个是例外,如果两者相互独立,即任何一个都可单独引起损失,那么被保险人只能就可归于被承保风

---

① Frederick Templeman, R. J. Lambeth, Templeman on marine insurance: its principles and practice. 5th ed., R. J. Lambeth. London: MacDonald and Evans Ltd., 1981:191.

② Victor Dover's, A Handbook to Marine Insurance, P. 383. 转引自陈欣:《保险法》,北京大学出版社 2000 年版,第 146 页。

险的损失部分获赔偿"。① 《挪威海上保险条例》(《Norwegian Marine Insurance Plan》)规定：在数个原因协力作用，造成损害发生的场合，其中一个或数个原因为承保风险，另一个或数个原因为非承保风险时，保险人和保险人之间以及保险人和被保险人之间，应当按照每一危险对损害的影响程度来分担损失。

这些原则和主张对于我们合理确定有插因存在条件下的保险人的赔偿责任，具有重要的参考价值。

当插因或初始原因为导致保险标的损失的唯一近因时，如果插因或初始原因在保险责任范围内，保险人应当按照保险合同的约定对保险标的的损失承担全部赔偿责任；反之，保险人则不应当对保险标的的损失承担赔偿责任。

当插因与初始原因同为近因（共同近因）时，保险人是否应当对保险标的的损失承担赔偿责任应当针对不同的情况分别加以确定：

（1）如果两者均不在保险责任范围内，保险人则不应当对保险标的的损失承担赔偿责任；反之，如果两者均在保险责任范围内，保险人应当按照保险合同的约定对保险标的的损失承担其应当承担的全部赔偿责任。

（2）如果初始原因在保险责任范围内，而插因不在保险责任范围内，保险人应当按照保险合同的约定对初始原因或由其启动的原因链所造成的保险标的的损失，承担赔偿责任。若初始原因或由其启动的原因链所造成的保险标的的损失无法直接确定，则应当根据初始原因或由其启动的原因链对保险事故发生和损失结果形成的作用的大小，估计其在全部损失中应占的比例，再用此比例估算初始原因或由其启动的原因链所造成的保险标的的损失价值，以此价值作为确定保险人赔偿金额的依据。

（3）如果插因在保险责任范围内，而初始原因不在保险责任范围内，保险人应当按照保险合同的约定对插因或由其启动的原因链所造成的保险标的的损失，承担赔偿责任。若插因或由其启动的原因链所造成的保险标的的损失无法直接确定，则应当根据插因或由其启动的原因链对保险事故的发生和损失结果形成的作用的大小，估计其在全部损失中应占的比例，再用此比例估算插因或由其启动的原因链所造成的保险标的的损失价值，以此价值作为确定保险人赔偿金额的依据。

按照对损失结果发生的作用，在各种原因之间分摊损失，有利于平衡各责任方的责任，符合公平原则的要求。不过，将分摊原则绝对化也是不可取的。某一原因虽然对损失结果的发生具有一定的实质性的影响作用，但在这种影响作用很小的情况下，在判定近因和确定责任归属时是可以忽略不计的。对此，《挪威海上保险条例》规定，参与损失分摊的

---

① 克拉克：《保险合同法》，何美欢、吴志攀等译，北京大学出版社2002年版，第690页。

每一风险至少对损失发生的影响力达到10%~15%。挪威的做法①值得借鉴。

（四）保险合同中未有规定的原因致损时近因的判定

保险合同中未有规定的其他原因导致保险标的损失的有三种情况：

一是保险合同中未有规定的其他原因直接导致保险标的的损失，其他原因是近因。由于其他原因未列入保险责任范围内，当属除外责任，保险人对其所导致的损失不承担赔偿责任。

二是保险合同中未有规定的其他原因间接导致保险标的的损失，且直接导致保险标的损失的原因在保险责任范围内，则直接致损的原因可视为近因，保险人对保险标的的损失应当给予赔偿。

三是保险合同中未有规定的其他原因间接导致保险标的的损失，且直接导致保险标的损失的原因不在保险责任范围内，则直接致损的原因可视为近因，保险人对保险标的的损失不承担赔偿责任。

第二节　最大诚信原则

在海上保险活动中，保险合同双方当事人在签订货物及船舶保险合同时，保险人往往远离货物及船舶，无法实地查勘货物及船舶的状况，并据此估计货物与船舶的风险，而只能根据投保人提供的有关货物及船舶的重要情况决定是否承保，以及以何种条件承保。这就要求投保人在投保时必须极为诚实地向保险人提供各种影响后者是否承保以及以何种方式承保的重要情况。后来，这一要求逐渐超过海上保险的范围，而扩展到全部保险领域，而且其约束对象也从被保险人一方扩展到一切保险活动的参加者，并逐渐为各个国家的法律所确认，成为一切保险活动的当事人都必须遵循的一项法定的基本原则，即最大诚信原则。

一、最大诚信原则的含义及其约束对象

（一）最大诚信原则的含义

诚实和信用是世界各国法律对民事主体行为尤其是商业行为的基本要求。保险行为

---

① 早期的挪威海上保险法也是把主要原因作为法律上的原因。挪威海上保险法下所谓的"主要原因"是指众多原因中"最强有力"（Strongest）、"最有意义"（Most Significant）的原因。按照"主要原因规则"，如果损失是两个以上原因共同造成的，那么就需要对不同的风险进行评估，以找出"最强有力"或者"最有意义"的原因，并由"最强有力"或者"最有意义"原因所对应的损失承担主体承担保险标的的全部损失。第一次世界大战期间，这一规则的不合理性开始被人们关注，并引发激烈的争论。1930年，挪威在修订海上保险法的过程时，"主要原因规则"被"损失分摊规则"所取代。

作为民事主体之间的商业行为,其行为主体当然也要诚实和恪守信用。最大诚信原则(Principle of Utmost Good Faith)的内容与一般诚信原则并无根本区别。它与后者的惟一区别在于,它把诚实原则和信用原则在保险行业中的重要性提到比其他行业更高的程度。或者说,最大诚信原则意味着,与其他行业相比,保险合同双方当事人在保险活动中的诚实和信用更重要,保险合同双方当事人应当最高程度地恪守诚实和信用的原则。我们可以把最大诚信原则的含义表述为,它要求保险合同双方当事人在签订和履行合同的过程中,务必最大限度地做到诚实和恪守信用,不得隐瞒与保险标的有关的重要事实,以及逃避、减少或延迟履行按合同规定对另一方应承担的责任。

(二) 最大诚信原则的约束对象

保险是一种合同行为。保险合同的当事人包括保险人和投保人或被保险人。因此,最大诚信原则不仅适用于投保人或被保险人,也适用于保险人。然而,在人们的观念乃至理论著述中,诚信原则普遍被理解为主要是对被保险人一方的要求。与此不完全相同的另一种说法是,最大诚信原则是基于对投保人或被保险人的要求而形成的,并且主要是用来约束投保人或被保险人的。其实,最大诚信原则并非只适用于投保人或被保险人,对保险人一方也是适用的。

其理由在于,由于保险标的具有广泛性和复杂性的特征,保险人不可能对所有的保险标的的具体情况都进行全面而深入的了解,对于多数保险标的只能凭借投保人或被保险人的陈述来决定是否承保、如何承保以及适用的费率。这样的理解显然是有失偏颇和有欠公允的。现实中存在大量的保险人一方以不真实的信息(如在投资产品的宣传和展业中,故意夸大投资回报率而回避投资风险)诱导客户投保的情况表明,诚信作为一种要求不仅对被保险人一方是必要的,而且对于保险人一方也是必要的。如果说个别被保险人一方的不诚实只能导致保险人在经济上的有限损失,那么保险人一方的不诚实则会严重损害保险人的信誉和形象,而信誉和形象的损害对于经营无形产品的经营主体而言则是影响久远的甚至是致命的损害。从这个意义上说,诚信对于保险人一方更为必要。我国《保险法》第五条则规定:"保险活动当事人行使权利、履行义务应当遵循诚实信用原则。""保险活动当事人"是包括保险活动的所有参加者。因此,保险活动的任何参加者都要遵循诚实信用的原则。保险人是保险合同的一方当事人,是保险业务的经营主体,当然应当包括在"保险活动当事人"的范围内。

把最大诚信原则理解为主要是对投保人或被保险人一方的要求,并且主要是用来约束投保人或被保险人的这种理解的另一个显著的缺陷是,它只注意到了最大诚信原则对当事人诚实的要求,而忽视了该原则对当事人信用的要求。最大诚信原则不仅是订立保险合同时合同当事人必须遵循的法定行为规则,也是履行保险合同时合同当事人必须遵循的法定行为规则。而在履行保险合同时,无疑当事人的信用尤其是保险人的信用更为重要。按照保险合同的规定向保险人交付保险费,是被保险人一方的最基本的义务;在保险标的发生保险责任范围内的损失后,按照保险合同的规定向被保险人支付保险金,是保险人的最基本的义务。从时间上看,显然被保险人一方履行自己的最基本义务在先,而保险人履行自己的最基本的义务在后。如果被保险人一方不履行自己的交付保险费的义务,保险人可以解除保险合同,从而使自己免受损失。可是,如果保险人不履行或不完全履行自己的支付保险金的义务,那么被保险人一方就只能承受损失,而不能规避损失。因此,在履行保险合同过程中,保险人的信用尤为重要。现实中存在的在保险标的发生保险责任范围内的损失后,保险人违背其在保险合同中所作的承诺不赔或少赔的情况,已经充分地证明了这一点。

二、最大诚信原则的确立依据

在保险活动中,如此强调保险合同双方当事人的诚实和信用,是由保险活动的特点决定的。

第一,在被保险人一方投保时,保险人在很多情况下并不能对保险标的进行细致的和卓有成效的实地勘察和研究,因而对保险标的的实际风险状况或风险程度很难有清晰的了解。投保人或被保险人的陈述对保险人是否承保,以及按什么样的条件承保具有重要影响。

第二,现实中的多数保险合同都是附和合同,保险条款是由保险人事先制定的,被保险人通常只能选择投保与不投保,而不能要求改变保险条款,即使其认为保险条款不公平或条款的含义不明确时也是如此(这与一般的买卖合同是不同的)。因此,保险人在制订保险合同条款时是否能够做到公平、通俗易懂,在展业时对合同条款是否能够对被保险人一方作出详尽、准确的解释,尤其是不能蓄意误导,对被保险人一方的利益有着重要的影响。

第三,被保险人一方的最基本义务的履行在先,而保险人的最基本义务的履行在后。这种与其他行业通常交易中买卖双方对其最基本义务的履行顺序恰好相反的情况,决定了保险人如果不履行或不能完全、妥善地履行自己的最基本的义务,结果只能是使被保险人一方受损。

可见,只有把保险活动的当事人的诚实和信用提到比其他行业活动的当事人的诚实和信用更高的程度,并以有效的手段促使保险活动的当事人严格遵循最大诚信原则,才能保证和维护保险合同中权利方的利益,保险业也才能健康地运行与发展。

三、最大诚信原则中的诚实原则

诚信原则是诚实原则与信用原则的简称。由于诚实原则与信用原则有着不同的含义和要求,我们不妨把最大诚信原则分为诚实原则与信用原则两个具体的原则,并分别称之为最大诚信原则中的诚实原则和最大诚信原则中的信用原则。

最大诚信原则中的诚实原则主要体现在告知(Declaration)与保证(Warranty)两个方面,是对当事人告知义务和保证义务的要求。

(一)告知

诚实原则对当事人告知义务的基本要求有:一是当事人应该向对方告知的重要情况必须告知,而不能隐瞒;二是告知对方的重要情况必须真实,而不能是虚假的和具有欺骗性的。

1. 告知的含义

在保险活动中,告知是指保险合同当事人应当把与保险活动有关的重要事实告知另一方当事人。英国1906年《海上保险法》第十八条规定,判断重要事实的标准是看该事实是否会对一个谨慎的保险人决定是否承保或确定费率的判断产生影响。世界各国保险法对于重要事实的定义大都采用了英国1906年《海上保险法》中的定义。《中华人民共和国海商法》(以下简称《海商法》)第二百二十二条规定:"合同订立前,被保险人应当将其知道的或者在通常业务中应当知道的有关影响保险人据以确定保险费率或者确定是否同意承担的重要情况,如实告知保险人。"我国《保险法》第十六条规定,订立保险合同时,对于保险人就保险标的或者被保险人的有关情况提出的询问,投保人应当如实告知。"投保人故意隐瞒事实,不履行如实告知义务的,或者因过失未履行如实告知义务,足以影响保险人决定是否同意承保或者提高保险费率的,保险人有权解除保险合同。"由此看来,我国《海商法》和《保险法》对重要事实的含义的界定与英国1906年《海上保险法》的界定是基本一致的。由此可以看出,一种情况是否属于重要事实,关键是看它是否具备这样两个条件中的一个:一是足以影响保险人决定是否同意承保;二是足以影响保险人是否提高保险费率。

需要注意的是,与这两个条件相关的告知主要是订立合同时或订立合同前期活动中的告知,并且主要是被保险人一方对保险人的告知。然而,事实上的告知还应包括生效后的告知,和保险人一方对被保险人一方的告知。因此,重要事实(Material Facts)可以定义为,足以影响保险人决定是否同意承保或者提高保险费率,保险人是否承担赔偿或给付责任及赔付责任之大小,被保险人一方是否同意投保或以什么样的费率投保,被保险人一方能否获得保险赔偿或给付和所获赔付金额之大小的各种情况。

2. 被保险人一方的告知

第一,被保险人一方告知的内容。

对于投保人或被保险人而言,告知是指在投保时,必须将与保险标的有关的重要事实向保险人如实陈述,以便保险人决定其是否承保以及以什么样的条件承保(如是否调整保险费率或附加某些条件)。在保险合同履行过程中,如果保险标的出险或出现保险标的的危险程度增加的情况(如运载货物的船舶不适航或不适货,以及出现绕航等),而投保人或被保险人又已经知道时,则必须通知保险人,以便保险人采取必要措施防止损失发生或避免损失扩大;在保险事故发生后被保险人或受益人向保险人索赔时,必须向保险人提供有关损失的真实资料和其他证据。

具体地说,被保险人一方的告知主要包括以下内容:

(1) 订立合同时已经知道或应当知道的与保险标的危险程度有关的情况。例如,人身保险中被保险人的年龄、职业、健康状况、既往病史等;财产保险中保险标的质量、潜在的危险、是否为重复保险等。

(2) 在保险合同有效期内保险标的的风险程度增加的情况,以及合同签订后发生重复保险的情况等。

(3) 保险标的出险的信息,包括出险的时间、地点和有无第三方的责任等。

(4) 保险标的出险后向保险人索赔时,对各种必要文件和资料的提供和对各种有关情况的说明等。

有些事实尽管是重要的,但投保人或被保险人无需告知。其主要包括:保险人理应知道的常识或者在通常业务中应当知道的情况,风险减少的事实,保单明示保证条款规定的内容,保险人能够从投保人提供的情况中发现的事实。

第二,被保险人一方告知的方式。

被保险人一方告知的方式有无限告知和询问告知之分。

(1) 无限告知。这是指法律对告知的内容无具体规定,只要是与保险标的危险状况有关的任何重要事实都要告知保险人。无限告知对投保人或被保险人的要求比较高,只有法国、比利时以及英美法系的国家采用无限告知的方式。

(2) 询问告知。这是指投保人或被保险人对保险人的询问必须如实回答,而对询问以外的情况无需告知。目前,包括我国在内的多数国家采用此种告知方式。

第三,被保险人一方违反告知义务的表现。

投保人违反告知义务的表现主要有四种:

(1) 漏报,指投保人或被保险人由于疏忽或认为不重要对某些事项未告知保险人。

(2) 误告,指投保人或被保险人因过失而告知不实。

(3) 隐瞒,指投保人或被保险人对某些重要事实有清楚的了解而有意不告知。

(4) 欺诈,指投保人、被保险人或受益人以骗取保险金为目的,采取虚构保险标的、编造保险事故或夸大损失程度、故意制造保险事故等手段,致使保险人因陷于错误认识而向其支付保险金。

构成欺诈的要件有以下几个:

(1) 欺诈方具有故意的欺诈意图,即欺诈方明知自己告知对方的虚假情况会使被欺诈方陷入错误认识,还要告知后者虚假的情况。

(2) 欺诈方实施了欺诈行为。欺诈行为多数为故意告知虚假情况或故意隐瞒真实情况。故意告知虚假情况是指故意向对方当事人提供与事实不符的情况或者向对方提供捏造的事实。故意隐瞒真实情况是指欺诈方有义务向对方如实告知某种真实的情况而故意不告知。

(3) 被欺诈方因欺诈方的欺诈而陷入认识错误。

(4) 被欺诈人因认识错误而实施了有利于欺诈方的行为。

投保人、被保险人及受益人的欺诈行为有多种表现：

(1) 在事故已经发生的情况下投保。这类事件中投保人通常制造虚假凭证或证明材料，修改事故发生的时间、地点、保险标的的名称，骗取保险金。例如，为已经死亡的人购买以死亡为给付保险金条件的保险，然后制造伪证以更改被保险人死亡的时间，向保险人索赔。

(2) 把保险责任期间结束后发生的保险事故谎称为保险责任期间内发生，向保险人索赔。

(3) 在投保时就有使灾害事故发生的动机，投保后故意使保险事故发生。

(4) 利用重复保险的形式骗取保险金。对于重复保险，法律并未作禁止性的规定，但法律规定投保人在实施重复保险时，必须向保险人告知。但如果投保时未告知，事故发生后又持各保险人签发的保险单进行索赔，以获取多重保险赔款，则属于保险欺诈行为。

(5) 在未发生保险事故的情况下，谎称发生了保险事故，或把保险责任范围外的事故损失谎称为保险事故损失，以此骗取保险金。

(6) 夸大损失的程度或扩大保险事故损失的范围。前者是指在保险事故发生后，被保险人一方伪造各种虚假材料，为了获得更多的保险赔偿，故意夸大损失的程度。例如，在意外伤害和医疗保险中，医生以及医院方面为病人夸大病情提供虚假费用收据，以索取更多的保险金。后者是指保险事故发生后，被保险人一方为了获得高额的保险赔偿，故意不采取施救措施，任凭损失扩大。

(7) 故意造成被保险人死亡、伤残、疾病或保险财产损失，骗取保险金。

第四，被保险人一方违反告知义务的法律后果。

被保险人一方违反告知义务的行为，很可能给保险人带来损害。因此，各国法律都有针对性地作出了惩罚投保人或被保险人、保护保险人利益的规定。按照我国《保险法》的规定，被保险人一方违反告知义务的法律后果主要有：

(1) 保险人有权解除保险合同。

投保人故意或者因重大过失未履行如实告知义务，足以影响保险人决定是否同意承保或者提高保险费率的，保险人有权解除合同。保险人的合同解除权，自保险人知道有解除事由之日起，超过30日不行使而消灭。但是，自合同成立之日起超过2年的，保险人不得解除合同；发生保险事故的，保险人应当承担赔偿或者给付保险金的责任。

投保人申报的被保险人年龄不真实，并且其真实年龄不符合合同约定的年龄限制的，保险人可以解除合同，并在扣除手续费后，向投保人退还保险费，但是自合同成立之日起逾2年的除外。

投保人申报的被保险人年龄不真实,致使投保人支付的保险费少于应付保险费的,保险人有权更正并要求投保人补交保险费,或者在给付保险金时按照实付保险费与应付保险费的比例支付。

在合同有效期内,保险标的的危险程度显著增加的,被保险人应当按照合同约定及时通知保险人,保险人可以按照合同约定增加保险费或者解除合同。保险人解除合同的,应当将已收取的保险费,按照合同约定扣除自保险责任开始之日起至合同解除之日止应收的部分后,退还投保人。

未发生保险事故,被保险人或者受益人谎称发生了保险事故,向保险人提出赔偿或者给付保险金请求的,保险人有权解除合同,并不退还保险费。

(2) 保险人不承担赔偿或给付保险金责任。

投保人故意不履行如实告知义务的,保险人对于合同解除前发生的保险事故,不承担赔偿或者给付保险金的责任,并不退还保险费。

投保人因重大过失未履行如实告知义务,对保险事故的发生有严重影响的,保险人对于合同解除前发生的保险事故,不承担赔偿或者给付保险金的责任,但应当退还保险费。①

保险事故发生后,投保人、被保险人或者受益人以伪造、变造的有关证明、资料或者其他证据,编造虚假的事故原因或者夸大损失程度的,保险人对其虚报的部分不承担赔偿或者给付保险金的责任。

受益人故意造成被保险人死亡、伤残、疾病的,或者故意杀害被保险人未遂的,该受益人丧失受益权。

在合同有效期内,保险标的的危险程度显著增加的,被保险人未履行通知义务,因保险标的的危险程度显著增加而发生的保险事故,保险人不承担赔偿保险金的责任。

投保人、被保险人故意制造保险事故的,保险人有权解除合同,不承担赔偿或者给付保险金的责任,并且不退还保险费。投保人故意造成被保险人死亡、伤残或者疾病的,保险人不承担给付保险金的责任。但投保人已交足2年以上保险费的,保险人应当按照合同约定向其他权利人退还保单的现金价值。

(3) 依法给予行政处罚和追究刑事责任。

投保人故意虚构保险标的,骗取保险金的;编造未曾发生的保险事故,或者编造虚假的事故原因或者夸大损失程度,骗取保险金的;故意造成保险事故,骗取保险金的,尚不构成犯罪的,依法给予行政处罚;已构成犯罪的,由司法机关依法追究刑事责任。

---

① 保险人在合同订立时已经知道投保人未如实告知的情况的,保险人不得解除合同;发生保险事故的,保险人应当承担赔偿或者给付保险金的责任。

3. 保险人一方的告知

对于保险人或其代理人而言,告知是指在展业或与投保人签订保险合同时,必须如实阐释保险条款和如实解答投保人提出的问题,而不得作虚假宣传或以不真实的口头承诺来引诱人们投保。《中华人民共和国保险法》一百一十六条规定:保险公司及其工作人员在保险业务活动中不得"欺骗投保人、被保险人或者受益人";不得"对投保人隐瞒与保险合同有关的重要情况"。

第一,保险人一方告知的内容。

(1) 签订合同时对保险合同条款内容的说明。《中华人民共和国保险法》第十七条规定,"订立保险合同,保险人应当向投保人说明保险合同的条款内容"。

(2) 签订合同时对除外责任条款的说明。《中华人民共和国保险法》第十七条规定:"保险合同中规定有关于保险人责任免除条款的,保险人在订立保险合同时应当向投保人明确说明,未明确说明的,该条款不产生效力。"

(3) 签订合同时对与保险合同有关的其他重要情况的说明。

(4) 赔偿或拒赔的通知。《中华人民共和国保险法》二十三条规定:"保险人收到被保险人或者受益人的赔偿或者给付保险金的请求后,应当及时作出核定;情形复杂的,应当在三十日内作出核定,但合同另有约定的除外。保险人应当将核定结果通知被保险人或者受益人;对属于保险责任的,在与被保险人或者受益人达成赔偿或者给付保险金的协议后十日内,履行赔偿或者给付保险金义务。保险合同对赔偿或者给付保险金的期限有约定的,保险人应当按照约定履行赔偿或者给付保险金义务。"第二十四条规定,保险人依照法律规定作出核定后,"对不属于保险责任的,应当自作出核定之日起三日内向被保险人或者受益人发出拒绝赔偿或者拒绝给付保险金通知书,并说明理由"。

第二,保险人一方告知的方式。

(1) 主动告知。保险合同的条款通常都是由保险人制定的,保险人自然更清楚其制定条款的动机和条款的含义,而被保险人则未必清楚。因此,保险人一方应当主动地向被保险人一方说明保险合同条款的内容。尤其是除外责任条款规定的是保险标的发生损失后保险人可以不承担赔偿或给付保险金的责任的具体情况,对被保险人一方的利益有着根本性的影响,且在保险实践中引发的争议最多,保险人更应当主动地加以明确的说明。

(2) 询问告知。对于被保险人一方就保险条款提出的询问,保险人应当耐心地准确地进行解答。这是确保保险人一方展业成功的一个重要环节,也是保险人一方应尽的义务。

对于保险人而言,主动告知和询问告知相比较,前者更为重要,故应当以前者为主。

第三,保险人一方违反告知义务的表现。

保险人一方违反告知义务的表现主要有:

(1) 在订立保险合同时不主动地向被保险人一方说明保险合同的条款内容,不向投保人明确说明保险合同中规定的保险人责任免除条款,而是以虚假宣传来引诱投保人投保。

(2) 不如实地阐释保险条款和如实解答投保人提出的问题。

(3) 欺骗投保人,以不真实的口头承诺来引诱投保人投保。

第四,保险人一方违反告知义务的法律后果。

保险人违反告知义务很可能给被保险人一方带来损害。因此,各国法律也都有针对性地作出了惩罚保险人,保护被保险人一方利益的规定。按照《中华人民共和国保险法》的规定,保险人一方违反告知义务的法律后果主要有:

保险人在合同订立时已经知道投保人未如实告知的情况的,保险人不得解除合同;发生保险事故的,保险人应当承担赔偿或者给付保险金的责任。

对保险合同中免除保险人责任的条款,保险人在订立合同时未在投保单、保险单或者其他保险凭证上作出足以引起投保人注意的提示,并对该条款的内容以书面或者口头形式向投保人作出明确说明的,该条款不产生效力。发生保险事故的,保险人应当承担赔偿或者给付保险金的责任。

保险公司及其工作人员在保险业务活动中欺骗投保人、被保险人或者受益人;对投保人隐瞒与保险合同有关的重要情况,阻碍投保人履行本法规定的如实告知义务,或者诱导其不履行本法规定的如实告知义务;给予或者承诺给予投保人、被保险人、受益人保险合同约定以外的保险费回扣或者其他利益;拒不依法履行保险合同约定的赔偿或者给付保险金义务;故意编造未曾发生的保险事故、虚构保险合同或者故意夸大已经发生的保险事故的损失程度进行虚假理赔,骗取保险金或者牟取其他不正当利益;利用保险代理人、保险经纪人或者保险评估机构,从事以虚构保险中介业务或者编造退保等方式套取费用等违法活动;以捏造、散布虚假事实等方式损害竞争对手的商业信誉,或者以其他不正当竞争行为扰乱保险市场秩序;泄露在业务活动中知悉的投保人、被保险人的商业秘密;由保险监督管理机构责令改正,处5万元以上30万元以下的罚款;情节严重的,限制其业务范围、责令停止接受新业务或者吊销业务许可证;对其直接负责的主管人员和其他直接责任人员给予警告,并处1万元以上10万元以下的罚款;情节严重的,撤销任职资格或者从业资格。构成犯罪的,依法追究刑事责任。

(二) 保证

1. 保证的含义

对于投保人或被保险人而言,保证是指其在投保时和履行保险合同过程中对某一事项作为或不作为,某种事态存在或不存在所作出的承诺。

保险保证是投保人或被保险人与保险人订立保险合同和要求保险人承担合同规定的保险责任的必要条件。保险人要求被保险人作出承诺的目的在于控制保险标的的危险。

对于保险人而言,保证是指其在与被保险人签订保险合同时或履行保险合同的过程中对某一事项作为或不作为所作出的承诺。例如,与被保险人签订保险合同时,保险人承诺在保险标的发生保险责任范围内的损失时,必须按合同规定进行赔偿,而不能违背其在保险合同中所作的承诺不赔或少赔。

2. 保证的分类

第一,确认保证和承诺保证。

根据合同签订时保证的事项或事实状态是否已经存在,可以把保证分为确认保证和承诺保证。

(1) 确认保证(Affirmative Warranty)。确认保证是指当事人(主要是指投保人或被保险人)在签订保险合同时对此前或当时某种事态存在或不存在所作出的保证。例如,船舶保险中在保险合同签订时,被保险人就其所有或其所经营管理的船舶具有某国国籍的保证等。再如,在保险合同签订时,对保险标的和保险行为合法性的保证,等等。

(2) 承诺保证(Promissory Warranty)。承诺保证是指当事人在签订保险合同时对将来事件或事实状态或事项的保证,即对保险合同生效后至其终止的全部保险合同有效期内,对一定的事件或事实状态或事项得以满足或避免的保证。例如,在海上船舶保险合同中关于航行区域的保证、关于拖航和救助服务的保证等。再如,在保险合同生效后至终止的保险活动期间里,对保险标的和保险行为的合法性保证,等等。

第二,明示保证和默示保证。

根据保证存在的形式,可以把保证分为明示保证与默示保证。

(1) 明示保证(Express Warranty)。明示保证是指以文字或书面的形式存在于保险合同中的保证。它既可以以完整的文字表述出现于保险合同条款之中,也可以通过指示性文字把包含在某种文件中的内容引入保险单之中,而在保险单中并不出现该具体内容。

明示保证的例子很多。例如,在我国各保险公司的财产保险合同条款中通常规定,被保险人应当遵照国家有关部门制定的保护财产安全的各项规定,对安全检查中发现的各种灾害事故隐患,在接到安全主管部门或保险人提出的整改通知书后,必须认真付诸实施;保险标的遭受损失时,被保险人应当积极抢救,使损失减少至最低程度,同时保护现场,并立即通知保险人,协助查勘;在保险财产遭受盗窃或恶意破坏时,立即向公安部门报案,等等。所有这些,都属于明示保证。

再如,在我国各保险公司的机动车辆保险合同条款中通常规定,订立保险合同时,保险人应当向投保人说明保险合同的条款内容,明确说明条款中关于责任免除及投保人、被保险人义务的内容;在保险合同有效期内,除法律规定投保人不得终止保险合同的情况外,投保人要求终止保险合同时,保险人应当及时办理退保手续;在保险合同有效期内,保险人收到被保险人的赔偿请求及各种必要的单证后,应当及时作出核定;对属于保险责任的,在与被保险人达成有关赔偿协议后10日内或按双方约定期限,履行赔偿义务;对不属于保险责任的,应当向被保险人发出《拒赔通知书》,等等。所有这些,也都属于明示保证。

(2) 默示保证(Implied Warranty)。默示保证是指不以文字或书面形式存在于保险合同之中,但保险合同当事人又必须遵守的保证。默示保证的内容通常是国家法律的规定或国际上通行的原则,以及习惯上或社会公认的必须遵守的规则。默示保证与明示保证具有相同的效力。默示保证通常用于海上保险。

例如,在海上船舶保险中,保险船舶必须适航,主要指保险船舶在构造、性能、人员配备、装备给养方面均具备适合预定航线的能力;必须适货,主要指保险船舶所承运的货物必须与船舶的构造、设备、适用范围等相吻合(油品货物应当由油轮运输,集装箱货物应当由集装箱船运输等);必须不绕航,主要指在正常情况下,保险船舶在航行中不能脱离两港间的最短航线或习惯性航线,除非是在紧急情况下为了船舶和货物安全或为了拯救他船人命而需要绕航;必须合法,主要指被保险人必须保证其从事航运或贸易过程中的行为是合法的,如不能利用保险船舶从事走私活动等。这些内容,通常并不出现在船舶保险合同中,但船舶保险的被保险人又必须保证做到,故都属于默示保证。

(3) 明示保证与默示保证的相互转化。从一般意义上(即把保证理解为一种承诺)说,在合同行为尤其是保险合同行为中,保证是广泛存在的。它们可以以明示保证的形式存在,也可以以默示保证的形式存在,而且二者是可以相互转化的。原来的明示保证可以转化为默示保证;原来的默示保证可以转化为明示保证。例如,在我国各保险公司的机动车辆保险合同条款中通常规定,被保险人及其驾驶员应当做好保险车辆的维护、保养工作,并按规定检验合格;保险车辆装载必须符合有关法律和法规中有关机动车辆装载的规定,使其保持安全行驶技术状态,等等。所有这些,都属于明示保证。如果这些保证性的内容由于人们已经非常熟悉,因而没有必要以文字或书面形式出现在保险合同之中,这些明示保证就会转化为默示保证;反之,如果默示保证的内容并不为人们所熟悉,并由此而妨碍人们对保证内容的履行或遵守,因而有必要以文字或书面形式出现在保险合同之中,原来的默示保证就会转化为明示保证。例如,现在我国一些保险公司的合同条款中往往只着重列出被保险人一方的义务,而对保险人的一些基本义务或者不列出,或者列得极为粗略而不具体。如果这种情况妨碍了被保险人一方对保险人义务的了解,因而不利于合同的公正履行,就有必要把这些内容作为保险人的书面承诺写在保险合同之中。于是,这些原来没有在合同中列出的保证内容,也就由默示保证转化为明示保证。

3. 违反保证的法律后果

只要被保险人没有在约定的范围和程度内严格履行保证的内容,即构成对保证的违反。就狭义保证而言,违反保证会产生严重的法律后果。

(1) 违反对过去或现在事件的保证,保险合同可被视为从不存在,保险人的责任从未开始,因而保险人可以自动解除保险合同。例如,在船舶保险中,适航为默示保证,且属于对过去或现在事件的保证,即在保险合同生效前或生效时对船舶适航所作的保证。如果在开航时发现船舶不适航,即可认为被保险人一方在合同生效前或合同生效时就违反适航保证,因而该航次保险单完全无效。对于已经出现的船舶损失,保险人可以免除赔偿责任。不过，保险人在解除合同时要退还保险费，除非被保险人欺诈性地违反保证。

（2）违反对将来事件的保证，不影响保险合同已经存在的事实，也不影响违反保证前被保险人已经享有的权利。也就是说，在保险合同生效前或生效时，被保险人都未违反保证，只是从保险合同生效后的某一时刻才违反了保证，对于违反保证之前已经发生的部分损失，被保险人依然有权请求赔偿。例如，从保险船舶开航后的航程中的某一时刻起，被保险人一方违反适航保证，则可以免除保险人此后对船舶损失的赔偿责任。

4. 狭义保证的主要特点及其局限性

有人认为，保证只存在于海上保险之中，而海上保险以外的其他保险领域则不存在保证。这种观点实际上是从狭义上来理解保证的概念的。这是因为，狭义保证确实主要存在于海上保险之中。我国保险的法律和法规缺少有关保证、保证的履行、违反保证的后果方面的明确规定，即是有力的证明。狭义保证的主要特点在于保证要求和违背保证的后果的过度严格性。具体表现在以下四个方面：

（1）必须严格遵守保证，不得有任何程度的背离。只要被保险人一方没有在约定的范围和程度内严格履行保证，即构成对保证的违反。如果一个保证条款规定在8月1日起航，而船舶直到8月2日才起锚，则可视被保险人一方未遵守该保证条款。

（2）保证不以重要性和因果关系为条件。这就是说，只要保证在事实上是存在的，就必须遵守。如果被保险人一方出现了违反保证的行为，即使这种行为和损失之间没有任何联系，保险人也可解除对所出现的损失的全部赔偿责任。换言之，即使违反保证的行为没有导致任何损失，即损失是其他原因引起的，也可免除保险人的赔偿责任。如被保险人想获得损失赔偿，就必须严格遵守保证的内容，无论是明示保证，还是默示保证，都是如此。

（3）违反保证没有免责事由。不论被保险人一方是否知道自己的行为违反了保证的内容，违反了保证时其是否有过错，甚至其违反保证内容的行为是由于自己不能控制的原因所致，保险人也可免除对被保险人一方应当承担的赔偿责任。

（4）被保险人一方违反了保证的内容，保险人可以自动解除其对被保险人的赔偿责任。除非保险人对违反保证的行为不予追究以外，保险人可以自动解除其对被保险人一方的赔偿责任。

狭义保证的要求和违背保证的后果的过度严格性，反映了它的局限性。狭义保证的要求和违背保证的后果都是针对被保险人一方的，而与保险人无关。无论被保险人一方违反保证的行为是否有过错，它与损失之间是否存在必然联系，只要违反保证的行为发生了，保险人一方就可以免除其赔偿责任，这对被保险人一方是不公正的。此外，只要是被保险人一方违反某一个方面的保证都要导致自动解除合同的后果，也是不合适的。如果被保险人一方违反了某一方面的保证时损失尚未发生，只要可以补救或纠正，那么经过必要的补救和纠正之后，合同可以继续履行，从而避免解除合同后再重新寻求新的当事人和重新签订保险合同所造成的时间与人力、物力等的浪费，避免效率损失，是合理的。正因为如此，一些国家的保险法调整了投保人或被保险人违反保证的法律后果，以防止保险人通过权利的滥用而逃避赔偿责任，以此来平衡保险人与投保人、被保险人之间的利益关系。例如，美国许多州的保险法都规定，除非保证的事项是重要的，即违反保证会使承保风险增加，或投保人、被保险人具有真实的欺诈意图，否则，保险人不得以此为理由解除合同或拒绝赔偿。此外，狭义的保证主要适用于海上保险，而不适用于除海上保险以外的众多保险领域。这是狭义保证的局限性的一个更为重要的方面。因此，狭义的保证应当让位于广义的或宽泛的保证（上面就明示保证和默示保证所举的例子，多属于广义保证）。

广义保证与狭义保证的主要区别在于：一是强调违反保证的事实与其后果之间的因果关系，即只有违反保证的事实确实显著地增加了保险人的承保风险，保险人才可以解除保险合同；二是强调只有违反保证的行为导致了保险标的的损失，才能免除保险人的赔偿责任；三是强调保证不仅适用于海上保险，而且适用于任何保险领域；四是强调保证不仅只是对被保险人的要求，也应当成为对保险人的要求；五是强调保证不只是对某种事态存在或不存在所作出的承诺，而且是对某一事项作为或不作为的承诺（从各种保险学教科书的相关内容可见，目前对于保证的阐释和说明更多的是集中于前者）。

只有以广义保证取代狭义的保证，保证这一概念才能成为最大诚信原则的一个重要内容，最大诚信原则的内涵也才能更丰富，保证作为最大诚信原则的一个重要内容也才能具有更加广泛的意义。否则，最大诚信原则在保证这个环节上就是残缺不全的，薄弱的。

四、最大诚信原则中的信用原则

（一）最大诚信原则中的信用原则的含义

信用原则是对当事人履行承诺义务的要求，其基本含义有三点：一是应该履行的义务必须履行，而不能不履行；二是对应该履行的义务必须全部履行，而不能部分履行；三是应该履行的义务必须按时履行，而不能拖延履行。

保险活动中最大诚信原则中的信用原则，是指保险合同双方当事人在履行合同的过程中，务必做到最大限度地恪守信用，不得逃避、减少或延迟履行按合同规定对另一方应承担的责任。如前所述，被保险人一方的最基本的义务是按照保险合同的规定向保险人交付保险费；保险人的最基本的义务是在保险标的发生保险责任范围内的损失后，按照保险合同的规定向被保险人支付保险金。被保险人一方履行自己的最基本义务在先，而保险人履行自己的最基本的义务在后这一保险活动的基本特点，决定了在保险合同生效后履行保险合同过程中，保险人的信用比被保险人一方的信用更重要。

（二）最大诚信原则中的信用原则对保险人的要求

最大诚信原则中的信用原则对保险人的要求主要包括以下几个方面：

（1）保险人对应当赔偿的保险标的损失必须赔偿。在保险合同中，都列明了保险责任和除外责任。只要导致保险标的损失的原因或近因在保险合同列明的保险责任范围内,保险人必须按照保险合同的规定进行赔偿,而不能寻找各种借口或理由拒赔。保险人收到被保险人或者受益人的赔偿或者给付保险金的请求后,对于不属于保险责任的,应当向被保险人或者受益人发出拒绝赔偿或者拒绝给付保险金通知书。对于保险人应当赔偿而其不予赔偿的,被保险人可向保险监督管理机构申诉,或者向人民法院起诉。如果被保险人申诉成功或胜诉,保险人除按照保险合同的规定向被保险人一方支付保险赔偿金外,还应当向后者支付违约金和延期支付的赔偿金的利息;如果因保险人未履行保险合同的规定使被保险人一方遭受经济损失,保险人还应当对此损失承担赔偿责任。

(2) 保险人对应当赔偿的保险标的损失应当足额赔偿。在国家相关的法律和法规中,往往针对不同的情况(如不足额保险、重复保险等)规定了保险标的发生保险责任范围内的损失后保险赔偿的原则。在保险合同中通常要规定赔偿金额的计算方法。保险人应当严格遵守国家法律、法规和保险合同的规定,合理计算赔偿金额,足额赔偿,而不能少赔。对于保险人应当赔偿而没有赔偿的部分,被保险人可向保险监督管理机构申诉,或者向人民法院起诉。如果被保险人申诉成功或胜诉,保险人除按照保险合同的规定向被保险人一方支付没有赔偿的保险金外,还应当向后者支付违约金和延期赔偿的保险金的利息;如果因保险人未完全履行保险合同的规定而使被保险人一方遭受经济损失的,保险人还应当对此损失承担赔偿责任。

(3) 保险人对应当赔偿的保险标的损失应当按时赔偿。我国《保险法》第二十四条规定,保险人收到被保险人或者受益人的赔偿或者给付保险金的请求后,应当及时作出核定,并将核定结果通知被保险人或者受益人;对属于保险责任的,在与被保险人或者受益人达成有关赔偿或者给付保险金额的协议后 10 日内,履行赔偿或者给付保险金义务。保险合同对保险金额及赔偿或者给付期限有约定的,保险人应当依照保险合同的约定,履行赔偿或者给付保险金义务。保险人未及时履行前款规定义务的,除支付保险金外,应当赔偿被保险人或者受益人因此受到的损失。

(4) 保险人自收到赔偿或者给付保险金的请求和有关证明、资料之日起 60 日内,对其赔偿或者给付保险金的数额不能确定的,应当根据已有证明和资料可以确定的数额先予支付;保险人最终确定赔偿或者给付保险金的数额后,应当支付相应的差额。对于以已有证明和资料不能确定赔偿或给付金额为由,可以先予支付而不支付的保险人,应当以违约论处。

五、表见代理与保险人的关联责任

代理是一项重要的法律制度,公民和法人有权通过代理人实施民事法律行为。代理人在代理权限内,以被代理人的名义实施民事法律行为,被代理人对代理人的代理行为承担法律责任。所谓表见代理,是指代理人没有代理权、超越代理权或代理权终止后仍以被代理人名义实施代理行为,善意且无过错的第三人基于某种理由确信其有代理权,从而使被代理人承担有权代理法律后果的无权代理。或者说,表见代理是发生有权代理效力的无权代理。

"表见"为法律上的常用术语。其意思实质上是"是",但表面看起来是"不是";或实质上是"不是",但表面看起来是"是"。表见代理的情况下,代理人无权代理,却在表面上给人以其有权代理的印象,使人相信其有权代理,从而使其得以实施代理行为。

表见代理制度最早见于《德国民法典》。其后,《日本民法典》、《瑞士民法典》等对表见代理也作了明确的规定。《德国民法典》第一百七十条规定:"代理权以意思表示通知第三人者,在授权人向第三人通知代理权消灭前,其代理权对第三人仍然有效。"《日本民法典》第一百零九条规定:"对第三人表示授予他人以代理权意思者,于代理权范围内,就该人与第三人之间实施的行为,负其责任";第一百一十条规定:"代理人实施其权限以外的行为,第三人有正当理由相信有此权限时,准用前款规定";第一百一十二条规定:"代理权之消灭,不得以之对抗善意第三人",但"第三人因过失而不知其实者,不在此限"。《德国民法典》第一百七十一条第二款规定:"代理权在未依代理权授予之同一方式撤回前,代理权继续有效";第一百七十二条第二款规定:"授权书应交还授权人或宣告无效前,代理权继续存在。"不过,该法典第一百七十三条同时规定,"第三人在为法律行为时已知或可得知代理权已经消灭者,不适用"上述规定。我国《合同法》第四十九条规定:"行为人没有代理权、超越代理权或代理权终止后,以被代理人名义订立的合同,相对人有理由相信行为人有代理权的,该代理行为有效。"

可见,表见代理的构成要件包括:① 代理人实施代理行为时无代理权;② 相对人有理由相信代理人有代理权;③ 相对人无过失。"相对人有理由相信行为人有代理权"是表见代理的核心构成要件。所谓"有理由相信行为人有代理权",是指行为人虽无代理权,但相对人在善意且无过错的情况下,根据商业习惯、交易习惯,有充分的理由相信其有代理权。"有理由相信行为人有代理权"通常的判断标准,是一般人认为代理人有实施代理行为的权利。例如,代理人用被代理人的合同专用章或者加盖公章的空白合同书、介绍信与相对人订立合同;被代理人授权范围不明确,从而相对人对其代理权限不清楚;代理人的代理权被终止或者被限制,被代理人应当通知但未及时通知相对人,等等,都会使相对人合理相信代理人拥有代理权。

保险表见代理的构成要件包括以下三个方面:

(1) 代理人实施了无权代理的行为。

(2) 客观上存在着投保人相信保险代理人拥有代理权的某种事由。例如,保险公司与保险代理人签订保险代理合同,或保险公司为保险代理人提供保险代理展业证;保险代理人曾在公共场所、居民住宅及单位办公场所宣传、推销保险产品,或曾经为投保人或被保险人办理过与被代理人的保险合同相关的事宜等。

（3）主观上投保人善意且无过失。也就是说，投保人不知道保险代理人的代理行为属于无权代理或已经超越过其代理权限，且投保人或被保险人的不知情不是由疏忽或者懈怠等过错导致的。这里所谓的"善意"，是指投保人不知道保险代理人无代理权或超越代理权限，而是怀着良好的愿望相信其有代理权限；否则，则为恶意。所谓的"无过失"，是指投保人对保险代理人的代理权进行了基本审查，没有发现可疑之处，从而相信其有代理权；否则，如果由于轻信或疏忽没有进行基本审查，则为有过失。

对于表见代理，被代理人须依法承担责任。我国《保险法》第一百二十七条规定："保险代理人没有代理权、超越代理权或者代理权终止后以保险人名义订立合同，使投保人有理由相信其有代理权的，该代理行为有效。"已订立保险合同的，保险人应当承担保险责任。保险人可依法追究越权的保险代理人的责任。

六、弃权与禁止反言

从理论上说，保险合同双方都存在弃权与禁止反言的问题，但在保险实践中，弃权和禁止反言主要是用来约束保险人的行为，维护被保险人一方的利益的。其作用在于实现保险合同双方当事人权利义务关系的平衡。

（一）弃权

弃权是指保险合同当事人放弃自己在合同中可以主张的某项权利。在保险实务中，弃权主要是指保险人放弃自己所享有的保险合同解除权或对被保险人一方索赔等行为的抗辩权。

弃权可以分为明示弃权和默示弃权。

明示弃权主要是指保险人或其授权的代理人采用书面或者口头形式告知被保险人一方（投保人、被保险人或受益人）放弃自己所享有的解除保险合同的权利或拒绝赔偿等权利。例如，某保险公司与一家较大的企业签订了财产保险合同。合同中明确规定了被保险人交付保险费的时间和方式，但这家公司却违反合同的规定，迟迟不交付其应交付的保险费。对于这种严重违约的行为，保险人有解除保险合同的权利。如果保险人出于不影响双方的良好关系，达到合同到期后续保的目的，而口头允诺其可以推迟保险费的交付。这就构成了保险人对其所享有的解除合同的权利的放弃。

默示弃权主要是指保险人或其授权的代理人未明确表示放弃解除保险合同的权利或拒绝赔偿等权利，但其行为可以明确表现出其已经放弃了自己享有的权利。例如，有的保险公司保险合同条款中规定，被保险人变更后的职业不在本公司承保范围内的，本公司不负给付保险金的责任，但可以扣除手续费后退还保险费，本合同终止。但是，保险公司通过被保险人的告知已经知道被保险人在保险合同有效期内职业已经变更，且变更后的职业不在本公司承保的范围内，仍然未通知其退保。后来，该被保险人由于保险责任范围内的原因遭受意外伤害，遂向保险人请求支付保险金。保险公司拒赔，理由是被保险人在保险合同有效期内职业已经变更,且变更后的职业不在本公司承保的范围内。这个理由是不能成立的。这是因为,该保险公司经被保险人告知已经知道了被保险人职业变更的具体情况,却没有采取解除保险合同的行为,事实上已经构成了对解除保险合同权利的放弃。再如,某保险合同明确地规定了保险费交付的宽限期。如果过了宽限期被保险人一方仍然没有交付其应交付的保险费,保险人可以通知被保险人一方解除保险合同。但是,保险人一方并未向被保险人一方发出解除保险合同的通知,而且在宽限期过后又收受了后者支付的保险费。这种情况可以认为保险人放弃了在保险费缴费宽限期内未交付时立即使保险单失效的权利。如果此后保险事故在保险合同规定的期限内发生,保险人应当向被保险人一方交付保险金。

(二) 禁止反言

禁止反言也称禁止抗辩或禁止反悔,是指合同的一方当事人在放弃某项其享有的权利后,不得再向合同的另一方当事人主张此项权利。保险活动中的禁止反言主要是指保险人放弃某项权利后,不得再向投保人或被保险人主张这种权利。例如,保险人已经知道投保人没有履行告知义务,其行为已经违反了最大诚信原则,因而自己享有解除合同的权利,但并未行使这一权利。只是在保险事故发生后,面临被保险人一方索赔时,保险人才以后者没有履行告知义务,其行为已经违反了最大诚信原则为由主张解除合同,以避免对被保险人一方的赔偿责任。这是不能容许的。这是因为,保险人已经知道投保人没有履行告知义务,其行为已经违反了最大诚信原则,因而自己享有解除合同的权利,但并未行使这一权利,意味着其已经放弃了这一权利。按照禁止反言的原则,保险人不能再主张这一权利。因此,只要导致保险标的损失的原因在保险责任范围内,保险人就应当进行赔偿。否则,保险事故未发生,保险人默认合同继续有效进而获得或占有被保险人一方支付的保险费;保险事故发生了,保险人又可以解除合同,避免对被保险人一方的赔偿责任,这对后者是不公正的。

《中华人民共和国保险法》第十六条规定:投保人故意或者因重大过失未履行前款规定的如实告知义务,足以影响保险人决定是否同意承保或者提高保险费率的,保险人有权解除合同。保险人的合同解除权,自保险人知道有解除事由之日起,超过30日不行使则消灭。自合同成立之日起超过2年的,保险人不得解除合同;发生保险事故的,保险人应当承担赔偿或者给付保险金的责任。保险人在合同订立时已经知道投保人未如实告知的情况的,保险人不得解除合同;发生保险事故的,保险人应当承担赔偿或者给付保险金的责任。第三十二条规定:投保人申报的被保险人年龄不真实,并且其真实年龄不符合合同约定的年龄限制的,保险人可以解除合同,并按照合同约定退还保险单的现金价值。保险人行使合同解除权,适用第十六条的上述规定。这里,"保险人不得解除合同,发生保险事故的,保险人应当承担赔偿或者给付保险金的责任",就是对弃权与禁止反言的规定。

第三节 等价交换原则[①]

保险行为是一种合同行为。被保险人一方最基本的义务是按照保险合同的约定向保险人交付保险费，保险人最基本的义务是按照保险合同的约定向被保险人或受益人支付赔偿金或保险金，前者是后者的前提和必要条件，后者是前者的结果。可见，保险行为主要是被保险人一方与保险人之间的交换行为。保险交换关系在本质上是否为等价交换的关系，保险交换是否应当遵循作为商品交换普遍原则的等价交换原则，在这个问题上的主流观点无疑会对保险实践产生极为重要的影响。

对于被保险人与保险人之间的交换关系的性质，我国学术界有两种主要观点：一是被保险人与保险人之间关系是对价有偿的关系，而不是等价交换关系。二是单个被保险人与保险人之间的关系是非等价交换关系，而被保险人的总体与保险人之间的关系是等价交换的关系。在本节中，我们先从作为集合的被保险人总体与保险人之间的交易行为总和入手，分析两者之间的交换关系是否为等价交换关系；然后在此分析结论的基础上再转入对单个被保险人与保险人之间交易行为的研究，分析两者之间的交换关系是否为等价交换关系，并在此基础上阐明作为集合的被保险人总体与保险人之间的交换关系与单个被保险人之间的交换关系的联系，以及保险对价有偿与等价交换的关系。商品等价交换应当是商品交换时的规律，即等价交换是指在商品在交换时向对方让渡的价值与从对方所获得的价值相等，而不是指在交换以后最终实际获得的利益与其所让渡的价值相等。因此，在本节中我们的讨论只限于保险交换的过程，而舍弃掉保险交换的结果。

一、作为集合的被保险人总体与保险人之间的交换关系

交换与赠与不同。赠与是一方当事人向另一方当事人让渡某种利益[②]而不需要另一方付出代价，交换则是一方当事人向另一方当事人让渡某一种利益需要另一方当事人付出代

[①] 等价交换原则是商品交换的普遍原则，而不是保险交换的特有原则。笔者之所以设置这一节，是因为保险学界充斥着对这一原则在保险交换中的适用性的否定（全部否定或部分否定）观点，而这种否定会对保险交换的公平合理和正常保险市场秩序的建立与维持产生重要的负面影响，因为现实中很多保险市场秩序不正常甚至紊乱的情况都与保险产品的定价或实际价格（除去不正常的打折、回扣、佣金部分后的价格）不公平、不合理有关。只有承认等价交换原则在保险交换中的适用性，并在保险交换中遵循这一原则，才能从根本上消除这种负面影响。笔者期待能够引起学生对保险交换性质问题的关注、研究和讨论。把相关问题的研究纳入学生的学习过程之中，对他们也许是最合适、最有效的学习方式。当然，教师有对本节取舍的自由。本节内容主要取自笔者拙文：《保险交换关系的性质探析》，《东北财经大学学报》2012年 第3期。

[②] 可以是以有形财产的形式体现的利益，也可以是以无形财产的形式体现的利益。

价。在商品经济条件下，一方当事人让渡给另一方当事人的利益和另一方当事人所付出的代价是可以用价值来衡量的。当一方让渡给另一方的利益和另一方所付出的代价在价值上相等时，即为等价交换；反之，则为不等价交换。保险是一方当事人向另一方当事人让渡某一种利益需要另一方当事人付出代价的行为，因而是交换行为，这是没有疑问的。问题是一方当事人让渡给另一方当事人的利益和另一方当事人所付出的代价在价值上是否相等。

非寿险是典型的损失补偿性质的保险，与具有储蓄性质的寿险或投资功能的投资类保险相比，更适于用来分析保险交换的性质。下面我们就以非寿险为例，把总保费按其构成分解开来，从各部分的用途和性质出发，对作为集合的被保险人总体与保险人之间的交换行为(被保险人与保险人交换行为总和)是否符合等价交换的原则进行一些具体的分析①。非寿险产品的总保费可按下面的公式计算②：

$$P_t = \frac{P_p + F_t}{1 - V - Q} \tag{5-1}$$

式(5-1)中的 P_t、P_p、F_t、V、Q 分别代表一个险种所有风险单位(假定其风险皆为同质风险)的保险费总和、纯保险费总和(或称风险保费总和)、与保费不直接相关的固定费用总和、与保费直接相关的可变费用因子、与保费直接相关的利润因子。对式(5-1)进行整理得：

$$P_t = P_p + F_t + P_t V + P_t Q \tag{5-2}$$

其中，$P_t V$ 为用于所有风险单位的可变费用总和，$P_t Q$ 为从所有风险单位获得的利润总和。

在保险费总和构成的四个部分中，后三个部分之和为附加保险费总和。由此可以把总保险费分为两大部分：所有风险单位的纯保险费总和与附加保险费总和。纯保险费在全部保险费中占有最大的比重，是保险费的最主要的构成部分。

先来分析纯保险费。

纯保险费总和等于纯保险费率与保险金额总和的乘积。以 P_p' 代表纯保险费率，A_t 代表保险金额总和，纯保险费总和可以表示为：

$$P_p = P_p' A_t \tag{5-3}$$

纯保险费是用于保险赔款支出的处于准备状态的损失补偿性资金。由纯保险费的特

---

① 实际交换过程不可能是按保险费的各个构成部分分别进行的，但规范的保险费率厘定过程却包含两个基本环节：先按保险费率的各个构成部分分别加以厘定，然后再对各个部分加总。因此，对保险费的各个部分分别进行分析，以判断保险人按保险费的各个构成部分收取的保险费是否符合等价交换的原则，不仅在逻辑上是合理的，而且也是与保险费率的厘定过程相吻合的。

② 为了分析问题简便起见，本文不考虑保险费投资收益、通货膨胀等因素对保险费率的影响。

定性质和用途所决定,在理论上它应当等于保险标的因灾害事故而发生的损失中应当由保险人负责赔偿的部分,即保险损失。以 L_t 代表保险损失总额(保险人的赔款金额),L'_p 代表保险总损失率(保险损失总额与保险金额总和的比率,即平均保险损失率。这里的前提是保险金额不超过保险标的实际价值),则 $P_p = L_t$,亦即 $A_t \times P'_p = A_t \times L'_p$ 。于是,$P'_p = L'_p$,即纯保险费率等于保险总损失率。保险人按纯费率与保险金额总和的乘积向全体被保险人所收取的纯保险费总和,等于其按照总损失率与保险金额总和的乘积向被保险人支付的赔款总和。因此,就纯保险费而言,作为集合的被保险人总体与保险人之间的交换关系是等价的。按照这样的逻辑,似乎纯保险费本身的用途就决定了作为集合的被保险人总体与保险人之间的交换关系是等价的,实则不然。

纯保险费率是在险种设计时厘定的,而实际保险损失(保险赔款)则是在当期保险合同签订之后发生的。尽管在以后的不同时期可以根据对灾害事故变动趋势和由灾害事故所导致的保险标的损失的变动方向和幅度的判断加以调整,但这样的调整只能发生在当期保险合同签订之前,而不是在此之后。因此,保险人在保险费率厘定和调整时所使用的保险总损失率并不是当期的实际保险总损失率,而是保险人一方利用以往已经发生的赔款金额和保险金额的数据计算出来,并结合对灾害事故变动趋势和由灾害事故所导致的保险标的损失的变动方向和幅度等因素的判断加以调整的(我们可以把由此形成的保险总损失率称为预定保险损失率)。纯保险费率的厘定和调整与当期赔款发生时间上的不一致,在客观上为保险人提供了为了自身的利益脱离合理的期望保险损失率基础,人为地提高当期预定的保险损失率(厘定和调整纯保险费时实际使用的保险损失率),从而人为地提高纯保险费率的可能性。如果实际情况真的如此,那么就纯保险费而言,作为集合的被保险人总体与保险人之间的交换关系就是不等价的。

然而,这种情况在开放的因而是充分竞争的保险市场中是不可能出现的。因为,保险人的定价行为(厘定费率)是受市场竞争约束的。假如保险人可以人为地确定较高的纯保险费率,从而在保险费率的其他构成部分不变的前提下确定较高的实际保险费率,并由此而获得显著高于其他行业盈利水平的利润,那么在保险业本身没有大量的沉没成本,在经济上不存在进入障碍;政府当局又不对保险业实行法定垄断,在政策上也不存在进入障碍的条件下,其他部门的资本和经营主体就会大量进入保险市场,由此而使保险商品供给大量增加,迫使保险人通过下调纯保险费率而降低实际保险费率水平,直至纯保险费率与合理的保险损失率(期望保险损失率或在期望损失的基础上进行合理调整的损失率)相吻合时为止。因此,就纯保险费而言,被保险人总体与保险人之间的交换关系是等价的。

再来分析附加保险费。

附加保险费总和等于附加保险费率与保险金额总和的乘积。附加保险费率是附加保费总和与保险金额总和的比率。以 P_s 代表附加保费总和,P'_s 为附加保险费率,则:

$$P_s = P'_s A_t = \frac{F_t + P_t V + P_t Q}{A_t} A_t = \left(\frac{F_t}{A_t} + \frac{P_t V}{A_t} + \frac{P_t Q}{A_t}\right) A_t \tag{5-4}$$

其中，$\frac{F_t}{A_t}$ 为固定费用附加保险费率，用 P'_{sf} 表示；$\frac{P_t V}{A_t}$ 为可变费用附加保险费率，用 P'_{sv} 表示；$\frac{P_t Q}{A_t}$ 为利润附加保险费率，用 P'_{sq} 表示。于是，附加保险费率的构成可以用下式表示：

$$P'_s = P'_{sf} + P'_{sv} + P'_{sq} \tag{5-5}$$

即附加保险费率等于固定费用附加保险费率、可变费用附加保险费率和利润附加保险费率三者之和。

顾名思义，按照利润附加保险费率所收取的保险费，是直接用来实现保险人的利润收入的。就保险人经营保险业务的动机而言，他希望利润水平越高越好。因此，保险人在厘定保险费率时主观上存在着人为地提高利润附加保险费率，从而获得高于社会平均水平的利润的意愿。但是，在开放、充分竞争的保险市场中，就整个保险行业而言，保险人通过人为地提高利润附加保险费率而长期获得高于社会平均水平的利润，是不大可能的。因为，在开放的充分竞争的保险市场中，如果保险行业的利润水平长期高于社会平均利润，其他部门的资本和经营主体就会大量进入保险市场，由此而使保险商品供给大量增加，迫使保险人下调利润附加保险费率，直至按其实现的利润水平与社会平均利润水平基本一致时为止。

保险人按照固定费用附加保险费率收取的保险费，是用于弥补保险人所支付的固定员工的薪金、日常办公费用、固定资产折旧等费用支出的。按照可变费用附加保险费率收取的保险费，是用于弥补保险人所支付的核保费用、理赔费用、代理佣金和公估费用等支出的。两者均属于处于准备状态的费用补偿性资金。保险人在确定固定费用附加保险费率、可变费用附加保险费率时所使用的相关保险费用率也不是当期的实际费用率，而是利用以往已经发生的相关费用和保险金额的数据计算出来，并结合对相关费用的变动趋势和幅度的判断加以调整的（我们可以把由此形成的保险费用率称为预定保险费用率）。因此，这两种费用附加保险费率也存在保险人为了增加利润收入而使其人为地任意加以提高的可能性。不过，这种情况在开放、充分竞争的保险市场中也是不可能长期存在的。因为，在保险费率其他构成部分不变的前提下，这两种附加保险费率的提高必然会导致保险行业总体利润水平的提高，当保险业的总体利润水平显著高于社会平均利润水平时，其他部门的资本和经营主体就会大量进入保险市场，迫使保险人通过下调这两种附加保险费率而降低实际保险费率水平，直至这两种附加保险费率与合理的（行业平均的）费用水平基本一致时为止。

这样，在部门或行业之间竞争的作用下，资本和经营主体在部门或行业之间的转移、保险费率的各个构成部分最终都会维持在一个合理的水平上，从而使得保险行业的全体保险人按照由合理的固定费用附加保险费率、可变费用附加保险费率和利润附加保险费率构成的保险费率向全体被保险人收取的保险费,在补偿保险赔款、固定保险费用和可变保险费用之后可以获得相当于社会平均利润水平的利润,而不是高于或低于社会平均利润水平的利润(如果是后一种情况,资本和经营主体会从保险市场流出,从而使保险费率水平提高,保险行业的利润水平上升,直至达到社会平均利润水平为止)①。因此,就附加保险费而言,被保险人总体与保险人之间的交换关系也是等价的。

为了便于与其他商品的交换相比较,我们不妨把保险商品的价格在构成上进行新的组合。

式(5-2)中等号右端的前三项之和为保险企业的经营成本。全体被保险人向保险人所支付的保险费之和等于其经营成本与利润之和。用公式来表示:

$$P_t = P_p + F_t + P_tV + P_tQ = (P_p + F_t + P_tV) + P_tQ = C + M \qquad (5-6)$$

其中,C 代表经营成本,M 为利润。由于在实际保险费率构成中,全部经营成本占保险金额总和的比率不应当是个别保险人实际全部经营成本占保险金额总和的比率,而应当是社会平均成本率,即构成保险商品价格(保险费)的成本应当是社会平均成本(即行业平均成本);利润因子的值的确定要考虑社会平均利润水平,即构成保险商品价格的利润应当是社会平均利润②,于是,我们可以把(5-6)式改写成:

$$P_t = P_p + F_t + P_tV + P_tQ = (P_p + F_t + P_tV) + P_tQ = \overline{C} + \overline{M} \qquad (5-7)$$

其中,$\overline{C}$ 为社会平均成本,$\overline{M}$ 为社会平均利润。式(5-7)表明,就整个保险行业而言,保险费实际上就是保险商品的生产价格。这与其他商品价值(实际上是生产价格)没有任何差异。按照这样的价格进行的交换是成熟商品经济条件下的典型的等价交换。只不过就一般商品而言,成本通常是由生产企业在商品交换发生前支出的,在商品交换时与利润一起收回的,而保险商品的成本是与利润一起由保险企业商品交换时收取的,而在交换以后支出的。但是,成本支出、收回和利润的收取这种时间上的差异只是一种形式上的差异,并不会对保险商品交换的本质发生实质性的影响。保险商品按照由社会平均成本和社会平均利润构成的生产价格进行交换,是价值规律作用的结果。正如霍萨克等人所说:"在商品经济条件下,保险商品的价格是按照预期的成本加平均利润构成的,保险商品的

---

① 生产者获得的利润与社会平均利润水平相吻合,而不是显著地高于或低于社会平均利润水平,这是商品经济发展到成熟阶段等价交换的本质特征。

② 社会平均利润应当包含时间条件,即它是指一定时期(通常为1年)与社会总耗费资本相对而言的社会总利润,后者与前者之比,即一定时期(通常为1年)单位社会耗费资本所实现的利润,就是社会平均利润率或社会平均利润水平。为简便起见,在本节中舍去了时间因素。

价格以其价值为基础,受市场供求关系的影响,受价值规律的作用。"[1]

二、单个被保险人与保险人之间的交换关系

保险是风险聚合安排的过程,即通过把大量的风险集中在一起从而降低风险的过程。从风险聚合安排的角度看,保险人需要面对全体被保险人,即把全体被保险人当作一个整体来看待。但是,实际交换过程却不是在作为整体或集合意义上的被保险人与保险人之间发生的,而是在各个独立的被保险人与保险人之间发生的。作为整体或集合意义上的被保险人与保险人之间的交易行为,是通过各个独立的被保险人与保险人之间的交易行为的总和体现出来的。那么被保险人作为独立的个体与保险人之间的交易是否符合等价交换的原则呢?

作为集合的被保险人总体与保险人之间的交换为等价交换这一结论,是继续探讨单个被保险人与保险人之间的交换是否是等价交换的必要前提和逻辑起点[2]。在这个前提和起点下,要实现全体被保险人与保险人之间的等价交换,只能有两种路径:一是所有的单个被保险人与保险人之间的等价交换;二是单个被保险人与保险人的不等价交换,低风险标的被保险人所缴纳的保险费高于其应交保险费,高风险标的被保险人所缴纳的保险费则低于其应交保险费,且两个差额相抵,从而通过前者对后者的交叉补贴(cross-subsidy)实现总体上的等价交换。我们可以从第二种路径着手进行分析。如果这种路径是行得通的,那么就可以判定单个被保险人与保险人之间的交换是非等价的;反之,则可以确认单个被保险人与保险人之间的交换是等价的。

被保险人作为一个整体或集合与保险人之间所发生的交易行为的结果,即被保险人作为一个整体或集合向保险人缴纳的保险费的各个构成部分,应当在各个独立的被保险人与保险人之间的交易中分解开来。因此,当被保险人作为独立的个体与保险人发生交易行为时,其应当缴纳的保险费在构成上应当与其作为整体或集合与保险人发生交易时相一致。为了使这种独立进行的交易的价格与作为整体或集合的交易的价格有所区别,我们不妨用小写的符号来替代式(5-1)中的大写符号,于是,我们得到:

$$p = \frac{p_p + f}{1 - v - q} \tag{5-8}$$

与式(5-1)中的定义相一致,我们把式(5-8)中 p、p_p、f、v、q 分别定义为一个险种单个风险单位的保险费、纯保险费(或称风险保费)、与保费不直接相关的固定费用(通常

---

[1] 霍萨克等:《非寿险精算基础》,中国金融出版社1992年版,第368页。
[2] 本节之所以用较大的篇幅论证作为集合的被保险人总体与保险人之间的交换是否为等价交换的原因正在于此。如果这种总体意义上的交换不是等价的,那么构成总体的被保险人个体与保险人之间的等价交换是不可能的。等价交换作为一个通行的经济原则,必然在总体这个层面上以结果的形式体现出来。同样,如果没有个体上意义的等价交换,总体意义上的等价交换就失去了其存在的基础。

为非分摊损失调整费用)、与保费直接相关的可变费用因子、与保费直接相关的利润因子。对式(5-8)进行整理得：

$$p = p_p + f + pv + pq \tag{5-9}$$

其中，pv 为单个风险单位的可变费用，pq 为单个风险单位的利润。

一个保险企业经营一个险种业务的全部保险费，等于其从各个被保险人收取的保险费之和，即：

$$P_t = \sum_{i=1}^{n} p_i = \sum_{i=1}^{n} p_{pi} + \sum_{i=1}^{n} f_i + \sum_{i=1}^{n} p_i v_i + \sum_{i=1}^{n} p_i q_i \quad (i = 1、2、3 \cdots n) \tag{5-10}$$

其中，p_i、p_{pi}、f_i、$p_i v_i$ 和 $p_i q_i$ 分别为第 i 个风险单位的保险费、纯保险费、固定费用、可变费用和利润。在单个风险单位保险费构成的四个部分中，后三个部分之和为附加保险费。为了说明单个被保险人与保险人之间的交易是否也要遵循等价交换的原则，我们有必要对单个被保险人向保险人缴纳的保险费的不同构成部分分别进行分析。

先分析纯保险费。一个保险企业经营一个险种所收取的全部纯保险费，等于其从各个被保险人收取的纯保险费之和，即：

$$P_p = \sum_{i=1}^{n} p_{pi} = \sum_{i=1}^{n} p'_p a_i \tag{5-11}$$

其中，p'_p 为纯保险费率(与 P'_p 相等，只是为了保持公式中符号的一致，这里用小写符号代替大写符号而已)，a_i 为第 i 个风险单位的保险金额。为分析问题的简便起见，我们假定保险人经营的同一险种中只有风险高低不同的两类保险标的，式(5-11)可以写成：

$$P_p = P_{pA} + P_{pB} = \sum_{i=1}^{n_1} p_{piA} + \sum_{j=1}^{n_2} P_{pjB} = \sum_{i=1}^{n_1} p'_p a_{iA} + \sum_{j=1}^{n_2} P'_p a_{jB} \tag{5-12}$$

下标 A 代表高风险保险标的，下标 B 代表低风险保险标的。在实行同一纯保险费率的前提下，"低风险投保人支付高于其期望索赔成本的费用，而高风险投保人则恰恰相反，于是这一过程就会产生交叉补贴(cross-subsidy)。通常高风险的投保人会喜欢交叉补贴，而低风险投保人则与之相反"[1]。于是，B 类保险标的的被保险人会选择退出，而 A 类标的的被保险人则会选择留下和继续进入。不同风险保险标的的被保险人的方向相反的流动，必然会改变保险人所经营的保险标的的总体风险的构成和比重，对保险人的利益和经营前景产生极为重要的影响。实行同一保险费率前提下的被保险人的流动效应可用图 5-7 加以说明。

---

[1] Scott E. Harrington Gregory R. Niehaus:《风险管理与保险》，清华大学出版社 2001 年版，第 98 页。

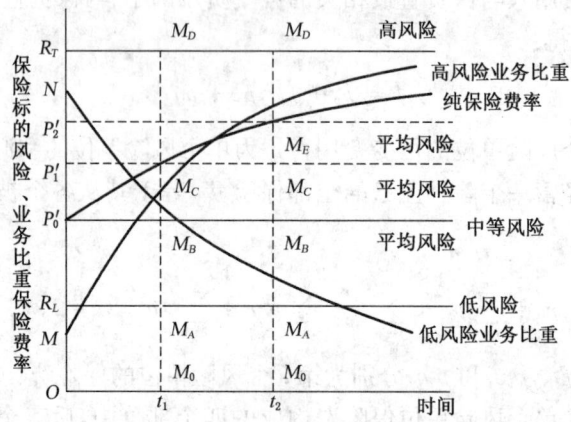

图 5-7 同一纯保险费率下风险结构的变化

图 5-7 中 P'_0 代表初始的纯保险费率，P'_1 代表时间为 t_1 的纯保险费率，P'_2 代表时间为 t_2 的纯保险费率，R_L 为低风险标的单位保险金额的期望索赔成本，R_T 为高风险标的的单位保险金额的期望索赔成本。低风险业务（期望索赔成本较低的优质业务）比重曲线向右下方延伸，意味着低风险业务占全部保险业务的比重随着时间的推移而逐渐降低；高风险业务（期望索赔成本较高的劣质业务）比重曲线向右上方延伸，意味着高风险业务占全部保险业务的比重随着时间的推移而逐渐提高。

初始时的纯保险费率 P'_0 等于此时具有平均风险的保险标的的单位保险金额的期望索赔成本，而此时的平均风险即为中等风险。P'_0 高于低风险保险标的的单位保险金额的期望索赔成本 R_L，而低于高风险保险标的的单位保险金额的期望索赔成本 R_T，低风险保险标的的被保险人为高风险保险标的的被保险人提供交叉补贴为每单位保险金额 $R_L P'_0$①。这种情况必然导致逆选择（adverse selection）的发生，即低风险保险标的的被保险人将选择退出，高风险保险标的的被保险人则选择进入。随着低风险保险标的的逐渐退出和高风险保险标的的进入，低风险业务在全部保险业务中所占的比重逐渐降低，而高风险业务所占的比

---

① 此时，高风险保险标的的被保险人所获得的交叉补贴为每单位保险金额 $R_T P'_0$，它等于 $R_L P'_0$。就整体而言，高风险保险标的的被保险人所获得的交叉补贴为：

高风险保险金额 $\times R_T$ − 高风险保险金额 $\times P'_0$ = 高风险保险金额 $\times (R_T - P'_0)$，

或　　低风险保险金额 $\times P'_0$ − 低风险保险金额 $\times R_L$ = 低风险保险金额 $\times (P'_0 - R_L)$

高风险保险金额 $\times (R_T - P'_0)$ = 低风险保险金额 $\times (P'_0 - R_L)$

其中，R_T 为高风险保险标的的公平纯保险费率，R_L 为低风险保险标的的公平纯保险费率，P'_0 为对两者实行的同一纯保险费率。$R_T - P'_0$ 或 $P'_0 - R_L$ 为初始时低风险保险标的的被保险人为高风险保险标的的被保险人提供的单位保险金额的交叉补贴。

重逐渐上升,导致平均风险曲线上移,平均期望索赔成本也随之上升。为了避免经营亏损,保险人将选择提高纯保险费率。于是,除了低风险保险标的的被保险人之外,中等风险保险标的的被保险人也出现了对高风险保险标的的被保险人的交叉补贴。到达时间 t_1 时,平均风险由 M_B 上升至 M_C,纯保险费率由 P_0' 提高到 P_1'。这时,中等风险保险标的的被保险人对高风险保险标的的被保险人的交叉补贴为每单位保险金额 $P_0'P_1'$,而低风险保险标的的被保险人对高风险保险标的的被保险人的交叉补贴则由每单位保险金额 R_LP_0' 增加到每单位保险金额 R_LP_1'。在这种情况下,不仅低风险被保险人会继续退保,而且中等风险的被保险人也会选择退保。

随着低风险保险标的和中等风险保险标的的被保险人的逐渐退出,低风险业务在全部保险业务中所占的比重进一步降低,而高风险业务所占的比重进一步上升,导致平均风险曲线继续上移,平均期望索赔成本继续上升。为了避免经营亏损,保险人将进一步提高纯保险费率①。到达时间 t_2 时,平均风险由 M_C 上升至 M_E,纯保险费率由 P_1' 提高到 P_2'。这时,中等风险保险标的的被保险人对高风险保险标的的被保险人的交叉补贴由每单位保险金额 $P_0'P_1'$ 增加到每单位保险金额 $P_0'P_2'$,而低风险保险标的的被保险人对高风险保险标的的被保险人的交叉补贴则由每单位保险金额 R_LP_1' 增加到每单位保险金额 R_LP_2'。在这种情况下,不仅低风险保险标的和中等风险保险标的的被保险人会继续退保,而且原来风险较高的保险标的的被保险人也会因为纯保险费已经超过其期望索赔成本而选择退保。如果纯保险费率持续提高,那么最后留下来的也许只有风险极高的保险标的的被保险人。这种循环往复的过程不仅会使保险人的业务规模严重萎缩,而且还会使其陷入日益严重的亏损之中②,并最终走向破产倒闭的绝境。

这种结果是保险人所不能接受的。为了避免这种结果出现,保险人必须放弃(准确地说,是不会选择)对所有标的实行同一纯保险费率(进而实行同一保险费率),使低风险标的的被保险人对高风险的保险标的的被保险人实行交叉补贴的思路,而是按照风险的不同对保险标的进行细分(risk classification),即对所有的保险标的按照风险的大小进行分类,把具有同质风险(homogenous risk)的保险标的归并到一起形成同一风险集合,并对处于同一风险集合中的保险标的实行相同的纯保险费率,而对于不同风险类别的保险标的则实行不同的纯保险费率。

---

① 随着低风险保险标的的被保险人退出,纯保险费率随着高风险标的的保险金额在全部保险金额中所占比重提高而提高的现象,是保险等价交换规律发生作用的反映。它进一步证明了单个被保险人与保险人之间的等价交换是一个规律。

② 纯保险费率不可能不断地提高,因为这会引起被保险人的保险费支出的增加,使被保险人产生严重的抵触心理,导致保险业务更多的流失,而纯保险费率不能随着低风险标的的被保险人的退出而提高的结果,必然是保险人的亏损。此外,保险业务规模的缩小会提高保险人单位保险金额的经营成本,在附加保险费率不能相应提高的前提下,也会导致保险人的亏损。

在保险人经营的同一险种中只有风险高低不同的 A、B 两类保险标的的既定前提下,保险人在厘定纯保险费率时的合理选择是把 A 与 B 分开,分别厘定和实行不同的保险费率。

A 类保险标的的纯保险费率为 P'_{pA}(相当于上图中的 R_L),全部 A 类保险标的的纯保险费总和为:

$$P_{pA} = \sum_{i=1}^{n} P_{piA} = \sum_{i=1}^{n} P'_{pA} a_{iA} \tag{5-13}$$

式中 P_{piA}、P'_{pA}、a_{iA} 分别为第 i 个 A 类保险标的的纯保险费、纯保险费率和保险金额。

B 类保险标的的纯保险费率为 P'_{pB}(相当于图 5-7 中的 R_T),全部 B 类保险标的的纯保险费总和为:

$$P_{pB} = \sum_{i=1}^{n} P_{pjB} = \sum_{i=1}^{n} P'_{pB} a_{jB} \tag{5-14}$$

式中 P_{pjB}、P'_{pB}、a_{jB} 为第 j 个 B 类保险标的的纯保险费、纯保险费率和保险金额。

A 类保险标的的纯保险费率低于 B 类保险标的的纯保险费率,即 $P'_{pA} < P'_{pB}$。

A 类保险标的的被保险人所缴纳的单位保险金额纯保险费等于其单位保险金额的期望索赔成本 ($P'_{pA} = M_0 M_A$),因而就纯保险费而言,该类保险标的的单个被保险人与保险人之间的交换是等价的。

B 类保险标的的被保险人所缴纳的单位保险金额纯保险费等于其单位保险金额的期望索赔成本 ($P'_{pB} = M_0 M_D$),因而就纯保险费而言,该类保险标的的单个被保险人与保险人之间的交换也是等价的。

可见,就纯保险费而言,单个被保险人与保险人之间的等价交换是通过被保险人与保险人之间的竞争实现的,是被保险人与保险人之间竞争促使保险人对承保风险进行细分的结果。被保险人与保险人之间的竞争又是以保险人之间的竞争为前提的,因为,保险人之间竞争的主要形式之一是费率的竞争,而不同保险人之间的费率差异为被保险人提供了"用脚投票"的条件。从这个意义上说,单个被保险人与保险人之间的等价交换也是保险人之间相互竞争的结果。因此,更准确地说,单个被保险人与保险人之间的等价交换是被保险人与保险人之间竞争和保险人之间相互竞争共同作用的结果。

再分析附加保险费。

以 p_s 代表单个保险标的的附加保费总和,p'_s 为单个保险标的的附加保险费率,则:

$$p_s = p'_s a = \frac{f + p_s v + p_s q}{a} \times a = \left(\frac{f}{a} + \frac{p_s v}{a} + \frac{p_s q}{a}\right) \times a \tag{5-15}$$

其中，$\frac{f}{a}$ 为单个保险标的的固定费用附加保险费率，以 p'_{sf} 表示；$\frac{p_sv}{a}$ 为单个保险标的的可变费用附加保险费率，以 P'_{sv} 表示；$\frac{p_sq}{a}$ 为单个保险标的的利润附加保险费率，以 p'_{sq} 表示。于是，单个保险标的的附加保险费率的构成可以用式(5-16)表示：

$$p'_s = p'_{sf} + P'_{sv} + p'_{sq} \tag{5-16}$$

即单个保险标的的附加保险费率等于单个保险标的的固定费用附加保险费率、可变费用附加保险费率和利润附加保险费率三者之和。

在纯保险费率一定的条件下，附加保险费率中的任何一个构成发生变化并由此而导致附加保险费率的变化，都会引致整个保险费率的变化。不过，由于被保险人与保险人之间的竞争和保险人相互之间的竞争，附加费率的各个构成部分的水平都不可能完全按照个别保险人实际支付的费用和对利润的期望来确定，而是要考虑社会的平均水平，从而使附加费率的各个构成部分都具有行业内平均的性质。因此，就附加保险费而言，单个被保险人与保险人之间的交换也是等价的。

至此，我们就可以得出一个重要的完全有别于保险学界既定观点的结论：就单个被保险人而言，他们与保险人之间的交换也是等价的。作为集合的被保险人总体与保险人之间的等价交换是通过单个被保险人与保险人之间的等价交换实现的，而不是通过低风险标的的被保险人对高风险标的的被保险人的交叉补贴实现的。与作为集合的被保险人总体与保险人之间的等价交换相比，单个被保险人与保险人之间的等价交换更具有实质性的意义。

三、保险等价交换与对价有偿的关系

保险商品的使用价值是保险人针对保险标的客观存在的风险为被保险人提供的保险保障。保险标的客观存在的风险是保险标有可能发生的损失，而不是已经发生的或必然发生的损失。因此，在不考虑合理费用和合理利润的条件下，作为保险商品使用价值的保险保障所包含的价值不是保险合同生效后作为合同履行最终结果的由保险人赔偿的损失价值(无损失时可视为保险人赔偿的价值为0)，而是在损失概率和损失率基础上形成的期望损失价值或期望索赔成本(从保险人的角度看)。被保险人与保险人按照期望损失价值或期望索赔成本交换保险产品，就是等价交换。

保险的等价交换与对价有偿是同时存在于保险活动之中的。保险学意义上的对价有偿与等价交换的矛盾与排斥只是一种表面现象。当透过这种表面现象而深入到本质的层面时，我们终于发现两者之间非但不矛盾，而且是相容的和相辅相成的。正是单个被保险人与保险人之间的等价交换使保险人聚少成多，集中了恰好(理论上)能够使少数保险标的发生损失的被保险人获得保险赔偿的资金，并由此形成了特定的保险对价有偿(狭义上

的)的关系。可见,在对价有偿的背后隐藏着的则是等价交换。等价交换是对价有偿的前提条件,对价有偿是等价交换的结果;保险对价有偿是保险等价交换的特殊表现形式,而保险等价交换则是保险对价有偿的内容和保险交换关系的本质特征。[1]

四、确认和遵循保险等价交换原则的意义

确认和遵循保险等价交换原则具有十分重要的意义。

(1) 等价交换原则的确认和遵循有利于保护被保险人的利益。保险等价交换原则本身是一个公平原则。按照这一原则厘定保险费率有利于实现保险合同双方之间的公平,防止保险人侵占被保险人的利益。

(2) 等价交换原则的确认和遵循将压缩保险企业的利润空间,对保险企业降低经营成本形成了足够的压力,有利于提高保险机构的经营管理水平;同时,对保险企业在业务上的盲目扩张形成了有力的约束,降低保险企业的经营风险,有利于保证其财务的稳定。

(3) 等价交换原则的确认和遵循对保险企业利润空间的压缩,将对使保险企业通过高回扣或高佣金争夺市场份额的动机得到有效抑制,有利于优化保险市场竞争秩序。

(4) 等价交换原则的确认和遵循可以有效地抑制被保险人的逆选择。被保险人的逆选择产生于其对所获利益与所支付成本的比较。要抑制被保险的逆选择,仅有保险人所收取的纯保险费总额与索赔成本的总额相等是不够的。如果各个保险标的的风险是非同质的,而在厘定保险费率时对保险标的风险的大小不加区分,而笼统地实行同一费率,那么就会出现逆选择,即在同等保费水平下,具有高期望损失的投保人与低期望损失的投保人相比,前者表现出更多购买保险的趋势。而后者则会选择费率较低的与其损失接近的保险公司投保,或转投费率较低的其他保险公司。最终结果是保险人承担了逆选择所带来的损失(超过平均损失期望以上的部分成本)。[2] 这种结果将迫使保险人尽可能地将保险标的细分,即把同质风险的保险标的组合在一起,确定同一费率,而对不同质的风险确定不同的费率,使被保险人向保险人支付的保险费与其损失期望或保险人的期望索赔成本相吻合,从而有效地抑制被保险业务的逆选择。

(5) 等价交换原则的确认和遵循有利于降低社会风险成本。对具有不同风险水平的

---

[1] 当然,如果把对价有偿广义地理解为合同双方当事人为获得某种权利而对对方承担的义务,对价有偿又包括等价交换,即等价交换又是对价有偿的一种具体存在形式。只是在保险学中对价有偿是从狭义上加以理解的,即把它理解为广义对价有偿中与等价交换相对立的部分,即非等价交换的部分。

[2] Scott E. Harrington Gregory R. Niehaus:《风险管理与保险》,清华大学出版社2001年版,第97页。

被保险人收取不同的保险费,会有效地促使被保险人在投保之前努力降低风险,以减少保费支出。正如 Scott E. Harrington、Gregory R. Niehaus 所说,"只要决策者支付所有与其行为相关的成本并获得所有的利润,这样的决策过程使得社会中风险成本最小。因此,如果对于具有较高风险的投保人收取较高的保费,这样就可以激励具有较高风险的个人或企业通过提高防范能力或者降低其行为的风险水平来减少风险成本。相反,把他们的保费降低到期望成本以下将不利于激励他们去努力降低风险成本"。①

(6)等价交换原则的确认和遵循有利于控制保险企业的承保风险。保险企业是用其所收取的保险费支付对被保险人的赔款的。作为保险费最主要构成部分的纯保险费在理论上应当等于保险标的损失的期望值或期望索赔成本,因此,对保险企业而言,其承保风险的大小可以用方差或标准差来度量。保险等价交换是建立在风险细分,从而使保险成为同质风险聚合安排的基础之上的,而保险标的的细分可以减少保险损失的方差和标准差,从而减少保险人的风险。可见,等价交换原则的确认和遵循有利于控制保险企业的承保风险,实现保险企业的稳健经营。

本 章 小 结

近因原则的含义是,只有导致保险标的损失的近因在保险责任范围之内,保险人才对保险标的损失负赔偿责任。近因是对损失结果的发生或形成发挥了实质性作用,足以导致法律责任的原因。保险领域中的近因应当是对保险标的的损失发生或形成发挥了实质性作用,决定保险标的损失法律责任归属的原因。

最大诚信原则是指保险合同双方当事人在签订和履行合同的过程中,务必做到最大限度的诚实和恪守信用,不得隐瞒与保险标的有关的重要事实,以及逃避或减少按合同规定对另一方应承担的责任。

最大诚信原则与一般诚信原则的唯一区别在于,它把诚实原则和信用原则在保险行业中的重要性提到比其他行业更高的程度。

最大诚信原则不仅适用于被保险人一方,也适用于保险人一方。在履行保险合同时,无疑当事人的信用尤其是保险人的信用更为重要。

等价交换原则是商品交换的普遍原则,而不是保险交换的特有原则,但却是保险交换应当遵循的原则。在本质上,不仅作为集合的被保险人总体与保险人之间的交换是等价的,而且单个被保险人与保险人之间的交换也是等价的。作为集合的被保险人总体与保险人之间的等价交换是通过单个被保险人与保险人之间的等价交换实现的,而不是通过

---

① Scott E. Harrington Gregory R. Niehaus:《风险管理与保险》,清华大学出版社 2001 年版,第 99~100 页。

低风险标的的被保险人对高风险标的的被保险人的交叉补贴实现的。

正是单个被保险人与保险人之间的等价交换使保险人聚少成多,集中了恰好(理论上)能够使少数保险标的发生损失的被保险人获得保险赔偿的资金,并由此形成了特定的保险对价有偿(狭义上的)的关系。保险对价有偿是保险等价交换的特殊表现形式,而保险等价交换则是保险对价有偿的内容和保险交换关系的本质特征。

关 键 词

近因　近因原则　插因　最大诚信　告知　无限告知　询问告知　保证　明示保证　默示保证　表见代理　对价有偿　等价交换

复习思考题

1. 什么是近因?如何判断单一因果关系链下的近因?
2. 什么是插因?如何判断插因存在条件下的近因?
3. 简述最大诚信原则的含义及其适用范围。
4. 简述表见代理的含义及其与保险人的关联责任。
5. 什么是明示弃权?
6. 什么是默示弃权?
7. 单个被保险人与保险人之间的交换在实质上是否是等价交换?
8. 保险等价交换与对价有偿是什么关系?

第六章 企业与家庭财产保险

企业财产保险和家庭财产保险在西方通常称为火险。最初的火险只承保火灾所造成的保险财产的损失。随着社会经济和保险业的发展，火险的责任范围逐渐扩大，目前已经远远超过其最初的责任范围。由于企业财产保险和家庭财产保险是财产保险的重要组成部分，在讨论企业财产保险与家庭财产保险之前，需要将财产保险作一个概述。

第一节 财产保险概述

财产保险有广义与狭义之分。狭义的财产保险(Property Insurance)是指以财产以及与财产相关的利益为保险标的的保险。当保险标的因保险责任范围内的灾害事故的发生而受到损失时，保险人对保险标的的损失给予补偿。例如，企业财产保险、家庭财产保险、运输工具保险等，都是以财产为保险标的的保险。当这些财产因保险责任范围内的原因而发生损失时，保险人只赔偿财产的损失，而不赔偿与财产相关的利益损失。运输货物保险在考虑了利润的因素而以加成的方式确定保险金额时，则是以财产及与财产相关的利益为保险标的的保险。当货物因保险责任范围内的原因而发生损失时，保险人不仅赔偿货物本身的损失，而且赔偿与货物相关的利润损失。广义的财产保险包括狭义财产保险、利润保险、各类责任保险和信用保险等，或者说，除了人身保险之外的几乎所有类别的保险都可划入广义财产保险的范畴。

一、财产保险的特点

与人身保险相比，广义的财产保险有以下四个特点：
(1) 保险标的为财产、与财产相关的利益、损害赔偿责任和信用等。
(2) 财产保险的保险标的是可以以货币来衡量其价值之大小的。以货币来衡量的保险标的的价值，是保险标的因保险责任范围内的灾害事故而发生损失时，保险人赔偿的最高界限。
(3) 财产保险对保险标的的保障功能表现为对可能发生的价值损失的保障，即当保险标的发生保险责任范围内的价值损失时，保险人对保险标的的价值损失给予补偿。
(4) 财产保险合同是在物的外表掩盖下的属人合同。财产保险的保险标的是物，但保险标的的本质是利益，即它的存在状态对被保险人的利害关系。保险标的发生损失，损失的承担者是被保险人一方；保险人对保险标的的损失的赔偿，是对作为损失承担者的被保险人一方的赔偿。正因为财产保险合同是属人合同，是与人的利益密切相关的，财产保险的标的是否安全是与被保险人一方的道德品质、信用状况等"人"的因素联系在一起的，因此，在投保财产保险时，投保人或被保险人的道德品质和信用状况等因素是保险人一方需要加以考虑的。考虑这些"人"的因素的目的，在于规避来自被保险人一方的道德风险。也正因为财产保险合同是属人合同，财产保险合同在转让时，除了不受被保险人一方道德品质和信用等"人"的因素影响的（如现代运输方式下的运输货物保险合同），都要经过保险人一方同意，即对新的被保险人道德品质、信用等"人"的因素的认可。

二、财产保险保障的风险

财产保险保障的风险是保险标的可能因自然灾害或意外事故的发生而遭受的损失。这里的损失是广义的。它包括以下内容。

（一）财产的直接损失

财产的直接损失是指保险标的本身因自然灾害或意外事故的发生而遭受的损失。财产的损失虽然总要表现为财产在物质上的损坏，但保险学意义上的作为保险标的的财产的损失，应当是财产的价值损失，而不是其物质上的损坏。按照损失程度的不同，财产的直接损失可以分为全部损失、部分损失。

1. 全部损失

全部损失简称全损。它又有实际全损、推定全损、部分全损、协议全损之分。

实际全损是指保险标的在实际上已经损失掉其全部价值。它包括：① 保险标的在保险事故中发生灭失，即保险标的在物质上已经不复存在；② 保险标的在物质上虽然还存在，但损坏的程度十分严重，已经失去其使用价值；③ 保险标的在物质可能完好无损，但其已经不能为被保险人重新获得，如船舶和货物沉入海底；④ 被保险人不可恢复地丧失保险标的的所有权，如保险标的被劫掠，被保险人永久性地丧失了保险标的的所有权等。

推定全损是指保险标的的价值损失已经非常严重，被保险人可以要求保险人按全损进行赔偿的损失。但是，被保险人要求按全损进行赔偿时，必须办理委付，即把保险标的的所有权转移给保险人。保险标的失踪已经达到一定的期限，通常也视为推定全损，并按全损进行赔偿。

部分全损是指全部保险标的中可以独立存在或可以分割的部分发生的全部价值损失。例如，同一货物保险单项下某一件或数件可以独立存在的货物的损失。

协议全损是指保险标的的价值既非实际全损，也未达到推定全损的程度，但保险合同双方当事人协商同意按全损进行赔偿的损失，即这种全损是双方当事人协商一致的结果。

协议全损成立的必要条件是保险标的的所有权转移给保险人。

2. 部分损失

部分损失是指保险标的的价值的部分损失。凡是没有达到全部损失程度的损失，都属于部分损失。

（二）费用支出

在财产遭遇保险事故时可能会导致一些费用支出，如施救费用、救助费用、特别费用、额外费用等。

施救费用是指在保险标的遭遇保险事故时，被保险人或其代理人、受雇人或受让人为了避免或减少保险标的的损失，采取施救措施所支出的费用。

救助费用是指在保险标的遭遇保险事故时，被保险人或其代理人、受雇人或受让人以外的第三方，为了避免或减少保险标的的损失采取救助行为，由被保险人一方向其支出的费用。

特别费用是指运输工具遭遇保险事故后，在中途卸货、存仓、重装及续运中所产生的费用。

额外费用是指为了证明损失索赔的成立而支付的费用，如检查费用、检验费用、共同海损理算费用等。

（三）赔偿责任

赔偿责任是指当事人因过失造成他人人身伤亡或财产损失所引起的民事赔偿责任。例如，产品责任、职业责任等。

（四）间接损失

间接损失是指由财产损失引起的后续损失。例如，出租汽车发生损失后所引起的租金收入损失等。除某些特殊的财产保险外，多数财产保险都不承保间接损失。

第二节 企业财产保险

企业财产保险是指主要承保存放于陆地上固定地点，且处于相对静止状态的企业、事业单位、机关、团体、其他各类社会经济组织等主体的财产因自然灾害或意外事故所导致损失的保险。由于保险管理体制的改革，原来由政府主管部门统一制定的企业财产保险条款已经逐渐为各个保险公司各自制定的条款所取代。因此，这里只能综合各保险公司的条款就企业财产保险的基本知识作些简要的介绍（本书所讲述的其他财产与责任保险也是如此）。

一、企业财产保险的保险标的

按照可保利益原则，只有对投保人或被保险人具有可保利益的财产，才能成为财产保

险的保险标的。从可保利益的角度看,作为财产保险的保险标的的财产主要包括以下三种:

(1) 属于被保险人所有或与他人共有而由被保险人负责的财产。

(2) 由被保险人经营管理的财产或替他人保管的财产,如仓储公司可以将储存于其仓库中的货物投保财产保险。

(3) 其他具有法律上承认的与被保险人有经济利害关系的财产,如留置权人可以将其所留置的财产投保财产保险,承租人可以将其所租用的财产投保财产保险。

按照财产类别,在符合可保利益原则要求的前提下,下列财产都可成为财产保险的保险标的:

(1) 房屋、建筑物及其附属设备和设施。这里的房屋包括被保险人生产经营活动所使用的厂房、商业性用房、办公性用房、生活福利和文化教育用房等。这里的建筑物是指房屋以外的各种建筑,如码头、油库、水塔、船坞等。这里的附属设备和设施是指附属于房屋、建筑物上较为固定的设备与装置等,如水电、冷暖设备、卫生设备、电梯、室内外装修与装潢设施等。

(2) 机器与机器附属设备。

(3) 通讯设备与器材。

(4) 仪器、仪表和电子设备。

(5) 制成品、半制成品、原材料和其他商品物资。

(6) 建造中的房屋、建筑物和建筑材料。

(7) 处于闲置状态的各种交通工具等。

按照会计科目,在符合可保利益原则要求的前提下,下列财产都可成为财产保险的保险标的:

(1) 固定资产。其包括生产用固定资产,如厂房和其他建筑物、动力设备、传导设备、机器设备、仪器等;非生产性固定资产,如办公用房、职工宿舍等;未使用的固定资产、封存的固定资产和已租出的固定资产等。

(2) 流动资产。例如,原材料、燃料、在产品、半成品、产成品、外购商品、积压物资等。

(3) 投资财产。其主要是指用作向其他企业或其他经济主体投资的固定资产和流动资产等。

(4) 其他财产。其主要是指企业不拥有所有权,代为保管的财产。例如,代保管物资、代购代存物资、委托代销物资及商品、以经营租赁方式租入的固定资产、替外单位修理的机器设备等。

除上述各类财产外,有些财产在符合可保利益原则的前提下,通过与保险人特别约定可以成为企业财产保险的保险标的。这类财产主要包括:

(1) 金银、珠宝、钻石、玉器、首饰、古币、古玩、古书、古画、邮票、艺术品、稀有金属等珍贵财物。这些财产的市场价值变化较大或无固定价值，保险事故发生后损失的价值很难估计，且双方当事人从自身的利益出发很难对损失的价值达成一致意见，容易在赔偿金额等方面发生纠纷。只有保险合同双方当事人经过专门的协商，对其价值进行约定，并将约定的价值写在保险合同中，在保险事故发生后才能避免估计纠纷，只需根据损失的程度和已经约定的价值直接确定和计算损失的价值，并由保险人按确定和计算的损失的价值进行赔偿。因此，这类财产必须经过投保人与保险人的特别约定才能成为企业财产保险的保险标的。

（2）堤堰、水闸、铁路、道路、涵洞、桥梁、码头。这些财产之所以必须经过特别约定才能成为企业财产保险的保险标的，是因为出险前这些财产自身的完好程度不好确定，又多为不可在市场交易的财产，因而其市场价值和风险状况也不容易判断。只有经过特别的约定，采用特殊的方法和手段，才能确定这些财产自身的完好程度，进而才能对其市场价值和风险状况作出合理的判断，并由保险人以定值保险的方式来承保。

（3）矿井、矿坑内的设备和物资等。这些财产之所以必须经过特别约定才能成为企业财产保险的保险标的，是因为它们所面临的风险远远大于其他直接可保财产，出险后这些财产可能因被埋没而损失的价值又不好确定。只有经过特别的约定，确定合同双方当事人都认可和接受的价值，并按照风险的程度提高保险费率，才能在出险后便于保险人的理赔，并使保险人所收取的保险费与其所承担的可能出现的赔偿责任在总体上相适应，而避免发生偿付能力不足的情况。

有些财产则不能成为企业财产保险的保险标的。这类财产主要包括：

（1）土地、矿藏、矿井、矿坑、森林、水产资源，以及未经收割或收割后尚未入库的农作物。

（2）货币、票证、有价证券、文件、账册、图表、技术资料、电脑资料、枪支弹药，以及无法鉴定的财产。

（3）违章建筑、危险建筑、非法占有的财产。

（4）运输过程中的物资。

（5）已领取执照并正常运行的机动车辆。

（6）牲畜、禽类和其他饲养动物。

（7）由于某些原因不能承保的财产，如便携式的通讯装置、电脑和照相器材等。

这些财产之所以不能成为财产保险的保险标的，主要有以下五种原因：一是投保人对财产不具有可保利益，如非法占有的财产；二是财产的价值无法估计，如有价证券、图表、技术资料等；三是保险标的不合法，如违章建筑等；四是有些财产可以由其他险种提供保险保障，如运输过程中的货物可以由专门的运输货物保险提供保险保障，农作物和各类饲养动物也可以通过专门的险种提供保险保障；五是有些财产不需要保险，如闲置不用的货币，可以存入银行，这既可以保证其安全，还可以为其所有者带来利息收入。

二、企业财产保险基本险的保险责任与除外责任

根据承保的风险责任范围的大小,目前我国各保险企业经营的企业财产保险主要有基本险与综合险两种。

企业财产保险基本险的保险责任,包括由下列原因所造成的保险标的损失:

(1) 火灾。火灾是指在时间或空间上失去控制的燃烧所形成的灾害。凡是意外失火、自然起火、他人纵火、邻近火灾波及保险财产,造成保险财产的损失,保险人应承担赔偿责任。

(2) 雷击。雷击是指由雷电所造成的灾害。雷击包括直接雷击与感应雷击。前者是指雷电直接击中保险标的所造成的灾害;后者是指由于雷击使对地绝缘金属物体产生高电位放出火花引起火灾,或由于雷电的高电压感应,致使电器部件发生损失的灾害。由直接雷击或感应雷击造成的保险财产的损失,保险人应承担赔偿责任。

(3) 爆炸。爆炸包括物理性和化学性爆炸。前者是指由于液体变为气体或气体膨胀使容器的压力大大增加,并超过容器所能承受的极限而发生的爆炸,如锅炉或压力容器的爆炸等。后者是指物体在瞬间分解或燃烧时放出大量的热和气体,并以很大的压力向周围扩散的现象,如火药爆炸,可燃性气体、粉尘和纤维爆炸,其他各种化学物品爆炸等。这两种爆炸所造成的保险标的的损失都属于保险责任,保险人均应承担赔偿责任。因物体本身存在明显瑕疵、质量低劣、使用损耗以及由于容器内部随负压(容器内压比外压小)导致的爆炸或破裂,不属于保险责任,保险人不应承担赔偿责任。

(4) 空中运行物体坠落。空中运行物体坠落,包括空中飞行的物体坠落,如飞机、卫星等各种飞行器(或其残骸)的坠落,陨石等天体物体的坠落;吊车、行驶着的车辆上的物体坠落;施工过程中人工开凿、爆破造成的土石方塌下、飞射或落下;建筑物倒塌、倒落、倾倒等。由这些原因所造成的保险财产的损失,属于保险责任,保险人应承担赔偿责任。

除上述各项外,保险人对下列从属损失、后果损失和关联费用也承担赔偿责任:

(1) 被保险人自有的供水、供电、供气设备因保险事故遭受损害,致使保险财产(如机器设备、在产品和贮藏物品等)因停电、停水、停气而发生的损失。这种损失不同于公共部门(如市政部门)的供水、供电、供气设备对被保险人直接供水、供电、供气的情况下,因停止供水、供电、供气所导致的被保险人的财产损失。前者是意外发生的,保险人应当赔偿。后者则很可能是由人的有意识的行为造成的,保险人不应当赔偿。例如,市政部门可以根据水、电、气的供求状况对用户供水、供电、供气的量和时间进行调整,在停止供水、供电、供气时导致被保险人的财产损失,保险人不应该承担赔偿责任。这里的供水、供电、供气设备包括水塔、管道、发电机、变压器、配电装置和线路等。被保险人的财产损失包括机器设备的损失、在产品和储藏物品的损失。

(2) 在发生保险责任范围内的灾害事故时,被保险人一方为抢救保险财产或减少保

险财产的损失,采取必要的合理的措施所造成的保险财产的损失。例如,火灾发生时,为了防止火灾的蔓延造成保险财产的更大损失而拆毁未着火的房屋所造成的损失;使用水、灭火剂灭火时造成的保险财产被浸泡、污染所引起的损失等。

(3) 在发生保险责任范围内的灾害事故时,被保险人一方为抢救保险财产或减少保险财产的损失,采取必要的合理的措施所产生的合理费用。例如,火灾发生时灭火所消耗的灭火器材、工具和灭火药剂的费用;对保险财产进行整理、清洗、摊晒所产生的费用;抢救保险财产时的搬运和运输费用;雇人参与施救、整理受损财产等活动的人工费用等。

(4) 向第三者追偿的费用。例如,为了向造成损失的责任方索赔,经保险人同意,请专门的人员或机构对受损财产进行鉴定、检验和估价所支出的相关费用;因向造成损失的责任方索赔而支出的交通费用等。

(5) 诉讼费用。在因索赔纠纷引起的诉讼过程中,在保险人书面同意的条件下,由被保险人所支出的费用,保险人承担赔偿责任。

企业财产保险基本险对下列风险造成的保险财产的损失不承担赔偿责任:

(1) 战争、敌对行为、军事行动、武装冲突、罢工、暴动。

(2) 被保险人及其代表的故意行为或纵容行为。被保险人及其代表是指被保险企业、事业单位、社会团体的法人代表,以及其他占有重要地位,对企业、事业单位、社会团体的行为具有举足轻重的影响的人。包括董事长、总经理、副董事长、副总经理、总会计师、总工程师,以及上级单位派驻的代表等。

(3) 核反应、核子辐射和放射性污染。核子辐射是指核武器爆炸和核反应堆发生事故时产生的光辐射、贯穿辐射。光辐射产生的强光和热对人的杀伤力很强,还能引起大面积火灾。放射性污染是指放射性物质对空气、水、尘埃、其他物体的污染,其破坏力持续的时间很长。核反应、核子辐射和放射性污染造成的保险标的的损失难以估计,损失的检验、处理需要很高的专业技术知识,故企业财产保险不予承保。对于核电站爆炸所引起的电站设备和其他财产的损失的风险,可以通过投保核电站保险来寻求保险保障。

(4) 地震、暴雨、洪水、台风、暴风、龙卷风、雪灾、雹灾、冰凌、泥石流、崖崩、滑坡、水暖管爆裂、抢劫、盗窃。

企业财产保险基本险对下列损失和费用也不承担赔偿责任:

(1) 保险财产遭受承保风险所引起的各种间接损失。例如,企业的厂房、机器设备受损后很可能造成企业的停产,并由此而带来企业的利润损失。企业厂房、机器设备的损失是直接损失,如果企业投保了财产保险,并且造成损失的原因在保险责任范围内,保险人应当赔偿;因企业停产而带来的利润损失则是间接损失,保险人不予赔偿。要使企业的利润损失也能获得保险人的赔偿,企业必须投保利润保险。

(2) 保险标的本身的缺陷、保管不善、保险标的的变质、霉烂、受潮、虫蛀、自然磨损、自然损耗、自燃、烘焙所造成的保险财产损失。保险标的本身的缺陷导致保险标的的损失是可以预见的,而并非是偶然的,不属于可保风险。保管不善导致保险财产的损毁,是由于被保险人没有履行其应尽的义务所致。自然磨损、自然损耗是保险标的在使用过程中必然发生的,不属于保险学意义上的损失。保险标的变质、霉烂、受潮、虫蛀、自燃,则或者在投保前就是一个既定的事实,而不属于在保险合同有效期发生的;或者是被保险人一方没有履行其应当履行的保管、防灾防损的责任的结果。这些损失保险人当然不应当赔偿。烘焙所造成的保险财产的损失,是由被保险人一方的行为直接造成的,被保险人自己应对损失的结果负责。

(3) 由于行政行为和执法行为所造成的保险财产损失。行政行为和执法行为所造成的保险财产损失可能有两种情况:一是保险财产是合法的财产,应当受到法律的保护,因行政行为和执法行为而受损的,损失应由行政行为和执法行为的主体负责赔偿;二是保险财产是不合法的,不应受到法律的保护,属于不可保财产,因行政行为和执法行为而受损的,损失应由被保险人自己承担。

(4) 其他不属于保险责任范围内的损失和费用。这是指保险合同中保险责任条款没有列明的,按照关系推论其近因也不在保险责任范围的损失和费用。这样的损失和费用保险人不具有保险责任,保险人当然不予赔偿。

三、企业财产保险综合险的保险责任与除外责任

与企业财产保险基本险相比,企业财产保险综合险的责任范围要大得多。它除了包含前者的全部责任外,还负责因暴雨、洪水、台风、暴风、龙卷风、雪灾、雹灾、冰凌、泥石流、崖崩、突发性滑坡、地面突然塌陷所造成的保险财产的损失。

与企业财产保险基本险相比,企业财产保险综合险的除外责任的范围要小得多。财产保险基本险除外责任中的暴雨、洪水、台风、暴风、龙卷风、雪灾、雹灾、冰凌、泥石流、崖崩、滑坡所造成的保险标的的损失,在财产保险综合险中已经变成了保险责任。企业财产保险基本险的全部除外责任剔除这些已经变成保险责任后的剩余部分,即是企业财产保险综合险的除外责任。

四、企业财产保险的附加险

由于企业财产保险基本险与综合险的保险责任不同,二者在附加险的种类上也必然存在着明显的差别。

企业财产保险基本险的附加险主要有暴风、暴雨、洪水保险,雪灾、冰凌保险,泥石流、崖崩、突发性滑坡保险,破坏性地震保险,水管破裂保险和盗抢保险等。

根据气象部门的规定,暴风是指风速在 28.3 米/秒以上,即相当于风力等级表中的 11 级以上的大风。不过,在财产保险中,暴风的保险责任扩展到 8 级(风速为 17.2 米/秒)以上的大风,即只要出现 8 级以上的大风,并导致保险财产的损失,保险人都承担赔偿

责任。

暴雨是指每小时降雨量达到16毫米以上,或连续降雨12小时降雨量达到30毫米以上,或连续降雨24小时降雨量达到50毫米以上。具备其中一个指标者,保险财产的损失即可获得保险人的赔偿。

洪水损失作为保险责任,包括江河泛滥、山洪暴发、潮水上岸及倒灌、暴雨积水致使保险标的被冲毁、冲散、浸泡所造成的损失。但是,规律性的涨潮、海水倒灌、自动灭火设施漏水、地下渗水、水管破裂所造成的保险标的损失都不属于洪水责任。常年处在警戒水位以下的财产在洪水未超过警戒水位时所发生的损失,也不属于洪水责任。

雪灾损失作为保险责任,是指每平方米雪压高于政府有关部门规定的建筑物荷载标准,以致压塌房屋、建筑物造成的保险财产损失。低于规定荷载标准的雪压所导致的保险财产的损失,保险人不承担赔偿责任。

冰凌损失作为保险责任,主要是指春季江河解冻时冰块向下游漂流时受阻,堆积成坝,导致水位急剧上升,冰块、河水溢出所造成的财产损失。此外,在气温急剧变化的山口地区,雨雪在建筑物或其他财产上结成重量越来越大的冰柱,在其重力作用下保险财产所发生的损失,也属于冰凌责任。

破坏性地震是指震级在4.75级以上,且裂度在6度以上的地震。在投保主险的基础上加保破坏性地震保险,震级在4.75级以上,且裂度在6度以上的地震所造成的保险财产的损失,保险人才给予赔偿。

水管破裂保险承保因水暖管破裂可能造成的保险财产的损失。但是,由于水暖管年久失修、严重锈蚀致使其破裂所导致的财产损失,保险人不予赔偿。

盗抢保险承保保险财产因遭受抢劫、偷窃,或盗贼侵入保险财产存放处而造成的灭失或损坏的风险。但保险人对下列损失不负责赔偿:被保险人或其代表的故意行为(如制造盗抢假案)或重大过失(如没有相应的防范措施或疏于防范)导致盗窃发生所造成的保险财产的损失;被保险人的家属或雇用人员盗窃或纵容他人盗窃所造成的保险财产的损失;在保险财产存放处无人居住或无人看管超过7天的情况下保险财产被盗窃所造成的损失;在发生地震、洪水等自然灾害时保险财产被盗窃所造成的损失;在发生火灾时保险财产被盗窃所造成的损失。

企业财产保险综合险的附加险的数量少于基本险,因为暴风、暴雨、洪水保险,雪灾、冰凌保险,泥石流、崖崩、突发性滑坡保险所承保的风险已经包括在企业保险综合险的保险责任范围内。企业财产保险综合险的附加险主要有破坏性地震保险、水管破裂保险和盗抢保险等。

五、企业财产保险的保险金额

固定资产与流动资产是企业财产中最主要的部分。由于固定资产与流动资产的周转方式不同,二者的保险金额的确定方式也不相同。

(一)固定资产的保险金额的确定

固定资产的保险金额的确定主要有以下四种方式。

1. 按账面原值确定

账面原值是指建造或购置固定资产时所支出的货币总额,即固定资产的原始账面价值。在固定资产的实际价值与账面原值基本一致的情况下,可以采用此种方式。

2. 按账面原值加成数确定

在固定资产的实际价值超出其账面原值较多的情况下,如果按照账面原值来确定保险金额,固定资产实际价值超出账面原值的那部分价值将不能获得保险保障。为了使这部分价值也能获得保险保障,可以采用在其账面原值的基础上加一定成数的方式来确定保险金额。

3. 按重置价值确定

重置价值是指重新购置或建造该固定资产所需支出的货币总额。在固定资产的实际价值与账面原值的差异较大的条件下,为了使保险金额能够与固定资产的实际价值相吻合,可以采用此种方式。这里所说的固定资产的实际价值,应理解为其现实价值。固定资产现实价值与账面原值的差异不外乎两种情况:一是其现实价值大于其原值;二是其现实价值小于其原值。这两种情况都可以根据重置价值来确定保险金额。但需要注意的是,如果是后一种情况,往往需要根据差异产生的原因对重置价值进行调整。例如,某项固定资产的原值为 100 万元,该项固定资产已经使用 3 年,由于市场价格的跌落,购置新的同样的固定资产只需 70 万元。那么,该项固定资产的保险金额就不能确定为 70 万元,而应从 70 万元中减去折旧,剩余的部分才是可以确定保险金额的价值。也就是说,按重置价值确定固定资产的保险金额,通常要按已经使用的年限从重置价值中减去折旧。

按重置价值确定固定资产的保险金额时,也可以采取不减折旧的方式。这种方式的优点在于,当固定资产发生部分损失需要修理时,保险人可以赔偿全部修理费用,而不必从修理费用中再减去修理费用的折旧。

4. 按其他方式确定

固定资产的保险金额是由被保险人确定的。如果被保险人认为按照上述三种方式不能反映出固定资产的实际价值,可以按照自己认为能够反映实际价值的其他方式确定保险金额。保险合同的条款是由保险人制定的,保险人之所以在保险金额的确定方式上给被保险人以充分的选择自由,是因为财产保险一般都是不定值保险,在保险标的发生损失后,都有一个对保险价值进行重新估价的过程,而不是保险金额定多少保险人就赔多少。

无论是按哪一种方式确定保险金额,固定资产的保险金额都应按固定资产的类别分项列出。

(二)流动资产的保险金额的确定

流动资产的保险金额的确定主要有以下两种方式。

1. 按照最近12个月任意月份的账面余额来确定

由于流动资产有特定的价值转移方式和进货期限,流动资产的数量和价值在一年各个月份中并不是恒定的,而是处于不断变化之中的。究竟哪个月份的账面余额能够反映出即将签订的保险合同有效期内流动资产的实际价值,被保险人更清楚。因此,流动资产的保险金额由被保险人在合同签订前的最近12个月账面余额中选择任何1个月的账面余额确定。

2. 由被保险人自行确定

如果被保险人认为最近12个月的账面余额都不能反映出流动资产的实际价值,那么可以选择自己认为合适的方式和数量来确定流动资产的保险金额。

无论用哪一种方式确定流动资产的保险金额,流动资产的保险价值都是出险时的账面余额。保险财产出险后,要按照保险金额与出险时账面余额的对比关系选择合适的计算赔偿金额的方式。

六、企业财产保险赔偿金额的计算方法

(一)固定资产赔偿金额的计算

固定资产的损失有全损与部分损失之分。这两种不同损失赔偿金额的计算方法是有区别的。

1. 固定资产发生全部损失的情况下赔偿金额的计算

根据固定资产保险金额与其实际价值数量关系的不同,应该采用不同的计算方法。

对于保险金额大于或等于出险时实际价值的,应按实际价值计算赔偿金额,即其最高赔偿金额以不超过固定资产的实际价值为限。有残值的,应予以扣除。计算公式为:

$$赔款 = 实际价值 - 残值$$

其中,残值为受损固定资产残值的全部。

对于保险金额小于出险时实际价值的,应按保险金额计算赔偿金额,即其最高赔偿金额以不超过固定资产的保险金额为限。有残值的,应予以扣除。计算公式为:

$$赔款 = 保险金额 - 应扣残值$$

其中,应扣残值为按受损固定资产的保险金额与其实际价值的比例进行计算得出的数额。计算公式为:

$$应扣残值 = 残值 \times \frac{保险金额}{实际价值}$$

2. 固定资产发生部分损失的情况下赔偿金额的计算

根据固定资产保险金额与其实际价值数量关系的不同,应该采用不同的计算方法。

对于保险金额大于或等于出险时实际价值的,应按实际损失计算赔偿金额,即其最高赔偿金额以不超过固定资产的实际损失为限。有残值的,应予以扣除。计算公式为:

$$赔款 = 损失金额 - 残值$$

其中,残值为受损部分残值的全部。

对于保险金额小于出险时实际价值的,应按保险金额与其实际价值的比例保险金额计算赔偿金额。有残值的,应予以扣除。计算公式为:

$$赔款 = 损失金额 \times \frac{保险金额}{实际价值} - 应扣残值$$

其中,应扣残值为按受损固定资产的保险金额与其实际价值的比例进行计算得出的数额。

需要注意的是,固定资产发生部分损失时,如果损失的价值难以确定或保险人确定的损失被保险人不接受,则要对受损的固定资产进行修复。在修复过程中如果有改进或改善的部分,则保险人在计算赔偿金额时首先要从全部修复费用中减去改进或改善的部分的费用。如果固定资产使用的期限较长,且在投保时保险金额小于重置价值的,还要从修理费用中再减去折旧。这样,得到的结果才是实际损失。如果是足额保险或超额保险,保险人赔偿实际损失;如果是不足额保险,还要进行比例赔偿。如果固定资产使用的期限较长,但在投保时保险金额等于重置价值(按重置价值确定保险金额且不减折旧)的,则保险人直接赔偿修理费用,而无需减去折旧和进行比例赔偿。

此外,固定资产的保险金额通常都是按固定资产的类别分项列出的,因此固定资产的赔偿金额也应当分项计算。

(二)流动资产赔偿金额的计算

1. 流动资产发生全部损失的情况下赔偿金额的计算

根据流动资产保险金额与其出险时账面余额数量关系的不同,应该采用不同的计算方法。

对于保险金额大于或等于出险时账面余额的,按出险时账面余额进行赔偿,即其最高赔偿金额以不超过出险时账面余额为限。有残值的,应予以扣除。计算公式为:

$$赔款 = 出险时账面余额 - 残值$$

其中,残值为受损流动资产残值的全部。

对于保险金额小于出险时账面余额的,应按保险金额计算赔偿金额,即其最高赔偿金额以不超过流动资产的保险金额为限。有残值的,应予以扣除。计算公式为:

$$赔款=保险金额-应扣残值$$

其中,应扣残值为按受损流动资产的保险金额与其出险时账面余额的比例进行计算得出的数额。其计算公式为:

$$应扣残值=残值 \times \frac{保险金额}{出险时账面余额}$$

2. 流动资产发生部分损失的情况下赔偿金额的计算

根据流动资产保险金额与其出险时账面余额数量关系的不同,应该采用不同的计算方法。

对于保险金额大于或等于出险时账面余额的,按实际损失进行赔偿。有残值的,应予以扣除。计算公式为:

$$赔款=损失金额-残值$$

其中,残值为受损流动资产残值的全部。

对于保险金额小于出险时账面余额的,应按保险金额与出险时账面余额的比例计算赔偿金额。有残值的,应予以扣除。计算公式为:

$$赔款=损失金额 \times \frac{保险金额}{出险时账面余额}-应扣残值$$

其中,应扣残值为按受损流动资产的保险金额与其出险时账面余额的比例进行计算得出的数额。

(三)施救费用赔偿金额的计算

对于被保险人一方在保险责任范围内的灾害事故发生时支付的施救费用的赔偿金额,应在保险标的的损失以外另行计算,最高不超过保险金额。施救费用赔偿金额的计算方法与保险标的赔偿金额的计算方法一致。受损保险标的按比例赔偿的,施救费用也按同样的比例进行赔偿。

需要注意的是,施救费用的赔偿责任仅限于保险财产。如果施救行为的对象既有保险财产,又有未保险财产,那么首先要把用于保险财产的施救费用与用于未保险财产的施救费用区分开来。无法区分开来的,则应根据保险财产的价值占全部被施救财产价值的比例计算保险财产的施救费用。计算公式为:

$$保险财产的施救费用=施救费用总额 \times \frac{保险财产的价值}{全部被施救财产的价值}$$

保险财产的施救费用确定或计算出来后,即可按与保险标的赔偿金额计算方法相同的方法计算施救费用的赔偿金额。

第三节 家庭财产保险

家庭财产保险是以城乡居民的家庭财产作为保险标的的保险,是保险公司所经营的家庭财产的各类保险的总称。

目前,国内各保险公司开办的全国性家庭财产保险的主要险种有普通家庭财产保险(有的保险公司为了将普通家庭财产保险与附加险相区别,称其为基本险;有的保险公司为了突出其承保风险的广泛性,而称其为综合险)、储金型家庭财产保险、投资型家庭财产保险、个人贷款抵押房屋保险等。

一、普通家庭财产保险

普通家庭财产保险是相对于其他家庭财产保险而言的。其基本特点在于保险人的责任仅限于对家庭财产损失的补偿。

(一) 普通家庭财产保险的保险标的

从可保利益的角度看,作为财产保险的保险标的的财产,主要包括城乡居民个人及其家庭成员的自有财产,以及代他人保管的财产、租赁的财产或与其他人共有而由被保险人负责的财产。后一类财产通常要经过特别约定才可以成为普通家庭财产保险的保险标的。

从类别看,普通家庭财产保险的保险标的主要包括坐落于保险单所载明的地址内的下列财产:

(1) 房屋及其室内附属设备(如固定装置的水暖、气暖、卫生、供水、管道煤气及供电设备、厨房配套的设备等)。

(2) 室内装潢设施。

(3) 室内财产。① 家用电器和文体娱乐用品;② 衣物和床上用品;③ 家具及其他生活用具。

这些财产被保险人可全部投保,也可以选择部分投保。在投保时,投保的财产应在投保单上分项列明。

下列财产通常不能成为普通家庭财产保险的保险标的:

(1) 价值难以确定的财产。这类财产主要包括金银、稀有金属、珠宝、首饰、有价证券、票证、邮票、古玩、字画、其他艺术品、书籍、文件、账册、图表、技术资料、电脑软件等。

(2) 损失是否发生难以确定的财产。这类财产主要是指被保险人及其家庭成员随身携带的日常用品,包括无线通讯工具(如手机、对讲机)、可随身携带的视听设备或工具(如手表、打火机)等。

(3)临时性建筑或其他不宜承保的建筑。这类财产包括以芦席、油毡、麦秆、芦苇、帆布、塑料布、纸板等为外墙、屋顶的简单屋棚,以及柴房、与保险房屋不成一体的厕所、围墙、无人居住的房屋及存放于其中的财产。

(4)违章建筑和正处于紧急危险状态中的财产。

(二)普通家庭财产保险的保险责任

普通家庭财产保险的保险人对下列原因造成的直接损失和费用承担赔偿责任:

(1)火灾、爆炸。

(2)雷击、暴雨、洪水、台风、暴风、龙卷风、雪灾、雹灾、冰凌、泥石流、崖崩、突发性滑坡、地面突然塌陷所造成的保险财产的损失。

(3)空中运行物体坠落、外来建筑物和其他固定物体倒塌砸坏保险财产的损失。作为保险标的的建筑物,只有在其因灾害事故的发生而倒塌造成自身损失和其他保险财产的损失时,保险人才负责赔偿。

(4)暴风、暴雨使房屋的外墙、屋顶、屋架这些主要结构之一倒塌造成的保险财产的损失。

(5)上述灾害或事故发生时,被保险人一方为抢救保险财产或减少保险财产的损失,采取必要的合理的措施所造成的保险财产的损失。例如,在火灾发生时,为防止火灾蔓延,隔断火道,而将未着火的房屋拆毁所造成的损失;在火灾发生时,为抢救室内财产而将被保险房屋的门窗、墙壁破坏所造成的损失;在火灾发生时,保险财产因灭火、抢救而遭受到的水损、碰损,等等。

(6)上述灾害或事故发生时,被保险人一方为抢救保险财产或减少保险财产的损失采取必要的合理的措施所产生的合理费用,即施救、抢救和保护费用等。

普通家庭财产保险的承保人对下列原因所造成的损失不承担赔偿责任:

(1)战争、军事行为或暴力。

(2)被保险人及其家庭成员、寄居人员或雇用人员的违法犯罪行为、故意行为或纵容行为。

(3)电机、电器、电气设备因使用过度和超负荷等原因造成的本身损毁。

(4)坐落在蓄洪区、行洪区,或江河岸边、低洼地区以及防洪堤以外当地常年警戒水位以下的财产,因洪水而遭受的损失。

(5)保险标的本身缺陷、保管不善导致的损毁,及其因变质、霉烂、受潮、虫蛀、自然损耗、自燃、烘焙所造成的自身损失。

(6)行政、执法行为所引起的保险标的的损失和费用。

(7)其他不属于保险责任范围内的损失和费用。

(三) 普通家庭财产保险的保险金额

家庭财产的保险金额一般由投保人根据财产的实际价值、购置价或重置价值自行确定。保险金额应分项列明,具体包括房屋及房屋附属设备、室内家庭财产、代保管或与他人共有的财产等项目。其中,室内家庭财产还要分为家用电器、文体娱乐用品、衣物、床上用品、家具及其他生活用具等项目。如果难以分项列出室内各种财产的保险金额,则可以通过确定各种财产在全部室内财产保险金额中的比例来间接地加以确定。

二、储金型家庭财产保险

储金型家庭财产保险是兼有经济损失的补偿和到期还本双重性质的一种特殊的家庭财产保险。无论保险标的是否出险和保险人是否已经履行对被保险人的财产损失的赔偿责任,保险期限届满时,保险人都要向被保险人退还全部保险储金。保险期间的保险储金的利息实际上是被保险人应向保险人交付的保险费。

储金型家庭财产保险的保险财产范围、保险责任、除外责任、保险金额的确定方法等,与普通家庭财产保险相同。

保险储金的计算公式为:

$$保险储金=保险金额×储金率$$

$$储金率=\frac{费率}{利率}$$

$$利率=一年期银行存款利率×(1-代扣利息税率)$$

三、家庭财产保险赔偿金额的计算

1. 房屋、房屋装潢设施赔偿金额的计算

家庭财产中的房屋、房屋装潢设施发生保险责任范围内的损失时,保险人按照保险金额与实际价值的比例承担赔偿责任,并按以下方式计算赔偿金额:

(1) 发生全部损失时,保险金额等于或大于实际价值的,赔偿金额以不超过保险价值为限;保险金额小于实际价值的,按保险金额赔偿。

(2) 发生部分损失时,保险金额等于或大于实际价值的,其赔偿金额按实际损失计算;保险金额小于实际价值的,其赔偿金额按保险金额与实际价值的比例计算。保险金额等于购置价或重置价值的,按实际修理费用赔偿。

2. 室内财产赔偿金额的计算

家庭财产中的家用电器、床上用品、服装、家具遭受保险责任范围内的损失时,保险人按照出险当时保险财产的实际价值计算赔偿,但最高不超过保险单分项列明的保险金额。在不足额投保的情况下,可按实际损失进行赔偿,只要实际损失未超过保险金额即可,而不进行比例赔付。

3. 施救费用赔偿金额的计算

发生保险事故时,被保险人所支付的必要的、合理的施救费用的赔偿金额在保险财产损失以外另行计算,最高不超过保险金额,若受损保险财产按比例赔偿时,该项费用也按相同比例进行赔偿。

四、家庭财产保险的附加险

家庭财产保险的附加险有多种,如盗抢险、水暖管爆裂险、家用电器用电安全险及门、窗、锁恶意破坏损失险等。

（一）附加盗抢险

1. 附加盗抢险的保险责任

（1）存放于保险单所载明的保险地点室内的保险财产,因遭受外来的、有明显盗窃痕迹的盗窃行为所致的损失,保险人承担赔偿责任。

（2）存放在保险地点室内、院内、楼道内的自行车遭到的全车失窃或部分被盗的损失,保险人也承担赔偿责任。

附加盗抢险的保险财产因下列原因造成的损失,保险人不承担赔偿责任：

（1）保险财产因窗外钩物行为所致的损失。

（2）因未锁房门致使保险财产遭受盗窃的损失。

（3）被保险人的家庭成员、雇用人员或寄居人盗抢或者纵容他人盗抢而造成保险财产的损失。

（4）保险财产在存放处所无人居住或无人看管超过15天的情况下遭受的盗窃损失。

（5）不属于主险保险单保险财产范围内的财产遭受的盗窃损失。

（6）置放于阳台或露天的财产因盗窃而发生的损失。

2. 附加盗抢险的赔偿处理

（1）保险标的发生盗抢事故后,被保险人应立即向当地公安部门如实报案,并同时通知保险人,否则保险人有权拒赔。

（2）从案发时起3个月后,被盗抢的保险财产仍未查获,在被保险人出具盗窃事故报告、损失清单、公安部门的证明材料及保险人认为必要的其他单证后,本公司在对应的分项保险金额内予以赔付。

（3）盗抢责任损失赔偿后,被保险人应将权益转让给保险人,破案追回的保险标的应归保险人所有,被保险人如愿意收回被追回的保险标的,其已领取的赔款必须退还给保险人,保险人对被追回保险标的的损毁部分按照实际损失给予补偿。

（二）附加水暖管爆裂险

附加水暖管爆裂险的保险责任在于,安装在被保险房屋内的水暖管因火灾、爆炸、雷击、飞行物体及其他空中运行物体坠落、高压、碰撞、严寒、高温造成水暖管爆裂,致使水暖管本身损失以及其他保险财产遭受水浸、腐蚀的损失,保险人承担赔偿责任。

由于下列原因造成的损失,保险人不承担赔偿责任:

(1) 水暖管年久失修、腐蚀变质以及未采取必要的防护措施。

(2) 被保险人私自改动原管道设计。

(3) 水暖管安装、检修、试水、试压。

(三) 附加家用电器用电安全险

附加家用电器用电安全险的保险责任在于,由下列原因致使电压异常而引起家用电器的直接损毁保险人给予赔偿:

(1) 供电线路因遭受家庭财产基本保险责任范围内的自然灾害和意外事故的袭击。

(2) 供电部门或施工失误。

(3) 供电线路发生其他意外事故。

由于下列原因造成的损失,保险人不承担赔偿责任:

(1) 被保险人的故意行为以及违章用电、偷电或错误接线造成家用电器的损毁。

(2) 家用电器超负荷运行、自然磨损、固有缺陷、原有损坏、用电过度、自身发热以及超过使用年限后的损坏。

(四) 附加门、窗、锁恶意破坏损失险

投保本附加险的必要条件是,必须已经投保了家庭财产保险,并附加盗抢险。

附加门、窗、锁恶意破坏损失险的保险责任在于,被保险房屋所附属的门、窗、锁由于遭受盗窃、抢劫过程中的撬、砸行为所致的损失,经公安部门确认的,保险人承担赔偿责任。

但对于被保险人的家庭成员、雇用人员或寄居人盗抢或者纵容他人盗抢而造成保险财产的损失,保险财产在存放处所无人居住或无人看管超过15天的情况下遭受的盗窃损失,保险人不承担赔偿责任。

附加门、窗、锁恶意破坏损失险的赔偿处理的注意事项有:

(1) 保险标的发生盗抢事故后,被保险人应立即向当地公安部门如实报案,并同时通知保险人,否则保险人有权拒赔。

(2) 从案发时起3个月后,被损坏门、窗、锁的损失仍未从盗抢人处获得赔偿的,在被保险人出具盗窃事故报告、损失清单、公安部门的证明材料及保险人认为必要的其他单证后,保险人在赔偿限额内负责将受损的门、窗、锁恢复到原来状态的费用。

(3) 损失赔偿后,被保险人应将该部分向第三者追偿的权益转让给保险人。

本 章 小 结

财产保险有广义与狭义之分。狭义的财产保险是指以财产以及与财产相关的利益为保险标的的保险。广义的财产保险包括狭义财产保险、利润保险、各类责任保险和信用保险等。财产保险的保险标的是可以用货币来衡量其价值之大小的。财产保险合同是在物的外表掩盖下的属人合同。财产保险在投保时,保险人要考虑投保人或被保险人的道德品质和信用状况等因素。财产保险合同在转让时,一般要经过保险人一方同意,即对新的被保险人道德品质、信用等"人"的因素的认可。

企业财产保险是指主要承保存放于陆地上固定地点,且处于相对静止状态的企业、事业单位、机关、团体、其他各类社会经济组织等主体的财产因自然灾害或意外事故所致损失的保险。按照会计科目,在符合可保利益原则要求的前提下,企业的固定资产、流动资产、投资财产和账外财产都可成为财产保险的保险标的。

固定资产的保险金额可以按账面原值确定,也可以按账面原值加成数确定,还可以按重置价值或按其他方式确定。流动资产的保险金额可以按最近12个月任意月份的账面余额来确定,也可以由被保险人自行确定。无论用哪一种方式确定流动资产的保险金额,流动资产的保险价值都是出险时的账面余额。

固定资产发生全部损失的情况下赔偿金额的计算,应根据固定资产保险金额与其实际价值(或重置价值减折旧)数量关系的不同,采用不同的方法。对于保险金额大于等于出险时实际价值的,应按实际价值计算赔偿金额。有残值的,应予以扣除。对于保险金额等于或小于出险时实际价值的,应按保险金额计算赔偿金额。有残值的,应予以扣除。固定资产发生部分损失的情况下赔偿金额的计算,应根据固定资产保险金额与其实际价值数量关系的不同,采用不同的方法。对于保险金额大于或等于出险时实际价值的,应按实际损失计算赔偿金额。有残值的,应予以扣除。对于保险金额小于出险时实际价值的,应按保险金额与其实际价值的比例保险金额计算赔偿金额。有残值的,应按比例予以扣除。流动资产赔偿金额的计算与固定资产的道理相同,只是要根据流动资产保险金额与其出险时账面余额数量关系的不同,采用不同的计算方法。

家庭财产保险是以城乡居民的家庭财产作为保险标的的保险,是保险公司所经营的家庭财产的各类保险的总称。国内各保险公司开办的全国性家庭财产保险的主要险种有普通家庭财产保险、储金型家庭财产保险、投资型家庭财产保险和个人贷款抵押房屋保险等。

家庭财产的保险金额一般由投保人根据财产的购置价、市场价值或对实际价值的估计自行确定。保险金额应分项列明。储金型家庭财产保险是兼有经济损失的补偿和到期还本双重性质的一种特殊的家庭财产保险。保险期间的保险储金的利息实际上是被保险人应向保险人交付的保险费。

关 键 词

实际全损　推定全损　部分全损　协议全损　施救费用　救助费用　特别费用

额外费用 企业财产保险 家庭财产保险

复习思考题

1. 财产保险主要有哪些特点?
2. 简述企业财产保险基本险的保险责任。
3. 简述企业财产保险综合险的保险责任。
4. 简述储金型家庭财产保险与普通家庭财产保险的异同。
5. 企业固定资产的保险金额的确定方式有哪几种?
6. 企业流动资产的保险金额的确定方式有哪几种?
7. 简述固定资产发生全部损失的情况下赔偿金额的计算方法。
8. 简述固定资产发生部分损失的情况下赔偿金额的计算方法。
9. 简述流动资产发生全部损失的情况下赔偿金额的计算方法。
10. 简述流动资产发生部分损失的情况下赔偿金额的计算方法。

第七章 交通运输保险

交通运输保险主要包括交通运输工具保险和运输货物保险。一个国家的经济发展水平越高,国内贸易和国际贸易的规模越大,交通运输工具的保有量也就越多,需要运输的货物的规模也就越大,交通运输工具保险和运输货物保险也应当越发达。

第一节 机动车辆保险

交通运输工具保险是指以载人或载运货物以及从事某种交通作业的工具为保险标的,承保交通运输工具因遭受自然灾害和意外事故而发生的损失,灾害发生时被保险人一方采取施救、保护措施而支出的合理费用,以及对第三者的赔偿责任的保险。

按照种类的不同,交通运输工具保险分为机动车辆保险、船舶保险、飞机保险以及铁路机动车辆保险等。在这一节中,我们主要介绍机动车辆保险。机动车辆保险分为机动车辆损失险和机动车辆第三者责任险两个部分。

一、机动车辆损失险

(一)机动车辆损失险的保险标的

机动车辆损失险的保险标的包括汽车、电车、电瓶车、摩托车、拖拉机、各种专用机械车和特种车。①

其中,电瓶车是指以蓄电池供给能源,支持牵引电动机运转带动车辆行进的机动车辆。专用机械车是指专门为满足某种特定需要而制造的机动车辆,如铲车、叉车、装载机、挖掘机、压路机等。特种车是指具备专用功能,用于专门运输或专项作业的机动车辆,如用于牵引、清障、清扫、起重、装卸、升降、搅拌、挖掘、推土、压路等的各种轮式或履带式工程专用车辆;各类罐装车辆(油罐、气罐、液罐、冷藏车);集装箱专业运输车辆;车内装有固定专用仪器设备,从事专业的监测、消防、清洁、医疗、运钞、邮电、转播、雷达、救护及 X 光检查等特殊操作车辆。

投保车损险的机动车辆必须具备以下三个条件:一是已领有车辆牌照,即已经公安交

---

① 有的机动车辆损失险的保险标的不包括摩托车、拖拉机和特种车。

通管理部门审核、检验合格,并发给车辆正式或临时牌号;二是已领有行车执照,即已经公安交通管理部门检验合格,并签发了机动车辆行驶证;三是具有年检合格证,新车应有制造厂出具的合格证。

(二) 机动车辆损失险的保险责任

机动车辆损失险的保险责任包括[①]:

(1) 由意外事故导致的车辆损失。这里的意外事故主要是指碰撞、倾覆、火灾、爆炸、空中运行物体坠落、外界物体倒塌、车辆行驶中平行坠落等。

碰撞是指保险车辆与外界静止的或运动的物体意外撞击,包括保险车辆按装载规定载运的货物与外界物体的直接接触。

倾覆是指保险车辆因自然灾害或意外事故而倾斜或翻倒,并失去行驶能力。构成倾覆的必要条件是:① 车身倾覆、翻倒,车身触地;② 失去正常状态和行驶能力,不经施救不能恢复行驶。

火灾是指外界火源及其他保险事故造成的燃烧所导致的保险车辆本身的损失。需要注意的是,保险车辆上的电器设备因短路或超负荷引发的燃烧,不属于火险责任,保险人不承担赔偿责任。

保险车辆发生爆炸的原因主要有三种:① 油箱质量低劣、瑕疵或使用时间过长,已超过安全使用期;② 装载易燃易爆物品;③ 外界爆炸波及。由后两种原因导致的保险车辆爆炸损失,保险人承担赔偿责任;而由第一种原因导致的保险车辆的爆炸损失,保险人不承担赔偿责任。

飞机等飞行器及其残骸坠落,陨石坠落,吊车或其他起重设备吊起的物体脱落或吊钩、吊臂断落,建筑物部分掉落等造成保险车辆的损失,保险人承担赔偿责任。

较为常见的外界物体倒塌为楼房、桥涵、隧道等建筑物坍塌,树木倾倒等,由这些原因导致的保险车辆的损失,保险人承担赔偿责任。

车辆行驶中平行坠落是指保险车辆在行驶过程中发生整车腾空或翻转,落下后仍然四轮着地的事故。由此类事故导致的保险车辆的损失,保险人承担赔偿责任。

(2) 由自然灾害导致的车辆损失。这里的自然灾害主要指雷击、暴雨、洪水、海啸、暴风[②]、台风[③]、龙卷风、暴雪、雪崩、雹灾、冰凌、泥石流、崖崩、突发性滑坡、地面突然塌陷、

---

① 在各个保险公司不再使用同一种机动车辆损失险条款或对其进行修改的情况下,机动车辆损失险的保险责任和除外责任可能会有所不同。在保险实务中,应当以各个保险公司实际使用的机动车辆损失险条款为准。

② 暴风的风速(指平地上离地 10 米处的风速值)为 28.5~32.6 m/s 或 103~117 km/h,风力为 11 级。

③ 台风(飓风、热带风暴)的风速>32.6 m/s 或>117 km/h,中心附近最大风力在 12 级或 12 级以上。

冰陷等①。

由雷击直接造成的保险车辆的损失,以及雷击造成的树木或建筑物起火、倾倒或倒塌所间接导致的保险车辆的损失,保险人都承担赔偿责任。

由暴风、龙卷风直接造成的保险车辆的损失,以及暴风、龙卷风造成的树木倾倒、建筑物倒塌所间接导致的保险车辆的损失,保险人都承担赔偿责任。

地面突然塌陷是指事先不能预料的地面塌陷。地面突然塌陷导致保险车辆的损失主要有两种情况:一是直接造成保险车辆的埋没、碰撞、倾覆所发生的损失;二是先造成外界物体的倒塌,继而倒塌的物体又造成保险车辆的损失。在这两种情况下,保险人对保险车辆的损失均承担赔偿责任。

冰陷作为机动车辆保险的保险责任,是指江河封冻期间保险车辆在公安交通管理部门允许的冰面上行驶时,冰面突然塌陷造成保险车辆的损失,保险人给予赔偿。冰陷责任仅限于黑龙江、吉林等北方地区。

载运保险车辆的渡船遭受自然灾害导致的保险车辆的损失,也属于机动车辆损失险的保险责任,但只限于驾驶人随船的情形。

(3) 施救和保护费用。发生保险事故时,被保险人或其允许的合法驾驶人为防止或者减少被保险机动车的损失所支付的必要的、合理的施救费用,由保险人承担。施救费用数额在被保险机动车损失赔偿金额以外另行计算,最高不超过保险金额的数额。

(三) 机动车辆损失险的除外责任

机动车辆损失险的除外责任可分为原因和条件免除与损失和费用免除。

原因和条件免除是指由某些原因造成的保险车辆的损失和在某些条件下发生的保险车辆损失,保险人不负赔偿责任。这些原因和条件主要包括:

(1) 地震。

(2) 战争、军事冲突、恐怖活动、暴乱、扣押、罚没、政府征用。

(3) 本车所载货物撞击、泄漏②。

(4) 人工直接供油、自燃、高温烘烤造成的损失。

(5) 被保险人或其允许的驾驶人的故意行为。

(6) 竞赛、测试、进厂修理。

(7) 驾驶员饮酒、吸食或注射毒品、服用国家管制的精神药品或者麻醉药品。

---

① 中国保险行业协会机动车商业保险基本条款(2007年C款)、中国保险行业协会机动车辆商业保险示范条款(2012年03月)把沙尘暴列为保险责任。

② 中国保险行业协会机动车辆商业保险示范条款(2012年03月)把"受到被保险机动车所载货物、车上人员意外撞击"列为保险责任。

(8) 无有效驾驶证(无驾驶证、驾驶的被保险机动车与驾驶证载明的准驾车型不符)或驾驶证有效期已届满;驾驶证被依法扣留、暂扣、吊销、注销;无交通运输管理部门核发的许可证书或其他必备证书驾驶出租机动车或营业性机动车。

(9) 非被保险人允许的驾驶人使用被保险机动车,或被保险机动车转让他人而未向保险人办理批改手续。

(10) 事故发生后,被保险人或其允许的驾驶人员在未依法采取措施的情况下驾驶被保险机动车,或者遗弃被保险机动车逃离事故现场,或故意破坏、伪造现场、毁灭证据。

(11) 除另有约定外,发生保险事故时被保险机动车无公安机关交通管理部门核发的行驶证或号牌,或未按规定检验或检验不合格。

(12) 被保险机动车被转让、改装、加装或改变使用性质等,导致被保险机动车危险程度显著增加,且被保险人、受让人未及时通知保险人。

损失和费用免除是指车辆的某些损失和费用保险人不负赔偿责任。这些损失包括:

(1) 自然磨损、朽蚀、腐蚀、故障、本身质量缺陷。

(2) 因污染(含放射性污染)造成的损失。

(3) 发生保险责任范围内的损失后,未经修理继续使用导致损失扩大的部分。

(4) 玻璃单独破碎、车身表面油漆单独划伤、车轮(包括轮胎及轮毂)单独损坏。

(5) 保险车辆发生意外事故所引起的停驶、停电、停水、停产、通讯中断以及其他各种间接损失。

(6) 因保险事故引起的各种间接赔偿。

(7) 保险车辆全车被盗窃、抢劫,以及在此期间受到损坏或车上零部件、附属设备丢失。

(8) 市场价格变动造成的贬值、修理后价值降低引起的损失。

(9) 其他不属于保险责任范围内的损失和费用等。

此外,应当由机动车交通事故责任强制保险赔偿的金额,机动车辆损失险的保险人也不负责赔偿。投保人、被保险人或其允许的驾驶人知道保险事故发生后,故意或者因重大过失未及时通知,致使保险事故的性质、原因、损失程度等难以确定的,保险人对无法确定的部分,不承担赔偿责任,但保险人通过其他途径已经及时知道或者应当及时知道保险事故发生的除外。

(四) 机动车辆损失险的保险金额

我国长期实行的机动车辆损失险保险金额的确定方式为三种,由投保人选择确定。

一是按投保时保险车辆的新车购置价确定。这里的新车购置价是指在保险合同签订地购置与保险车辆同类型新车(含车辆购置税)的价格。

二是按投保时保险车辆的实际价值确定。这里的实际价值是指同类型车辆新车购置价减去折旧金额后的价格。折旧按已使用月数计算,不足1个月的部分,不计折旧。最高折旧金额不超过投保时被保险机动车新车购置价的80%。

保险车辆实际价值的计算公式如下:

$$实际价值 = 投保时新车购置价 \times 已使用月数 \times 月折旧率$$

或:

$$实际价值 = 投保时新车购置价 \times \left(1 - \frac{已使用月数}{规定使用月数}\right)$$

三是在投保时保险车辆的新车购置价内与保险人协商确定。

对于投保车辆标准配置以外的新增设备,应在保险合同中列明设备名称与价格清单,并按设备的实际价值相应增加保险金额。

中国保险行业协会机动车辆商业保险示范条款(2012)对机动车辆损失险保险金额的确定方式作了重要变革,把按投保时被保险机动车的实际价值确定作为确定机动车辆损失险保险金额的基本原则,并规定了投保时被保险机动车的实际价值的确定方式:由投保人与保险人根据投保时的新车购置价减去折旧金额后的价格协商确定或根据其他市场公允价值协商确定。这个规定一方面解决了按新车购置价确定保险金额所存在的"高保低赔"的问题,另一方面解决了按投保时新车购置价减折旧确定的保险车辆"实际价值"与其真实实际价值不相吻合的问题。

(五)机动车辆损失险的保险费

机动车辆损失险的保险费有基准保费和签单保费之分。

基准保费采用基础保费加保险金额与基准费率乘积的方法计算。用公式表示如下:

$$基准保费 = 基础保费 + 保险金额 \times 基准费率$$

基础保费(固定保费)是根据保险车辆的使用性质(营业用车①、非营业用车②)、非营业用车的使用单位类别(家庭、机关事业单位)、营业用车的类别(出租、租赁,营业客车,城市公交,营业客车,公路客运,营业客车,营业货车)、保险车辆的功能(普通车辆和特种车,

---

① 非营业车辆:包括非营业个人、企业及机关用车。非营业个人用车是指以个人名义购买的,所有权为个人或家庭所有的,非盈利的、非经营的、方便日常生活的客车或货车。非营业企业用车是指所有权为企业法人或其他生产组织所有,用于生产的客车或货车,用其载客、载货的行为不以营利为目的。非营业机关用车是指所有权为各级党政机关及事业单位所有,用于完成日常行政事务的车辆。车辆本身载客、载货行为不以营利为目的。

② 营业车辆是指由交通运输管理部门核发营运证书的以营利为目的的从事客运、货运或客货两用的车辆,或用其运载以完成商业性传递或交通运输过程的车辆,如邮政运输车辆等。

前者包括营业用车、非营业用车)、特种车的类别①、吨位、使用年限(车龄)②等因素确定的固定金额的保险费。基础保费和基准费率均在机动车辆保险费率表中载明。

同一使用性质、功能、类别、年限、使用单位类别的机动车辆,无论其实际价值有何差异,从而其风险在量上有何差异,它们所面临的风险在种类上是相同的,因而可以在各自风险总量上截取一个相同的部分,并将与其对应的保险费作为基础保费,而它们的风险在量上的差异则通过不同的保险金额与保险费率的乘积体现出来。③

签单保费为保险人应收取的最终保险费,它等于基准保费与浮动费率系数表中赔款记录系数(无赔款优待及上年赔款记录系数)、险别系数(多险种同时投保系数)、交通违法记录系数、年均行驶里程系数、特殊风险系数等适用系数的连乘积。用 $C_i(i=1,2,3,\cdots,n)$ 代表适用系数,签单保费可以用下面的公式计算:

$$签单保费 = 基准保费 \times C_1 \times C_2 \times \cdots \times C_n$$

签单保费也可以表示为基准保费与最终费率浮动系数的乘积,即

$$签单保费 = 基准保费 \times 最终费率浮动系数$$

最终费率浮动系数采用浮动费率系数连乘的方式计算,即

$$最终费率浮动系数 = C_1 \times C_2 \times \cdots \times C_n$$

【例 7-1】 机动车辆损失险保费的计算。

---

① 中国保险行业协会制定的《机动车商业保险行业基本条款》(2007)把专用机动车列入特种车之中,并把特种车分为四类:特种车一:油罐车、汽罐车、液罐车;特种车二:专用净水车、特种车一以外的罐式货车,以及用于清障、清扫、清洁、起重、装卸、升降、搅拌、挖掘、推土、冷藏、保温等的各种专用机动车;特种车三:装有固定专用仪器设备从事专业工作的监测、消防、运钞、医疗、电视转播等的各种专用机动车;特种车四:集装箱拖头。

② 中国保险行业协会制定的《机动车商业保险行业基本条款》(2007)把非营业用车的已使用年限分为 1 年以下、1~2 年、2~6 年、6 年以上四个档次;营业用车的已使用年限分为 2 年以下、2~3 年、3~4 年、4 年以上四个档次。

③ 有人认为,由于使用时间的不同,机动车辆有新有旧,从而保险车辆有新有旧是必然的、正常的现象。比较新的保险车辆出险的概率比较大,风险程度比较高;比较旧的保险车辆出险的概率比较小,风险程度比较低。在按实际价值确定保险金额的条件下,如果按统一的固定费率计算保险费,那么保险人对旧车所收取的保险费将大大小于其对旧车所承担的风险。在按保险金额与费率的乘积收取不同的保费的同时对旧车收取与新车相同的基础保费,则可以使新旧程度不同的保险车辆的投保人所缴纳的保险费与保险车辆的风险程度相吻合,进而使保险人对新旧程度不同的保险车辆所收取的车损险保费与对保险人保险车辆的承保风险相吻合。但是,在确定保险费率时已经把保险车辆的使用年限作为重要的影响因子的情况下,是否还有必要把基础保费单列出来作为车损险保费的一个组成部分,是一个值得研究的问题。

某人为其一辆6座以下,车龄4年的家庭自用汽车投保机动车辆损失险,并按新车购置价确定保险金额。该车的当地新车购置价为18.5万元。已知该保险车辆平均年行驶里程为21 500公里;上年发生3次赔款,赔款总额为2 580元;投保人同时投保了机动车商业第三者责任险。

承保公司使用的是中国保险行业协会制定的《机动车商业保险行业基本条(A款)》(2007)。从中国保险行业协会制定的《机动车商业保险行业基本费率表(A款)》(2008)查得(见附表7-1):基础保费为508元,基准费率为1.21%。

$$基准保费 = 508 + 185\ 000 \times 1.21\%$$
$$= 508 + 2\ 238.5$$
$$= 2\ 746.5(元)$$

从保险合同当事人所在地区保险行业协会制定的商业车险费率浮动系数计算表(见附表3)查得:该保险车辆上年发生3次赔款,赔款记录系数为1.1‰;赔款总额为2 580元,上年度赔款金额小于保费,应乘以0.9的赔款金额调整系数;平均年行驶里程为21 500公里,小于30 000公里,年均行驶里程系数为0.9;投保人同时投保了机动车商业第三者责任险,险别系数为0.9。

$$签单保费 = 2\ 746.5 \times 1.1 \times 0.9 \times 0.9 \times 0.9$$
$$= 2\ 202.4(元)$$

或先计算出最终费率浮动系数,再用其乘以基准保费。

$$最终费率浮动系数 = 1.1 \times 0.9 \times 0.9 \times 0.9$$
$$= 0.801\ 9$$
$$签单保费 = 2\ 746.5 \times 0.801\ 9$$
$$= 2\ 202.4(元)$$

(六)事故责任比例与保险人赔偿责任

《中华人民共和国道路交通安全法》(2008年修改)规定,公安机关交通管理部门接到交通事故报警后,应当立即派交通警察赶赴现场,对交通事故现场进行勘验、检查,搜集证据,在必要时委托专门机构对当事人的生理、精神状况等进行鉴定。在此基础上,及时制作交通事故认定书,作为处理交通事故的证据。中华人民共和国公安部《道路交通事故处理程序规定》(2008)规定,公安机关交通管理部门应当根据当事人的行为对发生道路交通事故所起的作用以及过错的严重程度,确定当事人的责任。因一方当事人的过错导致道路交通事故的,承担全部责任;因两方或者两方以上当事人的过错导致道路交通事故的,根据其行为对事故发生所起的作用以及过错的严重程度,分别承担主要责任、同等责任和次要责任。

保险机动车一方负全部事故责任的,事故责任比例为100%;
保险机动车一方负主要事故责任的,事故责任比例为70%;
保险机动车一方负同等事故责任的,事故责任比例为50%;
保险机动车一方负次要事故责任的,事故责任比例为30%;
保险机动车一方无事故责任或无过错的,事故责任比例为0。

保险人依据被保险机动车一方在事故中所负的事故责任比例,对保险车辆在交通事故中的损失承担相应的赔偿责任。

(七)机动车辆损失险的免赔率

机动车辆损失险的免赔率有事故责任免赔率和绝对免赔率之分。

1. 事故责任免赔率

除自然灾害引起的事故外,其他事故所造成的保险车辆损失的赔偿通常都要按照保险合同中约定的免赔率[1]扣除免赔的金额。保险车辆驾驶员在事故中负全部责任的,扣除20%;负主要责任的,扣除15%;负同等责任的,扣除10%;负次要责任的,扣除5%;不涉及第三方的单方肇事者,扣除15%。

2. 绝对免赔率

保险车辆发生保险责任范围内的损失应当由第三方负责赔偿的,确实无法找到第三方的,保险人进行赔偿时实行30%的绝对免赔率。

此外,发生保险事故时,保险车辆违反法律、法规中有关机动车辆装载规定,但违规装载并非保险事故发生原因的,增加10%的绝对免赔率;发生保险事故时,保险车辆实际行驶区域超出保险单约定范围的,增加10%的绝对免赔率;指定驾驶人的保险车辆,由非指定驾驶人驾驶保险车辆发生保险事故,或投保人提供的指定驾驶人的信息不真实的,赔偿时增加10%的绝对免赔率。

(八)赔偿金额的计算

1. 发生全损时赔偿金额的计算

(1)按投保时保险车辆的新车购置价确定保险金额的。

对于保险金额不高于保险事故发生时保险车辆实际价值的,应在保险金额内按保险车辆的事故责任比例计算赔偿金额。有免赔率的,要在计算赔偿金额时予以扣除;有残值的,也要在计算赔偿金额时予以扣除,残值的大小通常由合同双方协商确定;对于已从第三方获得的赔偿金额,也要在赔偿金额中扣除。在保留事故责任比例的现行车损险条款[2]下,赔偿金额应当按下面的公式计算:

---

[1] 不同的机动车辆损失险条款规定的免赔率可能存在差异,在理赔实务中应当以机动车辆损失险合同实际使用的条款规定的免赔率为准。

[2] 中国保险行业协会制定的《机动车辆商业保险示范条款》(2007)。

赔款＝(保险金额－残值)×事故责任比例①×(1－免赔率)－被保险人已从第三方获得的赔偿金额②

对于保险金额高于保险事故发生时保险车辆实际价值的，应按保险事故发生时保险车辆的实际价值计算赔偿金额。其计算公式如下：

赔款＝(实际价值－残值)×事故责任比例×(1－免赔率)－被保险人已从第三方获得的赔偿金额

(2) 按投保时保险车辆的实际价值确定保险金额或协商确定保险金额的。

对于保险金额不高于保险事故发生时保险车辆实际价值的，按保险金额计算赔偿金额。其计算公式如下：

赔款＝(保险金额－残值)×事故责任比例×(1－免赔率)－被保险人已从第三方获得的赔偿金额

对于保险金额高于保险事故发生时保险车辆实际价值的，以保险事故发生时保险车辆的实际价值计算赔偿金额。其计算公式如下：

赔款＝(实际价值－残值)×事故责任比例×(1－免赔率)－被保险人已从第三方获得的赔偿金额

---

① 在计算车辆损失的赔偿金额时所以要乘以事故责任比例，是因为在保险车辆发生保险责任范围内的损失应当由第三方负责赔偿的情况下，按照车损险条款的规定，或出自被保险人的自我选择，被保险人先向第三方索赔其应当赔偿的与其事故责任比例相当的那部分损失。如果被保险人向第三方索赔成功，保险人只赔偿被保险人与保险车辆所承担的事故责任比例相当的那部分损失。如果被保险人向第三方索赔未果，则第三方应当赔偿的损失应由保险人赔偿，保险人可行使代位求偿权再向第三方追偿。在中国保险行业协会制定的《机动车辆商业保险示范条款》(2012)中，按事故责任比例赔偿的规定已被取消，计算机动车辆损失险赔偿金额的公式中不存在"事故责任比例"一项。

② 中国保险行业协会制定的《机动车辆商业保险示范条款》对保险车辆发生全部损失时保险赔款所提出的计算公式如下：赔款＝(保险金额－被保险人已从第三方获得的赔偿金额)×(1－事故责任免赔率)×(1－绝对免赔率之和)－绝对免赔额。这个公式把被保险人"已从第三方获得的赔偿金额"直接从保险金额中减去，值得商榷。假定事故责任免赔率和绝对免赔率均为10%，保险金额为10万元，被保险人已从第三方获得的赔偿金额为5万元。按这个公式计算，保险人的赔偿金额为：(10－5)×0.9×0.9＝4.05(万元)。加上已从第三方获得的赔偿金额5万元，被保险人得到的全部赔款为4.05＋5＝9.05(万元)，其自己承担的损失为0.95万元。保险人的赔偿金额不等于无从第三方获得的赔偿金额时计算的赔偿金额：10×0.9×0.9＝8.1。笔者认为，应当把示范条款中保险车辆发生全部损失时计算保险赔款的公式更改为：赔款＝(保险金额－残值)×(1－事故责任免赔率)×(1－绝对免赔率之和)－绝对免赔额－被保险人已从第三方获得的赔偿金额。在不考虑残值的条件下，保险人的赔偿金额为：10×0.9×0.9－5＝3.1(万元)。加上已从第三方获得的赔偿金额5万元，被保险人得到的全部赔款为3.1＋5＝8.1(万元)。这个结果与10万元的差1.9万元，恰好是与两个免赔率相对应的应当由被保险人自己承担的部分：10×0.1＋(10×0.1)×(1－0.1)＝1＋0.9＝1.9(万元)。因此，应当把被保险人"已从第三方获得的赔偿金额"放到后面减去。

2. 发生部分损失时赔偿金额的计算①

(1) 按投保时保险车辆的新车购置价确定保险金额的。

对于按投保时保险车辆新车购置价确定保险金额的,应按实际修复费用计算赔偿金额,但不得超过保险事故发生时保险车辆的实际价值。有免赔率的,要在赔偿金额中予以扣除;有残值的,也要在赔偿金额中予以扣除。其计算公式如下:

赔款=(实际修复费用-残值)×事故责任比例×(1-免赔率)-被保险人已从第三方获得的赔偿金额

(2) 按投保时保险车辆的实际价值确定保险金额或协商确定保险金额的。

对于按投保时保险车辆的实际价值确定保险金额或协商确定保险金额的,发生部分损失时,按保险金额与投保时保险车辆的新车购置价的比例计算赔偿金额,但不得超过保险事故发生时保险车辆的实际价值。其计算公式如下:

$$\text{赔款金额} = \left(\text{实际修复费用} - \text{残值}\right) \times \frac{\text{保险金额}}{\text{新车购置价}} \times \text{事故责任比例} \times (1 - \text{免赔率}) - \text{强制三者险项下赔偿金额}$$

施救费用的赔偿金额在保险车辆损失赔偿金额以外另行计算,最高不超过保险金额的数额。其计算方式与车辆损失的赔偿方式相同。如果被救的财产中含有其他财产,则施救费用要按保险车辆与被施救财产价值的比例分摊。

(九) 车辆损失险合同的终止

有下列情况之一的,保险人支付赔款后,保险合同终止:

(1) 被保险机动车发生全部损失。

(2) 按投保时被保险机动车的实际价值确定保险金额的,一次赔款金额与免赔金额之和(不含施救费)达到保险事故发生时被保险机动车的实际价值。

(3) 保险金额低于投保时被保险机动车的实际价值的,一次赔款金额与免赔金额之和(不含施救费)达到保险金额。

(十) 车辆损失险的附加险

1. 盗抢险②

盗抢险承保保险车辆被盗窃、抢劫、抢夺,经出险当地县级以上公安刑侦部门立案证明,满60天未查明下落的全车损失;保险车辆全车被盗窃、抢劫、抢夺后,受到损坏或车上零部件、附属设备丢失需要修复的合理费用;保险车辆在被抢劫、抢夺过程中,受到损坏需

---

① 中国保险行业协会制定的《机动车辆商业保险示范条款》对保险车辆发生部分损失时保险赔款所提出的计算公式为:赔款=(实际修复费用-被保险人已从第三方获得的赔偿金额)×(1-事故责任免赔率)×(1-绝对免赔率之和)-绝对免赔额。这个公式存在的问题与前注大体相同。

② 有的机动车辆损失险条款对于车上人员责任保险和机动车盗抢保险等分别提供了主险和附加险两套条款,保险责任和费率完全相同,供各公司自主选择。

要修复的合理费用。

盗抢险的除外责任包括非全车遭盗窃,仅车上零部件或附属设备被盗窃或损坏;保险车辆被诈骗、罚没、扣押造成的损失;被保险人因民事、经济纠纷而导致保险车辆被抢劫、抢夺;租赁车辆与承租人同时失踪;第三者人身伤亡或财产损失;全车被盗窃、抢劫、抢夺期间,保险车辆造成被保险人及其家庭成员、被保险人允许的驾驶人员的故意行为或违法行为造成的损失。

盗抢险的保险金额由投保人和保险人在投保时保险车辆的实际价值内协商确定。发生全车损失时,在保险金额内计算赔偿,并实行20%的免赔率。发生部分损失时,在保险金额内按实际修复费用计算赔偿。

2. 玻璃单独破碎险

玻璃单独破碎险承保保险车辆挡风玻璃或车窗玻璃单独破碎的损失。通常,投保人与保险人可协商选择按进口或国产玻璃投保,保险人根据协商选择的投保方式承担相应的赔偿责任。不过,安装、维修车辆过程中造成的玻璃单独破碎,保险人不承担赔偿责任。

3. 车辆停驶损失险

车辆停驶损失险承保因发生车辆损失保险的保险事故,致使保险车辆停驶所造成的利益损失,如保险车辆出险后因修理而停止正常运营所造成的营业损失等。不过,被保险人或驾驶人员未及时将保险车辆送修或拖延修理时间造成的损失;因修理质量不合格,返修造成的损失,保险人不负责赔偿。

车辆停驶损失险的保险金额按照投保时约定的日赔偿金额乘以约定的赔偿天数确定,保险人在保险单载明的保险金额内承担赔偿责任。发生全车损失时,按保险单载明的保险金额计算赔偿;发生部分损失时,在保险金额内按约定的日赔偿金额乘以从送修之日起至修复之日止的实际天数计算赔偿,实际天数超过双方约定修理天数的,以双方约定的修理天数为准。在保险期限内,赔款金额累计达到保险单载明的保险金额时,保险责任终止。

4. 不计免赔特约条款

不计免赔特约条款是指经特别约定,保险事故发生后,按对应的投保险种,应由被保险人自行承担的免赔金额,保险人负责赔偿。不过,保险人对于下列应由被保险人自行承担的免赔金额不负责赔偿:车辆损失保险中应当由第三方负责赔偿而确实无法找到第三方的;因违反安全装载规定增加的;同一保险年度内多次出险,每次增加的;非约定驾驶人员使用保险车辆发生保险事故增加的;附加盗抢险或附加火灾、爆炸、自燃损失险或附加自燃损失险中约定的。

5. 自燃损失险

自燃损失险承保因保险车辆电器、线路、供油系统发生故障或所载货物自身原因起火燃烧造成保险车辆的损失;发生保险事故时,被保险人为防止或者减少保险车辆的损失所支付的必要的、合理的施救费用。但保险人对自燃仅造成电器、线路、供油系统的损失；所载货物自身的损失不负责赔偿。

自燃损失险的保险金额由投保人和保险人在投保时保险车辆的实际价值内协商确定。发生全部损失时，在保险金额内计算赔偿；发生部分损失时，在保险金额内按实际修理费用计算赔偿。施救费用在保险金额内按实际支出计算赔偿。每次赔偿均实行20%的免赔率。

二、机动车辆第三者责任险

第三者责任险是专门承保被保险人因疏忽或过失给第三方造成人身伤亡或财产损失对后者所负民事赔偿责任的保险。机动车辆第三者责任险也是如此。

（一）机动车辆第三者责任险的保险责任[①]

机动车辆第三者责任险承保被保险人允许的合格驾驶人员在使用保险车辆的过程中因疏忽或过失发生意外事故，致使第三者遭受人身伤亡或财产的直接损失，依法应承担的赔偿责任。赔偿金额为机动车交通事故责任强制保险赔偿限额以上的部分，以保险合同约定的责任限额为限。

（二）机动车辆第三者责任险的除外责任

机动车辆第三者责任险的除外责任，包括与车辆损失险中除外责任直接相关的对第三者的赔偿责任。对机动车辆第三者责任险的除外责任需要补充和强调的包括：

（1）被保险人及其家庭成员、被保险人允许的驾驶人及其家庭成员所有、承租、使用、管理、运输或代管的财产的损失，以及本车上财产的损失。

（2）被保险人及其家庭成员、被保险人允许的驾驶人及其家庭成员、本车车上人员的人身伤亡。

（3）被保险机动车发生意外事故，致使任何单位或个人停业、停驶、停电、停水、停气、停产、通讯或网络中断、电压变化、数据丢失造成的损失以及其他各种间接损失。

（4）车载货物掉落、泄漏造成的人员伤亡和财产损失。

（5）停车费、保管费、扣车费、罚款、罚金或惩罚性赔款。

（6）第三者财产因市场价格变动造成的贬值，修理后因价值降低引起的减值损失。

（7）超出《道路交通事故受伤人员临床诊疗指南》和国家基本医疗保险标准的医疗费用。

（8）保险事故引起的任何有关的精神损害赔偿。

---

① 在各个保险公司不再使用同一种机动车辆第三者责任险条款或对其进行修改的情况下，机动车辆第三者责任险的保险责任和除外责任可能会有所不同。在保险实务中，应当以各个保险公司实际使用的机动车辆第三者责任险条款为准。

(9) 律师费，未经保险人事先书面同意的诉讼费、仲裁费。

(10) 应当由机动车交通事故责任强制保险赔偿的损失和费用。保险事故发生时，被保险机动车未投保机动车交通事故责任强制保险或机动车交通事故责任强制保险合同已经失效的，对于机动车交通事故责任强制保险责任限额以内的损失和费用，保险人不负责赔偿。

(三) 机动车辆第三者责任险的责任限额

在几乎所有的责任保险中，保险人所承担的赔偿责任都是有限额的。我国目前机动车辆第三者责任险的每次事故的最高责任限额，摩托车、拖拉机一般分为四个档次：2 万元、5 万元、10 万元和 20 万元；其他车辆一般分为以下几个档次：5 万元、10 万元、15 万元、20 万元、30 万元、50 万元、100 万元、100 万元以上，且最高不超过 5 000 万元。①

主车和挂车连接使用时视为一体，发生保险事故时，由主车保险人和挂车保险人按照保险合同上载明的机动车第三者责任险赔偿限额的比例，在各自的赔偿限额内承担赔偿责任，但赔偿金额总和以主车的赔偿限额为限。

被保险人可根据自己的实际情况任选其中的一个档次投保，或由被保险人与保险人协商确定。保险人依据保险车辆驾驶人员在事故中所负的责任比例，在限额以内承担相应的赔偿责任。

(四) 机动车辆第三者责任险的保险费

机动车辆第三者责任险的保险费有基准保费和签单保费之分。

基准保费是费率表中与投保人所选择的或协商确定的责任限额相对应的固定保费。挂车第三者责任险的保险费，根据实际的使用性质按照对应吨位货车的 30% 计算。

如果责任限额为 100 万元以上，则保险费 $= A + 0.9 \times N \times (A - B)$。式中 A 指同档次限额为 100 万元时的保险费，B 指同档次限额为 50 万元时的保险费；$N =$ (限额 $-$ 100 万) $\div$ 50 万元，限额必须是 50 万元的整数倍。②

签单保费为保险人应收取的最终保险费，它等于基准保费与浮动费率系数表中赔款记录系数 (无赔款优待及上年赔款记录系数)、险别系数 (多险种同时投保系数)、交通违法记录系数、年均行驶里程系数、特殊风险系数等适用系数的连乘积。用 $C_i (i = 1, 2, 3, \cdots, n)$ 代表适用系数，签单保费可以用下面的公式计算：

$$签单保费 = 基准保费 \times C_1 \times C_2 \times \cdots \times C_n$$

签单保费也可以表示为基准保费与最终费率浮动系数的乘积，即

---

① 事故的责任限额并不是永久不变的，但每次事故的责任限额档次的设定都要由保险监管部门批准。

② 中国保险行业协会制定《机动车商业保险行业基本费率表 (A 款)》(2008)，见附表 7-2。

$$签单保费 = 基准保费 \times 最终费率浮动系数$$

最终费率浮动系数采用浮动费率系数连乘的方式计算,即

$$最终费率浮动系数 = C_1 \times C_2 \times \cdots \times C_n$$

【例 7-2】 机动车辆第三者责任险保费的计算。

某人为其一辆 6 座以下的家庭自用汽车投保机动车辆第三者责任险,选择的事故责任赔偿限额为 15 万元。已知该保险车辆平均年行驶里程为 21 500 公里;上年发生 3 次赔款,赔款总额为 2 580 元;投保人同时投保了机动车商业第三者责任险。承保公司使用的是中国保险行业协会制定的《机动车商业保险行业基本条款》A 款(2007)。

从中国保险行业协会制定的《机动车商业保险行业基本费率表(A 款)》(2008)查得(见附表 7-2):基准保费为 1 049 元。

从保险合同当事人所在地区保险行业协会制定的商业车险费率浮动系数计算表查得:该保险车辆上年发生 3 次赔款,赔款记录系数为 1.1%;赔款总额为 2 580 元,上年度赔款金额小于保费,应乘以 0.9 的赔款金额调整系数;平均年行驶里程为 21 500 公里,小于 30 000 公里,年均行驶里程系数为 0.9;投保人同时投保了机动车商业第三者责任险,险别系数为 0.9。

$$签单保费 = 1\,049 \times 1.1 \times 0.9 \times 0.9 \times 0.9 = 841.2(元)$$

(五)机动车辆第三者责任险的免赔率与赔偿金额

保险车辆发生第三者责任事故时,保险人首先要根据保险车辆驾驶人员在事故中所负责任,按照国家有关法律、法规规定的赔偿范围、项目和标准,核定被保险人一方对第三者应付的赔偿金额。

被保险人对第三者应付的赔偿金额减去交强险项下赔偿金额的余额(可称为净应付赔款金额),在责任限额以内扣除应予免赔的部分,即为机动车辆第三者责任险的保险人应承担的赔偿金额。其计算公式如下:

$$保险人赔偿金额 = (被保险人应付赔偿金额 - 交强险项下赔偿金额) \times (1 - 免赔率)$$

被保险人一方对第三者应付的赔偿金额减去交强险项下赔偿金额的余额,可称为被保险人净应付赔款金额,故上式可写成:

$$保险人赔偿金额 = 被保险人净应付赔款金额 \times (1 - 免赔率)$$

被保险人对第三者应付赔偿金额等于其负全部责任时的赔偿金额与其所负事故责任比例的乘积。其计算公式如下:

$$被保险人应付赔偿金额 = 被保险人负全部责任时的赔偿金额 \times 事故责任比例$$

机动车辆第三者责任险的保险人应承担的赔偿金额也可以用下面这个综合公式计算：

$$\text{保险人赔偿金额} = \left[\left(\text{被保险人负全部责任时的赔偿金额} \times \text{事故责任比例} \right) - \text{交强险项下赔偿金额} \right] \times (1 - \text{免赔率})①$$

保险机动车一方负全部事故责任时被保险人对第三者应付的赔偿金额，实际上是事故所致第三方人身伤亡损失、财产损失的价值总额。

交通事故导致人身伤亡和财产损失是一种侵权行为。财产损失是指道路交通事故侵害受害人财产权益所造成的损失。这种损失直接以价值的形式表示为一定的损失金额。在交通事故侵权人对交通事故的发生负有全部责任的条件下，受害人财产损失的全部应当由侵权人赔偿给受害人。

人身伤亡损失是指道路交通事故侵害受害人人身权益所造成的损失。这种损失有的是直接以价值的形式表示的，有的则是间接地以价值形式表示的。交通事故导致人身伤亡时往往需要支付医疗费、护理费、交通费、住宿费、住院期间伙食费、营养费、鉴定费、残疾辅助器具费、丧葬费等，这些费用支出直接以价值的形式表示为一定的损失金额②。在交通事故侵权人对交通事故的发生负有全部责任的条件下，受害人这些费用支出损失的全部应当由侵权人赔偿给受害人。

交通事故导致的人身伤亡也可能导致受害人的当期收入损失，如因误工导致受害人的当期收入损失；也可能导致受害人的未来收入损失，如因残疾或死亡导致受害人的未来收入损失。这些损失需要按照一定的标准计算，即间接地以价值的形式表示为一定的损失金额。在交通事故侵权人对交通事故的发生负有全部责任的条件下，因误工导致受害人的全部当期收入损失以误工费的名义由侵权人赔偿给受害人；因残疾或死亡导致受害人的全部未来收入损失以残疾赔偿金、死亡赔偿金的名义由侵权人赔偿给受害人。

交通事故导致的人身伤亡还会使被扶养人所享有的法定扶养权利遭受损害甚至丧失。加害人在实施侵害行为之前，抚养人对被扶养人有抚养的法定义务，被扶养人则享有获得抚养人抚养的法定权利。在加害人实施侵害行为剥夺了直接受害人的生命或使直接受害人丧失劳动能力以后，被扶养人所享有的法定扶养权利遭受损害甚至丧失。由此在加害人与被扶养人之间必然产生因侵权而导致的债权债务法律关系：被扶养人作为赔偿权利主体，对加害人享有损害赔偿请求权；加害人作为赔偿义务主体，对被扶养人应承担

---

① 中国保险行业协会《机动车辆商业保险示范条款》对应的计算公式为：赔款＝（依合同约定核定的第三者损失金额－机动车交通事故责任强制保险的分项赔偿限额）×事故责任比例×（1－事故责任免赔率）×（1－绝对免赔率之和）。

② 损失可以定义为已有经济价值的减少。在这些费用由受害人一方承担的条件下，这些费用的支出会导致受害人所拥有的经济价值的减少。

赔偿义务。加害人对被扶养人履行生活费的赔偿义务,是对其所享有的法定扶养权利的损失的补偿。为了计算上的方便,加害人对被扶养人生活费的赔偿金额可以列入事故所致第三方人身伤亡损失的价值总额之中。

这样,交通事故所致第三方人身伤亡损失金额,即表现为在交通事故侵权人对交通事故的发生负有全部责任的条件下,侵权人对受害人一方的人身损害赔偿项目的合计金额。

交通事故所致第三方人身伤亡损失合计金额与财产损失合计金额之和,即表现为在交通事故侵权人对交通事故的发生负有全部责任的条件下,侵权人对受害人一方的人身损害赔偿项目合计金额与财产损失赔偿项目合计金额之和。该合计金额之和与被保险人事故责任比例的乘积,即为被保险人按事故责任比例应承担的赔偿金额。

如前所述,保险机动车一方负全部事故责任的,事故责任比例为100%;负主要事故责任的,事故责任比例为70%;负同等事故责任的,事故责任比例为50%;负次要事故责任的,事故责任比例为30%;无事故责任或无过错,事故责任比例为0。

根据保险车辆驾驶人员在事故中所负责任,保险人在保险单载明的责任限额内,按下列免赔率免赔:负全部责任的免赔率为20%;负主要责任的免赔率为15%;负同等责任的免赔率为10%;负次要责任的免赔率为5%;违反安全装载规定的,增加免赔率10%;发生保险事故时,违反法律、法规中有关机动车辆装载规定的,实行10%的绝对免赔率;发生保险事故时,保险车辆实际行驶区域超出保险单约定范围的,增加10%的绝对免赔率;指定驾驶人的保险车辆,由非指定驾驶人驾驶保险车辆发生保险事故,或投保人提供的指定驾驶人的信息不真实的,赔偿时增加10%的绝对免赔率。

赔偿限额是保险人赔偿的最高界限,故"保险人赔偿金额=被保险人净应付赔款金额×(1-免赔率)"这一公式适用于被保险人净应付赔款金额等于或小于赔偿限额的情形。

当被保险人净应付赔款金额大于赔偿限额时,保险人赔偿金额应当用下式计算:

$$保险人赔偿金额=赔偿限额×(1-免赔率)①$$

(六)机动车辆第三者责任险的附加险

机动车辆第三者责任险的附加险。

1. 无过失责任险

无过失责任险的保险责任指保险车辆与非机动车辆或行人发生交通事故,造成对方的人身伤亡或财产直接损毁,保险车辆方无过失,且被保险人拒绝赔偿未果,对被保险人

---

① 中国保险行业协会制定的《机动车辆商业保险示范条款》所设置的免赔率分为事故责任免赔率和绝对免赔率。其对应的公式为:赔款=每次事故赔偿限额×(1-事故责任免赔率)×(1-绝对免赔率之和)。

已经支付给对方而无法追回的费用,保险人按照国家有关道路交通事故处理办法的法律和法规规定的标准,在责任限额内计算赔偿。责任限额由投保人和保险人在规定的金额以内协商确定。每次赔偿时均实行20%的免赔率。

2. 车上责任险

车上责任险的保险责任是投保了本保险的机动车辆在使用过程中,发生意外事故,致使保险车辆上所载货物遭受直接损毁和车上人员的人身伤亡,依法应由被保险人承担的经济赔偿责任,以及被保险人为减少损失而支付的必要合理的施救、保护费用,保险人在保险单所载明的该保险赔偿限额内计算赔偿。

但由于以下原因引起的损失,保险人不负责赔偿:货物遭哄抢、自然损耗、本身缺陷、短少、死亡、腐烂、变质;违法载运或因包装、紧固不善、装载、遮盖不当造成的货物损失;车上人员携带的私人物品、违章搭乘的人员或违章所载货物;由于驾驶员的故意行为、紧急刹车或本车上的人员因疾病、分娩、自残、殴斗、自杀、犯罪行为所致的人身伤亡、货物损失以及车上人员在车下时所受的人身伤亡;其他不属于本责任范围内的损失和费用。

车上责任险赔偿限额由被保险人和保险人在投保时协商确定。其中,车上人员最高赔偿限额按每座确定,投保座位数以保险车辆的核定载客数为限。

保险事故发生后,车上伤亡人员按照国家有关道路交通事故处理办法的法律和法规规定的赔偿范围、项目和标准以及保险合同的规定计算赔偿,但每人最高赔偿金额不超过保险单载明的本保险每座赔偿限额,最高赔偿人数以投保座位数为限。承运的货物发生保险责任范围内的损失,保险人按起运地价格在赔偿限额内负责赔偿。每次赔偿均实行相应的免赔率,免赔率的标准与第三者责任险相同。

机动车辆第三者责任险的附加险还包括精神损害抚慰金责任险等。这里从略。

第二节 机动车交通事故责任强制保险

我国《道路交通安全法》(本法自2004年5月1日起施行)第十七条规定:"国家实行机动车第三者责任强制保险制度,设立道路交通事故社会救助基金。"国务院颁布的《机动车交通事故责任强制保险条例》(2006年7月1日起施行)第三条给出了机动车交通事故责任强制保险(简称强制三者险)的定义:"本条例所称机动车交通事故责任强制保险,是指由保险公司对被保险机动车发生道路交通事故造成本车人员、被保险人以外的受害人的人身伤亡、财产损失,在责任限额内予以赔偿的强制性责任保险。"

一、机动车交通事故责任强制保险与商业机动车第三者责任保险的比较

机动车交通事故责任强制保险与商业机动车第三者责任保险的相同点是,保险人的赔偿数额都不超过保险限额。尽管有这样的共同点,但两者之间仍然存在着显著的本质

区别。

(一) 强制原则与自愿原则

商业机动车第三者责任保险实行自愿的原则,机动车辆的所有人或管理人可以自愿选择投保与不投保,保险公司也可以自愿选择承保与不承保。机动车辆交通事故责任强制保险则实行强制投保和强制承保的原则。

机动车交通事故责任强制保险的强制性来自于相关法律和法规的规定,即机动车交通事故责任强制保险为法定的强制保险。就目前而言,相关法律和法规主要有《中华人民共和国道路交通安全法》(以下简称我国《道路交通安全法》,自 2004 年 5 月 1 日起施行)和国务院颁布的《机动车交通事故责任强制保险条例》(以下简称《强制保险条例》,自 2006 年 7 月 1 日起施行)。机动车交通事故责任强制保险的强制性主要体现为强制投保和强制承保两个方面。

1. 强制投保

机动车交通事故责任强制保险的强制投保表现在:

(1) 所有的机动车辆都必须投保机动车交通事故责任强制保险,未投保该险的机动车辆不得上道路行驶。《强制保险条例》第二条规定,在中华人民共和国境内道路上行驶的机动车的所有人或者管理人,应当依照《中华人民共和国道路交通安全法》的规定投保机动车交通事故责任强制保险。第四条规定,公安机关交通管理部门、农业(农业机械)主管部门(以下统称机动车管理部门)应当依法对机动车参加机动车交通事故责任强制保险的情况实施监督检查。对未投保机动车交通事故责任强制保险的机动车,机动车管理部门不得予以登记,机动车安全技术检验机构不得予以检验。公安机关交通管理部门及其交通警察在调查处理道路交通安全违法行为和道路交通事故时,应当依法检查机动车交通事故责任强制保险的保险标志。

(2) 对未按照规定投保机动车交通事故责任强制保险的实施处罚。

《强制保险条例》第三十九条规定,机动车所有人、管理人未按照规定投保机动车交通事故责任强制保险的,由公安机关交通管理部门扣留机动车,通知机动车所有人、管理人依照规定投保,处依照规定投保最低责任限额应缴纳的保险费的 2 倍罚款。第四十条规定,上道路行驶的机动车未放置保险标志的,公安机关交通管理部门应当扣留机动车,通知当事人提供保险标志或者补办相应手续,可以处以警告或者 20 元以上 200 元以下罚款。

(3) 签订机动车交通事故责任强制保险合同时,投保人不得在保险条款和保险费率之外,向保险公司提出附加其他条件的要求。

(4) 投保人不得解除机动车交通事故责任强制保险合同。《强制保险条例》第十六条规定,除被保险机动车被依法注销登记的,或者被保险机动车办理停驶的,或者被保险机动车经公安机关证实丢失的,投保人不得解除机动车交通事故责任强制保险合同。

因被保险机动车被依法注销登记、被保险机动车办理停驶、被保险机动车经公安机关证实丢失而解除机动车交通事故责任强制保险合同的,对于合同解除前发生的保险责任范围内的交通事故造成的受害人的人身伤亡、财产损失,保险人应当按照合同的约定承担赔偿责任。

合同解除时,保险公司可以收取自保险责任开始之日起至合同解除之日止的保险费,剩余部分的保险费退还投保人。

(5) 被保险机动车所有权转移的,应当办理机动车交通事故责任强制保险合同变更手续。

2. 强制承保

机动车交通事故责任强制保险的强制承保表现在:

一是具有经营机动车交通事故责任强制保险资格的保险公司不能拒绝承保机动车交通事故责任强制保险业务。《强制保险条例》第五条规定,中资保险公司经保监会批准,可以从事机动车交通事故责任强制保险业务。为了保证机动车交通事故责任强制保险制度的实行,保监会有权要求保险公司从事机动车交通事故责任强制保险业务。

二是具有经营机动车交通事故责任强制保险资格的保险公司不能随意解除机动车交通事故责任强制保险合同。《强制保险条例》第十四条规定,保险公司不得解除机动车交通事故责任强制保险合同;但是,投保人对重要事项未履行如实告知义务的除外。

三是对未按规定承保或解除合同实施处罚。《强制保险条例》第三十八条规定,保险公司违反本条例规定,拒绝或者拖延承保机动车交通事故责任强制保险的,或者违反规定解除机动车交通事故责任强制保险合同的,由保监会责令改正,处5万元以上30万元以下罚款;情节严重的,可以限制业务范围、责令停止接受新业务或者吊销经营保险业务许可证。

(二) 过错责任原则与无过错责任原则

商业机动车第三者责任保险是根据被保险人在交通事故中所承担的事故责任来确定其赔偿责任的。也就是说,被保险人在交通事故的发生中必须有过错(疏忽或过失),因而对第三方的人身伤亡或财产损失负有赔偿责任时,保险人才在限额以内对被保险人承担赔偿责任。与商业机动车第三者责任保险不同,机动车交通事故责任强制保险强调无论被保险人是否在交通事故中负有责任,保险公司均要按照相关的法律、法规的规定以及机动车交通事故责任强制保险条款的具体要求,在责任限额内予以赔偿。也就是说,在机动车交通事故责任强制保险中,保险公司对保险事故所承担的是无过错责任,即无论被保险人在交通事故中无过错及过错责任如何,只要导致他人人身伤亡或财产损失,保险公司都要在责任限额内承担赔偿责任。

但是,对于超过限额以上的部分,则要根据具体情况确定是实行过错责任原则还是实行无过错责任原则。对于超过限额以上的部分,机动车与非机动车驾驶人、行人之间发生交通事故的,实行无过错(严格)责任原则,即由机动车一方承担责任;机动车驾驶人不得以自己没有过错主张免责。机动车一方有证据证明非机动车驾驶人、行人违反道路交通安全法律、法规，机动车驾驶人已经采取必要处置措施的，减轻机动车一方的责任。对于超过限额以上的部分，机动车之间发生交通事故的，实行过错责任原则，即由有过错的一方承担责任；双方都有过错的，按照各自过错的比例分担责任。

（三）以营利为目的和不以营利为目的

保险公司经营商业机动车第三者责任保险业务以营利为目的，而经营机动车辆交通事故责任强制保险业务则实行不以营利为目的的原则和商业化经营的原则。

保险公司经营机动车交通事故责任强制保险业务不以营利为目的，意味着实际费率仅限于保险公司经营机动车交通事故责任强制保险业务的最终结果在总体上不盈利不亏损的水平上。

我国的机动车辆交通事故责任强制保险既不以营利为目的，同时又要商业化经营。商业化经营主要体现在，机动车交通事故责任强制保险虽然实行统一的基础保险费率，但实际保险费率由各保险公司在同一的基础费率的基础上制定（需报保监会审批），并实行与被保险机动车道路交通安全违法行为、交通事故记录相联系的浮动机制；政府通常不对经营机动车交通事故责任强制保险业务的保险公司提供补贴。

三、机动车辆交通事故责任强制保险的保险责任、除外责任与责任限额

（一）保险责任

我国《道路交通安全法》第七十六条规定，机动车发生交通事故造成人身伤亡、财产损失的，由保险公司在机动车第三者责任强制保险责任限额范围内予以赔偿。如果交通事故所导致的各种损害（包括人身伤亡和财产损失）超出了责任保险的责任限额，对于超出部分保险公司不予赔偿。保险公司需要进行给付或赔偿的人身伤亡和财产损失为本车人员、被保险人以外的受害人的人身伤亡和财产损失，而不包括被保险机动车本车车上人员、被保险人的人身伤亡和财产损失。

在死亡伤残赔偿限额和无责任死亡伤残赔偿限额项下，保险人负责赔偿丧葬费、死亡补偿费、受害人亲属办理丧葬事宜支出的交通费用、残疾赔偿金、残疾辅助器具费、护理费、康复费、交通费、被扶养人生活费、住宿费、误工费，被保险人依照法院判决或者调解承担的精神损害抚慰金。在医疗费用赔偿限额和无责任医疗费用赔偿限额项下，保险人负责赔偿医药费、诊疗费、住院费、住院伙食补助费，必要的、合理的后续治疗费、整容费、营养费。

（二）除外责任

（1）因受害人（非机动车驾驶人、行人）故意造成的交通事故的损失。如果道路交通事故的损失是由受害人故意造成的，对于受害人的人身伤亡和财产损失，被保险人和保险公司都不承担给付或赔偿保险金的责任。

(2) 被保险人所有的财产及被保险机动车上的财产遭受的损失。

(3) 被保险机动车发生交通事故,致使受害人停业、停驶、停电、停水、停气、停产、通讯或者网络中断、数据丢失、电压变化等造成的损失以及受害人财产因市场价格变动造成的贬值、修理后因价值降低造成的损失等其他各种间接损失。

(4) 因交通事故产生的仲裁或者诉讼费用以及其他相关费用。

(三) 责任限额

《强制保险条例》第二十三条规定,机动车交通事故责任强制保险在全国范围内实行统一的责任限额。

机动车交通事故责任强制保险的责任限额是指被保险机动车发生交通事故,保险人对每次保险事故所有受害人的人身伤亡和财产损失所承担的最高赔偿金额。责任限额分为死亡伤残赔偿限额、医疗费用赔偿限额、财产损失赔偿限额以及被保险人在道路交通事故中无责任的赔偿限额。机动车交通事故责任强制保险责任限额由保监会会同国务院公安部门、国务院卫生主管部门、国务院农业主管部门规定。

赔偿责任限额的确定主要考虑交通事故受害人基本保障需要、国民经济发展水平和消费者支付能力等因素。2006年,机动车交通事故责任强制保险责任限额(每次保险事故的最高赔偿金额)为60 000元,其中死亡伤残赔偿限额为50 000元,医疗费用赔偿限额为8 000元,财产损失赔偿限额为2 000元。被保险人一方在道路交通事故中无责任的赔偿限额分别为上述限额的20%。2008年,机动车交通事故责任强制保险责任限额提高到为12.2万元,其中死亡伤残赔偿限额为110 000万元,医疗费用赔偿限额为10 000元,财产损失赔偿限额为2 000元。被保险人在道路交通事故中无责任的赔偿限额为死亡伤残赔偿限额11 000万元,医疗费用赔偿限额为1 000元,财产损失赔偿限额为100元。

四、机动车辆交通事故责任强制保险的保险期限

《强制保险条例》第二十条规定,机动车交通事故责任强制保险的保险期间为1年。属下列情形之一的,投保人可以投保短期机动车交通事故责任强制保险:

(1) 境外机动车临时入境的。

(2) 机动车临时上道路行驶的。

(3) 机动车距规定的报废期限不足1年的。

(4) 保监会规定的其他情形。

五、机动车辆交通事故责任强制保险的保险条款和保险费率

《强制保险条例》第六条规定,机动车交通事故责任强制保险实行统一的保险条款和基础保险费率(参见附表7-3)。

保险公司的机动车交通事故责任强制保险业务,应当与其他保险业务分开管理,单独

核算。保险公司可以根据其所承保的机动车交通事故责任强制保险业务的总体盈利或者亏损情况,在统一的基础保险费率的基础上相应地调整机动车交通事故责任强制保险的保险费率。保监会按照机动车交通事故责任强制保险业务总体上不盈利不亏损[①]的原则审批保险费率。

为了使机动车交通事故责任强制保险的费率更好地体现总体上不盈利不亏损的原则,保监会在审批保险费率时,可以聘请有关专业机构进行评估,以及举行听证会听取公众意见。

保监会应当每年对保险公司的机动车交通事故责任强制保险业务情况进行核查,并向社会公布;根据保险公司机动车交通事故责任强制保险业务的总体盈利或者亏损情况,可以要求或者允许保险公司相应调整保险费率。

机动车交通事故责任强制保险费率实行与被保险机动车道路交通安全违法行为、交通事故记录相联系的浮动机制。保险公司可以根据各被保险机动车是否发生过道路交通安全违法行为和道路交通事故和发生情况的轻重,降低或提高保险费率。对于被保险机动车没有发生道路交通安全违法行为和道路交通事故的,保险公司应当在下一年度降低其保险费率。在此后的年度内,被保险机动车仍然没有发生道路交通安全违法行为和道路交通事故的,保险公司应当继续降低其保险费率,直至最低标准。被保险机动车发生道路交通安全违法行为或者道路交通事故的,保险公司应当在下一年度提高其保险费率。多次发生道路交通安全违法行为、道路交通事故,或者发生重大道路交通事故的,保险公司应当加大提高其保险费率的幅度。对于发生道路交通事故,但在道路交通事故中被保险人没有过错的,不提高其保险费率。

建立有升有降的"奖优罚劣"的费率浮动机制,一方面有利于提高驾驶人的道路交通安全法律意识,有效预防和减少道路交通事故的发生;另一方面有利于发挥市场机制对道路交通安全管理的辅助作用,提高道路交通安全管理效率。

为了使保险公司能够便捷、准确地获得保险车辆的相关信息,必须逐步建立机动车交通事故责任强制保险与道路交通安全违法行为和道路交通事故的信息共享机制。

六、保险金的支付和抢救费用的支付、垫付及追偿

(一)保险金的支付

对于机动车第三者责任强制保险的保险金,保险人应当按死亡伤残赔偿金额、医疗费用赔偿金额、财产损失赔偿金额以及被保险人在道路交通事故中无责任赔偿金额分项目核定,其中每一项都不能超过其既定的保险责任限额。各项目赔偿金额之和不能超过机动车交通事故责任强制保险责任限额。

---

① 指费率在构成上只包含赔付成本、经营成本,而不包含预期利润。

按照《强制保险条例》第三十一条规定,对于机动车第三者责任强制保险的保险金,保险人可以向被保险人支付,也可以直接向受害人支付。

(二)抢救费用的支付、垫付及追偿

抢救费用是指机动车发生道路交通事故导致人员受伤时,医疗机构参照国务院卫生主管部门组织制定的有关临床诊疗指南,对生命体征不平稳和虽然生命体征平稳但如果不采取处理措施会产生生命危险,或者导致残疾、器官功能障碍,或者导致病程明显延长的受伤人员,采取必要的处理措施所发生的医疗费用。

道路交通事故往往具有突发性。为了确保交通事故受害人能得到及时有效的救治,我国《道路交通安全法》第七十五条规定,肇事车辆参加机动车第三者责任强制保险的,由保险公司在责任限额范围内支付抢救费用。《强制保险条例》第三十一条规定,因抢救受伤人员需要保险公司支付或者垫付抢救费用的,保险公司在接到公安机关交通管理部门通知后,经核对应当及时向医疗机构支付或者垫付抢救费用。垫付抢救费用的金额不超过机动车交通事故责任强制保险相应的医疗费用赔偿限额,并且垫付金额为抢救受伤人员所必须支付的相关医疗费用。对于抢救费用超过责任限额的,由道路交通事故社会救助基金先行垫付部分或者全部抢救费用。

对于驾驶人未取得驾驶资格或者醉酒驾车发生道路交通事故的,或者被保险机动车被盗抢期间肇事的,或者被保险人故意制造道路交通事故的,对于其在机动车交通事故责任强制保险责任限额范围内垫付的抢救费用,保险人有权向致害人追偿。

对于抢救费用超过责任限额而由道路交通事故社会救助基金先行垫付的部分或者全部抢救费用,道路交通事故社会救助基金管理机构有权向交通事故责任人追偿。

对于下列损失和费用,交通事故责任强制保险的保险人和道路交通事故社会救助基金不负责垫付:

(1)因受害人故意造成的交通事故的损失。

(2)被保险人所有的财产及被保险机动车上的财产遭受的损失。

(3)被保险机动车发生交通事故,致使受害人停业、停驶、停电、停水、停气、停产、通讯或者网络中断、数据丢失、电压变化等造成的损失以及受害人财产因市场价格变动造成的贬值、修理后因价值降低造成的损失等其他各种间接损失。

(4)因交通事故产生的仲裁或者诉讼费用以及其他相关费用。

七、救助基金的来源与管理

按照《机动车交通事故责任强制保险条例》第二十五条的规定,道路交通事故社会救助基金的来源包括:

(1)按照机动车交通事故责任强制保险的保险费的一定比例提取的资金。

(2)对未按照规定投保机动车交通事故责任强制保险的机动车的所有人、管理人的罚款。

（3）救助基金管理机构依法向道路交通事故责任人追偿的资金。

（4）救助基金孳息。

（5）其他资金。

救助基金的具体管理办法，由国务院财政部门会同保监会、国务院公安部门、国务院卫生主管部门、国务院农业主管部门制定。

八、赔偿争议的解决方式

在机动车交通事故责任强制保险合同期间，如果保险合同双方当事人就赔偿问题发生争议，可以通过仲裁或诉讼的方式解决。《强制保险条例》第三十条规定，被保险人与保险公司对赔偿有争议的，可以依法申请仲裁或者向人民法院提起诉讼。

第三节 其他运输工具保险

一、船舶保险

船舶保险是指以各类船舶为保险标的的保险。这里的船舶包括船壳、机器设备和船舶的各种属具以及船舶所用的燃料和所配备的给养等。

我国的船舶保险分为国内船舶保险和远洋船舶保险两大类别。国内船舶保险承保的船舶是在中华人民共和国境内合法登记注册，在内河、沿海航行的船舶。远洋船舶保险承保的船舶是在国际航线上航行的船舶，包括在中华人民共和国境内登记注册的船舶，也包括在其他国家或地区登记注册的船舶。这里我们主要介绍和讨论远洋船舶保险。

（一）船舶保险保障的内容

船舶保险保障的内容主要包括：

（1）船舶的物质损失。它包括船壳、机器（主机、副机、发电机等）以及海洋船舶的导航设备、救生设备、燃料、给养等的损失。

（2）船舶有关利益的损失。它包括因船舶停航、修理而使被保险人遭受的运费、租金、营运费用、保险费以及船员的工资等方面的损失。

（3）对第三者的赔偿责任。它是指船舶因意外事故的发生而导致第三方的损失，在法律上对第三方应负的赔偿责任，如船舶碰撞责任等。

（二）船舶保险的保险责任

船舶保险主要分为全损险和一切险两个基本险别。

1. 全损险的保险责任

全损险主要承保由于下列原因所造成的船舶的全部损失：

(1) 海上风险。它包括两个部分：一是自然灾害，如恶劣气候、雷电、海啸、地震、火山爆发、洪水等；二是意外事故，如搁浅、触礁、沉没、失踪、碰撞或与其他固定或浮动物体相撞等。

(2) 火灾、爆炸。

(3) 来自船外的暴力盗窃或海盗行为。

(4) 抛弃货物。

(5) 船员的疏忽、过失以及有意损害被保险人利益的行为。

(6) 任何政府当局为防止或减轻因承保风险造成船舶损坏引起的污染所采取的行动。

2. 一切险的保险责任

一切险除了承保上述原因所造成的船舶全部损失外，还承保由于上述原因所致的部分损失，以及下列损失和费用：

第一，碰撞责任。

碰撞责任是指保险船舶与其他船舶或任何固定或浮动的物体相撞，造成他船或物体的损失，被保险人在法律上应负的赔偿责任。

碰撞责任是船舶保险项下责任增加的部分，即在被保险人已经投保了一切险且保险人已经承保的前提下，保险人对被保险人碰撞责任的赔偿金额与船舶本身的损失的赔偿金额是分别计算的，但不能超过船舶的保险金额。在我国，实行"四分之四"的碰撞责任，即在被保险人碰撞责任的赔偿金额不超过船舶的保险金额的条件下，保险人可以代替被保险人承担全部赔偿责任。如果被保险人碰撞责任的赔偿金额超过船舶的保险金额，则保险人可以代替被保险人承担与保险金额相同的碰撞责任。英国等国则实行"四分之三"的碰撞责任，即在被保险人碰撞责任的赔偿金额不超过船舶的保险金额的条件下，保险人可以代替被保险人承担四分之三的赔偿责任。如果被保险人碰撞责任的赔偿金额超过船舶的保险金额，那么保险人也只能代替被保险人承担保险金额四分之三的碰撞责任。

如果保险船舶与其他船舶互有过失而相撞，通常应按各自应负的责任比例来确定本船对他船的赔偿金额。例如，甲乙两船互撞，甲船损失 500 万元，乙船损失 600 万元。经法院判决，甲船应负 70% 的责任，乙应负 30% 的责任。甲船对乙船的碰撞责任的赔偿金额应为 420 万元，乙船对甲船的碰撞责任的赔偿金额为 150 万元。假定甲船的保险金额为 1 000 万元。显然，甲船对乙船的碰撞责任赔偿金额没有超过甲船的保险金额。按照我国的规定，甲船的保险人应代替被保险人承担 420 万元的碰撞赔偿责任。在甲船的保险人已经赔偿甲船损失 500 万元的假定前提下，甲船的保险人可以通过行使代位求偿权向乙船的所有者追偿 150 万元。

如果保险船舶与碰撞船舶属于同一个船东所有，或由同一主体经营管理的，应按"姐妹船条款"视为不同船东所有，由船舶的保险人承担碰撞责任。

第二,共同海损和救助费用。

共同海损有共同海损牺牲与共同海损分摊之分。从船方的角度看,共同海损牺牲是指船方在船舶遇险时,为了船货的共同安全采取必要措施而造成的船舶本身的损失;共同海损分摊是指船方在船舶遇险时,为了船货的共同安全采取必要措施而造成的船舶以外其他财产的损失,而应该由船方分担的部分。

在船东或船舶经营人就其所有或经营管理的财产投保了船舶一切险的前提下,对于被保险人的共同海损分摊,保险人应予以赔偿。对于共同海损牺牲,则可先由保险人予以赔偿,然后再向其他各分摊方追偿。

救助费用是指保险船舶遭遇承保风险时,对提供帮助的第三方支付的报酬或承担的费用。这种费用通常列为共同海损费用,由保险人承担赔偿责任。

第三,施救费用。

施救费用是指船方在船舶遇险或已经遭受损失时,为了船舶的安全或减少损失,采取施救措施而支付的合理费用。由于施救措施有利于避免或减少船舶的损失,从而有利于减少保险人的赔偿金额,所以保险人对施救费用也承担赔偿责任。

(三) 船舶保险的除外责任

船舶保险的除外责任主要包括:

(1) 船舶不适航。它包括人员配备不当,装备不妥和货物配载不当等。

(2) 被保险人及其代表的疏忽或故意行为。被保险人代表通常是指行使船东权利管理船舶以及有权指挥调度船舶的人。

(3) 船舶的正常磨损、锈蚀、腐烂,或保养不周以及材料缺陷和不良状态部件的更换与修理。

(4) 战争、罢工险的保险责任与除外责任。

(5) 清除障碍物、残骸的费用。

(6) 为人身伤亡、疾病所支付的费用等。

(四) 船舶战争险、罢工险的保险责任与除外责任

1. 船舶战争险、罢工险的保险责任

船舶战争险、罢工险承保下列原因所造成的保险船舶的损失、碰撞责任、共同海损和救助或施救费用:

(1) 战争、内战、革命、叛乱或由此引起的内乱或敌对行为。这里的战争不包括联合国常任理事国之间发生的战争。

(2) 捕获、扣押、扣留、羁押、没收或封锁。此类赔案只能在发生之日起 6 个月后受理。

(3) 各种战争武器,包括水雷、鱼雷、炸弹。战争结束以后尚未被清除或残留的爆炸物也包括在内。

(4) 罢工、被迫停工或其他类似事件。
(5) 民变、暴动或其他类似事件。
(6) 任何怀有政治动机的恶意行为,如劫持等。

2. 船舶战争险、罢工险的除外责任

船舶战争险、罢工险不承担下列原因所造成的保险船舶的损失、责任和费用:
(1) 原子弹、氢弹或核武器的爆炸。
(2) 由船籍国或登记国的政府地方当局所采取的或命令的捕获、扣押、扣留、羁押或没收。
(3) 被征用或被征购。
(4) 联合国常任理事国之间爆发的战争。

二、飞机保险

飞机失事不仅造成机身损失,而且同时产生所载乘客、货物以及第三者的损害赔偿问题。飞机保险就是以飞机本身及其有关责任、利益为保险标的的保险。

(一) 基本险

飞机保险的基本险包括飞机机身保险、飞机第三者责任保险、飞机旅客法定责任保险等。

1. 飞机机身保险

飞机机身保险承保各种类型的客机、货机、客货两用机及各种专业用途的飞机本身因自然灾害或意外事故等原因而发生的损失。

国外的飞机机身保险通常分为包括地面及飞行在内的一切险,不包括飞行在内的一切险,不包括飞行与滑行在内的一切险三种。一切险的责任范围主要包括火灾、雷击、爆炸、碰撞、风暴、偷窃等原因造成的飞机机身及其附件的损失。

我国境内航线的飞机机身保险的保险责任包括:
(1) 飞机在飞行、滑行或在地面上处于静步状态时,因自然灾害或意外事故所造成的飞机机身及其附件的损失。
(2) 飞机起飞后超过规定时间(一般为15天)尚未得到其行踪消息的失踪损失。
(3) 因意外事故引起的飞机的拆卸、重装和运输费用。
(4) 飞机失事后清理残骸的合理费用。
(5) 飞机发生自然灾害或意外事故时采取施救、保护措施所支出的合理费用,但最多不能超过该飞机机身保险的保险金额。

国内航线飞机机身保险对以下原因造成的机身损失不承担赔偿责任:
(1) 战争、军事行动和劫持。
(2) 飞机起飞前不具备适航条件。

(3) 被保险人的故意行为。
(4) 飞机任何部件的自然磨损或制造与机械缺陷。
(5) 飞机受损后引起的停航、停运等间接损失。

2. 飞机第三者责任保险

飞机第三者责任保险承保被保险人因飞机碰撞、坠落或飞机上的人员、物体坠落造成第三者人身伤亡或财产损失应负的赔偿责任,以及由被保险人赔偿责任引起的诉讼费用。保险人对诉讼费用的赔偿不受保险单所载明的最高赔偿限额的限制。

飞机第三者责任保险的除外责任包括:① 战争、军事行动和劫持;② 飞机起飞前不具备适航条件;③ 被保险人的故意行为;④ 事故发生后善后工作的费用;⑤ 被保险人及其工作人员和本机旅客的人身伤害和财产损失。

3. 飞机旅客法定责任保险

飞机旅客法定责任保险承保被保险人对乘客乘坐或上下飞机时发生意外,致使其遭受人身伤害,或随身携带和托运的行李、物件发生损失在法律上应承担的赔偿责任,以及由这种赔偿责任引起的诉讼费用。

(二) 附加险

飞机保险的附加险主要包括:

(1) 飞机战争、劫持险。它承保由于战争、敌对行为或武装冲突、拘留、扣押、没收、保险飞机被劫持或被第三者破坏等原因造成的保险飞机的损失、费用,由此引起的被保险人对第三者或旅客的赔偿责任以及诉讼费用等。

(2) 承运货物责任险。它承保承运人对已办好托运手续装载在保险飞机上的货物在运输过程中发生的损失的赔偿责任。

第四节 运输货物保险

运输货物保险是指以各种运输货物为保险标的,承保货物在运输过程中遭受各种自然灾害或意外事故造成的损失的保险。

运输货物保险有国内运输货物保险与海洋运输货物保险之分。海洋运输货物保险是最早出现的运输货物保险,其条款是其他运输货物保险条款的基础。在这一节中我们主要介绍海洋运输货物保险。

一、运输货物保险的特点

运输货物保险与一般财产保险相比,具有以下五个特点。

1. 保险标的的流动性

一般财产保险的保险标的通常处于静止状态,而作为运输货物保险的保险标的的货物则必须完成位置的移动，处于流动状态。运输货物经常处于流动状态，不仅使其面临更多的风险，同时也使其在出险之后估计损失的难度增大，海上运输货物就更是如此。这是运输货物保险多为定值保险的重要原因之一。

2. 保险标的所有权的易变性

运输货物多数是用于出卖的，因而运输货物的所有权是易变的。尤其是在长距离的海上运输途中，运输货物的所有权很可能因途中售出而改变。由于在现代运输方式下被保险人通常是与货物相分离的，被保险人一方没有在运输过程中实施道德风险的条件，保险人不必担心保险标的因道德风险而受损，因此，运输货物保险单可以通过背书的方式转移到新的货物所有者手中，而无须通过保险人同意。

3. 保险责任范围的广泛性

一般财产保险通常只负责保险财产的直接损失和为减少损失而支付的施救、保护费用，而货物保险则除了负责这些损失和费用外，还要负责由于破碎、渗漏、包装破裂、偷窃或提货不着所造成的货物损失，以及共同海损牺牲、分摊、救助和施救费用等。

4. 保险期间的短期性

一般财产保险的保险期限通常为1年，而运输货物保险的保险期限一般较短，通常为由起运地开始，至目的地结束。

5. 货物保险的国际性

在货物运输保险尤其是海洋运输货物保险中，保险合同的双方当事人往往来自不同的国家或地区，作为保险标的的货物往往是国际贸易中的货物，保险合同的签订和履行往往要受国际公约和国际惯例的约束。

二、海洋运输货物保险基本险的保险责任

我国海洋运输货物保险基本险包括平安险、水渍险和一切险三个险别。

（一）平安险的保险责任

我国现行的海上运输货物保险三种主险的名称都是从英文译过来的。

平安险的英文名称为 Free from Particular Average。Particular Average 为单独海损。可见，平安险英文名称本来的含义是不负责单独海损。换句话说，平安险只负责货物全损和共同海损。随着国际贸易和国际航运的发展，平安险的责任范围已经超过了其英文名称的本来含义。目前的平安险不仅负责货物全损和共同海损，而且还负责由意外事故所造成的单独海损。具体地说，平安险的责任范围包括：

（1）保险货物在运输途中由于恶劣气候、雷电、海啸、地震、洪水等自然灾害造成整批货物的全部损失或推定全损。

（2）由于运输工具遭受搁浅、触礁、沉没、互撞、与流冰或其他物体碰撞，以及失火、爆

炸等意外事故造成货物的全部或部分损失。

(3) 在运输工具已经遭受搁浅、触礁、沉没、焚毁等意外事故的情况下,货物在此前后遭受恶劣气候、雷电、海啸等自然灾害所造成的部分损失。

(4) 在装载或运输时,由于一件或数件货物整件落海造成的全部或部分损失。

(5) 被保险人对遭受保险责任范围内的危险的货物采取抢救、防止或减少货损的措施而支付的合理费用,但以不超过该批货物的保险金额为限。

(6) 运输工具遭受海难后,在避难港卸货引起的损失以及中途港、避难港由于卸货、存仓以及运送货物所产生的特别费用。

(7) 共同海损分摊和救助费用。

(8) 运输契约订有"船舶碰撞互有过失责任"条款的,根据该条款的规定应由货方偿还船方的损失。

(二) 水渍险的保险责任

水渍险的英文名称为 With Particular Average。可见,水渍险英文名称的含义是负责单独海损。由于水渍险的责任范围大于平安险,水渍险英文名称的实际含义是负责货物的全损和包括单独海损与共同海损在内的全部单独海损。目前的水渍险除了承担平安险的各项保险责任外,还负责由于恶劣气候、雷电、海啸、地震、洪水等自然灾害所造成的货物的部分损失。即就保险责任而言,有以下计算公式:

$$水渍险=平安险+由自然灾害所造成的部分损失$$

(三) 一切险的保险责任

一切险的英文名称为 All Risks。从字面上看,一切险英文名称的含义是负责所有的风险,即只要购买了一切险,由任何原因所造成的货物损失保险人都负责赔偿。实际上并非如此。一切险的责任范围大于水渍险。除了承担水渍险的各项保险责任外,一切险还负责被保险货物由于外来原因所造成的全部或部分损失。这些外来原因涵盖于十一种普通附加险之中。即就保险责任而言,有以下计算公式:

$$一切险=水渍险+十一种普通附加险$$

这十一种普通附加险是偷窃、提货不着险、淡水、雨淋险、短量险、混杂玷污险、渗漏险、碰损、破碎险、串味险、受潮受热险、钩损险、包装破裂险和锈损险。

三、海洋运输货物保险附加险的保险责任

海上运输货物保险的附加险包括普通附加险、特别附加险和特殊附加险。

(一) 普通附加险

此类附加险已经包含在一切险的责任范围之内。如果投保人已经投保了一切险,则无须加保此类附加险。如果投保人投保的是平安险或水渍险,投保人可以加保一种或几

种普通附加险。

1. 偷窃、提货不着险

偷窃、提货不着险承保被保险货物在保险合同有效期内遭受偷窃行为所致的损失、整件提货不着所致的损失。偷窃行为所致损失的认定是必须有盗窃痕迹,而提货不着则是没有原因,没有踪迹的。

被保险人在提货时遇有货物遭受偷窃行为所致的损失,必须在提货后 10 日内申请检验。遇有整件提货不着所致的损失,必须向责任方取得整件提货不着的书面证明;否则,保险人不负赔偿责任。

2. 淡水、雨淋险

淡水、雨淋险承保被保险货物在保险合同有效期内,直接由于淡水、雨淋所造成的全部损失或部分损失。淡水、雨淋所致损失的认定是包装外部应有淡水或雨水痕迹或其他适当证明,同时,被保险人要在提货后 10 日内向保险人或保险单载明的检验理赔代理人申请检验,否则保险人不负责赔偿。这里所谓的淡水,包括船上淡水舱、水管漏出的水及舱汗等。

3. 短量险

短量险承保被保险货物在运输过程中发生的数量短少及重量减轻的损失。数量短少及重量减轻所致损失的认定,对有包装货物的短少,必须有外包装发生异常的现象,如破口、裂缝等;对散装货物的短少,则通常以装船重量和卸船重量之间的差额作为依据。正常的途耗不包括在短量之内。

4. 混杂玷污险

混杂玷污险承保被保险货物在运输途中,因混进了杂质或被玷污所致的损失。例如,矿砂、矿石等货物中混进了泥土、草屑等杂质,因而使其质量受到影响所引起的损失;布匹、纸张、食物、服装等被油类或带色的物质污染而引起的损失等。

5. 渗漏险

渗漏险承保流质、半流质的液体物质和油类物质在运输过程中因为容器损坏而引起的渗漏损失,以及用液体装存的物质如湿肠衣、酱渍菜等因为液体渗漏而使肠衣、酱菜等发生腐烂、变质所致的损失。

6. 碰损、破碎险

碰损、破碎险承保被保险货物在运输途中,因碰损、破碎所致的损失。例如,搪瓷、钢精器皿、大理石等在运输途中因为受到震动、颠簸、挤压等造成货物本身的凹瘪、脱漆、划痕等引起的损失;陶器、瓷器、玻璃、玻璃器皿、大理石等在运输途中由于装卸、运输工具颠簸、震动等造成货物本身的破碎、断裂等引起的损失。

7. 串味险

串味险承保被保险货物在运输过程中,因受到其他物品的气味影响而造成的串味损失。例如，食用物品、中药材、化妆品原料、茶叶、香料等在运输途中受到一起堆放的皮革、樟脑等散发的异味或船舱中遗留的异味的影响，而使其品质降低或变坏所导致的损失等。

8. 受潮受热险

受潮受热险承保被保险货物在运输过程中因气温突然变化，或由于船上通风设备失灵致使船舱内水汽凝结而受潮、受热所导致的损失。

9. 钩损险

钩损险承保被保险货物在使用手钩、吊钩等钩类工具装卸过程中发生的损失，以及对包装进行重新更换、修补所支付的合理费用。例如，捆装的棉布被手钩钩损，包装的粮食被吊钩钩损等发生的损失。

10. 包装破裂险

包装破裂险承保被保险货物在运输过程中因搬运或装卸不慎致使包装破裂所造成的损失，以及为继续安全运输的需要，对包装进行修补或重新更换包装所支付的合理费用。但是，因包装不良等其他原因致使包装破裂所造成的保险货物损失，保险人不承担赔偿责任。

11. 锈损险

锈损险承保被保险货物在运输过程中因为生锈造成的损失。但是，如果保险货物在保险合同签订或生效以前就已经存在锈损，则保险人不承担赔偿责任。裸装的金属板、块、条、管等几乎必然生锈，因而通常是不投保此险的。

(二) 特别附加险

特别附加险共有六种，即交货不到险、进口关税险、黄曲霉毒素险、出口货物到我国香港或我国澳门存仓火险责任扩展条款、舱面险和拒收险。

1. 交货不到险

交货不到险承保自货物装上船舶时开始，不论由于任何原因，如被保险货物不能在预定抵达目的地的日期起6个月以内交货的全部损失。

2. 进口关税险

进口关税险承保被保险货物到达目的港后，因遭受本保险单责任范围以内的损失，而被保险人仍须按完好货物完税时而承担的该项货物进口关税损失。

3. 黄曲霉毒素险

黄曲霉毒素险承保被保险货物在保险责任有效期内，在进口港或进口地经当地卫生当局的检验证明，因含有黄曲霉毒素，并且超过了进口国对该毒素的限制标准，而被拒绝进口或被没收部分货物的保险价值或改变用途所造成的损失。但保险人不负责由于其他原因所导致的被有关当局拒绝进口或没收或强制改变用途的货物的损失。

4. 出口货物到我国香港或我国澳门存仓火险责任扩展条款

出口货物到我国香港或我国澳门存仓火险责任扩展条款是指被保险货物经运抵目的

地我国香港(包括九龙在内)或我国澳门,卸离运输工具后,如直接存放于保险单载明的过户银行所指定的仓库时,保险人对存仓期间货物因火灾而发生的损失承担赔偿责任。责任期限为自运输责任终止时开始,至过户银行收回货款解除对货物的权益终止时止,或自运输险责任终止时起计满30天时止。如被保险人在期满前,书面申请延长并交付所需的保险费后,得予继续延长。该附加险的设立是为了保护过户银行的利益,因为货主在向银行归还货款前,已在银行办理押汇的货物的权益属于银行。

5. 舱面险

舱面险承保被保险货物因装载于舱面承担风险所导致的损失,以及装载于舱面的货物被抛弃或风浪冲击落水所造成的损失。

6. 拒收险

拒收险承保被保险货物在进口时,不论什么原因,在进口港被进口国政府或有关当局拒绝进口或没收所造成的损失,以及被保险货物起运后进口国政府或有关当局宣布任何禁运或禁止进口,被保险货物运回出口国或转口到其他目的地而增加的运费支出。

(三) 特殊附加险

特殊附加险包括海洋运输货物战争险和海洋运输货物罢工险。

1. 海洋运输货物战争险

海洋运输货物战争险负责赔偿:直接由于战争、类似战争行为和敌对行为、武装冲突或海盗行为所致的货物损失;由于这些行为引起的捕获、拘留、扣留、限制、扣押所造成的货物损失;各种常规武器,包括水雷、鱼雷、炸弹所致的货物损失;本条款责任范围引起的共同海损牺牲、分摊和救助费用。

海洋运输货物战争险对下列各项不负赔偿责任:由于敌对行为使用原子或热核制造的武器所致的损失和费用;根据执政者、当权者或其他武装集团的扣押、拘留引起的承保航程的丧失和挫折而提出的任何索赔。

2. 海洋货物运输罢工险

海洋货物运输罢工险承保保险货物由于罢工者、被迫停工工人或参加工潮、暴动、民动、民众斗争的人员的行动,或任何人的恶意行为所造成的直接损失和上述行动或行为所引起的共同海损牺牲、分摊和救助费用。

海洋货物运输罢工险对在罢工期间由于劳动力短缺或不能运用所致的保险货物的损失,包括因此而引起的动力或燃料缺乏使冷藏机停止工作所致的冷藏货物的损失,不承担赔偿责任。

四、海洋运输货物保险的除外责任

海洋运输货物保险的除外责任包括:

(1) 被保险人的故意行为或过失行为造成的损失。法律上的故意行为是指行为人明知自己的行为可能造成损害结果，而仍希望其结果发生或放任这种结果发生的行为。例如，被保险人对海运欺诈知情却未及时采取措施以避免或减少损失，或直接参与海运欺诈导致货物损失等。过失行为是指行为人应当预见自己的行为可能发生损害结果，却因为疏忽大意而没有预见或者已经预见但轻信能够避免，以致发生这种损害结果的行为。例如，被保险人未能及时提货而造成的货物损坏；被保险人没有及时申请检验而致使损坏扩大；被保险人租用不适航船舶或租用资信不良的承运人的船舶导致货物损坏，或者货损后向承运人追偿成为不可能。

(2) 属于发货人的责任引起的损失。发货人的责任是指由于发货人的故意行为或过失行为而引起的货损，应当由发货人承担责任。例如，发货人提供的货物品质不良、申报不实、包装不固、标志不清、货物原装短少以及发货人未履行售货合同的有关规定而引起的货损；由发货人装箱所引起的短装、积载不当、错装及所选用的集装箱不适货所造成的损失；发货人凭保函向承运人换取清洁提单等。

(3) 在保险责任开始前，保险货物已经存在的品质不良或数量短少所造成的损失。

(4) 保险货物的自然损耗、本质缺陷、特性以及市价跌落、运输延迟所引起的损失。货物的自然损耗是指因货物自身特性而导致的在运输途中必然会发生的损失。例如，粮谷、豆类因含水量蒸发而导致的短缺，油脂类货物因在油舱、油管壁沾留而导致的短缺，等等。本质缺陷是指货物本身所固有的缺陷，即货物发运前已经存在的质量上的瑕疵。在没有外来原因或意外事故的情况下，在运输过程中，某些货物会由其自身的特性所决定而发生损失。例如，水果易于腐烂，面粉易于发热、发霉，蔗糖易于受潮结块等。运输延迟是指由于运输过程中的种种原因致使货物未能在明确约定的时间内在约定的卸货港交付。由于运输延迟而导致的货损，保险人不承担赔偿责任。市价跌落是保险人无法控制的商业风险，也应属除外责任。

(5) 海洋运输货物战争险和罢工险条款规定的除外责任。在未加保此类保险时，此类保险的保险责任也属于除外责任。

上述这些除外责任是平安险、水渍险、一切险三种主险共同的除外责任。由于这三种主险的责任范围不同，它们的除外责任不可能完全相同。除了上述这些除外责任之外，属于一切险责任范围之内的十一种普通附加险所承保的风险，对于水渍险来说，也是除外责任。而对于平安险来说，除了水渍险的除外责任之外，由自然灾害所导致的单独海损也是它的除外责任。

五、海洋运输货物保险的保险期限

海洋运输货物保险的保险期限以仓至仓条款（Warehouse to Warehouse Clause）为依据。按照该条款的规定，保险人的责任期间为货物从保险单载明的起运港（或起运地)发货人的仓库或储存处所开始运输时起,直到货物到达保险单载明的目的港(或目的地)收货人的仓库或储存处所时止。仓至仓条款是海上运输货物保险的基础性条款。

在货物卸离海轮后未进入收货人的仓库或储存处所的情况下,货物仍然存在风险。保险人对货物卸离海轮后至进入收货人的仓库或储存处所之前的期间存在的风险仍可提供保险保障,但不能超过60天。如果已经满60天货物仍未进入收货人的仓库或储存处所,保险责任终止。如果在60天之内货物已经进入收货人的仓库或储存处所,则从进入时起保险责任终止。这一规定是仓至仓条款的扩展。

如果货物卸离海轮后虽未进入收货人的仓库或储存处所,但已被收货人转运、出卖或分派,则从转运、出卖、分派时起保险责任终止。

六、海洋运输货物保险的保险金额与保险费率

海洋运输货物保险通常属于定值保险。保险金额一般按到岸价格(CIF 价格)加一成确定。加成的作用在于保障被保险人的正常预期利润。如果货物是以离岸价(FOB 价格)或成本加运费价(CFR 价格)成交的,通常可以换算成到岸价格后再加成投保。

海洋运输货物保险的保险费率是参照国际保险费率水平并综合考虑以下因素确定的:① 承运货物的运输工具的状况(如船级、船龄等);② 航程情况(如距离、经过的海域的风险状况等);③ 货物的性质、包装和装载的情况;④ 装卸货物港口的管理和装卸情况;⑤ 被保险人以往的索赔记录;⑥ 投保的险别或险种等。

七、海洋运输货物保险的索赔期限

海洋运输货物保险条款关于索赔期限的规定是,从保险货物在最后卸货港卸离海轮时起,最多不超过2年。如果收货人向承运人索赔,则索赔时效一般为承运人交货后1年内。

本 章 小 结

交通运输工具保险是以载人或载运货物以及从事某种交通作业的工具为保险标的,承保交通运输工具因遭受自然灾害和意外事故而发生的损失,灾害发生时被保险人一方采取施救、保护措施而支出的合理费用,以及对第三者的赔偿责任的保险。

机动车辆损失险的保险金额的确定有三种方式:按投保时保险车辆的新车购置价确定;按投保时保险车辆的实际价值确定;在投保时保险车辆的新车购置价内与保险人协商确定。机动车辆损失险的保险费采用基本保险费加保险金额与费率乘积的方法计算。当保险车辆发生保险责任范围内的损失时,赔偿金额要根据损失的程度、保险金额确定的方

式和被保险人的责任比例等因素计算。

机动车辆第三者责任险的保险金额是以责任限额的形式体现出来的。当第三者责任发生时,保险人在责任限额以内根据被保险人的责任比例进行赔偿。保险人的赔偿责任以被保险人有过错,从而在交通事故中负有责任为前提。与商业机动车第三者责任保险不同,机动车交通事故责任强制保险强调无论被保险人是否在交通事故中负有责任,保险公司均要按照相关的法律和法规的规定以及机动车交通事故责任强制保险条款的具体要求,在责任限额内予以赔偿。

船舶保险有全损险与一切险之分。全损险的保险责任是保险船舶因保险责任范围内的原因而发生的全部损失。一切险的保险责任是在全损险责任范围的基础上加上碰撞责任、共同海损牺牲、共同海损分摊和救助费用。

运输货物保险是指以各种运输货物为保险标的,承保货物在运输过程中遭受各种自然灾害或意外事故造成的损失的保险。

在海上运输货物保险中,目前的平安险不仅负责货物全损和共同海损,而且还负责由意外事故所造成的单独海损。水渍险的保险责任是在平安险的基础上加上由自然灾害所造成的单独海损。一切险的保险责任是在水渍险的基础上加上十一种普通附加险。

关 键 词

机动车辆损失险　机动车辆第三者责任险　机动车交通事故责任强制保险　碰撞责任　姐妹船条款　共同海损牺牲　共同海损分摊　救助费用　施救费用　船舶不适航

复习思考题

1. 简述机动车辆损失险保险金额的确定方式及其对保险赔款的影响。
2. 机动车辆损失险的保险费是如何计算的?采用这种计算方式的依据是什么?
3. 机动车辆第三者责任险的赔偿金额是如何计算的?
4. 简述机动车交通事故责任强制保险与机动车辆第三者责任保险的异同。
5. 从保险责任的角度看,碰撞与碰撞责任有什么区别?
6. 简述运输货物保险的特点及其意义。
7. 简述海上运输货物保险平安险、水渍险、一切险的联系与区别。

附表 7-1

机动车商业保险行业基本费率表(2008,A 款)摘录 1

家庭自用汽车与非营业用车		机动车损失保险							
		1 年以下		1～2 年		2～6 年		6 年以上	
		基础保费(元)	费率	基础保费(元)	费率	基础保费(元)	费率	基础保费(元)	费率
家庭自用汽车	6 座以下	539	1.28%	513	1.22%	508	1.21%	523	1.24%
	6～10 座	646	1.28%	616	1.22%	609	1.21%	628	1.24%
	10 座以上	646	1.28%	616	1.22%	609	1.21%	628	1.24%
企业非营业客车	6 座以下	315	1.04%	300	0.99%	297	0.98%	306	1.01%
	6～10 座	378	0.99%	360	0.94%	356	0.93%	367	0.96%
	10～20 座	378	1.06%	360	1.01%	356	1.00%	367	1.03%
	20 座以上	394	1.06%	375	1.01%	371	1.00%	382	1.03%
党政机关、事业团体非营业客车	6 座以下	244	0.81%	232	0.77%	230	0.76%	237	0.79%
	6～10 座	293	0.77%	279	0.73%	276	0.72%	284	0.75%
	10～20 座	293	0.81%	279	0.77%	276	0.76%	284	0.79%
	20 座以上	305	0.81%	290	0.77%	287	0.76%	296	0.79%
非营业货车	2 吨以下	252	0.97%	240	0.92%	237	0.91%	244	0.94%
	2～5 吨	325	1.25%	309	1.19%	306	1.18%	315	1.21%
	5～10 吨	355	1.36%	338	1.30%	334	1.29%	345	1.32%
	10 吨以上	234	1.66%	223	1.58%	220	1.56%	227	1.61%
	低速载货汽车	214	0.82%	204	0.78%	202	0.77%	208	0.80%
营业用车与特种车		机动车损失保险							
		2 年以下		2～3 年		3～4 年		4 年以上	
		基础保费(元)	费率	基础保费(元)	费率	基础保费(元)	费率	基础保费(元)	费率
出租、租赁营业客车	6 座以下	880	2.61%	871	2.59%	862	2.56%	880	2.61%
	6～10 座	999	2.01%	989	1.99%	979	1.97%	999	2.01%
	10～20 座	1 004	1.77%	994	1.75%	984	1.73%	1 004	1.77%
	20～36 座	908	1.73%	898	1.71%	889	1.70%	908	1.73%
	36 座以上	2 535	2.03%	2 509	2.01%	2 484	1.99%	2 535	2.03%

(续表)

营业用车与特种车		机动车损失保险							
		2年以下		2~3年		3~4年		4年以上	
		基础保费(元)	费率	基础保费(元)	费率	基础保费(元)	费率	基础保费(元)	费率
城市公交营业客车	6~10座	853	1.67%	844	1.65%	836	1.64%	853	1.67%
	10~20座	857	1.47%	848	1.45%	840	1.44%	857	1.47%
	20~36座	777	1.44%	769	1.42%	762	1.41%	777	1.44%
	36座以上	2 138	1.69%	2 116	1.67%	2 095	1.65%	2 138	1.69%
公路客运营业客车	6~10座	964	1.93%	955	1.91%	945	1.89%	964	1.93%
	10~20座	969	1.70%	960	1.68%	950	1.66%	969	1.70%
	20~36座	877	1.66%	868	1.65%	859	1.63%	877	1.66%
	36座以上	2 441	1.95%	2 417	1.93%	2 392	1.91%	2 441	1.95%
营业货车	2吨以下	833	1.90%	824	1.88%	816	1.86%	833	1.90%
	2~5吨	1 051	2.04%	1 040	2.02%	1 030	2.00%	1 051	2.04%
	5~10吨	1 263	2.14%	1 251	2.12%	1 238	2.10%	1 263	2.14%
	10吨以上	2 254	2.73%	2 231	2.71%	2 209	2.68%	2 254	2.73%
	低速载货汽车	708	1.61%	701	1.60%	694	1.58%	708	1.61%
特种车	特种车型一	1 051	2.04%	1 040	2.02%	1 030	2.00%	1 051	2.04%
	特种车型二	621	1.16%	615	1.14%	609	1.13%	621	1.16%
	特种车型三	537	1.01%	532	0.99%	526	0.98%	537	1.01%
	特种车型四	1 362	2.55%	1 348	2.52%	1 335	2.50%	1 362	2.55%

附表 7-2

机动车商业保险行业基本费率表(2008,A款)摘录 2

家庭自用汽车与非营业用车		第三者责任保险						
		5万元	10万元	15万元	20万元	30万元	50万元	100万元
家庭自用汽车	6座以下	638	920	1 049	1 141	1 288	1 546	2 012
	6~10座	590	831	941	1 014	1 135	1 352	1 760
	10座以上	590	831	941	1 014	1 135	1 352	1 760
企业非营业客车	6座以下	689	970	1 097	1 182	1 324	1 577	2 053
	6~10座	651	926	1 051	1 137	1 277	1 526	1 986
	10~20座	768	1 097	1 245	1 348	1 517	1 813	2 362
	20座以上	856	1 262	1 449	1 585	1 799	2 172	2 829

(续表)

家庭自用汽车与非营业用车		第三者责任保险						
		5万元	10万元	15万元	20万元	30万元	50万元	100万元
党政机关、事业团体非营业客车	6座以下	597	840	950	1 025	1 148	1 366	1 779
	6~10座	570	804	909	980	1 098	1 307	1 702
	10~20座	682	960	1 086	1 170	1 311	1 561	2 033
	20座以上	937	1 319	1 492	1 609	1 801	2 145	2 793
非营业货车	2吨以下	800	1 126	1 274	1 373	1 538	1 831	2 385
	2~5吨	1 082	1 564	1 783	1 939	2 190	2 628	3 423
	5~10吨	1 250	1 783	2 023	2 191	2 462	2 943	3 832
	10吨以上	1 646	2 319	2 622	2 827	3 166	3 770	4 908
	低速载货汽车	679	957	1 083	1 167	1 306	1 557	2 027
营业用车与特种车		第三者责任保险						
		5万元	10万元	15万元	20万元	30万元	50万元	100万元
出租、租赁营业客车	6座以下	1 763	2 660	3 092	3 384	3 925	4 975	6 544
	6~10座	1 662	2 509	2 917	3 192	3 702	4 694	6 173
	10~20座	1 757	2 696	3 149	3 465	4 041	5 147	6 770
	20~36座	2 362	3 731	4 402	4 885	5 748	7 387	9 716
	36座以上	3 795	5 861	6 864	7 567	8 844	11 290	14 852
城市公交营业客车	6~10座	1 608	2 429	2 822	3 088	3 582	4 540	5 972
	10~20座	1 790	2 703	3 141	3 437	3 988	5 053	6 648
	20~36座	2 484	3 817	4 464	4 914	5 735	7 310	9 616
	36座以上	3 429	5 417	6 387	7 090	8 343	10 720	14 102
公路客运营业客车	6~10座	1 575	2 375	2 761	3 021	3 506	4 442	5 844
	10~20座	1 753	2 646	3 076	3 366	3 905	4 949	6 510
	20~36座	2 580	3 894	4 526	4 952	5 746	7 282	9 578
	36座以上	3 870	5 841	6 789	7 428	8 618	10 922	14 366
营业货车	2吨以下	1 178	1 837	2 162	2 380	2 802	3 513	4 587
	2~5吨	1 923	2 998	3 528	3 885	4 574	5 734	7 489
	5~10吨	2 176	3 394	3 993	4 397	5 176	6 489	8 475
	10吨以上	2 982	4 650	5 471	6 024	7 093	8 891	11 613
	低速载货汽车	1 002	1 562	1 838	2 024	2 383	2 986	3 900

(续表)

营业用车与特种车		第三者责任保险						
		5万元	10万元	15万元	20万元	30万元	50万元	100万元
特种车	特种车型一	2 739	4 386	5 205	5 781	6 864	8 677	11 333
	特种车型二	895	1 152	1 300	1 438	1 743	2 283	3 366
	特种车型三	410	536	608	675	821	1 081	1 582
	特种车型四	2 602	4 166	4 944	5 781	7 208	9 110	11 899
备 注		1. 挂车根据实际的使用性质并按照对应吨位货车的30%计算。 2. 如果责任限额为100万元以上,则保险费=$A+0.9\times N\times(A-B)$,式中A指同档次限额为100万元时的保险费,B指同档次限额为50万元时的保险费;$N=$(限额-100万元)÷50万元,限额必须是50万元的整数倍。							

附表 7-3

某地区商业车险费率浮动系数表

商业车险费率浮动系数表					
序号	项目		内容	系数	适用范围
1	无赔款优待及上年赔款记录	A1	连续5年没有发生赔款	0.4	所有车辆
		A2	连续4年没有发生赔款	0.5	
		A3	连续3年没有发生赔款	0.6	
		A4	连续2年没有发生赔款	0.7	
		A5	上年没有发生赔款	0.85	
		A6	上年发生1~2次赔款	1	
		A7	上年发生3次赔款	1.1	上年度赔款金额小于保费的乘以0.9的赔款金额调整系数
		A8	上年发生4次赔款	1.2	
		A9	上年发生5次赔款	1.5	
		A10	上年发生6次赔款	2	
		A11	上年发生7次赔款	2.5	
		A12	上年发生8次及8次以上赔款	3	
		A13	本年承保新购置车辆	1	
		A14	本年首次投保	1	

(续表)

商业车险费率浮动系数表				
序号	项目		内容	系数	适用范围
2	多险种同时投保	B	同时投保三者险及其他任意险种	0.90～1.00	
3	平均年行驶里程	C	平均年行驶里程＜30 000公里	0.9	所有车辆
			平均年行驶里程≥30 000公里	1	
4	特殊风险	D	古老车型、购置年限较长车辆、稀有车型、特异车型	1.3～2.0	

第八章 责任保险

责任保险产生的基础不仅在于民事责任风险的客观存在,而且在于人类的进步所带来的法律制度的不断完善,责任保险所发挥的社会管理功能越来越被公众认可。责任保险发展水平代表了一个国家保险行业的发展状况。从各国的立法看,责任保险就是承保被保险人对第三者的民事赔偿责任为保险标的的保险。本章阐述了责任保险的相关概念;介绍了责任保险的基本特征与内容;阐述了当前保险市场上存在的责任保险的主要险别;并且从安全科学理论的角度出发,将安全思想与责任保险相结合,对责任保险进行了主要风险分析与风险控制。

第一节 责任保险概述

一、责任保险的概念

责任保险(Liability Insurance)是指以被保险人对第三者依法应承担的民事赔偿责任为保险标的的保险。这一定义包含着以下四层含义:

(1)责任保险与一般财产保险具有共同的性质,即都属于赔偿性保险。财产保险与人寿保险最大的区别之一在于履行保险责任方面。财产保险一般是对损失进行赔偿,而人寿保险则是对损失进行给付。责任保险在赔偿过程中需要运用一般财产保险的损失补偿原则,即在保险金额项下按照实际损失进行赔偿。与此同时,在责任事故是由第三者造成的情况下还适用权益转让原则,即被保险人从保险公司取得赔付以后,将向责任方追偿的权益转移给保险公司,从而既可以满足被保险人的风险转移需要,又不允许被保险人通过责任保险获得额外利益。

(2)责任保险实质上承保的是被保险人的法律风险。责任保险一般承保法律规定的民事损害赔偿责任风险,同时还可以承保合同责任风险。其中,法律责任风险是指经现行法律或法规肯定、明确规范的民事责任;合同责任风险则是指法律或法规未作专门规定,而是由合同双方或多方当事人用合同的形式约定的责任,如在没有劳动合同法律的条件下,雇主对雇员所承担的责任风险。

(3)责任保险的承保基础是被保险人在保险期内可能造成他人人身或利益损害的风

险。一般财产保险的承保基础是被保险人的现实利益,而责任保险的承保基础是被保险人在保险期内可能造成他人人身或利益损失,即责任保险承保的这种利益损失必须先表现为他人受到人身伤害或物质利益受到损失,而且法律、法规规定这种损失由被保险人负责。由于这种损失在承保时是无法确定或预知的,从而对被保险人的责任风险的大小也无法像其他财产保险或人身保险那样用保险金额来评价,只能以灵活的赔偿限额作为被保险人转嫁法律风险和保险人承担法律风险的最高限额。

(4) 责任保险是可以独成体系的。由于责任保险的经营有着自己的一些独特规律,同时业务来源比较庞大,在国际上,责任保险通常列入非寿险范畴而与狭义的财产保险并列。在美国,责任保险业务的保险费收入自 20 世纪 80 年代前后开始即占到该国整个非寿险业务的 45%～50%,成为保险业举足轻重的业务;在欧洲发达国家,责任保险业务通常也要占到整个非寿险业务的 30% 左右。在我国,保险行业仍将责任保险列入到财产保险范畴内。图 8-1 是来自 2012 年中国保险年鉴的统计数据,分别表达 2011 年财产保险保费收入结构图和 2011 年财产保险赔款支出图。

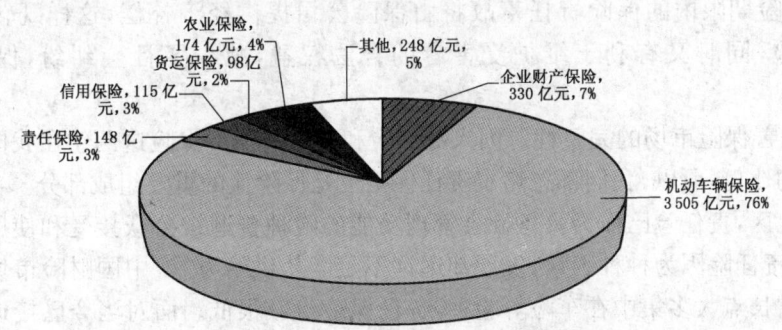

图 8-1 2011 年财产保险保费收入结构图

2011 年,责任保险的原保费收入为 148.01 亿元,同比增长 27.73%,占财产险业务的比例为 3.21%。无论从保费收入增长率角度来分析,还是从责任保险在整个财产险的占有率角度分析,都能得出这样的结论:我国责任保险市场的发展空间相当大。

我国责任保险种类很多,责任保险的实施方式为投保人强制性投保和自愿性投保并行,其中又以自愿性居多。强制性保险中,比较有代表性的要数机动车交通事故责任强制保险(简称"交强险")。自愿性投保的险种中,主要有公众责任保险、产品责任保险、雇主责任保险、职业责任保险等。

二、责任保险的作用

责任保险主要有三方面的作用:

(1) 有助于现行法律制度的切实实施。任何国家的法律制度都同时兼具两个目标：一是通过各种民事法律制度与经济法律制度等来保障受害人的利益；二是通过刑事法律制度等来惩罚致害人。但是，如果致害人无赔偿能力，即使受到了刑事法律的制裁，受害人仍然不能得到其应当得到的经济补偿，其结果就是使相应的民事法律规定成为一纸空文。因此，如果致害人投保了相应的责任保险，只要责任事故属于保险责任范围以内，受害人的合法权益就可以从承保人那里获得保障，从而有利于现行法律制度的切实实施。

（2）能够分散被保险人的意外风险。在现实生活中，任何企业、团体或家庭、个人都不可能完全避免责任事故的发生，一旦发生事故造成他人人身伤亡和财产损失，致害人就必须依法承担起相应的经济赔偿责任。保险是风险转移的一种有效手段，因此致害人的这种风险可以通过责任保险进行转移，通过缴纳固定的保险费，将不确定的责任风险转移给保险公司。

（3）能够促进社会文明的进步。各种责任事故的发生容易导致社会纠纷和影响社会安定，而其中最为焦点的问题往往是经济赔偿问题。如果责任人投保了相应的责任保险，在保险期限内的保险责任事故将由保险公司提供经济补偿，这样既转移了被保险人的风险，同时又有利于维护受害者的合法权益，减少了社会纠纷，保证了社会安定。

（4）完善保险市场的完整性。因人身保险和狭义的财产保险这两年在我国保险市场占有重要的比例，所以，我们都忽略了责任保险也是保险业的重要组成部分。在欧美等发达工业化地区，责任险已作为具备社会管理功能的险种普遍被公众接受和使用。相比之下，国内的责任险因为种种因素，发展却远远不足。从供给方看，中国财险市场的主要保费份额和增长点大多集中在车险等险种，责任保险份额很低。面对当今已接近白热化竞争的车险市场，财产保险公司也应该将目光转向诸如责任保险等险种，开拓新的市场需求，迅速占领责任保险市场。一方面可以避免在有限的险种上争得"头破血流"；另一方面责任保险迅速发展也可以弥补我国保险市场的不足，开拓责任保险市场，使得人身保险、财产保险、责任保险均衡发展。表8-1是摘自2012年中国保险年鉴中关于2011年我国各财产保险公司业务统计数据中有关责任保险的一部分数据。

表 8-1

2011年财产保险公司责任保险业务统计表

公司名称	责任保险报废收入	非寿险总收入	占非寿险总收入比例
人保财险	6 435.42	173 553.52	3.71%
国寿财险	453.66	16 393.57	2.76%
大地	486.93	16 255.62	2.99%

(续表)

公司名称	责任保险报废收入	非寿险总收入	占非寿险总收入比例
平安财险	1 787.17	83 435.36	2.14%
太保财险	1 960.74	61 591.11	3.18%
阳光财险	324.56	13 316.69	2.44%
中华联合	451.01	20 954.61	2.15%
安邦财险	0.26	44.17	0.59%
华泰财险	336.91	4 871.23	6.91%
英大财险	110.39	3 015.60	3.66%
中银	61.07	2 927.66	2.08%
长安责任	44.45	1 821.87	2.44%
美亚财险	329.00	1 054.00	31.21%
丰泰	52.06	296.84	17.53%

在表 8-1 中，共选取了 14 家财产保险公司的责任保险经营数据，其中前 12 家保险公司的性质为国企或是民营，而最后两家美亚财险和丰泰财险是外商独资公司。从比例这一栏我们看到，12 家国企及民营财产保险公司的责任保险保费收入占总保险费收入的比例均在 10% 以下，甚至 11 家未达到 5%。而相比较，外商独资的两家保险公司美亚与丰泰的比例分别到达了 31.21% 和 17.53%。说明在国外保险发达国家，责任保险的地位是很重要的，保险行业关于责任保险的理念也很先进。即使是在中国市场，两家外商保险公司也很注重发展责任保险业务。

三、责任保险的特点

责任保险属于广义财产保险范畴。与一般的财产保险相比，责任保险有如下特点：

(1) 责任保险产生和发展的基础是健全和完善的法律制度。只有法律制度界定人们存在对他人应负的赔偿责任时，人们才通过责任保险来转嫁这种责任风险。因此，健全的法律制度尤其是民法和各种专门的民事法律和法规是责任保险产生和发展的基础。

(2) 责任保险的"替代性"和"保障性"。责任保险的直接补偿对象是与保险人签订保险合同的被保险人，但被保险人自身的损失则无须保险人补偿，间接补偿对象是受害人。由于保险人承保的是被保险人依法应对他人(第三者)所负的赔偿责任，因而，保险人支付的保险金最终落实到受害人手中，并归其所有。这样，既替代了被保险人(致害人或加害人)行使赔偿责任，又保障了受害人应有的合法权利。而在一般财产保险中，保险人是对被保险人的经济损失进行补偿,保险金归被保险人所有。

(3) 责任保险有赔偿限额的规定。在一般财产保险中,保险人承担的最高赔偿限度是保险金额;而责任保险承保的是被保险人依法对第三者承担的赔偿责任。由于第三者事先的不确定性构成保险人承担经济赔偿额度的不确定性,这种不确定的赔偿责任只有在保险合同中加以确定,才有利于稳定经营。因此,在责任保险中只能以赔偿限额来作为保险人承担赔偿责任的最高限度。

(4) 责任保险的风险管理复杂性。对一般的财产保险,保险人承担赔偿责任的对象是明确的,即是保险标的本身及其相关保险利益。所以,保险人无论是在承保前对保险标的核保还是承保后进行风险控制工作,都只要分析保险标的本身的风险因素即可;而对于责任保险来说,保险人承保的是被保险人可能承担的对第三者的赔偿责任,第三者的因素是影响被保险人责任风险大小的重要因素。但是作为赔偿对象"第三者"的流动性和差异性大,决定了对责任保险进行风险分析、评价和管理,要比一般财产保险更加复杂。

四、责任保险合同的基本内容

责任保险合同作为保险合同的一种形式,其保险条款的主要内容是保险责任、责任免除、赔偿处理、被保险人义务、争议处理等。此外,作为合同要件的保险人名称和住所、投保人、被保险人名称和住所、保险期间和保险责任开始时间、赔偿限额、保险费以及支付办法、合同订立时间以及特别约定(备注事项)都应记载在保险单明细表中。

1. 保险责任

责任保险合同的保险责任是被保险人在从事民事活动中,由于疏忽、过失或违反合同致使第三人受损,依据法律和合同约定应承担的民事损害赔偿责任。责任保险的保险责任主要包括:

(1) 被保险人或其代表或其雇员在民事活动中,因侵权行为或者违反法定义务或者合同义务,应依法或依合同约定承担的民事损害赔偿责任。

(2) 被保险人因保险责任事故发生,为减少损害程度进行积极施救所支付的必要合理费用。

(3) 因保险责任事故争议引起的有关诉讼费用,以及事先经保险人同意支付的其他费用,包括案件受理费、律师费、事故鉴定费、案件调查费等。

2. 保险责任的确定方式

保险责任与损失的发生和被保险人一方的索赔行为密切相关。在财产保险和人身保险中,这一过程相对集中,保险公司在较短的时间内能计算出手中保险单的损失数量;而责任保险的这一过程往往很长,如医疗责任保险中,一起医疗事故的发生到被患者发现可能长达十几年甚至几十年。由于责任保险事故的发生存在发现期的问题,为明确责任、避免不必要的争议,保险人通常采用期内发生式或者采用期内索赔式来确定保险责任。

(1) 期内发生式。期内发生式也称以事故发生为基础,是指保险事故必须发生在保险期间内,保险人才依照保险合同承担赔偿责任。即以损害事故发生的时间为基础,计算责任事故的有效期。保险人不考虑责任事故发现时间或者提出索赔的具体时间是否在保险期内,只要责任事故发生在保险单有效期内,保险人就要承担赔偿责任。

(2) 期内索赔式。期内索赔式是指以损害事故索赔提出的时间为基础,计算责任事故的有效期。保险人不考虑责任事故发生的具体时间,只要首次正式提出索赔的时间在保险单有效期内,保险人就要承担赔偿责任。以期内索赔方式承保的业务,可以在保险单中约定承担本保险单生效以前在一定追溯期内发生事故引起的损失。

3. 保险费率

责任保险的保险费率是根据各种责任保险的风险大小及损失率高低确定的。在厘定责任保险费率时,应考虑以下因素:被保险人产生民事损害责任可能性的大小;责任限额及免赔额的高低;当地法律对损害赔偿的规定;承保区域的大小;同类业务的历史损失记录情况等。

4. 责任限额与免赔额

责任保险承保的是被保险人的民事损害赔偿责任,没有确定的价值标准,因此不论何种责任保险业务,均无保险金额的规定,而是确定责任限额作为保险人承担赔偿责任的最高额度。超过责任限额的索赔,仍由被保险人自行负责。责任限额的确定,一般由保险人与被保险人协商,也可由保险人事先在保险单上列明。在责任保险业务中,通常根据三种方法来确定责任限额:方法一是仅规定每次事故的混合限额,无分期限额,无累计限额;方法二是规定每次事故中人身伤害和财产损失的分项限额,再规定保险期内的累计赔偿限额;方法三是规定每次事故的责任限额,不分项,再规定整个保险期内的累计赔偿限额。我国一般采用第二或第三种方法,如果客户要求采用第一种方法时,应适当提高保险费率。

责任保险单上除规定责任限额以外,一般还有免赔额的规定,以此促使被保险人防止事故发生和减少小额零星赔款支付的目的。责任保险的免赔额,通常采取绝对免赔额的方式。

第二节 公众责任保险

公众责任保险开始于19世纪80年代,进入20世纪70年代,由于公众对损害事故的索赔意识增强和法律的不断完善,公众责任保险已成为西方工业化国家机关、团体、各种公众活动场所及家庭个人的必需保障。

一、公众责任及公众责任保险的含义

公众责任是指公民或法人在其民事活动中因为意外事故导致社会公众遭受人身伤亡或财产损失，依法对受害者应当承担的民事赔偿责任。公众责任的法律依据是各国的民法及有关的各种单行法规。《中华人民共和国民法通则》（以下简称《民法通则》）对民事责任及损害赔偿作了比较具体的规定。《民法通则》第一百零六条规定，公民、法人由于过错侵害国家的、集体的财产，侵害他人财产、人身的，应当承担民事赔偿责任。因此，在各种公众场所，如工厂、商店、饭店、办公楼、体育场馆、学校、医院、车站或歌舞厅、电影院等娱乐场所，都可能会在其生产或经营过程中，因为其疏忽、过失或意外事故的发生造成第三者的人身伤亡或财产损失，致害人不得不依法承担相应的民事赔偿责任。

公众责任保险是指主要承保被保险人由于意外事故造成社会公众（第三者）的人身伤亡或财产损失依法应承担的经济赔偿责任的保险。从表面上看，第三者是保险对象，但实际上直接保障的对象是被保险人。在日常生产和生活中，当事人的疏忽或过失在所难免，由此引起的赔偿责任对被保险人来讲是一种额外的经济负担，为保证当事人的经济利益，可投保公众责任保险，把这种可能发生的赔偿责任转嫁给保险人，从而以固定的、较少的费用支出保证自身经营的稳定性。

由于公众责任保险直接的保障对象为被保险人，所以任何第三者都无权直接向保险人索赔。但保险人认为必要时，可以代表被保险人直接与受害的第三者进行交涉。

二、公众责任保险的主要内容

（一）保险责任

公众责任保险主要承保由于意外事故导致第三者的人身伤亡或财产损失，被保险人依法应该承担的民事赔偿责任。公众责任保险主要包括以下两项内容：

（1）实际损失的赔偿。在保险有效期限内，被保险人在保险单列明的地点范围内依法从事生产、经营等活动时，由于意外事故造成第三者的人身伤亡或财产损失，依法应由被保险人承担的民事赔偿责任，保险人在保险单规定的赔偿限额内承担赔偿责任。

（2）法律诉讼费用的赔偿。诉讼费用包括两部分：一是索赔人的诉讼费用，主要是指受害的第三者按法律诉讼程序向被保险人索赔而支出的，根据法院裁决应由被保险人偿还索赔人的有关费用；二是被保险人自己支出的诉讼费用，是指被保险人认为有必要以被保险人的名义直接和受害的第三者在法院进行诉讼或抗辩而支出的合理的费用，但是这部分费用的支出事先务必征得保险人的同意。而上述两项费用只有在发生保险人承保范围内的意外事故的情况下才能得到补偿。

（二）除外责任

（1）被保险人故意行为引起的损害事故。

(2) 战争、内战、叛乱、恐怖、暴动、骚乱、罢工等引起的损害事故。

(3) 人力不可抗拒的原因的损害事故。

(4) 核事故引起的损害事故。

(5) 被保险人或其代表、雇用人员所有的或由其保管或控制的财产的损失。

(6) 由于震动、移动或减弱支撑引起的任何土地、财产、建筑物的损害责任。

(7) 罚款、罚金或惩罚性赔款。

(8) 各种运输工具的第三者或公众责任事故,由专门的第三者责任保险或其他责任保险险种承保。

(9) 公众责任保险单上列明的其他除外责任。

(三) 保险费率与保险费

保险人在经营公众责任保险业务时,一般根据每一被保险人的风险情况确定保险费率,从而使保险人承担的风险责任与所收取的保险费相适应。费率一般为年度费率,同时也在年度费率的基础上规定了短期费率,适用于只投保短期公众责任保险的险别。计算保险费时,如果有分类费率表,采用表定费率,并根据不同被保险人的具体情况进行适当调整。如果没有费率或者费率表不适用时,依据以下因素确定保险费率,并收取相应的保险费。

(1) 被保险人的业务性质所产生损害赔偿责任可能性的大小。

(2) 被保险人以往的损害赔偿纪录。

(3) 被保险人安全管理水平。

(4) 承保区域大小。

(5) 营业面积大小等。

表 8-2 是摘自我国某保险公司公众责任保险短期费率表。

表 8-2

摘自我国某保险公司公众责任保险短期费率表

保险期间已经过月数(个月)	1	2	3	4	5	6	7	8	9	10	11	12
年费率的比例(%)	10	20	30	40	50	60	70	80	85	90	95	100

(注:保险期间已经过月数不足 1 月的按 1 月计算)。

(四) 责任期限

公众责任保险的保险责任期限以保险双方当事人的约定时间为基础,但是多以"期内发生式"为承保基础。如果事故发生和导致损害的事实之间有一段间隔的时间,只要责任事故发生时间是在保险单有效期间,即使伤残或损失是在保险单终止日期之后发现的,保险人仍须承担赔偿责任。

(五) 赔偿限额与免赔额

赔偿限额的大小由保险双方根据被保险人可能发生的赔偿责任风险的大小协商确

定,公众责任险赔偿限额的确定通常采用仅规定每次事故赔偿限额的方式,它只能制约每次事故的赔偿责任,对整个保险期限内的总的赔偿责任不起作用。

公众责任保险一般只对财产损失规定每次事故的免赔额或免赔率,对人身伤亡一般没有免赔额的规定。免赔额有绝对免赔额和相对免赔额之分,公众责任保险一般使用绝对免赔额。从规定免赔额的目的上分析,确定的免赔额应该有利于增强被保险人的风险意识,有利于其加强管理,有利于减少小额赔案的处理,减少事务性开支;从风险方面分析,应考虑被保险人可接受的费率的高低,因为费率的高低与免赔额有密切的关系,可以通过适当地调整费率或免赔额的高低来平衡保险人承担的风险和费用。

(六) 赔偿处理

当发生公众责任保险事故时,保险人理赔应当以受害方向被保险人提出有效索赔为前提,以赔偿限额为保险人承担责任的最高限额,并根据规范化的程序对其进行处理。公众责任保险的理赔程序主要包括以下四个基本的步骤:

(1) 保险人接到通知或索赔要求时,应立即记录被保险人的名称、保险单号码、出险原因、出险时间与地点、造成第三者损害程度及受害方的索赔要求等。

(2) 通过查勘取证,确定是否属于保险责任。主要分析内容包括:① 事故是否发生在保险期限及承保区域内;② 事故是否是意外的、偶然的、非故意的;③ 损害事实是否存在;被保险人对发生的事故是否负有责任;④ 第三者是否提出赔偿等。

(3) 根据现场查勘的查勘报告,作为判定赔偿责任和计算赔款的依据。

(4) 做好抗辩准备,但无论协商、仲裁或法院判决的赔偿金额为多少,保险人都应在保险单规定的赔偿限额内予以赔偿。

三、公众责任保险的主要险种

1. 综合公共责任保险

该保险是一种综合性的责任保险,它承保被保险人在任何地点因非故意行为或活动所造成的他人人身伤害或财产损失时依法应负的经济赔偿责任。从国外类似业务的经营实践来看,公众责任不仅包括一般公众责任,还包括合同责任、产品责任、业主责任等。

这里特殊介绍一种公众责任保险——火灾公众责任保险。火灾公众责任保险是公众责任保险中的一项,差别在于它的保险责任更加具有针对性,是加强公众场所火灾风险管理的一种重要手段。2008年新的《中华人民共和国消防法》第三十三条规定:"国家鼓励、引导公众聚集场所和生产、储存、运输、销售易燃易爆危险品的企业投保火灾公众责任保险;鼓励保险公司承保火灾公众责任保险。"虽然这一险种目前不是国家政策强制性投保,但由于它自身发挥的社会职能,以及国家对它的推动和鼓励政策,使得它在保险市场上的发展势头越来越好。

2. 场所责任保险

场所责任保险承保固定场所因存在着结构上的缺陷或管理不善,或被保险人在被保险场所进行生产经营活动时因发生意外事故,造成他人人身伤害或财产损失且依法应由被保险人承担的经济赔偿责任。场所责任保险的险种主要有宾馆责任保险、展览会责任保险、电梯责任保险、车库责任保险、机场责任保险及各种公众体育、娱乐活动场所责任保险等。

3. 承包人责任保险

承包人责任保险承保承包人的损害赔偿责任,它主要适用于各种建筑工程、安装工程、修理工程等施工任务的承包人。

4. 承运人责任保险

承运人责任保险承保承担各种客、货运输任务的部门或个人在运输过程中可能发生的损害赔偿责任,主要包括旅客责任保险、货物运输责任保险等。

5. 个人责任保险

个人责任保险承保自然人或其家庭成员因作为或不作为而对他人的身体及财物造成损害,并因此依法应负的经济赔偿责任。

6. 其他公众责任保险

除上述几种险种以外,公众责任保险还有许多其他险别,如油污责任保险,承保由于油类污染海面、河道、湖泊而带来的法律赔偿责任;核责任保险,承保由于核事故导致的依法应由被保险人负责的损害赔偿责任;此外,还有橱窗责任保险、收音机责任保险、野外作业责任险等。

7. 公众责任保险附加条款

在保险实务中,上述的险种可能不能完全满足保险客户的需要,所以保险人通常还会设置多种公众责任保险附加条款,增加保险责任范围,只要被保险人加付保险费即可。现在中国保险市场上使用的附加条款主要分为扩展类、规范类和限制类三大类。比较常见的附加条款有:契约责任扩展条款;食品、饮料条款;锅炉爆炸责任条款;游泳池责任条款等。当附加条款与主险条款内容相悖时,以附加险条款为准。

四、公众责任风险评价

在保险实务中,应将风险的理论知识科学地与保险实务相结合。首先应该对被保险人进行风险查勘,根据查勘结果,作出科学的风险分析和评价工作。科学合理地对保险标的或被保险人进行风险评价工作是至关重要的。其一,评价结果会作为保险人是否继续承保的科学依据。如果被保险人存在公众责任风险过大,保险人无法接受,那么保险人有权拒绝承保,或者要求被保险人立刻采取整改措施,消除或降低风险到保险人可接受水平,才予以承保。其二,如评价后的风险结果保险人可以接受,则评价结果要作为保险人制定承保方案的参考依据,根据风险种类,确定保险责任和除外责任,保证保险责任可以覆盖风险,达到转移风险的职能;根据风险水平,作为保险费率厘定的重要影响因素,科学厘定费率;同理,根据风险状况,选择保险期间事故赔偿限额。

这里我们以火灾公众责任风险为例。在做火灾公众责任风险评价时,应注意区分它与火灾风险评价的差别。火灾公众责任风险,它的风险来源有两点:一点是火灾,另外一点就是公众责任。所以要对该风险进行分析时,两者不可或缺。在评价建筑内公共聚集场所火灾风险大小时,应当考虑以下主要影响因素:

(1) 建筑自身防火性能。主要包括防火间距、周边环境、建筑耐火等级、消防集散地、电器防火、火灾载荷、防排烟分区等。

(2) 自身灭火能力。主要包括室外消防栓给水系统、附近消防队救援能力、室内消防栓、灭火器灭火能力、火灾报警系统配置等。

(3) 安全疏散状况。主要包括安全出口数量、安全疏散通道设计、疏散通道内畅通情况、安全疏散标志、消防应急照明设备等。

(4) 防火管理水平。主要包括规章制度建立与执行情况,安全生产责任制落实情况、应急预案、消防安全管理、消防设施更新保养情况等。

除了考虑火灾风险情况,火灾公众责任风险评价另外一点非常重要的因素就是涉及对第三者的公众赔偿责任大小。在评价中,要充分考虑公共聚集场所人员特征,包括单位时间内人员总数变化趋势、人员密度、人员结构构成等。

对上述提到的影响火灾公众责任风险大小的因素,利用安全评价方法,如层次分析法、模糊综合评判等定性和定量分析评价,得出科学评价结果。

将风险理论与保险实务结合,是未来保险业发展的一个必要趋势。承保前对保险标的作出科学的风险评价,承保后通过为被保险人提供防灾防损等技术支持,降低保险事故发生的概率和影响后果。这种科学性结合,可以有效降低保险人自身承担的风险,提高保险人的经营收入。

第三节 产品责任保险

一、产品责任与产品责任保险的含义

(一) 产品责任的含义

产品责任是产品侵权损害赔偿责任的简称。它是指产品生产者或销售者因该产品的缺陷致使消费者遭受人身伤害或财产损失时依法应承担的经济赔偿责任。产品发生责任事故后,责任方如何承担经济赔偿责任,由当地法院根据有关产品质量的法律制定。但是,责任方所负责任的划分及其大小,却因各国法律制度的不同而有较大差异。产品责任

的法律赔偿原则经历了三个发展阶段：合同关系原则、疏忽责任原则和绝对责任原则。

1. 合同关系原则

合同关系原则是指产品事故的受害人必须同生产商或销售商订有生产或销售合同，才能向生产商或销售商提出诉讼，而且只能在合同规定的范围内索赔的赔偿原则。众所周知，产品最后的消费者往往和生产商或销售商没有合同关系，因而无权向生产商或销售商索赔。即使受害人是合同的一方当事人，通常也只能获得合同规定范围内的不超出产品价值的赔偿，远远不足以补偿受害人所遭受的损失。所以，这一原则是以维护生产商和销售商的利益出发的，对受害人极为不利。

2. 疏忽责任原则

疏忽责任原则又称举证责任原则，是指消费者在使用产品过程中受到损害，就可以向生产者或销售者提出索赔的赔偿原则。受害人以疏忽责任控告致害人，必须负举证之责，能够证明以下事实的存在：① 致害人的产品生产或制造中存在缺陷；② 受害人对该缺陷必须是未知的；③ 受害人对产品的使用与产品的用途是一致的。对于受害者而言，疏忽责任似乎比合同关系责任更为有利，但因受举证之责的限制，在索赔时仍有困难。

3. 绝对责任原则

绝对责任原则，又称严格责任原则。按照该原则，消费者因使用某种产品造成损害，即使未能证明制造商或销售商有过失，制造商或销售商也要承担赔偿责任，而且不能援引其在销售合同项下的免责规定推脱对受害人的赔偿责任。绝对责任原则对于消费者极为有利，它对产品生产者和销售者提出了很高的产品质量要求。

在国际上，早在1965年，美国在《侵权法重述》中就提出了严格责任原则，其后美国的产品责任法经历了较快发展，使美国成为世界上产品责任保险最为发达的国家。欧共体理事会在1985年，通过了对缺陷产品的指令，旨在欧洲国家实行严格的产品责任。各成员国相继出台了产品责任法律来保障严格产品责任实行。日本作为大陆法系国家，它的保险业发展很成熟，但是在产品责任方面一直采用疏忽责任原则，有时法院应用"假定疏忽"或更高的注意义务来减轻原告的举证责任。在欧盟产品责任指令的激励下，1994年日本通过产品责任法使用严格责任。

中国产品责任法诞生时间并不长。主要以《民法通则》和《中华人民共和国产品质量法》等法律、法规为依托，在产品责任原则上历经了合同责任原则—疏忽责任原则—严格责任原则的成长过程。其中，严格责任原则在2000年9月起正式实施。

(二) 产品责任保险的含义

产品责任保险是指承保被保险人因其所制造、销售和修理的产品质量有缺陷，致使产品使用者或他人遭受人身伤害和财产损失，依法承担的经济赔偿责任的保险。产品责任保险的投保人是一切能对产品事故造成损害负有赔偿责任的人。制造商、出口商、进口商、批发商、零售商、修理商等都可以是投保人。根据具体情况，可由他们中的任何一人投保，也可以是几个人或全体联合投保。除投保人是当然的被保险人外,如投保人提出,并经保险人同意,其他有关各方也可作为被保险人载入保险单,并规定各被保险人之间的责任互不追偿。

二、产品责任保险与产品保证保险的比较

在现实中,经常有人将产品责任保险与产品保证保险混为一谈。实际上,尽管这两者都与产品直接相关,但它们仍然是有根本区别的,主要体现在以下五个方面:

(1) 风险性质不同。产品责任保险是责任保险的一种,产品保证保险是保证保险的一种。

(2) 赔偿范围不同。产品责任保险只赔偿产品引起的损害责任,不赔偿产品本身的损失;而产品保证保险主要赔偿由于产品质量导致的产品本身的损失。

(3) 责任承担者不同。产品责任保险中,责任承担者可能是产品的制造者、修理者,也可能是产品的销售者;而产品保证保险中,责任承担者仅限于合同当事人中提供不合格产品的一方。

(4) 承担责任的方式与标准不同。保险人对产品责任事故的承担方式通常是经济赔偿责任,经济赔偿的标准不受产品本身实际价值的制约,只受赔偿限额的制约;保险人对产品保证保险违约责任的承担方式可以是修理、更换、赔偿等,但其金额不会超过产品本身的实际价值。

(5) 诉讼管辖不同。产品责任保险所承保的是产品责任事故,因产品责任提起的诉讼的案件应由被告所在地或侵权行为发生地人民法院管辖;产品保证保险所承保的是产品质量违约风险,构成产品质量违约责任的案件由合同签订地和履行地人民法院管辖。

三、产品责任保险的主要内容

(一) 保险责任

产品责任保险的保险责任由两部分组成:一是产品发生事故造成消费者或其他任何人的人身伤亡及财产损失,依法应由被保险人承担的责任;二是被保险人为产品事故所支付的诉讼抗辩费用以及其他保险人事先同意支付的费用。不过保险人承担的上述责任也有一些限制性的条件,如造成产品责任事故的产品必须是供给他人使用即用于销售的商品,同时,产品责任事故的发生必须是在制造、销售该产品的场所范围之外。如果不符合这两个条件,保险人就不能承担赔偿责任。与此同时,产品责任保险仅承担产品在使用过程中因其内在缺陷而发生意外致使消费者或使用人人身伤亡和财产损失的赔偿责任,产品本身缺陷引起的产品本身损失不在保险责任范围之内。

(二) 除外责任

(1) 被保险人根据与他人的合同或协议应承担的责任。

(2) 被保险人故意违法生产、销售的产品发生事故造成用户的人身伤害或财产损失。

(3) 被保险人所有或照管控制的财产的损失。

(4) 被保险产品本身的损失,这种损失属于产品保证保险责任范围;回收、召回有缺陷产品的费用及损失,这种损失属于产品召回保险责任范围。

(5) 用户不按照被保险产品说明去安装、使用,或在非正常状态下使用时造成的损害事故。

(6) 产品仍在制造或销售场所,其所有权仍未转移至用户或消费者手中时的责任,这一般属于企业财产保险责任范围。

(7) 被保险人的罚款、罚金及惩罚性赔款等。

(三) 保险费率与保险费

产品责任保险承保的是各种不同类型的产品,保险人一般事先根据各种类型产品的性能等因素,将其按照风险大小划分为若干类型,然后根据产品所属类别确定其保险费率。但这一费率只是一个基础的费率,在具体操作过程中,还应根据产品的危险程度的差异性,要求保险人对不同的产品实行不同的费率。在厘定保险费率时,应考虑以下因素:

(1) 产品本身的危险程度大小。例如,易燃、易爆产品的危险程度比较大,保险费率相应较高。

(2) 承保产品的销售地区范围大小。一般承保的范围越大,其危险范围也就越大,保险费率越高。

(3) 产品制造者的技术和质量管理情况。产品制造者的技术水平高,质量管理好,产品检测严格,其产品的合格率就高,其危险程度相对较低,则保险费率较低。

(4) 投保产品以往事故记录及赔偿限额的高低。通常情况下,投保产品以往事故率越高,则保险费率越高。而赔偿限额越高,则保险费率越高。

(5) 生产者的销售方式及销售者的进货渠道等。

(6) 应急响应机制。一旦产品出现缺陷,造成产品责任。如产品制造者拥有一套应急预案,在第一时间作出反应,将产品召回或采取其他措施。预案越完善,其费率会相应越低。

在保险费率确定以后,可以根据其上年的生产、销售额或营业收入总额及规定的保险费率计算出预收保险费,至保险期满时再按实际营业收入总额计算出实际保险费。保险费的一般计算方法为:

$$保险费 = 保险费率 \times 销售额$$

(四) 责任期限

产品责任保险的保险期限通常为1年,期满后可以续保。如果以"期内发生式"为基础,即使产品是在保险期限前几年生产或销售的,只要该产品在保险期限内发生事故并导致对消费者的损害,不论被保险人何时提出索赔,保险人均承担赔偿责任。如果以"期内索赔式"为基础,不管保险事故发生在保险期限内还是保险期限之前,只要被保险人在保险期限内提出索赔,保险人就应承担赔偿责任。一般情况下,凡保险事故发生后能够立即得知或发现的,较多采用"期内发生式",如果保险事故发生后不能立即得知或发现的,较多采用"期内索赔式"。

(五)赔偿限额与免赔额

在产品责任保险保险单中,通常规定两项限额,即每次事故的赔偿限额和保险单累计赔偿限额。所谓的每次事故是指同一批产品,由于同样的原因,造成多人的伤害或者多人的财产损失,无论其发生的时间是否有差异,都归结为同一事故。在每项限额下还可以划分出人身伤害和财产损失两个限额,当产品责任事故发生时,人身伤害和财产损失分别在各自的限额内赔偿。

产品责任保险的免赔额一般只适用于财产损失,而不适用于人身伤害。在财产损失中,无论受害者的财产损失程度如何,免赔额以内的损失保险人都不承担保险责任,即在产品责任保险中实行的是绝对免赔额。与此同时,在诉讼费用方面也同样适用免赔额的有关规定。

四、产品责任的风险评价

(一)产品责任认定

保险人承保的产品责任风险,是承保产品造成消费者或用户及其他任何人的财产损失、人员伤亡所导致的经济赔偿责任和相关法律费用。

而产品责任认定有三个约束条件:

(1)损害事实。消费者购买的产品,导致消费者人身健康伤害或是财产损失事实,保险人才会依照合同承担被保险人的经济赔偿责任。

(2)被保险产品缺陷。损害事实必须是因产品缺陷导致的,如果因为不按照被保险产品说明去操作、改装或非正常状态下使用造成的伤害事故,保险人是不负责赔偿的。

(3)损害与被保险产品之间存在因果关系。损害是由于被保险产品直接或间接原因引起的,保险人承担赔偿责任。

(二)产品责任风险评价

在保险实务中,保险人承保产品责任风险,务必要对被保险人产品责任进行风险评价。评价过程中,引用数学评价模型,对产品责任定性和定量评估。分析过程中主要考虑以下指标:一是投保产品的技术指标、性能、生产加工流程、质量检测标准符合国家规定。二是以往同类产品事故记录。三是投保产品销售区域和销售量。四是产品生产者安全管理能力,应对突发的产品责任事件的能力。五是最后一点,也是最重要一点,产品自身的风险情况,如我们日常生活中常常接触到的家电类产品和烟花爆竹等产品,两者之间的风险性质相差甚大。因此,对于产品风险性质问题,部分保险公司尝试将产品按照风险大小分成若干等级:高级别风险、严重级别风险、中等风险、低风险。

综合上述指标做安全评价后,评价结果将会作为保险人承保产品责任保险厘定保险赔偿责任限额的重要标准,同时也是作为相应赔偿限额下基准费率浮动的重要影响因素。

五、食品安全责任保险

为了应对近年来不断凸显的食品安全问题,在社会、政府、企业的呼吁下,保险行业推出了专门针对食品安全问题的保险—食品安全责任保险。

食品安全责任保险是指被保险人在经营场所内生产、销售食品,或者现场提供与其营业性质相符的食品时,因疏忽或过失致使消费者食物中毒或其他食源性疾患,或因食物中掺有异物,而造成消费者人身损害或财产损失的,依法应由被保险人承担的经济赔偿责任。

食品安全责任保险所承保的风险并不是只有此险种才可以转移,在食品安全责任保险推出之前,也存在一些保险险种,用来转移食品企业、餐饮业的责任风险,包括产品责任保险、餐饮场所责任保险、公众责任保险等。这些险种的保险责任涵盖了食品责任风险,但是缺乏一定的针对性。因此,食品安全责任保险的产生,可以说是我国保险业的又一个里程碑。

食品安全责任保险与2009年《中华人民共和国食品安全法》出台之后,部分保险公司相继开始推行。它的出现,为我国食品安全管理迈出了重要一步。

食品安全责任保险可以被视为一种特殊的产品责任保险,这也是在这一章节提出此险种的重要原因。说到特殊,食品安全责任保险具有产品责任保险的相关特点,但是也有自己的特性。因为食品的特殊性质有别于一般产品,它的责任风险很可能是群体风险,例如三鹿奶粉事件。所以,食品安全责任风险识别和管理更加困难。

第四节 雇主责任保险

一、雇主责任与雇主责任保险的含义

(一)雇主责任的含义

一般而言,雇主责任是指雇主所承担的对雇员的责任,包括雇主自身的故意行为、过失行为、无过失行为所致的雇员人身伤害赔偿责任。构成雇主责任的前提条件是雇主与雇员之间有着直接的雇佣关系,即只有雇主才有解雇该雇员的权利,雇员有听从雇主的管理从事业务工作的义务,这种权利义务关系均通过书面形式的雇佣或劳动合同来进行规范。下列情况通常被视为雇主的过失或疏忽:

(1)雇主提供危险的工作地点、机器工具或工作程序。

(2)雇主提供的是不称职的管理人员。

(3)雇主本人直接的疏忽或过失行为,如对有害工种未提供相应的合格的劳动保护用品等。

(二)雇主责任保险的含义

雇主责任保险又称劳工保险是指承保被保险人(雇主)的雇员在受雇期间因工作意外

导致伤、残、死亡或患有与职业有关的职业疾病依法或根据雇佣合同应由被保险人承担的经济赔偿责任的保险。雇主承担的这种责任包括雇主自身的故意行为、过失行为乃至无过失行为所致的雇员人身伤害赔偿责任。但保险人为了控制风险，保证保险的目的与社会公共道德相一致，一般将被保险人的故意行为列为除外责任，主要承保被保险人的过失行为和无过失行为所造成的雇员损害赔偿责任，而构成雇主责任的前提条件是雇主与雇员之间存在着直接的雇佣劳动合同关系。

雇主责任保险是由各行业的雇主投保并作为保险单上的被保险人，雇主一般须将法律规定属于"雇员"范围内的全体人员一起投保，而不能挑选其中部分人员投保。不属法律规定"雇员"范围的工作人员（即没有正式雇佣合同的临时人员等）不属承保范围。但双方事先约定的另当别论。由于雇主责任保险的承保对象是雇主的责任，因而雇主自身包括企业董事会成员在工作地点的人身伤亡、雇员的财产损失以及雇员由于一般疾病施行内外科治疗手术所致的伤残或死亡都不在该保险责任范围之内。

二、雇主责任保险与其他类似险种的区别

（一）雇主责任保险与工伤保险的区别

雇主责任保险与工伤保险主要有以下区别：

(1) 保险对象不同。雇主责任保险的保险对象没有限制，任何性质的企业雇佣的雇员，无论长期工、固定工、短期工、临时工、季节工等都可以包括在内；而工伤保险的保险对象是与企业有劳动关系的劳动者。

(2) 实施方式不同。雇主责任保险属于商业保险，由雇主自愿投保；而工伤保险属于社会保险，由政府授权的社会保险管理机构强制实施，各企业必须参加。

(3) 保障程度不同。雇主责任保险的赔偿额度较低，而且一般为一次性给付；而工伤保险除医药费、误工费和死亡伤残一次性补助金外，还发给其家属抚恤金等。

（二）雇主责任保险与团体意外伤害保险的区别

(1) 保险性质不同。雇主责任保险承担的是雇主的民事损害赔偿责任，属于责任保险的范畴，而团体人身意外伤害保险承保的却是自然人的身体与生命，属于普通人身保险的范畴。

(2) 保险责任不同。雇主责任保险仅负责雇员在执行任务时或在工作场所内遭受到的意外伤害，即代替被保险人承担对雇员因工受伤、身故或患有职业病的经济偿付责任，保障雇主免受经济赔偿的风险。团体人身意外伤保险则对被保险人无论其是否工作时间或工作场所所受到的伤害均予负责，但是职业病则是团体人身意外伤害保险的除外责任。

(3) 保险金额确定的依据不同。雇主责任保险计算保险金额的依据是根据法律或雇佣合同所应赔付的雇员年工资的倍数来确定。而团体人身意外伤害保险的保险金额却以保险双方事先商定或估算的价值来确定保险金额。

(4) 承保的条件不同。雇主责任保险需要以民法或雇主责任法为客观依据,而团体人身意外伤害保险只要是自然人均可以自由投保。

(三) 雇主责任保险与安全生产责任保险的区别

雇主责任保险与安全生产责任保险是一种替代的关系。

(1) 保险对象不同。雇主责任保险的保险对象没有限制,任何性质的企业雇佣的员工均可以成为被保险对象;安全生产责任保险不仅可以承保其雇员,还可以承保第三者的人身伤亡。

(2) 保险责任不同。雇主责任保险的保险责任包括意外导致雇员的伤亡,以及雇员患有与职业有关的职业性疾病;安全生产责任保险只承担因为意外,尤其强调为安全生产事故导致的伤亡。

(3) 实施方式不同。雇主责任保险属于商业性保险,雇主自愿投保;而安全生产责任保险虽不是强制实施,但属于保监会特批险种,有政策扶持。自推行以来,得到各级政府机构的积极推进,鼓励企业积极投保,尤其是针对高危行业。

(4) 保障与赔偿依据不同。雇主责任保险的赔偿额度较低,通过雇员的月工资额计算保险费和赔偿限额;安全生产责任保险的赔偿额度较高,原则上保额的低限不得小于20万元/人,不同地区根据地方政策具体实施。

三、雇主责任保险的主要内容

(一) 保险责任

保险人对雇主承担的责任一般包括:① 雇员在受雇过程中,在保险单列明地点及保险单有效期内,从事与其职业有关的工作时遭受意外致伤、残、死亡,被保险人依法或依雇佣合同应承担的经济赔偿责任;② 因患有与其工作有关的职业疾病致雇员伤、残、死亡的经济赔偿责任,被保险人依法应承担的雇员的医药费;③ 应支出的包括抗辩费用、律师费用、取证费用等法律费用。在了解其基本责任时应注意以下四点:

(1) 受雇过程是指雇员的受雇佣期间。

(2) 从事与其职业有关的工作是指在保险单中列明的每一个雇员所从事的工种,雇员从事的工种必须是列明的或与列明的工种有关的。

(3) 职业疾病是指经过医院确认的与职业有关的疾病。

(4) 雇主责任保险承保的对象是雇主对其雇员应承担的赔偿责任,因而雇主自身包括其企业董事会成员在工作地点和工作期间的人身伤害不属于保险责任范围内。

(二) 除外责任

(1) 战争、暴动、恐怖、罢工、核风险等原因引起雇员的人身伤害。

(2) 被保险人的故意行为或重大过失。

(3) 被保险人的合同项下的除外责任。

(4) 被保险人的雇员因自己的故意行为导致的伤害。

(5) 被保险人的雇员由于疾病、传染病、分娩、流产,以及由此施行的手术所致的伤害等。

(三) 保险费率与保险费

由于雇员从事工种的危险程度不同,因此雇主责任保险的保险费率依据风险不同而各不相同。一般而言,从事危险行业工作的雇员,保险费率较高;从事一般工作的雇员,保险费率中等;办公室职员和做秘书工作的雇员,保险费率较低。一般情况下,厘定雇主责任保险的保险费率时,主要考虑以下六个方面情况:

(1) 雇员人数、结构、性别、年龄及健康状况。

(2) 雇员工资收入、工种及危险程度。

(3) 保险地点的安全设施以及措施或手段。

(4) 被保险人以往的事故记录、损害情况和雇员及家属的索赔情况。

(5) 有关法律或雇佣合同中对雇员伤残、死亡及职业病的赔偿原则及限额。

(6) 被保险人有无扩展责任的要求,与扩展责任相应的风险如何。一般情况下,可以在该基础险的基本费率基础上按一定比例提高费率。

为了计算的方便,雇主责任保险一般是同一行业基本上采用同一费率,但考虑到有些行业工作性质比较复杂、工种较多,还规定了每一工种的适用费率。

保险费是根据被保险人估计的保险期间的工资总额或雇员人数制定的预付保险费交付的,在保险单到期前一个月内,被保险人应把保险单有效期内实际付出的工资和各项补贴的准确数字或实际雇员人数送交保险人,保险人据此对预收保险费进行调整。一般情况下,保险费的计算公式为:

$$保险费 = A 工种保险费 + B 工种保险费 + \cdots$$

其中,工种保险费的计算公式为:

$$工种保险费 = 年工资总额 \times 该工种适用保险费率$$

其中,年工资总额的计算公式为:

$$年工资总额 = 该工种人数 \times 月平均工资收入 \times 12$$

(四) 责任期限

雇主责任保险的保险期限一般是一年期,可以保险双方当事人约定的时间为基础,也可以工程期为保险期间。一般情况下,多以"期内索赔式"来承保雇主责任保险,也就是以索赔提出的时间是否在保险单有效期内计算保险单的责任期限。

(五) 赔偿限额与免赔额

雇主责任保险的赔偿限额,通常是规定若干个月的工资收入,即以每一雇员若干个月的有效工资收入作为其发生雇主责任事故时的保险赔偿额度,每一雇员只适用于自己的赔偿额度。一般情况下,死亡赔偿额度与永久完全伤残赔偿额度及部分伤残的赔偿是有区别的。部分伤残的赔偿金额等于该雇员的赔偿限额与适用的赔偿额度比例的乘积。需要注意的是,如果保险责任事故是由第三者造成的,保险人在赔偿上可以实施权益转让原则,即在赔偿后可以向责任方进行代位求偿。在雇主责任保险中也可以有免赔额的规定,特别是当雇主责任险附加医疗保险时,一般都规定每次事故每人的免赔额。

第五节 职业责任保险

一、职业责任与职业责任保险的含义

(一) 职业责任的含义

职业责任是指从事各种技术工作的单位或个人因工作上的失误造成他人人身伤害或财产损失,依法应承担的经济赔偿责任。职业责任风险属于技术性较强的工作导致的责任事故,它不仅与人的因素有关,同时也与知识、技术水平及原材料的缺陷有关,一般是指技术人员从事本职工作中出现的责任事故。职业技术人员在工作中因疏忽或过失行为导致他人遭受损失或伤害,这就产生了职业责任问题。

(二) 职业责任保险的含义

职业责任保险是指以各种专业技术人员的职业责任为承保风险的责任保险,即承保各种专业技术人员在从事职业技术工作时,因工作疏忽或过失造成合同对方或他人的人身伤亡和财产损失依法承担的经济赔偿责任。由于职业责任保险与特定的职业及其技术性工作密切相关,在国外又被称为职业赔偿保险或业务过失责任保险。职业责任保险一般由提供专业技术服务的医院、设计院、美容院、会计师事务所、律师事务所等单位投保,投保人往往是一个单位。个体专业技术人员可投保个人职业责任保险,属于个人责任保险范畴。

二、职业责任保险的主要种类

1. 医疗职业责任保险

医疗职业责任保险主要承保医务人员或其前任由于医疗责任事故而致病人死亡或伤残加剧等,受害者或其家属要求赔偿且依法应当由医疗方负责的经济赔偿责任。医疗职业责任保险以医院为投保对象,承保医生、药剂师等在履行职责时,因作为或不作为而使他人遭受伤害应当承担的赔偿责任。

2. 会计师职业责任保险

会计师职业责任保险承保会计师因履行职责时作为或不作为而使他人遭受损害依法应承担的赔偿责任。这里的损害必须是被保险人以会计师身份为他人服务时所导致的财务损失,不包括他人的伤残、死亡以及实物财产的损毁。

3. 律师职业责任保险

律师职业责任保险承保被保险人或其前任作为一个律师在自己的能力范围内在职业

服务中发生的一切疏忽行为、错误或遗漏过失行为所导致的法律赔偿责任。律师职业责任保险的承保基础可以事故发生或索赔为依据确定，它通常采用主保险单——法律过失责任保险和额外责任保险单——扩展限额相结合的承保办法。

4. 建筑工程设计责任保险

建筑工程设计责任保险主要承保各种建筑工程设计的法人团体（如设计院、所等），因设计工作中的疏忽或失职，导致所设计的工程发生工程质量事故，造成工程本身的物质损失及第三者的人身伤亡和财产损失，依法应由设计单位承担的经济赔偿责任。

5. 保险代理人及经纪人职业责任保险

保险代理人及经纪人职业责任保险承保保险代理人及经纪人由于业务上的错误、遗漏或其他过失行为，导致他人财物损失依法应承担的赔偿责任。此种保险单又可扩大承保代理人由于未能按照授权或指示所引起的对其保险人的赔偿责任。

三、职业责任保险的主要内容

（一）保险责任

对于保险责任范围，国内外并无统一的条款规定，通常情况下，保险条款都有如下规定，对由于被保险人或其从事该业务的前任或其任何雇员或从事该业务的雇员的前任，在任何时候、任何地方从事该业务时，由于疏忽行为、错误或失职而违反或被指控违反其职业责任所致的损失，均属于保险责任。一般情况下，职业责任保险的责任范围主要包括赔偿金和诉讼费用。其中，保险责任范围不仅包括专业人员由于职业上的疏忽行为、错误或失职造成的损失，而且还包括被保险人从事该业务的前任、被保险人的雇员及从事该业务的雇员的前任的职业疏忽行为造成的损失。

（二）除外责任

职业责任保险的除外责任一般包括以下四条：

（1）战争和罢工，核风险，被保险人的故意行为。

（2）被保险人的家属、雇员的人身伤害或财物损失，被保险人的契约责任，被保险人所有或由其照管、控制的财产损失。

（3）被保险人的故意行为。

（4）被保险人的合同责任，除非该合同责任同时构成法律责任。

职业责任保险的特定责任免除包括：

（1）被保险人或从事该业务的前任或其雇员或从事该业务的雇员的前任不诚实、欺诈、犯罪或恶意行为所引起的任何索赔。

（2）因文件的灭失或损毁引起的任何索赔，但也可加费后扩展责任承保。

（3）因被保险人的隐瞒或欺诈行为，以及被保险人在投保或保险有效期内不如实向保险人报告应报告的情况而引起的任何索赔。

(4) 被保险人被指控有对他人诽谤或恶意中伤行为而引起的索赔,但特定的职业责任保险也可承保这种赔偿责任。

(三) 责任期限

职业责任保险的保险期限通常为1年。由于职业责任事故的产生到受害方提出索赔,有可能间隔一个相当长的期限,为了能确切地把握保险单项下应支付的赔款,对应承担的风险作出比较切合实际的估测,保险人通常在一定的保险期限之外均规定责任追溯日期,仅对该追溯日期开始后发生的疏忽行为并在保险单有效期内提出的索赔负责。假如某保险单保险期限为1999年1月1日至1999年12月31日,追溯日期为1997年1月1日。那么,在1997年1月1日后发生的责任事故并在1999年内提出索赔的,保险人才予负责。对于追溯日期之前发生的责任事故,保险人概不负责。

(四) 保险费率与保险费

各种职业均有其自身特定的风险,从而也需要有不同的保险费率。总体而言,厘定职业责任保险的费率时,需要着重考虑下列因素:一是投保人的职业种类;二是投保人的工作场所;三是投保人工作单位的性质;四是该笔投保业务的数量;五是被保险人及其雇员的专业技术水平与工作责任心;六是赔偿限额、免赔额和其他承保条件;七是被保险人职业责任事故的历史损失资料以及同类业务的职业责任事故情况等。根据上述因素,综合考察各具体的投保对象,能够较为合理地确定投保业务的保险费率。

(五) 赔偿限额

职业责任保险承保的是被保险人的赔偿责任,因此,保险单上不列明保险金额,而仅规定赔偿限额,即最高赔偿责任限额。职业责任保险的保险单的赔偿限额一般为累计的赔偿限额,而不规定每次事故的赔偿限额,但也有些承保人采用每次索赔或每次事故赔偿限额而不规定累计赔偿限额。诉讼费用在赔偿限额以外赔付。

四、职业责任风险评价

职业责任风险评价结果不仅要用来厘定保险费率,最重要的是帮助保险人和被保险人确定保险赔偿责任限额。根据评估结果,被保险人应根据自身责任风险大小,选取适当的赔偿限额来转嫁自身的风险。

职业责任风险评价过程中,不仅要考虑职业种类、工作场所,还要着重考虑到被保险人业务数量、服务对象多寡,被保险人的职业等级及其雇员的专业技术水平,被保险人及其雇员的责任心和职业道德水平,被保险人职业责任事故记录和索赔资料、处理情况。

第六节 其他责任保险

除了上面提到的比较常见的责任保险外,还有一些比较具有针对性、社会管理功能强的险种存在。如旅行社责任保险、校方责任保险、环境责任保险等。

一、旅行社责任保险

旅行社责任保险是指旅行社根据保险合同的约定向保险公司支付保险费,保险公司对旅行社在从事旅游业务经营活动中,致使旅游者人身、财产遭受损害应由旅行社承担的责任,承担赔偿保险金责任的行为。当发生责任保险事故时,即旅行社造成对旅游者的损害时,由保险人依照《保险法》的规定或保险合同的约定承担旅行社的赔偿责任,直接向该旅游者赔偿保险金。可见,旅行社责任保险不仅可以保障旅行社不因承担损害赔偿责任所受到的利益减损,而且可以保障旅游者及时获得赔偿。

在对旅行社责任风险评价时,比较困难。旅行社数量庞大,经营管理水平千差万别;各地旅游资源十分丰富,可是随之旅行社要面对的风险各异。不同类型的旅游景观风险状况是不一样的,例如华山和钱塘江,华山主要的旅游特色是爬山,而钱塘江最吸引旅游者的是著名的钱塘江大潮。此外,即便是同一个旅游景点,不同季节,对于景点来说,风险也不能画等号。因此,如何能科学评价旅行社责任风险,是目前非常值得研究的课题。

保险双方当事人需要根据责任风险评估结果协商承保方案:包括基本型和附加险险种;基本型每人赔偿限额,附加险每次事故赔偿限额;财产损失免赔率或免赔额的多少;保险费率的浮动状况。

二、校方责任保险

校方责任保险是由学校作为投保人,因校方过失导致学生伤亡及财产损失,由保险公司来承担校方应付的赔偿责任。因此学校也是受益方,是一种责任保险。

凡取得合法资格的教育机构,包括中小学、幼儿园及高等院校,均可作为被保险人,投保该险种。学生在校活动中或由学校统一组织安排的活动(学校活动包括体育课、实验课、课间操、课外活动、春游等)过程中,因学校非主观过失导致注册学生的人身伤害和财产损失,依法应由学校承担的直接经济赔偿责任。

保险公司负责赔偿:
(1) 在校注册学生的人身伤亡或财产损失。
(2) 事先经保险人书面同意的仲裁或诉讼费用(以下简称"法律费用")。

保险事故发生后,被保险人为防止或减少对注册学生的人身伤亡或财产损失的赔偿责任所支付的必要的、合理的费用(以下简称"施救费用"),保险人按照本保险合同的约定也负责赔偿。

在对校方责任风险状况进行风险评估时,一定要考虑的因素是,不同的学校风险水平是存在差异的,即使同一所学校,不同学生个体风险也会不同。比如,高中和小学的风险水平就不会相等,要面临的风险也不会完全一样;而相对于同一所高中的学生,文科生和理科生的风险水平也不一样,举例来说,理科生会经常参加物理和化学实验,实验过程中,很可能会导致学生受到伤害,那么校方要承担责任;而文科生要面临的这种风险会少一些,风险水平会相对低一些。

因此,一定要科学客观,有针对性地对被保险人风险评估,不可一概而论。

三、环境责任保险

环境责任保险是以企业发生污染事故对第三者造成的损害依法应承担的赔偿责任为标的的保险。具体来说,排污单位作为投保人,依据保险合同按一定的费率向保险公司预先缴纳保险费,就可能发生的环境风险事故在保险公司投保。保险公司只对突然的、意外的污染事故承担保险责任,而将故意的、恶意的污染视为除外责任。

因该险种特殊的社会意义,所以又被称为"绿色保险"。但是环境责任保险在中国的发展状况并不乐观。环境责任保险的技术要求高,赔偿责任大,对保险人的要求非常高。保险责任处理难,所以保险人和生产企业投保的积极性都很低。在国外发达国家,各国对环境污染的惩罚手段不一,但是对罚款而言,惩罚力度相对高。

环境责任保险本质上并非纯正的第三者责任保险。环境责任保险是一种责任保险,理所当然具有传统责任保险的特性。但是传统的责任保险性质远远不能适应环境损害赔偿和环境保护的需要。污染破坏环境产生的影响具有综合性和牵连性。假如被保险人的自有场地受到污染破坏而无能力抢救治理,相邻地区的人乃至整个人类将会受到牵连。因此投保人的自有场地因自然灾害、意外事故受到污染侵害产生的抢救费用和治理责任应当作为环境责任保险的保险标的。

环境侵权对象包括财产权、人身权和环境权。环境污染致害往往造成受害者生命、健康和财产上的损失,即受害者的人身权、财产权受到了侵害。传统民法从财产权、人身权两方面对环境进行保护,具有一定的局限性。例如,许多重要的环境要素像空气、阳光、水等就不是传统意义上的个人财产,不能成为所有权的客体,无法以财产权作为对其救济的根据。而相邻权的局限性在于其范围狭小,只限于以不动产的相邻关系为前提的环境侵权,但环境侵权往往具有迁移性、远距离的特点。把环境权与财产权、人身权并列作为环境侵权的对象,可以弥补传统民法的缺陷。

保险人承担的保险赔偿责任是一种民事责任,且环境责任保险合同遵循因果关系推定原则。在环境责任保险中,只要求环境污染受害者在相当程度上举证,不要求全部技术过程的举证,具体地说,受害者只需证明以下两者:

(1) 行为人排放的污染物到达损害发生地区且发生了损害作用。

(2) 该地区有多数同样的损害发生。

此时,法院可据此推定因果关系存在,除非保险人或被保险人能举出反证来证明因果关系不存在,否则就不能免除其赔偿责任。

本章小结

　　责任保险是指以被保险人对第三者依法应负的赔偿责任为保险标的的保险。责任保险属于广义财产保险范畴,是一种以无形的经济赔偿责任为标的的财产保险。

　　公众责任保险是指主要承保被保险人由于意外事故造成社会公众(第三者)的人身伤亡或财产损失依法应承担的经济赔偿责任的保险。在日常生产和生活中,疏忽或过失在所难免,由此引起的赔偿责任对被保险人来讲是一种额外的经济负担,为保证当事人的经济利益,可投保公众责任保险,把这种可能发生的赔偿责任转嫁给保险人,从而以固定的、较少的费用支出保证自身经营的稳定性。

　　产品责任保险是指承保被保险人因其所制造、销售和修理的产品质量有缺陷,致使产品使用者或他人遭受人身伤害和财产损失,依法承担的经济赔偿责任的保险。产品责任保险的投保人应当是对可能发生的产品事故负有赔偿责任的人。

　　雇主责任保险又称劳工保险,是指承保被保险人(雇主)的雇员在受雇期间因工作意外导致伤、残、死亡或患有与职业有关的职业疾病依法或根据雇佣合同应由被保险人承担的经济赔偿责任的保险。

　　职业责任保险是指以各种专业技术人员的职业责任为承保风险的责任保险,即承保各种专业技术人员在从事职业技术工作时,因工作玩忽或过失造成合同对方或他人的人身伤亡和财产损失依法承担的经济赔偿责任。

关　键　词

　　公众责任　产品责任　雇主责任　职业责任　合同关系原则　疏忽责任原则　绝对责任原则　综合公共责任　场所责任　承包人责任　承运人责任　医疗职业责任　律师职业责任　会计师职业责任

复习思考题

1. 简述责任保险的概念及特点。
2. 简述公众责任保险保险费率的一般计算方法。
3. 简述产品责任保险与产品保证保险的区别。
4. 简述雇主责任保险与团体意外伤害保险的区别。
5. 简述雇主责任保险与工伤保险的区别。
6. 简述职业责任保险的保险责任与除外责任。
7. 结合中国的现实,谈谈对中国责任保险发展的看法。

第九章 信用和保证保险

在未来保险市场竞争中,信用和保证保险因其技术含量较高并能够真正体现保险服务的宗旨,将成为保险公司在市场竞争中争取上进的利器和争夺稳定客户的重要手段。因此,本章从阐述信用和保证保险的概念、特征、发展历史,以及信用保险和保证保险的种类出发,引导出我国未来保险发展的增长点。

第一节 信用和保证保险概述

信用和保证保险问世以来,对于促进一个国家的国内和国际贸易活动,保障以信用经济为其主要特征之一的市场经济的正常秩序,起到了重要作用。

一、信用和保证保险的产生与发展

信用和保证保险是随着商业信用的发展而产生的,它是由保险人承担信用风险的一种保险业务。

1850年,法国的一些保险公司开始经营商业信用保险,但不久便失败了。在英国,1893年,全英地方受托资产公司开始承保澳大利亚贸易风险;随后,商业联盟保险公司也进入了贸易担保领域,但在1903年时把有关业务出让给了额外保险公司,额外保险公司因而一跃成为当时保险业中屈指可数的大公司之一。1911年,英国海上事故保险公司也办理了顾客营业额的定期信托保险。1918年,英国贸易保障公司在政府授意下,接受了额外保险公司原先从事的信托风险承保业务。但这些公司对于贸易中的政治风险却从不敢染指。1919年,鉴于东方和中欧诸国的政治局势险恶,英国政府被迫出面对同这些国家的贸易实行担保,为此专门成立了出口信用担保局,创立了一套完整的信用保险制度,成为以后各国争相效仿的样板。

第一次世界大战后,信用保险得到了迅速发展,欧美等国出现了众多的商业信用保险公司,一些私人保险公司联合组织了专门承保出口信用保险的机构。1929—1933年世界性经济危机爆发,只有少数实力雄厚的公司幸存下来。但经过这次冲击,许多西方国家效仿英国的经验,先后成立了专门的国营机构来经营出口信用保险。1934年,英国、法国、意大利和西班牙的私营和国营信用保险机构成立了"国际信用和投资保险人联合会",简称"伯尔尼联盟",其目的在于交流出口信用保险承保技术、支付情况和信息,并在追偿方面开展国际合作。这标志着出口信用保险已为世界所公认。该组织现已发展到 30 多个国家的 40 多个信用保险机构,承保的出口额已达世界贸易总额的 1/7。此后,各国的信用保险业务虽屡屡受到经济动荡的冲击,但都逐步稳定地发展起来,至今在世界许多国家几乎形成了完善的信用保险制度和固定的信用保险机构。

我国的信用保险的发展,则始于 20 世纪 80 年代初期。1983 年年初,原中国人民保险公司上海市分公司与中国银行上海分行达成协议,试办了我国第一笔中长期出口信用保险业务;1986 年年初,原中国人民保险公司上海分公司按有关协议,开始试办有关短期出口信用保险。1988 年,国务院正式决定由原中国人民保险公司试办出口信用保险业务,并在该公司设立了信用保险部。1994 年,新成立的中国进出口银行,也经办各种出口信用保险业务。2001 年,中国出口信用保险公司成立,作为政策性保险公司专门经营我国出口信用保险业务。

而保证是一种古老的契约形式,它是随着签订商业契约行为产生的。最早产生的保证保险是由一些个人、商行或银行办理的。18 世纪末或 19 世纪初出现忠诚保证保险,稍后出现的是合同担保,主要担保从事建筑和公共事业的订约人履行规定的义务,并在订约人破产或无力履行合同时,代为偿还债务。1901 年,美国马里兰州的诚实存款公司在英国首次提供合同担保。随后,英国的几家保险公司也开办了该业务。1914 年,诚实存款公司从欧洲撤回,几家英国的保险公司开辟了欧洲合同担保业务市场。近年来,我国为了适应对外经济的发展,也开办了一些保证保险业务,如产品保证保险、汽车消费贷款保证保险、住房贷款保证保险等。

二、信用和保证保险的含义与区别

信用保险是指权利人向保险人投保义务人信用风险的保险。当义务人不履行自己的义务使权利人遭受经济损失时,由保险人对权利人承担赔偿责任。

保证保险是指保险人为被保证人向权利人提供信用担保的保险。当被保证人的行为或不行为致使权利人遭受经济损失时,由保险人对权利人承担赔偿责任。

例如,A 企业将一批货物卖给 B 企业,按买卖合同规定,B 企业应在 A 企业发货后 45 天内付清货款。如果 A 企业向 B 企业发货的前提条件是后者必须办理保险人对其按期付款的担保,B 企业为尽快得到货物而请保险人为其担保,由此形成的保险就是保证保险;如果 A 企业因担心 B 企业不能按期付款而向保险人投保,以便在 B 企业不按时付款而使自己遭受损失时能够得到保险人的赔偿,由此形成的保险就是信用保险,如图 9-1 所示。

信用和保证保险承保的都是信用风险,但它们是有显著区别的。

(1) 承保手续不同。信用保险是签发保险单来承保的,其保险单同其他财产险保险

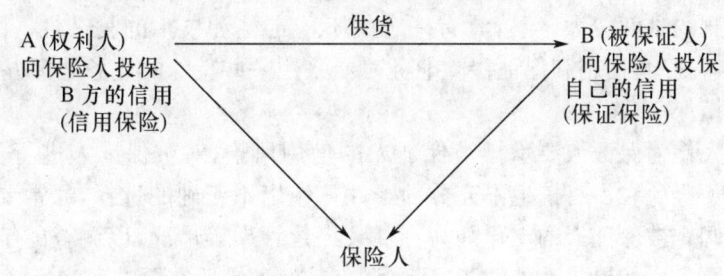

图 9-1　信用和保证保险示意图

单并无大的差别,同样规定责任范围、免责范围、保险金额(责任限额)、保险费、损失赔偿、被保险人的权利义务等条款。而保证保险是通过出立保证书来承保的,该保证书同财产保险单有较大区别,其内容通常很简单,只规定担保事宜。

(2) 当事人不同。信用保险的被保险人是权利人,承保的是被保证人(或义务人)的信用风险,除保险人外,信用保险涉及权利人和义务人两方。保证保险是义务人应权利人的要求投保自己的信用风险,义务人是被保证人,由保险公司出立保证书担保,保险公司实际上是保证人,保险公司为了减少风险往往要求义务人提供反担保(即由其他人或单位向保险公司保证义务人履行义务),这样,除保险公司外,保证保险还涉及义务人、反担保人和权利人三方。

(3) 保险人的风险不同。在信用保险中,被保险人交付保险费是为了把可能因义务人不履行义务而使自己受到损失的风险转嫁给保险人,保险人承担着实实在在的风险,必须把保险费的大部分或全部用于赔款(甚至亏损),保险人赔偿后虽然可以向责任方追偿,但成功率很低。在保证保险中,义务人(被保险人)交付的保险费是为了获得向权利人保证履行义务的凭证,即保险人只出具保证书,履约的全部义务还是由义务人自己承担,从理论上讲,没有发生风险转移,而保险人收取的保险费则是凭其信用资格而得到的一种服务费,风险或损失仍由义务人或反担保人承担,在二者都没有能力承担的情况下才由保险人代为履行义务。因此,经营保证保险对保险人来说,风险是相当小的。

三、信用和保证保险的特点

与其他财产保险业务相比,信用和保证保险有以下特点。

1. 信用和保证保险合同涉及三方当事人

一般财产保险合同是投保人(被保险人)与保险人之间签订的协议,通常不涉及第三方。信用和保证保险要涉及三方当事人:保证人(即保险人)、权利人(即被保险人或受益人)、义务方(即被保证人)。

2. 特殊的业务处理方式

信用和保证保险承保的是一种信用风险,该种无形的利益标的与物质财产比较起来,其风险预测的难度较大,经营具有一定的不稳定性和技术的复杂性。因而,为了控制风险,保险人在经营信用和保证保险业务时要采用一些特殊的业务处理方式,主要包括资信调查和反担保。

保险人作为保证人要承担被保证人的信用风险,对被保证人进行资信调查很重要。保险人为了避免在占有信息不充分的条件下作出不正确的选择,通常要亲自或委托信托资信部门调查被保证人的支付能力、信用、经营管理等情况,以调查的结果为信用和保证保险决策服务。如果是涉外业务,还要调查被保证人所在国的政治经济状况。

3. 保险费的性质

保证保险中保险人支付的赔款要由被保证人如数退还,因此从理论上讲,保险人并没有真正承担赔偿责任。保险人收取的保险费,实际上是一种手续费或服务费。但在信用保险中,保险人往往难以得到被保证人的反担保,只能事后向被保证人追偿,这就要求对被保证人的资信进行更严格的审查。

4. 对经营该业务的保险人的要求较严格

在国外,信用和保证保险必须由政府指定或批准的保险人或专门经营信用和保证保险业务的保险人办理,禁止一般保险人承保该项业务。例如,美国财政部每年公布一次被批准的保证保险人名单,并规定各公司承保的限额。这样规定是因为:① 该业务的经营较复杂,必须由专业人员办理;② 保证保险人有可靠的偿付能力;③ 有些信用和保证保险业务本身具有较强的政策性,如为了促进本国商品出口而开办的出口信用保险业务,必须由指定的保险人或机构来办理。

第二节 信用保险

一、信用保险概述

信用保险是保险人根据权利人的要求担保被保证人信用的保险。近20年来,信用保险在世界各国均得到了不同程度的发展,许多国家的商业保险公司或专营保险公司都开办了信用保险业务,并促使这类业务随着国际贸易的迅速发展而成为一类有影响的国际性保险业务。

从信用保险的业务内容看,它一般分为国内信用保险、出口信用保险和投资保险三类,其各自又可以进一步分为若干具体险种。其中,国内商业信用保险承保在延期付款或分期付款时,卖方因买方不能如期偿还全部或部分货款而遭受的经济损失。目前,许多国家的商业保险公司开办此业务,以支持和促进其国内贸易的发展。出口信用保险承保出口商因买方不履行贸易合同而遭受损失的风险。投资保险承保本国投资者在外国投资期间因政治原因遭受损失的风险。我国目前开办的信用业务主要有出口信用保险和投资保险。

二、信用保险的作用

信用保险是社会和经济发展的产物,成为保险领域相对独立的组成部分,并随着自身的发展和完善逐渐反作用于社会和经济,这主要表现在以下四个方面。

1. 促进贸易活动的健康发展

外贸出口面向的是国际市场,风险大,竞争激烈,一旦出现信用危机,出口企业就会陷入困境,进而影响市场开拓和国际竞争力。如果企业投保了出口信用保险,当被保险人因商业风险或政治风险不能从买方收回货款或合同无法执行时,可以从保险人那里得到赔偿。因此,出口信用保险有利于出口企业的经济核算和开拓国际市场,最终促使其为国家创造更多的外汇收入。

2. 加强企业的风险管理

在市场经济条件下,企业在生产经营过程中面临着大量的风险因素,需要其建立和完善风险的识别、监测和控制制度。其中信用风险是主要风险之一,特别是应收账款不能及时回收问题在很大程度上影响着企业经营活动的连续性。在提供信用保险服务的过程中,保险公司将在承保前对企业(或其经济关联方)资信和履约能力进行调查、承保期间加强经营和履约情况的检查监督和发生赔付后对有关责任方的追偿,协助企业进行销售分户账管理、应收账款催收和信用风险控制,这些活动将有效地促进和改善企业的信用风险管理,保障企业的稳健经营和发展。

3. 为企业资金周转或融通提供便利

银行向企业发放贷款必然要考虑贷款的安全性,即能否按期收回贷款。企业投保了信用保险以后,将保单作为一种保证手段抵押给贷款银行,通过向贷款银行转让保险赔款,要求保险人向贷款银行出具担保等方式,使银行得到收回贷款的可靠保证,解除银行发放贷款的后顾之忧。可见,信用保险的介入,使企业较容易得到银行贷款,这对于缓解企业资金短缺,促进生产经营和发展均有保障作用。

4. 有利于促进商品交易的健康发展

在商品交易中,当事人能否按时履行供货合同,销售货款能否按期收回,一般受到多种因素的影响。而商品的转移又与生产者、批发商、零售商及消费者有着连锁关系,一旦商品交易中的一道环节出现信用危机,不仅会造成债权人自身的损失,而且常常会引起连锁反应,最终阻碍商品经济的健康发展。有了信用保险,无论在何种交易中出现信用危机,均有保险人提供风险保障。

5. 提高企业的竞争能力

贸易类信用保险是保险公司信用对企业信用的支持,有保险公司风险保障做后盾,企业可以锐意开拓市场,并可以借此制定灵活便利的销售计划,运用灵活的支付方式,从而提高企业的市场竞争力。

三、国内信用保险

（一）国内信用保险的含义

国内信用保险亦称商业信用保险，它是指在商业活动中，一方当事人为了避免另一方当事人的信用风险，而作为权利人要求保险人将另一方当事人作为被保证人并承担由于被保证人的信用风险而使权利人遭受商业利益损失的保险。

（二）国内信用保险的种类

国内信用保险一般包括贷款信用保险、赊销信用保险、预付信用保险和个人贷款信用保险。

1. 贷款信用保险

贷款信用保险是指保险人对银行或其他金融机构与企业之间的借贷合同进行承保，以承保借款人的信誉风险。在市场经济较为发达的国家，贷款信用保险是很常见的信用保险业务，它是银行转嫁贷款中的信用风险的必要手段。在商品经济条件下，由于企业经营管理不善或决策失误以及自然灾害和意外事故等因素，贷款不能及时偿还或不能全额返还的风险是客观存在的。因此，有必要建立起相应的贷款信用保险制度以维护正常的金融秩序。

在贷款信用保险中，贷款方（即债权人）是投保人。当保险单签发后，贷款方即成为被保险人。银行对贷出的款项具有全额的保险利益。当企业无法归还贷款时，债权人可以从保险人那里获得补偿。贷款人在获得保险人的补偿后，必须将债权转让给保险人，由保险人履行代位追偿权。贷款信用保险的目的是保证银行信贷资金的安全性。

贷款信用保险的承保金额应是银行贷出的全部款项。保险人在厘定保险费时，应与银行利率相联系，并着重考虑下列因素：① 企业的资信情况；② 企业的经营管理水平与市场竞争力；③ 贷款项目的期限和用途；④ 企业所处的地区等。

2. 赊销信用保险

赊销信用保险是指为国内商业贸易（批发）中延期付款或分期付款行为提供信用担保的一种信用保险业务。在这种业务中，投保人是制造商或供应商，保险人承保的是买方的信用风险，目的在于保证被保险人（即权利人）能按期收回赊销货款，保障商业贸易的顺利进行。

赊销信用保险一般适用于一些以分期付款方式销售的耐用商品，如汽车、船舶、住宅等。这类商业贸易往往数额较多，金额较大。一旦买方无力偿付分期支付的货款，就会造成制造商或供应商的经济损失。

赊销信用保险的特点是赊账期限较长，风险比较分散，承保业务手续也较为复杂，保险人必须在仔细考察买方资信情况的条件下才能决定是否承保。

3. 预付信用保险

预付信用保险是指保险人为卖方交付货物提供信用担保的一种信用保险业务。在这种业务中,投保人(被保险人)是商品的买方,保险人所承保的是卖方的信用风险。

4. 个人贷款信用保险

个人贷款信用保险是指以金融机构对自然人进行贷款时,由于债务人不履行贷款合同致使金融机构遭受的经济损失为保险对象的信用保险。

由于个人的情况千差万别,且居住分散,风险不一,保险人要开办这种业务,必须对贷款人贷款的用途、经营情况、日常信誉、私有财产物资等作全面的调查了解,必要时还要求贷款人提供反担保;否则,不能轻易承保。

四、出口信用保险

出口信用保险是指承保出口商在经营出口业务的过程中,因进口商方面的商业风险或进口国方面的政治风险而遭受损失的一种特殊的保险。当出口商因其债务人不能支付到期的部分或全部债务而遭受的经济损失。由于这种保险应付的风险特别巨大,而且难以使用统计方法测算损失发生的概率,故商业保险公司难以经营。目前多数国家的出口信用保险是靠政府财政支持而存在的。

(一)出口信用保险的特征

出口信用保险与其他以实物作为保险标的的财产保险相比,有以下特征:

(1)出口信用保险的目的是为了鼓励和扩大出口,降低出口商以及为其提供资金的银行因出口所致的各种损失,其业务方针体现着国家的产业政策和国际贸易政策。

(2)在经营上实行非盈利的方针,通常是以比较低的保险费率承担比较高的风险,其经营亏损由国家财政承担。

(3)出口信用保险承保的风险比较大,所需的资金比较多,故多由政府设立的专门机构或国家委托独家代办的商业保险机构经营。

(4)出口信用保险的业务好坏受进口国乃至国际政治和经济状况的影响较大。政治稳定,经济发展正常,信用风险就小;反之,信用风险就大。

(5)在出口信用保险中,由于其风险的特殊性,出口信用保险机构在确定保险费率时,要考察出口商资信、规模和经营出口贸易的历史情况,以及进口国的政治经济和外汇收支状况等因素。

(6)出口信用保险的投保人必须是本国国民或本国企业,且其出口产品通常是在本国生产或制造的。

(二)出口信用保险经营体制

各国的出口信用保险体制大致可分为以下几种:

(1)政府直接办理型。即办理出口信用保险业务的机构本身就是政府的职能部门,其业务收入与赔款支出直接纳入国家预算。最有代表性的是英国的出口信用担保局和1930年成立的日本通产省输出保险课。此外,丹麦、瑞典和瑞士等国亦属此种类型。

(2) 政府间接办理型。即由政府投资建立独立的经济实体专门办理出口信用保险业务,并以提供财务担保的方式作后盾。例如,加拿大的出口信用开发公司、澳大利亚的出口融资与保险公司、印度的出口信用担保公司,以及香港的出口信用保险局等均属此种类型。

(3) 政府委托私营机构代理型。即由政府指定一家私营公司出面代办出口信用保险业务,风险由政府承担。例如,美国的对外信用保险协会等。

(4) 混合经营型。即出口信用保险的部分业务由保险公司自己经营,部分业务由政府经营。例如,法国的对外贸易保险公司、荷兰的出口信用保险机构等。

(三) 出口信用保险的种类

目前我国办理的出口信用保险主要有以下三种:

(1) 短期出口信用保险。它是指承保支付货款信用期不超过180天的出口贸易的保险。它一般适用于大批量、重复性出口的初级产品和消费性工业制成品。短期出口信用保险是国际上出口信用保险适用面最广、承保量最大的一个险种。在实务经营中,强调被保险人必须在本国注册,按全部营业额投保,并及时向保险人申报出口情况。其保险责任包括商业风险与信用风险两类。经出口公司与保险人协商,保险期限也可延长到365天的出口贸易。

(2) 中长期出口信用保险。它是指承保放账期在一年以上的出口贸易的保险。它适用于大型资本性货物(如飞机、船舶、成套设备等)的出口。海外工程承包和技术服务项目的费用结算的收汇风险也可以承保。

(3) 特约出口信用保险。它适用于资信程度较高的被保险人因临时性的或比较特殊的业务需要在其他出口信用保险中不能承保的业务。

(四) 出口信用保险的费率厘定

出口信用保险的费率因可能发生的收汇风险程度不同而有所不同。厘定费率时一般考虑下列因素:

(1) 买方所在国的政治、经济及外汇收支状况。出口信用保险机构通常根据国家基本信息、政治风险、经济风险、投资风险、双边经贸风险等方面对与本国经贸交往密切的国家的风险进行分析和评级。2005年12月,中国出口信用保险公司发布了《国家风险分析报告》,把包括美国、英国、韩国、日本、瑞士等与我国经贸交往密切的60多个国家的国家风险分为9级,分别用数字标识1~9来表示,数字越大,风险水平越高。在不考虑其他因素的前提下,国家风险级别越高,出口信用保险的保险费率也应当越高;反之亦然。

(2) 出口商的资信、经营规模和出口贸易的历史记录。出口商的资信状况越好,经营规模越大,出口贸易的不良历史记录越少,出口信用保险的保险费率也应当越低;反之亦然。

(3) 出口商以往的索赔记录。出口商以往的索赔记录越少,出口信用保险的保险费率也应当越低;反之亦然。

(4) 贸易合同规定的付款方式。出口贸易的收汇风险是与付款方式密切相关的。付款方式所包含的风险越小,出口信用保险的保险费率也应当越低;反之亦然。例如,跟单托收的风险小于光票托收,以前者为付款方式的出口信用保险的保险费率也应当低于后者。再如,付款交单的风险小于承兑交单,以前者为付款方式的出口信用保险的保险费率也应当低于后者。

此外,投保出口信用保险的出口贸易额的大小以及货物的种类等,也会对出口信用保险的费率水平产生影响。

(五) 出口信用保险的承保

承保出口信用保险主要有以下三项要求和规定:

(1) 出口公司在投保短期出口信用保险时,需向保险公司提供一份反映其出口及收汇情况和投保要求的申请书,保险机构根据其提供的资料及通过调查掌握的情况决定是否承保,在决定是否承保中长期保险前则应对每份出口合同进行严格的审查。

(2) 短期出口信用保险多实行统保的方式,即出口企业必须将所有以非信用证为支付方式的出口业务按其销售额全部投保。这种方式有利于承保机构分散风险和保持业务经营的稳定。

(3) 责任限额是出口信用保险单中的一项重要规定。一般的保险单中都规定两种限额:一是对买方的信用限额,即对每一买方所造成的卖方的损失,保险人所承担的最高赔偿限额;二是对出口方保险单的累计责任限额,即保险人对被保险人(出口方)在每 12 个月内保险单累计的最高赔偿限额。买方信用限额应由出口方根据不同买方的资信情况及买方在一定时期内预计以信用方式成交的金额,逐个向保险人提出申请,经保险人审查批准后生效。

五、投资保险

(一) 投资保险的概念

投资保险又称政治风险保险,是为保障投资者利益而开办的一种保险。国际投资是国际资本输出的一种形式,对资本输出国来说,能为过剩资本谋求出路,获取较高利润;对资本输入国来说,能利用外资解决国内资金不足问题,并借此引进技术,发展经济。但是,向国外投资,特别是私人直接投资,会面临各种风险。投资保险是为鼓励和保障海外投资开办的保险,主要承保被保险人(投资者)由于政治原因或签约双方不能控制的原因遭受的损失。

(二) 投资保险的责任范围

投资保险的责任包括:

(1) 汇兑风险。例如,东道国政府实行外汇管制,禁止外汇汇出;因东道国发生战争、革命或内乱,无法进行外汇交易;东道国政府对投资者各项应得的金额实行管制(如冻结);东道国政府取消对各项应得金额汇回本国的许可;东道国政府对各项金额予以没收。

(2) 征用风险又叫国有化风险,即投资者在国外的投资资产被东道国政府或地方政府、团体征收或国有化。

(3) 战争及类似行为风险。由于战争、革命、暴乱而使投资者的保险财产遭受损失、破坏或被夺取留置,均属承保范围。投资保险仅保障投资资产中的有形资产的直接损失,不包括间接损失,对证券、档案文件以及现金的损失和一般的骚乱风险都不承保。

(三)投资保险的责任免除

投资保险对被保险人的下列投资损失不负赔偿责任:

(1) 被保险人及其代表违背或不履行投资契约,或故意违法行为导致政府有关部门的征用或没收造成的损失。

(2) 被保险人投资项目受损后造成被保险人的一切商业损失。

(3) 政府有关部门规定外汇汇出期限而被保险人没能按期汇出造成的损失。

(4) 核武器造成的损失。

(5) 投资契约范围以外的任何其他财产的被征用、没收造成的损失。

(四)保险期限

投资保险的保险期限分为短期和长期两种:短期为1年;长期保险期限最短的为3年,最长的为15年。投保3年以后,被保险人有权要求注销保险单,但如未到3年提前注销保险单,被保险人须缴足3年的保险费。保险单到期后可以续保,但条件仍需双方另行商议。无论长期还是短期保险,保险期内被保险人可随时提出退保,但保险人不能中途修正保险合同,除非被保险人违约。

(五)保险金额与保险费

投资保险的保险金额以被保险人在海外的投资金额为依据,是投资金额与双方约定比例的乘积,保险金额一般规定为投资金额的90%。但长期和短期投资项目又有所不同:短投资项目的保险金额为该年的投资金额乘以双方约定的百分比(通常为90%);长期投资项目每年的投资金额在投保时按每年预算投资金额确定,当年保险金额为当年预算金额的90%。长期投资项目还需确定一个项目总投资金额下的最高保险金额,其保险费需在年度保险基础上加差额保险费,长期投资项目期满时按实际投资额结算。

投资保险费率一般根据保险期间的长短、投资接受国的政治形势、投资者的能力、工程项目以及地区条件等因素确定。投资保险费率一般分为长期费率和短期费率,且保险费在当年开始时预收,每年结算一次。

第三节 保证保险

一、保证保险的特征

保证保险属于广义财产保险的一个组成部分。与一般财产保险相比,保证保险有如下特征:

(1) 保证保险合同的当事人涉及三方:保证人(即保险人)、被保证人(即义务人)、权利人(即受益人或被保险人)。而一般的财产保险合同的当事人只涉及两方:保险人、投保人。

(2) 保证保险中的被保险人对保证人(保险人)给予权利人的补偿有偿还的义务。而一般的财产保险的被保险人没有这样的义务。

(3) 保证保险更为严格地审查被保证人的资信状况。

(4) 保证保险的保险费实质上是一种手续费,即是利用保险公司的名义提供担保的一种报酬。

二、保证保险的类型

(一) 履约保证保险

履约保证保险是指在被保证人不按约定履行义务,从而造成权利方受损时,由保险人负责赔偿的一种保险。保险标的是被保证人的违约责任。

1. 履约保证保险的特点

履约保证保险有两个主要特点:

(1) 履约保证保险所承担的风险是被保证人履行一定义务的能力或意愿。

(2) 履约保证保险的投保人是被保证人。

2. 履约保证保险的种类

现实中的履约保证保险主要有以下五种:

第一,合同履约保证保险。

合同履约保证保险是承保因被保证人不履行各种合同义务而造成权利人的经济损失的保险。它包括供给保证保险、建筑保证保险、完工保证保险。

供给保证保险是指当供给方因违反合同规定的供给义务而使需求方遭受损失时,由保险人承担赔偿责任的保险。例如,一制造商与某加工厂订立合同,由前者按期供给后者一定数量的半成品,如果前者违反供给义务从而使后者遭受损失,保险人应承担经济赔偿责任。

建筑保证保险承保因建筑误期所造成的各种损失。它分为履约合同保证保险、投标保证保险、预付款保证保险和维修保证保险等。履约合同保证保险承保工程所有人因承包人不能按时、按质、按量交付工程而遭受的经济损失。投标保证保险承保工程所有人（权利人）因中标人不继续签订承包合同而遭受的损失。预付款保证保险承保工程所有人因承包人不能履行合同而受到的预付款损失。维修保证保险承保工程所有人因承包人不履行合同所规定的维修任务而遭受的损失。

完工保证保险承保借款建筑人因未按期完工和到期不归还借款而造成的有关权利人的损失。

第二，司法履约保证保险。

司法履约保证保险主要包括两大类：受托保证保险和诉讼保证保险。

受托保证保险是承保经由法院所指定的受托人因其不尽职尽责而造成委托人的财产损失的保险。受托人主要包括遗嘱执行人、财产管理人、遗产管理人、监护人、清算人等。受托保证的财产主要有死亡人的遗产、未成年人的财产、无行为能力人的财产、破产或清算的财产等。

诉讼保证保险又可分为保释保证保险、上诉保证保险、扣押保证保险、禁令保证保险。保释保证保险承保被保释人不在规定的时间出庭受审而由法院罚没的保证金。上诉保证保险承保上诉人上诉失败所需承担的上诉费用。扣押保证保险承保原告败诉时因法院应原告要求临时扣压被告财产而使被告遭受的损失。

第三，特许履约保证保险。

特许履约保证保险是承保从事经营活动的被保证人（营业执照或经营许可证领取人）违反政府法令或有损于国家利益和社会公共利益，由此产生的赔偿责任的保险。

第四，公务员履约保证保险。

公务员履约保证保险是指对政府工作人员的诚实信用提供保证的保险。它分为两种：① 诚实总括保证保险。它是指对公务员不诚实或欺诈等行为所造成的损失承担赔偿责任的保险；② 忠实执行职务保证保险。它是指对公务员因工作中未能忠于职守而给政府造成的损失承担赔偿责任的保险。

第五，存款履约保证保险。

存款履约保证保险是指以银行为投保人，保证存款人的利益的保险。

（二）忠诚保证保险

忠诚保证保险又称诚实保证保险，是指在权利人因被保证人的不诚实行为而遭受经济损失时，由保险人作为保证人承担赔偿责任的一种保险。此保险以被保证人（雇员）的诚实信用为保险标的，当雇员由于偷盗、侵占、伪造、私用、非法挪用、故意误用等不诚实行为使雇主受损时，保险人负责赔偿。

1. 忠诚保证保险的特点
（1）保险合同涉及雇主与雇员之间的关系。

(2) 承保的危险只限于雇员的不诚实行为。

(3) 其投保人既可以是被保证人(雇员),也可以是权利人(雇主)。

2. 忠诚保证保险的种类

忠诚保证保险分为指名保证保险、职位保证保险、总括保证保险、伪造保证保险等。

第一,指名保证保险。

它是指以特定的雇员为被保证人的忠诚保证保险。在雇主因被保证人的不诚实行为而遭受损失时,由保险人承担赔偿责任。雇员的名字和规定的保险金额均载明于保险单上。如果雇员离开了公司,这一保险将终止。它并不适用任何接替该雇员的人,除非保险单上作了特别的说明。

第二,职位保证保险。

它是指以各种职位及其人数作为被保证人的忠诚保证保险。它与指名保证保险的不同之处在于,它不列出被保证人的姓名,而只是列出各级职位及其人数。每一职位都有规定的保证金额。

第三,总括保证保险。

它是指以所有的正式雇员为被保证人的忠诚保证保险。它有普通总括保证保险和特别总括保证保险之分。

普通总括保证保险的保险费按年计算,在缴费后一年内如人数增加,除企业合并外,不另加保险费。只要认定损失的是由雇员的不诚实行为所致,保证人均承担赔偿责任。

特别总括保证保险是专门承保各种金融机构的雇员由于不诚实行为造成损失的忠诚保证保险。它最早起源于英国伦敦劳合社保险人开办的银行总括保证,以后逐步增加到各种金融机构。各金融机构中的所有金钱、有价证券、金银条块以及其他贵重物品,因其雇员的不诚实行为造成的损失,保险人均承担赔偿责任。

第四,伪造保证保险。

它是指承保因伪造或篡改背书、签名、收款人姓名、金额等造成的损失的忠诚保证保险。它又可以分为两种形式:一是存户伪造保证保险,承保被保证人或被保证人往来的银行因他人以被保证人的名义伪造或篡改支票、汇票、存单及其他凭单票据等所导致的损失,此处的承保票据仅指支付票据;二是家庭伪造保证保险,承保个人在收支款项时因他人伪造所导致的损失,此处的承保票据包括支付票据、收入票据及收入伪钞。

第五,三D保险单。

3D为不诚实(Dishonest)、损毁(Destruction)及失踪(Disappearance)。三D保险单承保企业因雇员的不诚实、盗窃、失踪、伪造或篡改票据遭受的各种损失。

(三) 产品保证保险

产品保证保险又称产品质量保险或产品信誉保险,它承保被保险人因制造或销售的产品丧失或不能达到合同规定的效能而应对买主承担的经济赔偿责任,即保险人对有缺陷产品的本身以及由此引起的有关间接损失和费用承担赔偿责任。

1. 产品保证保险的责任范围

(1) 对用户或消费者负责更换或整修不合格产品或赔偿有质量缺陷产品的损失和费用。

(2) 赔偿用户或消费者因产品质量不符合使用标准而丧失使用价值的损失及由此引起的额外费用。例如,运输公司因购买不合格汽车而造成的停业损失(包括利润和工资损失)以及为继续营业临时租用他人汽车而支付的租费等。

(3) 被保险人根据法院判决或有关行政当局的命令,收回、更换或修理已投放市场的质量有严重缺陷的产品造成的损失及费用。

产品保证保险的除外责任有产品购买者故意行为或过失引起的损失,不按产品说明书安装调试、使用的损失,产品在运输途中因外部原因造成的损失或费用等。

2. 产品保证保险的保险金额、保险费率和保险期限

产品保证保险的保险金额一般按投保产品的出售价格或实际价值确定。

在费率厘定方面,应以下列因素为依据:

(1) 产品制造者、销售者的技术水平和质量管理情况,这是确定费率的首要因素。

(2) 产品的性能和用途。

(3) 产品的数量和价格。

(4) 产品的销售区域。

(5) 保险人承保该类产品以往的损失记录。

产品保证保险的保险期限是根据不同产品的性能、用途和行业规定的正常使用时间来确定的,也可以在行业规定的正常使用时间之内选择一段时间作为产品保证保险的期限。

3. 产品保证保险与产品责任保险的关系

产品保证保险和产品责任保险都与产品有关,但在保险标的和业务性质方面具有很大的区别。从两者的标的分析,产品保证保险的标的是产品质量;产品责任保险的标的是产品责任本身。从两者的性质分析,产品保证保险是保险人以担保人的身份为被保险人的产品质量提供的担保,只对产品本身的质量实施保险;产品责任保险是保险人为被保险的产品可能产生的民事损害赔偿责任提供的保险服务。

本 章 小 结

信用保险是指权利人向保险人投保义务人信用风险的保险。义务人信用风险是指义务人不履行义务而使权利人遭受损失的保险。

保证保险是指保险人为被保证人(或投保人或义务人)向权利人提供担保的保险。如果由于被保证人的作为或不作为致使权利人遭受经济损失,保险人承担赔偿责任。

关 键 词

信用保险　出口信用保险　投资保险　保证保险　诚实保证保险　三 D 保险单　产品保证保险

复习思考题

1. 简述信用保险的定义、性质。
2. 简述信用保险的作用。
3. 简述投资保险的作用。
4. 简述保证保险的定义。
5. 保证保险包括哪些子险种?

第十章 人寿保险

人们需求的多样性、可变性与不断发展，决定了人身保险险种的多样性及新险种的层出不穷。人身保险按照保障范围的不同进行分类，可以分为人寿保险、人身意外伤害保险和健康保险等。本章研究的是其最重要的组成部分——人寿保险。

第一节 人寿保险概述

人寿保险是指以人的生命、身体或健康作为保险标的的一种保险。人寿保险的投保人根据保险单的约定向保险人交付保险费，当被保险人在保险合同期限内发生死亡、伤残、疾病等保险事故或达到人身保险合同约定的年龄、期限时，由保险人依照保险合同约定承担给付保险金的责任。

一、人寿保险的特征

与其他保险险种一样，人寿保险也是由许多面临相同风险的人通过交付保险费把风险转嫁给保险组织，保险组织利用集中起来的保险基金进行保险给付工作。但由于人寿保险的保险标的是人的生命和身体，这种保险标的的特殊性决定了人寿保险相对于财产保险而言具有一些自身的特点。

（一）人寿保险保险标的的特殊性

财产保险的保险标的的价值是可以以货币来衡量的。与财产保险的保险标的相比，人寿保险的保险标的是人的生命和身体，其价值无法以货币衡量。所以，人寿保险不存在超额保险的问题。保险金额的高低主要取决于被保险人对人寿保险的需要程度和投保人的缴费能力。为了防止道德风险的发生，保险公司可以根据被保险人的实际需要和收入水平当时所处的社会环境和一般消费水平对其投保的金额加以控制，使总计的保险金额不会过高。在实际业务中，人寿保险的保险金额通常由投保人和保险人双方约定。

（二）人寿保险保险期限的特殊性

相对于一般财产保险业务的短期性而言，除短期意外伤害保险等短期性业务外，人寿保险的业务多数属于长期性业务，短则三年，长则十几年、几十年甚至一个人的一生。投保期限的长短是根据个人对保险保障的需要由投保人(或被保险人)自行决定的。如果某人为自己投保了一份较短期限的人寿保险,到保险单期满时欲重新投保时,他的健康状态或职业可能已经发生了变化,保险人很可能不予承保,或以收取较高的保险费为承保的条件。这对被保险人一方显然是不利的。为了克服短期人寿保险对被保险人一方的不利之处,人寿保险一般都设计为长期性保险。

(三) 人寿保险保险事故的特殊性

在以人的生命和身体为保险标的、以生存或死亡为保险事故的人寿保险中,保险事故的发生通常具有必然性。这种必然性对人寿保险是否承担给付责任有很大的影响。如果人寿保险只是将生存或死亡的某一方面作为保险金给付的前提,保险人是否给付保险金就有两种可能:可能给付和可能不给付。同时,相对于财产保险而言,人寿保险事故的发生具有分散性,因为人寿保险的保险事故分散于不同的家庭及地区,一般情况下不存在大量标的同时发生保险事故的情况。保险事故比较分散的特点,决定了人寿保险业务在经营上存在相对稳定性。

(四) 保险金支付的特殊性

财产保险是补偿性保险。保险标的出险后,保险人支付给被保险人一方的保险金受保险金额、保险标的实际价值、可保利益等的限制,因而存在最高限额。人寿保险多为给付性保险。在一些人寿保险中,没有确定的最高给付限额,而只有在一定时期内定期给付保险金数额的规定。例如,养老金保险中保险金的领取,通常在约定的时期开始领取,一直到被保险人死亡,而由于被保险人死亡时间是不确定的,因此最终给付的总额也是不确定的。

代位求偿是指因第三者对保险标的的损害而造成保险事故,保险人在向被保险人赔偿保险金之后,在赔偿金额范围内享有代位行使被保险人对第三者请求赔偿的权利。在人寿保险中代位求偿原则通常是不适用的,如果被保险人伤亡是由于第三者造成的,被保险人或其受益人既能从保险公司得到保险给付金,又能向肇事方提出损害赔偿要求,保险公司不能行使代位求偿权。例如,某人投保定期人寿保险,在保险期限内由于第三者违章行车致使被保险人死亡,被保险人的受益人不仅能得到保险公司给付的死亡保险金,同时也可以追究责任方的赔偿责任。

(五) 人寿保险风险的递增特性

人身保险尤其是其中的人寿保险的风险是以人的死亡为基础测定的。不同年龄段的群体死亡率是明显不同的。越是到老年,群体的死亡率越高。如果只是根据风险程度的高低确定保险费率,那么年龄越大,保险费率越高。而人越到老年,收入越少,甚至是没有收入,多数被保险人可能因无力交付高额的保险费而退出保险。这样,人寿保险也就失去了其存在的意义。此外,随着年龄的增大而逐渐提高保险费率还会导致身体健康的被保险人纷纷退保,而体弱多病者则选择留下。这样,就会出现过多的逆选择。这对保险人稳定经营是不利的。因此,人寿保险通常都采用均衡保险费率。

(六)人寿保险的储蓄特性

人身保险的主体部分(人寿保险)是一种储蓄性的保险。储蓄特性是人寿保险合同所特有的。在人寿保险的经营中,保险费率采用的是均衡费率。保险人每年收取的保险费超过被保险人当年应得保险金的数额,相当于投保人(或被保险人)存于保险人处的储蓄存款。这笔存款由保险人用于投资或存于银行,保险人按一定的利息率给投保人计算利息。这部分相当于存款的保险费及产生的利息属于被保险人一方所有。因此,被保险人一方可以以多种方式享受这部分利益,如退保领取保险金,以保险单质押向保险人贷款,将保险单改为缴清保险单或展期保险单等。

二、人寿保险的分类

在保险业漫长的发展过程中,人寿保险的经营主体为适应人们的需求,不断地对人寿保险险种进行创新,人寿保险依据不同的划分标准有着不同的类别。

(一)按照保险事故分类

按照保险事故,可以把人寿保险划分为死亡保险、生存保险和两全保险等。健康保险的具体内容见以后相关章节。

(二)按照保险期限分类

按照保险期限,可以把人寿保险划分为长期人寿保险和短期人寿保险。长期性人寿保险是指保险期限超过10年的人寿保险;短期性人寿保险是指保险期限不足5年的人寿保险。

(三)按照投保主体分类

按照投保主体,可以把人寿保险划分为个人保险和团体保险。个人保险是指以个人为投保人,一张保险单只承保一个被保险人的人寿风险;团体保险是指以团体为投保人,一张保险单承保一个团体的全部或大部分成员的人寿风险。

(四)按照保险单是否分红分类

按照保险单是否分红,可以把人寿保险划分为分红保险和不分红保险。分红保险是指保险人将其经营成果的一部分以一定的方式分配给保险单持有人的保险;不分红保险是指投保人不享有保险人经营成果的保险。

(五)按照被保险人的风险程度分类

按照被保险人的风险程度,可以把人寿保险划分为标准体保险和次标准体保险。标准体保险是指被保险人的风险程度属于正常标准范围,可以与保险人以标准费率订立保险合同的保险;次标准体保险是指被保险人的风险程度超过正常标准范围,只能用特殊条件进行承保的保险。

第二节 传统人寿保险

传统人寿保险业务可以分成定期寿险、终身寿险和两全保险三种形式。

一、定期寿险

定期寿险只提供一个确定时期的保障。定期寿险是世界上发行最早的人寿保险合同。定期寿险一般可以分为定期死亡保险和定期生存保险。

（一）定期死亡保险

定期死亡保险是以被保险人在合同约定的期限内死亡为条件，由保险人依照保险合同的规定给付保险金的一种保险。如果被保险人期满生存，保险人不负给付保险金的责任。这个规定的期限可以是1年、3年、5年、10年或20年等，有的保险单规定保险人达到某个年龄时止，如60岁、65岁或70岁等。同其他寿险相比较，定期死亡保险在性质上更接近财产保险。

1. 定期死亡保险的特征

定期死亡保险主要有以下四个特征：

（1）保险期限灵活。保险公司为满足不同消费者的需求，提供了若干种可以选择的保险期限。有的只有几个月，有的有几十年。保险单所有人具有可以更新或展期的选择权，即在保险期满时可以延长保险期限，不必提供可保性证明。因为如果定期寿险保险单没有规定这项选择权，被保险人可能在保险期满时因健康状况不佳或其他原因不能再取得人寿保险的投保资格。需要注意的是，在每次展期时要根据被保险人所达到的年龄提高保险费率。

（2）保险费低廉。对于定期保险的保险费不含储蓄因素，同时保障期间有限，所以保险人所负的责任较小，根据权利和义务对等的原则，投保人只需承担较低的保险费。在一般情况下，当保险金额相等时，投保定期死亡保险所交付的保险费低于定期生存保险、终身保险和生死两全保险。

（3）纯保障性，无储蓄性。被保险人在保险期间内死亡，保险人给付保险金。如果在保险期满时，被保险人仍生存，保险人无给付保险金的责任，是时不退还投保人已交付的保险费和保险单的现金价值。这主要是因为，生存者在保险期内所交付的保险费及保险费所产生的投资收入已作为死亡保险金的一部分，由保险人支付给了死亡者的受益人。

（4）保障他人利益。定期死亡保险是以被保险人在规定的期限内死亡作为保险人给付保险金的条件，所以被保险人本人是不可能得到保险金的，保险金只能由他的受益人领取。

2. 定期死亡保险的适用范围

定期死亡保险提供的是特定期限内的死亡保障,且保险费较低,因此它适宜于以下范围:

(1) 为在特定的期间内对被保险人的生命具有合同上权益关系的人投保,以免被保险人死亡使投保人的利益受损。

(2) 家庭负担较重,经济负担能力较差,又有保险需求的人投保。

(3) 偏重于死亡保障的人投保。

(二) 定期生存保险

定期生存保险是指如果被保险人在一定时期内生存,则保险人按照保险合同的规定给付保险金的一种保险。定期生存保险与定期死亡保险恰好相反,在定期生存保险中保险金的给付是以被保险人在期满时生存为条件,如果被保险人中途死亡,保险人既不给付保险金,也不退还已交付的保险费。可见,对于满期生存者所领得的保险金源于本人所交付的保险费和期内死亡者所交付的保险费。这个险种似乎对期内死亡者有失公平,给人们的感觉是不幸的人更加不幸,幸运的人更加幸运。因而,这一险种被人们接受的程度有限。现在的人寿保险公司并不单独经营此险种,而是与其他的险种结合在一起来开展业务。

定期生存保险有以下两个特征:

(1) 定期生存保险是一种储蓄的险种。定期生存保险是以被保险人在保险期满时仍生存作为保险金给付条件的,如果被保险人在保险期限内死亡,保险公司不承担保险责任并且不退还收取的保险费。因此,保险公司依照保险合同的规定,给付给生存者的保险金,不仅包括其本人所交付的保险费及其所产生的利息,而且还包括在保险期限内死亡者所交付的保险费及其所产生的利息。

(2) 定期生存保险有利于节约。由于定期生存保险是为了保障被保险人今后的生活或工作,同时保险公司在被保险人死亡时不给付任何保险金,所以定期生存保险类似于银行储蓄,亦可以说是一种半强制性的储蓄。此外,保险公司为了使定期生存保险比银行储蓄更有吸引力,依据保险公司经营的情况,还有一定的红利政策。

二、终身寿险

终身寿险是一种不定期的死亡保险,是指被保险人无论何时死亡,保险人均依照保险合同的规定给付保险金的一种保险。它是商业人寿保险公司提供的最普通的保险。按照缴费方式的不同,终身寿险可以分成普通终身保险、特种终身保险和联合人寿保险。

(一) 普通终身保险

普通终身保险又称终身缴费的终身寿险,即被保险人只要活着,就要交付保险费。

普通终身保险有以下两个特征:

(1) 终身交付保险费。在投保人(被保险人)投保普通终身保险时,保险合同已明确规定,投保人交付保险费直到死亡。如果中途停止交付保险费,除非保险单另有规定,否则保险单将丧失效力。考虑到老年人交付保险费的能力变弱,所以现在不少国家都规定了一个缴纳保险费的上限年龄,一般以80岁为限。

(2) 保险费率较低。由于普通终身保险交付保险费的期限比较长,所以保险费率比较低,并且在保险单有效期限内,被保险人不必担心因健康情况变坏而被保险公司加收保险费。

(3) 具有较强的灵活性。普通终身寿险保险单的条款允许把该保险单变换成为减额的保险费缴清保险单。如果是分红型保险单,保险单所有人可以把红利留在保险公司,待红利积累到一定金额时,可以把该保险单变换为等额的保险费缴清保险单。同时,保险单所有人还可以用普通终身人寿保险单的现金价值作为一次缴清保险费变换成定期死亡保险单。

(二) 特种终身保险

特种终身保险又称限期缴费的终身保险,即规定投保人在一定期限内缴费或被保险人在达到某个年龄前缴费,如规定缴费期为10年、15年、20年或缴费至65岁等。无论是终身缴费,还是限期缴费,其缴费总额的精算现值都是相等的。因此,限期缴费的费率高于终身缴费的费率。限期缴费的一个极端情形是趸缴保险费的终身寿险,投保人在投保时把全部保险费(在整个保险期间应交付的保险费)一次全部缴清,这样其保险费率就更高了。同样保额的终身寿险保险单,缴费期限越短,保险费率越高,但现金价值的积累越快。一次缴清所有的保险费,可以避免因停缴保险费而使保险单失效的情况发生。由于一次所交付的金额较大,故投保此类型保险的人较少。

(三) 联合人寿保险

联合人寿保险是死亡保险的一种特殊的保险形式。它是用一张保险单承保几个人的生命(至少是两个人),只要这几个人中有一个人死亡,保险人就给付全部保险金,保险责任终止。如果在数个被保险人中最后一个人死亡时给付保险金,则称之为最后生存者保险单。这种保险经常采用终身寿险形式承保。联合人寿保险单的保险费略高于提供相同保险金额的数份单人保险单的保险费合计数。例如,1份承保3个人的保险金额为30万人民币的联合人寿保险单的保险费高于3份保险金额为10万人民币的单人保险单的保险费合计数,这是由于前者保险费率较高的缘故。联合人寿保险适合夫妻共同投保,一旦一方死亡,保险人将给付另一方全部保险金。联合人寿保险也适合合伙企业投保,全部合伙人作为被保险人,一旦某个合伙人死亡,其余合伙人将得到全部保险金,并以此购买死去的合伙人在企业中的权益。

三、两全保险

两全保险又称为储蓄保险或混合保险,是将生存保险与死亡保险合二为一的保险形式。它是指被保险人不论保险期内死亡还是生存到保险期满,保险人都给付保险金的保险。如果被保险人在保险有效期内死亡,保险人依照保险合同的规定给付死亡保险金;如果被保险人生存到保险期满,保险人依照保险合同的规定给付生存保险金。

两全保险实际上是一种储蓄的工具。它的生存保险金可以用来保障被保险人的晚年生活,它的死亡保险金可以为被保险人的家属解决经济上的困难。由于两全保险的保险责任有两项,这两项责任是必然发生其一的,即每张保险单一定要发生给付责任。所以,在相同的条件下,两全保险的保险费率比生存保险和死亡保险的保险费率要高。

两全保险有以下类型:

(1) 普通两全保险。即如果被保险人在约定的保险期间内死亡,保险人对受益人承担给付保险金的责任;如果被保险人到保险期满仍生存,保险人对被保险人承担给付保险金的责任。

(2) 期满双倍两全保险。这是对普通两全保险进行改进而形成的险种。即被保险人在保险期内死亡,保险人给付受益人全额保险金;如果被保险人生存到保险期满,保险人给付被保险人保险金额的两倍。

(3) 养老附加定期保险。被保险人生存到养老金领取年龄,按照合同约定的金额领取保险金;如果被保险人在领取保险金之前死亡,保险人将给付其受益人保险金额的若干倍的保险金。

(4) 联合两全保险。它是指被保险人有两个或两个以上的两全保险。在联合两全保险中,联合被保险人中只要有一人在保险期内死亡,保险人就给付全部保险金,保险单终止。如果保险期满时,联合被保险人无一人死亡,保险人也给付保险金,且由全体被保险人共同领取。

第三节 创新型人寿保险

上述定期寿险、终身寿险与两全保险都属于传统型的人寿保险的形式,由于保额通常为一个固定的数额,没有考虑通货膨胀因素,保险的保障功能因通货膨胀会明显减弱;同时,人寿保险公司的大部分投资是固定收益率的长期投资,即使是分红保单,传统的人寿保险对通货膨胀的反应也是很弱的。高利率与高通货膨胀率诱发了大量的退保与保险单质押贷款的大幅度增加,严重威胁了人寿保险公司的财务安全。与其他金融产品相比,传统寿险产品的竞争力削弱,人寿保险公司在金融机构之间的竞争中处于不利地位。上述因素引发了人寿保险业的创新,人寿保险公司开发出了一系列灵活的保险产品,与传统型寿险产品相比,创新型寿险产品更注重投资功能。

一、变额人寿保险

变额人寿保险是指保险金额随其保险费分离账户的投资收益的变化而变化的一种终

身寿险。它能有效地抵消通货膨胀给寿险带来的不利影响。一般分为普通型和分红型两种。

该险种的具体做法是,将保险费减去各种费用及死亡给付分摊额后,存入一个单独的投资账户。寿险公司提供的投资方式包括货币市场基金、普通股票基金、债券基金或其他形式的基金。一般地,保险金额与投资收益直接相关,但不管收益如何,保险金额不能低于某事先确定好的限额,即最低限额。保单现金价值也与投资收益相关,但没有最低值的承诺。在任一时点的保单现金价值取决于该时点该险种保费投资资产的市场价值。此保险单的死亡给付包括两部分:第一部分是保险单约定的最低死亡保险给付额,这个部分是固定的;第二部分是可变的死亡给付部分,即随投资收益变化的部分。投资收益超过保险单预定利率的部分用来购买一份额外的保险,这份保险通常按纯费率购买,购买时间可以按天、按周、按月、按年进行。如果投资收益低于保险单预定的利率,则会相应减少过去已经增加了的保额,直至保额的最低限度。由此可见,该险种的特点在于:一是保险费固定,缴费方式采用均衡保险费法;二是死亡给付金额是变动的,有一个最低给付的限额;三是保险单的现金价值随保险公司的投资组合和投资业绩的变动而变动。

二、变额可调整的人寿保险

变额可调整的人寿保险改变了变额人寿保险缴费固定的特点,保险费、死亡给付金额、保险期限在一定的限制条件内都可以变动。具体做法是,投保人每年可以根据自己的需要、投资目标和保险费支付能力的变化调整保险单的保险金额和保险费。例如,某投保人投保5年期定期寿险,保险金额10万元,年缴保险费300元。如果第二年投保人收入增加,想缴500元保险费,这时既可以根据多缴的200元保险费调高保险金额,也可以在保险金额不变的情况下延长保险期间。如果增加的保险费足够多,则保险责任也可以改变,如将定期寿险变为终身寿险,或在不改变保险责任的前提下,缩短保险费支付期限;反之,若投保人减少保险费,则保险金额随之降低或保险期限缩短。如果保险费减少很多,终身寿险可以转变为定期寿险。

该险种具有以下两个特点:一是产品的灵活性比较大;二是能够增强人寿保险公司的竞争力。

三、万能人寿保险

万能人寿保险又称为综合人寿保险,是一种缴费灵活、保额可调整、具有非约束性的保险。此险种主要是为了满足那些保险费支出较低且方式灵活的寿险消费者的需求而设计的。

万能寿险的保险费缴纳方式灵活,保险金额可以根据规定进行调整。保险单持有人在缴纳一定量的首期保险费后,可以按自己的意愿选择在任何时候缴纳任何数量的保险费,只要保险单的现金价值足以支付保险单的相关费用,有时甚至可以不再缴费。

此险种的具体做法是,保险单持有人首先缴纳一笔首期保险费,首期保险费有一个最低限额,首期保险费扣除各种费用支出及相应的死亡给付分摊额后,剩余的部分就是该保险单最初的现金价值。这部分价值按某一投资利率计息,累计到期末(一般1个月为1周期)即成为期末现金价值。一般地,各家寿险公司都会收取较高的首年退保手续费以避免保险单过早终止。在保险单的第二个周期,保险单持有人可以根据自己的情况缴纳保险费,如果首期保险费足以支付第二个周期的费用及死亡给付分摊额,此周期就可以不缴纳保险费。如果前期的现金价值不足,又没有缴纳第二期保险费,保险单就会失效。

第四节 特种人寿保险

特种人寿保险是从普通寿险中派生出来的,包括简易人寿保险、团体人寿保险和弱体人寿保险等。

一、简易人寿保险

(一)简易人寿保险的定义

简易人寿保险习惯上被称为简身险。它是一种以低收入的劳动者或薪金者为承保对象,按月收取保险费,免验体、低保额的人寿保险。在我国寿险业发展之初,简易人寿保险是被作为主要寿险业务经营的。当寿险业务发展到一定水平,人们负担保险费的能力大大增强以后逐步被普通寿险所取代。

(二)简易人寿保险的特征

简易人寿保险主要有以下特征:

(1)保险期限、保险费、保险金额采取固定格式、标准化。保险期限的标准化体现为一般只规定几种保险期限,就我国责任简身险条款而言,其保险期限分别为5年、10年、15年、20年及30年五种。保险费的标准化则体现在其保险费按份计算,每份简易人寿保险的保险费,不论其保险期限的长短均相同。保险金额的标准化体现在该险种按同一数额的保险费来确定几个年龄组别的保险金额。

(2)免验身体。由于保险金额较低,故在承保时,无需对被保险人做身体检查,但并不是对所有的人都不加选择地予以承保。它往往要求被保险人如实告知健康状况,对不符合健康标准的被保险人将拒绝承保。而且,保险公司为了防止这种逆选择的出现,通常会在不可抗辩条款内附带规定,若投保人不履行最大诚信原则,保险人在抗辩期内可终止保险合同。

(3)保险金额较低。简易人寿保险是为了满足只能负担少量保险费的低收入者的需要而设计的,对每一保险单或每一被保险人的保险金额都有最高额限制。例如,在美国通常规定简易人寿保险的每张保险单或每一被保险人的最高保险金额为 5 000 美元,而我国则限制为最高金额为人民币 1 万元。

(4) 保险费率不同于普通寿险。简易人寿保险的保险费率高于普通寿险的保险费率。其主要原因在于:① 上门收费、次数频繁且金额很小,使得各项业务费用支出大于一般寿险;② 被保险人未经体检,又都是低收入者,死亡率相对较高。

二、团体人寿保险

团体人寿保险是团体保险的一个大类,于本世纪初起源于美国。而今,团体寿险已成为发达国家雇员福利计划的主要形式,在整个人寿保险中占了举足轻重的地位。

团体人寿保险是指以团体作为投保人,与保险人订立一份总的保险单,承保团体全体或大部分成员的一种人寿保险。

(一) 团体人寿保险的特征

团体人寿保险主要有以下三个特征:

(1) 对被保险人的人数有一定要求。团体人寿保险的被保险人是团体的全部或大部分成员(一般要求达到 75% 以上),并且是能正常工作或劳动的在职人员。

(2) 被保险人免检身体。由于团体人寿保险要求团体成员全部或大部分投保,在大数法则的作用下,被保险人可以免检身体。

(3) 保险费比较低。由于团体寿险的被保险人的平均年龄比较低,手续简化、费用低等,使得团体人寿保险的保险费率低于普通个人寿险的保险费率。

(二) 团体人寿保险的类型

团体人寿保险主要有以下两种类型:

(1) 团体定期人寿保险。团体定期人寿保险是指以团体方式投保的一种定期死亡保险。保险人承担在保险期内被保险人死亡则给付保险金的责任。

(2) 团体长期人寿保险。团体长期人寿保险是指以团体方式投保的一种终身死亡保险。

三、弱体人寿保险

人寿保险产生之初,保险人对非标准体一概不予承保。后来随着医学的发展,人们发现非标准体对寿命的影响不大,尤其是在短期内对寿命的影响就更小。于是,保险人设计了对非标准体附加特别条件的保险险种——弱体人寿保险。它最早产生于英国,并于 19 世纪末传入美国,在美国得以发展。现在,大多数人寿保险公司都开办了弱体人寿保险。

弱体人寿保险又称非标准体保险,是指以身体有缺陷或从事危险职业因而死亡率较高的人为被保险人的人寿保险。

弱体人寿保险业务中,保险人道德要求被保险人或投保人提供需要的材料,并对这些材料进行详细审查。例如,被保险人的病历记录、家属的健康状况及死亡家属的年龄、本人的职业及本人的习惯、嗜好、生活条件、居住环境等。

弱体的承保主要有以下几种做法:

(1) 增龄法。指在保险单上将被保险人的年龄比实际年龄提高若干岁。这种方法简单方便,但只能适用于超过风险显然是递增型的,而且是随年龄的增加而无限增大的情形。

(2) 征收额外保险费法。即按额外死亡率的高低,在正常保险费之上向投保人征收一定的额外保险费,用以弥补各年超过风险的附加经费。这种方法适用于有固定性额外风险的被保险人,如有职业性风险、不良习惯等的被保险人。

(3) 保险金额削减法。即对被保险人按正常费率承保,但在一定时期内削减保险金额。如果被保险人在削减期内死亡,保险人只能按削减后的保险金额进行给付;若超过了削减期,逐渐趋于正常。此方法适用于递减型额外风险的被保险人,如某人刚刚受了外伤,身体逐渐痊愈,这个过程中风险是递减的。

第五节 人寿保险的常用条款

保险条款是保险合同中规定当事人之间权利义务的条文。人寿保险合同中对某些事项有具体的规定,这些规定由于经常被使用,逐步固定化了,含义逐渐确定并统一,文字形式也日趋规范,这些规定一般被称为人寿保险常用条款。这些人寿保险常用条款并不是人寿保险合同中不可缺少的组成部分,它们只是供保险人设计保险合同、拟定保险条款时选择。

一、不可争条款

(一) 不可争条款的基本内容

不可争条款(Incontestable Clause)又称不可抗辩条款,其基本内容是,人寿保险合同生效满一定时期之后,就成为无可争议的文件,保险人不能再以投保人在投保时违反最大诚信原则,没有履行告知义务等理由主张保险合同自始无效。在人寿保险合同中引入不可抗辩条款,是维护被保险人的利益的一项重要措施。

(二) 不可争条款的意义

(1) 有利于维护被保险人的权益。人寿保险合同一般都属于长期合同,如果订立合同许多年之后,保险人再以投保人在投保时违反最大诚信原则为理由主张保险合同无效,那么就可能出现由于被保险人的年龄已大,身体健康状况可能已发生变化,不再符合投保条件,不能再重新办理投保手续,或者虽然符合投保条件,但需要支付更多保险费的情形。

当在人寿保险合同中列入不可争条款之后,保险合同达到规定的期限后即成为无可争议的文件,即使保险人再查出投保人在投保时隐瞒了真实情况,也不能据此主张保险合同无效,从而保护了被保险人的利益。

(2) 有利于限制保险人的权利。人寿保险合同是一种长期的合同,它是一种权利义务对等的合同,是合同双方当事人在公平合理的基础上自愿订立的合同。如果允许保险人在保险合同生效多年之后,以投保人违反最大诚信原则为理由主张保险合同无效,那么就会发生以下情况:保险人知道投保人在投保时隐瞒了一些真实情况,但仍予以承保,如果不发生保险事故,则按期收取保险费;如果发生了保险事故,则主张保险合同无效,拒不履行给付义务。这显然有失保险合同的公平性。

二、年龄误告条款

(一) 年龄误告条款的基本内容

年龄误告条款的基本内容是,如果投保人在投保时错误地申报了被保险人的年龄,保险合同并不因此而无效,但保险事故发生时,保险人可以依据投保人实际缴纳的保险费和被保险人的真实年龄来调整给付保险金的数额。

(二) 年龄误告条款的意义

被保险人的年龄是确定保险费率的重要依据之一,也是保险人判断能否承保的条件。由于记忆错误或为少付保险费,投保人有时会误报被保险人的真实年龄。保险事故发生后,保险人在处理赔案时要审核被保险人或受益人提交的各种证件,如果发现被保险人的实际年龄与申报年龄不符,依据不可争条款,保险合同并不因此而无效。但是不论投保人的被保险人的年龄是低于还是高于被保险人的真实年龄,也不论投保人的年龄误告行为是故意还是过失造成的,均会不同程度地影响保险合同条款的效力。在保险合同中列入年龄误告条款之后,保险人可以根据被保险人的实际年龄和缴纳保险费的情况调整给付保险金额的数额。

(三) 年龄误告条款的具体运用

1. 因年龄误告而少缴保险费的处理

在死亡保险、两全保险中,被保险人的实际年龄大于申报年龄,在生存保险、年金保险中,被保险人的实际年龄小于申报年龄,都会造成投保人少缴保险费的情况。在这些情况下,可作以下处理:

(1) 补缴保险费及利息。投保人因年龄误告而使实付保险费少于应付保险费的,应当按照约定补缴保险费及利息。同时,保险合同的内容应当作相应的变更,保险人应当在保险单上予以批注。

(2) 调整保险金额。在造成少缴保险费的情况下,保险人还可以根据以下公式调整给付保险金的数额。

$$\text{保险金数额} = \text{保险金额} \times \frac{\text{实缴保险费}}{\text{应缴保险费}}$$

2. 因年龄误告而多缴保险费的处理

在保险期限、保险金额相同的条件下，投保死亡保险、两全保险的被保险人的年龄越大，应该缴纳的保险费就越多，如果被保险人的实际年龄小于申报年龄，就会多缴保险费。投保生存保险、年金保险的情况则相反，如果被保险人的实际年龄大于申报年龄，就会多缴保险费。在这些情况下，可作以下处理：

(1) 退还多缴保险费。投保人因为年龄误告而使实付保险费多于应付保险费的，保险人应当向投保人返还多收的保险费。同时，保险合同的内容应当作相应的变更，保险人在保险单上予以批注。因为误告年龄是由于投保人的过错造成的，所以保险人在退还保险费时不必计算利息。

(2) 增付保险金额。正由于退还保险费时，保险人不计算利息，因而当出现由于年龄误告而多缴保险费的情况时，投保人更愿意选择增付保险金额的办法(公式同上)。

三、自杀条款

(一) 自杀条款的基本内容

自杀条款一般规定为，在保险合同生效后的一定时期内(一般规定为1年或2年)被保险人因自杀死亡属于除外责任，保险人不给付保险金，仅退还所缴纳的保险费；但是当保险合同生效满一定时期之后被保险人因自杀死亡，保险人要承担保险责任，执照约定的保险金额给付保险金。显然，只有包括死亡给付责任的人寿保险合同中才有可能列入自杀条款。法律上讲的自杀，是指故意用某种手段结束自己生命的各种行为。构成自杀的必备条件有两个：一是主观上有终结自己生命的意图；二是客观上实施了足以使自己死亡的行为。这两条缺一不可。例如，一个人失足落水而身亡，虽然是由于自己的行为死亡，但由于主观上没有终结自己生命的故意，所以不构成自杀。再如，一个人悲观厌世，不愿活在世上，郁闷患病而死，虽然主观上有死去的愿望，但由于客观上并没有实施使自己死亡的行为，所以也不构成自杀。

(二) 自杀条款的意义

保险实务中出现过被保险人为了偿还债务或为使受益人获得一笔钱财而投保高额的人寿保险，然后以自身的自杀性行为来取得人寿保险金的给付金的案例。人们不假思索地认为如果自杀也是保险责任的话，就会助长道德风险的发展，并直接增加保险人的成本，因此自杀一般属于除外责任。但是如果对自杀完全免除责任是不合理的。因为人寿保险的目的是保障受益人的利益，往往受益人就是依靠被保险人提供经济来源的人。如果对自杀一概不负给付保险金的责任，必将损害许多受益人的利益；同时，自杀是构成总死亡率的死亡原因之一，编制生命表时已经考虑了自杀这个因素，因此应当负给付责任。

有了此条款的规定,一方面可以防止发生自杀危险,保障保险人的利益;另一方面也保护了受益人的利益或被保险人家属的利益。

(三)自杀条款的具体运用

在具体运用此条款时可依据以下几条:

(1)在保险合同生效后的规定期限内,被保险人发生自杀事件属于保险人的除外责任,保险公司没有承担给付保险金的义务。

(2)在保险合同生效后的规定期限后,被保险人发生自杀事件属于保险人的保险责任,保险公司有承担给付保险金的义务。

(3)此条款只适用于死亡保险,而不适用于意外伤害保险。

四、复效条款

(一)复效条款的基本内容

人寿保险合同因投保人不按期缴纳保险费失效之后,自失效之日起的一定时期内(一般为2年),投保人可以向保险人申请复效,经过保险人审查同意后,投保人补缴失效期间的保险费及利息,保险合同即开始恢复效力。保险合同复效后,保险人对于失效期间发生的保险事故不负责任。

(二)复效条款的意义

由于人寿保险一般属于长期性保险,投保人往往由于自身或环境的因素不能按期交付保险费,如果合同中没有自动垫缴保险费条款,保险合同即行失效。此后,如果被保险人仍想获得保险保障,就必须重新订立保险合同,如果被保险人此时年事已高,就需要缴纳较多的保险费,因而在经济上非常不利。为了解决这一问题,产生了保险单的复效条款。这一条款可以说进一步扩大了投保人的选择权利。

(三)复效条款的具体运用

一般来讲,应当具备以下四个条件,保险单复效才能适用于效力终止的人寿保险合同:

(1)投保人向保险人提出复效请求。在保险合同的效力中止后,投保人希望恢复保险合同的效力,应当正式提出复效申请,保险人决定是否同意保险合同的复效。

(2)被保险人请求复效时必须符合条件。在保险合同效力中止期间,被保险人的各种情况可能发生变化,而使其不符合保险人规定的承保条件。此种情况下,投保人不能请求复效。只有在保险合同效力中止的期间内,仍然符合投保条件的,保险合同才能复效。

(3)投保人补缴保险费。在保险合同效力中止前未缴的保险费及中止期间应当缴纳的保险费,投保人应当一次缴清并补缴利息,从而取得复效权利。

(4)保险人和投保人就复效条件达成协议。投保人请求保险人恢复保险合同的效力,惟有经过保险人接受投保人的复效请求,保险合同才能恢复效力。若保险人和投保人对于保险合同的复效不能达成协议的,保险合同不能复效。因为,保险合同的复效也要在双方自愿的基础上形成。一般来讲,复效优于重新投保。这是因为年龄增长了,保险费率会随之增加,同时身体状况可能发生了较大变化,出现了加费因素,所以投保人大都愿意申请复效。

五、宽限期条款

(一)宽限期条款的基本内容

宽限期又称宽限期限,一般为30天或60天,应自缴纳保险费之日起计算。基本内容是当投保人未按时缴纳第二期及以后各期的保险费时,在宽限期内,保险合同仍然有效,如发生保险事故,保险人仍予以负责,但是要从给付的保险金中扣回所欠的保险费。

(二)宽限期条款的意义

宽限期限的规定是从人寿保险合同的特点出发的。人寿保险合同一般都是长期性保险合同,投保人需要长年累月地按期缴纳保险费。在这段时期内,投保人可能由于经济条件的变化,缴费临时发生困难,或者由于疏忽未能及时缴纳保险费,或者由于其他原因影响按期缴费。如果延迟几天缴费就造成保险合同失效,就会产生两个问题:一是被保险人极易失去保险保障;二是经常要办理复效手续,特别是保险金额较高的人寿保险合同,每次复效时还需要检验被保险人的身体状况,很繁琐。宽限期条款的产生就是为了解决这些问题。它实际上是对投保人的一种优待,允许投保人延迟缴纳保险费一段时间,投保人不必为此支付利息,在此期间保险合同并不失效,当然也就无须办理复效手续。

(三)宽限期条款的具体运用

宽限期条款具体可以解释为:

(1)宽限期条款只适用于第二期及以后各期保险费的缴纳,而不适用于第一期保险费的缴纳。因为只有缴纳第一期保险费,保险合同才生效,保险合同生效意味着保险合同中的各项条款包括宽限期条款发生效力。

(2)在宽限期内保险合同仍然保持效力,如果发生保险事故保险人要负责。

(3)人寿保险合同中列入宽限期条款后,如果投保人停缴保险费,保险合同不是自应缴未缴之日起失效,而是自宽限期结束的次日起失效。

(4)宽限期产生有两种方式:① 合同约定的期限,合同中如有约定的,双方当事人应遵守保险合同的约定;② 法定期限,如果合同中没有约定的,即按照法律的规定,以一定的期限为宽限期限。

(5)投保人在宽限期届满时仍未支付当期保险费的,保险合同效力自动停止。

六、不丧失价值条款

(一)不丧失价值条款的基本内容

不丧失价值条款又称为不没收条款,是指当投保人没有能力或不愿意继续缴纳保险费时,保险单的现金价值可以作为退保金返还给投保人,也可以作为趸缴保险费将保险单改为缴清保险单或展期保险单。从上述的表述中我们可以看出,只有分期缴费的人寿保险合同才有必要列入不丧失价值条款,对于趸交保险费的人寿保险合同并没有实际意义。

（二）不丧失价值条款的意义

在人寿保险发展之初,人寿保险单没有现金价值。随着人寿保险的发展,对于保险单失效后是否给付投保人保险单积存的现金价值没有统一规定。因此各国保险人的做法不一,有的保险人给付保险单持有人部分现金价值,有的保险人没收失效保险单的现金价值,使其成为公司利润来源之一,这种做法逐步被人们认识到对投保人极不公平。主要因为:

(1) 由于均衡费率制的实施,人寿保险中除定期寿险之外的大部分保险单,在交付一定时期(一般为 2 年)的保险费之后都具有一定的现金价值,而且大部分险种的现金价值是不断递增的。这部分现金价值如同储蓄存款一样(在不发生给付的情况下),为投保人所拥有。

(2) 保险单项下积存的责任准备金归投保人所有,即使投保人中途停止缴纳保险费并以后也不再继续缴纳保险费时,责任准备金也要由投保人选择如何处理。

（三）不丧失价值条款的具体运用

投保人处置失效保险单现金价值的方式一般有三种:

(1) 办理退保,领取现金。即把保险单项下积存的责任准备金扣除退保手续费以后,作为退保金,以现金的形式返还给投保人,投保人在保险期限内可以随时提出退保,停止缴纳保险费,领取退保金。需要注意的是,退保金不需要计算利息,因为责任在于投保人,损失要由投保人来承担。

(2) 将原保险单改为缴清保险单。这种处理方法实际上是以责任准备金作为保险费,投保与原保险单责任相同的人寿保险,保险期限自停缴保险费起至原保险单满期时止,保险金额则由趸缴保险费的数额而定。其中,原保险单的保险责任、保险期限均不变,只是依据已经积存的责任准备金的数额,相应地降低保险金额,此后投保人不必再缴纳保险费。

(3) 将原保险单改为展期保险单。这种处理方法实际上是将责任准备金作为趸缴保险费,投保死亡保险,保险金额与原保险单相同,保险期限则由趸缴保险费的数额而定。将原保险单改为展期保险单,保险金额、保险期限均不超过原保险单,故不存在逆选择,不会增加风险,没有必要再检验被保险人的身体。

七、贷款条款

（一）贷款条款的基本内容

贷款条款是指人寿保险合同生效满一定时期(一般是 2 年)后,投保人如果有临时性的经济上的需要,可以保险单为抵押品向保险人申请贷款。贷款金额以低于保险单项下积累的责任准备金或退保金为限。

(二)贷款条款的意义

人寿保险的期限很长,投保人或被保险人一旦遭遇急需款项的事情,可能就会办理退保,领回退保金,以应急需。退保就是终止保险合同,对于被保险人来说,以后如想获得保险保障就必须重新办理投保手续,而对于保险人来说,则是减少了业务量。因此,退保对于被保险人和保险人来说都是不利的,为了避免此种情况的发生,就产生了贷款条款。有了贷款条款之后,不仅可以暂时缓解被保险人或投保人的应急之需,而且还保障了保险人的业务量。

(三)贷款条款的具体运用

(1) 只有在保险合同生效满一定时期以后,投保人才能申请借款。因为在订立保险合同之初的一段时间内没有责任准备金的提存,当然也就不能向投保人贷款。

(2) 在贷款期间,保险合同并未失效或终止。如果发生保险事故,保险人仍要给付保险金;如果投保人提出退保,保险人仍要支付退保金。但是,保险事故的发生或退保的提出,并不免除投保人偿还贷款本息的义务,所以保险人应该从保险金或退保金中扣还贷款本息。

(3) 按照贷款条款的规定,当贷款本息达到责任准备金或退保金的数额时,保险合同即行终止。终止不同于失效,失效不超过 2 年可以复效,而保险合同终止之后无论是否发生保险事故,投保人都不能恢复合同的效力。

(4) 贷款条款多见于两全保险合同、终身死亡保险合同。

八、保险费自动垫缴条款

(一)保险费自动垫缴条款的基本内容

保险费自动垫缴条款是指保险合同生效满一定期限(一般是 1 年或 2 年)之后,如果投保人不按期缴纳保险费,保险人则自动以保险单项下积存的责任准备金垫缴保险费。对于此项垫缴保险费,投保人要偿还并支付利息。在垫缴保险费期间内如果发生保险事故,保险人要从应给付的保险金中扣还垫缴的保险费及利息,当垫缴的保险费及利息达到退保金的数额时,保险合同即行终止。

(二)保险费自动垫缴条款的意义

在分期缴纳保险费的人寿保险合同中,如果投保人不按期缴纳保险费,将导致保险合同失效。失效对于被保险人来说是失去了保险保障,对于保险人来说则是减少了有效合同的数量。保险人自动垫缴保险费的目的在于维护保险合同的效力。对于失效的人寿保险合同来说,保险单项下往往已经积存了一笔责任准备金,用责任准备金(减去相关费用后的剩余部分,即保单的现金价值)垫缴保险费与贷款的性质相同,只不过后者是以现金的形式贷款给投保人,前者是贷给投保人缴纳保险费以维持合同的效力。所以在自动垫缴保险费期间,保险合同仍然有效,如果在此期间发生保险事故,保险人仍要承担保险责任,给付保险金,但可以从保险金中扣还垫缴的保险费和利息。这样不仅避免了投保人失去保险保障的损失,也保证了保险人有效保险单的数量。

(三)保险费自动垫缴条款的具体运用

(1)自动垫缴保险费条款适用于分期缴纳保险费的定期、终身死亡保险和两全保险。

(2)由于保险单现金价值的形成需要一定的期限,所以在自动垫缴保险费条款中规定,保险合同生效满一定期限从而投保人已经缴纳了一定期限的保险费之后,如果投保人不按期缴纳保险费,保险人才可以利用保险单的现金价值自动垫缴保险费。

(3)责任准备金被使用完毕之时,保险合同即行终止,保险人无须再向投保人支付退保金。

(4)该条款须征得投保人的同意方能生效。

除以上八个常用条款外,还有一些见于寿险合同的条款,如战争除外条款、受益人条款、红利任选条款、保险金给付任选条款等。

本 章 小 结

人寿保险是一种给付性的、长期的和储蓄性的保险。人寿保险不存在超额保险、重复保险和代位求偿的问题。

人寿保险是以人的寿命为保险标的、以人的死亡或生存为给付条件的保险形式。人寿保险能配合各种利益与保险费缴纳方式来制定价格。人寿保险分为传统型人寿保险业务、创新型人寿保险业务和特种人寿保险业务等。

定期死亡保险是指以被保险人在合同约定的期限内死亡为条件,而由保险人依照保险合同的规定给付保险金的一种保险。它具有保险期限灵活、保险费低廉、无储蓄性、保障他人利益等特点。

定期生存保险是指如果被保险人在一定时期内生存,则保险人按照保险合同的规定给付保险金的一种保险。如果被保险人在保险期限内死亡,保险公司不承担保险责任并且不退还所收取的保险费。

终身寿险是一种不定期的死亡保险,是指被保险人无论何时死亡,保险人均依照保险合同的规定给付保险金的一种保险。按照缴费方式的不同,终身寿险可以分成普通终身保险、特种终身保险和联合人身保险。

人寿保险合同中对某些事项有具体的规定,这些规定由于经常被使用,逐步固定化了,含义逐渐确定并统一,文字形式也日趋规范,这些规定一般被称为人寿保险常用条款。这些人寿保险常用条款并不是人寿保险合同中不可缺少的组成部分,它们只是供保险人设计保险合同、拟定保险条款时选择。

关 键 词

人寿保险　定期死亡保险　定期生存保险　两全保险　变额人寿保险　万能人寿保险　简易人寿保险　团体人寿保险　弱体人寿保险　不可争条款　年龄误告条款　自杀条款　复效条款　宽限期条款　不丧失价值条款　贷款条款　保险费自动垫缴条款

复习思考题

1. 人寿保险的特点是什么？
2. 简述不可争条款的内容及意义。
3. 简述自杀条款的一般规定。
4. 简述年龄误告条款的内容及调整方式。
5. 简述投保人处置失效保险单现金价值的方式。

第十一章　健康与意外伤害保险

在人的一生中,疾病风险或意外伤害风险往往难以避免。在人类抵御疾病风险或意外伤害风险、寻求生活保障的过程中,健康保险和人身意外伤害保险应运而生,并在人们的生活中扮演着越来越重要的角色。本章主要介绍健康保险和人身意外伤害保险的概念、主要特点和分类。

第一节　健康保险的特点与分类

一、健康保险的概念

健康保险内容庞杂,其边界不是很清晰,所以很难为其下一个严格的定义。意外伤害与疾病所损害的都是人的健康,严重者都会危及人的生命。正因为如此,有些国家往往把意外伤害保险和疾病保险(包括医疗保险等)归并到健康保险名下。我国保险法把意外伤害保险与健康保险相并列,并与人寿保险一道被统称为人身保险。本书采取后一种处理方法。

健康保险是以人的身体为保险标的,为被保险人因疾病或意外伤害所导致的医疗费用支出或正常收入损失等风险提供保障的保险。

二、健康保险的特点

与人寿保险相比,健康保险具有以下特点。

1. 多数健康保险具有补偿的性质

在人寿保险中,保险人向被保险人一方支付的保险金不能看作是对已发生的损失的补偿,即人寿保险不具有补偿性质。而在多数健康保险中,保险人向被保险人支付的保险金则可以看作是对被保险人因疾病、意外伤害等所导致的医疗费用支出、收入的减少的补偿,即多数健康保险具有补偿性质。因此,多数健康保险应当适用损失补偿原则,即被保险人所得到的保险金最多只能补偿被保险人所受到的损失,而不能超过该损失。正是由于多数健康保险具有补偿性质,因此它在许多方面与财产保险、责任保险等有相同之处。例如,多数健康保险的保险费率的厘定也是以损失率为基础;多数健康保险的未到期责任准备金也是按当年保险费收入的一定比例计提,等等。因此,人们常把健康保险与财产保险、责任保险等一道列入非寿险范畴。

2. 多数健康保险适用代位求偿原则和重复保险的分摊原则

代位求偿原则和重复保险的分摊原则是损失补偿原则的派生原则。在多数健康保险中,保险人所支付的保险金具有补偿性质,适用于补偿原则,那么也应当适用代位求偿原则①和重复保险的分摊原则。

例如,一个被保险人同时向两家保险公司投保了医疗费用保险,如果在保险期间内被保险人发生保险合同中规定的疾病,并因此而支付了医疗费用,对其所支付的医疗费用,这两家保险公司应当按保险金额的比例分摊。

又如,一个被保险人向一家保险公司投保了医疗费用保险,如果在保险期间内被保险人因在饭店就餐而发生食物中毒,并由此而支付了医疗费用,并且食物中毒所引起的医疗费用支出在保险责任范围内,那么对其所支付的医疗费用,保险公司应当先予以赔偿,然后可行使代位求偿权向该饭店追偿。

3. 健康保险的合同期间通常较短

与人寿保险期间较长不同,多数健康保险的保险期间较短。例如,在医疗保险中,由于医疗费用的频繁变动,保险人很难厘定出可以在较长时期适用的合理的保险费率,所以一般都采用短期合同,长期的或终身的个人医疗保险合同所占的比例较小。

4. 健康保险一般不指定受益人

受益人是享有保险金请求权的人。在多数健康保险中,除合同特别约定外,受益人通常为被保险人。这是因为,多数健康保险以被保险人的存在为前提的,其作用在于为被保险人解决发生疾病时的治疗费用,因而无须指定受益人。当被保险人死亡时,其法定继承人可享有领取保险金的权利。

三、健康保险的分类

(一) 按保障范围分类

根据保障范围的不同,健康保险可以分为医疗保险、疾病保险、失能收入损失保险和护理保险等。

医疗保险是指以保险合同约定的医疗行为的发生为给付保险金条件,为被保险人接受诊疗期间的医疗费用支出提供保障的保险。医疗保险主要补偿被保险人因疾病导致的医疗费用支出。

---

① 我国《保险法》第四十六条规定:"被保险人因第三者的行为而发生死亡、伤残或者疾病等保险事故的,保险人向被保险人或者受益人给付保险金后,不享有向第三者追偿的权利,但被保险人或者受益人仍有权向第三者请求赔偿。"可见,按照我国现行保险法的规定,与第三者责任有关的人身保险均不适用代位求偿原则。

疾病保险是指以保险合同约定的疾病的发生为给付保险金条件的保险。当被保险人患有保险合同所约定的疾病时，保险人按照合同约定的金额给付定额保险金，而不考虑被保险人实际支出的医疗费用。

失能收入损失保险是指以因保险合同约定的疾病或者意外伤害导致工作能力丧失为给付保险金条件，为被保险人在一定时期内收入减少或者中断提供保障的保险。残疾收入保险主要补偿被保险人因疾病或意外伤害致残所遭受的收入损失。

护理保险是指以因保险合同约定的日常生活能力障碍引发护理需要为给付保险金条件，为被保险人的护理支出提供保障的保险。护理保险主要补偿被保险人的护理支出。

(二) 按承保对象分类

根据承保对象的不同，健康保险可以分为个人健康保险和团体健康保险两种。个人健康保险是指以单个自然人为被保险人的健康保险。团体健康保险是指以团体法人或雇主为投保人、团体成员为被保险人的健康保险。与个人健康保险相比，团体健康保险具有以下几个优点：

(1) 核保手续简便。这是因为，团体是在投保之前就已经存在了，而不是在投保时才建立起来的，其道德风险和逆选择相对个人而言要少得多。同时，由于是团体投保，即使是存在道德风险和逆选择，它们在团体内部也已经实现了初步的分散。因此，团体健康保险在核保时手续简便，只是审查团体规模、新成员流入量、团体的稳定性等内容，而不像个人健康保险那样，在核保时要分别审查被保险人的年龄、性别、职业、业余爱好、生活习惯、家族病史、既往病史等内容。此外，团体健康保险可以不对团体成员进行体检，而不像个人健康保险那样，必须对被保险人进行体检。

(2) 保险费率低。这是因为，团体健康保险可以不对团体成员进行体检，核保手续简便；保险费通常由雇主在雇员的薪资中扣缴，收费便利且成功率高，管理费用低于个人健康保险；在保险事故发生时，团体法人或雇主方面通常先进行初步处理，并协助员工或雇员填写或准备索赔所需的各种资料，从而大大节省了保险人理赔时的人力和物力。

(3) 保险金的给付标准较高。由于在相同条件下，团体健康保险的管理成本低于个人健康保险，具有规模效益，因此，保险金的给付标准可以比个人健康保险高些。

(三) 按实施形式分类

根据实施形式的不同，健康保险可以分为自愿健康保险和强制健康保险。自愿健康保险是指根据自愿原则实施的健康保险，这类健康保险由商业保险公司或机构经营。强制健康保险是指根据一定的政策性法规强制实施的健康保险，这类健康保险一般由政府设立专门机构经营或由政府委托商业性保险公司或机构经营。

(四) 按给付方式分类

根据给付方式的不同，健康保险可以分为定额给付型健康保险和费用补偿型健康保险。定额给付型健康保险是指在保险事故发生时，保险人向被保险人一次性给付定额保险金的保险。费用补偿型健康保险是指保险人对被保险人支付的医疗费用给予补偿的保险。

下面将按第一种分类方法，对医疗保险、疾病保险、意外伤害保险、残疾收入保险和长期护理保险等不同类别的健康保险分别加以介绍。

第二节 医疗与重大疾病保险

医疗保险有广义与狭义之分。广义的医疗保险是为被保险人因疾病或意外伤害所需要支付的医疗费用提供保障的保险。狭义的医疗保险是为被保险人因疾病所需要支付的医疗费用提供保障的保险。与广义的医疗保险不同的是，狭义的医疗保险不包括被保险人因意外伤害所需要支付的医疗费用的保障。本节所讨论的医疗费用保险为狭义的医疗费用保险，被保险人因意外伤害所需要支付的医疗费用的保障则安排到意外伤害保险一节介绍。医疗保险包括基本医疗保险、补充医疗保险、高额医疗保险和重大疾病保险等。

一、基本医疗保险

基本医疗保险有普通医疗保险、住院医疗保险、手术医疗保险和综合医疗保险之分。

（一）普通医疗保险

普通医疗保险也称门诊医疗保险，是指为被保险人治疗疾病时所发生的一般性医疗费用提供保障的保险。一般性医疗费用主要包括门诊费用、医药费用、检查费用、化验费用等。普通医疗保险的保险费率较低，适合普通公众投保。但是，承保公司面临来自被保险人和医务人员的道德风险较大，由保险公司负责保障的医疗费用支出往往超出正常需要。因此，为了控制来自被保险人和医务人员的道德风险，维护自己的正当利益，在保险单中通常设有免赔条款或共同保险条款。免赔条款的基本含义是，承保公司只对其医疗费用超过一定金额的部分给予赔偿；共同保险条款的基本含义是，承保公司对医疗费用按保险合同所规定的比例给付保险金，超过规定比例的部分由被保险人自己负责。在实务中，两者可以存在同一保险合同条款之中。

普通医疗保险单一般规定被保险人每次医疗费用的给付限额，当被保险人获得的累计给付金额超过保险金额时，对超过的部分保险人不再负责。普通医疗保险一般采用团体方式投保，保险期限可以是1年的，也可以是长期的。

（二）住院医疗保险

住院医疗保险是指为被保险人因病住院治疗所发生的费用提供保障的保险。保障的费用包括病房或床位费用、治疗费用、检查费用、医药费用、手术费用以及住院杂费等。住院医疗保险可以采用补偿给付方式，即在保险金额的限度内，按实际支出的费用赔付；也可以采用定额给付方式，按被保险人的实际住院天数（或约定住院天数）和保险合同中约定的日给付金额给付医疗保险金。如果是前一种给付方式，在保险条款中通常规定每日最高给付金额和最多给付天数。为了控制来自被保险人和医务人员的道德风险,使保险人承担的费用不超过合理限度,对于非定额的医药费用和住院杂费的给付,在保险单中通常设有免赔条款或共同保险条款。

(三) 手术医疗保险

手术医疗保险是指为被保险人因病必须接受手术治疗时所发生的费用提供保障的保险。在保险合同中通常附带《手术等级表》。当被保险人接受《手术等级表》中列明的手术时,保险人按手术等级和对应的保险金额给付手术保险金。被保险人单次接受两种或两种以上《手术等级表》中列明的手术时,保险人通常按其中最高级别的一种手术给付标准给付手术保险金,而不进行重复给付。手术医疗保险的保险金额通常分为若干个档次,投保人可选择其中一档投保。保险金额是给付保险金的最高限额。该保险的保险费通常根据投保人与保险人约定的投保档次、被保险人在投保时的实际年龄确定,并在保险单上载明。该保险通常可以单独投保,也可以作为附加险种投保。

(四) 综合医疗保险

综合医疗保险是指为被保险人因病接受治疗时所发生的一般性医疗费用、住院治疗费用、手术治疗费用等多种医疗费用提供保障的保险。这种保险的保障范围广,故保险费率较高,且通常设有较高的免赔额和被保险人个人分担的比例。

二、高额医疗保险

高额医疗保险是指为被保险人因疾病所导致的高额医疗费用提供保障的保险。与基本医疗保险相比,高额医疗保险保障的范围更大,覆盖了被保险人可能发生的大多数医疗费用,如住院费、手术费、麻醉费、输氧费、住院杂费、护士服务费、特定门诊费、体检费以及到专门治疗地点的交通费用等。这种保险的除外责任包括战争或军事行动引起的医疗费用、产科医疗费用、视听检验费用、非疾病所致的整容费用、牙齿矫正费用以及社会保险所支付的医疗费用等。在高额医疗保险单中,通常要规定每一项医疗费用的最高赔付限额及总的赔付限额。这种保险对被保险人在任何注册医疗机构接受治疗所支出的保险责任范围内的费用,均承担赔偿责任。由于保障范围广,这种保险的保险费率较高。高额医疗保险通常也有免赔额和共同保险的规定。

三、补充医疗保险

补充医疗保险主要包括牙科治疗费用保险、眼科保健保险、生育保险、处方药费保险等。

牙科治疗费用保险是指为被保险人牙齿常规检查、牙齿疾病预防、龋齿治疗等所支付的医疗费用提供保障的保险。牙科治疗费用保险通常是以基本医疗保险、高额医疗保险等的附加险的形式存在的。

眼科保健保险是指为被保险人眼科常规检查、视力矫正等所支付的费用提供保障的保险。眼科治疗费用保险通常是以基本医疗保险、高额医疗保险等的附加险的形式存在的。

生育保险有母婴安康保险与健康婴儿保险之分。母婴安康保险是指为产妇和婴儿提供的保险。当产妇在住院期间因分娩、疾病或意外伤害而死亡时，或婴儿因疾病或意外伤害而死亡时，保险人按保险合同的规定支付保险金。健康婴儿保险是指以产妇产下畸形儿为保险事故，当产妇产下畸形儿时，保险公司按保险合同的规定给付保险金，以补偿养育畸形儿的费用支出的保险。

处方药费保险是指为被保险人凭医生的处方购买药物支出的费用提供保障的保险。

四、重大疾病保险

重大疾病保险是指为被保险人发生保险合同约定的重大疾病提供保障的保险。这种保险以被保险人被确诊患有合同约定的重大疾病为给付保险金的条件，当被保险人在保险期间内被确诊患有合同约定的重大疾病时，保险人即按合同规定的保险金额一次性给付保险金。

重大疾病保险通常都有观察期、等待期和生存期的规定。

被保险人并不能在保险合同生效后立即以患有重大疾病为由而向保险公司提出索赔，只有在保险合同生效或复效后达到规定的时间（通常为3个月或6个月），被保险人因被确诊患有合同规定的重大疾病而向保险公司提出索赔才是有效的。合同规定的这段时间就是所谓的观察期。观察期的设置，主要是为了防止被保险人带病投保。

在被保险人于保险期间内被确诊患有两次同一种合同约定的重大疾病，保险人对其第一次患病已经按保险合同的规定给付了定额保险金的情况下，保险人对被保险人给付第二次保险金的必要条件是，两次患病的间隔已经达到了合同规定的时间。合同规定的这段时间就是所谓的等待期。

在符合观察期、等待期的前提下，当被保险人被确诊患有保险合同约定的重大疾病时，也要经过一个特定的时间（通常为30天或更短的时间），才能领取重大疾病保险金。如果被保险人在这一期间死亡，受益人只能领取身故保险金，而不能领取重大疾病保险金。合同规定的这段时间就是所谓的生存期。设置生存期是为了把重大疾病保险金的支付和死亡保险金的支付区分开，防止对被保险人一方在很短的时间内支付两种保险金。

重大疾病保险可以单独投保，也可以作为人寿保险的附加险投保；一份保险单可承保一种特定疾病，也可以同时承保若干种特定疾病。个人投保重大疾病保险时，保险公司要检查被保险人的身体。重大疾病保险的保险期限可长达几十年，保险费率按重大疾病的概率计算。

第三节 人身意外伤害保险

人身意外伤害保险也有广义与狭义之分。广义的人身意外伤害保险是指为被保险人在保险期限内因意外伤害而支付的医疗费用，或因意外伤害而导致死亡或残废提供保障的保险。狭义的人身意外伤害保险是指被保险人在保险期限内因发生意外事故而死亡或残废，由保险人按照保险合同的规定向被保险人或受益人给付保险金的保险。与广义的人身意外伤害保险不同的是，狭义的人身意外伤害保险不为被保险人因意外伤害所需要支付的医疗费用提供保障。本节所讨论的人身意外伤害保险为广义的人身意外伤害保险。这种人身意外伤害保险的保障项目包括被保险人因意外伤害而造成的死亡的给付、残废的给付、医疗费用的给付和收入损失的给付。在保险实务中，一种人身意外伤害保险可以同时提供这四种保障，也可以提供其中的一种或几种；有的风险可以主险的形式提供保障，有的风险则可以附加险的形式提供保障。

一、人身意外伤害的含义及其判断

人身意外伤害保险承保的风险是意外伤害。要判断一种人身意外伤害是否为保险领域中的意外伤害，需要把握意外伤害的含义。意外伤害可以从意外和伤害两个方面加以界定。

（一）意外伤害中"意外"的含义

意外事故的"意外"是指导致损害的结果的原因是意外的，非主观的。其具体含义在于：

（1）意外发生的，即事故的发生是被保险人事先未预料到的。例如，飞机坠毁使旅客死亡，车辆碰撞使乘客受到伤害，楼上的花盆落下把楼下的行人砸伤，等等。有的行为虽然其后果是可以在一定程度上预见到的，但在更大的威胁客观存在的条件下，被保险人被迫选择此种规避更大威胁的行为而导致的伤害，也属于意外伤害。这是因为，这种行为虽然其后果是可以在一定程度上预见到的，但并不是完全可以预见的，且所谓的一定程度的预见只是被保险人在事态紧急时的一种主观的估计，而不是对行为的后果的一种十分清醒的确定的认识。例如，在楼房失火，且大火已经封住通道或出口时，被大火困在楼内的人迫不得已从窗口跳下，由此导致残废或死亡。这种更为严重的结果是自己没有预料到的或没有完全预料到的，因而是属于意外的。

（2）非主观意愿的，即事故的发生是被保险人在主观上所不希望的。在上例中，在楼房失火且大火已经封住通道或出口时，被大火困在楼内的人迫不得已从窗口跳下，是一种自救行为，其目的是为避免发生更为严重的结果发生在自己身上。如果更为严重的结果在实际上并没有因为自己的行为而避免，那么这种更为严重的结果（如死亡）则是自己不希望发生的,是非自愿的,因而是属于意外的。只有被保险人自杀、自残等有意识地使自己受到伤害的行为,是自愿的,因而不属于意外事故。

(3) 外来原因造成的,即事故是由被保险人身体外部原因造成的。例如,被保险人食物中毒、失足落水、烫伤、烧伤,因列车出轨倾覆而导致人员伤亡等,都是外来原因造成的。而疾病所致的伤害,虽不是本人事先能预见到的,但它是人体内部生理故障或新陈代谢的结果,不是外部原因造成的,因而不属于意外事故。

(4) 突然或瞬间发生的,即事故的原因和伤害的结果之间具有直接的关系,且事故是在瞬间发生的,而来不及预防。例如,飞机坠落、车祸等,就是突然或瞬间发生的,属于意外事故。而铅中毒、汞中毒、矽肺等职业病虽然是外来致害物质对人体的侵害,但由于伤害是逐步造成的,不是突然或瞬间发生的结果,且是可以预见和预防的,因而不属于意外事故。

(二) 意外伤害中"伤害"的含义

意外事故的"伤害"是指人的身体受到侵害的客观事实。其构成要素有三个:

(1) 要有致害体,即要有直接造成人的身体伤害的物体或物质。在人身意外伤害保险中,只有外来的致害物使人的身体受到侵害,才被认为是伤害。按照致害物的不同种类,伤害可以分为器械伤害、自然伤害、化学伤害和生物伤害等。器械伤害包括被物体撞击、击打等;自然伤害包括被雷击、被洪水淹没、被地震所造成的建筑物倒塌所埋没或砸伤等;化学伤害包括火灾、爆炸等所导致的伤害等;生物伤害包括被野生动物袭击等。

(2) 要有伤害的对象,即要有致害体侵害的客体。在人身意外伤害保险中,只有致害体侵害的对象是被保险人的身体,才构成伤害。如果侵害的是被保险人的肖像权、名誉权、著作权等,则不构成伤害。

(3) 要有伤害的事实,即要有致害体以一定方式破坏性地接触或作用于被保险人的身体,并使被保险人的身体遭受伤害的事实或结果。如果没有致害体与被保险人身体的破坏性接触或作用的事实和使被保险人的身体遭受伤害的结果,则不能构成伤害。

二、人身意外伤害保险的可保风险与不可保风险

人身意外伤害保险所承保的风险是人身意外伤害风险,但并不意味着所有能够导致人身意外伤害的风险都能因投保人身意外伤害保险而获得保险保障。

(一) 一般人身意外伤害保险的可保风险

一般人身意外伤害保险的可保风险包括由爆炸、倒塌、烫灼、碰撞、雷击、触电、扭折、淹溺、窒息、坠跌、急性中毒、被野兽袭击、车、船、飞机失事,以及劳动操作、使生的工伤事故等引起的人身伤害。

(二) 特约人身意外伤害保险的可保风险

特约人身意外伤害保险的可保风险是指经过投保人和保险人的特别约定才能成为后者可以承保的意外伤害风险。这些风险在一般人身意外伤害保险条款中通常被列为除外责任风险。例如,战争风险,登山、跳伞、江河漂流、赛车、摔跤、拳击等体育运动中存在的风险,医疗事故风险等。在和平年代,战争很少发生,但战争一旦发生所造成的人身伤亡可能非常巨大,故保险人通常不予承保。登山、跳伞、江河漂流、赛车、摔跤、拳击等体育运动由于其导致人身伤亡事故的概率较高,承保风险大,保险人通常也不予承保。误诊、手术失误、药品错发等医疗事故通常也很少发生,可一旦发生,责任重大。因此,对医疗事故所造成的人身意外伤害,在一般人身意外伤害保险条款中通常也被列为除外责任风险。但是,经过投保人和保险人的协商,在保险费率与保险责任相适应的条件下,这些风险也可以成为可保风险。

(三) 人身意外伤害保险的不可保风险

不可保的人身意外伤害风险是指人身意外伤害保险中保险人不予承保的风险。其主要包括:

(1) 被保险人的自杀、故意自残行为所导致的自身的伤害。

(2) 被保险人在实施犯罪行为时所发生的自身的伤害。

(3) 被保险人在寻衅斗殴过程中所发生的自身的伤害。

(4) 被保险人在酒醉、吸食或注射毒品后发生的自身的伤害。

三、人身意外伤害保险的特点

人身意外伤害保险有以下几个方面的特点:

(1) 保险期限较短。人寿保险期限一般是 10 年、20 年、30 年甚至是被保险人终身,医疗保险可以是短期,也可以是长期。而人身意外伤害保险的保险期限较短,一般不超过 1 年,有的甚至只有几天、几个小时,甚至是更短的时间。例如,公路旅客意外伤害保险只承保旅客从上车到下车这一段时间的意外伤害;游泳者平安保险的保险期限可能只限一个游泳场次。

(2) 职业、工种或活动的危险程度等是确定保险费率的重要因素。被保险人遭受意外伤害的概率与他从事的职业或参与的活动有关,与被保险人的年龄、性别关系不大,因此,人身意外伤害保险的保险费率高低取决于被保险人的职业、工种或从事活动的危险程度。危险程度越高,保险费率也应当越高;反之,亦然。

(3) 所承保的风险与地域和季节有一定的相关性。例如,旅游旺季通常是旅游者人身意外伤害发生最多的时期;在北方,冬季冰天雪地,行路人滑倒致伤的情况常有发生;夏季通常是游泳者出现意外伤害的情况相对较多的季节。

(4) 可以不出具专门的保险单。在人寿保险、年金保险、医疗保险中,保险人必须向投保人出具专门的保险单,作为保险合同的法定文件。而在人身意外伤害保险中,保险人可以出具专门的保险单,但在某些情况下,保险人也可以不签发专门的保险单或保险凭证。例如,公路旅客人身意外伤害保险,为简便起见,往往以加盖表明已承保意外伤害保险的印章的车票作为保险凭证(在票价中含有保险费),保险人不另外出具专门的保险合同凭证;或在车票之外单独为乘客出具其已投保人身意外伤害保险的保险凭证,而不签发正式的保险单。

四、人身意外伤害保险的分类

人身意外伤害保险可以从不同的角度进行分类。

（一）按承保风险的性质分类

按照承保风险的性质,可以把人身意外伤害保险分为普通人身意外伤害保险和特种人身意外伤害保险、人身意外伤害医疗保险和人身意外伤害收入损失保险。

1. 普通人身意外伤害保险

普通人身意外伤害保险是指以被保险人因意外事故而死亡或残废为给付保险金条件的保险。这种保险不具体规定事故发生的原因和地点,只要被保险人在保险期限内死亡或残废,且死亡或残废是由意外事故造成的,保险人就负有按照保险合同的规定给付保险金的责任。例如,某保险公司建筑工程团体人身意外伤害保险合同条款规定,凡在建筑工程施工现场从事管理和作业并与施工企业建立劳动关系的人员均可作为被保险人,以团体为单位,由所在施工企业或对被保险人具有保险利益的团体作为投保人,经被保险人书面同意,可向本公司投保该保险。保险期间为1年,或根据施工项目期限的长短确定。在保险期间内(通常为1年),被保险人因意外伤害自该伤害发生之日起180日内死亡的,本公司按保险金额给付死亡保险金;被保险人因意外伤害自该意外伤害发生之日起180日内身体残疾的,本公司根据合同规定,按保险金额及该项身体残疾所对应的给付比例给付残疾保险金。如果意外伤害导致被保险人全残,保险人按保险合同的规定给付全部残疾保险金;如果意外伤害导致被保险人部分残疾,则保险人给付的保险金的计算公式为:

$$残疾保险金 = 保险金额 \times 残疾程度对应的给付比例$$

残疾程度对应的给付比例,是根据人体各部分残疾对一般劳动能力的影响确定的。保险监管机构通常要制定人身保险残疾程度与保险给付比例表。在表中列明残疾的等级,每个等级所包含的若干个残疾项目,并列明每个残疾等级的给付比例。根据这个比例和保险金额,即可计算出应当给付的保险金数额。例如,某一被保险人一目永远失明,其所对应的保险金给付比例为30%,如果保险金额为50 000元,则相关的计算为:

$$残疾保险金 = 50\ 000 \times 30\% = 15\ 000(元)$$

2. 特种人身意外伤害保险

特种人身意外伤害保险是指以被保险人在特定地点或因特定原因遭受意外伤害而死亡或残废为给付保险金条件的保险。例如,旅行人身意外伤害保险,以被保险人在旅行途中,因意外事故遭受伤害为保险事故,保险人一般对约定的旅行路线和旅行期间保险事故承担责任;交通事故人身意外伤害保险,主要以交通工具遇到交通事故给被保险人造成的伤害导致其残疾或死亡为给付保险金的条件。再如,电梯乘客人身意外伤害保险以被保险人乘电梯时发生意外事故造成伤残或死亡为给付保险金的条件。此外,索道游客意外伤害保险、登山和滑雪等运动员意外伤害保险等,也属于特种人身意外伤害保险。

3. 人身意外伤害医疗保险

人身意外伤害医疗保险是指以被保险人因意外伤害所需要的医疗费用为保险标的的保险。例如,某保险公司的附加人身意外伤害医疗保险条款规定,被保险人因遭受意外伤害并进行治疗,该保险公司就其事故发生之日起180天内实际支出的、符合签发保险单分支机构所在地社会医疗保险规定的、合理医疗费用超过人民币100元的部分给付意外伤害医疗保险金。再如,某保险公司的附加人身意外伤害医疗保险条款规定,在保险期间内,被保险人因遭受意外伤害而在中华人民共和国境内(不包括我国香港、澳门、台湾地区)县级以上(含县级)医院或者保险人认可的医疗机构进行治疗,保险人依照下列约定给付保险金:对被保险人所支出的符合本保险单签发地政府基本医疗保险管理规定的合理且必要的医疗费用,保险人扣除人民币50元免赔额后,在保险金额范围内,按80%的比例给付医疗保险金。在实务中,人身意外伤害医疗保险通常以人身意外伤害保险的附加险的形式存在。

4. 意外伤害收入损失保险

意外伤害收入损失保险是指以被保险人因意外伤害暂时丧失工作能力所引起的收入损失为保险标的的保险。设立人身意外伤害收入损失保险的目的,在于帮助被保险人解决其因意外伤害暂时不能工作所导致的劳动收入减少给其本人及其家庭生活造成的困难。在实务中,人身意外伤害收入损失保险通常以人身意外伤害保险的附加险的形式存在。承保人身意外伤害收入损失保险的保险公司,只负责被保险人在保险期限内遭受意外伤害造成的责任期限内的收入损失。也就是说,保险对收入损失进行赔偿的条件有两个:一是被保险人遭受的意外伤害必须发生在保险期限内;二是被保险人遭受意外伤害所引起的损失必须发生在责任期限内,超过责任期限的收入损失保险公司不予赔偿。责任期限为被保险人遭受意外伤害后的一段时间,通常为90天、180天、360天或13周、26周和52周等。

(二)按保险期限分类

按照保险期限,可以把人身意外伤害保险分为极短期的人身意外伤害保险、1年期的人身意外伤害保险和多年期的人身意外伤害保险。

极短期的人身意外伤害保险是指保险期限不足1年,甚至只有几天、几个小时甚至更短时间的人身意外伤害保险。例如,公路旅客人身意外伤害保险、航空人身意外伤害保险、索道人身意外伤害保险等,都属于极短期的人身意外伤害保险。

1年期的人身意外伤害保险,是指保险期限为1年的人身意外伤害保险。例如,普通的个人人身意外伤害保险、学生团体人身意外伤害保险、建筑工程团体人身意外伤害保险等,通常都为1年期的人身意外伤害保险。

多年期的人身意外伤害保险,是指保险期限为多年的人身意外伤害保险,保险期限为3年、5年、8年等。这种人身意外伤害保险多为储蓄型保险,即被保险人向保险公司交付的不是通常意义上的保险费,而是保险本金,保险费实为保险本金的利息收入。当被保险人在保险期限内因意外伤害而死亡或残疾时,保险人给付死亡保险金或残废保险金。在保险期满时,保险人返还保险本金。

(三)按被保险人的构成分类

按照被保险人的构成,可以把人身意外伤害保险分为个人人身意外伤害保险和团体人身意外伤害保险。

个人人身意外伤害保险是指在一份意外伤害保险合同中,被保险人只是一个人,只有当这个人遭受意外伤害时,保险人才按保险合同的规定给付保险金的保险。

团体人身意外伤害保险是指在一份意外伤害保险合同中,被保险人不只是一个人,而是由多个人构成的团体,当这个团体中的任何人遭受意外伤害时,保险人都按保险合同的规定给付保险金的保险。团体人身意外伤害保险的所有被保险人通常都有相同的职业,存在种类相同、程度大体相同的人身意外伤害风险,并因此而能够适用统一的费率。

第四节 其他健康保险

除医疗保险、重大疾病保险和意外伤害保险外,健康保险还包括残疾收入保险和长期护理保险等。在这一节中,简要介绍残疾收入保险和长期护理保险。

一、残疾收入保险

残疾收入保险也称为丧失工作能力收入保险,或收入保障保险。它是指为被保险人因疾病或意外伤害致残而丧失全部或部分劳动能力,因而不能获得正常收入或收入水平显著下降所导致的收入损失提供保障的保险。

从原因上看,残疾收入保险保障的收入损失有两类:一类是因疾病致残而丧失全部或部分劳动能力所导致的收入损失;另一类是因意外伤害致残而丧失全部或部分劳动能力所导致的收入损失。在被保险人只投保了残疾收入保险的条件下,保险人对被保险人因疾病或意外伤害所导致的医疗费支出不承担赔付责任。

完全残疾是指被保险人永久丧失全部劳动能力,不能获得工作收入。部分残疾是指被保险人部分丧失劳动能力,只能从事原职业以外的其他工作,且新工作的收入会低于原来的工作。因此,收入损失在数额上可能是全部或部分,在时间上可能是长期或者是短期。

(一) 给付期间

根据给付期间的长短,可以把残疾收入保险分为短期的残疾收入保险和长期的残疾收入保险。

短期个人残疾收入保险的最长给付期限不超过 5 年。超过 5 年的为长期个人残疾收入保险,最长的给付期间可以延至被保险人年满 65 岁。在某些情况下,甚至可以为被保险人提供终身给付。在给付期间内被保险人死亡,则保险责任终止。

短期团体残疾收入保险的给付期间通常为 13 周、26 周或 52 周。超过 1 年的为长期团体残疾收入保险,最长给付期间可以达到被保险人至正常退休年龄,或其满 70 岁。同样,在给付期间内被保险人死亡,则保险责任终止。

(二) 等待期

残疾收入保险的等待期是指在合同中约定的从被保险人致残到其有权领取残疾收入保险金时的时间。设立等待期的目的,在于为残疾的认定结论的最终确认提供较为充分的时间,并减少相关的费用。残疾收入保险中的等待期的确定与给付期的长短有关,通常为 30 天至 6 个月。在短期团体残疾收入保险中,因意外伤害致残的通常没有等待期的规定,因疾病致残的通常规定 1 周的等待期。

(三) 影响保险费率和保险金的因素

残疾收入保险的保险费率的确定,通常要考虑被保险人的年龄、职业、等待期和给付期等因素。在残疾收入保险的给付期间较长的条件下,被保险人所领取的保险金的实际购买力受通货膨胀等因素的影响较大。为了使被保险人获得充分的保障,在保险合同中通常加入生活指数条款,并按生活指数对实际支付的保险金进行调整。

(四) 保险金的给付方法

残疾收入保险的保险金的给付方法有两种:一是按固定金额支付;二是按公式计算的金额支付。

按固定金额支付保险金的方法适用于个人残疾收入保险中被保险人发生全残的情况。当被保险人因病或意外伤害致残时,保险人按保险合同中约定的给付金额向被保险人定期支付保险金。在签订保险合同时,对于约定的给付金额的确定要考虑被保险人的收入水平,包括税前劳动收入以及利息、红利等非劳动收入和适用的所得税税率等。一旦给付金额确定下来,无论被保险人在导致残疾的疾病或意外伤害发生时的收入状况如何,保险人都要按照合同中约定的给付金额支付。

按公式计算的金额支付的方法,是指在保险合同中确定一个计算给付保险金的公式,保险人按照利用该公式计算的给付金额向被保险人支付保险金。被保险人全残时给付的残疾收入保险金通常为其残疾发生前收入的一个约定百分比。在团体长期残疾收入保险中,该百分比通常为被保险人残疾发生前收入的60%～70%;在团体短期残疾收入保险中,该百分比可以达到被保险人残疾发生前收入的90%～100%。当被保险人发生部分残疾时,保险金的给付数额则要综合考虑其残疾发生前后的收入水平。其计算公式为:

$$部分残疾收入保险金 = 全残收入保险金 \times \frac{残疾前收入 - 残疾后收入}{残疾前收入}$$

例如,在一份团体短期残疾收入保险合同中规定,被保险人全残时给付的残疾收入保险金通常为其残疾发生前收入的70%。在该保险合同有效期内,团体中的一个被保险人因意外伤害导致部分残疾。假定其残疾前的月收入水平为4 000元,残疾后的月收入水平为1 500元,则该被保险人每月应当得到的保险金为:

$$部分残疾收入保险金 = 4\,000 \times 70\% \times \frac{4\,000 - 1\,500}{4\,000} = 1\,750(元)$$

在实务中,残疾收入保险金可以一次性给付,也可以分期给付。究竟采取哪一种给付方式,取决于合同的规定。

(五)除外责任

残疾收入保险的责任范围除了受保险协议和保险定义的限制外,还有以下几项除外责任:① 战争;② 暴乱;③ 吸毒;④ 被保险人自伤行为所致的伤残;⑤ 各种不法暴力行为;⑥ 被保险人投保前已患有的疾病。对于某些特殊嗜好或特别职业,如跳伞、冲浪、滑雪等体育活动,及探险、高空作业等危险工作,除特约附加承保外,应属于责任免除。

二、长期护理保险

长期护理保险是指为被保险人在医院、护理院及家中接受长期医疗性护理或照顾性护理所发生的护理费用提供保障的保险。

(一)长期护理保险的保险责任和除外责任

长期护理保险的保险责任包括:

(1) 被保险人在医院接受长期治疗时的护理费用。

(2) 被保险人在护理院接受长期护理时的护理费用。

(3) 被保险人在家中接受长期治疗时的护理费用。

长期护理保险的除外责任包括:

(1) 订立保险合同时已患有的疾病所产生的护理费用。

(2) 因自杀、自残所产生的护理费用。

(3) 因核辐射致病所产生的护理费用。

(4) 因酗酒及擅自注射麻醉剂、吸毒所致的疾病所产生的护理费用。

(5) 因自身的不法行为或严重违反安全规则致病或致残所产生的护理费用。

(6) 因患艾滋病所产生的护理费用。

(7) 因战争或军事行为致残所产生的护理费用。

(二) 长期护理保险的保险费与保险金

长期护理保险的保险费通常采用均衡保险费的形式收取。保险费率的高低主要取决于被保险人的年龄、给付期、等待期和保险责任范围等因素。

长期护理保险的保险金主要有费用补偿型保险金、固定保险金和直接提供护理服务三种形式。费用补偿型保险金是指按照被保险人接受长期护理服务所支付的费用的发票给付的保险金。固定保险金是指当被保险人具备给付保险金条件时，按照合同的约定金额给付的保险金。直接提供护理服务是指当被保险人具备给付保险合同约定的条件时，由保险人为被保险人安排护理服务，护理费用直接由保险人负责支付。

(三) 长期护理保险的免责期、给付期和给付水平

长期护理保险的免责期是指保险合同生效后保险人不承担护理费用给付责任的时期。在免责期内，即使被保险人支付了护理费用，且符合领取保险金的条件，保险人也不承担给付保险金的责任。

长期护理保险的给付期是指保险合同中规定的被保险人有权领取保险金的时期。它可以是 2 年到被保险人终身的任何期限。

长期护理保险的给付水平是指为了控制护理费用的给付数额而在保险合同中所作的一种比例限制性规定。例如，对于所有日常生活都无法自理的被保险人，给付 100% 的保险金；对于 3~5 项日常活动无法自理的被保险人，给付 50% 的保险金等。

本 章 小 结

本章阐述了健康保险的概念、特点和分类，并就健康保险的一些主要类别作了简要的介绍。

健康保险是指以人的身体为保险标的，为被保险人因疾病或意外伤害所导致的医疗费用支出或正常收入损失等风险提供保障，或以被保险人在保险期间发生合同规定的疾病或残疾、死亡为给付保险金条件的保险。

健康保险可以分为医疗保险、疾病保险、意外伤害保险、伤残收入损失保险和长期护理保险等。在多数健康保险中，保险人向被保险人支付的保险金本质上是对被保险人因疾病、意外伤害等所导致的医疗费用支出、收入的减少的补偿，具有补偿性质，因而适用于补偿原则及其派生原则，即代位求偿原则和重复保险的分摊原则。

医疗保险有广义与狭义之分。广义的医疗保险补偿被保险人因疾病和意外伤害所导致的医疗费用支出,而狭义的医疗保险只补偿被保险人因疾病导致的医疗费用支出。本书中所阐述的医疗保险为狭义的医疗保险。

重大疾病保险是指当被保险人患有保险合同所约定的重大疾病时,保险人按照合同约定的金额给付定额保险金的保险。与医疗保险不同的是,重大疾病保险是定额给付,而不考虑被保险人实际支出的医疗费用。

人身意外伤害保险也有广义与狭义之分。广义的人身意外伤害保险是指为被保险人在保险期限内因意外伤害而支付的医疗费用,或因意外伤害而导致死亡或残废提供保障的保险。与广义的人身意外伤害保险不同的是,狭义的人身意外伤害保险不为被保险人因意外伤害所需要支付的医疗费用提供保障。本书所讨论的人身意外伤害保险为广义的人身意外伤害保险。

残疾收入保险主要补偿被保险人因疾病或意外伤害致残所遭受的收入损失。

长期护理保险是指为被保险人在医院、护理院及家中接受长期医疗性护理或照顾性护理所发生的护理费用提供保障的保险。

关 键 词

健康保险 医疗保险 意外伤害保险 重大疾病保险 残疾收入保险 长期护理保险 观察期 给付期 等待期 人身意外伤害收入损失保险 基本医疗保险 高额医疗保险 补充医疗保险

复习思考题

1. 简述健康保险的概念及特点。
2. 简述医疗保险的含义及主要类别。
3. 简述重大疾病保险中的观察期、等待期和生存期的含义。
4. 简述人身意外伤害保险的特点。
5. 简述意外伤害收入损失保险与残疾收入保险的区别。
6. 简述残疾收入保险的给付期间和等待期的含义。
7. 简述影响残疾收入保险的保险金的因素。

第十二章　年金保险

随着世界经济的不断发展，人类生存环境的日益改善，人均寿命在不断增长，人口老龄化趋势也随之加剧。社会成员的养老问题越来越受到关注，年金保险的社会需求规模越来越大，年金保险的品种越来越丰富。年金保险作为人寿保险公司的主要业务之一，在提供老年人生活保障方面发挥着重要的作用。本章主要讨论年金保险的概念、特征和分类，并对目前的主要年金产品进行简要的介绍。

第一节　年金保险概述

一、年金及年金保险

年金（Annuity）一词是由拉丁文单词"annulus"衍生而来的，有"每年的"之意，年金最初的定义就是"一年一次给付"。随着时间的推移，年金给付形式得到拓展，它既可以按年，也可以按月、季度、半年给付。在17世纪，美国大法官爱德华·科克（Edward Coke）曾将年金定义为"在数年或终身期内每年向另一个人以酬金形式提供一定数量货币的给付额，只是酬金授予者要向接受者收取费用"。美国法院很长一段时间都采用这个定义。从广义而言，年金即为一系列按照相等的时间间隔提存或支付的款项。职工每月领取的工资、住房按揭贷款以及保险领域中的养老金给付、分期缴纳的保费等，都是年金的表现形式。

年金可划分为生存年金和确定年金。

生存年金是在约定的时间内，以一定的时间为周期，按照约定的金额进行的一系列给付，并且这些给付必须以原指定领取人的生存为条件，一旦领取人死亡，给付即结束。

而确定年金在约定时期内给付年金，年金的给付期间以及给付金额都是确定的，不需以人的生存为给付条件。如分期偿还的贷款，每期还款的金额确定，还款的期限确定，而与人的生存与否无关。

确定年金的计算仅以预定利率为基础，而生存年金的计算不仅要考虑预定利率，还要考虑生存率。因为生存年金的领取人一旦死亡，年金就可以停止给付，年金的给付期数和领取人的生存情况有着密切的关系。

年金保险即为生存年金,是在被保险人生存期间,保险人按照合同约定的金额、方式,在约定的期限内,有规则的、定期的向被保险人给付保险金的保险。年金保险的年金受领人即为年金合同中的被保险人,年金保险是以年金受领人的生存为给付条件的人寿保险。生存保险金的给付,要以年金受领人的生存为前提,一旦年金受领人死亡,年金就停止给付。

年金保险具有生存保险的特点,只要被保险人生存,就可以通过年金保险在一定时期内定期领取一系列保险金,获得因长寿所致的收入损失保障,达到年金保险养老的目的。因此,年金保险又被称为养老金保险。年金保险的保费有多种缴费方式,在被保险人领取年金以前,投保人必须缴清所有的保费。其保险金给付周期可以是1年、半年、1个季度或1个月。年金保险较好地解决了老年人的生活保障问题,各国对年金保险都十分地重视。

二、年金保险与死亡保险

(1) 年金保险与死亡保险的给付条件不同。死亡保险的给付条件是被保险人死亡事件的发生,而年金保险的给付条件是在约定的给付期开始后被保险人仍然生存。如果年金保险合约是一份纯生存年金,保险人的给付责任纯粹由给付期间被保险人是否生存决定。有些终身年金保险合约还附有保证性给付条款,即在一定保证期内不管被保险人是否生存,年金保险人都必须给付;或在一定保证额度内,不管被保险人是否生存,年金保险人也都必须给付。在保证期或保证额度满后,如果被保险继续生存,则保险人继续给付,直到被保险人死亡,给付停止。由于给付事件不同,逆向选择情形也是不一样的,预期寿命短的人会倾向于购买寿险,而预期寿命长的人则倾向于购买年金保险。

(2) 年金保险与死亡保险的投保目的不同。人们购买死亡保险是为了在其死亡之后为家属谋得一笔资金来保障他们今后的生活;而购买年金保险的目的是积累一部分资金,为日后的生活提供保障,避免因丧失收入来源而使生活失去保障。

(3) 年金保险与死亡保险的承保条件不同。死亡保险投保时需要进行体检,提供可保证明,避免已患有疾病的人为骗取保险金而投保;而年金保险在投保时一般不需要提供可保证明,因为参加年金保险的被保险人通常都是身体健康、预期寿命较长的人。

(4) 年金保险与死亡保险在费率厘定方面不同。死亡保险依据人寿生命表厘定保费,而年金保险则依据年金生命表厘定费率。由于越是身体健康的人,越愿意购买年金保险,使得年金保险的被保险人群体较一般群体中的人寿命更长,这种逆选择的结果,使得年金生命表的生存率高于人寿生命表。除此以外,死亡保险在厘定费率时考虑职业、健康、地区,甚至个人嗜好,比如是否吸烟、出行是否谨慎等,因为这些因素都可以导致较高的死亡率。年金保险费率厘定的主要参考因素是年金生命表、预定利率与费用、参保人的年龄与性别,至于死亡保险所重视的职业与健康状况,不是考虑的因素。

三、年金保险与生存保险

年金保险可视为生存保险的一种特殊形式,年金保险与生存保险一样,都是以被保险人在保险有效期内生存为保险金给付条件的保险。年金保险与生存保险的区别在于,生存保险是在被保险人生存至保险期满由保险公司一次性给付保险金,而年金保险则是被保险人在保险期限内生存时由保险公司向年金受领人按年、半年、季度或月分期给付保险金。

四、年金保险与社会养老保险

年金保险与社会养老保险存在着重要关联。年金保险实际上也可以分为商业保险和社会保险,只是一般我们研究的是商业年金保险,而社会保险性质的年金保险一般放在社会保险中研究。本书中的年金保险,在不特殊说明的情况下,指的是商业保险范畴的年金保险。

1999年以前,商业年金保险在中国被统称为"商业养老保险"或"个人养老保险计划"。作为个人或家庭自愿购买的商业保险,它与社会基本养老保险和企业年金共同组成了多层次的养老保险体系。由于社会养老保险通常采用的是现收现付制,使得政府承担了过多的老年风险。在人口结构比较年轻的条件下,这种方式能够将老年风险的经济损失在代与代之间、代内之间进行分担;但随着人口老龄化时代的到来,这种现收现付制养老保障制度,就会给政府财政带来很大的压力。因此从20世纪七八十年代国际上就开始对传统的社会保障制度进行改革。其中一项重要的措施便是大力发展企业养老金计划,以此来减轻政府负担,同时也鼓励国民参与各种个人养老储蓄计划。随着人口老龄化进程的加快,个人在解决自己老年保障中的责任日益突出,个人年金逐步成为养老保障的"第三支柱"。

第二节 年金保险的分类

根据不同的标准,年金保险可以划分为不同的种类。

一、按缴费方式分类

按缴费方式分类,年金保险可以分为趸缴年金和分期缴年金。

(一)趸缴年金

趸缴年金是指投保人在投保时一次性缴清全部保险费,然后于约定的时间开始由年金受领人按期领取年金的保险。开始领取年金的时间,可以在趸缴保险费后很短的时间内,也可以在趸缴保险费多年之后。

（二）分期缴年金

分期缴年金是指投保人采取分期缴费的方式缴纳保险费，然后于预定的时间开始由年金受领人按期领取年金的保险。在规定的时间内，投保人可以选择按年、半年、季或月分期缴纳保险费。

分期缴年金又可以分为均衡缴费年金和浮动缴费年金。均衡缴费年金是指投保人在规定的缴费期间内按期缴纳等额保险费的保险。而浮动缴费年金是指投保人在规定的缴费期间内按期缴纳不等额保险费的保险。浮动缴费年金在合同中规定了各期保险费的上下限，各期保险费可以在保险单规定的范围内变动。浮动缴费年金较均衡缴费年金在缴费方式上有了更大的灵活性，投保人可以在保险单规定的范围内根据自身的承受能力在不同的时期选择适当的缴费金额，因而在实际中也受到了更大的欢迎。

二、按年金给付开始时间分类

按年金给付开始时间分类，年金保险可以分为即期年金和延期年金。

（一）即期年金

即期年金是指投保人缴纳所有保险费且保险合同成立生效后，受领人隔一个年金期间便开始按期领取年金的保险。年金期间即为领取年金的间隔时间，可以是一年、半年，也可以是一个月。即期年金的年金受领人在订立合同满一个年金期间后便可以立即开始领取年金。由于即期年金在满一个年金期间后就开始给付，所以其保险费的缴纳一般采取趸缴方式。

（二）延期年金

延期年金是指保险合同成立生效后经过一段较长的时间，通常为几年至几十年，或者年金受领人达到合同规定的某一年龄后，年金受领人才开始按期领取年金的保险。延期年金保险费的缴纳可以采取趸缴保险费的方式，也可以采取分期缴保险费的方式。延期的时间越长，缴纳保险费的方式也就越灵活。大多数延期年金采取分期缴费方式，保险费缴纳持续到规定的年金给付开始日期为止，或者年金受领人在年金给付开始日期之前死亡时为止。

延期年金包括两个期间，即年金积累期间和年金给付期间。年金积累期间是指投保人在购买延期年金之日起，至年金受领人领取年金之日的这段时间。年金的给付期间是指在年金保险满期后，保险人定期向年金受领人给付年金的这段时间，也称为年金清偿期间。

在延期年金积累期间，保险人将收取的保险费进行投资，因此在积累期间，延期年金具有积累价值。年金的积累价值为投保人缴纳的净保险费与已赚取利息之和扣除提现金额后的余额。年金合同持有人或受领人一般有权从年金的积累价值中提取现金。提现条款规定了合同持有人在积累期间可以提取全部或部分的年金积累价值。大多数合同允许其持有人每年按积累价值的一定比例提取现金而不收取费用,对超过一定比例的,保险人通常要收取提取费。

年金保险合同一般规定了在年金积累期间内,合同持有人有权解除合同并领取退保金。退保金为年金的积累价值扣除退保手续费后的余额,若有贷款,还要先扣除贷款及贷款利息。退保手续费通常随着保险单持有时间的增加而减少。

延期年金通常提供遗嘱给付,如果延期年金的年金受领人在年金开始给付之前死亡,保险人将年金的积累价值给付给指定的受益人。当积累价值作为遗嘱给付时,保险人不收取退保手续费。

三、按年金受领者人数分类

按年金受领者人数分类,年金保险可以分为单人年金和联合年金。

(一) 单人年金

单人年金又称单一年金、单生年金,是指只有单个年金受领人的年金保险。单人年金只以一个被保险人作为年金的受领人,以其生存作为年金给付条件。

(二) 联合年金

联合年金是指以两个或两个以上的被保险人作为年金受领人,以其生存作为年金给付条件的年金保险。联合年金包括联合生存年金和联合与最后生存者年金两大类。

四、按年金有无偿还特征分类

按年金有无偿还特征分类,年金保险可以分为纯粹终身年金和偿还式年金。

(一) 纯粹终身年金

纯粹终身年金是指一种仅在年金受领人生存期间定期给付的年金保险。只有年金受领人生存,保险人才定期给付年金;当年金受领人死亡之后,保险人同时免除所有的给付责任,既不退还保险费,也不退还所缴保险费的积存值与实际领取年金的差额。由于年金受领人的死亡时间不确定,纯粹终身年金的投保人所缴纳的保险费有可能大大超过年金受领人领取的年金总额,许多人不愿意承担这种风险,因而更倾向于投保偿还式年金。

(二) 偿还式年金

偿还式年金是指保证给付一定次数或金额的年金。在年金受领人死亡后,保险人要继续向受益人给付剩余次数或金额的年金。偿还式年金主要有以下几种形式。

1. 保证分期给付次数的年金

保证分期给付次数的年金是指在年金受领人未领取到规定次数的分期给付之前死亡,其余次数的年金向其受益人分期支付的年金。保证期有 5 年、10 年、15 年、20 年。例如,被保险人 35 岁开始投保,约定从 60 岁开始受领年金,保证期为 10 年。若被保险人 67 岁死亡,则保险人要向指定的受益人继续给付 3 年的年金。

2. 分期偿还年金

分期偿还年金是指在年金受领人未得到相当于所缴纳保险费总额的给付之前死亡,由保险人向其受益人继续分期给付剩余年金的保险。例如,被保险人35岁开始投保,约定从60岁开始受领年金。若被保险人67岁死亡,此时被保险人所领取的年金总额小于所缴纳的保险费总额,则保险人需要向其受益人继续分期给付年金,给付的时间长短视其差额而定,直到保险人支付的年金总额等于投保人所缴纳的保险费总额为止。

3. 一次性给付剩余年金

一次性给付剩余年金与分期偿还年金相比较,区别就在于一次性给付剩余年金将剩余年金一次性给付给指定的受益人。上例中,保险人将所缴纳保险费与已支付年金的差额一次性支付给指定的受益人,而不是分期给付剩余年金。

五、按年金给付金额是否变动分类

按年金给付金额是否变动分类,年金保险可以分为定额年金和变额年金。

(一) 定额年金

定额年金是指每期年金给付额保持不变的年金。定额年金保证年金按预定利率增值,年金给付期间,给付的金额保持不变。

如果定额年金是即期年金,那么在签单时就知道每期的年金给付金额。如果定额年金是延期年金,那么年金保险单上会载有一张年金价值表。该表列明每千元积累价值对应的保证定期给付金额,也就是最低的给付金额,它是根据在缴费期内所缴保险费和预定利率计算出来的。在年金开始给付时,保险公司会重新评价其投资业绩,如果当前的投资状况好于预期,实际给付金额将高于保证的年金金额。

定额年金规定了保证利率,意味着保险公司要承担保险单的投资风险。保险公司的投资业绩好,投资收益率高于保证利率,即使按高于保证水平的利率给付积累价值计息,也可能从中获益。然而,如果投资业绩不好,投资收益率低于保险单的保证利率,保险公司也要承担相应的风险,按照保证利率计算的最低保证金额进行给付。

(二) 变额年金

变额年金是指每期年金给付额根据投资收益变化的年金。变额年金一般没有最低保证利率,保险公司不承担投资风险,而由投保人承担投资风险。但是变额年金弥补了定额年金每期年金给付额不变的缺陷,有效抵御了长期固定收入因通货膨胀而发生贬值所带来的风险。有关变额年金的内容将在下一节中作详细介绍。

六、按年金购买方式分类

按年金购买方式分类,年金保险可以分为个人年金和团体年金。

（一）个人年金

个人年金是指以个人为单位购买的年金保险。其承保对象为个人，一张保险单只为一个人或几个人提供保险保障。个人年金的种类较多，我们将在下一节中详细介绍几种主要的个人年金。

（二）团体年金

团体年金是指以团体为单位购买的年金保险，承保对象为团体中的每个成员，投保人以被保险人为年金受领人，保险费由投保人全部或部分承担，一张保险单为众多人提供保险保障。通常情况下，保险公司还会给团体中的每个成员签发一份保险凭证，作为他们享有保险保障的证明。团体年金主要用于退休后的生活补助，具有福利性质。团体年金主要包括以下三种。

1. 团体延期缴清年金

团体延期缴清年金是指由雇主为每一位在职雇员购买的，雇员在退休之后开始领取年金的年金保险。雇员工作期间，雇主每年向保险公司缴纳一次保险费，作为趸缴保险费，实际上相当于每年为雇员购买一次趸缴保险费的延期年金，因此雇员在该企业工作的年限越长，雇主为其购买的年金额越多，退休时所能领取的年金额也就越多。

2. 预存管理团体年金

预存管理团体年金也是由雇主为每位在职雇员购买的延期年金保险，但是雇主缴纳的保险费并不是记在每位雇员的名下，而是将雇主向保险公司缴纳的保险费形成一笔基金，由保险公司经营运作，并且保证不低于某一预定利率。当某个雇员到达退休年龄时，由保险公司从基金中划出一部分资金作为趸缴保险费，为该雇员购买一份个人即期终身年金，并且立即开始年金给付。由于在员工到达退休年龄之前，保险公司只需要管理运作基金，也没有必要提存责任准备金，所以预存管理团体年金为投保人节省了一部分保险费支出。

3. 保证团体年金

保证团体年金是指从预存管理团体年金演化出来的一种较新的团体年金保险形式。保证团体年金采取的方式为，雇主按雇员退休后应领取的年金额缴纳保险费，同样形成一笔基金，由保险公司管理运作，保险公司要保证在雇员退休后按约定的金额支付年金。雇员的年金支付由基金支出，基金的投资收益仍归入基金，保险公司要保证基金的增值收益，一旦基金的数额低于雇员约定年金额的趸缴保险费，保险公司要立即将基金分解到雇员个人名下的账户，作为趸缴保险费，为雇员购买团体延期缴清年金，因此，保证团体年金也确保了雇员的利益不受损害。

团体年金一般由企业雇主为其雇员投保，雇主根据各雇员的工资和工作年限确定该雇员退休后的年金受领额。由于国家同时规定企业要为员工投保社会保险，在雇员享受社会保险的情况下，雇主可以在确定雇员退休后领取的年金总额之后，扣除该雇员在社会保险中可以领取的年金额,以其差额作为投保团体年金保险的年金额。团体年金的保险费可以由雇主和雇员共同负担,雇员按照工资的一定比例或者按照固定的金额负担小部分保险费,而由雇主负担剩余的大部分保险费。在团体年金中,一般不采取均衡保险费方式,而是采取趸缴保险费方式。团体延期缴清年金中虽然雇主按年缴纳一定的保险费,但是均作为趸缴保险费。在预存管理团体年金和保证团体年金中,将基金划转到雇员名下时,也是采取了趸缴保险费的方式。团体年金作为雇员年老退休后的生活补助,是企业福利计划的重要内容,对企业的持续稳定经营有着重要的作用。

第三节 几种主要年金

年金保险的种类有很多,下面对几种主要的个人年金保险进行介绍。

一、退休年金

退休年金是一种个人延期年金保险,由投保人在工作期间按规定缴纳保险费,当年金受领人达到退休年龄时开始给付年金。如果年金受领人在到达退休年龄之前死亡,保险公司将退还积累的保险费或保险单所积累的现金价值,以何种金额大而定。所积累的保险费计息与否视保险单的条款规定而定。在年金积累期间,年金受领人有权终止年金保险合同,领取退保金,退保金为所缴保险费的累积金额加上利息再扣除相关费用后的余额。当年金受领人到达退休年龄,即开始给付年金,退休年金一般有10年或20年的保证期。

退休年金赋予年金受领人多种灵活的选择权。例如,当年金受领人未按规定缴纳保险费至缴费期满致使合同即将失效时,年金受领人可以选择退保使合同失效,然后取得退保金;也可以将原保险单自动转换为一份缴清保险,即在原保险单的保险责任、保险期限均不改变的情况下,用原保险单积累的现金价值购买一份保险金额减少的保险。年金受领人到达退休年龄开始领取年金时,可以选择一次性给付保险金,也可以选择分期给付年金。退休年金允许年金受领人提前或推迟年金开始给付的时间,但要相应地改变年金金额。

退休年金类似两全保险,当年金受领人在到达退休年龄之前死亡,可以得到一笔死亡给付;当年金受领人生存到退休年龄,可以得到生存给付。退休年金与两全保险不同的是,年金受领人的死亡给付金额是不确定的,视积累的保险费或保险单的现金价值的大小而定,并且随着年金受领人的死亡年龄逐渐接近退休年龄,死亡保险金的金额逐渐增大,直到到达退休年龄时,死亡保险金等于年金受领人可以领取的生存年金受领额。年金受领人生存到退休年龄,可以领取的生存保险金不像两全保险的生存给付那样只有一笔,而是既可以是一笔,也可以是一系列的分期给付,年金受领人可以选择年金的支付方式。

二、灵活保险费延期年金

灵活保险费延期年金是一种允许投保人按照自己的意愿灵活地选择缴纳保险费的时间和数额的年金保险。其对缴纳保险费的时间间隔和缴费数额没有硬性规定，但一般不得低于保险人规定的最低限额。灵活保险费延期年金的缴费方式较为灵活，投保人可以根据自己的意愿按年、月或其他间隔期间不定期缴费，而且对缴费数额不加限定，但保险人一般规定了一个最低可受理的保险费数额，投保人每次所缴纳的保险费不得低于最低限额。灵活保险费延期年金缴费时间的不确定性，会对保险人的预期未来现金流产生影响，因此保险人一般鼓励投保人建立一个目标保险费支付计划，这可以使保险人对预期未来现金流有一个较好的估计，从而降低经营管理的不确定性。

各保险公司之间以及保险公司与其他金融机构之间竞争激烈，为了提高灵活保险费延期年金产品的竞争性，大多数保险公司采取不收取或收取少量的前期管理费用，而在年金合同退保时收取较高退保费的方法。退保费一般可以表示为年金积累价值的一定百分比，并且往往随合同延续期的延长而降低，当降低到零之后，以后的年度发生退保则不再收取退保费。例如，在合同生效的第一个年度发生退保要收取年金积累价值的 7% 作为退保费，随后的年度发生退保，退保费依次减少 1%，直到第八个年度，退保费降为零，以后则不再收取退保费。

灵活保险费延期年金规定了最低保证利率，最低保证利率依据签单时的市场利率而定。最低保证利率一般略低于签单时的市场利率，但是该利率的保证期限为数年甚至数十年，其他任何金融机构都不能作出如此长期的保证。现金价值的实际利率取决于保险公司的收益率。年金给付的金额取决于年金开始给付时所积累的现金价值、年金领取人的性别和开始领取年金的时间。年金给付的方式也有多种，可以由年金受领人自由选择。

灵活保险费延期年金与退休年金最大的区别是投保人可以按照自己的意愿灵活地选择缴费的时间和数额，而退休年金则是规定了定期的固定缴费表，投保人需要按照缴费时间表定期缴纳保险费，并且还要收取较高的附加费用。灵活保险费延期年金较退休年金的优势，使其受到了更多的欢迎，在美国，灵活保险费延期年金已基本取代了早期的退休年金。

三、趸缴保险费延期年金

趸缴保险费延期年金是一种一次性缴清保险费的延期年金。与灵活保险费延期年金类似，趸缴保险费延期年金也规定了最低保证利率，但其最低保证利率是可以变动的。趸缴保险费延期年金有多个保证期，每个保证期可以是 1 年或者多年，在每个保证期内，规定了最低保证利率。通常保证期越长，利率也就越低，因为保险人需要在更多的年度里保证实现这个最低利率。另外，趸缴保险费延期年金一般都包含一个财务援助条款，该条款规定,如果年金的实际利率低于预定的利率,投保人可以退保而不收取退保费。

趸缴保险费延期年金的一种形式是市场价值年金,也称为市场价值调整年金。该年金在约定的期限内保证实现一定的利率水平,但在中途退保时,不仅要对退保者收取一定的退保费,而且退保金还要按市场价值调整。退保金的增加与减少,取决于退保时的市场利率。如果退保时的市场利率高于签发保险单时的利率,则减少退保金;相反,如果退保时的市场利率低于签发保险单时的利率,则增加退保金。这种调整体现了市场价值年金类似债券市场价值变化的特点。在其他条件不变的情况下,市场利率的上升将使已持有债券的市场价值下降,市场利率的下降将使已持有债券的市场价值上升。

市场价值年金对退保金的调整反映了市场价值的变化,保险人通过对退保金的调整,将资产市场价值变化的风险转嫁给了保险单持有人。对保险人而言,当市场利率上升时,易发生大量的退保,而市场价值年金对退保金的调整恰好控制了这一风险,退保金减少,再加上还要扣除退保费用,使保单持有人重新衡量退保成本,间接限制了一部分保单持有人退保,从而留住了资本,使保险人可以更好地匹配年金资产的持续期与保险责任期限。然而,对于保单持有人而言,由于其承担了更多的风险,所以也可以得到更高的利息收入。

趸缴保险费延期年金的另一种形式为年金凭证。年金凭证也是在约定的期限内保证实现一定的利率水平,但与市场价值年金不同的是,年金凭证在利率保证期间内不允许任意退保。在每个利率保证期结束时,保单持有人可以续保,继续另外一个保证期间,也可以展期,或者行使退保权利。由于年金凭证不允许随意退保,所以其利息收入也较高。此种年金比较适合临近退休的人,他们一般希望得到更高的固定利率,并且在利率保证期间一般也很少要求退保。

四、趸缴保险费即期年金

趸缴保险费即期年金是指在投保人一次性缴清保险费之后,保险人立即按期给付年金的保险。这种年金的投保人一般拥有一大笔资金,这笔资金的来源可能是过去的投资积累,也可能是养老金的一次性给付。他们利用这笔资金投保,然后可以马上得到退休年金给付。

趸缴保险费即期年金的一种新形式是分期支付损害赔偿金年金。分期支付损害赔偿金年金用来保证在民事人身伤害诉讼案中,原告(受害人)可以从被告方定期获得固定金额的赔偿。在民事人身伤害诉讼案中,被告因过失造成原告人身伤害时,在法院判决被告对原告应承担的赔偿责任成立后,原告、被告及双方律师和保险公司可以共同商谈制定一项旨在由保险公司分期赔偿原告损失的一揽子计划。分期支付的金额根据原告需要立即支付的法律费用、今后的医疗费用、生活费用、受扶养人的生活费用、子女教育费用和通货膨胀预期等因素确定。该计划商定后,由被告或责任保险人购买分期支付损害赔偿金年金,再由承保公司定期向原告或指明的受益人分期支付固定金额。

由于这种分期支付损害赔偿金年金的绝大多数年金受领人遭受过某种人身伤害,所以他们的死亡率高于一般水平。年金受领人较早死亡的可能性越大,相应地保险公司所承担的给付责任也越小,因此这种年金的价格较其他年金低。

五、变额年金

变额年金最早产生于 1952 年,当时美国大学退休权益基金组织推出了第一张变额年金保险单。其主要目的是为了预防长期的固定收入因通货膨胀所带来的贬值风险。变额年金的每期年金给付额根据投资收益作出调整,弥补了定额年金每期年金给付额不变的缺陷,使年金受领人所领取的年金额与社会整体平均收入水平相联系,从而避免了因通货膨胀或通货紧缩所造成的损失。

变额年金的每期年金给付额不是固定的,它取决于年金资产的投资收益。在变额年金中,保险公司设立独立于一般投资账户的分立账户,专门用来核算属于年金所有者的基金的投资业绩的变化情况,以及年金基金的积累、给付和结余情况。保险公司可以设立多个分立账户,不同账户可以选择不同的投资策略,如有的账户可以注重成长型股票投资,有的账户则可以注重债券投资。分立账户的价值随账户的投资业绩上下波动。通常,变额年金的合同持有人不仅可以在各种分立账户中进行选择,而且还可以定期地将资金从一个分立账户转移到另一个分立账户中。变额年金保险单的现金价值依分立账户中资金运作的绩效上下波动,投资风险由投保人承担。

变额年金的所有人在年金积累期间通过购买分立账户累积单位的方式将资金分别投资于选定的分立账户。保险公司根据被保险人缴费时所选择的分立账户的每个累积单位的价值,把扣除一部分费用后的均衡保险费换算成若干累积单位。累积单位数代表保单所有人在自己选定的分立账户上拥有的份额,一定保险费所能购买的累积单位取决于在缴纳保险费时分立账户当期累计单位的价值。当分立账户基金的投资价值较低时,累积单位的价值也较低,因此一定保险费在基金投资价值较低时所能购买到的累积单位数较多;而当分立账户基金的投资价值较高时,累积单位的价值也较高,一定保险费所能购买的累积单位数则较少。当期累积单位价值及当期购买的累积单位数的计算公式为:

$$当期累积单位价值 = \frac{积累基金购买的所有证券的市价}{积累单位总数}$$

$$当期购买的累积单位数 = \frac{净保费}{当期累积单位价值}$$

例如,假定每个累积单位的价值为 10 元,那么扣除费用后的 100 元保险费就能购买 10 个累积单位。如果第二年累积单位的价值增加到 11 元,那么扣除费用后的 100 元保险费只能购买到 9.09 个累积单位。在累积期内,随着投保人不断缴纳保险费来购买累积单位,累积单位总数不断增加,直到年金开始给付时为止。

当年金开始给付时,保险公司将被保险人保险单项下的总累积单位换算成年金单位数,年金单位数取决于保险公司对生存率、投资收益、费用的假设以及累积基金所购买的所有证券的市价。年金单位数的计算公式为:

$$年金单位数 = \frac{累积单位总值}{年金单位价值}$$

$$累积单位总值 = 年金开始给付时累积单位总数 \times 当期累积单位价值$$

$$年金单位价值 = \frac{积累基金所购买的所有证券的市价}{当期领取年金的所有参加者终身年金的现值}$$

$$被保险人每期领取的年金额 = 被保险人的年金单位数 \times 当期年金单位价值$$

累积单位数可以随着缴纳保险费数量的增加而增加,而年金单位数在年金给付期间内始终保持不变,但是给付期间每一年金单位对应的定期给付金额会随着年金单位价值的变化而变化。年金给付期间,保险公司会对分立账户的年金单位价值按期重新估值,以反映资产的市价和上期生存率、投资收益、费用等的经验数据变化等。例如,一个年金受领者有 100 个年金单位,在连续 3 个月内每个年金单位价值为 9.8 元、10.2 元、11.3 元,那么年金受领者在这 3 个月内领取的年金分别为 980 元、1 020 元、1 130 元。

在定额年金中,保险公司承担生存率、费用和投资风险,把资金大部分投资于有稳定收益的债券。在变额年金中,保险公司只承担由于生存率和费用波动带来的风险,把资金主要投资于普通股,没有对利息率作保证,由年金受领人承担投资风险,保险公司对投资收益或年金给付额不作任何保证。在经济正常的情况下,变额年金受领人有取得较高年金收入的机会,而在经济衰退的情况下,变额年金受领人则可能会取得较少的年金收入。由于变额年金的投资风险发生了转移,所以美国的联邦法律将其视为一种证券。购买定额年金可视为一种储蓄,而购买变额年金则可以看作是一种投资。购买变额年金有助于抵御通货膨胀对寿险业的冲击,使年金购买者的退休年金收入同整个社会不断提高的收入水平同向变化,从而避免了因通货膨胀导致实际收入下降而带来的损失。

六、联合年金

(一)联合生存年金

联合生存年金是有两个或两个以上的被保险人,只要其中一个死亡,则终止给付的年金保险。例如夫妻两人共同购买联合生存年金,只有夫妻两人共同存活期间,才对其给付年金,如果一方先死亡,即使另一方仍存活,年金给付也将终止。联合生存年金的价格相对低廉,但其市场也很有限。联合生存年金主要适用于在两个人中有一个稳定的收入来源足以维持一个人的生活,那么,他们可以购买一份联合生存年金,这合计的收入将能满足他们两个人的生活需要。如果其中一个人死亡后,原有的收入来源能够维持另一个人的生活。这种年金都是以趸缴保险费即期年金方式出售。

(二)联合和最后生存者年金

联合与最后生存者年金同样也是以两个或两个以上的被保险人作为年金受领人,但是只要年金受领人中有一人生存,年金就按全部被保险人生存时相同的金额给付,直至年金受领人全部死亡时终止。联合与最后生存者年金适合于一对夫妇和一个永久残疾子女的家庭购买,当夫妇年老时,不会因家庭没有收入来源而使生活失去保障;当夫妇死亡后,子女也不会因为没有收入来源使生活无依无靠。由于此种年金保障到最后一个年金受领人死亡时为止,其支付时间比较长,金额比较大,因此其保费也比较高。联合和最后生存者年金可以使用趸缴保险费即期年金方式购买,也可以使用分期交费的延期年金方式购买。在人寿保险的保险金给付方式的选择中也有联合和最后生存者年金这种给付方式。虽然典型的联合和最后生存者年金合同没有偿还特征,但大多数保险公司提供保证120次月度给付的合同,少数公司还提供保证240次月度给付的合同。

通常,联合与最后生存者年金采取减额给付方式,即当一个年金受领人死亡后,其余的年金受领人以减额的方式继续领取年金,直至最后一个年金受领人死亡为止。减额的方式可以是原来的3/4、2/3、1/2。减额方式可以减轻投保人的保费负担,并且减额之后的年金也足以满足剩余年金受领人生活所需,是较为合理可行的方式。联合和最后生存者年金在美国私人(公司)养老金计划中得到广泛使用。在雇员夫妇都参加公司养老金计划的情况下,联合和最后生存者年金一般规定,在雇员先死亡的情况下,向其配偶给付的年金减少到原金额的2/3,如果其配偶先死,则该雇员仍可领取全额的年金。

本 章 小 结

广义的年金是指一系列按照相等的时间间隔支付的款项。狭义的年金即为年金保险,是指在被保险人生存期间或约定的期间内,保险人按照合同约定的金额、方式,按一定规则定期地向被保险人给付保险金的保险。

年金保险按不同的分类标准可以划分为不同的种类:按缴费方式分类,年金保险可以分为趸缴年金和分期缴年金;按年金给付开始时间分类,年金保险可以分为即期年金和延期年金;按年金受领者人数分类,年金保险可以分为单人年金和联合年金;按年金有无偿还特征分类,年金保险可以分为纯粹终身年金和偿还式年金;按年金给付金额是否变动分类,年金保险可以分为定额年金和变额年金;按年金购买方式分类,年金保险可以分为个人年金和团体年金。

年金主要有退休年金、灵活保险费延期年金、趸缴保险费延期年金、趸缴保险费即期年金、变额年金等。

关 键 词

年金　趸缴年金　分期缴年金　即期年金　延期年金　纯粹终身年金　偿还式年金　定额年金　变额年金　个人年金　团体年金　退休年金　灵活保险费延期年金　趸缴保险费延期年金　趸缴保险费即期年金

复习思考题

1. 简述年金保险与死亡保险、生存保险的异同。
2. 简述年金保险的分类。
3. 简述团体年金的特点及分类。
4. 简述灵活保险费延期年金的特点。
5. 简述变额年金的特点及具体运作过程。

第十三章 保险营销

保险营销是保险企业经营的重要环节。本章拟通过对保险营销概念、特点、原则、要求和保险营销环境的分析,重点阐述保险营销策略,即产品策略、保险价格策略、渠道策略和促销策略;通过保险营销流程的分析,为我们掌握保险营销技巧奠定基础。

第一节 保险营销概述

一、保险营销的含义

人们常常把"保险营销"和"保险推销"混为一谈。其实,保险营销并非等于保险推销。保险推销是指推销人员(保险公司的员工和保险代理人)通过帮助或说明等手段,促使顾客采取购买行为的活动过程。显然,保险推销仅仅是保险营销过程中的一个阶段,这一阶段的任务就是千方百计把保险单卖出去。同时保险营销特别注重推销。保险商品从外在形式来看只不过是一张纸,它虽然代表保险公司的信用,但对保户而言,却无法见到保险单立即的收益及效果,导致推销困难,人们在没有强烈的销售刺激和引导下一般不会因自身的需求来主动地购买保险商品。所以,保险必须依赖推销。保险营销的内涵并非像美国管理界泰斗、营销理论大师彼德·德鲁克所言:"营销的真正内涵是使推销成为多余"而恰恰将其作为一个重要的有机组成部分而存在着。

保险营销(Insurance Marketing)是指通过挖掘人们对保险商品的需求,设计和开发满足投保人需求的保险商品,并且通过各种沟通手段使投保人接受这种商品的过程。这一基本概念包含了以下四方面的核心内容:

(1) 投保人的需求是保险商品营销的起点。每个人一生下来就会有各种各样的需要,如生理需要和社会需要,对投保人来说,他的保险需要是客观存在的。首先,趋利避害是人的本能。从一定意义上说,保险商品就是一种趋利避害的商品,它能在灾害事故发生时为投保人和被保险人免去一定的忧虑,并带来一定的物质上的补偿和精神上的安慰。其次,寻求保障和补偿是人的天性。人们除了有避害趋利的本能外,还有一种寻求保障和补偿的天性。只有保险商品才能满足人们寻求保障和补偿的需求,不过,这种需求是由一定的购买力来支持的。如果人们缺乏支持这种需求的经济能力,那么这种需求则还不是现实的需求。因此,保险商品的营销的关键环节是发现人们对保险商品的需求,并设法去满足这种需求。

(2) 保险营销是社会交换过程的体现。保险商品营销的社会交换过程包含了三个方面:首先,保险商品的经营者必须能了解以及挖掘投保人的需要和欲望,并尽一切可能提供满足他们需要的保险商品。其次,要使提供给市场的保险商品为人们所接受,必须制定合理的价格,以进行公平的交换。再次,要注重服务质量,使交换过程能够循环进行下去。这是因为,已有保户的稳定和续保既是保险公司业务稳定的基础,也是其顺利开发新保户的必要条件。

(3) 保险营销活动应该是整体营销活动。它包括市场调研和预测、市场分析、产品设计与开发、产品定价、渠道的选择、促销组合的运用等。强调营销活动的整体性,有利于把保险营销活动的各个环节有机地联系起来,提高保险营销的效率和水平。

(4) 保险营销的宗旨是使保户满意。保户满意程度是营销是否成功的一个重要因素。研究表明,保户满意或者不满意是贯穿整个购买过程的,包括购前满意、交易满意和消费满意。购前满意的程度取决于保户对保险企业提供的信息的价值、获得信息的便利性、保险企业可以感知的形象以及保险企业文化等因素的评价;交易满意的程度取决于保户对保险商品质量、价格、交易环境、交易便利以及交易中与保险企业员工发生的人际关系、情感价值、体验性价值的评价;消费满意的程度取决于保户对保险产品的性能与质量、保险企业承诺是否兑现以及售后服务的质量等的评价。

二、保险营销的特点

保险营销与一般市场营销一样,需要了解消费者的收入和偏好,设计和执行完整且有效的系统性营销计划,并运用科学的销售方法等。但是,保险企业所提供的商品是一种承诺式的保障性服务,因而保险营销具有其自身的特点。

1. 保险营销的对象是无形产品

保险公司经营的对象是看不见、摸不着的风险,保险产品设计的重点是承诺,即保险公司在收取投保人的保险费后,承诺在未来保险事故发生时对其所遭致的经济损失予以补偿或给付。保险产品既不能为消费者提供一个直观的实物形式,也不能以某种属性直接满足消费者生活上或生产上的需要。因此,保险营销在很大程度上是理念的沟通,不像电视机、汽车等有形商品的营销,消费者看得见、摸得着,从而较容易接受。

2. 保险消费群体的不确定性

保险产品的实质利益只能在未来保险事故发生时显现,而无法立即得到展现和实现,不像有形商品和其他服务那样可在购买和消费的过程中感受商品所带来的效用。因此,保险单的购买与否,在很大程度上取决于消费者的风险意识,保险消费群体在某种程度上带有很大的不确定性。

3. 保险代理人、经纪人的作用突出

保险代理人、经纪人是为保险购买者代办保险或推荐保险产品的组织或个人,是联系保险公司和保户的中介和纽带。随着保险市场的发展和完善,保险代理人、经纪人在保险营销中的作用越来越重要。

4. 保险合同双方当事人的信息不对称

第一,保险合同的条款和保险费率是由保险人制定的,而保户对于保险条款的含义和费率制定的根据通常并不完全了解甚至是完全不了解。保户对于自己在保险产品的交易中是否被公平合理地对待,保险公司是否稳健经营等,也往往并不知情。

第二,保险经营中存在道德风险和逆选择,即保险公司事前无法充分知道保户的风险程度,而事后又不能充分观察到投保人在投保后的防范措施。

对此,一方面,需要保险监督当局加强对保险条款、保险费厘定及保险公司偿付能力的审查和监管,并在保险条款解释方面采取有利于非起草人的原则;另一方面,在投保时,要求投保人最大诚信地履行告知义务,在投保后,要求担保人履行防灾、防损义务和及时通知义务。

三、保险营销的原则

美国著名管理学家彼得·杜拉克指出,市场营销是企业的基础,虽不能把它看作是单独的职能,但从营销的最终结果,亦即从消费者的观点来看,市场营销就是整个企业。保险营销是将合乎消费者需求的保险产品送至消费者手中的环节,是保险企业生存、成长、发展和获利的关键,也是所有保险公司经营活动的中心。保险公司在营销过程中应遵循四条原则。

1. 保险营销应遵循"服务至上,保户是上帝"的原则

保险营销活动绝非是单独的个人行为,而是公司各个职能部门融合为一的整体经营。保险营销部门是保险公司对外的重要窗口,保户对保险产业特性、公司组织形式和风险的认知,大部分是通过保险营销活动获得的。保险营销向客户提供的服务,不仅表现在帮助客户选择适当的险种上,还表现在为客户续保、制定新的保险计划、索赔等售后服务上。保险营销人员运用自己丰富的专业知识进行广泛的市场调研和分析,从而以优质的服务不断挖掘新的客户源。同时,营销人员通过优质的服务使客户产生信任感和认同感,从而吸引和稳定住老客户,提高续保率。贯彻"服务至上,保户是上帝"的原则是保险营销乃至保险公司经营的关键。

2. 保险营销应遵循计划性和规划性的原则

保险营销部门必须在重视已具购买力的客户的同时,拟定营销计划,着眼于潜在消费群的培养。保险营销计划包括:① 组织与人员的培育计划;② 区域规划;③ 教育训练计划;④ 保全服务计划;⑤ 新合同与地区开拓计划;⑥ 研究与发展计划。每个计划都

应包含目标和实施方式、推动方案或奖励措施、预期成果、追踪检查的方式及经费的来源与预算等。

3. 保险营销应遵守职业道德的原则

保险营销人员的品德和信誉直接或间接地影响着其代理业务的开展。保险营销人员一方面要在遵守国家法律、法规的前提下,严格履行保险合同规定的各项权利义务,积极维护保险公司的形象和利益;另一方面,要诚心诚意地为客户服务,不能以夸大赔偿或给付责任、欺骗客户等不负责任的推销方式来损害客户的利益。

4. 保险营销应遵循公司效益和社会效益并重的原则

一方面,保险公司是具有企业法人资格的商业性经营机构,理应以追求赢利和经济效益为宗旨,按商业原则和方式营运管理,采用科学的方法,简化流程,提高效率;另一方面,保险是按照大数法则,以合理计算的共同分担金作为经济补偿的手段,保障经济安定和人民生活的互助共济制度。保险营销人员应该具有强烈的社会使命感,应加强对消费者的风险与保险意识宣传,将营销结果和社会效益结合起来,以达到企业效益和社会效益的协调统一。

四、保险营销的要求

1. 树立营销人员的良好形象

营销人员是公司的一线员工,直接接触保险消费大众,是社会认知企业的窗口。树立营销人员的良好形象,是建立保险公司在社会上的应有地位和吸引消费大众的首要前提。为此,必须提高营销人员的专业知识水平和综合素质;必须树立以保户为中心的保险营销理念;必须通过教育训练和公司文化的熏陶,使营销人员树立荣辱与共的意识,提高保险营销团队的集体形象。

2. 确保优良的服务质量

保险公司的形象是其稳定经营和健康发展的保证。要树立保险公司的良好形象,确保优良的保险服务质量非常重要。广告宣传、公益活动的参与、合理经营策略的实施,都有助于保险公司良好形象的建立,但对保险公司的形象影响最大的是保险服务的质量。消费者是服务质量优劣的最具权威的评判者。服务质量好坏,绝非凭保险公司的主观臆断,而需经市场严格的考验和消费者的全面评价。因此,保险公司必须高度重视服务质量,以此赢得保户的好评。

3. 提高社会公众对保险的认知程度

保险业的发展水平既与社会经济的发展水平密切相关,也与社会大众对保险的认知程度存在不可分割的联系。目前,我国的保险密度和保险深度与先进发达国家相去甚远,其重要原因之一在于保险市场上消费大众对保险的认知程度较低。除利用大众媒体加强风险和保险知识的传播外,保险营销人员利用展业的机会准确地宣讲保险条款、保险知识和灾害事故的实例,对于提高社会公众对保险的认知程度,也是很有效的途径。

第二节 保险营销策略

保险营销策略包括四个变量,即所谓的4P组合:产品(Product)、价格(Premium)、渠道(Place)以及促销(Promotion)策略。

一、保险产品策略

保险产品是指保险服务的形式及服务过程,包括一定金额的风险保证以及与此相关的全部服务,如咨询、防灾、理赔、退保。与一般有形的物质产品或服务相比,保险产品具有无形性、相对稳定性、时效性、可替代性、微差异性和销售选择性等特点。相对稳定性是指保险的险种与费率是比较稳定的,同时又不是一成不变的。当客观存在着的风险和人们的需求发生变化时,险种及费率也要随之发生变化。微差异性是指各保险企业的同一险种的差别往往很小,容易被竞争对手模仿。微差异性也决定了保险产品的可替代性。销售选择性是指保险人可以对可供承保的保险标的和保险产品的购买者进行选择,以避免承担过高的风险。

保险产品策略主要包括产品组合策略、产品线策略和新产品开发策略。

(一) 产品组合策略

实施保险产品组合策略的目的在于,通过满足保户的多种保险需求,增加公司的收入,提高公司的利润水平。产品组合策略包括扩大险种组合策略、缩减险种组合策略和关联性小的险种组合策略。

1. 扩大险种组合策略

扩大险种组合通常有三个途径:一是通过增加新的险种系列,增加险种组合的广度;二是增加险种组合的深度,即增加险种系列的数量,使险种系列化、综合化;三是险种广度、深度并举。

2. 缩减险种组合策略

保险公司通过减掉一些利润低、无竞争力的保险产品,以缩减险种组合的广度和深度,这样,保险公司可集中精力进行专业经营,以提高保险公司的经营效率。

3. 关联性小的险种组合策略

例如,财产保险的险种与人身保险的险种关联性较小,但随着保险市场需求的开发,这些关联性小的险种组合将能满足消费者的特殊需求。比如,家庭财产保险与家庭成员的人身意外伤害保险的组合。

(二) 产品线策略

保险产品线是指密切相关的一组险种,它们或是保险标的相同(相似),或是售给相同的客户群,或是通过相同的渠道售出。实施产品线策略应做好以下各项工作。

1. 产品线分析

它包括分析保险产品线上的每种产品的保险费或储金收入和利润情况,分析本企业和竞争对手保险产品线的情况。

2. 产品线长度决策

保险产品线的长短是否合适,主要取决于产品线的保险费收入和利润水平。如果增加险种能提高保险费收入和利润,那就说明现有产品线过短,可适当考虑扩大保险责任或开发新险种来增加产品线的长度;反之,如果减少产品能提高保险费收入和利润水平,那就说明现有的保险产品线过长,可适当删减有关保险险种。

3. 产品线特色策略

它是指选择一个或几个险种,使其成为区别于竞争对手的特色险种的产品线策略。例如,改变家庭财产保险的部分附加险。

(三) 新产品开发策略

新险种是整体险种或其中一部分有所创新或改革,能够给保险消费者带来新的利益和满足的险种,通常包括全新设计的险种和改进的险种两类。与此相对应,新产品开发可采用两种方式,即企业自己开发新险种和模仿竞争对手的险种。新险种开发的程序包括构思的形成、构思的筛选、市场分析、产品设计、试销过程和商品化等六个步骤。以下主要介绍新险种的商品化策略。

保险新险种的构思主要来源于消费者的需求、竞争对手的策略、调研人员的开发研究和保险专家的建议。保险公司在收集大量新险种构思后,就要进行筛选,以放弃那些不切实际的构思,保留切实可行的构思。市场分析主要包括对新产品销售量和成本利润的分析。保险产品的设计包括市场定位保单条款的设计和险种的命名。新险种开发后,若试销成功,保险公司就要考虑如何将新险种正式作为商品推向市场。新险种进行商品化销售时,要考虑何时、何地、向何人、怎么推出新产品等问题。

二、保险价格策略

保险价格(费率)是指投保人根据保险合同的约定,为被保险人或受益人因约定风险事故发生时所造成的经济损失或身体伤害能及时获得补偿或给付而支付给保险人的费用。在公平原则和收支平衡原则下,寿险公司根据预定利率、预定死亡率、预定费用率等厘定保险费,并可通过提高效率、控制人事及相关行政资源、减少营业费用、提高投资回报率等方法来降低保险费;财产保险公司厘定费率时则应考虑预期损失、费用、利润等因素,并通过审慎核保,或少选择有巨额赔款的业务,降低保险费,以适应保险市场竞争的需要。

从投保人的角度来看,保险费数额的大小主要依据下面几个因素:① 保险金额;

② 保险费率；③ 保险期限；④ 缴费方式。保险费的数额同保险金额的大小、保险费率的高低和保险期限的长短成正比。通常,保险金额越大,保险费率越高;保险期限越长,保险费就越多。

保险价格策略是保险公司进行费率决策时所采用的指导思想和方针,是保险营销组合策略中最活跃的策略,与其他策略存在相互依存、相互制约的关系。有关保险费率的要领及其厘定方法在其他章节阐述,此处只讨论保险费率策略在营销中的运用。保险费率策略有以下几种：① 新险种费率策略,包括渗透费率策略、市场投入期暂时低费率策略等；② 结合保户心理的费率策略,诸如尾数法、整数法和分级法；③ 折扣回扣费率策略,有费率优惠、安全优待、团体优待、防灾返还、预付赔款和减免贷款利息等。

三、保险渠道策略

保险营销渠道是指保险产品从保险公司向保户转移过程中所经过的途径。对于保险公司来说,如果不能使保险消费者在预想的时间和地点买到自己需要的保险商品,就不能达到最终的营销目标。因此,保险营销渠道的选择直接制约和影响着其他营销策略的制定和执行效果。选择适当的营销渠道,不仅会减少保险公司经营费用的支出,而且还会促进保险产品的销售。

（一）保险营销渠道的种类

目前,保险营销渠道主要有直接营销渠道、代理人渠道、经纪人渠道和网络渠道等。

直接营销渠道又称直销制,是指保险公司利用支付薪金的业务人员对保险消费者直接提供各种保险险种的销售和服务的保险营销渠道。这种方式一般适合于实力雄厚、分支机构健全的保险公司。在保险市场不健全的时期,保险公司大都采用直接营销渠道。但随着保险市场的发展,保险公司仅仅依靠自己的业务员和分支机构发展业务是远远不够的,同时也是不经济的。

保险代理人是指受保险公司授权委托,依据保险代理合同的规定,以保险公司的名义从事某种保险经营活动的单位或个人。

目前我国保险营销体制主要是保险代理人体制。保险代理人可以分为专业代理人、兼业代理人和个人代理人。

专业代理人是指专门从事保险代理业务的保险代理公司,其组织形式为合伙企业、有限责任公司或股份有限公司。代理公司可同时为多家保险公司服务,根据招揽业务的数量向保险公司收取佣金,同时也可以根据客户的要求和公司支付佣金的多寡选择其服务的对象。

兼业代理人是指受保险人委托,在从事自身业务的同时,指定专人为保险人代办保险业务的单位。兼业代理人都有专门的职业，并拥有相当稳定的客户群。

个人代理人是指根据保险人委托，向保险人收取代理手续费，并在保险人授权的范围内代理保险业务的个人。个人代理人不得同时为两家以上保险公司代理保险业务，也不得兼职从事保险代理业务。

一般而言，财产险业务多采用专业代理人制和兼业代理人制；寿险业则多采用个人代理人制和直接展业制。

保险经纪人是代表投保人或被保险人的利益，在保险市场上选择适合的保险公司或保险公司组合，并代为洽谈保险合同条款，代办保险手续的中间人。保险经纪人在受客户委托代办投保手续，支付保险费后，有权要求保险公司支付佣金。这是保险经纪人不同于其他经纪人的重要特征。

网络渠道是指保险公司或中介通过以互联网为代表的信息技术，向消费者提供保险产品或服务的渠道。网络保险有数字化、无时性、跨区性、交互性、虚拟性的特点。

在网络营销中，很难以合理的方式确认参与者的真实身份。网络交易依赖的信用主要是基于网络参与者的道德约束，这就给在网络上开展交易活动带来了很大的风险性。

（二）保险营销渠道的选择

保险公司选择营销渠道的目的，就是能以最小的代价、最有效地将保险商品推销出去。因此，保险公司在选择保险营销渠道时，要综合考虑保险险种、市场需求、公司自身条件等因素。保险险种将直接影响保险公司对营销渠道的选择。保险公司准备推销何种险种、保险费率多少、面对什么样的目标客户推销等问题，都是选择保险营销渠道时首先要考虑的。市场需求方面主要是考虑保险消费者的偏好。有效的营销渠道规划需要决定不同目标市场内的消费者从该营销渠道中所能得到的相应服务。因为保险公司要提供所有的服务是不切实际的，高水准的服务将导致营销成本增加，对消费者而言则意味着价格的提高。因此，保险公司必须在消费者的服务需求、满足需求的成本以及消费者对价格的偏好三者之间达到平衡。保险公司自身条件包括营销管理的技能和经验、资信实力以及对营销渠道的控制能力等。

一般而言，财产保险公司宜采取直接营销渠道，以便减少营销成本，并加强承保控制；而人寿保险公司宜采用代理制，以便争取更多的保户，不断扩大市场占有率，增强公司的核心竞争能力。

四、保险促销策略

营销要求保险公司开发优良产品，确定诱人价格，使目标客户得到该产品，而且要与客户维持良好的沟通。

保险营销沟通组合（Insurance Marketing Communication Mix），是指保险公司宣传其产品优点与说服目标顾客购买其产品所进行的活动。保险营销沟通组合主要包括以下四种：

(1) 广告。广告是指利用各种媒体，将有关产品或公司的说服性讯息传达给保险目标消费群的活动，主要有杂志、广播、报纸、电视、招牌、产品目录及宣传单等方式。

(2) 销售推广。销售推广是短期的促销措施，借以刺激消费群购买产品。例如，针对消费者感兴趣的问题举办作文、绘画、辩论、球类比赛，或对营销人员提供分红、奖金、旅游等奖励。

(3) 宣传报道。宣传报道就是配合商业新闻或重大事故的发生，运用媒体扮演适合的角色，借以获得消费者的认同，提高公司的知名度和影响力。

(4) 人员推销。人员推销是保险公司雇佣一线的营销人员，与客户面对面接触完成保险交易。这种促销方法成本最高，影响较大，需加以有效管理，包括制定人员推销目标，拟定人员推销策略，以及制定销售人员编组、招募、甄选、计酬、训练、辅导、刺激、升迁、考核方案等。

通过保险营销沟通组合，与消费者和社会大众联系，可以达到相互提供信息、创造知名度、稳定忠诚客户、发掘潜在客户、减少经营成果波动等目标。

第三节 保险营销流程

一、寻找客户

寻找客户是指寻找和发现可能购买保险产品的企业、家庭或个人。寻找客户是保险推销人员成功的重要步骤之一。一般地，有效的潜在客户群应该符合下列条件：① 具有一定的经济能力和支付能力；② 存在风险，从而存在投保的主观意愿；③ 易于沟通、接近、交流；④ 符合投保条件，可通过核保；⑤ 具有决定权力，能定夺投保与否。

寻找客户的有效方法有以下三种：

(1) 缘故法，是从同族、同乡、同事、同学、社团组织、消费关系及好友等社会关系网络中去寻找和挖掘客户。

(2) 介绍法，主要有建立客户联谊中心、通过缘故关系介绍等。

(3) 直冲法，主要指陌生拜访，其中可利用的方式有展示资料、邮递函件、电话访谈、问卷调查、设摊咨询等。

二、接触客户

接触客户主要是与未来客户面谈创造条件，并试图与之建立良好的关系，使未来客户对保险营销人员产生信任和依赖感，为促成合作做好准备。为此，应注意以下几点：

1. 接触前的准备

接触前的准备包括：① 对未来客户资料诸如年龄、健康、职业、职位及相关背景的有效信息的收集；② 保险营销资料如文件、设备、助销资料的准备，甚至事前进行模拟演练。

2. 选择适宜的接触方式

接触方式可以采用写信、打电话或当面接触等多种方法进行。写信的内容既要简明扼要，又要直截了当，触及收信人的利益，并附有供复信用的邮票或邮资已付的明信片，或答应电话约会的信。电话联系时，要掌握好音调，措词要得当，要将热情、善意与笑声传给未来的客户。

3. 引起客户的兴趣

最能吸引未来客户兴趣的方式是谈论一些适合未来客户保险需求的话题；最能吸引未来客户注意力的有效方法是利用第三方的影响，比如让他人介绍保险曾给他本人带来的益处，其目的在于加深客户对保险营销人员的信任。

4. 留下良好的印象

这要求保险营销人员从仪表、能力和态度这三个方面做起。对仪表虽然没有一定之规，但保险营销人员至少应该仪表得体。保险营销人员还应该向未来客户展示其能够对未来客户需求提供保障的能力。因为在寻找客户的过程中，保险营销人员已经了解到有关未来客户的信息，这时应利用这些信息使未来客户相信你具有扎实的保险专业知识，并且能够将这些知识应用于未来客户的实际情况中，为客户提供周到的服务。最后保险营销人员还要表现出鲜明的态度和自信。

5. 展示服务的独特性及其对未来客户的价值

保险营销人员在推销时，首先是要转化其与未来客户之间那种传统的买卖双方的对立关系，而代之以一种新型的相互融洽的朋友关系。保险营销人员的服务，就是当客户在遭受不幸时给予相应的财务安全保障。当客户有了购买动机，需要代理人证实他的选择时，保险营销人员可以及时支持他的选择，这样，营销人员在客户的心目中就是一个值得信赖的顾问。

6. 对未来客户的问题作出明确的回答

客户的问题越多，说明他对保险的兴趣越大，那么推销成功的机会就越大。保险营销人员对客户的每个问题都要认真倾听，并给以明确回答，切忌回答问题含糊不清，模棱两可。

三、帮助客户评估风险和制定购买保险计划

保险是应付风险的一种重要方法，但并不是一个家庭和个人对保险公司出售的每一种保险产品都要购买。因此，保险营销人员有必要帮助客户进行风险评估和制定购买保

险计划。

就一个家庭而言,其可能遇到的风险可如表13-1所示。

表 13-1

家庭风险列表

风险对象		风险	可能遭致的损失
人身	家庭的主要收入者	伤残	收入、劳务和额外支出
	配偶(有工作的)	伤残	收入、劳务和额外支出
	配偶(无工作的)	伤残	劳务和额外支出
	家庭的主要收入者	死亡	收入、劳务和额外支出
	配偶(有工作的)	死亡	收入、劳务和额外支出
	配偶(无工作的)	死亡	劳务和额外支出
	子女	伤残	额外支出
	子女	死亡	额外支出
财产	家庭住宅	损坏或灭失	资产和额外支出
	汽车	损坏或灭失	资产和额外支出
	其他财产	损失或灭失	资产和额外支出
责任	与行为有关的	诉讼	资产和额外支出
	与财产有关的	诉讼	资产和额外支出

按照家庭风险程度的不同,可将其购买的保险分为必不可少的保险、重要的保险和可选择的保险。购买必不可少的保险是为了应付那些保险事故一旦发生,足以使投保人家破人亡的风险,法律所要求的保险也在这个项下;购买重要的保险是为了应付那些保险事故一旦发生,投保人需要进行借贷的风险;购买可选择的保险是为了应付那些保险事故一旦发生,有可能减少投保人当前的资产和收入的风险。

不同的投保人有不同的经济收入、家庭结构、健康状况,他们的年龄、性别、职业、居住地也各不相同,因此他们对保险的需求也会不一样。在某一个时期,对有些投保人来说是必不可少的保险,对另一些投保人来说则可能只是重要的保险;对有些地区的投保人来说是可选择的保险,对另一些地区的人来说则可能是必不可少的保险。营销人员应当在帮助客户进行风险评估的基础上,帮助他们制定购买保险的计划。

四、促成

运用技巧让客户对保险产品的需求迫切,并以主动积极、明确、果断的专业立场,协助客户能即时作出决定,促成未来客户购买保险产品。在从表述方案向促成阶段过渡时,保险营销人员应该把解决方案总结一下,确信未来客户理解了解决方案的内容,然后引导客户作出肯定的回答。

(1) 调动客户主动情绪。任何人都喜欢主动购买,而不喜欢被动购买,客户作出购买决定可能来自外部的压力,如营销人员的说服,风险的客观存在;也可能来自内部的动力,如他意识到自己及家人面临的风险。调动客户主动情绪,能够将推销局面转变为购买局面。

(2) 适时引导。当未来客户表述的愿望与设计的解决方案达成共识时,并不意味着马上就可以成交。这时唯一的方法就是适时引导,强化感情,引起其内心的波动,直到感觉到购买保险已成为感情上不可缺少的东西。但要注意的是应用感情引导必须真诚、可靠。当然有很多人也害怕感情冲动下作出的决定,此时以事实引导将非常重要,这样可以增强客户对自己和未来的信心,并对自己作出的决定产生一种自豪和满足感。

(3) 克服分歧。当推销人员与客户之间就解决方案产生分歧时,推销人员要冷静处理,保持诚实和真诚的态度,避免争论,克服分歧。

五、售后服务

保单的售出并不意味着整个保险营销活动的终止,良好的售后服务,是吸引客户,开拓保险营销市场的有效手段。售后服务包括:随时解答并解决客户在整个保险营销过程中所遇到的问题;向客户介绍最新险种;根据客户的经济状况和保险需求的变动,对客户的方案提出建议;帮助客户进行保险索赔活动等。及时周到的售后服务,是保单销售过程的延续。对于保险产品,尤其对于那些长期性的寿险险种,售后服务可大大减少保单的中途解约和失效,提高续保率。

保险营销的售后服务可采取适当的方法和选择适宜的时机。

(1) 定期服务。选择适宜的时机,如客户的生日、节假日等赠送一个小小的礼物,一张小小的贺卡,会使客户感到格外的温暖。

(2) 不定期的联系。打去一个电话一声问候或顺道拜访,是很好的感情联络方法。

(3) 及时帮助。客户在不同情况下需要帮助时,如住院检查、申请理赔等需要帮助办理各种手续时,正是营销人员售后服务的良好时机。

(4) 信息灵通。客户家中发生重大事件时,如发生不幸,或结婚、乔迁、孩子升学等,要给予关心和关注.这也是保险营销售后服务的良策。

总之,诚恳与周到的售后服务是保险营销人员整个推销工作的重要一环,不容忽视。保险营销环环相扣,密不可分,贵在一气呵成,保险公司让客户依其需要拥有一份适合的保单,使其产品得到市场的肯定与接受,同时,保险营销人员亦获得应有的财务回报及成就。

本章小结

　　保险营销是指通过挖掘人们对保险商品的需求，设计和开发满足投保人需求的保险商品，并且通过各种沟通手段使投保人接受这种商品的过程。保险营销的特点包括保险营销的对象是无形产品、保险消费群体的不确定性、保险代理人和经纪人的作用突出等。

　　保险营销策略包括保险产品（险种）策略、保险价格（费率）策略、保险渠道策略和保险促销策略。保险产品策略主要包括产品组合策略、产品线策略和新产品开发策略。保险价格策略主要包括新险种费率策略、结合保户心理的费率策略和折扣回扣费率策略。保险营销渠道主要有直接营销渠道、代理人渠道、经纪人渠道和网络保险等。保险促销策略主要包括广告、销售推广、宣传报道、人员推销等。

　　保险推销的流程为寻找客户、接触客户、帮助客户评估风险和制定购买保险计划、促成和售后服务。

关 键 词

保险营销　保险营销渠道　保险营销策略　产品线　保险营销流程

复习思考题

1. 简述保险营销的含义、特点和原则。
2. 保险营销的要求是什么？
3. 保险营销策略有哪些？如何综合应用各种策略？
4. 简述保险营销的流程。
5. 我国保险公司如何选择适宜的营销渠道和营销体制？
6. 讨论保险公司应如何贴近客户，并开展优质服务。

第十四章 保险核保与理赔

核保与理赔是保险经营的核心环节。核保是对可保风险的判断与选择,是承保条件与风险状况适应或匹配的过程。理赔是受理报案、现场查勘、责任判定、损失核定以及赔案缮制、赔款支付的过程。保户对理赔的满意程度,关系到保险公司能否建立和巩固忠诚的保户群及开发新的保户。

第一节 保险核保

由于同业竞争的程度较高,保险市场近乎于一种买方市场。尽管如此,保险公司在多数情况下还是要对被保险人进行严格的检查和筛选。这个过程就是核保。

一、保险核保的概念与作用

(一)保险核保的概念

保险核保是指保险人对招揽的业务依据保险条款和经营原则进行风险评估和业务选择,从而确定是否承保、承保份额、承保条件和保险费率的全过程。具体来说,核保的内容包括风险评估、业务选择、承保控制和核定费率。

风险评估是核保的基础工作,即对要求投保的风险进行分析,明确风险的性质、风险程度、可保不可保、可能造成的最大损失等。

业务选择实质上是风险选择,包括对人和物的选择,是保险人在风险评估的基础上,按照一定的标准和原则,对被保险人和保险标的面临的风险进行选择,以排除不合乎保险规章要求的被保险人和保险标的,并防止不可保风险的介入。

承保控制是对于可以承保的业务确定其承保条件,其主要措施包括控制保险金额、安排分保、保险双方按比例分担责任、确定免赔额或免赔率、业务质量搭配以及规定其他附加条件等。承保控制的实质是防止被保险人一方对保险的依赖和产生道德风险及逆选择。

在风险评估、业务选择和承保控制的基础上,保险人根据承保业务的具体风险状况,核定适当的保险费率。核定费率一般是在已定费率的基础上,根据市场供求关系和竞争状况,被保险人的有关风险因素和保险标的的近期损失记录,适当地调整保险费率,使保险人的收支保持平衡。

(二) 保险核保的作用

保险核保有以下几个方面的作用:

(1) 提高业务质量,加强市场竞争力。保险是有条件限制的,并非只要缴纳保险费就可取得保险保障。投保人具有的风险在性质和程度上不同,要求保险人必须善于通过严格的核保把握业务质量,以便剔除风险过大,不宜承保的业务;对可承保的业务还要根据风险的程度不同,实行差别费率。

(2) 优化业务结构,防范经营风险。优化业务结构的实质是合理地选择风险。从微观看,合理地选择风险,实际上是依据风险本身的特点,对某个特定风险进行恰当地取舍;从宏观看,合理地选择风险,是为了达到风险在性质上和地域上的合理分布。所以,这里取舍的标准不只是风险本身的问题,还有一个风险合理分布的问题。通过核保,一是可使风险按性质合理分布,即选择的风险不仅是可保的,而且每一类风险都有相当的一致性;二是使风险按地域合理分布,避免风险在地域上的过分集中。这种风险在地域上的合理分布虽可借助再保险获得,风险单位金额的悬殊问题也可通过再保险来解决,但为了获得有利的再保险条件,仍需通过核保作适当的选择。

(3) 防止保险欺诈和控制逆选择。在国际保险市场上,承保人之间流行着这样一句话:"不是作出选择,就是被选择"。保险人如果对承保对象及风险不加选择,道德风险及保险欺诈就会泛滥成灾,投保人的逆选择将会蔓延,从而使保险人深受影响甚至破产。通过核保,实行有条件的承保,防止投保人的不良动机,可以起到防止保险欺诈和业务逆选择的积极作用。

二、保险的核保原则与核保技术

(一) 核保原则

保险核保人员从事核保工作必须全面贯彻以下原则:

(1) 保证经营安全。保险经营的成败不仅关系到保险公司的利益,同时也与众多的保户(如企业、家庭、个人)利益息息相关,如果保险公司经营不善甚至破产,则会影响到社会的安定。所以,安全、稳健是保险经营的生命线。核保先要保证业务经营的安全与稳定。核保人员应该严格遵守国家有关法规、同业协定、市场准则以及公司的规章制度,实施规范化管理,提供优良的专业服务,把好业务质量关。要避免片面追求规模的短期行为,不盲目承保高风险项目,不任意推销不成熟的险种,不无限制地降低费率来承保。

(2) 实现长期利润。通过全面、细致、谨慎的核保工作,争取良好的承保条件,保证公司获得长期的承保利润。注重优化业务结构,发展效益较好的险种。准确划分风险单位,合理确定自留比例或自留额,有效地利用再保险支持,进一步分散风险,确保公司获得均衡的利润。

(3) 促进业务发展。核保的实质是保证承保业务质量,但并非限制业务发展。保险核保人员对投保标的和风险的选择,并不是只承保较小的风险而拒保较大的风险,或只承保高质量业务而拒保质量较差的业务。在竞争激烈的保险市场上,承保人对于大多数业务是不敢断然拒绝的,即使对某些认为不太好的业务,有时从长期利益出发,也会在附加条件后予以承保。核保人员应熟悉公司的承保政策,灵活掌握承保条件,把握好业务发展的"质"和"量"之间的度,最大限度地促进业务不断发展。

(二) 核保技术

一般来说,对于普通保险业务以及续保业务,核保要简便易行。对于那些风险性较大的标的或特殊的承保项目,可以运用以下核保技术控制承保责任,使保险人承担的责任与自身偿付能力相适应。

(1) 风险管理措施的运用。某些特定风险发生的概率较大时,保险人可以要求投保人或被保险人采取适当减少风险的措施,而后才能予以承保,即以特约条件承保。例如,某珠宝商欲投保盗窃险,保险人要求投保人晚上将贵重物品放入保险箱,以减少偷盗风险。投保人同意遵循这一特约条件,保险人才予以承保。

(2) 保险金额的控制。为防止道德风险的发生,财产保险一般要避免超额保险。另外,对某些价值较大或风险比较特殊的保险标的,可以让被保险人承担一定的自负额,对保险金额加以控制,以增强被保险人的责任心。例如,在农作物保险中,保险公司只能承保农作物产值的5~7成,专门要求实行不足额保险,留给被保险人一定比例的自负责任额。

(3) 免赔额(率)的运用。对于一些发生频率较高的小额赔款或不可避免的小额损失,保险人可以规定一定的免赔额(率),将这些损失排除在承保责任以外由被保险人自担。免赔额(率)有绝对免赔额(率)和相对免赔额(率)之分,核保时可根据不同的保险标的和可能发生的损失情况选择采用。

(4) 保险费率的调整。对那些风险较小的标的,可以低于分类费率的标准予以承保;对那些风险较大的标的,可以高于分类费率的标准予以承保。另外,还应根据免赔率的高低以及被保险人的风险管理水平等因素,实行差别费率。这样,保险人承担责任的大小与收取的保险费数量之间就能取得平衡。

(5) 再保险的运用。对于大额业务及高风险业务,为了稳健经营,当今国际保险市场的通常做法是先安排好分保再承保,而且对于一笔业务可以综合运用几种分保方式进行安排,以取得可靠保障。

(6) 共同保险的运用。对于一些保额和风险较大的保险标的,若分保不出去,亦可采用与其他保险公司联合共保的方式予以承保。

(7) 业务搭配。所谓业务搭配,就是保险人在承保投保人质量较差的业务时,必须同时承保同一投保人其他的高质量业务,以便既能保证财务成果的稳定,又能扩张业务。这种技术运用得当,可起到一箭双雕的作用。

三、核保人员、核保资料与核保程序

(一) 核保人员

核保人员主要包括:

(1) 保险公司业务人员和保险代理人。保险公司的业务人员和保险代理人在销售保险单时,应该对风险做初步的审核,对投保标的加以选择。在美国的责任保险和财产保险中,代理人起着重要的核保作用。如果代理人明知投保人不宜接受却接受之,则是极不明智的。因为保险人掌握着代理人所接受的业务风险的损失记录,如果代理人经常出售保险单给那些损失率很高的投保人,保险人就会终止与代理人的代理合同。有些保险人与代理人订有利润分享(Profit Sharing)计划,有良好业务质量记录的代理人可得到额外的奖金。但是,无论是保险公司的业务人员还是保险代理人,他们的收入或佣金以及奖金主要取决于完成的业务量,他们更偏重于业务数量,其核保工作是很有限的和不彻底的,对于不明显的非良好的投保人,他们就将其交给专职核保人员去处理。

(2) 专职核保人。专职核保人是指保险公司承保部的专业技术人员,他们根据承保业务权限和规范化的核保制度,凭借自己的专业知识与经验以及敏锐的职业直觉从事核保工作,独立负责审核承保业务质量,其核保一般具有权威性。承保业务必须经专职核保人员审核签署意见后方可出具保险单。如果本部门业务负责人否决了专职核保人员的审核意见,则对承保业务质量承担直接责任。专职核保人应具有核保资格,其核保资格应通过核保人员管理委员会组织的统一考试并经批准后取得,取得该资格方可被聘为专职核保人员。

计算机在核保工作中的运用是近些年的事情。在现代承保过程中,计算机是非常重要的工具。几乎所有的保险人都利用计算机来处理文字、数据和计算费率,所有投保人的资料都可存入计算机备用。计算机可以清楚地划分哪些投保人是"标准的",哪些投保人又是该拒保的。计算机的运用大大减轻了核保人员的工作负担,利用计算机从事核保工作比人工成本低、错误少,迅速有效而无偏见。虽然有许多人并不相信计算机能代替核保人员,但是,随着科学技术的发展和计算机智能水平的不断提高,毫无疑问,作为核保人的计算机代替人工核保所占的比例将会越来越大。

(二) 核保资料

核保人员通常对保险标的并没有直接的接触和了解。虽然对一些较大的标的有必要实地调查了解,但不可能也没必要对所有保险标的都去实地调查了解,为了有效地进行核保工作,必须尽量获得有关被保险人和保险标的的各种资料,据以从事核保工作。核保资料主要包括:

(1) 投保单。投保单是核保工作的主要资料来源。设置投保单的主要目的是为了向

保险人提供有关承保所需的基本情况。投保单一般由投保人填写,在西方保险市场上,多数投保单是由代理人或经纪人代为投保人填写的。投保人应遵循诚信原则,正确详细地填写投保单内容,以作为核保的主要依据。

(2) 保险代理人或经纪人的意见。代理人、经纪人经常要与投保人打交道,对保险标的风险状况比较了解,所以他们的意见很重要。核保人员在核保时应注意听取代理人或经纪人的初步审核意见,以作为核保的参考。

(3) 调查报告。对于保额较大或风险因素较为复杂的某些保险标的,进行实地调查是非常必要的,核保人员可从中获得第一手资料。在西方保险市场上,这项工作一般由公司的风险管理部或工程部的高级工程师完成。这些工程师对本行十分精通,他们所提供的实地调查报告可以作为核保的重要资料。

(4) 其他资料来源。除上述核保资料来源外,核保人员还可从有关方面了解保险标的周围环境、最近的损失记录、被保险人的道德因素和管理水平、医院的病历等。

(三) 核保程序

核保分为事先选择和事后选择两种方法:前者是为了解决签发保险单以前如何选择新业务的问题;后者是在保险合同订立后所作的淘汰性选择。

1. 核保的事先选择程序

核保的事先选择程序主要有以下四个:

(1) 审核单证及投保条件。接到客户的投保申请后,核保人员应审核以下内容:① 投保单及其他单证(如车辆驾驶执照、船舶适航证明、财产所有权证明等)的真实性和正确性;② 投保人的权利能力和行为能力以及是否具有保险利益等资格;③ 投保标的是否属于保障范围内的财产。人身保险主要审核投保告知书的内容是否真实。对于不符合保险条款规定的投保人和保险标的,在初审后即可拒保。

(2) 风险评估。根据所掌握的核保资料以及现场调查报告进行风险评估,掌握风险的性质、风险程度、安全管理状况、可能造成的最大损失等。

(3) 确定承保条件及费率。对于"标准风险",按标准保险单费率承保;对于风险低于平均水平的,则以较低的保险费和相同的保险责任承保;对于风险高于平均水平的,可以设置比标准保障更多的限制性条件,包括设定自负额,或者给予标准保障,按高于标准保险单的费率承保。对于那些即使修改某些条件或费率仍不合格的投保人,则予以拒保。

根据已确定的保额、期限和费率计算保险费。另外,在承保前或承保后根据需要安排再保险或共同保险。

(4) 审批。专业核保人员审核完毕并签字后,经业务负责人或主管领导审批。如需修改条件,则可反馈回去,再审核并作出抉择。对于某些标的,有时为了争取时间,可先签发暂保单,经反复审核后,再换发正式保险单或终止暂保单。

2. 核保的事后选择程序

该程序主要包括两方面内容：一是对于投保人隐瞒、欺诈等严重违约行为，一旦发现可以解除未满期合同；二是拒绝续保。一般来说，财产保险和健康保险所签发的保险单都是不保证续保的，如果保险人发现某一不良风险，可能以收取高保险费为条件续保这一风险，也可能拒绝续保，保险人应向被保险人说明其理由。

四、核保的内容

（一）投保人的资格审核

投保人的资格是否合法以及是否符合保险合同条款规定等，直接关系到保险合同的有效性。投保人资格审核主要是审核投保人是否对保险标的具有保险利益以及是否具有民事行为能力和权利能力。依据我国《保险法》的规定，只有对保险标的具有保险利益并同时具有民事行为能力和权利能力者，才能作为保险合同的投保人。

同时，还必须审核投保人的个人情况，如个人信用以及道德品质等。这是因为，投保人的个人信用情况以及道德品质与道德风险相联系。投保人的信用欠佳以及道德品质不良可能会给保险公司带来难以估计的灾难。在实际业务中，保险公司一般都比较注意对投保人的道德审核，审核的内容尽管包括投保单所载的所有内容，但以投保人的品德和保险利益为重点。

（二）标的审核

保险标的是保险利益的载体，也是保险公司承担保险责任的对象。标的自身的性质以及所处的状态，与风险发生频率以及风险损失大小密切相关。因此，必须对标的的实际情况予以全面的审核调查。对于财产保险，保险公司要重点审核标的的用途、存放地点及其周边环境状况、本身的物理化学性质、安全管理措施等。对于人身保险，保险公司要重点审核被保险人的性别、年龄、健康状况、病史、职业、工种等。

（三）保险金额的审核

保险金额是保险人承担责任的最大限额，也是保险利益的货币化反映。审核保险金额的目的，一是为了使被保险人获得足额的风险保障；二是为了有效防范过高的保险金额可能导致的道德风险。审核内容包括保险金额与保险利益的拟合程度、保险金额的确定方法以及计算公式等。

（四）保险费率的审核

费率是保险公司计算收取保险费的依据，也是保险公司承担责任的合法依据。风险性质不同、标的性质不同，所适用的费率也不同。即风险程度不同，费率各异。尽管保险费率是保险公司事前厘定的，但是，具体到每一笔业务，所适用的费率与预先厘定的费率总有一定程度的差异。为了维护保险费率的公平原则，要求保险公司必须针对实际情况，适用与标的风险程度相匹配的费率。费率审核的重点是保险标的的风险状况与其相应的费率是否一致。

（五）被保险人资信状况的审核

被保险人一方的资信状况对保险人的经营有着至关重要的影响，因此，必须对被保险人一方的资信状况进行认真的审核。审核的主要内容有以下三个方面：

(1) 道德风险。道德风险是指人们以不诚实或故意欺诈的行为促使保险事故发生，以取得保险赔偿。被保险人的道德风险往往与保险金额联系在一起。因此，保险人在核保时要注意投保金额是否恰当，尽量避免超额承保。为了防范被保险人一方的道德风险，保险人可以适当限制保险金额，并在合同条款中规定保险赔偿以实际损失为限。

(2) 心理风险。心理风险是指由于人们的粗心大意和漠不关心，以至于增加了风险事故发生的机会并扩大了损失程度。被保险人的心理风险及其程度可以从以往的索赔记录中得到一定程度的反映。保险人可以据此对被保险人一方的心理风险及其程度作出判断。同时，为了防范被保险人的心理风险，保险人可以实行限额承保，即利用低额或不足额保险使被保险人一方自己承担一部分风险，或规定绝对免赔额或免赔率，在计算赔偿金额时，不论损失大小，保险人均扣除约定的免赔额。

(3) 集中风险。就个别保险单来说，风险可能不大，但把个别保险单集中起来，累积的风险却可能比较大。因此，保险人在核保时不仅要考虑个别保险单的风险，而且要考虑全部保险单的累积风险。

第二节 保险理赔

被保险人一方购买保险的主要目的，是为了得到保险保障。因此，发生保险事故以后，保险人应当及时履行赔偿、给付保险金的责任。这一过程需要经过特定的程序，这就是理赔。

保险理赔是指参加保险的人（被保险人或受益人）在保险单有效期限内，发生保险合同所约定的保险事件（或称保险事故）后，向保险人（保险公司）提出索赔时，保险人（保险公司）按保险合同约定的责任履行赔偿或给付保险金义务的过程。

一、保险理赔的原则

保险理赔既是被保险人取得保障，享受保险权益的具体反映，也是保险人履行其保险责任的重要环节。要做好保险理赔工作，保险人在保险理赔过程中必须遵循如下原则：

(1) 重合同、守信用的原则。保险人同被保险人之间的保险关系，是通过保险合同建立起来的。保险人和被保险人的权利义务，在保险合同中均有明确的规定。在理赔时，要认真按照合同中的规定处理好每一笔赔案。

(2) 实事求是的原则。在保险合同中,虽然对灾害事故发生后的经济赔偿责任作了明确规定,但是实际生活中出现的赔案要比人们事先预料的复杂得多。加之人们对保险认识的不同,被保险人向保险人提出的索赔要求也有是否合理的差别。这就要求保险人在评估灾害事故的经济损失时,既不夸大,也不缩小;在补偿灾害事故的经济损失时,既不惜赔,也不滥赔。

(3) 主动、迅速、准确、合理的原则。这一原则是衡量和检查保险理赔工作质量的标准,是保险企业信誉的集中表现。所谓主动,就是要求理赔人员对于被保险人一方的索赔请求,应当积极主动地受理。所谓迅速,就是要求办理赔案的速度要快,赔付要及时。所谓准确,就是要求理赔人员对损失案件查勘、定责、定损以至赔款计算等,力求准确无误,不发生错赔或滥赔现象。所谓合理,就是要求理赔人员根据保险合同规定和实事求是的原则,分清责任,合理定损,合理赔付。

二、保险理赔的基本程序

(一) 接受出险通知

在我国,出险通知通常称为"报案"。保险人接到出险通知后,应立即查对保险单立案。立案时,应将被保险人姓名、保险单号码、出险时间、地点、原因以及损失约数等详细记录下来,并请被保险人填写出险通知书,抄录有关保险单副本和批单一份,以便勘查前能了解承保的有关情况,做到心中有数。

(二) 现场勘察

保险公司接到损失通知后,根据被保险人的出险通知内容,应立即派人员到现场对受损标的进行勘查。对保险人来说,只有进行实地勘查,掌握第一手证据,才能作出正确的判断,为以后确定责任及赔偿范围奠定基础。

1. 查看出险地点

对出险地点的查看,目的在于核实出险地点与保险单载明的地点是否相符。一般说来,如果投保人将其账面财产全数投保,即使保险单上载明的地点和出险地点有些不符,理赔时也可结合实际情况加以处理。而对那些选择部分财产投保的投保人,出险地点与保险单载明的地点是否一致,则是确定有无赔偿责任的重要依据。

2. 查明出险时间

通过调查确定出险时间,对保险人是十分重要的,特别是对那些未能及时报案、事后补报的保险事故,此项调查更为重要。对出险时间进行检查,目的在于确定保险事故的发生是否在保险合同的有效期间内。出险时间应该具体,力求准确。除了听取被保险人的报告外,还要调查风险事故的发现者、在场的目睹者,以及较为知情的单位职工和周围的群众。遇有出入的情况,应反复求证,不忙于下结论。

3. 查明出险原因

保险人所承担的保险责任是有一定范围的,所以保险人必须对造成保险标的损失的原因进行检查,以确定发生的风险事故是否属于承保范围。调查出险原因是一项极其重要又艰苦细致的工作。造成风险事故的原因是多种多样的,有的出险原因比较明确,有的则比较复杂,对此要进行反复调查。首先,要对出险前后的自然现象和有关情况进行了解,如当时的风向、水位流速、电源安装以及规章制度执行的情况等,都要逐一了解清楚。其次,要对各种现象进行分析比较,分清直接因素与间接因素,主要因素与次要因素,自然因素与人为因素,以确定真实原因。

4. 了解保险标的的受损情况

人身保险是定额保险,不存在灾后重新估价的问题。而财产保险则应根据受灾财产的损失程度即实际损失,在保险金额限度以内赔偿。所以,了解保险标的受损情况十分重要。另外,保险人到达受灾现场,可能遇到两种情况:一是灾情基本上得到控制或消除;二是灾情尚在蔓延或灾情虽已控制,但财产仍有可能受损。不论遇到哪种情况,保险人都要与被保险人紧密配合,组织抢救、整理。对受损财产采取抢救措施,不仅包括灾情尚未得到完全制止时,理赔人员同被保险人一起,使保险财产及早脱离危险地带。同时,还包括灾情得到控制以后,征得公安部门的同意,协助被保险人将受损财产搬迁到安全地带,以免加重损失。整理受损财产是灾后对保险财产进行抢救的继续,它包括摊晒、烘焙、复制、清理等各项工作,其目的在于减少腐烂霉变等因素造成的损失。对受损财产的整理,要根据受损物资的性质以及损后可能引起的变化,采用不同的方式。

(三)损余物资处理

这里所说的损余物资,是指灾害事故发生后尚存的一部分具有经济价值和可以为被保险人继续使用的受损物资。这些损余物资,有的是受灾后直接形成的,有的则是经过加工整理后形成的。处理好这些损余物资,对于挽救财产损失,减少赔款支出,提高保险经济效益有着重要意义。因此,在保险条款中对处理这些损余物资有着明确的规定。

(四)责任审核

责任审核是指保险人根据立案检查所获得的有关资料,来确定是否承担保险责任。保险人承担保险责任必须具备一定的条件。因此,保险人必须从事实出发,对各项条件逐一进行审核,并在此基础上对自己是否应当承担赔偿责任作出正确的判断。该承担责任的绝不推脱,不该承担责任的也不迁就。为此,保险人需要核实以下情况:

(1)保险事故是否发生在保险标的上。这主要是为了弄清受损标的有无未保、漏保的情况。现实生活中常有这样的情况,被保险人会提出全部损失的清单,要求保险人全部赔偿。实际上,有许多损失并非属于保险人赔偿的标的范围。

(2)保险事故是否发生在保险单所载明的地点。例如,在船舶保险中,出险地点要受保险单载明的航线和行驶区域的约束。因被保险人擅自更改航线造成的损失,保险人不予赔偿。遇有特殊情况变更航线者，被保险人应提出变更的依据，并要得到保险人的同意或认可。

（3）保险事故是否发生在保险合同的有效期内。只有发生于保险有效期内的保险事故，保险人才有可能承担赔偿责任。

（4）要求赔偿的人是否有权利提出赔偿要求。例如，在房屋火灾保险中，被保险人葬身火海中，第三人要求房屋损失的赔偿时，就要审查其是否为合法继承人。

（5）保险事故所导致的损失结果是否达到赔偿的要求。例如，在运输货物保险中，虽然发生的保险事故造成了货物的损失，但只要损失没有超出保险单所规定的免赔额，则保险人不承担赔偿责任。

（五）损失核算

保险案件经过审核，确定属于保险责任以后，保险人要进一步核定应赔数额。

1. 保险标的实际损失计算

第一，核算实际损失时应分清哪些是保险标的的损失，哪些不是保险标的的损失；哪些是直接损失，哪些是间接损失。对不属于赔付金额范围内的损失应予剔除。

第二，看受损标的的损失程度，因为赔偿数额要根据损失程度来确定。损失的程度及数额要根据查勘报告辅之以各项单证和专业部门及专家的意见确定。

第三，实际损失的计算，应以保险事故发生时，保险标的的实际现金价值为准。换言之，即以损失时的市场价值为准。

2. 直接费用的计算

直接费用是指发生保险事故时，被保险人所支付的施救费用、求助费用、诉讼费用以及对受损标的的检验、鉴定、估损的费用等。对于直接费用，依照我国现行法规规定，应由保险人负责赔偿。当然，保险人的赔偿应当具备一定的条件：① 它必须以发生保险责任范围内的灾害事故为前提；② 这种费用支出的唯一目的，在于减少保险财产的损失；③ 费用支出必须是合理的。

（六）付款

1. 付款的时间

经过核算确定给付金额后，保险人应按合同约定或法律规定的时间，给予赔偿或给付保险金。我国《保险法》规定："保险人收到被保险人或者受益人的赔偿或者给付保险金的请求后，应当及时作出核定，并将核定结果通知被保险人或者受益人；对属于保险责任的，在与被保险或者受益人达成有关赔偿或者给付保险金额的协议后十日内，履行赔偿或给付保险金义务。保险合同对保险金额及赔偿或者给付期限有约定的，保险人应当依照保险合同的约定，履行赔偿或者给付保险金义务。保险人未及时履行前款规定义务的，除支付保险金外，应当赔偿被保险人或者受益人因此受到的损失。"

2. 付款的方法

赔付保险金的方法，以一次性赔付为主，也可分期赔付，这要根据保险合同中有无特别约定而定。赔付的种类有货币赔付和实物赔付。

3. 先予给付

保险人在收到索赔请求后，应立即开始理赔程序。然而，在保险事故发生的原因复杂、有关证明和资料不足等情况下，保险人应当赔偿的数额在短时间内往往难以确定。为了督促保险人尽快完成理赔工作，维护被保险人的合法权益，我国《保险法》规定："保险人自收到赔偿或者给付保险金的请求和有关证明、资料之日起六十日内，对其赔偿或者给付保险金的数额不能确定的，应当根据已有证明和资料可以确定的最低数额先予支付；保险人最终确定赔偿或者给付保险金的数额后，应当支付相应的差额。"

（七）代位追偿

如果保险财产所发生的保险责任范围内的损失是由第三者的行为所引起的，保险人应当按照保险合同的规定对被保险人的损失进行赔付，然后再行使代位求偿权，向承担赔偿责任的第三者追偿。被保险人有责任协助保险人积极追偿。

第三节　财产保险的理赔

一、企业财产保险的理赔

保险人在接到被保险人的出险通知后，经过立案，现场勘察、责任审核及损失核算后，按以下方法进行赔付。

第一，固定资产的赔偿金额。固定资产可以按账面原值投保，也可以由被保险人与保险人协商按账面原值加成数投保，也可以按重置重建价值投保。上述保险财产发生保险责任范围内的损失，应按以下方式计算赔偿金额：

（1）保险财产全部损失的，按保险金额赔偿，如果受损财产的保险金额高于重置重建价值时，其赔偿金额以不超过重置重建价值为限。

（2）保险财产部分损失的，赔偿金额分两种方式计算：其一，按账面原值投保的财产，如果受损财产的保险金额低于重置重建价值，应根据保险金额按财产损失程度或修复费用与重置重建价值的比例计算赔偿金额；如果受损保险财产的保险金额相当于或高于重置重建价值，按实际损失计算赔偿金额。其二，按账面原值加成数投保或按重置重建价值投保的财产，按实际损失计算赔偿金额。

以上固定资产赔款应根据明细账、卡分项计算，其中每项固定资产的最高赔偿金额分别不得超过其投保时确定的保险金额。

第二，流动资产的赔偿金额。流动资产可以按最近12个月的平均账面余额投保，也可以按最近账面余额投保。上述保险财产发生保险责任范围内的损失，按以下方式计算赔偿金额：

(1) 按最近12个月账面余额投保的财产发生全部损失，按出险当时的账面余额计算赔偿金额；发生部分损失，按实际损失计算赔偿金额。以上流动资产选择部分科目投保的，其最高赔偿金额分别不超过出险当时该项科目的账面余额。

(2) 按最近账面余额投保的财产发生全部损失，按保险金额赔偿，如果受损财产的实际损失金额低于保险金额，以不超过实际损失为限；发生部分损失，在保险金额内按实际损失计算赔偿金额，如果受损财产的保险金额低于出险时的账面余额时，应当按比例计算赔偿金额。以上流动资产选择部分科目投保的，其最高赔偿金额分别不超过投保时约定的该项科目的保险金额。

第三，已经摊销或不列入账面财产的赔偿金额。已经摊销或不列入账面的财产，可以由被保险人与保险人协商按实际价值投保。该项保险财产发生保险责任范围内的损失，按以下方式计算赔偿金额：

(1) 保险财产全部损失的，按保险金额赔偿，如果受损财产的保险金额高于实际价值时，其赔偿金额以不超过实际价值为限。

(2) 保险财产部分损失的，按实际损失计算赔偿金额，但以不超过保险金额为限。

第四，必要费用的赔偿金额。被保险人因保险事故的发生对保险财产采取施救、保护、整理措施而支出的合理费用，按下列方式计算赔偿金额，但最高赔偿金额以不超过保险金额为限。

(1) 固定资产按账面原值加成数或按重置重建价值投保的，流动资产按最近12个月账面余额投保的，已经摊销或不列入账面的财产经被保险人与保险人协商按实际价值投保的，根据被保险人实际支出的费用计算赔偿金额。

(2) 按上列方式以外投保的财产，根据保险金额与重置重建价值或出险当时的账面余额的比例计算赔偿金额。

无论按哪种方式计算赔偿金额，如果保险财产只发生部分损失，保险人进行部分赔偿，则保险单继续有效，但其保险金额应当相应减少，保险人应出具批单批注。

第五，保险财产遭受损失后的残余部分，应当充分利用，协议作价归被保险人，并且在赔款中扣除，必要时也可由保险人处理。

第六，保险财产发生保险责任范围内的损失，应当由第三人负责赔偿的，被保险人应当向第三人索赔。如果被保险人向保险人索赔的，保险人可以按保险条款规定先予赔偿。但被保险人必须将向第三人追偿的权利转让给保险人，并协助保险人向第三人追偿。

二、家庭财产保险的理赔

保险人在接到被保险人索赔申请后，经过立案、现场勘察、责任审核及损失核算后，按

以下方法进行赔付:

(1) 保险财产遭受保险责任范围内的损失时,保险人按照实际损失和损失当天的实际价值计算赔款,但最高以不超过保险单上分项列明的保险金额为限。

(2) 保险财产遭受部分损失经赔偿以后,保险单继续有效,但其有效保险金额应当是原保险金额减去赔偿金额的余额,并由保险人出具批单加以批注。

(3) 财产发生保险责任范围内的损失,如果根据法律规定或有关规定,应当由第三人负责赔偿的,根据被保险人提出要求,保险人可以按照保险条款的有关规定先予赔偿。被保险人应当将追偿权移交给保险人,并协助保险人共同向第三人追偿。

(4) 保险财产遭受损失后的残余部分,可以作价折归被保险人,并在赔款中扣除。

三、交通工具保险的理赔

(一) 国内船舶保险的理赔

保险人在接到被保险人的出险通知后,经过立案、现场勘察、责任审核及损失核算后,按以下方法进行赔付:

(1) 在保险期限内,保险船舶不论发生一次或多次保险责任范围内的损失或费用支出,保险人均按以下规定赔偿:①保险船舶全部损失的,按照保险金额赔偿,但保险金额高于出险时新船造价的,以不超过出险时同类型新船造价为限。②保险船舶部分损失的,按下列规定赔偿:新船按照出厂造价确定保险金额的,按实际损失部位的修理费用赔偿;根据估价或实际价值以及实际价值的成数确定保险金额的,按照保险金额与同类型新船造价比例赔偿。

(2) 保险船舶发生保险责任范围内的灾害或事故,保险人对碰撞责任、共同海损和救助费用的赔偿,与保险船舶本身的赔款应分别计算。以上船舶损失的一次赔款,等于保险金额全数或同类型新船出厂造价时,船舶保险责任即行终止。

(3) 保险船舶发生单独海损事故时,对施救、救助费用的赔偿,保险人只负责获救的船舶价值与获救的船、货总价值的比例分摊部分。

(4) 保险船舶发生保险责任范围内的损失时,被保险人必须经与保险人商定后方可进行修理或支付所需费用。否则,保险人有权重新核定。

(5) 保险船舶发生保险责任范围内的损失,根据法律规定应由第三人负责赔偿的,被保险人应先向第三人要求赔偿。如果被保险人向保险人提出赔偿要求时,保险人可按照保险条款的规定先予赔偿,但被保险人必须将向第三人追偿的权利及有关证据转让给保险人,并协助保险人向第三人追偿。

(6) 保险船舶遭受损失后的残余部分,应由被保险人与保险人议定价值后,折归被保险人,并在赔偿中扣除。

(二) 机动车辆保险的理赔

保险人在接到被保险人的出险通知后,经过立案、现场勘察、责任审核及损失核算后,按以下方法进行赔付:

(1) 保险车辆全部损失的,按保险金额赔偿,但保险金额高于重置价值时,以不超过出险当时的重置价值为限。所谓重置价值,是指保险合同签订地的新车购置价。

(2) 保险车辆部分损失的,如果投保时按照重置价值确定保险金额的,按实际修理费用赔偿;如果投保时保险金额低于重置价值的车辆,按保险金额与出险当时的重置价值比例赔偿修理费用。

以上车辆损失赔偿以不超过保险金额为限。如果保险车辆按全部损失赔偿或部分损失一次赔款等于保险金额全数,车辆损失险的保险责任即行终止。

(3) 保险车辆发生保险事故遭受全损后的残余部分,应协商作价折归被保险人,并在赔款中扣除。

(4) 保险车辆发生第三者责任事故时,应当按照道路交通事故处理的法律、法规规定赔偿。被保险人自行承诺或支付赔偿金额,保险人有权重新核定。

(5) 保险车辆发生保险责任范围内的损失或被保险人的赔偿责任,应由第三人负责赔偿的,被保险人应当向第三人索赔。如果被保险人向保险人提出赔偿请求,保险人可以按照保险条款的有关规定先予赔偿,但被保险人必须将向第三人追偿的权利转让给保险人,并协助保险人向第三人追偿。

四、货物运输保险的理赔

保险人接到被保险人的出险通知后,应立即到出险现场进行查勘检查,查证出险的原因,确定损失范围。保险人在接到被保险人提交的索赔单证后,应当根据保险责任范围,迅速核定应否赔偿。赔偿金额按下列方式计算:

(1) 货物按货价确定保险金额的,保险人根据实际损失按起运地货价计算赔偿;按货价加运杂费确定保险金额的,保险人根据实际损失按起运地货价加运杂费计算赔偿金额。但最高赔偿金额以保险金额为限。

(2) 如果被保险人投保不足,保险金额低于货价时,保险人对被保险人的损失金额及支付的施救保护费用按保险金额与货价比例计算赔款。而且,货损的赔偿金额与施救保护费用应分别计算,且各以保险金额为限。

(3) 货物发生保险责任范围内的损失,如果根据法律规定或有关约定,应当由承运人或其他第三人负责赔偿一部分或全部的,被保险人应首先向承运人或其他第三人索赔。如被保险人提出要求,保险人也可以先予赔偿,但被保险人应签发权益转让书给保险人,并协助保险人向责任人追偿。

(4) 保险货物遭受损失后的残值,应充分利用,经双方协商,可作价折归被保险人,并在赔款中扣除。

五、工程保险的理赔

保险人在接到被保险人的出险通知后,经过立案、现场勘察、责任审核及损失核算后,按以下方法进行赔付:

(1) 赔款以恢复投保项目受损前的状态为限,受损项目的残值应予扣除。

(2) 赔款可以现金支付,也可以重置受损项目或予以修理代替之。总赔款金额不得超过保险单规定的保险金额。

(3) 保险金额如低于保险标的在建筑或安装时的总价值,其差额视为被保险人自保,保险人仅按保险金额与该总价值的比例赔偿。

(4) 保险人赔付后,如需恢复原保险金额,该恢复部分应另缴原保险费率按日计算的保险费。

(5) 保险人负责赔偿的损失、费用或责任,如另有别家保险人保险的存在,不论为被保险人或他人所投保,或不论该保险赔偿与否,保险人仅负责按比例分担赔偿的责任。

六、海上保险的理赔

保险人接到被保险人的索赔通知后,应进行立案检验、审核责任、核算损失,按照有关规定进行赔付。《海商法》第二百三十七条规定:"发生保险事故造成损失后,保险人应当及时向被保险人支付保险赔偿。"根据《海商法》的规定,海上保险赔偿,应按下列方式计算。

1. 全损赔偿

全损分为实际全损和推定全损。根据《海商法》第二百四十五条的规定,保险标的发生保险事故后灭失,或者受到严重损坏完全失去原有形体、效用,或者不能再归被保险人所拥有的,为实际全损。同时,根据该法第二百四十八条的规定,船舶在合理时间内未从被获知最后消息的地点抵达目的地,除合同另有约定外,满两个月后仍没有获知其消息的,为船舶失踪。船舶失踪视为实际全损。推定全损包括船舶推定全损和货物推定全损。根据《海商法》第二百四十六条的规定,船舶发生保险事故后,认为实际全损已经不可避免,或者为避免发生实际全损所需支付的费用超过保险价值的,为推定全损;货物发生保险事故后,认为实际全损已经不可避免,或者为避免发生实际全损所需支付的费用与继续将货物运抵目的地的费用之和超过保险价值的,为推定全损。

2. 部分损失赔偿

不属于实际全损和推定全损的损失,为部分损失,简称分损。在保险标的发生部分损失时,保险人应按照保险金额与保险价值的比例负赔偿责任。保险标的在保险期间发生几次保险事故所造成的损失,即使损失金额的总和超过保险金额,保险人也应赔偿。但是,对发生部分损失后未经修复又发生全部损失的,保险人按照全部损失赔偿。

3. 共同海损的分摊

保险船舶发生共同海损,保险人应赔偿被保险人共同海损的分摊和费用。《海商法》第二百四十一条规定:"保险金额低于共同海损分摊价值的,保险人按照保险金额同分摊价值的比例赔偿共同海损分摊。"

4. 委付

海上保险的保险标的发生推定全损,被保险人要求保险人按照全部损失赔偿,应当向保险人委付保险标的。保险人可以接受委付,也可以不接受委付,但是应当在合理的时间内将接受委付或者不接受委付的决定通知被保险人。被保险人提出委付不得附带任何条件。委付一经保险人接受,不得撤回。保险人接受委付的,被保险人将委付财产的全部权利和义务转移给保险人。

5. 代位追偿权

海上保险的保险标的发生保险责任范围内的损失是由第三人造成的,被保险人向第三人要求赔偿的权利,自保险人支付赔偿之日起,相应转移给保险人。被保险人应当向保险人提供必要的文件和其所需要知道的情况,并尽力协助保险人向第三人追偿。

七、责任保险的理赔

(一) 产品责任保险的理赔

保险人接到被保险人的书面出险通知后,经过立案、现场勘察、责任审核及损失核算后,应按规定赔偿保险金。

保险人赔偿的保险金不得超过保险合同规定的赔偿限额。关于产品责任保险的赔偿限额有两种规定方式,即对每次事故的限额和期限内的累计限额。被保险人生产、出售或分配的同一批产品或商品,由于同样原因造成多人的人身伤害、疾病或死亡或多人的财产损失的,适用每次事故的赔偿限额。

若被保险人与两个以上保险人订立产品责任保险合同的,则对同一事故有赔偿责任的保险人之间按比例分担。

(二) 公众责任保险的理赔

保险人接到被保险人的出险通知后,经过立案、现场勘察、责任审核及损失核算后,应按规定赔偿保险金。

保险人核实被保险人损失,属于基本责任或特约责任的,应即时赔付。但各项损失统计总额超过赔偿限额的部分,保险人不负担;低于保险单中规定的免赔额的,保险人不负担。保险人在赔偿时,如果同时尚有其他保险人承保同样责任或其中任何一部分的责任,保险人对有关赔偿将按比例负责赔付。

(三) 雇主责任保险的理赔

保险人在接到被保险人的出险通知后,应立案检验,审查单证,审核责任,核算损失,赔偿保险金。

保险人的赔偿金额,根据审查确定的雇员伤害程度赔付。

（四）职业责任保险的理赔

保险人接到出险通知后应核实立案,审查单证,审核责任,核算损失,给付保险金。若有其他对事故与被保险人有连带责任的人,被保险人获得赔偿后应将相关追偿权转让给保险人。

八、信用和保证保险的理赔

（一）信用保险的理赔

保险人在接到被保险人的出险通知后,应立案检查,审核责任,核算损失,赔付保险金。由于在信用保险合同中有赔偿等待期条款的规定,所以,只有在等待期满,保险人才赔偿保险金。所谓赔偿等待期,是指保险合同中有关被保险人提出索赔的合理等待期间。等待期的目的在于给予保险人以调查核实的时间。赔偿等待期为：①买方收货后超过付款期(延展者包括延展期)未付款的,等待期为付款期届满后6个月。②买方拒收货并拒付款的,等待期为货物重新卖出或处理完毕后1个月。③买方所在国颁布法律、法令,禁止或限制买方按货物发票上注明的货币或其他可自由兑换的货币向被保险人付款,若买方已将等值本国货币存入银行,则等待期为存款后4个月(若买方禁止将等值本国货币存入指定银行,等待期为付款期届满后4个月)。④买方所在国禁止所交易货物进口,买方的进口许可证被撤销；买方所在国或货款须经第三国颁布延期付款令；买方所在国发生战争、敌对行为、内战、叛乱、革命、暴动或其他骚乱；中国大陆以外的国家或地区发生非常事件,确认买方无法履行合同的,等待期为上述事件发生后4个月。

（二）保证保险的理赔

保险人接到被保险人的出险通知后,保险人即应查找保险单,核实立案,进行现场勘查,审核责任,核算损失。

保险人根据对损失的核查和保险单赔偿限额的规定,决定最后给付保险金的数额。各类保证保险的限额规定方式不一,如指名保证分别约定所指定的雇员的保证金额。职位保证则为每一职位约定保证金额,不具体到人。而总括保证则是根据员工的人数约定总括的保证金额。

第四节 人身保险的理赔

一、人寿保险的理赔

人寿保险是储蓄性定额保险,所以,只要被保险人生存到保险期满,或在保险期内死亡,保险人就应当给付保险金。被保险人或受益人在提出索赔申请时,应提供保险单、死亡证明书、残废程度鉴定书等材料。

保险人在收到索赔申请后,应予立案,并就被保险人或受益人提供的有关材料进行核实,审核责任,确定给付保险金数额。

二、健康保险的理赔

健康保险的被保险人或受益人在发生保险事故后,应及时通知保险人,并向保险人提供保险单、死亡证明、残废证明及疾病诊断证明等。保险人审核责任后,按约定给付保险金。保险金包括医疗费、生育费、残废生活津贴费和死亡丧葬费,子女教育费等项目。医疗费项目下应按照规定扣除免赔额。健康保险金的实际给付并不是按照约定的保险金额完全给付,而是以给定的保险金额为最高限额补偿被保险人的实际损失或者在最高限额内按一定百分比给付,即通常所说的分级累进制给付。

三、意外伤害保险的理赔

意外伤害保险的被保险人或受益人在保险事故发生时,应及时通知保险人,并提供下列单证:保险单证及投保单位的证明、被保险人的死亡证明书和残废程度证明。保险人接到索赔申请后,经过调查核实,按规定给付保险金。保险人按照下列几种情况给付保险金。

（一）比例给付制

比例给付制是指保险人承担给付保险金的责任是按照伤残部位或死亡占整个人体的百分比乘以保额决定其给付金额。

就意外伤害保险合同而言,保险金额不仅是确定死亡保险金及残废保险金的依据,而且是保险方给付保险金的最高限额,即在意外伤害保险合同有效期内,不论被保险人一次或连续多次发生意外伤害事件,保险方均按合同规定分别给付保险金,但累计给付金额以不超过该被保险人保险金额为限,若意外伤害事件给付金额达到保险金额全数时,合同效力即行终止,这说明意外伤害保险的给付属定额合同的性质。现分别讨论如下。

1. 一次伤害,多处致残

若一次意外伤害造成被保险人身体部位多处残废时,保险方按保险金额与被保险人身体各部位残废程序百分比之和的乘积计算残废保险金,但若身体各部位的残废程序百分比之和超过100%,则仍然只按保险金额给付残废保险金。

例如,一被保险人由于意外伤害造成一目永久完全失明,残废程度为50%,并丧失一拇指,残废程度为20%,保险金额为10 000元,该被保险人各部位残废程度之和为:

$$50\% + 20\% = 70\%$$

即残废程度之和是70%,不超过100%,故保险方应给付的残废保险金依照公式计算为:

$$10\,000 \times 70\% = 7\,000(元)$$

即应给付的残废保险金为 7 000 元。

若该被保险人由于一次意外伤害造成两上肢永久完全丧失机能，残废程度为 100%，并且此次意外伤害致一目永久完全失明，残废程度为 50%，则身体各部分残废程度之和为：

$$100\% + 50\% = 150\%$$

即超过 100%，保险方只按保险金额全数给付残废保险金 10 000 元。

2. 多次伤害，先残后死

若被保险人在保险期限内多次遭受意外伤害时，保险方对每次意外伤害造成的残废或死亡均按保险合同中所规定的保险金额给付保险金，但累计给付金额以不超过保险金额为限。

例如，一被保险人的保险金额为 10 000 元，在保险期限内，该被保险人第一次遭受意外伤害造成一上肢永久残废，给付残废保险金 5 000 元，第二次遭受意外事故造成一拇指全部丧失，给付残废保险金 1 250 元，第三次遭受意外事故造成死亡，保险方只能给付死亡保险金 3 750 元。换言之，多次伤害造成的残废，每给付一次残废保险金，即对保险金额进行一次冲减，即或在保险期限内，当保险金额冲减后，再发生意外伤害造成的死亡，保险方只能按冲减后的保险金额给付死亡保险金。

再者，无论是残废保险金或死亡保险金的给付，必须在发生意外伤害后及时办理，如果超过申请时效，保险方无法调查核实出险原因，给付责任及给付金额，作为被保险方自动放弃权益，保险方不再承担给付责任。

（二）图示验照法

它是根据人体部位在发生意外伤残时，需要多少天才能痊愈来计算给付金额。

其计算公式如下：

骨骼损伤：

$$给付额 = 保险金额 \div 总天数 \times (受损部位愈合天数 + 被保险人年龄 \times 20\%)$$

肌肉损伤：

$$给付额 = 1/4 \times 保险金额 \div 总天数 \times (受损部位相应骨骼愈合天数 + 被保险人年龄 \times 10\%)$$

人体各部位受伤后的愈合天数，应当随伤势轻重的不同而不同，故根据受损部位严重程度，给付额可上、下浮动 1%～20%。此项由各公司根据医院病情证明酌情掌握。

例如，某 30 岁人保团意险，保额 1 000 元，在下列情况下应给付多少伤残保险金？

(1) 股骨干单纯横断性骨折。

(2) 股骨干粉碎性骨折。

解：

(1) 给付额 = 保额 ÷ 总天数 × (受损部位愈合天数 + 年龄 × 20%)
   = 1 000 ÷ 690 × (60 + 30 × 20%) = 95.65(元)

(2) 此时病情较第一种严重,原则上可上浮 1%~20%。假如上浮 20%

给付额 = 95.65 + 95.65 × 20%
   = 95.65 × (1 + 20%) = 114.78(元)

所以,该人股骨干横断性骨折一次性给付伤残保险金 95.65 元,股骨干粉碎性骨折一次性给付 114.78 元。

本 章 小 结

保险核保是指保险人对招揽的业务依据保险条款和经营原则进行风险评估和业务选择,从而确定是否承保、承保份额、承保条件和保险费率的全过程。

保险业务数量主要通过营销来扩大,保险业务质量主要通过核保来把关,二者虽有矛盾,但都同属保险经营的两个重要方面。

保险核保的内容包括投保人的资格审核、标的审核、保险金额的审核、保险费率的审核和被保险人资信状况的审核。

保险理赔是指参加保险的人在保险单有效期限内,发生保险合同所约定的保险事件后,向保险人提出索赔时,保险人按保险合同约定的责任履行赔偿或给付保险金义务的过程。

保险理赔的基本程序包括接受出险通知、现场勘察、损余物资处理、责任审核、损失核算、付款和代位追偿。

关 键 词

保险核保　保险理赔　风险评估　核保原则　核保技术

复习思考题

1. 简述保险核保的内容与程序。
2. 如果没有核保这一业务环节,你认为会给保险人带来什么样的后果?
3. 保险理赔应遵循的原则是什么?
4. 简述保险理赔的基本程序。
5. 简述企业财产保险的理赔方法。

第十五章 再 保 险

随着社会经济和科学技术的发展,社会财富的总量迅速增加,财产的分布越来越集中,保险标的的价值和保险人承担的风险也越来越大。这就在客观上要求有一个在保险人之间转移和分散风险的机制。再保险就是保险人之间转移和分散风险的业务安排。本章主要阐述再保险的概念、基本特征和作用,再保险的承保主体,以及再保险的主要种类等再保险的基本知识。

第一节 再保险概述

一、再保险的概念

再保险也称分保。它是指保险人与投保人或被保险人订立保险契约后,为了将其所承担的风险责任全部或部分地转移出去,再与其他保险人就同一保险标的订立保险契约的经济行为。转移风险责任的一方叫做再保险分出人,接受风险责任转移的一方叫做再保险分入人。

再保险是以原保险契约的存在为前提的。如果说原保险契约中的保险人所承担的责任是对被保险人或第三者遭受保险责任范围内的财产损失和人身伤亡予以经济赔偿或给付,那么再保险人所承担的责任则是对原保险人所支付的赔款予以补偿。因此,再保险人只是对原保险人即再保险分出人负责,而并不与原保险契约中的被保险人发生直接关系。可以说,再保险就是对保险人的保险。

再保险的产生源于保险风险责任巨大与单个保险公司承受风险能力有限的矛盾。随着商品经济的发展和科学技术的进步,社会财富在迅速增加,每一危险单位的价值和保险的风险责任在迅速增大。一艘巨轮连同其所装载的货物,一个巨型钻井平台,一颗人造卫星,一架航天飞机,一座大型电站,一个大型仓库的物资和财产,一个规模较大的工厂,其价值可达几亿、几十亿甚至上百亿美元。很显然,如此之大的保险标的的价值在出险后所产生的巨大的保险赔偿责任,是任何一家保险公司都难以承受的。只有把巨大的风险责任在多个保险公司之间分散开来,利用多个保险公司的力量弥补单个保险公司承担风险的能力的不足,才能开办巨额的保险业务,为被保险人提供保险保障。分散风险责任的方式主要有两种：一是共同保险，即由多个保险公司对于所承保的风险进行一次性的分摊；二是再保险，即保险人先将保险标的的风险责任承保下来，然后再将所承保的风险责任的一部分或全部转让给其他保险人。二者相比，再保险操作更简便，伸缩性更大，更适应现代经济和社会生活对保险业的要求。

二、再保险的基本特征

再保险与原保险或直接保险之间存在着密切的联系。再保险是在原保险的基础上形成的，没有原保险，就不可能有再保险。但再保险与原保险有本质的区别。

1. 再保险体现的是保险人与保险人之间的保险合同关系

原保险体现的是保险人与投保人或被保险人之间的合同关系，而再保险体现的则是原保险人与再保险人之间的合同关系，二者都是保险人。在再保险合同关系中，处于保险人位置上的是再保险人，而处于投保人或被保险人位置上的则是原保险人，并不是经营保险业务的一般意义上的被保险人。

2. 再保险的保险标的是原保险人的保险责任

在原保险合同关系中，保险标的是被保险人的财产、利益、责任、生命与身体等。在保险事件发生时，保险人对被保险人的财产、利益和责任损失给予赔偿；或在约定的事件（如被保险人遭受人身伤害、发生疾病，在保险期间内被保险人生命存续或死亡等）发生时，保险人按照保险合同的约定向被保险人或受益人支付相应的保险金。而在再保险合同关系中，保险标的是原保险人的保险责任。当合同约定的原保险人的赔偿或给付保险金的责任出现时，再保险人按照合同的规定对原保险人的赔偿责任给予补偿。

3. 再保险合同都是补偿性质的合同

在原保险合同关系中，不同类别的保险合同之间在性质上也互不相同。在财产保险合同关系中，当被保险人的财产、利益或责任发生损失时，保险人支付给被保险人一方的保险金，可以全部或部分弥补被保险人的损失。因此，财产保险合同是补偿性质的合同。在人身保险合同关系中，当约定的事件（如被保险人遭受人身伤害、发生疾病，在保险期间内被保险人生命存续或死亡等）发生时，保险人向被保险人或受益人支付的保险金，并非用于或能够弥补被保险人的损失。因此，人身保险合同不属于补偿性质的合同，而属于给付性质的合同。也就是说，原保险合同可以是补偿性质的合同，也可以是给付性质的合同。而在再保险合同关系中，无论它所连接的原保险合同关系是财产保险合同关系，还是人身保险合同关系，再保险人向原保险人支付的保险金都是对原保险人承担的赔偿或给付责任的补偿。因此，所有的再保险合同都是补偿性质的合同。

4. 再保险合同是独立于原保险合同的保险合同

再保险是在原保险的基础上产生的，再保险合同必须以原保险合同的存在为前提，没有原保险就不可能有再保险。但是，再保险对原保险的依存性并不排斥其独立性。再保险合同不是原保险合同的从属合同,而是独立的合同。首先,就具体保险业务而言,直接保险并不必然导致再保险。除了法定再保险外,原保险人将其所承保的直接保险业务的一部分或全部分给再保险人,完全取决于其对保险标的风险状况和自身承受风险能力的判断,而并非一定要分出。其次,再保险合同关系只存在于原保险人与再保险人之间,原保险合同中的被保险人与再保险合同中的再保险人之间并不存在合同双方当事人之间的权利义务关系。再保险人固然有按再保险合同的规定取得再保险费收入的权利,且再保险费归根结底来自于原保险合同中的被保险人,但再保险人无权直接向被保险人索要再保险费。再保险人作为再保险合同的一方当事人,只有向再保险合同的另一方当事人即原保险人索取再保险费的权利。同样,在保险标的出险后,如果有再保险合同存在,原保险合同中的被保险人所应当得到的保险赔款中的一部分或全部可能来自于再保险人,但被保险人也没有直接向再保险人索要保险赔款的权利。被保险人作为原保险合同的一方当事人,只有向原保险合同的另一方当事人即原保险人索取保险赔款的权利。在世界上,只有极少数国家或地区例外。

三、再保险的功能和作用

再保险是国际保险市场上通行的一种业务,在全部保险业务中占有极为重要的地位。其功能和作用主要有以下四个方面。

1. 分散风险,保障保险公司业务经营的稳定性

保险的基本职能是通过收取保险费建立保险基金,对当事人因自然灾害和意外事故遭受的损失进行经济补偿或给付。保险公司向被保险人收取的保险费只占保险金额很小的一部分。这样,当巨额保险业务的标的发生保险责任范围内的严重损失时,保险公司就有可能无法履行支付赔款的义务,或者支付赔款后陷于经营困境,甚至破产倒闭。为了避免出现这样的情况,保证业务经营的稳定性,保险公司有必要利用再保险的方式将超过其承受能力的那部分风险责任转移给其他保险人。一旦保险标的发生保险责任范围内的损失,保险公司所实际承担的赔偿责任只限于与其自留责任限额相应的部分,超过自留责任限额的部分赔偿责任则由其他保险人,即再保险人承担。其结果自然是分散了风险,保证了保险公司业务经营的稳定。分散风险是再保险最基本的职能,保障保险业务经营的稳定则是再保险的一个十分重要的作用。

例如,1988年9月,被称为世纪飓风的吉尔伯特飓风,在短短的几天内横扫加勒比海沿岸和其他几个中美洲国家,造成经济损失达80亿美元。但由于各直接保险公司都对其所承保的业务作了再保险安排,各直接承保公司的实际赔偿金额并不大。又如,尽管"9·11"事件使美国的保险公司遭受了巨大损失(估计保险赔偿超过300亿美元),但由于各直接承保公司事先已经在全球范围内作了再保险安排,世界排行前55名的保险公司和再保险公司都参与赔偿,美国的直接承保公司并没有遭受致命性的损失。

2. 突破单个保险公司后备基金相对不足的限制，扩大其承保能力

保险公司作为经营保险业务的企业，其经营目的也是为了获取最大限度的利润。为实现这一目的，保险公司必须积极拓展业务规模，增加保险费收入。在保险费率大体相同的前提下，保险标的的价值越大，对于保险人来说其保险费的收入也越多。因此，越是巨额的保险业务就越受保险人的青睐。但是，保险标的的价值越大，保险金额越高，保险人所承担的风险责任也就越大，也就越要求保险人要有雄厚的保险后备基金作保证。在现实生活中，受后备基金相对不足的限制，单个保险公司很难独立承保危险集中、保险金额巨大的保险标的。尤其是那些中小保险公司，对保险金额较大的保险标的更是望而生畏，不敢问津。有了再保险，就可以免除单个保险公司的后顾之忧。

实务中即使保险公司愿意承担巨额风险，也要受到国家法定自留比例的限制。我国《保险法》第一百条规定："保险公司对每一危险单位，即对一次保险事故可能造成的最大损失范围所承担的责任，不得超过其实有资本金加公积金总和的百分之十；超过的部分，应当办理再保险。"这一规定是对保险公司所承保的业务规模的比例限制，但它同时也为保险公司利用再保险在法律容许的范围内增加实际承保的净业务量（直接承保的业务量扣除分给再保险人的部分的余额）提供了法律上的依据。例如，有一笔保险金额很大的直接保险业务，如果没有再保险，某保险公司单独承保下来，可能就违反了我国《保险法》的这一限制性规定，它只能选择放弃这笔业务。而有了再保险，该公司就可以按照我国《保险法》的这一规定确定自留额，而将多余的部分分给再保险公司。其自留的部分无疑会使其实际承保的业务量增加。

就一笔业务而言是如此，就全年的保险业务总量而言也是如此。我国《保险法》第九十九条规定："经营财产保险业务的保险公司当年自留保险费，不得超过其实有资本金加公积金总和的四倍。"按照这一规定，保险公司可以利用再保险这种分散风险的形式承保保险金额比较大的直接保险业务，只要每笔业务的自留部分不超过上述相应的法律规定即可。

3. 把分散的保险基金调动起来，更好地发挥保险分散风险和补偿损失的作用

保险基金是分散地存在于各个保险公司之中的。对于每个保险公司来说，其保险基金的数量总是有限的。但保险公司通过再保险业务却可以把这些分散的、有限的保险基金调动起来，形成巨额的联合保险基金。这种联合保险基金虽然仍分散地存在着，并非真正合并在一起，但却可以用于同一保险标的损失赔偿，实质上起着联合保险基金的作用。有了这种联合保险基金，就可以承保一家保险公司无法单独承保的巨额保险业务。尤其是国际再保险业务，可以把世界各国众多的保险公司联系起来，实现保险基金在世界范围内的融通，形成雄厚的国际性联合保险基金，使具有国际影响的巨额保险业务的承保成为可能，并由此而发挥了再保险在国家和地区间分散风险，补偿损失的积极作用。

4. 使世界各国的保险公司联系在一起，促进国家间经济贸易的发展

随着各国之间相互开放的程度的日益提高和国际分工的逐步深化，世界经济一体化的趋势明显增强，整个世界经济已经形成一个庞大的、国家和地区间彼此依赖的有机整体。许多大型的经济活动往往需要国家和地区间的通力合作，而国际性的再保险则为其提供了充分而可靠的保障。可以说，现今世界上发生的重大灾害事故的保险赔款，相当大的部分是由多个国家的保险公司共同承担的。再保险发展至今早已经突破了国界的限制，而成为具有显著国际性的经济活动。国际性的再保险能够为各国企业提供保险保障，并由此而免除了他们对开展对外业务可能遭受的风险损失的忧虑，因而会强有力地促进国家与国家之间的经济往来，促进各国对外贸易和地区间经济技术合作的发展。

第二节 再保险的组织形式

一、再保险的产生和发展

再保险萌芽于海上保险。1370年，一个叫JustarCrueiger的保险人承保了一笔自意大利热那亚至荷兰斯卢丝间的海上保险。为了减轻自己的责任，该保险人将从加的兹到斯卢丝这一段风险最大的航程的保险责任分保给他人，而将较为安全的航程的责任留下。这是有记载的最早的一笔海上再保险业务。17世纪初，英国皇家交易保险公司和劳氏咖啡馆(劳合社的前身)开始经营再保险业务。保险组织在再保险业务中逐渐取代个人而占据主导地位。

在相当长的时期里，再保险业务多为直接保险公司所兼营。随着科学技术的进步和经济的发展，保险业也在迅速发展，再保险的业务量逐步增大，使专门经营再保险业务的保险公司的产生成为可能，于是出现了专业再保险公司。1852年，科隆再保险公司作为第一家专业再保险公司在德国成立。随后于1863年在瑞士成立了瑞士再保险公司。1890年，美国成立了美国再保险公司。1907年，英国成立了商业综合再保险公司。专业再保险公司对促进再保险事业的发展起了很大的推动作用，特别是在分保技术方面显示了专业化的优越性。

第二次世界大战后，一些实行保险民族化的国家也建立了国家再保险公司。在这些国家虽然允许私营保险公司存在，但私营保险公司必须把它们所承保的业务的一定部分以再保险的方式分给国家再保险公司，余下的部分才可向国际市场进行再保险。近年来，许多发展中国家为维护本国保险公司的利益，发展本国的民族保险业，减少保险费的外汇支出，除政府法令规定实行强制性的再保险外，还十分注意发展区域内合作，组织成立地区再保险组织。

再保险业的发展使再保险的组织形式也趋向多样化。这里既有兼营再保险业务的直接保险公司，也有专门经营再保险业务的专业再保险公司，还有再保险集团、地区再保险组织、国家再保险公司乃至国际性再保险组织等。

二、再保险的承保主体

1. 兼营再保险业务的一般保险公司

这种保险公司以经营不同类别的直接保险业务为主，同时也办理再保险业务。当它们所接受的直接保险业务数额较大从而所承受的风险也较大时，需要办理分出业务；当它们所接受的直接保险业务尚未饱和，还有能力承担更多的风险责任时，也需要办理分入业务。目前，多数经营直接保险业务的保险公司都兼营再保险业务，既是分出公司，又是分入公司。按照《保险法》第九十三条的规定，经保险监管机构核定，直接保险公司可以经营其业务领域内的再保险分出和分入业务。在现代再保险市场中，经营直接保险业务的保险公司更多的是以互惠交换业务的方式提供再保险的。它们在再保险市场上既是分出公司，也是分入公司。按照合同的规定，它们既分出再保险业务，也分入再保险业务。互惠交换有利于增强交换双方自身经营的稳定性。

2. 专业再保险公司

在19世纪中期专业再保险公司产生之前，通常都是由直接承保公司兼营再保险的。随着再保险业的发展，这类保险公司中的一部分逐渐演变成专门经营再保险业务的专业再保险公司。专业再保险公司专营再保险业务，而不办理直接承保业务。它们只是从原保险人那里分入再保险业务，或者从其他再保险公司分入转分保业务，同时，又在必要时将分入的再保险业务再转分保给其他再保险人。专业再保险公司需要有雄厚的资金、灵通的信息网络和良好的信誉，这是它们能够获得较多的再保险业务的前提条件。许多专业再保险公司都在世界各地设有分支机构，经营多种再保险业务。

3. 再保险集团

再保险集团是指由若干个保险公司或再保险公司经协议联合组成的再保险组织。参加再保险集团的保险公司要按照协议的规定将自己承保的业务的全部或一部分，或扣除自留额后的全部保险业务分给再保险集团，然后，由再保险集团把集中起来的保险业务按照协议确定的比例在各成员公司之间进行分配。大部分再保险集团自己不承担风险，只有少数再保险集团有自己的自留额。再保险集团的作用在于它可以集中多家公司的力量，维护集团成员公司在保险市场上的地位和竞争能力。与单个再保险公司相比，再保险集团力量雄厚，不仅可以承保巨额保险业务，而且绝大多数业务可以自留，而不对外分出。因此，再保险集团的发展十分迅速，成为再保险市场上与专业再保险公司并驾齐驱的重要力量。

4. 专属保险公司

专属保险公司是指由某个大企业自设的或同行业的若干个大企业联合设立的保险公司,主要承保本企业、附属企业或同行业的保险业务,也办理再保险业务。专属保险公司有的属于航空公司,有的属于钢铁企业,有的则是由几个石油公司投资设立的保险公司。纯粹专属保险公司只承保本企业、附属企业以及与其相关的其他企业的风险。它可以把接受的业务限制在自己能够负担的限度内,而不借助于再保险向外转移承保风险;也可以不受限制地承保直接保险业务,但要将所接受业务中超过限额的部分分给再保险人。有些专属保险公司业务经营的范围逐渐扩大到本企业、附属企业或同行业以外,除了经营纯粹专属保险公司应当经营的保险业务外,还承保与其组建人毫无关系的其他企业或行业的保险业务。专业自营保险公司近年来发展很快,已经成为再保险市场上的一支新的承保力量。

专属保险公司多数由某个大企业自设或同行业的若干个大企业联合设立,也有一部分是由行业协会或行业组织(如贸易协会、职业团体等)设立的。后一种专属保险公司向其成员提供保险,所有的成员都作为相互保险人,即实际上都承担着其他成员的风险。比如,美国的贸易、职业和医疗等公会设立的专属保险公司,向其会员提供的保险实际上就是由全体成员共同承担责任的。

伴随着世界经济一体化的进程,有些专属保险公司已经突破了一国的界限,成为多国专属保险公司。多国专属保险公司的资本来源于不同的国家,并按相互保险的经营原则经营。多国专属保险公司能够聚集多种资金,形成更大的风险承担能力,可以化解巨大的风险,如巨灾风险。而且,其成员公司来自于不同的国度,可以更有效地分散风险。美国的多数专属保险公司属于多国专属保险公司。例如,1970 年成立的石油保险公司(Oil Insurance Limited),其成员不只来自美国,也来自其他国家。

5. 劳合社承保会员和承保组合

再保险不仅在国内的保险人和再保险人之间进行,而且可以跨越国界,成为国际性的业务。再保险业务的国际化,促进了国际性再保险市场的形成。在国际性再保险市场上,再保险业务的经营,除了部分业务由分出公司与分入公司直接办理外,大部分业务都是通过再保险经纪人来办理的。这是因为再保险经纪人对国际再保险市场的情况比较熟悉,具备一定的技术咨询能力和经验,可以为分出公司争取较优惠的条件。

在国际性再保险市场上,英国伦敦占有重要地位。国际上每年的再保险业务的相当大的部分要以各种不同的形式流入伦敦市场,其中有相当大的份额为劳合社内的承保组合所承保。1994 年,劳合社再保险业务毛保险费收入为 21.587 亿英镑(折合 33.778 亿美元),1998 年、1999 年再保险费收入分别达到 35.657 亿美元和 37.974 亿美元,2000 年达到 39.54 亿美元。劳合社与一般的保险公司和再保险公司不同,它不是公司性质的组织,而是一个保险社团性质的组织和进行保险交易的国际性保险市场。劳合社采取会员制。其会员分为两类:一类是承保会员;另一类是非承保会员。只有前一类会员或其组合才承保直接保险业务和再保险业务。承保会员或其组合对其所承保的业务负无限责任。凡是需要办理再保险业务的保险人都必须通过劳合社的经纪人才能向劳合社的承保人分出业务。

第三节 再保险的种类

再保险的具体形式很多,可以从不同的角度进行分类。

一、根据原保险承保的风险种类进行分类

根据承保的风险种类的不同,可以将再保险分为财产风险再保险、人身风险再保险和责任风险再保险三大类。

1. 财产风险再保险

财产风险再保险是指对原保险人所承保的财产风险提供的再保险。保险是一种有偿性的风险转移过程。在财产的所有者或其他具有可保利益的人未投保财产保险时,他们所有的或具有可保利益的财产所面临的风险是由自己承担的。当他们投保了财产保险并为原保险人所承保时,这些财产所面临的风险就从他们身上转移到原保险人身上。因此,原保险人也面临着风险,即在保险财产出险后进行赔偿甚至是巨额赔偿的风险。为了防止巨额赔偿的发生给自己造成的财务上的困难,确保业务经营的稳定,原保险人也需要向外转移风险。再保险就是原保险人向外转移风险的理想方式。当原保险人所承保的财产发生保险责任范围内的损失时,他们可以按照再保险合同的规定从再保险人那里摊回其应负担的赔款。根据承保的具体风险类别的不同,财产风险再保险可以分为火险再保险、水险再保险等。

2. 人身风险再保险

人身风险再保险是指对原保险人所承保的人身风险提供的再保险。在已经订立再保险合同的前提下,原保险人因被保险人遭受人身伤亡等而承担给付保险金的责任时,再保险人要按照再保险合同的规定,对原保险人所承担的给付保险金责任予以补偿。

3. 责任风险再保险

责任风险再保险是指对原保险人所承保的责任风险提供的再保险。在原保险人与被保险人就后者可能发生的某种民事赔偿责任订立了保险合同的前提下,当这种赔偿责任由可能变为现实时,原保险人要按保险合同的规定代替后者承担部分或全部赔偿责任。在原保险人就其所承担的责任风险与再保险人订立了再保险合同的

条件下，再保险人要按照再保险合同的规定代替原保险人承担部分或全部赔偿责任。

二、根据分保合同订立的时间及其对合同双方当事人的约束力进行分类

根据分保合同订立的时间及其对合同双方当事人的约束力的不同，可以将再保险分为临时再保险、合约再保险和预约再保险三大类。

1. 临时再保险

临时再保险(Facultative Reinsurance)是指通过临时订立的再保险合同形成的一种再保险。也就是说，在再保险行为(实际分入分出行为)发生前，分出公司与分入公司之间并无事先订立的分保合同，只是当原保险人承揽到一笔需要分保的业务时，才与再保险人接洽订立临时分保合同，并按该合同的规定将自己直接承保下来的业务的一部分责任或全部责任转移给后者。临时再保险的特点是，在再保险行为发生前，双方都有自由选择的权利，而不受任何约束。分出公司可以自由决定是否分出以及分出多少，分入公司也可以自由决定是否分入以及分入多少。这对于双方当事人从自身的实际情况出发，灵活决策，无疑是十分有利的。但临时再保险也存在其固有的缺点，即手续繁琐，需要支出较多的展业费用。此外，原保险人对其将要承保的业务能否分出事先无十足把握，只有在与若干个分入公司商洽后，全部分保业务基本得到落实时，才能对保户承保。这样就有可能失去本来已经到手的业务，影响自身的效益与发展。因此，临时再保险主要适用于一些特殊的责任或单项风险的分散，如核电站保险和卫星发射保险等。

2. 合约再保险

合约再保险(Treaty Reinsurance)是指通过事先订立再保险合同的形式成立的一种再保险，故也称为合同再保险。其特点是，在合同有效期内，凡属合同规定范围内和符合合同规定条件的保险业务，原保险人必须按合同规定的条件向再保险人分出，再保险人也必须按合同规定的条件接受原保险人分出的保险业务。这种合同的订约双方在合同规定的范围内均无选择权利，只能按照合同的规定履行义务和享受权利。合约再保险的优点在于，合同期限较长，分保手续简便，因而能够大量地节省展业时间和展业费用，并可免除直接保险人临时寻找再保险分入人、再保险人临时寻找再保险分出人可能出现的时间仓促甚至不成功的缺陷。因此，合约再保险适用范围十分广泛，是现代再保险的主要形式。

3. 预约再保险

预约再保险(Open Reinsurance)是指一种只赋予分出公司选择权，而分入公司没有选择权的再保险。与临时再保险不同的是，在再保险行为发生之前分出公司与分入公司已经事先订立了再保险合同；与合约再保险不同的是，分出公司与分入公司事先订立的再保险合同双方当事人并不具有同等的约束力。预约再保险合同规定分入公司将要接受的

限额和费率等承保条件。凡在此限额内的临时再保险业务,分出公司可以分给分入公司,也可以不分给分入公司。但只要分出公司决定分出业务而分出的条件又与合同中的规定相吻合,则分入公司则必须接受。因此,这种形式的再保险对于分出公司来说,与临时再保险一样拥有自由选择权,而对分入公司来说,则与合约再保险一样没有选择的余地。可见,预约再保险兼有临时再保险和合约再保险的特点,是一种介于临时再保险和合约再保险之间的一种再保险形式。

预约再保险有利于分出公司对超过自留额或自负责任的保险业务作出符合自身利益或自己意愿的安排,而避免临时再保险繁琐的手续和不成功的可能性。从分入人的角度看,这种再保险形式虽然不能像临时再保险那样可以自主选择,但却可以得到更多的业务,有利于其增加保险费收入。只是分入公司对业务质量不易把握,容易分入一些质量不好的高风险业务。尤其是由经纪人所安排的预约保险,风险更大。因为经纪人对合同本身的盈亏无关,为了获得更多的佣金收入,往往招揽一些质量较差的业务,致使分入公司受损。所以,谨慎的再保险人宁愿多接受临时再保险,而不愿盲目接受预约再保险。预约再保险的适用范围比合约再保险要狭窄得多。当然,分入公司可以通过选择合适的再保险经纪人,来保证分入业务的质量。

三、根据责任限制的方式进行分类

根据责任限制的方式的不同,可以将再保险分为比例再保险和非比例再保险。

1. 比例再保险

比例再保险(Proportional Reinsurance)是指以保险金额为基础,通过对保险金额的分割确定分出公司与分入公司权利与责任的再保险。无论哪一种形式的比例再保险,都会最终使分出公司自留的保险金额与分入公司分入的保险金额之间形成一定的比例关系。分出公司自留的保险金额与分入公司分入的保险金额之间的比例关系一旦确定下来,保险费的分配比例和赔款分摊的比例也就同时确定下来。或者说,最终形成的分出公司自留的保险金额与分入公司分入的保险金额之间的比例,同时也是双方分割保险费和分摊赔款的比例。

2. 非比例再保险

非比例再保险(Non-Proportional Reinsurance)是指以可能发生的赔款金额为基础,通过对可能发生的赔款金额的分割确定分出公司与分入公司权利与责任的再保险。这种再保险或者以直接规定分出公司的自负赔款责任额和分入公司的赔款限额的方式,或者以规定分出公司的自负赔款责任比率和分入公司的赔款责任限制比率的方式,确定双方的赔款责任。当实际赔款超过合同中规定的分出公司的自负赔款金额或自负赔款责任比率时,超过的部分在合同中规定的分入公司的赔款责任限额或赔款责任限制比率以内由分入公司负责。至于保险费的分配方法,由双方协商并写入合同之中。分出公司向分入公司分出再保险费的水平,主要取决于合同中所规定的双方对可能发生的赔款承担责任的大小。在不考虑其他因素的情况下,合同中规定的分出公司的自负赔款责任额越大或自负赔款责任比率越高,则分入公司的赔款责任限额越小或赔款责任限制比率越低,分出公司向分入公司分出再保险费的水平通常也越低;反之,则相反。

第四节 比例再保险和非比例再保险的基本形式

无论是比例再保险还是非比例再保险,实际上都是一个大的再保险类别,在每个类别之下都存在不同的具体的再保险形式。

一、比例再保险的基本形式

比例再保险有成数再保险与溢额再保险之分。

1. 成数再保险

成数再保险(Quota Share Reinsurance)是指原保险人与再保险人在合同中约定保险金额的分割比率,将每一危险单位的保险金额,按照约定的比率在分出公司与分入公司之间进行分割的再保险。在这种再保险形式下,合同中所规定的比例是原保险人与再保险人分割保险金额的依据,也是双方分割保险费和分摊保险赔款的依据。也就是说,在成数再保险合同已经成立的前提下,不论原保险人承保的每一危险单位的保险金额为多少,只要该保险金额在合同规定的限额之内,都要按合同规定的比率来分割保险金额,每一危险单位的保险费和所发生的赔款,也按这一比率进行分配和分摊。

由于在成数再保险条件下,分出公司与分入公司之间对所承保的每一危险单位的责任划分都是按保险金额的分割比率进行的,所以在遇有保险金额巨大的保险业务时,双方各自承担的风险责任也是巨大的。因此,为了限制双方承担的风险责任,在订立成数再保险合同时一般要规定每一危险单位或每张保险单的最高限额,即合同限额。分出公司和分入公司只在合同限额内分割保险金额,确定自留责任和分保责任。超过合同规定限额的部分不能分给该合同的再保险人,而只能由原保险人另行安排,或由原保险人自己负责。

例如,在一份成数再保险合同中规定,原保险人自留保险金额的比例为30%,再保险人分入的保险金额为70%,每一危险单位的最高合同限额为10 000 000元。现在有三笔保险业务,保险金额分别为3 000 000元、10 000 000元和14 000 000元。这三笔保险业务的保险金额在原保险人与再保险人之间的分割如表15-1所示。

表 15-1

保险金额在原保险人与再保险人之间的分割

单位：元

保险金额	分出公司自留保险金额	分入公司分入保险金额	分出公司另行安排保险金额
(1) 3 000 000	900 000	2 100 000	0
(2) 10 000 000	3 000 000	7 000 000	0
(3) 14 000 000	3 000 000	7 000 000	4 000 000

再假定这三笔保险业务的保险费率均为 3‰，在合同有效期内发生的赔款分别为 160 000 元、480 000 元和 1 200 000 元。这三笔业务的保险费和赔款的分配与分割如表 15-2 所示。

表 15-2

保险费和赔款在原保险人与再保险人之间的分配与分割

单位：元

保险费收入	限额内分配比例	分出公司自留保险费	分入公司分入保险费	分出公司另行安排业务的保险费
(1) 9 000	30%∶70%	2 700	6 300	0
(2) 30 000	30%∶70%	9 000	21 000	0
(3) 42 000	30%∶70%	9 000	21 000	12 000
赔款	限额内分配比例	分出公司自负赔款	分入公司分摊赔款	分出公司另行安排业务的赔款
(1) 160 000	30%∶70%	48 000	112 000	0
(2) 480 000	30%∶70%	144 000	336 000	0
(3) 1 200 000	30%∶70%	257 143	600 000	342 857

假定本例中 7 000 000 元这个分出最高额度过高，而非一家分入公司所能承担，分出公司可以选择多家分入公司分保，并在合同中分别约定各分入公司的分入比例。这个比例可以是合同限额内全部保险金额的比例，也可以只是全部分出额的比例。这要取决于

合同的规定。例如,在合同中规定,在合同限额内的全部保险金额中,甲公司分入5%,乙公司分入10%,丙公司分入15%,则甲、乙、丙三家分入公司分入保险金额的最高额度分别为500 000元、1 000 000元和1 500 000元。如果合同中规定各分入公司的分入比例为全部分出额的比例,则甲、乙、丙三家分入公司分入保险金额的最高额度分别为350 000元、700 000元和1 050 000元。

2. 溢额再保险

溢额再保险(Surplus Reinsurance)是指原保险人与再保险人在合同中约定自留额和最高分入限额,将每一危险单位的保险金额超过自留额的部分分给分入公司,并按实际形成的自留额与分出额的比例分配保险费和分摊赔款的再保险。因为在溢额再保险合同项下,原保险人与再保险人之间保险费的分配、赔款的分摊都是按实际形成的保险金额的分割比例进行的,因此溢额再保险也属于比例再保险。

分出公司的自留额通常被称为1线(Line),分入公司以该自留额的一定倍数(线数)作为自己分入业务的最高限额。也就是说,分入公司的最高分入限额通常并不是直接给出的,而是通过合同中规定的分出公司的自留额与分入公司分入的线数计算出来的。在溢额再保险形式下,只有分出公司承保的实际保险业务的保险金额大于分出公司的自留额,分出公司才能在再保险合同规定的线数内向分入公司分出超过自留额以上的部分。

例如,在一份溢额再保险合同中规定,原保险人自留额为2 000 000元,分入公司分入业务的最高限额为4线。现在有三笔保险业务,保险金额分别为1 000 000元、8 000 000元和14 000 000元。这三笔保险业务的保险金额在原保险人与再保险人之间的分割如表15-3所示。

表15-3

保险金额在原保险人与再保险人之间的分割

单位:元

	保险金额	分出公司自留保险金额	分入公司分入保险金额	分出公司另行安排保险金额
(1)	1 000 000	1 000 000	0	0
(2)	8 000 000	2 000 000	6 000 000	0
(3)	14 000 000	2 000 000	8 000 000	4 000 000

再假定这三笔保险业务的保险费率均为3‰,在合同有效期内发生的赔款分别为160 000元、480 000元和1 200 000元。这三笔业务的保险费和赔款的分配与分割如表15-4所示。

表 15-4

保险费和赔款在原保险人与再保险人之间的分配与分割

单位：元

	保险费收入	限额内分配比例	分出公司自留保险费	分入公司分入保险费	分出公司另行安排业务的保险费
(1)	3 000	100%：0	3 000	0	0
(2)	24 000	25%：75%	6 000	18 000	0
(3)	42 000	20%：80%	6 000	24 000	12 000
	赔款	限额内分配比例	分出公司自负赔款	分入公司分摊赔款	分出公司另行安排业务的赔款
(1)	160 000	100%：0	160 000	0	0
(2)	480 000	25%：75%	120 000	360 000	0
(3)	1 200 000	20%：80%	171 429	685 714	342 857

从上面的例子可以看出，溢额再保险与成数再保险相比较，其最大区别是，如果某一笔业务的保险金额未超过分出公司的自留额，无须办理分保，只有在保险金额超过自留额时，才将超过的部分分给再保险人。也就是说，溢额再保险的自留额是一个确定的数额，不随保险金额的大小而变动，而成数再保险的自留额表现为保险金额的固定百分比，随保险金额的大小而变动。

溢额再保险有一个重要的特点，就是分出公司根据其可能承保的业务规模和自身的实际承保能力、分入公司的实际分入能力或分入意愿，可以对溢额再保险合同分层设计。如果需要分出的业务的保险金额不大，而分入公司的承受能力又比较强，安排一个层次的再保险合同可能就足够了。反之，如果需要分出的业务的保险金额较大，而分入公司的承受能力又比较弱，安排一个层次的再保险合同可能就不够用了，因而需要安排两个层次的再保险合同。对于保额特别巨大或风险程度极高的再保险业务，分出公司还可安排第三层次或更多层次的溢额再保险合同。需要注意的是，在存在两个或两个以上层次的一组溢额再保险合同中，只有第一个层次的溢额再保险合同中的自留额，才是真正意义上的自留额，其余层次的"自留额"，都是前一层次分出公司的"自留额"与分入公司的分入限额之和。例如，第二层次溢额合同的"自留额"，为第一层次溢额合同分出公司自留额与分入公司的分入限额之和。超过该"自留额"以上的部分，才分给第二层次溢额合同的分入公司，直至其分入限额。同样，第三层次溢额合同的"自留额"，为第二层次溢额合同的"自留额"与分入公司的分入限额之和。超过"自留额"以上的部分，才分给第三层次溢额合同的分入公司，直至其分入限额。如有更高层次的溢额合同,均以此类推。

例如,某分出公司就海上运输货物保险安排了两个层次的溢额再保险合同。每一航次每一船上的货物为一个危险单位。合同规定分出公司的自留额为 5 000 000 元,第一溢额再保险合同分入公司的分入限额为 4 线,第二溢额再保险合同分入公司的分入限额为 3 线。假定保险费率均为 4%。有关保险金额、保险费、赔款以及保险金额的分割、保险费的分配和赔款的分摊如表 15-5 所示。

表 15-5

保险金额,保险费和赔款在原保险人与再保险人之间的分割与分配

单位:元

类 别		A 船货物	B 船货物	C 船货物
总 额	保险金额	25 000 000	20 000 000	40 000 000
	总保险费	1 000 000	800 000	1 600 000
	总赔款	3 000 000	6 000 000	3 200 000
分出公司	保险金额	5 000 000	5 000 000	5 000 000
	所占比例	20%	25%	12.5%
	保险费	200 000	200 000	200 000
	赔款	600 000	1 500 000	400 000
第一层次分入公司	分保额	20 000 000	15 000 000	20 000 000
	分保比例	80%	75%	50%
	分保险费	800 000	600 000	800 000
	分摊赔款	2 400 000	4 500 000	1 600 000
第二层次分入公司	分保额	0	0	15 000 000
	分保比例	0	0	37.5%
	分保险费	0	0	600 000
	分摊赔款	0	0	1 200 000

再保险合同可以分层设计,这是溢额再保险的一个重要的优点。这一优点使得溢额再保险具有巨大的合同容量,可以消化和吸收巨额风险。

在溢额再保险方式被采用后的一个较长时期里,由于每笔保险业务的保险金额、原保险人的自留额和需要向外分出的保险金额都很有限,再保险人接受的分入责任多为自留额的整数倍。由于经济的迅速发展和社会财富的快速集中,分出公司承保能力的显著扩大,每笔业务的保险金额、分出公司的自留额和需要向外分出的保险金额都大幅度增加。因此,在现代溢额再保险中,多数分入公司很少接受大于分出公司自留额的责任,而是倾向于把每一线溢额再分成若干份,只接受其中的1/2线或1/4线等,或者把每一线溢额折合成相应的百分率,分入公司只接受其中的比率,如5%、10%等。

二、非比例再保险的基本形式

非比例再保险有险位超赔再保险、事故超赔再保险和赔付率超赔再保险三种。

1. 险位超赔再保险

险位超赔再保险(Excess of Loss Per Risk Basis)是指在合同中分出公司首先确定其对每一危险单位可能发生的赔款的自负责任额,分入公司在该自负责任额之上确定其最高赔款责任限额的再保险。在险位超赔再保险形式下,当一个风险单位的实际赔款不超过分出公司的自负责任额时,全部赔款都由分出公司负责。只有当一个危险单位的实际赔款超过分出公司的自负责任额时,分入公司才在最高责任限额以内负责超过分出公司自负责任额以上至其最高责任限额的部分。

例如,在一份险位超赔再保险合同中规定,原保险人自负责任额为1 000 000元,分入公司的最高赔款责任限额为4 000 000元。在一次灾害事故中有三个风险单位发生损失,损失金额分别为300 000元、1 400 000元和5 200 000元。按照合同规定的条件,分出公司和分入公司各自应负担的赔款如表15-6所示。

表15-6

赔款在原保险人与再保险人之间的分摊

单位:元

赔款		分出公司 自负赔款	分入公司 分摊赔款	分出公司另行 安排业务的赔款
(1)	300 000	300 000	0	0
(2)	1 400 000	1 000 000	400 000	0
(3)	5 200 000	1 000 000	4 000 000	200 000

2. 事故超赔再保险

事故超赔再保险(Excess of Loss Per Event Basis)是指在合同中分出公司首先确定其对每一事故可能发生的赔款的自负责任额,分入公司在该自负责任额之上确定其最高赔款责任限额的再保险。在事故超赔再保险形式下,在一次事故的实际赔款不超过分出公司的自负责任额时,全部赔款都由分出公司负责。只有一次事故的实际赔款超过分出公司的自负责任额时,分入公司才在最高责任限额以内负责超过分出公司自负责任额以上的部分。

例如,在一份事故超赔再保险合同中规定,原保险人自负责任额为 1 000 000 元,分入公司的最高赔款责任限额为 4 000 000 元。在一次灾害事故中有三个险位发生损失,损失金额仍分别为 300 000 元、1 400 000 元和 5 200 000 元。按照合同规定的条件,分出公司和分入公司各自应负担的赔款如表 15-7 所示。

表 15-7

赔款在原保险人与再保险人之间的分摊

单位:元

赔　　款	分出公司 自负赔款	分入公司 分摊赔款	分出公司另 行安排的赔款
300 000	0	0	0
1 400 000	0	0	0
5 200 000	0	0	0
合计: 6 900 000	1 000 000	4 000 000	1 900 000

与溢额再保险合同相同,事故超赔再保险合同也可以分层设计。也就是说,如果原保险人认为一次事故的责任较大,一个分入公司很难接受超过其自负责任额后的全部责任,可以分层次与两个或两个以上的分入公司分别订立再保险合同。在多层次的再保险合同中,只有第一层次的再保险合同中的自负责任额是分出公司的实际自负责任额。第二层次的再保险合同中的"自负责任额",实际上是第一层次再保险合同中分出公司的自负责任额与分入公司的最高责任限额之和。第三层次的再保险合同中的"自负责任额",实际上是第二层次的"自负责任额"与分入公司的最高责任限额之和。其余以此类推。

例如,某分出公司估计其下一年度一次事故中最大累积赔偿责任(多个保险标的的赔偿责任之和)为 15 000 000 元,而其自身适宜的赔偿责任不超过 2 500 000 元。超过 2 500 000 元以上的赔偿责任又不是一家分入公司能够承担得了的。在这种情况下,该公司可以选择与两家或两家以上的分入公司订立两份或两份以上的分层次的再保险合同。比如,该分出公司与 A 公司订立一份分出公司自负责任额为 2 500 000 元,分入公司的最高责任限额为 4 000 000 元的事故超赔再保险合同。接下来该分出公司与 B 公司订立了一份自负责任额为 6 500 000 元,分入公司最高责任限额为 3 000 000 元的事故超赔再保险合同。最后该分出公司又与 C 公司订立了一份自负责任额为 9 500 000 元,分入公司最高责任限额为5 500 000元的事故超赔再保险合同。

如果在这一组分层次的再保险合同有效期内,保险事故发生,各个风险单位的赔偿责任之和没有超过第一层次合同中规定的自负责任额2 500 000元,则全部赔偿责任由分出公司自己承担。如果各个风险单位的赔偿责任之和超过了第一层次合同中规定的自负责任额2 500 000元,那么2 500 000元的赔偿责任由分出公司自己承担;超过2 500 000元以上的赔偿责任,按照分层次再保险合同的规定由各分入公司依次承担。比如,在一次事故中,各风险单位的赔偿责任之和为10 500 000元。对此,先由分出公司负责其中的2 500 000元;再由分入公司A承担超过2 500 000元以上的赔款中的4 000 000元;超过6 500 000元以上的赔款中的3 000 000元,由分入公司B负责赔偿;超过9 500 000元以上的1 000 000元,由分入公司C负责赔偿。

3. 赔付率超赔再保险

赔付率超赔再保险(Excess of Loss Ratio)是指在合同中分出公司根据一定时期内(通常为1年)可能发生的净赔款占全部净保险费收入的比率首先确定其自负责任的比率,分入公司在该自负责任比率之上确定其最高责任比率的再保险。在赔付率超赔再保险形式下,在一定时期内(通常为1年)实际发生的净赔款占全部净保险费收入的比率不超过分出公司的自负责任比率时,全部赔款都由分出公司负责。只有在这个时期内实际发生的净赔款占全部净保险费收入的比率超过分出公司的自负责任比率时,超过的部分在最高责任比率的界限内由分入公司负责。为了控制分入公司的风险或责任,在合同中还要有分入公司最高赔款限额的规定。

赔付率再保险保障的是赔付率,因此如何计算赔付率至关重要。赔付率在实务中通常采用以本年度赔款净额与净保险费收入的比率来计算,即:

$$\text{赔付率} = \frac{\text{赔款净额}}{\text{年净保费收入}} \times 100\%$$

$$\text{净保险费收入} = \text{毛保险费} + \text{加保险费} - \text{退保险费} - \text{分保佣金} - \text{再保险费支出} - \text{保险费税款} - \text{盈余佣金}$$

$$\text{赔款净额} = \text{已发生赔款(包括理赔及诉讼费用)} - \text{收回的赔款(赔款之追偿)} - \text{摊回的再保险赔款}$$

例如,在一份赔付率超赔再保险合同中规定,原保险人自负责任比率为60%,分入公司的最高责任比率为超过60%以上的70%,分入公司最高赔款限额为15 000 000元。假如有三种情况:第一种情况是,分出公司列入该再保险合同的业务的年净保险费收入为25 000 000元,年净赔款为11 250 000元;第二种情况是,分出公司列入该再保险合同的业务的年净保险费收入为21 000 000元,年净赔款为23 100 000元;第三种情况是,分出公司列入该再保险合同的业务的年净保险费收入为18 000 000元,年净赔款为28 440 000元。在这三种不同的情况下,分出公司与分入公司各自应承担的赔款责任如表15-8所示。

表 15-8

赔款在原保险人和再保险人之间的分摊

单位：元

年净保险费收入	年净赔款	赔付率	分出公司自负赔款	分入公司分摊赔款	分出公司另行安排的赔款
25 000 000	11 250 000	45%	11 250 000	0	0
21 000 000	23 100 000	110%	12 600 000	10 500 000	0
18 000 000	28 440 000	158%	10 800 000	12 600 000	5 040 000

与比例再保险以及非比例再保险的其他两种形式不同，赔付率超赔再保险这种非比例再保险形式的适用范围相对较窄。它主要适用于每次赔款数额不是很大，但在1年中可能有多次赔款发生，从而1年中的赔款总额较大的保险业务。

赔付率再保险合同也可以分层设计。在本例中，如果保险人要求得到更大的保障，可与另一分入公司订立第二层次的赔付率再保险合同，如规定第二层次的分入公司负责超过130%到160%的赔款等。倘若有这样一个第二层次的赔付率再保险合同存在，则在此情况下实际赔付率超过130%以上的部分，即5 040 000元的赔款，可由第二层次的分入公司负责。

本 章 小 结

再保险是指保险人与投保人或被保险人订立保险契约后，为了将其所承担的风险责任全部或部分地转移出去，再与其他保险人就同一保险标的订立保险契约的经济行为。再保险与原保险或直接保险之间存在着密切的联系。再保险是在原保险的基础上形成的，没有原保险，就没有再保险。

根据原保险承保的风险种类的不同，可以将再保险分为财产风险再保险、人身风险再保险和责任风险三大类。根据分保合同订立的时间及其对合同双方当事人的约束力的不同，可以将再保险分为临时再保险、合约再保险和预约再保险三大类。根据责任限制的方式的不同，可以将再保险分为比例再保险和非比例再保险。

成数再保险是指原保险人与再保险人在合同中约定保险金额的分割率，将每一危险单位的保险金额，按照约定的比率在分出公司与分入公司之间进行分割的再保险。溢额再保险是指原保险人与再保险人在合同中约定自留额和最高分入限额，将每一危险单位的保险金额超过自留额的部分分给分入公司，并按实际形成的自留额与分出额的比例分配保险费和分摊赔款的再保险。险位超赔再保险是指在合同中分出公司首先确定其对每一危险单位可能发生的赔款的自负责任额，分入公司在该自负责任额之上确定其最高赔款责任限额的再保险。事故超赔再保险是指在合同中分出公司首先确定其对每一事故可能发生的赔款的自负责任额,分入公司在该自负责任额之上确定其最高赔款责任限额的再保险。赔付率超赔再保险是指在合同中分出公司根据一定时期内可能发生的净赔款占全部净保险费收入的比率首先确定其自负责任的比率,分入公司在该自负责任比率之上确定其最高责任比率的再保险。

关 键 词

再保险 临时再保险 合约再保险 预约再保险 比例再保险 非比例再保险 成数再保险 溢额再保险 险位超赔再保险 事故超赔再保险 赔付率超赔再保险

复习思考题

1. 简述再保险与原保险的关系。
2. 简述成数再保险与溢额再保险的异同。
3. 简述险位超赔再保险与事故超赔再保险的异同。
4. 举例说明什么是赔付率超赔再保险。
5. 简述比例再保险与非比例再保险的差异。

第十六章 保险精算

保险精算是以数学、统计学、人口学、金融学、保险学等学科为手段,研究保险经营的各个环节的数量分析方法,为保险公司良好运作、制定决策提供科学依据和工具的一门科学。

第一节 保险精算概述

一、保险精算的产生与发展

保险精算的起源可以追溯到1662年。当时,戈朗特出版了《基于死亡证明书的自然与政府的观察报告》,戈朗特的观察包括"一些是关于贸易和政府,另一些则是关于大气、国土、季节、收成、健康、疾病、寿命及人类性别、年龄间的比例"。他给出了一个100人的生命表,并假定了今后每十年死去的人数,直到最后一人死于76岁。这张表被人们认为是现代死亡表的先驱。1693年,哈雷发表了他的一张生命表。一些学者把这张生命表的发表看作精算科学的开始。1755年,英国数学家多德森也发表了他的生命表。1762年成立的英国公平人寿保险公司就是根据多德森的精算结果收取保险费的,公平人寿保险公司也因而被认为是第一家建立在科学准则基础之上的寿险公司。多德森死后,公平人寿保险公司用"Actuary"(精算师)一词来指代其主要的行政官员,事实上当时没有一位精算师能够履行现代意义下的精算师职责,他们在需要计算时往往去请一位数学家来做。直到1779年,摩根发表了《年金及人寿、生存保险的准则》后,他才成为第一位在现代意义下可被称作精算师的人。此后,精算学在保险业中得到了越来越广泛的应用和发展。先是在1849年,英国伦敦成立了精算学会(Institute of Actuaries)。后来在1856年,苏格兰成立了精算学院。1895年,国际性精算组织——国际精算会议(International Congress of Actuaries)在比利时首都布鲁塞尔成立。1949年,北美精算学会(SOA)成立,截至1996年,该学会约有16 558个会员,为世界上最大的精算组织。

英国的精算组织强调的是训练、考试和讨论问题的会议。英语国家的大多数精算组织都模仿了英国的模式,依赖于自学和考试而不是在大学里进行培训。但现在,大学在精算教育中扮演了越来越重要的角色。

需要注意的是,保险精算起源于寿险保险费的计算,保险精算的发展与寿险经营有着历史渊源。伴随着寿险业的发展,寿险精算最终形成了一个完整的体系。随着科学技术的进步,特别是数理统计学的发展,在第二次世界大战后,非寿险精算理论和技术日益完善起来,适合非寿险经营的保险费理论和风险理论的发展更为突出,并逐渐形成了自己的体系。非寿险精算的发展之所以迟于寿险精算的发展,主要原因是非寿险的数量分析比寿险精算更为困难。

作为一门学科,保险精算自新中国成立以来很长一段时间是一片空白。1987年,北美精算学会(SOA)同南开大学签订合作协议,开始帮助我国培养精算学生,由此揭开了新中国保险精算教育的序幕。1988年,南开大学开始招收精算专业研究生,1991年湖南财经学院开始招收精算专业本科生,1994年,复旦大学设立友邦—复旦精算中心,北美精算学会先后在我国大陆设立了12个考试中心,设有保险专业的高校也陆续开设精算方面的课程,这一切表明,我国的精算教育从无到有,进入了飞速发展的阶段,为保险业输送了大批急需的精算专业人才。随着我国保险事业的发展,保险精算在保险经营过程中的重要地位日益引起人们的重视和再认识。

二、保险精算的地位与作用

保险行业经营的对象是风险。众所周知,风险具有不确定性、偶然性,但也具有可测性。通过大量风险资料的积累和综合分析,风险完全可以被预测和评估。保险业经营状态本质上取决于风险预测与实际发生情况是否接近或一致。

保险精算是保险公司安全经营的保证,保险精算在保险业中占据举足轻重、不可替代的地位。每家规范运作的保险公司都必须有若干名取得专业资格的委任精算师。精算师是指那些在保险公司专司精算职责的人,他们对于公司的财务安全负有重大责任。以寿险公司为例,大多数寿险合同是长期性合同,投保人同保险公司订立寿险合同后,通常要经过很长一段时间才可能获得赔付,在这段相当长的时间内,很多因素(譬如法律、生产力、金融政策、税收、人口统计等)可能发生变化。由于这些变化因素的存在,保险公司无法在短期内衡量其经营的盈亏。为了保护投保人的利益和保险公司的财务安全,精算师必须担负严密监控、预测公司目前以及将来的财务状况变化,合理、准确设计新产品费率,随时汇报潜在问题的责任。如果保险公司没有针对问题采取措施的话,精算师更有责任向政府有关部门报告。所有这些工作都是为了确保保险公司的财务运作不致陷入困境,保持保险公司长期安全运作。精算师的工作不仅代表保险公司的利益,同时也体现了监管部门的监管功能,最终目的在于维护广大保户的利益乃至社会公众利益。

保险精算的基本任务包括:① 设计新险种并科学厘定费率;② 计算责任准备金;③ 根据经济环境变化,为保险投资决策提供依据;④ 分析保险公司的利润来源;⑤ 参与编制各项年度报表；⑥ 协助职能部门，根据统计资料研究各险种效益以及费率调整，以适应市场竞争的要求；⑦ 预测保险公司的偿付能力和破产风险；⑧ 参与保险公司或企业的风险管理；⑨ 研究再保险安排、再保险费率。

第二节 保险精算的基本原理

一、大数定律

（一）切比雪夫大数定律

设 $X_1, X_2, \cdots, X_n$ 是由相互独立的随机变量所构成的序列，每一随机变量都有有限的方差，并且它们有公共上界，即：

$$Var(X_1) \leqslant C, Var(X_2) \leqslant C, \cdots, Var(X_n) \leqslant C$$

则对于任意的 $\varepsilon > 0$，都有：

$$\lim_{n \to 0} P\{|\frac{1}{n}\sum_{i=1}^{n} X_i - \frac{1}{n}\sum_{i=1}^{n} E(X_i)| < \varepsilon\} = 1$$

切比雪夫大数定律阐述的是大量随机因素的平均效果与其数学期望有较大偏差的可能性越来越小的规律。从风险的角度看，它表明，如果以 X_i 表示第 i 个风险单位的未来损失，则当 n 很大时，n 个风险单位未来损失和以概率 1 接近它们的期望值。这就是保险人把未来损失的期望值作为纯保险费的主要根据。

当保险人承保了 n 个相互独立的保险标的后，尽管每个风险单位的实际损失 X_i 不会等于其期望值 $E(X_i)$，但当保险标的数 n 足够大时，保险标的的平均损失 $\frac{1}{n}\sum_{k=1}^{n} X_k$ 与其损失的平均期望值 $\frac{1}{n}\sum_{k=1}^{n} E(X_k)$ 几乎相等。换言之，如果保险人按照每个风险单位的未来损失期望值作为纯保险费来收取，则当其聚集风险单位足够多时，这些纯保险费将足够支付保险人未来作出的损失赔偿。

（二）贝努利大数定律

在事件 A 发生的概率为 p 的 n 次贝努利模型中，令 μ_n 表示 A 发生的次数，则对 $\varepsilon > 0$，有：

$$\lim_{n \to \infty} P\{|\frac{\mu_n}{n} - p| < \varepsilon\} = 1$$

需要注意的是，该定律的结论虽然简单，但其意义却相当深刻。将与事件 A 有关的试验重复 n 次，结果一共出现 μ_n 次，则 μ_n/n 便是事件 A 在 n 次试验中出现的频率。贝努利大数定律表明，当 n 很大时，频率 μ_n/n 以概率 1 接近概率 p，正好验证了"任何事件的概率是它的频率的稳定值"这一结论。这一定律提供了以频率解释概率的数理基础,对于保险人利用统计资料来估测未来损失概率具有重要意义。

保险标的的损失概率决定了保险产品的价格。保险人利用以往的经验数据求得保险标的发生的频率,并以此频率值作为损失概率的估计值。尽管损失频率与损失概率之间不可避免地存在偏差,但根据贝努利大数定律,损失概率的估计值与实际损失概率之间的偏差,随着保险标的数目的增加而减小。

二、保险定价原理

保险产品的定价是指保险产品价格(即保险费)的确定过程。保险费是保险人为承担确定保险责任而向投保人收取的费用。保险费的确定涉及与险种相关的保险标的类别、危险程度、保险责任范围、保险期限等因素。保险人应在全面、科学地考虑这些因素的基础上来定价。

保险产品的定价必须遵循充足性、合理性、公平性原则。充足性是指保险产品的费率应该保证保险人足够抵补一切可能发生的给付和相关费用。费率不足,将会导致保险公司缺乏偿付能力。合理性是指保险费不应超出保险人的合理支出(费用、利润等)的范围。公平性是指保险人承担的保险责任与投保人交付的保险费对等。需要注意的是,合理性是针对险种的平均费率而言的,而合理的费率不一定是公平的费率。公平性并不是要求保险人实现绝对的公平,而是要求保险人应当根据保险标的的风险状况进行风险分类,对不同的类别确定不同的价格,以实现相对公平。

保险费由两部分构成:① 纯保险费,即按照保险人未来保险金支出计算所得的部分;② 附加保险费,即保险人用于经营业务所需的费用和利润的部分。在本章的后面几节中,我们只研究与纯保险费相关的计算原理。

纯保险费的计算必须在精算等价原理下进行。精算等价原理又称收付平衡原理。

对于寿险来说,趸缴纯保险费的计算公式为:

$$趸缴纯保险费 = E(保险人未来收取的分期纯保险费的现值)$$
$$= E(保险人未来支付的保险金的现值)$$

对于非寿险来说,纯保费的计算公式为:

$$纯保险费 = E(保险人未来支付的保险金)$$

这里,寿险与非寿险的计算公式的主要差别在于:① 由于寿险合同具有长期性,所以必须考虑利息的作用;而非寿险合同的保险期限通常为1年或更短,可以忽略利息的影响。② 寿险保险费的交付方式可以是趸缴或分期缴纳,而非寿险通常是一次性缴纳。

根据精算等价原理我们可以确定各种险种的纯保险费。

第三节 寿险精算

一、现值与年金

（一）现值

我们通常将投资 1 单位货币的资金（本金），在一定时期（投资期间）后所获得的余额称为累积值，并将累积值超出本金的部分称为利息。利息常用 i 表示。如图 16-1 所示，在年初投资 1 元，在年末将累积到 $(1+i)$。通常将 $(1+i)$ 称为累积因子。

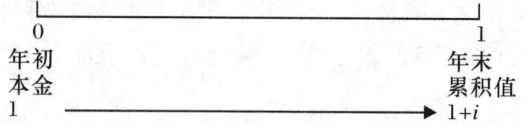

图 16-1　累积因子示意图

如果将 1 元资金投资 n 年，且每年以复利计息，则各年末的累积值将为 $(1+i)$，$(1+i)^2$，…，$(1+i)^n$，呈几何级数增长（如图 16-2 所示）。

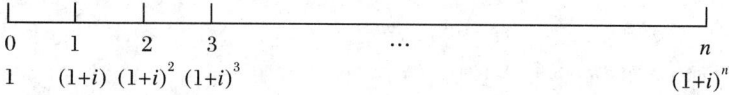

图 16-2　累积因子的作用示意图

在保险实务当中，经常需要考虑的问题是，在年初投入多少资金，才能在 1 年末累计为 1？显然，这个问题的答案是 $(1+i)^{-1}$（如图 16-3 所示）。

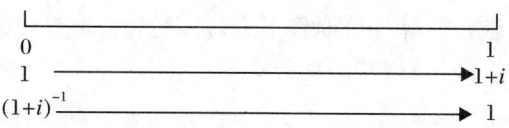

图 16-3　折现示意图

可以定义：

$$v = \frac{1}{1+i}$$

并称 v 为贴现因子或折现因子。v 是未来 1 年末的 1 单位货币资金的现在的价值，即现值。

【例 16-1】 现在投资 100 元，假定年利率为 3‰，求第一年年末和第三年年末的累积金额。

第一年年末的累积金额＝100×(1+3%)＝103(元)
第三年年末的累积金额＝100×(1+3%)³＝109.27(元)

【例 16-2】 沿用[例 16-1]的资料，现在需要投入多少资金，才能在第三年年末累积到 100 元(假定年利率为 3%)？

$$100v^3 = 100(1+3\%)^{-3} = 91.51(元)$$

(二)年金

年金是指按相等的时间间隔支付的系列付款。我们将在固定时期内支付确定金额款项的年金称为确定年金，而将每次的付款以某人生存为前提条件的年金称为生存年金。在本部分中，我们的讨论只限于确定年金，而将生存年金留在后面讨论。

1. 延付年金

假定有这样一种确定年金，每年年末付款一次，每次付款额为 1，共有 n 次付款，这种年金称为延付年金(如图 16-4 所示)。假定利率为 i，我们将该年金的所有付款余额的现值之和记为 $a_{\overline{n}|i}$(在 i 取唯一值的条件下，可简记为 $a_{\overline{n}|}$)，并称为该年金的现值。

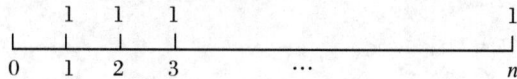

图 16-4 延付年金示意图

显然，$a_{\overline{n}|}$ 等于各年年末付款金额的现值之和。即：

$$a_{\overline{n}|} = v + v^2 + \cdots + v^n = \frac{v - v^{n+1}}{1 - v} = \frac{1 - v^n}{i}$$

【例 16-3】 有一笔 1 000 元的贷款，贷款利率为 4%，贷款期限为 10 年。假定该笔贷款以每年年末等额付款 R 的形式偿还，求 R 值。

$$1\,000 = R a_{\overline{n}|4\%}$$

$$a_{\overline{n}|4\%} = \frac{1 - (1.04)^{-10}}{0.04} = 8.1109$$

$$R = 123.29(元)$$

2. 初付年金

初付年金(如图 16-5 所示)与延付年金的不同之处，仅在于付款发生在各年年初。假定利率为 i，我们将该年金的所有付款金额的现值之和记为 $\ddot{a}_{\overline{n}|i}$(在 i 取唯一值的条件下，可简记为 $\ddot{a}_{\overline{n}|}$)。

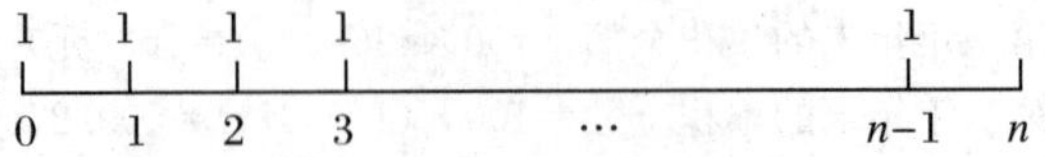

```
1   1   1   1           1
|---|---|---|---···---|---|
0   1   2   3         n-1  n
```
图 16-5 初付年金示意图

$$\ddot{a}_{\overline{n}|}=1+v+v^2+\cdots+v^n=\frac{1-v^{n+1}}{1-v}=\frac{1-v^n}{d}$$

其中,$d=1-v$ 称为贴现率。

显然,$\ddot{a}_{\overline{n}|}$ 与 $a_{\overline{n}|}$ 有以下关系:

$$\ddot{a}_{\overline{n}|}=(1+i)a_{\overline{n}|}$$

【例 16-4】 沿用[例 16-3]的资料,假定每年的付款 R 发生在各年年初,其他条件不变,求 R 值。

$$1\,000=R\ddot{a}_{\overline{n}|4\%}$$

$$d=1-v=1-\frac{1}{1+i}=\frac{i}{1+i}=\frac{0.04}{1.04}=3.8462\%$$

$$\ddot{a}_{\overline{n}|4\%}=\frac{1-(1.04)^{-10}}{0.038462}=8.4353$$

$$R=118.55(元)$$

二、生命表

生命表又称死亡表,是通过观察特定大群体人们的死亡状况,由此得出各年龄的死亡率以及生存死亡状况的数表。生命表是寿险费率和责任准备金的计算依据。

生命表的一般形式见表 16-1,表中的数字是假设的。

表 16-1

生 命 表 范 例

x	l_x	d_x	p_x	q_x	e_x
0	100 000	137	0.99863	0.00137	75.99
1	99 863	98	0.99902	0.00098	75.09
2	99 765	67	0.99933	0.00067	74.16
⋮	⋮	⋮	⋮	⋮	⋮
⋮	⋮	⋮	⋮	⋮	⋮
50	94 353	417	0.99558	0.00442	28.55
51	93 936	464	0.99506	0.00494	27.67
⋮	⋮	⋮	⋮	⋮	⋮
⋮	⋮	⋮	⋮	⋮	⋮
105	0.8165	0.8165	0.00000	1.00000	0.50
106	0				

表 16-1 中，x 表示年龄，l_x 表示 10 万名新生儿到 x 岁时仍生存的人数，d_x 表示 10 万名新生儿在 x 岁死亡的人数，p_x 表示 x 岁的人再活 1 年或以上的概率，q_x 表示 x 岁的人在 1 年或以内死亡的概率，e_x 表示平均剩余寿命。

上面的数表可以这样解释，同时出生的新生儿 100 000 人，其中 137 人在 1 年内死亡，活到 1 岁的是 99 863 人，在 1 岁的人中接下来的 1 年内死亡的人数是 98 人，活到 2 岁的是 99 765 人，依次类推。

由上可知：

$$l_x - d_x = l_{x+1} \tag{16-1}$$

$$l_x = d_x + \cdots + d_{x+n-1} + l_{x+n} \tag{16-2}$$

$$p_x = \frac{l_{x+1}}{l_x} \tag{16-3}$$

由表 16-1 我们可以算出各种有用的概率，如生存概率、死亡概率等。为了方便，以后用 (x) 表示年龄为 x 岁的被保险人。

$_np_x$ 表示 (x) 在 n 年间生存的概率，则：

$$_np_x = \frac{l_{x+n}}{l_x} \tag{16-4}$$

$_nq_x$ 表示 (x) 在 n 年内死亡的概率，则：

$$_nq_x = \frac{l_x - l_{x+n}}{l_x} = 1 - {_np_x} \tag{16-5}$$

$_{f|}q_x$ 表示 (x) 在 f 年间生存，在其后的 1 年内死亡的概率，则：

$$_{f|}q_x = \frac{d_{x+f}}{l_x} = \frac{l_{x+f} - l_{x+f+1}}{l_x} = {_fp_x} - {_{f+1}p_x} \tag{16-6}$$

$_{f|r}q_x$ 表示 (x) 在 f 年间生存，在其后的 r 年内死亡的概率，则：

$$_{f|r}q_x = \frac{l_{x+f} - l_{x+f+r}}{l_x} = {_fp_x} - {_{f+r}p_x} \tag{16-7}$$

$\overset{\circ}{e}_x$ 表示 (x) 以后的平均寿命，e_x 表示 (x) 以后的整数平均寿命，则：

$$e_x = \frac{1}{l_x}(0d_x + 1d_{x+1} + 2d_{x+2} + \cdots) = \frac{1}{l_x}(l_{x+1} + l_{x+2} + \cdots) = p_x + {_2p_x} + {_3p_x} + \cdots \tag{16-8}$$

如果死亡呈均匀分布，则：

$$\overset{\circ}{e}_x = e_x + 1/2$$

三、寿险趸缴纯保险费的计算

在本节中，我们将讨论各种人寿保险（死亡年末给付）的趸缴纯保险费的计算方法。无论是趸缴纯保险费还是分期保险费的计算都依赖各个年龄的死亡率和预定利率，死亡率可以由生命表得到，预定利率有的由国家统一规定，有的国家由保险公司自行规定。

1. n 年定期寿险（死亡年末给付）的趸缴纯保险费

n 年定期寿险（死亡年末给付）又称 n 年死亡保险（死亡年末给付），是指保险人只对被保险人在保险期限内的保险责任范围内的死亡在年末给付保险金的保险。

除非特别声明，在以后的讨论中，我们约定保险金为 1 元。

假定被保险人的年龄为 x 岁，投保人数是 l_x 人，年初每个投保人应缴的纯保险费为 $A^1_{x:\overline{n}|}$ 元，则保险公司收取的纯保险费总额为 $l_x \cdot A^1_{x:\overline{n}|}$ 元。

依据生命表的规律，投保的 l_x 人中第一年有 d_x 个人死亡，在年末每人给付 1 元，共 d_x 元，给付额的现值为 vd_x 元；第二年有 d_{x+1} 个人死亡，给付额的现值为 $v^2 d_{x+1}$ 元……第 n 年有 d_{x+n-1} 个人死亡，其现值为 $v^n d_{x+n-1}$ 元。

依据收支平衡原理，保险公司支付保险金的现值总和与期初纯保险费的总和应相等，即：

$$l_x \cdot A^1_{x:\overline{n}|} = vd_x + v^2 d_{x+1} + \cdots + v^n d_{x+n-1}$$

由上式可得：

$$A^1_{x:\overline{n}|} = \frac{vd_x + v^2 d_{x+1} + \cdots + v^n d_{x+n-1}}{l_x} \tag{16-9}$$

2. 终身寿险（死亡年末给付）的趸缴纯保险费

终身寿险（死亡年末给付）是指被保险人在保险单生效后的任何时刻，发生保险责任范围内的死亡，保险人在被保险人死亡年末给付保险金的保险。

利用类似 n 年定期寿险（死亡年末给付）的趸缴纯保险费计算方法可以得到终身寿险（死亡年末给付）的趸缴纯保险费的计算公式：

$$A_x = \frac{vd_x + v^2 d_{x+1} + \cdots + v^{\omega-x+1} d_\omega}{l_x} \tag{16-10}$$

3. 延期寿险（死亡年末给付）的趸缴纯保险费

延期 m 年的终身寿险是指被保险人投保 m 年后，发生保险责任范围内的死亡，保险人在被保险人死亡年末给付保险金的保险。

利用类似 n 年定期寿险（死亡年末给付）的趸缴纯保险费计算方法可以得到延期寿险（死亡年末给付）的趸缴纯保险费的计算公式：

$$_{m|}A_x = \frac{v^{m+1} d_{x+m} + \cdots + v^{\omega-x+1} d_\omega}{l_x} \tag{16-11}$$

4. 生存保险和两全保险（死亡年末给付）的趸缴纯保险费

n 年期生存保险是指当被保险人生存到 n 年期满时，保险人在第 n 年年末支付保险金的保险。假定被保险人的年龄为 x 岁，投保人数是 l_x 人，年初每个投保人应缴的纯保险费为 $A^1_{x:\overline{n}|}$ 元，则保险公司收取的纯保险费总额为 $l_x A^1_{x:\overline{n}|}$ 元。

依据生命表的规律，投保的 l_x 人中第 n 年年末有 l_{x+n} 个人生存，每人给付 1 元，共

l_{x+n} 元,给付额的现值为 $v^n l_{x+n}$ 元。

依据收支相等原则,保险公司支付保险金的现值与期初纯保险费的应相等,即:

$$l_x A^1_{x:\overline{n}|} = v^n l_{x+n}$$

则:

$$A^1_{x:\overline{n}|} = \frac{v^n l_{x+n}}{l_x} \tag{16-12}$$

两全保险(死亡年末给付)是指保险人不仅对被保险人在保险期限内的保险责任范围内的死亡在年末给付保险金,而且当被保险人生存到 n 年期满时,保险人在第 n 年末支付保险金的保险。显然可得两全保险(死亡年末给付)的趸缴纯保险费的计算公式为:

$$A_{x:\overline{n}|} = A_{x:\overline{n}|}^{\ 1} + A^1_{x:\overline{n}|} \tag{16-13}$$

四、生存年金

生存年金是指以某人生存为条件,按相等的时间间隔支付的系列付款。这里的某人可以是年金受领人,也可以是被保险人。

1. 终身生存年金

终身生存年金分为期初终身生存年金和期末终身生存年金。

期初终身生存年金是指每个保险单年初给付 1 元,直到年金受领人死亡的保险。

假定被保险人的年龄为 x 岁,投保人数是 l_x 人,年初每个投保人应缴的纯保险费为 $\ddot{a}_{\overline{x}|}$ 元,则保险公司收取的纯保险费总额为 $l_x \ddot{a}_{\overline{x}|}$。

依据生命表的规律,投保的 l_x 人中第一年年初有 l_x 个人生存,每人给付 1 元,共 l_x 元,第二年年初有 l_{x+1} 个人生存,每人给付 1 元,共 l_{x+1} 元,给付额的现值为 $v l_{x+1}$ 元,依次类推,第 $\omega - x + 1$ 年年初有 l_ω 个人生存,每人给付 1 元,共 l_ω 元,给付额的现值为 $V^{\omega-x} l_\omega$ 元。

依据收支相等原则,保险公司支付保险金的现值总和与期初纯保险费的总和应相等,即:

$$l_x \ddot{a}_{\overline{x}|} = l_x + v l_{x+1} + \cdots + v^{\omega-x} l_\omega$$

则:

$$\ddot{a}_{\overline{x}|} = \frac{l_x + v l_{x+1} + \cdots + v^{\omega-x} l_\omega}{l_x} \tag{16-14}$$

期末终身生存年金是指每个保险单年度末给付 1 元,直到年金受领人死亡的保险。利用类似期初终身生存年金的趸缴纯保险费计算方法可以得到期末终身生存年金的趸缴纯保险费的计算公式：

$$a_x = \frac{vl_{x+1} + \cdots + v^{\omega-x}l_\omega}{l_x} \tag{16-15}$$

2. 定期生存年金

定期生存年金分为期初定期生存年金和期末定期生存年金。

期初定期生存年金是指当年金受领人生存时，每个保险单年初给付 1 元的 n 年定期保险。期末定期生存年金是指当年金受领人生存时，每个保险单年末给付 1 元的 n 年定期保险。

利用类似期初终身生存年金的趸缴纯保险费计算方法，可以得到期初定期生存年金的趸缴纯保险费和期末定期生存年金的趸缴纯保险费的计算公式分别为：

$$\ddot{a}_{x:\overline{n}|} = \frac{l_x + vl_{x+1} + \cdots + v^{n-1}l_{x+n-1}}{l_x} \tag{16-16}$$

$$a_{x:\overline{n}|} = \frac{vl_{x+1} + \cdots + v^n l_{x+n}}{l_x} \tag{16-17}$$

第四节 年缴纯保险费与责任准备金

一、年缴纯保险费

趸缴纯保险费是被保险人在投保时一次缴清的保险费，金额往往很大，有的投保人很难办到。为了解决这个矛盾，保险公司允许投保人分期交付保险费。每年交付一次的纯保险费称为年缴纯保险费。

我们仅以某人投保 n 年定期寿险（死亡年末给付）分 m 年付清的年缴纯保险费的计算方法为例，其他情形可以用同样的方法类似推导。

假定被保险人的年龄为 x 岁，投保人数是 l_x 人，年初每个投保人应缴的趸缴纯保险费为 $A^1_{x:\overline{n}|}$ 元，则保险公司收取的纯保险费总额为 $l_x \cdot A^1_{x:\overline{n}|}$ 元。

依据生命表的规律，投保的 l_x 人中第一年年初有 l_x 个人生存，每人交付保险费 $_mP^1_{x:\overline{n}|}$ 元，共 $l_x{_mP^1_{x:\overline{n}|}}$ 元，第二年年初有 l_{x+1} 个人生存，每人给付 $_mP^1_{x:\overline{n}|}$ 元，共 $l_{x+1}{_mP^1_{x:\overline{n}|}}$ 元，给付额的现值为 $vl_{x+1}{_mP^1_{x:\overline{n}|}}$ 元，依次类推，第 m 年年初有 l_{x+m-1} 个人生存，每人给付 $_mP^1_{x:\overline{n}|}$ 元，共 $l_{x+m-1}{_mP^1_{x:\overline{n}|}}$ 元，给付额的现值为 $v^{m-1}l_{x+m-1}{_mP^1_{x:\overline{n}|}}$ 元。

依据收付平衡原理，被保险人分期交付保险费的现值总和与期初纯保险费的总和应相等，即：

$$l_x{_mP^1_{x:\overline{n}|}} + vl_{x+1}{_mP^1_{x:\overline{n}|}} + \cdots + v^{m-1}l_{x+m-1}{_mP^1_{x:\overline{n}|}} = l_x \cdot A^1_{x:\overline{n}|}$$

则：

$$_mP^1_{x:\overline{n}|} = \frac{l_x \cdot A^1_{x:\overline{n}|}}{l_x + vl_{x+1} + \cdots + v^{m-1}l_{x+m-1}}$$

由(16-16)式可知：

$$_mP^1_{x:\overline{n}|} = \frac{A^1_{x:\overline{n}|}}{\ddot{a}^1_{x:\overline{m}|}} \tag{16-18}$$

二、责任准备金

责任准备金的形成源于自然保险费与均衡保险费的差异。以终身寿险为例，我们知道，在均衡保险费制下，投保人每期交付的纯保险费数额相同。但根据生命表规律得知，被保险人在投保后各年龄下的死亡率随着年龄的增长而逐渐加大，且超过某一年龄(60岁左右)后，死亡率的增幅变得非常剧烈。我们将被保险人在各年龄区间按所处年龄区间死亡率计算所得的纯保险费称为该被保险人在该年龄的自然保险费。被保险人在某一年龄下的自然保险费，实质上是该被保险人获得保险保障而必需的纯保险费。换言之，保险人每年按自然保险费向所有被保险人收取纯保险费，才能恰好足够支付各年度内所需作出的保险金给付。事实上，在均衡保险费制下，前期的均衡纯保险费高于自然保险费，后期的均衡纯保险费低于自然保险费(如图16-6所示)，保险人为了弥补后期自然保险费的不足，必须将前期超过自然保险费的部分积累起来，以便提供足够的保险费金。我们将保险人每年度提存以备支付保险金的那部分资金，称为保险人的责任准备金。正是由于责任准备金的存在，寿险保险单才具有了价值被称为保险单价值。如果被保险人在保险有效期内退保，保险人必须将该保险单在退保时已经积累的责任准备金，扣除手续费后退还被保险人，被保险人在退保时领取的金额被称为现金价值。

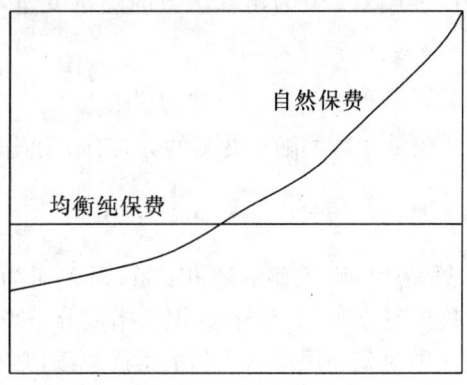

图16-6 均衡纯保险费与自然保险费的比较图

根据精算等价原理，投保人交付的纯保险费与保险人未来应付的保险金在保险单生效时的精算现值相等。经过一段时间双方未了责任和义务的等价关系会被破坏，投保人可能仍需交付保险费,也可能不再交付保险费,可是保险人仍负有给付保险金的责任。我们把经过一段时间后那一时点保险人未来应付的保险金的精算现值与投保人交付的纯保险费的精算现值的差额称为理论责任准备金。显然,责任准备金是保险人对被保险人的一种负债,责任准备金的提存,是为了保证对被保险人支付保险金。

理论上,责任准备金的计算方法有过去法和未来法,这里只介绍未来法。我们仅以某人投保 n 年定期寿险(死亡年末给付)分 n 年付清的年缴纯保险费的责任准备金计算方法为例,其他情形可以用同样的方法类似推导。

(x) 参加 n 年定期寿险(死亡年末给付),年缴纯保险费 $_nP^1_{x:\overline{n}|}$,在投保第 t 年年末,被保险人的年龄为 $x+t$ 岁,这时保险人未来应付的保险金的精算现值是 $A^1_{x+t:\overline{n-t}|}$,投保人交付的纯保险费的精算现值是 $_nP^1_{x:\overline{n}|}\ddot{a}_{x+t:\overline{n-t}|}$,所以责任准备金的计算公式为:

$$_tV^1_{x:\overline{n}|}=A^1_{x+t:\overline{n-t}|}-{_nP^1_{x:\overline{n}|}}\ddot{a}_{x+t:\overline{n-t}|} \tag{16-19}$$

第五节 非寿险精算

非寿险精算涉及的问题很多,主要有保险费率的确定、核保、准备金测算、利润分析、风险评估、偿付能力管理等内容。在此,我们仅对保险费的确定加以简单说明。

一、聚合风险模型

保险费率的确定,主要是纯费率的确定。在确定纯费率时,首先应该了解非寿险业务赔款发生的次数,以及每次赔款发生的额度。

用 N 表示某项风险在一年内发生的赔款次数的随机变量,可取值为 $0,1,2,\cdots$ 而且有:

$$P(N=k)=p_k \quad (k=0,1,2,\cdots)$$

实务中比较适用的描述赔款次数的随机变量的分布有泊松分布,这时有:

$$p_k=\frac{e^{-\lambda}\lambda^k}{k!} \quad (k=0,1,2,\cdots)$$

用 X 表示某项风险事故发生的赔款额的随机变量,则 X 可为连续型随机变量或离散型随机变量。一般的用对数正态分布、正态分布、混合指数分布来描述。

用 S 表示保险人在某年中对某项风险所支付的索赔总额,则有:

$$S=\sum_{i=1}^{N}X_i \tag{16-20}$$

其中,X_i 是某项风险事故在第 i 次发生赔款额,显然 $X_1,X_2,\cdots,X_N,\cdots$ 相互独立,和随机变量 X 的分布相同,而且和随机变量 N 是独立的。这就是著名的聚合风险模型。

记 $\alpha_k = E(X^k)$，由概率论的结论可得：

$$E(S) = E[E(S|N)] = E(\alpha_1 N) = \alpha_1 E(N) \tag{16-21}$$

$$Var(S) = E[Var(S|N)] + Var[E(S|N)]$$

$$Var(S|N=n) = Var(\sum_{i=1}^{n} X_i)$$

$$= \sum_{i=1}^{n} Var(X_i)$$

$$= n(\alpha_2 - \alpha_1^2)$$

$$Var(S|N) = N(\alpha_2 - \alpha_1^2)$$

$$Var(S) = E[N(\alpha_2 - \alpha_1^2)] + Var(N\alpha_1)$$

$$Var(S) = E(N)(\alpha_2 - \alpha_1^2) + Var(N)\alpha_1^2 \tag{16-22}$$

二、复合泊松分布

当 N 满足泊松分布时，这时聚合风险模型就变成复合泊松分布。由(16-21)和(16-22)可得：

$$E(N) = Var(N) = \lambda$$

$$E(S) = \lambda \alpha_1 \tag{16-23}$$

$$Var(S) = \lambda \alpha_2 \tag{16-24}$$

三、保险费率的确定

由(16-21)式和(16-22)式可以得到某项风险所支付的索赔总额 S 的均值和方差，令其分别为 μ 和 σ^2，则有：

$$\mu = \alpha_1 EN \tag{16-25}$$

$$\sigma^2 = E(N)(\alpha_2 - \alpha_1^2) + Var(N)\alpha_1^2 \tag{16-26}$$

众所周知，即使赔款次数的随机变量 N 和赔款额的随机变量 X 的分布已知，计算索赔总额 S 的分布也将相当困难，实务中我们假设它近似服从正态分布，即 $S \sim N(\mu, \sigma^2)$。令：

$$\Phi(z) = \frac{1}{\sqrt{2\pi}} \int_{\infty}^{z} e^{-\frac{x^2}{2}} dx$$

则 $\Phi(z)$ 是标准正态分布的分布函数。显然有：

$$P(S \leqslant x) = P\left(\frac{S-\mu}{\sigma} \leqslant \frac{x-\mu}{\sigma}\right) \approx \Phi\left(\frac{x-\mu}{\sigma}\right) \tag{16-27}$$

令 P_α 为某项风险事故的保险费，且索赔总额不超过保险费 P_α 的概率为 α。由(16-27)式可得：

$$P_\alpha = \mu + z_\alpha \sigma \qquad (16\text{-}28)$$

这里,z_α 满足 $\Phi(z_\alpha)=\alpha$,z_α 可以通过查正态分布数表得到。如果保险标的的实际价值是 M,则保险费率是 P_α/M。

例如,某项风险在 1 年内发生赔款次数的赔款次数记录。

赔款次数	0	1	2	3	4	5	6	≥7
频 数	8	16	17	10	6	2	1	0

下面是某项风险事故发生赔款额的记录:

```
2 520   3 540   2 600   3 320   3 120
3 400   2 900   2 400   3 280   3 100
2 980   3 160   3 100   3 460   2 740
3 060   3 700   3 460   3 500   1 600
3 100   3 700   3 280   2 880   3 120
3 800   3 740   2 940   3 580   2 980
3 700   3 460   2 940   3 300   2 980
3 480   3 220   3 060   3 400   2 680
3 340   2 500   2 960   2 900   4 600
2 780   3 340   2 500   3 300   3 640
```

由皮尔逊使用的统计量进行 χ^2 检验,赔款次数的随机变量 N 服从泊松分布,赔款额的随机变量 X 服从正态分布,用极大似然估计法可得:

$$\lambda = 2, \alpha_1 = 3\,160, \alpha_2 = 10\,202\,290.25$$

某项风险所支付的索赔总额 S 服从复合泊松分布,由(16-25)式和(16-26)式可得:

$$\mu = 6\,320, \sigma^2 = 20\,404\,580.5$$

索赔总额不超过保险费 P_α 的概率 $\alpha=0.75$,由(16-28)式可得:

$$P_\alpha = 6\,320 + 4\,517.14 \times 0.67 = 9\,346.48(元)$$

如果保险标的的实际价值是 10 万元,则保险费率是 0.09346。

本章小结

保险产品的定价是指保险产品的价格(即保险费)的确定过程。保险费是保险人为承担确定保险责任而向投保人收取的费用。保险费的确定涉及与险种相关的保险标的类别、危险程度、保险责任范围、保险期限等因素,保险人应在全面、科学地考虑各种因素的基础上来定价。

保险产品的定价必须遵循充足性、合理性、公平性原则。

我们把经过一段时间后那一时点保险人未来应付的保险金的精算现值与投保人交付的纯保险费的精算现值的差额称为理论责任准备金。显然,责任准备金是保险人对被保险人的一种负债,责任准备金的提存,是为了保证对被保险人的保险金支付。

关 键 词

保险精算　生命表(死亡表)　现值　精算现值　大数定律　纯保险费　自然保险费　均衡纯保险费　折现因子　确定年金　生存年金　责任准备金　现金价值　精算等价原理

复习思考题

1. 试讨论寿险公司责任准备金的形成原因。

2. 举例说明,为什么按照精算等价原理计算的趸缴纯保险费,恰好足够支付各保险单年度内被保险人的死亡保险金?

3. 某人欲利用分期付款方式购买一辆汽车。汽车价格为 500 000 元,付款期限为 5 年,每年年初付款一次,年利率为 5%。试求该人的年度付款金额。

4. 试说明 $_2p_3$、$_2q_2$、$_{2|}q_2$ 的含义,并使用生命表进行计算。

5. 试说明 $A_{3:\overline{2}|}$、$a_{2:\overline{3}|}$、$_2V_{2:\overline{4}|}$ 的含义,并使用国民生命表进行计算。

6. 已知索赔总额 S 服从复合泊松分布,每次索赔的个体索赔额 X 服从正态分布,且 $\mu=8\,000$,$\sigma^2=9\,000\,000$,泊松分布的参数 $\lambda=2$。要求:

(1) 计算 S 的均值和方差。

(2) 当索赔总额不超过保险费 P_α 的概率 $\alpha=0.75$ 时,计算 P_α。

第十七章 保险资金的运用

保险资金不仅用于对被保险人一方的赔偿或给付,而且还可以用于投资。保险资金运用已经成为现代保险企业经营活动的主要内容之一和重要的利润源泉,因而也是现代保险公司生存与发展的重要支柱。本章主要介绍保险准备金、保险资金的来源及运用原则、保险资金运用的形式及其相关规定。

第一节 保险准备金及其计提

一、保险资金及保险准备金

保险资金是以货币形态为主的专项资金,主要由保险准备金、资本金和借款三部分构成。保险资金的运动过程一般经历三个阶段:保险费的收缴阶段、保险资金的积累和运用阶段、损失的补偿或给付阶段。其中,保险费的收缴阶段是保险资金运用的前提和基础,它直接决定了保险资金的运用规模大小及时间长短等。保险补偿或给付是保险的基本职能,也是保险资金运用的目的所在。保险费的收缴与保险的赔偿或给付之间的时间差异及数量差异,为保险闲置资金的运用提供了可能性。

保险准备金是指保险公司为保证其如约履行保险赔偿或给付义务而提取的、与其所承担的保险责任相对应的基金。为了保障保险客户的利益,各国一般都以保险立法的形式规定保险公司应提留保险准备金,以确保保险公司具备与保险业务规模相应的偿付能力。只有当保险公司的实际资产超过其实际负债达到规定的额度时,才具有可靠的偿付能力。保险准备金实际上包括资本金、公积金或总准备金及其他任意准备金(在未到期责任准备金和赔付准备金之外的准备金)以及未分配的利润等。

二、非寿险准备金的提取

非寿险(包括各种财产保险、责任保险、信用保险及短期人身保险等一切非寿险业务)准备金主要包括未到期责任准备金和赔款准备金及总准备金等。本节主要介绍提取未到期责任准备金和未决赔款准备金的方法。

（一）未到期责任准备金的提取

由于保险公司会计年度与保险单有效期不完全一致，按照权责发生制的原则，保险公司不能把当年的保险费收入全部计入损益，而应将保险费在各保险责任期内进行分摊，因此存在未到期责任准备金。未到期责任准备金是指保险公司在年终会计决算时，把属于未到期责任部分的保险费提存出来，用作将来赔偿准备的基金。留在当年的部分属于当年的收入，称为已赚保险费；转入第二年度的部分属于下一年度的收入，称为未赚保险费。假设保险费收取发生在期初，保险人承担的赔付责任持续整个保险期间，保险事故发生在保险期间内是服从均匀分布的，那么保险费可按时间进行比例分摊。例如，某投保人于2013 年 4 月 30 日投保 1 年期的家庭财产保险，交付保险费为 12 000 元，则其中 8 个月的8 000 元保险费属于 2003 年度的已赚保险费，另外 4 个月的 4 000 元保险费属于下 1 年度的未赚保险费。提取未到期责任准备金的原因主要在于：① 保险公司对保险合同的剩余期限负有承保责任；② 当保险合同在到期前依法被解除时，其未到期部分的保险费的现金价值应退还投保人。

非寿险未到期责任准备金的提取主要有以下三种方法：

（1）二分之一法。这种计算方法的具体思路是，假定保险公司各月营业量较为平均，则 1 年中所有签发保险单的平均保险期限为 6 个月，也就是说，如为 1 年期保险单，则应计提的未到期责任准备金为自留总保险费收入的 1/2。

（2）三百六十五分之一法。它是以天为基础计提未到期责任准备金的，即未到期的每一天提取全年保险费的 1/365 作为未到期责任准备金。例如，1 月 5 日承保的业务，到年底（会计年度结束），有 5 天是未到期的，为 1 年的 5/365，即应当提取全年保险费的 5/365 作为未到期责任准备金。三百六十五分之一法的计算公式为：

$$未到期责任准备金 = \frac{下一会计年度有效天数}{保险期总天数} \times 保费收入$$

（3）二十四分之一法。它是假设保险业务在 1 个月内是均匀分布，因此可以近似认为所有保险业务均是月中承保的，到月末只有半个月，即 1 年的 1/24。例如，1 月份任何一天承保的业务，均可以认为是 1 月 15 日承保的，到年底（会计年度结束时），只有半个月是未到期的，为 1 年的 1/24，即应当提取全年保险费的 1/24 作为未到期责任准备金。再如，5 月份任何一天承保的业务，均可以看作是 5 月 15 日承保的，到年底（会计年度结束时），有四个半月是未到期的，为 1 年的 9/24，即应当提取全年保险费的 9/24 作为未到期责任准备金。二十四分之一法的计算公式为：

$$未到期责任准备金 = \frac{签发保单月份 \times 2 - 1}{24} \times 保费收入$$

月平均估算法虽不及日平均估算法准确,但比年平均估算法准确得多,比日平均估算法简单得多,故适合多数险种未到期责任准备金的计算。不过,对于某些特殊险种,根据其风险分布状况可以采用其他更为谨慎、合理的计算方法。

(二) 未决赔款准备金的提取

未决赔款准备金是指为已发生,但尚未结案的赔案而提取的用于赔付的资金。它包括已发生已报案未决赔款准备金、已发生未报案未决赔款准备金和理赔费用准备金。已发生已报案未决赔款准备金是指为保险事故已发生,并已向保险公司提出索赔,但尚未结案的赔案提取的准备金。已发生未报案未决赔款准备金是指为保险事故已经发生,但未向保险公司提出索赔的赔案而提取的准备金。理赔费用准备金是指为处理尚未结案的赔案可能发生的费用而提取的准备金,包括处理赔案需要支付的专家费、律师费、损失检验费,以及为非直接发生于具体赔案的费用而提取的间接理赔费用准备金。

1. 已发生已报案未决赔款准备金的提取

对已发生已报案未决赔款准备金,应当采用逐案估计法、案均赔款法以及中国保监会认可的其他方法谨慎提取。

(1) 逐案估计法。逐案估计法是指理赔人员对已经报告的全部赔案进行逐案分析判断,估计出每案赔款额,然后汇总得出未决赔款估计总额,再加上少数尚未报告的赔偿案件的估计金额,汇总即得未决赔款准备金数额,最后加以适当的修正的方法。这种方法对索赔金额确定、索赔频率较低、个案之间索赔金额差异较大、平均索赔金额难以估算的险种较为适合;如企财保险、火灾、信用保证险等。对机动车辆保险和家庭财产保险等其他险种则不一定适合。此方法几乎完全凭估算人的主观判断,容易造成估计偏差,且无法对未报案的未决赔款进行统计。

(2) 案均赔款法。案均赔款法是指依据保险公司一定时期的历史数据计算出每案赔款额的平均数,再根据对赔付金额变动趋势的预测加以修正的方法。这一方法不依据个人主观判断,适用于索赔案多但索赔金额不大的保险业务,如机动车辆损失保险业务等。利用这种方法所得的平均赔付额会因所选择的时期的长短而不同,所以它不适合理赔延迟时间较长的险种。

(3) 赔付率法。赔付率法是指用该类保险所假定的赔款率来估算最终赔付总额,再从估算的最终赔付总额中扣除已支付的赔款和相关理赔费用,即为估算的未决赔款额的方法。估算的未决赔款额可用作确定未决赔款准备金的基础。例如,在机动车辆损失保险中,估计赔付率一般为60%。用60%乘以满期保险费,即得估算的最终赔付额。由估算的最终赔付额再减去已付的赔款及理赔费用的余额,即为估算的未决赔款额。未决赔款准备金可以按这个数额提取。这种方法的优点是简单易行,但假定的赔付率和实际的赔付率可能有较大的差异,因此按此种方法计算出的准备金可能不够准确。

（4）保险费比例法。保险费比例法是按照本年度保险费总收入的一定比例来估算未决赔款的方法。目前，国内有个别保险公司采用这一方法，提取比例大概是本年度保险费收入的10％左右。这种方法的优点是简便易行，但可靠性较差。

2. 已发生未报案未决赔款准备金的提取

对已发生未报案未决赔款准备金，应当根据险种的风险性质、分布、经验数据等因素，采用链梯法、案均赔款法、准备金进展法、$B-F$法等其他合适的方法中的两种进行谨慎评估。由于链梯法简单，且属于基础性的方法，这里只简单介绍一下链梯法。

链梯法是指根据流量三角形中各列的比例关系来外推预测未来累积索赔额，并用预测索赔额与累计支付赔款之差来确定未决赔款的准备金的方法。流量三角形是将索赔数据（如赔付额、索赔次数、逐案估计值等）按照保险事故发生的年度和赔付额支出的年度进行交叉排列所组成三角形的表格形式。链梯法只涉及赔付额，而不涉及其他因素，故其流量三角形的构成较为简单。表17-1给出了一个索赔支付额的流量三角形的例子。

表17-1

索赔支付额表

单位：万元

进展年	发					生			年					
	1982	1983	1984	1985	1986	1987	1988	1989	1990	1991	1992	1993	1994	1995
0							510	734	711	624	770	1 202	1 793	2 340
1						617	665	862	769	760	805	1 455	2 524	
2					371	429	457	664	659	671	1 067	1 670		
3				291	363	389	429	331	720	834	1 109			
4			151	179	192	236	224	247	488	669				
5		109	134	118	172	120	180	233	312					
6	86	102	96	156	90	181	170	208						
7+	133	179	152	231	198	276	208	340						

在表17-1中，从左下角到右上角的每一条对角线上的数字为每一会计年度的索赔支付额。表中共有7个进展年的数据。7^+为在进展年6年年末尚未支付的赔款余额的估计值。

表17-2为每一会计年度与此前所有年度的索赔支付额的累积值。表中右下方的空白三角形可以填充以后年度累积索赔支付额的估计值。

表 17-2

累积索赔支付额表

单位：万元

进展年	发生年							
	1988	1989	1990	1991	1992	1993	1994	1995
0	510	734	711	624	770	1 202	1 793	2 340
1	1 175	1596	1 480	1 384	1 575	2 657	4 317	
2	1 632	2260	2 139	2 055	2 642	4 327		
3	2 061	2591	2 859	2 889	3 751			
4	2 285	2 838	3 347	3 558				
5	2 465	3 071	3 659					
6	2 635	3 279						
7+	2 843	3 619						

由表 17-2 可以计算出各年度累积索赔支付额的流量比率。例如，计算进展年 5 年对进展年 4 年的流量比率。方法是，取进展年 5 年的索赔支付额之和与进展年 4 年对应的索赔支付额之和（皆为相继年，即 1988～1990 年）并计算其比率，即：

$$\frac{2\ 465+3\ 071+3\ 659}{2\ 285+2\ 838+3\ 347}=1.0856$$

这样计算出来的比率，即为表 17-3 中的"平均"比率。表 17-3 的"选定"比率为精算师在平均比率的基础上，综合考虑各种因素对平均比率加以调整的结果。

表 17-3

累积索赔支付额比率表

进展年	发生年							平均	选定
	1988	1989	1990	1991	1992	1993	1994		
0～1	2.3039	2.1744	2.0816	2.2179	2.0455	2.2105	2.4077	2.2358	2.2400
1～2	1.3889	1.4160	1.4453	1.4848	1.6775	1.6285		1.5258	1.6300
2～3	1.2629	1.1465	1.3366	1.4058	1.4198			1.3191	1.4000
3～4	1.1087	1.0953	1.1707	1.2316				1.1565	1.2000
4～5	1.0788	1.0821	1.0932					1.0856	1.0900
5～6	1.0690	1.0677						1.0683	1.0700
6～7+	1.0789	1.1037						1.0927	1.1000

表 17-3 中的选定比率是计算以后各年度累积索赔支付额预测值所使用的比率。例如,对 1992 年发生,进展年 5 年的累计索赔支付额预测值的计算。方法是,用 1992 年发生,进展年 3 年的累积索赔支付额 3 751 万元乘以进展年 4 年对进展年 3 年的选定比率,再乘以进展年 5 年对进展年 4 年的选定比率,即:

$$3\ 751 \times 1.2 \times 1.09 = 4\ 906.3(万元)$$

把用这种方法计算出的累计索赔支付额预测值加在表 17-2 的空白三角形中,即得到表 17-4。

表 17-4

累积索赔支付额表

单位:万元

进展年	发 生 年						
	1989	1990	1991	1992	1993	1994	1995
0	734	711	624	770	1 202	1 793	2 340
1	1 596	1 480	1 384	1 575	2 657	4 317	5 242
2	2 260	2 139	2 055	2 642	4 327	7 037	8 544
3	2 591	2 859	2 889	3 751	6 058	9 851	11 961
4	2 838	3 347	3 558	4 501	7 269	11 822	14 354
5	3 071	3 659	3 878	4 906	7 924	12 886	15 645
6	3 279	3 915	4 150	5 250	8 478	13 788	16 741
7+	3 607	4 307	4 565	5 775	9 326	15 166	18 415

从累计索赔支付额预测值中减去评价日(会计年度结束日)的累积支付额(折线上方的数值)所得的差,即为应提取的未决赔款准备金。例如,计算 1990 年发生,进展年为 6 年年末的未决赔款准备金为 648 万元(4 307 万-3 659 万)。计算 1989~1995 年发生,进展年为 6 年年末的未决赔款准备金,可形成表 17-5。

表 17-5

未决赔款准备金表

单位:万元

发 生 年	1989	1990	1991	1992	1993	1994	1995	合 计
已支付额	3 279	3 659	3 558	3 751	4 327	4 317	2 340	25 231
估计最终支付额	3 607	4 307	4 565	5 775	9 326	15 166	18 415	61 161
未决赔款准备金	328	648	1 007	2 024	4 999	10 849	16 075	35 930

表 17-5 中的 35 930 万元为 1989~1995 年发生，进展年为 6 年年末的全部未决赔款准备金。

链梯法在计算上简单方便，而且当实际情况与上述假定吻合时，预测结果较为精确。但是，当实际数据与假设条件不符时，预测结果则不够精确。

3. 理赔费用准备金的提取

对直接理赔费用准备金，应当采取逐案预估法提取；对间接理赔费用准备金，应当采用比较合理的比率分摊法提取。

三、寿险准备金及其计提

人寿保险合同一般是长期性和储蓄性的合同，投保人一旦投保，需按规定交付保险费，因此寿险保险费收入是保险公司一项长期、稳定的资金来源。人寿保险公司在经营过程中必须提取各种准备金，如责任准备金、未到期责任准备金(适用于一年期定期寿险、健康保险和伤害保险)、赔款准备金及其他任意准备金。国外一般按长期人寿保险单的价值净额提存准备金，我国的通常做法是将本业务年度的寿险收入总额抵补本业务年度的寿险全部支出后的差额全数转入寿险责任准备金，以充分保障投保人的利益。其中，最重要的是责任准备金，它是专门针对一年期以上的长期人寿保险计提的准备金，由保险人所收的纯保险费中超缴的部分及其利息积累构成。

（一）寿险保险费缴付方式

在不同的寿险种类和缴费方式下，责任准备金的计提是有差别的。因此，我们首先介绍一下各种保险费缴付方式。

(1) 自然保险费。自然保险费是指以每年更新续保为条件，签订 1 年定期保险合同时各年度的纯保险费。由于各年的危险程度不同，因而自然保险费也各不相同。从根本上讲，自然保险费属于分期缴费形式。这种方式可以避免一次性缴费带来的经济压力，而且它以续保为条件，使投保人具有投保灵活性，可以视自身需要决定是否续保。

(2) 趸缴纯保险费。趸缴纯保险费是指毛保险费中扣除附加保险费的部分，并在投保之日一次性缴清的纯保险费，相当于未来给付支出的现值。这种方式不仅可以减少后续保险费的繁琐，而且可以让投保人选择在其经济实力较强的时期一次性付清保险费，避免在自然保险费方式下可能出现的后继支付能力不足的现象。

(3) 均衡纯保险费。均衡纯保险费是指毛保险费中扣除附加保险费的部分，并在约定缴费期限内，每次缴费金额始终不变的纯保险费，是一个年金的概念。

上述三种纯保险费，尽管缴费形式不同，但其本质都是用于保险人未来的给付支出。

（二）寿险责任准备金的性质

在自然保险费缴费方式下，根据其计算的原理，自然保险费收入恰好等于当年给付的支出。所以从理论上讲,在自然保险费条件下,无需在营业年度末计提责任准备金。

在趸缴保险费方式下,由于以后的保险期限内投保人不再缴纳保险费,而保险人的给付责任并没有在付费当期就结束,它还将对以后保险期限内的各年度承担保险的给付责任,所以保险人对趸缴方式下的长期性寿险合同,应在每个营业年度末计提长期责任准备金。

在均衡纯保险费方式下,保险费金额在各缴费期限内是均衡的,但保险责任却是变动的。随着被保险人年龄的增长,死亡率在增加,死亡保险的给付可能性随之增加。也就是说,在保险初期,均衡纯保险费高于自然保险费;而在保险后期,均衡纯保险费低于自然保险费。因此,保险期限前期,均衡纯保险费抵补应付保险金支出后的结余,不能视为保险人的利润,而必须提取作为责任准备金,以备应付保险期限后期均衡纯保险费不足以支付保险给付的差额。从这个意义上讲,我们通常所说的寿险责任准备金就是指均衡纯保险费责任准备金。

(三) 寿险责任准备金的提取

寿险责任准备金的计算分为理论责任准备金的计算和实际责任准备金的计算。

理论责任准备金来源于均衡纯保费制度下历年纯保费收入与死亡给付保险金的差额及其以复利计算的利息收入。

理论责任准备金的计算有两个基本的前提假设:①保险人在年初收取保费。②在年末支付保险金。

理论责任准备金的计算方法有预期法和追溯法两种。

预期法又称未来法,是指预先确定将来可能赔付的死亡给付,扣除将来可能流入的保费收入及投资收益后,其余额即为应提取的责任准备金数额。用公式表示:

$$\begin{matrix} \text{应提取的责任准备金数额} \\ \text{未来保险金支出的现值} \end{matrix} - \text{未来纯保费收入的现值}$$

追溯法又称过去法,是指保单生效后历年的纯保费收入,加上假定的投资利息,扣除假定支付的死亡给付后,其余额即为应提取的责任准备金数额。用公式表示:

$$\begin{matrix} \text{应提取的责任准备金数额} \\ \text{已收取纯保费的终值} \end{matrix} - \text{已支付保险金的终值}$$

按照收支平衡的原则,一定时点上保险人收取的保费应等价于保险人支付的保险金额。由此可得:

$$\text{已收取纯保费的终值} + \text{未来纯保费收入的现值} = \text{已支付保险金的终值} + \text{未来保险金支出的现值}$$

移项得:

$$\frac{\text{已收取纯}}{\text{保费的终值}} - \frac{\text{已支付保}}{\text{险金的终值}} = \frac{\text{未来保险}}{\text{金支出的现值}} - \frac{\text{未来纯保费}}{\text{收入的现值}}$$

可见,预期法和追溯法计算的结果应当是相等的。

寿险的保费是由纯保费和附加保费构成的。在采用均衡保费制度的前提下,被保险人一方各年交纳的保费是相等的,不仅其中包含的纯保费是相等的,附加保费也是相等的。然而,通过附加保费得以补偿的保险公司费用支出在保费缴付期内的不同年份是不同的,在保险合同生效的早期年份特别是第一年费用支出较大,往往超过附加保费收入。为了解决这个问题,保险公司一般要对纯保费进行修正,使早期年份特别是第一年的纯保费小于均衡纯保费,以便将均衡纯保费的一部分用于弥补费用支出超过附加保费收入的缺口(然后再用以后年度的附加保费回补这个缺口)。于是,寿险责任准备金也要在修正后的纯保费的基础上进行调整(少提准备金),这种经过调整的责任准备金即为实际责任准备金(或称"修正准备金")。关于寿险责任准备金的调整,可用图17-1加以说明。

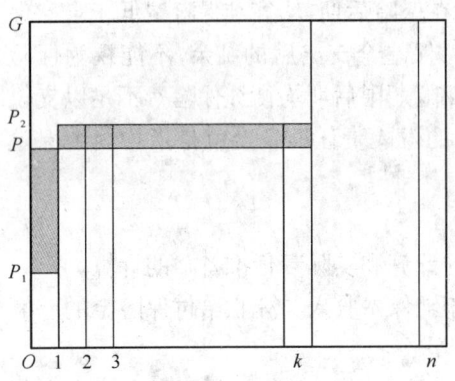

图17-1 寿险责任准备金的修正与调整

图17-1中的OG为均衡保费,OP为均衡纯保费,GP为均衡附加保费;n为保费缴付期,PP_1为保费缴付期内第1年因费用支出较多而占用的纯保费,PP_2为保险合同有效期内第2年至第k年由附加保费回补第一年因费用支出较多而占用的纯保费。第2年至第k年的PP_2等于第1年的PP_1。

第二节 保险资金的来源及运用原则

一、保险资金来源

保险资金运用(又称为保险资金投资)是指保险公司为扩充保险补偿能力,分享社会平均利润而利用所筹集的保险资金在各国资本市场上进行的有偿营运。在此,保险公司是保险资金运用的主体,保险资金则构成了保险资金运用活动中的客体,而保险资金运用的结果便是投资收益(盈或亏)。保险公司的投资具有短期性和相对流动性的特点,因此资产结构有一定差异,其资金运用亦有区别。从现代保险业的发展来看,保险投资与保险业的生存和发展已经融为一体,在保险业发达的国家,保险投资收益已成为保险业收益的主要来源。

由于保险事故的发生具有随机性,保险公司在任何时候都必须保留相当数额的存款资金以供赔付之用,同时,保险公司的各项营业费用(如工薪支出)、税收等亦需经常动用资金。因此,各国保险法律与政策规定,保险公司只能运用其总额货币资金中的一部分,包括资本金的绝大部分、保险总准备金与各种责任准备金。

(一) 资本金

资本金是指保险公司的开业资金,也是备用资金。资本金的主要功能在于确保保险公司开业之初正常运营的需要,同时防止保险公司偿付能力的不足,即在发生特大自然灾害、各种准备金不足以支付时,可以动用资本金来承担责任。但在正常状况下,保险公司的资本金,除按规定上缴部分保证金外,绝大部分处于闲置状态,从而可以成为保险资金运用的重要来源。我国《保险法》第七十三条规定:"设立保险公司,其注册资本的最低限额为人民币二亿元。保险公司注册资本最低限额必须为实缴货币资本。"

(二) 非寿险保险准备金

非寿险包括财产保险、责任保险、信用保险及意外保险等保险业务,是寿险业务之外一切保险业务的统称。非寿险业务的共同特点是保险期限短(通常为1年期业务)、一次性交付保险费和保险事故发生具有随机性。从个体关系考察,自保险客户交付保险费到保险事故发生及保险公司支付赔款,通常有一个时间差,在这个时间差内,保险客户交付的保险费就处于闲置状态;如果在保险期内保险客户未发生保险损失,则其所交付保险费就归入保险基金,用于对其他保险客户的补偿或用作其他开支或转化为保险公司的收益。

(三) 寿险保险准备金

寿险包括死亡保险、生存保险、生死两全保险和养老年金。其共同特点是保险期间长,保险费一般按月、季、年顺期交付。寿险业务保险期很长,养老年金保险更是终生寿险,被保险人从投保到受领保险金有的要经过几年,有的要经过几十年才能实现。虽然从动态上看,寿险资金每年、每月甚至每日都要流进、流出,但相当部分的保险资金被长期闲置。况且,寿险公司因个人的保险金额有限(保额高者亦不过百万元,极个别的投保人才可能突破千万元),不像财产与责任保险的危险那样集中(个案保险单的保险金额可能达亿元、十亿元、数十亿元),也不会发生危及公司生存的巨灾。因此,寿险公司的保险基金可供长期投资,寿险公司可获取长期收益,这一点与非寿险公司的资金运用大有差异。

(四) 保险保障基金

保险保障基金是指根据保险财务制度的规定,从当年自留保险费收入中按一定比例计提,并用于防范保险公司可能出现的风险而建立的基金。现行规定是当保险保障基金提取数达到公司总资产的6%时不再提取,而在此前则每年按自留保险费收入(即保险费收入减分出保险费加分入保险费的总额)的1%计提。该基金也可以用于投资,但一般限于存入银行与购买政府债券。

（五）储金

储金是一种返还性的保险形式，它由投保人以存入资金的利息充当保险费，在保险期间若发生保险事故，保险公司给予赔付。到期时，无论保险公司赔付情况如何，都应将这部分储金返还给被保险人。在这种情况下，投保人所交付的储金也是保险公司投资资金的来源渠道。

（六）其他资金

除了以上分析的资金外，保留盈余及短期负债等也是保险公司投资资金的来源渠道。保留盈余是指保险公司平时的保险费收支结余。短期负债是指资产负债表中流动负债项下的应付账款、拟分股息等。这两部分都可以作为保险公司资金的来源渠道。但是短期负债在运用过程中，由于需要在短期内归还，所以应当注意它们的变现性和风险性，以避免出现资金的流动性问题。

二、保险资金运用原则

保险行业负债经营的特点和资金运动的规律决定了保险公司拥有相当数量的闲置资金并必须得到有效运用，才会有益于保险业的发展，并对社会经济发展作出贡献。因此，保险公司的资金运用具有可能性、现实性和必要性。同其他各种资金运用一样，保险资金的运用既要看到宏观的和长远的利益，又要注重微观的和近期的效益，从而必须遵循一些共同准则。综观世界各国保险公司资金运用的原则，虽然提法有别，但却具有一般的共同要求，这就是保险资金运用的安全性、收益性与流动性。

（一）安全性原则

安全性原则是保险基金运用的主要原则。保险公司肩负着组织保险基金、补偿经济损失的职能，保险资金来源于保险客户，从而实质上只是保险公司对全体保险客户的负债资金，最终要用于对保险客户的赔付。从长期趋势来看，保险资金总量应与保险赔付资金总量相一致，如果保险资金运用失败，就有可能出现投资收不回而导致保险公司在保险事故发生后付不出赔款或保险金的局面。因此，保险资金的运用必须首先以安全返还为条件，保险公司在开展资金运营时必须以安全性作为首要原则，各国的保险法规中对保险资金的安全运用也多在法律或政策上予以明确规范，如禁止投机性的冒险投资等。我国《保险法》第一百零五条规定："保险公司的资金运用必须稳健，遵循安全性原则，并保证资产的保值增值。"

（二）收益性原则

保险公司开展投资活动的直接目的是增加收益即通过投资而盈利。较高的保险资金投资收益，不仅会为保险公司带来巨大的经济效益，而且也能带来良好的社会效益。因为在市场经济条件下，保险业作为国民经济中的一个行业，应当获取社会的平均利润，如果没有投资收益，保险公司所要求的平均利润只能来自保险客户交付的保险费，这样会加重保险客户的保险费负担,并削弱公司的市场竞争能力;反之,保险公司通过投资获利,其结果是保险客户的保险费负担减轻,从而能进一步刺激保险需求,吸引保险客户投保。从低保险费率到高投资收益的良性循环,正是发达国家保险业赖以成功的重要保证。以美国为例,整个保险业的赔付率长期高于100%,在其1991年列出的13家再保险公司业务经营表中,国民赔偿集团的赔付率高达135.4%,西格纳集团为116.7%,谨慎再保险公司为111.9%。一般而言,保险业的赔付率只要达到85%就意味着可能亏损,而美国保险业在赔付率如此之高的情况下还能盈利,依靠的完全是巨额投资的收益,投资收益不仅能弥补保险业务经营的亏损,而且能使绝大多数保险公司获得净收益并由此得以壮大和发展。

(三) 流动性原则

流动性是指保险资金运用项目应具有应变能力。它作为保险资金运用的原则,是由保险经营中风险的不确定性与损失的不确定性所决定的,尤其是对财产与责任保险公司而言更是如此。当然,在保险资金运用实务中,流动性原则并不要求每一投资项目都能够随时变现,而是要求保险公司的投资结构应当合理化,以不影响被保险人的索赔为前提。因此,保险人可以将一部分资金投入到变现能力强的项目上去,将另一部分资金投入到虽然变现能力相对较弱但收益较稳定且较高的项目上去,保证资金总体上具有流动性。大多数人身保险合同是长期性的,因而具有储蓄性质。就整体而言,保险合同的期限多种多样,不可能出现所有合同同时到期的情况,同时保险资金还有不断累积的趋势。此外,由于人身保险金的给付可以事先作出比较准确的估计,一次性巨额给付的情况比较少见,所以人身保险的资金可作长期性运用。一般认为人身保险资金投资的高度流动性意味着其投资政策不健全。因为流动性越强,收益性越低。流动资金的收益通常要低于固定投资收益,不会有大量的盈余,这是影响分红的。也就是说,人身保险公司可以平日将主要的资产放在长期投资之上,而只以其中一小部分作为流动性投资。但需要注意的是,对个别险种,如短期意外伤害保险、健康保险等来说,投资的流动性仍然是一个重要的要素。当然就人身保险总体而言,也应适当考虑资金的流动性,大多数合约是有现金价值的,或是允许保险单借款的。当一国通货膨胀比较严重,货币贬值恐慌发生,要求解约支付现金或是凭保险单申请贷款的需求就会突然增加,此时保险公司可以其固定投资资产作为保障,获得巨额的银行融资,如果仍无法满足此时的现金需要,就只有将投资资产变现,以应急需,否则会导致周转困难,使经营陷于被动状态。

综上所述,各国保险公司在进行资金运营时一般应遵循上述原则,以便保险资金在运营过程中实现安全与收益的双重目标,做到资金运用的整体最优化和项目最优化。

第三节 保险资金运用的形式及其相关规定

根据《保险资金运用管理暂行办法》(保监会令[2010]9号),对保险资金运用的具体事项作出了详细的规定。

一、保险资金运用的形式

综观世界各国保险公司的投资发展情况,其投资形式多种多样,美国寿险公司普通账户的投资结构以债券为主,债券投资比例占到70%左右,股票、抵押贷款、不动产、保险单贷款和杂项资产加起来只占到30%左右,其中股票投资占总资产的比例仅为5%左右。英国寿险公司的投资结构以股票为主,股票投资比例高达近50%,其次为政府债券,投资比例为20%左右;公司贷款、公司债券和其他资产加起来只占到30%左右。日本寿险公司的投资结构以有价证券为主,有价证券的投资比例为50%左右,其次为贷款,投资比例为35%左右,其他各种投资形式占总资产比例不到15%。德国寿险公司的投资结构以记名债券为主,投资比例约为30%,其次为不动产,投资比例约为20%,再次为抵押贷款和股票,两项投资各占15%左右。一般情况下,各国保险资金的运用主要有储蓄存款、有价证券、贷款、不动产投资、项目投资等形式。

(一) 储蓄存款

储蓄存款是指保险公司将保险资金存入银行等金融机构并获取利息收入。这种资金运用形式将银行作为保险资金的投资中介,其特点是安全性高,但因银行要扣除存贷利差(银行自身效益),保险公司固然可以因投资双方相互背离而不担风险(除非银行破产),其投资收益却较低,不可能带来保险资金运用真正意义上的投资利润和扩大保险基金的积累。因此,根据国外保险公司资金运用的实践,储蓄存款往往不是保险资金运用的主要形式,各保险公司的储蓄存款只是留作必要的、临时性的机动资金,一般不会保留太多的数量。但是,在我国其他投资市场还不完善和成熟的情况下,在相当长的时期内,储蓄存款仍然是保险公司的主要投资形式。

保险资金办理银行存款的,应当选择符合下列条件的商业银行作为存款银行:

(1) 资本充足率、净资产和拨备覆盖率符合监管要求。

(2) 治理结构规范、内控体系健全、经营业绩良好。

(3) 最近3年未发现重大违法违规行为。

(4) 连续3年信用评级在投资级别以上。

(二) 有价证券

有价证券是指具有一定券面金额、代表股本所有权或债权的凭证。它作为资本证券,属于金融资产,持有人具有收益的请求权。证券投资作为各国保险公司资金运用的主要形式,可以分为股票、债券、证券投资基金三大类。

1. 股票

股票是股份有限公司公开发行的用以证明投资者的股东身份和权益,并据以获得股息和红利的凭证。股票一经发行,持有者即为发行股票的公司的股东,有权参与公司的决策,分享公司的利益,同时也要分担公司的责任和经营风险;股票一经认购,持有者不能以任何理由要求退还股本,只能通过证券市场将股票转让和出售。作为交易对象和抵押品,股票业已成为金融市场上主要的、长期的信用工具,但实质上,股票只是代表股份资本所有权的证书,它本身并没有任何价值,不是真实的资本,而是一种独立于实际资本之外的虚拟资本。股票具有以下特性:

（1）收益性。即股票持有者有权按公司章程从公司领取股息和红利,获取投资收益,股票收益的大小不仅取决于公司的经营状况和盈利水平,而且还表现在持有者利用股票的买卖可以获得价差收入和实现货币保值。

（2）风险性。即股票的收益受公司的经营状况、盈利水平和股票市场行情的影响,投资者既有可能获取较高的投资收益,同时也要承担较大的投资风险,股票收益的大小与风险的大小成正比。

（3）稳定性。即股票是一种无期限的法律凭证,代表着股东的永久性投资,从而一方面体现了股东与发行股票的公司之间存在稳定的经济关系;另一方面也体现出通过发行股票筹集到的资金使公司有一个稳定的存续期间。

（4）流通性。即在股票交易市场上,股票可以作为买卖对象或抵押品随时转让。

（5）股份的伸缩性。即股票所代表的股份既可以拆细,又可以合并,股份拆细未改变,资本总额却增加了股份总量和股权总数,股份合并则主要是在公司资本减少的情况下采用。

（6）股价的波动性。即股票在交易市场上作为交易对象,受公司经营状况、盈利水平等股市行情乃至周围内外经济、政治、社会及投资者心理等诸多因素的影响,从而在交易价格上表现出较大的波动性,这既是公司吸引社会公众积极进行股票投资的重要原因,也是公司改善经营管理、努力提高经济效益、增强公司竞争能力的一个重要外部因素。

股票投资的优点在于股本易于可转让,投资者能够享有股东所具有的盈余分配权、剩余财产分配请求权、新股认购权、表决权等多项权利,能够获取较高的投资收益和资本利润。股票投资的缺点在于股票价格的变动往往难以准确预测,风险较高,其安全性亦低于其他有价证券。因此,国外保险公司既高度重视股票投资,又在股票投资中相当审慎。2004年10月,中国保监会和证监会联合发布《保险机构投资者股票投资管理暂行办法》,允许保险资金在一定条件下直接投资于股票市场。

2.债券

债券是表明债权的一种凭证。它代表了持有人对发行人的债权,持有人可以在约定的时期内要求发行人还本付息。债券的特点是期限较长、利率稳定,即使在经济萎缩时期,也能获得固定利率收益;债券投资比较安全,特别是国债,几乎没有任何违约风险;债券同时具有较强的流动性,一般债券均可以通过市场随时变现。因此,债券是保险公司投资有价证券的又一重要途径,债券投资在保险投资中占有重要地位。但是债券也有明显的缺陷,因为债券的利率是固定的,并不随着金融市场环境的变化而变化,因此,一旦发生通货膨胀,债券的实际价值则可能降低,从而收益性受到制约。

债券依据发行主体可以划分为政府债券、金融债券和企业(公司)债券。政府债券是国家为筹集资金,按照有偿原则而向投资者出具的、承诺在一定时期内支付利息和到期还本的债务凭证。国债以国家信用为支撑,几乎不存在违约风险,整体风险水平在各种投资工具中处于最低等级。与之对应,其收益水平也比较低。目前,在我国保险公司的投资结构中,国债是除了银行存款之外的最主要的投资工具。金融债券是由银行等金融机构为筹集资金而发行的金融工具,风险较国债高,但比企业债券低,相对应的,收益率也介于两者之间。对于保险资金来说,金融债券相对而言是一种较理想的投资工具,但目前我国的金融债券,尤其是长期金融债券的规模仍不能满足保险资金的投资需要。因此,如果要进一步拓宽在金融债券方面的投资,或者说要使理论上的投资比例不受市场供给的限制,还需等待各金融机构发行新的券种。企业债券是企业依照法定程序发行、约定在一定期限内还本付息的有价证券。投资高等级的企业债券在西方保险公司资金投资组合中一般均占有较大的比率。但在我国,由于企业整体经济效益不佳、缺乏有效的信用制度、企业债券种类过于单一等原因,企业债券市场的发展大大滞后于股票市场的发展,而且风险较大。2012 年 7 月,中国保监会以保监发《保险资金投资债券暂行办法》。包括总则、资质条件、政府债券和准政府债券、企业(公司)债券、投资规范、风险控制、监督管理、附则,规范了保险资金在债券市场的投资。

3. 证券投资基金

证券投资基金是指通过发行基金证券集中投资者的资金,交由专家从事股票、债券等金融工具的投资,是投资者按投资比例分享其收益并承担风险的一种投资方式,属于有价证券投资范畴。证券投资基金具有专家经营、组合投资、分散风险、流动性高、品种多等优点,其投资收益水平一般远高出于债券投资,而风险水平较之直接股票投资为低。证券投资基金的投资对象既可以是资本市场中的上市股票和债券,也可以是货币市场中的短期票据、金融期货、黄金、期权交易、不动产等。自 1999 年底,我国保险资金获准进入基金市场至今。证券投资基金作为保险资金运用的渠道之一,其可行性和有效性均得到了初步检验。

保险资金投资证券投资基金的,其基金管理人应当符合下列条件:

(1) 公司治理良好,净资产连续 3 年保持在人民币 1 亿元以上。
(2) 依法履行合同,维护投资者合法权益,最近 3 年没有不良记录。
(3) 建立有效的证券投资基金和特定客户资产管理业务之间的防火墙机制。
(4) 投资团队稳定,历史投资业绩良好,管理资产规模或者基金份额相对稳定。

(三) 贷款

贷款是指保险公司作为信用机构以一定利率和必须归还等为条件,直接将保险资金提供给需要者的一种放款或信用活动。贷款是保险公司资金运用的主要形式之一。按其形式可以分为：

(1) 抵押贷款。抵押贷款即财产担保贷款，分为动产或有价证券抵押贷款、不动产抵押贷款、信用保证贷款等形式，是期限较长而又比较稳定的投资业务。谨慎选择的抵押贷款通常有较大的安全性和较高的收益率，特别适用于人寿保险公司保险资金的长期性运用，如世界各国保险公司对住宅楼长期抵押贷款就大多采用分期偿还、本金递减的方式，其收益均很好。

(2) 流动资金贷款。流动资金贷款是指以需要流动资金的企业为对象而发放的贷款。它属于短期性投资，要求申请贷款的企业必须具有法人资格并接受保险公司的调查，以确保资金按期回流。

(3) 技术改造项目贷款。技术改造项目贷款是指保险公司为支持企业进行技术改造、技术引进并由此而获取收益的固定资产投资性贷款。它以申请者的科学立项和切实可行的计划为依据，由保险公司投资部门审慎把握，并保证贷款的专款专用。

(4) 寿险保单贷款。寿险保单贷款是在寿险保单具有现金价值的基础上，根据保险合同的规定，寿险公司应保单持有人的申请而发放的贷款。其贷款以寿险保单为抵押，到期归还本金并附带利息，它实际上是在保险给付金请求权上设立抵押权，一般按保单现金价值的一定比例贷款。这种贷款十分安全，既可以作为一种竞争手段，加强保险人的竞争能力，又可以用活资金增加收益，从而是寿险公司资金运用的常见形式。

(四) 不动产投资

不动产投资是指保险公司投资购买土地、房产，并从中获取收益的投资形式。不动产投资的特点是投资期限一般较长，一旦投资项目选择准确就可能获得长期、稳定且较高的收益回报，但流动性弱、单项投资占用资金亦较大，且因投资期限太长而存在着难以预知的潜在风险。因此，各国保险法对保险人的不动产投资尤其是纯粹为收益而进行的不动产投资往往加以严格的限制，其主要目的是为了使保险人的资金保持一定的流动性。

(五) 项目投资

项目投资属于保险公司直接投资，是保险公司利用所拥有的保险资金直接投资到生产、经营中去，或建立独资的非保险企业，或与其他公司合伙建立企业，以获取投资收益。不过，项目投资建立的独立的企业，具有独立于保险公司之外的法人资格，其经济效益要受市场的检验。项目投资作为保险公司的一种投资形式，在保险资金运用中占有一定的地位。

(六) 国务院规定的其他资金运用形式

保险资金从事境外投资的，应当符合中国保监会有关监管规定。

(七) 保险集团(控股)公司、保险公司从事保险资金运用不能有的行为

(1) 存款与非银行机构。

(2) 买入被交易所实行"特别处理"、"警示存在终止上市风险的特别处理"的股票。

(3) 投资不具有稳定现金流回报预期或者资产增值价值、高污染等不符合国家产业政策项目的企业股权和不动产。

(4) 直接从事房地产开发建设。

(5) 从事创业风险投资。

(6) 将保险资金运用形成的投资资产用于向他人提供担保或者发放贷款,个人保单质押贷款除外。

(7) 中国保监会禁止的其他行为。

二、部分国家或地区有关保险投资的规定

(一) 美国的保险投资规定

美国是世界保险大国,其每年的保险费收入占世界总保险费的30%左右。美国的保险公司众多,保险市场竞争十分激烈,许多保险公司的赔付率在100%以上,但是,巨额的保险投资收益弥补了承保业务的亏损,确保了大多数保险公司的偿付能力。美国的保险投资方式大致分为债券、股票、抵押贷款、不动产投资。美国没有联邦保险法,而是由各州进行保险立法。有些州只规定可以投资的方式,有些州则同时列举禁止投资的方式。例如,纽约州的保险立法就属于第二类,保险投资不仅严格限制在政府公债、抵押债券、抵押贷款和保险单抵押贷款,同时,严格限制人寿保险公司对普通股票和不动产的投资,而对权益资产的投资则未加限制。纽约州保险法中有关各类投资比例的规定为:人寿保险公司对每一公司债券的投资不得超过其认定资产的5%;对每一抵押贷款公司债券的投资不得超过其认定资产的0.1%;总投资额不得超过其认定资产的5%。德克萨斯州立法规定:人寿保险公司投资公用事业债券总额不得超过认定资产的1%;总投资额不得超过认定资产的5%。

(二) 日本的保险投资规定

从1975年起,日本保险业就超越了当时的联邦德国而成为世界上仅次于美国的世界第二保险大国,并保持至今。日本政府自1996年4月1日起实施的日本新保险业法所规定的保险投资方式有有价证券投资、不动产投资、银行存款、短期资金交易及各种形式的抵押贷款,并规定各类投资比例为:股票投资不得超过总资产的30%;不动产投资不得超过总资产的20%;保险公司购买同一公司的债券和股票以及为抵押的放款不得超过总资产的10%;对同一人的贷款不得超过总资产的10%;对同一物件的抵押贷款不得超过总资产的5%。近几年来,日本保险投资结构也发生了显著的变化,目前证券投资与贷款居主导地位,股票和政府债券等证券投资所占比重迅速上升。此外,海外证券投资已成为日本保险业投资的重要领域,投资额正持续增加。

（三）韩国的保险投资规定

韩国保险法所规定的保险投资方式有有价证券投资、不动产投资、贷款或汇票贴现、对金融机构的存款、对信托公司的金钱或有价证券的信托。同时，规定各类投资比例为：对股票的投资不得超过总资产的40%；不动产投资不得超过总资产的15%；保险公司购买同一公司的公司债券及股票或以此为担保的贷款不得超过总资产的5%；对同一人的贷款不得超过总资产的3%，对同一物件为担保的贷款不得超过总资产的5%，对同一企业集团的贷款不得超过总资产的5%；对同一企业集团发行的证券及股票持有量不得超过总资产的5%，外汇、国外不动产及外汇证券的持有量不得超过总资产的10%；保险贷款以寿险保险单的解约退还金为限；不动产投资不得超过总资产的3%。

三、我国保险资金运用的发展历程

我国的保险资金运用由于受历史条件、投资环境等因素的影响，在改革开放前并没有真正意义上的保险投资，也无从谈起保险资金运用渠道问题。改革开放以来，我国的保险资金运用逐渐发展起来。回顾一下我国保险资金运用的发展历程，有利于总结保险资金运用的经验教训，把握保险资金运用的发展趋势。我国保险资金运用的发展大体可分为以下四个阶段。

（一）自主运用阶段(1980～1995年)

1979年，我国国内保险业务得以恢复。1985年3月，国务院颁布《保险企业管理暂行条例》。从法规的角度明确了保险企业可以自主运用保险资金。到1995年以前，保险投资的渠道一度放得很宽，保险资金涉足广泛的投资领域。但是，由于当时中国的投资环境和资本市场处于初创和培育阶段，市场发育不成熟，市场中广泛存在非理性化行为和投机气氛，所有这一切都使保险资金运用的安全性、收益性、流动性无法得到保证。同时，保险监管者的监管能力也不能保证对保险投资活动的有效监管。此情况造成投资绩效很差，迄今还留有不少呆账、坏账。

（二）严格限制阶段(1995～1997年)

1995年颁布的《保险法》对保险资金运用的范围和形式等都作了严格的规定。规定资金运用的形式限于银行存款、买卖政府债券、金融债券和国务院规定的其他资金运用模式。保险企业的资金不得用于设立证券经营机构和向企业投资。自此，保险资金陆续退出证券市场。1996年9月，在中国人民银行发布的《保险管理暂行规定》中明确规定，对于保险资金的运用，仅限于银行存款、买卖政府债券、买卖金融债券，以及国务院规定的其他资金运用方式。

（三）初步放开阶段(1998～1999年)

1998年10月，经国务院批准，中国人民银行下发了《关于保险公司加入全国同业拆借市场有关问题的通知》，同意保险公司(总公司)加入全国同业拆借市场，从事债券现券买卖业务。这是自《保险法》实施后第一次对保险公司的资金运用渠道进行开放。1999年5月,根据《保险法》的有关规定,经国务院批准,保险公司可以购买信用等级在 AA$^+$ 以上的部分中央企业债券。同时,为保证保险公司资金运用的流动性、安全性和收益性,保监会对投资企业债券作出了较为严格的限制和规定。1999年8月,为发展货币市场,同时进一步拓宽保险公司的投资渠道,中国人民银行发出《关于批准保险公司在全国银行间同业市场办理债券回购业务的通知》,除了已允许从事的现券交易业务之外,批准作为全国银行间同业市场成员的保险公司可与其他银行间同业市场成员进行债券回购交易,交易券种为中国人民银行批准交易的国债、中央银行融资券、政策性银行金融债券等。1999年10月,中国人民银行下发了《关于对保险公司试办协议存款的通知》。保险公司可以通过协议存款的方式,向经营管理较好的商业银行办理协议存款。存款的利率水平、存款期限、结息和付息方式、违约处罚标准等均可由协议双方协商确定,且保险公司可以协议存款凭证作为质押物进行融资活动。但为防范风险,该文件还同时对协议存款的期限和存款金额做了限定。

1999年10月,《保险公司投资证券投资基金管理暂行办法》出台,保险资金可以通过购买证券投资基金的方式间接入市。这对于保险公司资金运用渠道的开放又是一个较大的突破。为确保资金安全,切实防范风险,该管理办法明确规定保险公司开办此项业务必须向保监会提出申请,经资格审查获得批准后方可开办,且比例不超过保险公司总资产的5%。

(四)进一步放开阶段(2000年至今)

2000年3月,平安保险公司、新华人寿保险公司、泰康人寿保险公司和华泰财产保险公司首批获准将入市资金比例从5%提高到10%。2000年6月,中国保监会批准太平洋保险公司将其入市购买证券投资基金的比例从5%提高到15%,平安保险将投资连结产品部分证券投资基金的比例提高到30%。2001年3月,保监会批准平安等3家寿险公司将投资连接保险的证券投资基金投资比例提高到100%。

2002年10月,全国人民代表大会通过了重新修订的《保险法》。原《保险法》第一百零四条第三款"保险公司的资金运用不得用于设立证券经营机构和向企业投资"修改为第一百零五条第三款"保险公司的资金不得用于设立证券经营机构,不得用于设立保险公司以外的企业",新修订的《保险法》背后蕴含了保险资金运用渠道拓宽的可能性。2004年3月,中国保险监督管理委员会发布《关于保险公司投资银行次级定期债务有关事项的通知》。6月,中国保险监督管理委员会发布《关于调整保险公司投资银行次级债券、银行次级定期债务和企业债券比例的通知》。根据这些通知的要求,保险公司可投资经中国人民银行和中国银行业监督管理委员会批准发行,且符合《商业银行次级债券发行管理办法》规定的银行次级债券,并纳入金融债券管理。8月,为贯彻落实《国务院关于推进资本市场改革开放和稳定发展的若干意见》的有关精神,稳妥有序地推进保险资金以多种方式直接进入资本市场,进一步拓宽保险资金运用渠道,有效分散投资风险,经国务院批准,中国保险监督管理委员会、中国人民银行正式发布了《保险外汇资金境外运用管理暂行办法》,使保险资金运用向着市场化、国际化和专业化迈出了实质性的一步。同月,中国保监会发出通知,允许保险公司投资可转债,但暂不得转换成股票。通知规定,保险公司投资的可转债应当是经中国证券监督管理委员会批准发行,且符合《可转换公司债券管理暂行办法》、《上市公司发行可转换公司债券实施办法》规定的可转换成股份的公司债券。保险公司投资可转债余额计入企业债券投资余额,合计余额按成本价格计算,不得超过本公司上月末总资产的20%。保险公司同一期单品种可转债持有量不得超过该期单品种可转债发行额的15%或保险公司上月末总资产的2%,两者以较低者为准。保险公司投资可转债纳入企业债券投资中,按照《保险公司投资企业债券管理暂行办法》管理。在规定保险公司投资可转债暂不得转股的同时,保监会又声明转换方法将另行规定。如果允许保险公司可直接买卖股票,则这一问题将迎刃而解。2005年2月,中国保监会发出《关于保险资金股票投资有关问题的通知》,准许一定比例的保险资金可以直接投资股票。保险公司直接入市的坚冰被打破。2006年,保险公司先后完成对中国银行、工商银行、广东发展银行以及中信证券、南方电网进行的股权投资,这是投资属性从股票投资到股权投资的突破。2006年1月,国务院批准保险资金间接投资基础设施项目和渤海产业投资资金,标志着投资范围由金融投资向实业投资的突破。从2003年成立第一家资产管理有限公司以来,到2006年,中国保险市场已经扩大到了9家保险资产管理公司,标志着投资主体的增加。

2009年4月7日,中国保监会连续发布五个有关保险资金投资渠道调整的新方案,进一步拓宽保险资金的运用渠道。

四、保险资金运用过程中的风险管控

根据《保险资金运用管理暂行办法》规定,保险资金应该按照"集中管理、统一配置、专业运作"的要求,实行保险资金的集约化专业化管理。保险资金由法人机构统一管理和运用,分支机构不得从事保险资金运用业务。

为了把保险资金运用过程中的风险管控抓到位,必须从改革投资监管政策、提高保险公司自身管理能力以及改善资本市场环境三个基本环节入手。在监管层面,积极推进保险资金运用市场化改革;在保险公司层面,不断提高风险管理能力。

第一,运用资产负债管理理论,制定切实可行的资产战略配置计划和保险资金运用的投资指引。资产负债管理是从整个企业的目标和战略出发,考虑偿付能力、流动性和法律约束等外部条件,以完善的组织体系和技术,动态地解决资产、负债的期限匹配和价值匹配问题,建立企业运行的安全性、盈利性及流动性。运用这个理论,保险公司董事会和经营管理层根据公司经营战略、方针和保险资金的特性,在专业资金运用管

理人员的参与下,制定资产战略配置计划和保险资金运用的投资指引,细化资产和负债的有效匹配。

第二,运用风险矩阵方法,对于保险资金运用操作过程中的风险进行有效的评估和管控。首先,保险公司管理层应建立健全相对集中、分级管理、权责统一的投资决策授权制度和科学的研究、论证、决策流程;保险公司执行层应制定严格的职业道德操守规则和明确的岗位职责及专业能力要求。在此基础上,运用风险矩阵方法,对保险资金运用操作全过程可能产生的风险矩阵进行分析评估。

第三,按照监管部门要求,建立健全保险机构内部信用评级制度。信用风险是债券的最主要风险。建立保险机构内部识别、衡量、评估、控制信用风险系统,是有效防范信用风险的重要手段。保险机构应设立专门部门和岗位,由专业人员严格按照信息收集、调研访谈、初步评定、提交报告、跟踪评级等流程,对发债主体信用和债券信用进行评级。

本 章 小 结

保险准备金是指保险公司为保证其如约履行保险赔偿或给付义务而提取的、与其所承担的保险责任相对应的基金。为了保障保险客户的利益,各国一般都以保险立法的形式规定保险公司应提留保险准备金,以确保保险公司具备与保险业务规模相应的偿付能力。保险准备金实际上包括资本金、公积金或总准备金及其他任意准备金(在未到期责任准备金和赔付准备金之外的准备金)以及未分配的利润等。

保险资金运用(又称为保险资金投资)是指保险公司为扩充保险补偿能力,分享社会平均利润而利用所筹集的保险资金在各国资本市场上进行的有偿营运。但是,保险公司只能运用其总额货币资金中的一部分,包括资本金的绝大部分、保险总准备金与各种责任准备金。

保险行业负债经营的特点和资金运动的规律决定了保险公司拥有相当数量的闲置资金并必须得到有效运用,才会有益于保险业的发展,并对社会经济发展作出贡献,因此,保险公司的资金运用具有可能性、现实性和必要性。同其他各种资金运用一样,保险资金的运用既要看到宏观的和长远的利益,又要注重微观的和近期的效益,从而必须遵循一些共同准则。综观世界各国保险公司资金运用的原则,虽然提法有别,但却都具有一般的共同要求,这就是保险资金运用的安全性、收益性与流动性。

综观世界各国保险公司的投资发展情况,其投资形式多种多样,一般情况下,各国保险资金的运用主要有储蓄存款、有价证券、贷款、不动产投资、项目投资等形式。

关　键　词

保险准备金　未到期责任准备金　赔款准备金　自然保险费　足缴纯保险费

复习思考题

1. 简述赔款准备金的计提方法。
2. 简述未到期责任准备金的计算方法。
3. 简述保险资金的来源。
4. 简述保险资金运用的原则。
5. 简述保险资金运用的形式。
6. 结合我国保险资金运用的历程,分析我国保险资金运用的发展趋势。

第十八章 保险市场

保险是现代金融的重要组成部分,保险市场的发展是衡量经济发展和社会进步的重要标志,也是满足人民群众日益增长的物质文化需要的必然要求。本章主要讨论保险市场的基本概念、构成要素和影响保险市场供求的因素。

第一节 保险市场概述

一、保险市场的概念

保险市场的概念有广义和狭义之分。狭义的保险市场是指保险商品进行交换的场所。广义的保险市场则是指保险商品交换关系的总和,它既包含了狭义保险市场的含义,也包含了保险主体间的关系及其活动。

由于技术进步和全球经济一体化的发展趋势,保险活动已不再局限于固定的场所,特别是现代通讯技术的应用使保险市场更加分散化和无形化。随着科技的不断创新,保险市场也必将处于不断发展和完善之中。

二、保险市场的特征

(一)与风险紧密联系

保险是基于人们规避风险的需要而存在的,因此保险市场必然紧紧围绕风险运行。

保险具有两个基本特征:一是把风险从个人转移到一个集合体中;二是在某种公平的基础上,由该集合体的成员共同分担损失。由此可以看出,保险是一个集中和分散风险的机制,这种机制能够将个人不确定的风险损失转化为保险费的确定性支出,而在这一过程中保险市场起着至关重要的作用,它能够为众多被保险人提供适合的保险服务从而集合风险,更能够根据特定的原则和方法管理和控制风险,进而使全社会的风险在最大限度上分散和降低。因此,可以说没有风险就没有保险市场,同时,没有保险市场风险也不能得到有效管理,二者紧密结合,相互影响。

(二)非即时结清性和预期性

风险的不确定性和可保风险的偶然性决定了保险的射幸性,进而决定了保险市场的非即时结清性和预期性。即时结清是指交易一旦完成,交易双方就可知道交易结果。一般的商品市场、劳务市场和金融市场都是即时结清市场,但保险市场却不是。保险合同履行的结果取决于在保险合同有效期内承保风险是否发生,发生的时间、地点以及保险标的的损失程度等因素,这些因素在订立合同时对于保险双方来说都是无法确切知道的,只有在赔案处理结束后才能最终确定,因此保险市场具有非即时结清的特点。

保险交易的对象是保险人对被保险人未来损失提供经济保障的承诺。在保险事故发生以前,被保险人对这一保障即保险金只能预期获得而不能切实获得,因此保险市场具有预期性特点。这种特点在非寿险市场中表现得尤为突出,而寿险则带有储蓄性,保险金给付是确定的,只是时间不确定,因此预期性在寿险市场中表现较弱。

(三)政府干预

在市场经济体制下,政府对企业的市场行为一般不会过多干预,但保险具有广泛性和社会性,保险的经营运作情况直接影响广大人民群众的利益和企业的生产经营。因此,各国政府对保险市场都进行了严格的监管和控制,如对保险条款、保险费率、准备金的提取和资金运用等都作了较严格的规定。随着我国保险业的迅速发展,《保险法》、《保险专业代理机构监管规定》、《保险经纪机构监管规定》等一系列法律和规章相继颁布,为保险监管提供了法律依据。

三、保险市场分类

(一)按承保标的划分

保险市场按承保标的的不同,可以分为人身保险市场和财产保险市场。人身保险市场上的保险标的是人的生命和身体。人身保险市场又可进一步分为人寿保险市场、意外伤害保险市场、健康保险市场。广义的财产保险市场承保的保险标的包括各种物质财产以及有关的经济利益和损害赔偿责任。广义的财产保险市场也可进一步划分为物质财产保险市场、责任保险市场、利益保险市场。

(二)按保险交易的层次划分

保险市场按保险交易的层次的不同,可以分为原保险市场和再保险市场。原保险市场的交易双方是投保人和保险人,在原保险市场上,投保人以交付一定的保险费为条件将风险转移给保险人。再保险市场的交易双方是原保险人和再保险人,在再保险市场上,保险企业通过订立分保合同将其承担的保险责任的一部分或全部转移给其他保险企业,以控制和分散风险。原保险市场是再保险市场的基础,再保险市场反过来支持和促进原保险市场的发展,二者相辅相成,紧密联系。

(三)按保险活动的范围划分

保险市场按保险活动的地域范围的不同,可以分为国内保险市场和国际保险市场。国内保险市场的发展受本国经济形势、政府对保险业的宏观调控和民族传统文化等因素的影响比较大。近年来,全球经济一体化的发展趋势和现代通讯技术的应用打破了保险市场地域上的限制,使越来越多的保险公司和保险组织积极拓展海外市场,走上了国际化的发展道路。国际保险市场将面临日趋激烈的竞争。

（四）按保险市场的垄断程度划分

按垄断程度的不同,可以把保险市场分为完全竞争型保险市场、垄断竞争型保险市场、寡头垄断型保险市场和垄断型保险市场,垄断程度依次增加。

完全竞争型保险市场必须具备以下四个特征：

（1）任意保险公司的保险产品与其他保险公司的保险产品完全相同。

（2）保险公司众多,每一家保险公司对于整个市场而言都是微小的,以至于其行为不能对价格产生影响。保险人只能是价格的接受者,不能是价格的控制者。

（3）所有资源具有完全的流动性,每一种资源都能够自由进出保险市场。

（4）信息是充分的,消费者和企业都能够掌握有关保险市场的全部信息。

以上四个特征是很难同时具备的,所以完全竞争型保险市场是一种理论上的状态,现实生活中并不存在。尽管如此,对完全竞争型保险市场的研究还是具有指导意义的。

垄断竞争型保险市场是指在一个保险市场中有许多保险企业提供有差别的保险商品和服务的保险市场模式。其具有以下三个特征：

（1）产品存在差异。一方面,这些产品彼此之间是非常接近、可以高度替代的,也就是说,保险商品的需求交叉弹性很大,市场具有竞争性；另一方面,每一种产品具有其自身特点,保险商品的需求交叉弹性不是无穷大,带有垄断因素。

（2）保险企业的数目很多,以至于每家企业的行为对整个市场的影响很小。

（3）保险企业的规模较小,因此进出某一保险领域比较自由。

寡头垄断型保险市场是指少数几家保险企业控制整个保险市场,其他保险公司进入较难,竞争主要在这几家保险公司之间展开的保险市场模式。它与垄断型保险市场比较接近,是一种普遍的保险市场模式。

垄断型保险市场是指在某一保险市场上只有一家保险公司进行垄断经营、获得垄断利润的保险市场模式。造成保险市场垄断的最主要的原因是政府颁发经营许可证,一般为获得这种排他性经营权,企业需要接受政府在某些方面的管制,从而使政府能够对该保险市场加以管理和控制。垄断的后果往往是效率低下、社会福利受损,因此一般只有发展水平低、政府需要控制的保险市场才会采取这种模式。例如,目前我国政府规定我国的出口信用保险由中国出口信用保险公司独家经营。

四、保险市场机制

（一）市场机制

市场机制是指价值规律、供求规律和竞争规律三者之间相互联系、相互作用、互为因果的关系。

价值规律是指商品的价值由生产商品的社会必要劳动时间决定,商品按照价值等价交换,在供求和竞争的影响下,价格以价值为中心上下波动。价值规律是商品经济的基本规律。

供求规律表现为市场上供给方和需求方之间的相互关系,供求双方在一定条件下相互作用,使商品的价格、供给量、需求量达到某种相对静止的状态,即达到均衡。

竞争包括供给方之间的竞争、供求双方之间的竞争和需求方之间的竞争。竞争的作用在于优胜劣汰,实现资源的有效配置。

(二)保险市场机制

保险市场具有其特殊性,因此市场机制在保险市场中发挥的作用也具有其特点。

1. 保险市场中的价值规律

保险商品的价格即保险费率,包括纯保险费率和附加保险费率两部分。纯保险费是用于保险给付的部分,它在理论上等于未来保险给付的精算现值,主要受保险损失概率的影响,受价值规律的作用较小;附加保险费是用来平衡保险经营费用并给保险人带来合理利润的部分,体现了保险从业人员社会必要劳动时间的凝结。因此,价值规律在保险市场中的作用主要体现在附加保险费的形成方面。在承保风险损失概率不变的情况下,只有改进保险技术、保险服务,降低经营费用才能加大利润空间。

2. 保险市场中的供求规律

一般情况下,供求双方的力量直接决定商品的均衡价格,但在保险市场上却不是这样,保险费率并不能完全由供求双方的共同作用决定。保险费率一般是由精算部门应用复杂的精算技术予以确立的,除考虑供求关系外,还受到风险损失概率、投资报酬率、利率、经营管理成本、政府监管等诸多因素的影响。

3. 保险市场中的竞争规律

在其他一些商品市场上,价格竞争往往是唯一或最重要的竞争手段,保险市场也曾经如此,但保险市场上的价格竞争往往要受到成本的限制,如果保险人收取的保险费不足以弥补保险金给付导致保险人破产倒闭,最终受损失的还是被保险人。另外,保险是一种无形商品,是一种服务,它不仅为人们提供经济保障还提供了心理安全保障,因此除价格竞争外,服务的竞争、险种创新的竞争也显得尤为重要。

第二节 保险市场的构成要素

保险市场是保险商品供给与需求关系的总和,无论在何种保险市场上,都是由保险商品的供给方向保险商品的需求方提供保障不同风险的保险商品和服务,因此初期的保险市场只要具备了供给方、需求方和保险商品这三个要素,保险交易就可以完成。但随着保险业的发展,保险中介在保险活动中的作用越来越重要,逐渐变成了保险市场中不可缺少的构成要素。

一、保险市场主体

(一) 保险商品的供给方

保险商品的供给方是指在保险市场上提供各种保险商品和服务的保险人。保险人的组织形式多样,下面简单介绍几种主要形式。

1. 政府保险组织

政府保险组织是由国家政府设立的经营保险业务或者授权经营保险业务的机构,又称公营保险组织。政府保险组织的存在,主要出于以下的原因:

第一,为了实现国家的社会政策而由国家或地方政府设立保险机构来经营相应的保险业务。例如,各国的出口信用保险,大多是由政府直接经营或政府授权的保险机构来经营。中国政府于2001年12月18日设立的专营出口信用保险的中国出口信用保险公司也应纳入政府保险组织。

第二,由于经营成本较高而微利甚至亏损,致使一般的商业保险组织不愿意经营的保险业务,而社会生产和社会生活又不可缺少其所提供的保障,故国家或地方政府设立保险机构,专门经营此类保险险种。农业保险就是典型实例,鉴于农业保险面对的风险复杂多样,出险率高,赔付率高,且经营技术较为复杂,很多国家采用官营或官助民营的方式进行经营。在中国,虽然农业经济的发展水平因地区差异而不平衡,但对农业保险的保障需求却是共同的,因此,由政府设立政策性保险组织与合作保险组织相结合便是中国农业保险的发展方向。

第三,很多国家,尤其是发展中国家为了本国保险市场的稳定,防止私营保险组织垄断保险市场,或者为了便于保险市场的监管,防止保险资金的外流,需要政府建立保险组织来控制保险市场的发展方向,推行保险国有化的政策。

政府保险组织具有诸多特点:

(1) 政府保险组织一般都拥有国家或地方政府提供的雄厚资金,并且,在经营活动中十分重视信誉,可以获得社会公众的信任和安全感。因此,政府保险组织以其拥有的经营优势在保险市场中占有特殊的地位。

(2) 政府保险组织的经营活动,大多不以营利为目的或者不以此作为主要目的,而是强调落实国家或地方政府的具体社会政策,注重社会效益。因此,政府保险组织经营的保险业务,一般采用固定保险费制度,而且,保险费率低于一般的商业保险。

(3) 政府保险组织的经营活动,往往是依据国家或地方政府的法律政策而分布在全国或特定地区范围内,可以吸收众多的投保人,从而,其经营规模较大,业务活动较稳定。

(4) 政府保险组织的经营方式,多以强制保险为主。由于强制保险一般适用于发生概率较高,覆盖面较广的危险事故,国家或地方政府为了维持社会生活的稳定而以法律手段赋予其强制力,多由政府保险组织负责经营。

政府保险组织经营的保险险种,按经营方式可归纳为两种:一是采取垄断经营的方式,即依据有关法律政策的规定,由国家保险组织专项经营,其他保险组织不得涉足。例如,日本的邮政简易人身保险就由日本邮政省垄断经营。美国的存款保险业务则是根据1933年的《银行保险法》的规定,由美国政府设立的联邦存款保险公司专营。二是政府保险组织与其他保险组织均可以经营的非垄断性保险业务[①]。

2. 保险股份有限公司

保险股份有限公司是指由购买公司股票的股东所拥有的公司。股票代表股东对公司的所有权地位。保险股份有限公司由一定人数的股东组成,公司全部资本分为等额股份,股东以其出资额为限对公司承担责任,公司以其全部资本为限对公司债务承担责任。股东有资格通过股息的定期支付获得公司收益的一部分。同时,股票价格可能时涨时落,从而使股东在出售股票时产生资本收益或损失。

股东分为两种:一种是普通股股东,他们拥有对公司事务的投票表决权,并且通常每股代表一份投票权。普通股股东通过对公司事务投票表决选举公司董事会并影响公司的运作。但是,普通股股东一般不参与日常运作,这些日常运作是由董事会任命的公司高级管理人员控制的。另一种是优先股股东。优先股股东可以在普通股股东之前获得股息分配,但一般对于公司董事会和公司政策没有投票表决权。

保险股份有限公司是世界各国保险业存在最多的组织形式。美国经营人身险业务的保险机构约有90%为股份有限公司,经营财产保险业务的保险机构有2/3为股份有限公司。保险股份有限公司之所以能成为最常见的保险供给的组织形式,主要是由于其集资方式和经营方式能够很好的适应保险业经营特点。一方面其分散众多客户风险需要巨额资金保障偿付能力;另一方面其专业技术性需经营权与所有权分离。

保险股份有限公司具有如下特点:

(1) 保险商品的主要经营者,以营利为目的。

(2) 能够吸引大量社会资金,具有雄厚的资本,可以进行大规模保险经营,确保其偿付能力,具有较好的市场竞争力。

(3) 组织机构健全、经营管理人员的专业技术水平较高。

(4) 存在一定的局限性。以营利为目的会导致其不愿经营微利或亏损险种,同时导致风险控制严格赔付条件严苛,从而费率较高。

3. 相互保险组织

第一,相互保险社。

[①] 贾林青:《保险法(第三版)》,中国人民大学出版社,2009年,第282-283页。

相互保险社是保险组织的原始形态，它由某一行业或地区的人员组织起来以应对某种风险。保险单持有人即为社员，每名社员都可以参与相互保险社的管理，具有相同的投票权，而不论保险金额的大小。当相互保险社中一部分社员遭受因保险事故而导致的损失和费用时，该损失和费用由全体社员共同分担。

相互保险社的典型例子是船东相互保险协会。由于英国保险市场上保险人承保的风险有一定的局限性，1855年船东联合起来组成船东相互保险协会，以保障海上保险不予承保的风险，1874年扩展为船东保障与赔偿协会。

第二，相互保险公司。

相互保险公司是指由保险单的持有人参与设立的非营利性法人。相互保险公司与股份制保险公司一样，都是由所有者投票选举公司的董事，并由董事任命管理层负责公司的日常经营，投票决定修改公司章程等重大事项。相互保险公司也可以将其组织形式转变为股份制保险公司，但二者有着明显的区别：一是在相互制保险公司中，公司的所有者就是保险单的持有人，所以保险人同时也是被保险人，但在股份制保险公司中股东可以拥有公司股份却不购买公司保险单，保险人和被保险人分离；二是股份制保险公司采取精算部门事先确定的保险费率，并采取预收的形式向投保人收缴保险费，但相互制保险公司收取保险费的形式却是多样的。

（1）预付保险费相互保险公司。在预付保险费形式下，保险单持有人在保险开始前预付保险费，在保险期限结束时若公司遭受的损失和发生的费用低于预期水平则产生盈余，保险单持有人有资格对该盈余进行分配，获得红利。但这种红利与从营利性公司获得的红利意义是不同的，它不代表保险单持有人的额外收入，而代表保险费返还，因此不作为课税对象。从业务量来衡量，预付保险费相互保险公司是最重要的一种相互保险公司。美国保诚寿险公司就是相互制保险公司的著名实例。

（2）摊收制相互保险公司。在摊收保险费制形式下，保险单持有人在保险开始前可以支付也可以不支付保险费，但在保险期限结束时有责任在确定的限额内公平分摊保险公司的损失和费用。摊收保险费制与预付保险费制有许多相似之处，但也存在着以下区别：在保险期限开始时，预付保险费相互保险公司需要投保人交付较高的保险费，而摊收制相互保险公司不需要投保人交付很高的保险费；在保险期限结束时，预付保险费相互保险公司的投保人可能获得红利，而摊收制相互保险公司的投保人可能会承担较高的支付责任。与预付保险费相互保险公司相比，摊收制相互保险公司的业务量要小得多，规模也比较小。

（3）工厂相互保险公司。工厂相互保险公司的保险费一般采用预付保证金形式。工厂相互制保险公司的一个重要特征是它向被保险人提供很好的防灾防损服务，只有那些规模较大、建设优良、满足严格的安全和建筑要求的工厂才有资格参加工厂相互保险公司提供的保险。由于工厂相互保险公司对承保标的的选择非常严格，所以损失率是比较低的。

(4) 永久相互保险公司。投保人一次性支付大量首期保险费后保险合同永久有效，投保人不需再支付续期保险费，而是靠首期保险费的投资收益维持保险基金的正常运转。如果投资收益比较高而损失和费用较低，保险公司会产生盈余，投保人有权从盈余中分得红利。

第三，保险合作社。

保险合作社是指由一些对某种风险具有相同保险需求的人，自愿集股设立的非营利性保险组织。保险合作社与相互保险社有很多方面是相似的，但也存在着差别：

(1) 保险合作社是由社员共同出资设立的，社员即为保险合作社的股东，因此社员加入保险合作社必须缴纳一定的股本，并以其认购的股金为限享受其对合作社的权利，但相互保险社没有股本，每名社员具有相同的投票权。

(2) 只有保险合作社社员才有资格成为保险合作社的被保险人，但社员可以选择是否与保险合作社建立保险关系。也就是说，保险关系的建立必须以被保险人是社员为条件，但保险关系存在与否并不影响社员关系的存在。因此，保险合作社与社员之间的关系比较稳定和长久。但相互保险社与社员之间的关系却会因保险关系的消失而消失，一旦保险合同期满或终止，社员和相互保险社之间的关系自动解除。

(3) 保险合作社采用固定费率制，一旦收缴保险费便不再追加，但相互保险社的保险费是在实际损失确定后采用分摊制。

第四，劳合社。

英国伦敦的劳合社从1688年开始运作，是世界上历史最悠久、最重要的保险市场之一。它自身并不办理保险买卖业务，而是为买卖双方提供交易场所、制定交易规则、仲裁纠纷，并帮助其成员完成险种开发、核保、理赔等有关事务。

承保会员是经营保险业务的主体，他们有权以自己的名义承保，承保会员常通过辛迪加的形式来进行经营活动。辛迪加由若干承保会员组成，每个承保会员按事先确定的承保比率分担赔偿责任，每个辛迪加都是一个独立的法人实体，在独立核算的基础上承担损失和风险。虽然劳合社委员会对劳合社承保人进行管理，但每个辛迪加都可以相对自由地接受或拒绝承保，并能自行定价。过去，劳合社会员承担无限责任，即以个人全部财产为限对承保风险承担责任，但现在承担有限责任的公司法人也已获准加入承保人辛迪加。当辛迪加中某一成员无法履行其赔偿责任时，其他成员须承担连带赔偿责任。

第五，蓝十字和蓝盾协会。

蓝十字计划是指由已加入一个国家级保健组织的区域性保健组织提供特定住院医疗费用的保险计划。它主要承保住院医疗费用，一般直接向医院支付保险金。

蓝盾计划是指由区域性保健提供者与全国性的保健组织联盟，提供医疗费用的保险计划。它主要承保医生的诊治费用，保险金可以直接支付给医生。

蓝十字和蓝盾原本是两个独立的组织,但在其发展的过程中彼此合作、相互融合,因此 1982 年两个组织联合组成了蓝十字和蓝盾协会。

(二) 保险商品的需求方

保险商品的需求方是保险商品的现实和潜在购买者,不同购买者有不同的风险保障需求,促使保险人开发形式多样、内容丰富、定价合理的险种以满足市场需要。虽然消费者的个人特征、保险需求各不相同,但仍然可以按照社会阶层、文化背景、收入水平、生活方式等因素将消费群体细分,使保险产品的开发、设计、营销更具针对性和广泛性。

(三) 保险市场的中介方

保险中介方,即保险中介人,是指介乎于保险人与投保方之间,为保险人开展保险经营活动和投保方参与保险活动以提供保险展业、代订保险合同、保险业务咨询、风险管理和风险评估、损失鉴定和理算等为内容的专门性中介服务业务的单位和个人。保险中介人处于独立的法律地位,可以分为保险代理人、保险经纪人与保险公估人。

保险中介人是各国保险市场的重要组成部分。其中,保险代理人在多数国家的保险市场中适用范围最为广泛,而保险经纪人和保险公估人则因其具有独特的业务内容而提供较高层次的中介服务方式和服务内容。

1. 代理人和经纪人

保险代理人是根据保险人的委托,向保险人收取代理手续费,并在保险人授权的范围内代为办理保险业务的单位或个人。保险代理人以保险人的名义进行代理活动,在保险人授权范围内,保险代理人活动的法律后果由保险人承担。保险代理人的保险代理权来自保险人的委托授权,因此应签订委托代理合同,明确双方的权利义务和授权范围。

目前我国的代理人形式有以下三种:

(1) 专业代理人:专门从事保险代理业务的代理人公司。在我国其组织形式为有限责任公司或者股份有限公司,其业务范围比较广泛,包括代理销售保险单、代理收取保险费、代理保险人进行损失查勘和理赔等业务。

(2) 兼业代理人:在从事自身业务时,受保险人委托代办保险业务,只能代理与本行业相关且为投保人提供便利的业务,其业务一般只限于代理销售保险单和代理收取保险费,主要包括银行代理、行业代理、单位代理。

(3) 个人代理人:在保险人授权的范围内代为办理保险业务的个人。在我国其业务范围仅限于代理推销保险产品和代理收取保费,但不得签发保单。

保险经纪人是基于投保人的利益,为投保人与保险人订立保险合同提供中介服务,并依法收取佣金的单位或个人。由于其法律地位特殊,业务内容广泛,法律责任重大,各国对保险经纪人要求比较高,通常要求具有专门的保险知识,比较熟悉保险市场的整体情况,具备一定的资格和条件,并通过政府保险监管部门的审批等。

其形式一般有三种:个人保险经纪人、合伙企业、保险经纪公司,保险经纪公司是我国目前唯一认可的组织形式。

保险代理人和保险经纪人的区别为：

(1) 代表利益不同。保险代理人代表保险人的利益,保险代理人根据保险人授权代为办理保险业务的行为由保险人承担责任。如果保险代理人有超越代理权限的行为,投保人有理由相信其有代理权并已订立保险合同的,保险人应当承担赔偿责任,但保险人可以依法追究越权代理人的责任。保险经纪人是基于投保方的利益从事保险中介活动的,因此保险经纪人在办理保险业务中产生过错,给投保人、被保险人造成损失的,由保险经纪人承担责任。

(2) 收入来源不同。保险代理人向保险人收取代理手续费,保险经纪人可以从保险公司获得佣金也可以从投保人处获得佣金。

(3) 受监管的程度不同。虽然保险代理人、保险经纪人都应当具备保险监督管理机构规定的资格条件,但保险经纪人从业资格的取得比保险代理人从业资格的取得更加严格。因为,保险经纪人是投保人的代表,独立承担民事法律责任,其行为对投保人具有更直接的影响。

2. 公估人

公估人是指受保险人或被保险人委托,向委托人收取佣金,办理保险标的查勘、鉴定、估损、赔款理算,并出具公估报告的企业或个人。公估人的首要任务之一是确定保险人是否应当对损失承担赔偿责任,这就需要公估人对现场进行查勘,以确定发生损失的财产是否是保险标的、造成损失的近因是承保责任还是除外责任以及是否存在保险诈骗。若确定保险人应当对损失承担赔偿责任,那么公估人还须进一步估算赔偿金额。

公估在财产保险中尤为重要,财产保险中的许多损失是部分损失,损失金额的估算需要保险人对财产本身、财产损失的程度和财产价值有比较清楚的了解,因此损失金额不能够轻易确定。而人身保险的赔偿金额在保险人收到死亡通知或医疗费收据后就比较容易确定。由于公估人对保险财产具备专业知识并在长期查勘估损工作中积累了丰富的经验,且公估人作为独立于保险人和被保险人的第三人,比较容易对保险标的的损失作出客观、公平、合理、令人信服的评价,易于保险双方达成一致,因此公估人常常代替保险人完成查勘估损的工作。公估人行业已在保险市场中迅速发展起来。

按照不同的标准,保险公估人可以划分为不同的类型：

(1) 根据保险公估人在保险业中的执业阶段的不同,保险公估人可以分为核保公估人和理赔公估人。核保公估人主要从事保险标的的价值评估和风险评估,出具查勘报告；理赔公估人是指保险事故发生后,受委托处理保险标的的检验、估损和理算的专业公估人。

(2) 根据保险公估人执业范围及执业性质的不同,保险公估人可以分为"保险型"公估人、"技术型"公估人和"综合型"公估人。

（3）根据保险公估人参与保险公估业务的行业或对象的不同，保险公估人可以分为海上保险公估人、特种保险公估人和汽车保险公估人。海上保险公估人主要处理海上、航空运输保险等方面的业务；特种保险公估人主要处理火灾及特种保险等方面的业务；汽车保险公估人主要处理与汽车保险有关的业务。

（4）根据委托方的不同，保险公估人可以分为接受保险人委托的保险公估人和接受被保险人委托的保险公估人。在有些国家和地区，前者也可以接受被保险人的委托；而后者一般只接受被保险人委托处理索赔和理算事项，但不接受保险人的委托。

除了保险代理人、保险经纪人、保险公估人以外，精算师、律师、投资专家等在保险市场上也起着非常重要的作用。

二、保险市场客体

保险市场的客体是保险商品，即保险人向被保险人提供的经济保障。保险商品具有如下特征。

1. 不可感知性

保险商品是一种劳务商品，是一种以风险为对象的特殊商品，是一种无形商品，它既不能在客户购买之前向其展示某种样品，也不能在客户购买之后使其保留某种实物。如果说保险商品含有有形成分，那通常是指保险的服务设施、服务场所和服务标志，保险商品本身仍然是看不见、摸不着的。保险商品的无形性是它与一般工农业实物产品最重要的区别之一。

保险商品的不可感知性特征对其销售有重要影响。与有形商品相比，保险商品没有自己独立存在的实物形式，保险也很难通过陈列、展示等形式直接激发客户的购买欲望或供消费者检查、对比、评价。对购买者而言，保险商品是抽象的、无法预知购买效用的，因此，保险商品的购买带有很强的不确定性，这使得保险商品销售比有形商品销售困难得多。

2. 不可分离性

保险商品的生产过程和消费过程是同时进行的，即保险商品的生产与消费在时间上存在一致性，这与有形产品的生产与消费大不相同。有形商品的生产与消费在时间和空间上一般是分离的，从生产到最终消费往往要经过一系列的中间环节。在保险市场上，保险商品的生产者——保险人与保险商品的消费者——投保人是直接发生联系的，保险商品是客户在场的情况下生产出来的，保险商品的生产过程同时也就是保险商品的销售过程。

3. 保险是"非渴求商品"

保险事故的发生是偶然的、不能事先预知的，人们往往存在侥幸心理，不愿主动购买保险。因此，保险营销在保险销售中起着非常重要的作用。

保险商品的特性决定了只有保险人、中介人提高保险技术、服务水平、建立良好的信誉，被保险人一方提高风险意识、积极参与保险活动，保险主体各方共同努力才能使保险市场更好地向前发展。

第三节 保险市场的供给与需求

一、保险需求

(一)保险需求量及其影响因素

保险需求是指在一定时期内在各种可能的价格水平上消费者愿意且能够购买的保险商品的数量。由定义可以看出,购买意愿和购买能力是有效需求不可缺少的两个条件。只有购买意愿却没有购买能力的需求是无效需求。

消费者对保险商品的需求量是由许多因素共同决定的,其中主要包括风险因素和保险意识、保险费率和对未来保险费率的预期、消费者的收入水平、相关商品的价格和社会因素等。

1. 风险因素和保险意识

没有风险就没有保险需求。消费者面临的风险越大,购买保险的意愿就越强。不过,对于相同的风险,不同的人的保险意识也会存在很大差异。保险意识强的消费者会更加积极地购买保险。随着社会经济的不断发展,必然产生新的风险,消费者的保险意识也在不断增强,社会对保险的需求也会越来越大。

2. 保险费率和对未来保险费率的预期

保险需求量与保险费率(保险商品的价格)呈反向变动关系。费率越低,需求量越大;费率越高,需求量越小。此外,消费者对未来保费变动的预期也会影响需求量,如果消费者预期未来保费降低则会减少当期购买,反之则会增加当期购买。

3. 消费者的收入水平

消费者的收入对保险需求有很大影响。消费者的收入水平降低必然带来总支出减少,因此消费者不得不减少其对某种商品的需求。保险不属于必需品,消费者收入减少时,其对保险需求往往会以更大的比例减少;相反,消费者收入增加时,其对保险的需求往往以更大的比例增加。随着社会经济的不断发展,消费者的收入水平呈上升趋势,因而对保险的需求会越来越大。

4. 相关商品的价格

替代品的价格和互补品的价格对保险需求的影响是不同的。若一种物品价格的变动引起保险商品需求的同向变动时,那么该商品与保险互为替代品。例如,防灾防损设施与保险互为替代品,其价格与保险需求呈正相关关系。当防灾防损器材或设施的价格下降时,企业可能更愿意购置防灾防损器材或设施将风险自留,而不是购买保险保障火灾风险,从而使保险需求降低。若一种物品价格的变动引起保险商品需求的反向变动时,那么该商品与保险为互补品。例如,汽车价格与机动车辆保险的需求量呈负相关关系,汽车与机动车辆保险为互补品。当汽车的价格升高时,人们会减少对汽车的需求量,机动车辆保险的需求量也自然会随之减少;反之亦然。

5. 社会因素

经济发展水平、福利制度、文化传统、人口结构等社会因素对保险需求的影响也是比较大的。保险是社会稳定器,是一种市场化的风险转移机制、社会互助机制和社会管理机制,因而必然与众多的社会因素有着密切的联系。从世界各国保险业的发展实践来看,一个国家经济发展水平越高,保险越发达,保险需求越旺盛。目前我国的社会、经济结构正在发生变化,工业化和城镇化不断推进,人口老龄化和家庭小型化趋势继续深化,土地和家庭等传统养老方式的功能趋于弱化,但社会保障制度还不十分完善,覆盖面还比较狭窄。在这种情况下,社会对商业保险的潜在需求十分巨大。

6. 消费者预期

消费者对未来的预期会对当期的保险需求产生影响。消费者预期主要包括对未来保费变动的预期、对未来收入的预期、对未来风险的预期、对未来经济形势的预期等。若消费者预期未来保费降低则会减少当期购买,反之则会增加当期购买。若消费者对未来收入不乐观则会在当期为未来增加保险保障,消费者对未来收入的预期不但会影响保险需求量还会影响对险种、交费方式的选择。若消费者预期未来会面临较高风险,则会在当期就增加保险的购买,特别是具有储蓄性质的人寿保险。未来经济形势对保险需求的影响主要体现在其他金融市场对保险市场的影响,例如,当证券市场的投资回报率很高时,许多投保人减少保险的购买甚至要求退保,从而将保险市场中的资金转移到证券市场中,但同时,投连产品的需求可能会增加。

(二)需求函数与需求曲线

保险需求函数表示当假定其他因素固定不变时,保险商品的需求量和保险商品价格之间一一对应的关系。其函数形式为 $Q_d = f(P)$,在经济学的分析中,为简化过程,常采用线性需求函数 $Q_d = \beta - \alpha \times P$,由于保险价格与保险需求呈负相关关系,所以 $\alpha > 0, \beta > 0$, α, β 均为常数。①

由保险需求函数可以得出保险需求曲线(见图 18-1)。需要注意的是,横轴表示因变量,即保险需求量,纵轴表示自变量,即保险价格,这与数学中的习惯相反。保险需求曲线由左上方向右下方倾斜,表示随着保险商品价格水平的降低,保险商品的需求增加。

保险商品自身价格的变动,即费率的变化在需求曲线上表现为沿需求曲线变动,而其他因素导致的保险需求的变化则表现为需求曲线的移动。

---

① 在保险需求函数 $Q_d = \beta - \alpha \times P$ 中,β 表示保险需求曲线在横轴上的截距,它表示保险商品价格为零时的保险需求量。$-\alpha$ 表示保险需求曲线相对于保险价格轴的斜率。

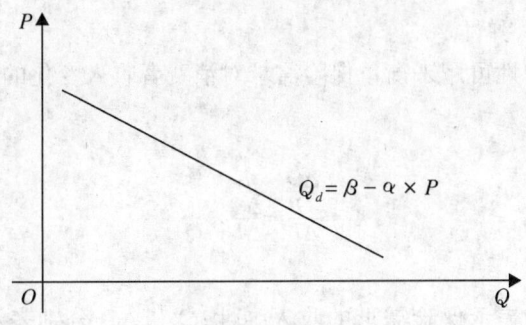

图 18-1 保险需求曲线

（三）需求弹性

保险的需求弹性表示保险需求量对各因素变动的反应程度,主要包括保险需求的价格弹性、保险需求的收入弹性和保险需求的交叉弹性。下面逐一介绍：

1. 保险需求的价格弹性

保险需求的价格弹性是指在一定时期内,保险商品的需求量变动对于其价格变动的反应程度。其计算公式为：

$$E_d = -\frac{\frac{\Delta Q}{Q}}{\frac{\Delta P}{P}} = -\frac{\Delta Q}{\Delta P} \times \frac{P}{Q} \tag{18-1}$$

在式(18-1)中,E_d 表示保险需求的价格弹性；Q 和 ΔQ 分别表示保险商品的需求量及其变化量；P 和 ΔP 分别表示保险商品的价格及其变化量。

保险需求的价格弹性大体可以分为三类：大于1、小于1、等于1。当保险需求价格弹性大于1时,如果保险商品的价格下降,需求量增加的幅度将大于价格下降的幅度,保险人的保险费收入会增加；反之,则减少。当保险需求的价格弹性小于1时,提价则会增加保险人的保险费收入。而当保险需求的价格弹性等于1时,保险商品价格的变化对保险费收入没有影响。

影响需求价格弹性的因素主要有以下几个：

(1) 保险商品的可替代程度。保险的可替代程度越高,需求价格弹性越大；反之,越小。

(2) 保险对消费者的重要程度。如果保险对消费者来说属于奢侈品且保险商品在消费者预算中占有较大比例,则消费者对其价格变化比较敏感,价格弹性往往比较高。

(3) 所考察的调节保险需求的时间。需求量的定义是针对一定时间而言的,考察需求量的时间越长,消费者就越容易找到替代商品,需求价格弹性就越大。

2. 保险需求的收入弹性

保险需求的收入弹性可用来衡量保险需求对消费者收入变化的敏感程度。其计算公式为：

$$E_I = \frac{\frac{\Delta Q}{Q}}{\frac{\Delta I}{I}} = \frac{\Delta Q}{\Delta I} \times \frac{I}{Q} \qquad (18-2)$$

在式(18-2)中，E_I 表示保险需求的收入弹性；Q 和 ΔQ 分别表示保险商品的需求及其变化；I 和 ΔI 分别表示投保人的收入及其变化。

经验表明，保险需求的收入弹性是比较大的。在发达国家，人们的收入水平比较高，保险意识和购买能力要比发展中国家大得多。

3. 保险需求的交叉弹性

保险需求的交叉弹性可用来衡量在一定时期内保险商品的需求量对其他相关商品价格变动的敏感程度。其计算公式为：

$$E_{12} = -\frac{\frac{\Delta Q_1}{Q_1}}{\frac{\Delta P_2}{P_2}} = \frac{\Delta Q_1}{\Delta P_2} \times \frac{P_2}{Q_1} \qquad (18-3)$$

在式(18-3)中，E_{12} 表示保险需求的交叉弹性；Q_1 和 ΔQ_1 分别表示保险商品的需求量及其变化量；P_2 和 ΔP_2 分别表示其他相关商品的价格及其变化量。

若相关商品为替代品，其价格与保险需求量呈同方向变动，交叉弹性为正；若相关商品为互补品，其价格与保险需求量呈反方向变动，交叉弹性为负。

二、保险供给

(一) 供给量及其影响因素

保险供给是指在一定时期内在各种可能的价格水平上生产者愿意且能够提供的保险商品的数量。如果保险人只有提供保险商品的意愿却没有提供保险商品的能力，则不能形成有效供给。

保险商品的供给量取决于多种因素，主要包括：

(1) 保险费率。保险费率和保险商品的供给呈同方向变化。费率越高，保险人的利润空间越大，保险商品的供给量越大；反之，费率越低，保险人的利润空间越小，保险商品的供给量越小。保险费率主要受保险事故发生的概率、保险人经营管理费用等因素的影响。因此保险事故发生的概率越低、经营管理费用越少，保险商品的供给量越大。

(2) 保险开发和销售成本。为了开发和销售保险产品,保险人需要投入各种资源。当其中一项或几项资源的价格上升时,保险人的经营管理费用就会增加。经营管理费用和合理利润是通过附加保险费实现的。在附加保险费既定的情况下,保险的开发和销售成本越高,保险公司的利润空间越小,保险商品的供给量就越小;反之亦然。因此,在附加保险费既定的情况下,单位保险商品的开发和销售成本与供给量呈负相关关系。

(3) 保险技术。保险经营活动是一种技术性和专业性都很强的活动,尤其是保险费率的厘定更需要运用复杂的精算技术,因此保险技术是限制保险供给的重要因素,保险技术越成熟,保险人的供给能力就越强。对于有些险种,即使存在很大的市场需求,保险人也有供给意愿,但如果缺乏保险技术支持,也很难形成有效供给。

(4) 偿付能力。保险公司经营保险业务不但要支出各种费用,还要有一定的赔付准备金。各国政府对保险机构偿付能力的监管都是比较严格的,我国《保险法》规定,保险公司对每一危险单位,即对一次保险事故可能造成的最大损失范围所承担的责任,不得超过其实有资本金加公积金总和的10%;超过的部分,应当办理再保险。因此,偿付能力的大小直接影响保险人的供给规模。

(5) 保险人对保险市场的未来预期。如果保险人对保险市场的未来前景看好,预期未来保险费会上升,或成本会降低,或政府会给予更有力的扶持等,则会增加保险供给;反之,如果对市场的预期是悲观的,则会减少保险供给。

(6) 政策因素。政府可以采取各种直接的管理、调节手段和方法,如金融政策、财政政策、保险政策,也可以间接地调节保险运行的社会经济环境来引导保险业的发展。如果政府采取扶持政策,如降低税收、增加补贴,则会增加保险供给;反之,则会减少保险供给。

(二) 供给函数与供给曲线

保险供给函数表示当假定其他因素固定不变时,保险商品的供给量(Q_S)和保险商品价格(P)之间一一对应的关系。其函数形式为$Q_S=f(P)$,在经济学的分析中,为简化过程,常采用线性供给函数$Q_S=-\gamma+\theta \times P$,由于保险价格与保险供给呈正相关关系,所以$\gamma>0,\theta>0,\gamma,\theta$均为常数。①

由保险供给函数可以得出保险供给曲线(见图18-2)。同样需要注意的是,横轴表示因变量,即保险供给量,纵轴表示自变量,即保险价格。保险供给曲线由左下方向右上方倾斜,表示随着保险商品价格水平的上升,保险商品的供给增加。

---

① 在保险供给函数$Q_S=-\gamma+\theta \times P$中,$\gamma$是保险供给曲线(严格地说,是供给曲线的延长线)在横轴上的截距,它表示保险商品价格为零时的保险商品供给量。θ表示保险供给曲线相对于保险价格轴的斜率。

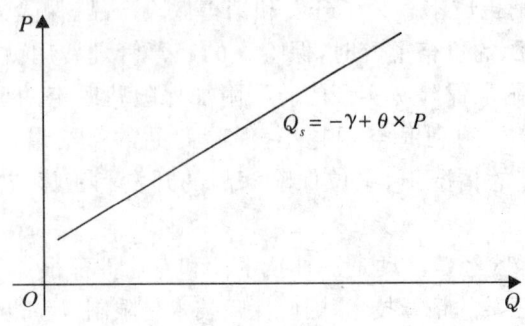

图 18-2 保险供给曲线

（三）供给弹性

保险的供给弹性表示保险供给量对各因素变动的反应程度。保险的供给弹性主要是指保险供给的价格弹性。其计算公式为：

$$E_S = -\frac{\frac{\Delta Q}{Q}}{\frac{\Delta P}{P}} = \frac{\Delta Q}{\Delta P} \times \frac{P}{Q} \tag{18-4}$$

在式(18-4)中，E_S 表示保险供给的价格弹性；Q 和 ΔQ 分别表示保险商品的供给量及其变化量；P 和 ΔP 分别表示保险商品的价格及其变化量。

影响供给价格弹性的因素有：其一，考察供给量的时间，保险人调整保险商品的供给量是需要一定时间的，在短期内增加或减少供给量都是比较困难的，因此考察期越短，供给价格弹性越小；反之，越大。其二，保险资源的利用水平，由于保险资源是有限的，所以在保险水平比较低的时候，保险人较容易将未被充分利用的保险资源用来扩大保险供给，保险供给的价格弹性较大，但当保险资源已被充分利用时，扩大保险供给就需要支付额外的费用，因此要使保险的供给量增加需要保险价格大幅升高，保险供给的价格弹性相对较小。

三、供给与需求的共同作用

无论是保险需求曲线还是保险供给曲线，其自身都无法说明保险商品的价格是如何决定的。因为，保险商品的均衡价格是在保险供给和保险需求的共同作用下形成的。

（一）均衡价格的决定

一般意义上的均衡是指经济事务中的有关变量在一定条件下相互作用所达到的一种相对静止的状态。当保险市场的需求量和保险市场的供给量相等时，保险商品的价格为均衡价格，有时也被称为市场出清价格，在该均衡价格下的供给数量被称为均衡数量。由

图 18-3 可以看出,保险市场的均衡状态出现在需求曲线和供给曲线的交叉点 M 上,该点被称为均衡点,该点对应的价格和数量分别为均衡价格和均衡数量。

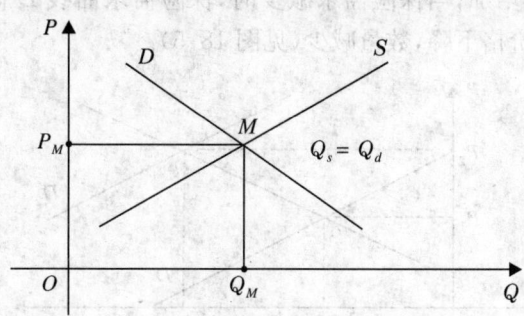

图 18-3　保险供给与保险需求的共同作用图

(二) 供需变动对均衡价格的影响

保险供给和保险需求的变动是指在保险商品价格不变的条件下,由于其他因素的变动而导致的保险商品的供给和需求量的变动,在图中表现为供给曲线和需求曲线的移动。

保险供给曲线和保险需求曲线的移动必然导致两条曲线的交点发生移动,从而使均衡价格和均衡数量发生变动,下面我们分别分析保险供给曲线的移动和保险需求曲线的移动对均衡状态的影响。

1. 保险供给曲线的移动对均衡状态的影响

一般来说,当保险供给增加时,保险供给曲线 S 向右移动,对保险均衡价格和均衡数量的影响是价格下降、数量增加;当保险供给减少时,保险供给曲线向左移动,对保险均衡价格和均衡数量的影响是价格上升、数量减少(见图 18-4)。

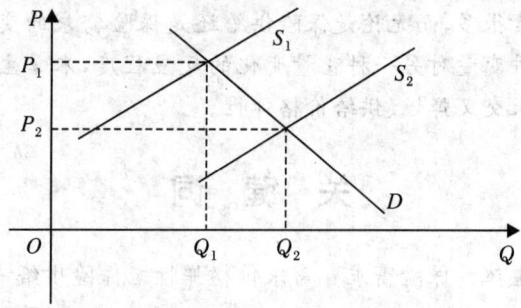

图 18-4　供给曲线的移动图

2. 保险需求曲线的移动对均衡状态的影响

一般来说，当保险需求增加时，保险需求曲线 D 向右移动，对均衡价格和均衡数量的影响是价格上升，数量增加；当保险需求减少时，保险需求曲线 D 向左移动，对均衡价格和均衡数量的影响是价格下降，数量减少（见图18-5）。

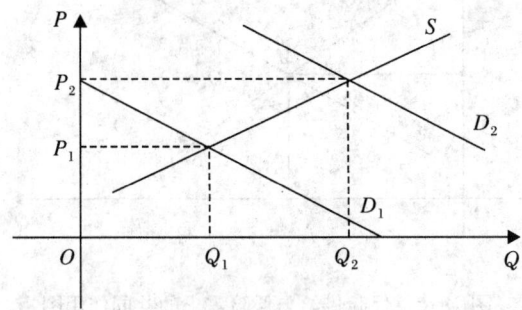

图18-5 需求曲线的移动

本 章 小 结

广义的保险市场是指保险商品交换关系的总和，它具有与风险紧密联系、非即时结清性和预期性、政府干预等特点。由于保险市场的这些特点，其运行机制也具有一定的特殊性。在对保险市场进行研究的过程中，根据研究目的的不同，可以将保险市场进行不同的分类。

保险市场主要由主体、客体两方面构成，保险市场主体又包括保险商品的供给方、需求方和中介方。保险市场的供给方即为保险人，其组织形式多样；需求方为投保人；中介方主要包括保险代理人和经纪人、保险公估人等。

保险商品的均衡价格和均衡数量是在保险供需双方的共同作用下形成的。影响保险供给和保险需求的因素很多，而无论是保险供给还是保险需求的变动都会对均衡产生影响。弹性一般表示一种变量对另一种变量变化的反应程度，本章主要介绍了需求价格弹性、需求收入弹性、需求交叉弹性、供给价格弹性。

关 键 词

保险市场　保险主体　保险需求　需求价格弹性　保险供给　供给价格弹性

复习思考题

1. 简述保险市场的特征、类型和运行机制。
2. 简述保险市场的构成要素。
3. 保险人的组织形式主要有哪些?
4. 比较保险代理人和保险经纪人的异同。
5. 影响保险供需的主要因素有哪些?
6. 均衡价格是怎样形成的?
7. 谈谈你对国际和国内保险市场的认识。

第十九章 保险监管

保险监管是保险监管主体对保险业的监督和管理。保险监管有广义与狭义之分。狭义的保险监管是指政府利用法律手段和行政手段对保险市场主体进行的监督和管理。监管的主体是政府设立的专门的保险监管机构，或由政府授权代行保险监管机构职能的其他机构。要实现保险监管的目标，只有政府监管机构的监管是不够的，还要有保险行业自律和保险经营机构本身的内部控制以及社会监督等。保险监管机构（专门的保险监管机构和代行保险监管机构职能的其他机构）、保险行业自律组织、保险经营机构本身和社会力量对保险市场主体进行的监督和管理，属于广义的保险监管。政府监管机构的监管、保险行业自律、保险经营机构本身的内部控制和社会监督的落脚点是保险经营机构。保险经营机构有保险公司、保险代理公司、保险经纪公司、保险公估公司等。本章的讨论侧重于对保险公司的监管。

第一节 保险监管的原则与目标

一、保险监管的必要性

保险监管是极其必要的，任何国家的政府都要对保险业进行监管。保险监管的必要性是由以下几个原因决定的。

（一）保险活动的广泛社会性

保险作为风险转移的简便易行而又十分有效的方式，目前已经渗透到社会的各行各业、国民经济的各个部门、社会再生产的各个环节和社会的各个阶层。越来越多的企业、社会团体、居民家庭和个人，已经以投保人、被保险人或受益人的身份参与到保险活动中来，成为保险保障的利益主体。保险人虽然通过大量的同质风险的集合安排而降低了每一被保险人的风险，但并不能消除这些风险，而只是将其由被保险人身上转移到保险人身上，由分散的风险变为可以集中应对和管理的集合风险。当保险事故或保险事件发生时，保险人可以利用集中起来的保险基金进行赔偿或给付。如果保险人经营管理不善，没有足够的能力履行赔偿或给付的责任，那么将严重损害被保险人的利益，甚至使其无法维持正常的生产或生活，进而影响到社会秩序的稳定。因此，必须对保险业实行监管，以控制保险人的经营风险,使它们有足够的偿付能力。

(二) 保险合同的特殊性

保险合同所具有的附合性与射幸性的特点,决定了保险监管的必要性。保险合同的附合性是指用来规定保险合同双方当事人权利和义务的保险条款是由保险人单方面制定的,被保险人通常只能选择接受或者不接受既定的保险条款,而不能对保险条款的生成与变化施加影响。保险人在制定保险条款时,很可能倾向于自己的利益,而对被保险人一方不利。只有对保险人实行监管,才能使其在制定保险条款时认真遵循公平的原则,避免在保险条款中出现对被保险人一方不利的问题。

保险合同的射幸性是与风险的偶然性特征联系在一起的。风险是一种可能发生的损失。从可保风险的角度看,损失发生的概率应当很小。所有的投保人都要按保险合同的规定向保险人交付保险费,但保险只对少数发生损失的被保险人进行赔偿或给付,而没有发生损失的被保险人则不能得到保险人的任何回报。保险合同的射幸性所包含的非等价交换的含义,使人们对保险商品的价格(保险费率)水平是否合理难以判断。只有对保险人制定价格的行为进行监管,才能避免保险人通过不公平的保险价格而损害被保险人一方的利益。

(三) 保险技术的复杂性

保险标的的种类繁多,不仅包括各种物质性财产,也包括非物质性的利益、责任、信用和忠诚等;不仅包括人的生命,而且还包括人的身体、健康和劳动能力等。在物质性财产中,不仅包括技术含量较低的财产,也包括技术含量较高的财产。技术含量较高的财产在核保、核赔过程中会用到专门的技术知识,而这种专门的技术知识通常是被保险人一方所不掌握的。尤其是财产保险、责任保险和信用保证保险等的费率是与保险标的发生损失的概率和平均损失率联系在一起的,而这些都是被保险人一方所无法了解的。为了防止保险人一方制定对被保险人一方显失公平的保险条款和保险费率,必须对保险人一方所制定的保险条款和保险费率实行监管。就为被保险人的身体、健康和劳动能力等提供保险保障的人身保险而言,其中的主体业务即寿险业务都具有储蓄性。其保险金的给付标准的确定涉及银行利率和保险资金的投资收益等因素,而这些因素在保险期间(寿险的期限可达几十年)内可能发生巨大的变化,从而使保险人发生偿付能力不足的风险。为了保护被保险人一方的利益,必须对保险人一方的偿付能力实行严格的监管。

(四) 保险行业的强竞争性

保险行业是一个经营无形产品的服务性行业,没有那么多的沉淀成本,因而只要政府不进行人为的限制,其进入和退出都不存在严重的障碍。这就决定了这个行业通常为一个竞争非常激烈的行业。同时,保险行业又是一个对企业的生产经营活动能否正常进行、人们的生活能否正常维持影响极大的行业。竞争固然有利于提高保险公司的效率,但过度竞争则会削弱保险公司的偿付能力,甚至是破产、倒闭,严重损害被保险人一方的利益。为了规范保险公司的竞争手段,维护保险市场的正常竞争秩序,必须对保险公司以及其他保险经营主体实行监管。

二、保险监管的原则

在保险监管过程中所适用的原则，主要有坚实原则、公平原则、健全原则和社会原则。

坚实原则要求保险人的资产坚实和负债坚实。资产坚实是指保险经营主体的资产数量充足，质量良好。负债坚实是指保险经营主体的各种准备金充足，能够满足各种保险补偿或给付的需要。

公平原则包括进入公平、竞争公平和合同公平。进入公平是对保险监管机构自身的要求。保险监管机构对于申请进入保险业的经营机构、从业人员在资格、条件的审查和批准上要一视同仁，不得厚此薄彼。竞争公平是保险监管机构对保险经营机构、从业人员的要求。在市场经济条件下，竞争是不可避免的。保险经营机构、从业人员在市场竞争中所采用的竞争手段要合法化、规范化，不得以不合法、不规范的竞争手段损害其他经营机构和从业人员的利益。合同公平是保险监管机构对保险经营机构的要求。保险条款和保险费率是由保险人制定的，是保险合同的主要内容。保险费率直接关系到被保险人一方的义务和保险人一方的权利，而保险条款中的保险责任和除外责任直接关系到被保险人一方的权利和保险人一方的义务。保险人一方所制定的保险条款和保险费率对被保险人一方应当是公平的，即由保险条款所赋予的被保险人一方的权利应当与保险费率加给被保险人一方的义务是相互平衡的、对等的，而不是显失公平的。

健全原则是对保险监管机构的要求和保险监管机构对保险经营机构的要求。这一原则要求保险监管机构在监管过程中要负起指导保险经营机构正常经营和健康发展，维护出资方和被保险人一方的合法权益的责任。同时，保险监管机构在监管过程中应当要求保险经营机构改进保险服务质量，努力提供适合社会需要的保险产品和服务，提高保险经营的经济效益和社会效益。

社会原则是指保险监管应当立足于充分发挥保险的功能，尤其是其社会管理功能，促进国家的经济发展和社会进步。为此，保险监管机构在履行监管职责的过程中，应当积极推进保险业的发展，扩大保险保障的覆盖面，积极稳妥地扩大保险资金运用的渠道和规模，积极推进商业性养老保险、医疗保险、失业保险，提高年老者、退休者、患病者和失业者等的保险救助水平，减轻国家的财政负担，维护和促进社会的和谐。

三、保险监管的目标

（一）保证保险人有足够的偿付能力

保险人的主要权利是收取保险费，主要义务是保险事件出现后对被保险人一方进行赔偿或给付。保险费的收取形成保险人的负债，而赔偿或给付则是对负债的偿还。要使保险人能够按保险合同的规定履行自己的义务，必须具备履行义务的能力，即偿付能力。

是否具有足够的偿付能力,是被保险人一方的利益能否得到保证,保险人能否稳定经营的关键。保证保险人具有足够的偿付能力,是保险监管的首要目标和核心内容。

（二）保证保险业的公平竞争

除社会保险和政策性保险外,保险经营主体都要以营利为目标。因此,保险经营主体之间必然存在竞争,甚至是激烈的竞争。我国《保险法》规定:保险公司开展业务,应当遵循公平竞争的原则,不得从事不正当竞争。规范保险经营主体的竞争手段和行为,保证保险业的公平竞争,维护正常的保险市场秩序,是保险业健康发展的保证,也是保险监管的重要目标。

第二节 保险监管体系

保险监管体系由政府监管、行业自律、保险经营机构内部控制和社会监督等几个部分构成。

一、政府监管

政府监管是一个系统。这个系统包括政府监管的法律规范、政府监管机构、政府监管的类型。

（一）政府监管的法律规范

政府对保险业的监管是一项非常严肃的活动,必须以相应的法律规范为依据。这些法律规范主要包括两大类:一类是有关保险监管授权的法律规范;另一类是有关保险监管对象的法律规范。

我国现行《保险法》(2009年修订、施行)规定:保险监督管理机构依照本法和国务院规定的职责,遵循依法、公开、公正的原则,对保险业实施监督管理,维护保险市场秩序,保护投保人、被保险人和受益人的合法权益。国务院保险监督管理机构依照法律、行政法规制定并发布有关保险业监督管理的规章。关系社会公众利益的保险险种、依法实行强制保险的险种和新开发的人寿保险险种等的保险条款和保险费率,应当报国务院保险监督管理机构批准。其他保险险种的保险条款和保险费率,应当报保险监督管理机构备案。保险条款和保险费率审批、备案的具体办法,由国务院保险监督管理机构依照前款规定制定。保险公司使用的保险条款和保险费率违反法律、行政法规或者国务院保险监督管理机构的有关规定的,由保险监督管理机构责令停止使用,限期修改;情节严重的,可以在一定期限内禁止申报新的保险条款和保险费率。国务院保险监督管理机构应当建立健全保险公司偿付能力监管体系,对保险公司的偿付能力实施监控。保险公司未依照本法规定提取或者结转各项责任准备金,或者未依照本法规定办理再保险,或者严重违反本法关于资金运用的规定的,由保险监督管理机构责令限期改正,并可以责令调整负责人及有关管理人员。《保险法》中的所有这些规定,都是对保险监管机构授权的法律规范。同时,这些规定也指明了保险公司是保险监管的主要对象。当然,保险监管的对象还包括保险代理人、保险经纪人和保险公估人等。除了《保险法》针对这些监管对象所作的规定外,中国保险监督管理委员会还制定了《保险专业代理机构监管规定》、《保险营销员管理规定》、《保险经纪机构监管规定》、《保险公估机构监管规定》等规章,对保险中介机构和人员的监督和管理作出了具体的规定。

(二) 政府监管机构

政府监管机构是政府对保险业进行监管的主管机构。从各国情况看,保险监管机构通常有三种类型。一种是直属于中央政府的保险监管机构。例如,我国的保险监督管理委员会①。另一种是在直属于中央政府的某个机构之下设立的保险监管机构。例如,日本的保险监管机构为直属于金融厅的监督局下设的保险课。第三种是由地方政府设立的监管机构行使保险监管的职能。例如,在美国,没有一个直属于联邦政府的或在直属于联邦政府的机构之下设立的全国性的保险监管机构,主要行使保险监管职能的是由各州政府设立的保险署。保险署在保险监督官的主持下负责对本州范围内保险公司的市场准入和业务监管。各州之间保险立法和保险监管的协调,由各州保险监督官组成的全国保险监督官协会负责。

(三) 政府监管的类型

各国政府对保险业的监管所采取的类型主要有公示主义、准则主义和批准主义三种。

1. 公示主义

公示主义也称公告管理。这种监管方式的特点是:

(1) 政府主管机关只规定保险公司的最低资本金、保证金和与其承担的风险相适应的最低偿付能力标准,并要求保险人必须按照政府规定的格式和内容定期把经营成果呈报给政府主管机关,并予以公告。

(2) 政府通常不对保险企业进行直接的监督和干预,保险企业的组织结构、保险单格式的设计、保险资金的运用等,均由保险企业自行决定。只是在保险公司的实际偿付能力额度低于法定最低偿付能力额度时,政府主管机关才会采取责令其限期补充资本金、限制其签发新保单等直接监管措施。

(3) 保险企业的经营状况由社会公众根据公告的内容加以判断。熟悉保险公司业务,从而有能力根据公告的内容作出这种判断的是保险中介机构。中介机构在很大程度上承担着判断保险市场信息,指导社会公众选择费率合理,与其收入水平相适应的保险产

---

① 我国现在保险监管的主体是中央政府专门设立的中国保险监督管理委员会及其分支机构。中国保险监督管理委员会于 1998 年 11 月 8 日成立。在此之前,我国的保险监管职能是由中国人民银行下设的保险司执行,属于在直属于中央政府的某个机构之下设立的保险监管机构。

品的责任。

英国1901年和1940年颁布的公司法,采用了公示主义的监管方式。

这种监管方式的优点是,为保险公司的活动提供了较大的自由,为保险业的发展提供了较大的空间。但它以保险经营机构具有较强的自我约束能力、社会公众具有较强的保险意识和相当的保险知识为前提条件。

2. 准则主义

准则主义也称规范管理。这种监管的特点是:

(1) 国家颁布一系列与保险经营活动相关的法律和法规,并要求保险人和保险中介人必须严格遵守。

(2) 实行统一的保险条款和保险费率,禁止保险市场上的价格竞争。

(3) 为了保证保险公司的偿付能力,政府主管机关对各项准备金的提存和保险资金的运用实行监管,但并不直接实行偿付能力的监管。

1996年以前的日本和1994年欧共体保险市场一体化之前的德国都采用这一监管方式。

这种监管突出保险经营形式上的合法性,比公示监管更合理。但是,这种监管方式对保险经营主体的限制过大,市场机制的作用难以得到充分的发挥。同时,保险监管的法律准则难以适应所有的保险经营主体、涵盖保险经营主体的所有经营活动,因此,这种监管方式具有较大的局限性。

3. 批准主义

批准主义也称实体管理。这种监管的特点是:由政府保险监管机构根据法律所赋予的权力,按照保险法律和法规的规定及其设立的规章,对保险经营机构实行全面的监督管理。其监管的内容包括保险经营机构设立的监管,保险经营机构经营活动的监管,偿付能力的监管等。其监管的具体方式包括现场监管和非现场监管等。这种监管既有相关法律、法规和规章的约束,又有保险监管机构的监督检查。保险监管机构的监督检查既有法律上的依据,同时又能弥补法律准则僵硬和局限性的缺陷。这种监管类型目前已经为多数国家所采用,但在条款、费率的监管上有逐步放宽的趋势。

二、行业自律

保险行业自律是通过保险行业组织进行的保险业内的监督管理。保险行业组织的形式有保险同业公会或保险行业协会等。它们是保险人、保险经纪人、保险代理人、保险公估人等自愿参加的、非官方的、非营利性的社团组织。在保险市场比较完善的国家或地区,保险行业组织是普遍存在的。

覆盖范围和作用的差异,可以把保险行业组织分为两类:一类是保险全行业商业性经营机构参加的行业组织。例如,我国的保险行业协会就是保险全行业的商业性经营机构自愿参加的社团组织。另一类是保险行业中某一子行业的商业性经营机构自愿参加的行业组织。如英国的火灾保险人协会、人寿保险协会、保险经纪人协会等。

按照我国《保险法》的规定，保险公司应当加入保险行业协会，保险代理人、保险经纪人、保险公估机构可以加入保险行业协会。保险行业协会是保险业的自律性组织，是社会团体法人。

保险行业协会通常履行如下职能：维护保险公司的合法权益，代表协会的会员就政府有关保险的立法与管理措施发表意见，对政府有关保险行业的立法和保险监管施加影响；制定行业内部的行为规范，约束会员单位的竞争行为，加强会员之间的协调和自律，维护和改善保险市场的竞争秩序。有的行业协会还负责规定行业内的统一的保单格式、最低费率标准和佣金或回扣的标准等。

中国保险行业协会的职责范围包括：制定全国保险行业共同遵守的自律公约；督促各会员单位贯彻执行国家有关法律、行政法规和规章；根据国家有关法律、法规、政策和行业公约，约束和规范市场行为，协调各会员之间的业务关系，接受保险当事人的咨询；维护保险公司的合法权益，代表保险业向中国保险监督管理委员会及其他政府部门反映共同愿望和建议；促进中国保险业同国外保险业之间的联系、交往；组织对保险市场的调查研究，并为会员提供市场调研、信息咨询、培训等服务；接受中国保险监督管理委员会委托办理的有关事项。此外，保险行业协会可以颁布财产保险或者人身保险条款示范文本，可以根据实际情况公布指导性保险费率。

保险行业自律对于政府监管发挥了重要的补充作用。但是，保险行业协会毕竟是非官方组织，不具有行政性的管理权力，因此，其制定的行业内部的行为规范尽管对各会员单位具有约束作用，但这种约束作用的力度是很有限的。尤其是保险行业协会成立的初衷，在于维护协会会员单位的利益，而不是维护被保险人一方的利益，不能解决被保险人的利益可能受到来自保险人一方的损害的问题。只有政府监管，才能从根本上解决这一问题。

三、保险经营机构内部控制

内部控制是保险经营机构的一种自律行为，是其为完成既定工作目标，防范经营风险，对内部各种业务活动实行制度化管理和控制的一系列机制、措施和程序。建立科学、完善的内部控制制度，是保险经营机构持续健康发展的根本保证，是保险监管机构外部监管的基础和必要的条件。保险监管是一种外部的、强制性的监督和管理，而公司内部控制则是内部的、自觉的监督和管理。外部的监督管理以及行业自律只有通过保险经营机构内部的控制，才能更有效地发挥作用。

保险公司是以风险为经营对象的机构，其内部控制尤为重要。

（一）保险公司内部控制的目标

保险公司内部控制的目标为：一是行为合规性目标，即保证保险公司的经营管理行为遵守法律、法规、监管规定、行业规范、公司内部管理制度和诚信准则;二是资产安全性目标,即保证保险公司资产安全可靠,防止公司资产被非法使用、处置和侵占;三是信息真实性目标,即保证保险公司财务报告、偿付能力报告等业务、财务及管理信息的真实、准确、完整;四是经营有效性目标,即增强保险公司决策执行力,提高管理效率,改善经营效益;五是战略保障性目标,即保障保险公司实现发展战略,促进稳健经营和可持续发展,保护股东、被保险人及其他利益相关者的合法权益。

(二)保险公司内部控制的原则

保险公司内部控制应遵循的原则为:一是全面和重点相统一的原则,即保险公司应当建立全面、系统、规范化的内部控制体系,覆盖所有业务流程和操作环节,贯穿经营管理全过程,同时对公司重要业务事项和高风险领域实施重点控制;二是制衡和协作相统一的原则,即保险公司内部控制应当在组织架构、岗位设置、权责分配、业务流程等方面,通过适当的职责分离、授权和层级审批等机制,形成合理制约和有效监督,同时各职能部门和业务单位之间应当相互配合,密切协作,提高效率,避免相互推诿或工作遗漏;三是权威性和适应性相统一的原则,即保险公司内部任何人都要受内部控制的约束,未经授权任何人不得更改内部控制程序,保险公司的内部控制流程不能一成不变,而是应当适应经营环境和管理要求的变化及时调整和优化;四是有效控制和合理成本相统一的原则,即保险公司内部控制应当与公司实际风险状况相匹配,确保风险得到有效防范,同时合理配置资源,尽可能降低内部控制成本。

(三)保险公司内部控制体系的建立与运作

1. 保险公司内部控制体系的建立

第一,构造内部控制的制度基础,为内部控制提高良好的制度环境和条件。

(1)建立现代企业制度和规范的公司治理结构,形成授权清晰、运作规范、科学有效的决策、执行、监督机制。

(2)根据保险业务流程和内部控制的需要,按照便于管理、易于考核、简化层级、避免交叉的原则,科学设置机构、分支机构和工作岗位,明确职责分工。

(3)改进人员管理制度,合理配备关键岗位的人员,确保其具有较好的专业素质与能力,并将对其的考核、薪酬、奖惩、晋升等与内部控制成效挂钩。

第二,建立安全实用、覆盖所有业务环节的信息系统,提高业务活动信息化、流程化、自动化的水平,为内部控制提供技术保障和系统支持,促进公司内部的信息共享和及时沟通,提高经营管理透明度。

第三,建立多层次、全方位的监控体系,对内部控制活动进行事前、事中、事后的监控。

第四,建立内部控制管理及评价机制和严格内部控制责任追究制度。

2. 保险公司内部控制体系的运作

(1)前台控制、后台控制和基础控制相结合。前台控制是对直接面对市场和客户的营销及交易行为的控制；后台控制是对业务处理和后援支持等运营行为的控制；基础控制是对为公司经营运作提供决策支持和资源保障等管理行为的控制。各个层次之间应当相互补充、紧密衔接。

（2）纵向控制与横向制约相结合。我国的保险公司多实行总、分公司制。纵向控制是指总公司对分公司实施的监督和控制，其中包括各职能部门自上而下地对本部门所处理的业务进行的监督和控制。横向制约是同一层次的公司内部各部门、各岗位人员的相互制约。这里既包括在业务上有承接关系的部门、岗位上的人员的相互制约，也包括稽核部门对其他各部门按岗位责任制和目标责任制进行的考核管理，以及纪检监察部门对业务财务稽核部门的监督。

（3）内部控制与业务活动相结合。保险公司要根据风险规律，合理设计内嵌于展业、核保、核赔等业务活动各个环节的内部控制流程，对经营管理和业务活动中可能面临的风险因素进行全面系统的识别分析，发现并确定风险点，对重要风险点的发生概率、诱发因素、扩散规律和可能损失进行定性和定量评估，确定科学合理的风险应对策略，努力实现对风险的过程控制。

（4）加强对内部控制的审计检查，并及时向审计对象、合规管理职能部门和上级领导进行反馈和报告评估结果。同时，根据检查结果对内部控制的健全性、合理性和有效性进行评估，为进一步改进和完善内部控制机制提供依据。对于违反内部控制要求的行为要进行严肃的处理，追究当事人和领导责任。

四、社会监督

社会监督的最有效的方式，是由经认可的注册会计师事务所或审计师事务所进行外部审计监督，以及由经认可的资产评估机构和咨询、评级机构对保险经营机构进行评估。

社会监督可以促进审计结果不佳、评估结果较差的保险经营机构改进其经营管理工作。尤其是对保险经营机构进行信用评级一方面可以鼓励和警示保险机构改善经营管理，加强内部控制，提高服务质量，提升企业形象；另一方面可以为保险监管机关制定确定重点监管对象和具体监管内容提供参考，成为保险监管机关实行有效监管的重要的辅助工具。

此外，社会监督还包括舆论监督。舆论监督最能影响保险经营机构的声誉，进而影响保险经营机构经营状况和发展前景，因而对矫正其不合理的行为往往也最有效。不过，舆论监督没有一个固定的监督内容、监督机构，因而在保险监管中不占主要地位。

第三节 政府监管的内容与方式

政府监管的目标是通过加强对保险经营机构的监督管理，维护保险市场的正常秩序，保护被保险人的合法权益,促进保险业健康发展。中国保险监督管理委员会(以下简称中国保监会)是全国商业保险的主管部门,根据国务院授权,依法对保险机构履行监管职责①。

一、保险组织监管

(一)保险机构设立监管

按照我国《保险法》的规定,设立保险机构应当经中国保监会批准。未经中国保监会批准,任何单位、个人不得在中华人民共和国境内经营或者变相经营商业保险业务。

1. 对保险公司设立的监管

第一,设立保险公司应当具备的条件。

设立保险公司应当具备的条件是:主要股东具有持续盈利能力,信誉良好,最近3年内无重大违法违规记录,净资产不低于人民币2亿元;章程符合我国《保险法》和《公司法》的规定;注册资本最低限额为人民币2亿元(国务院保险监督管理机构根据保险公司的业务范围、经营规模,可以调整其注册资本的最低限额,但不得低于最低限额。注册资本应当为全体股东实缴货币资本);董事、监事和高级管理人员应当符合中国保监会规定的任职资格条件,具备任职专业知识和业务工作经验;具有健全的组织机构和管理制度;具有符合要求的营业场所和与经营业务有关的其他设施。

第二,设立保险公司的程序。

设立保险公司应当经国务院保险监督管理机构批准。国务院保险监督管理机构审查保险公司的设立申请时,应当考虑保险业的发展和公平竞争的需要。

设立保险公司的程序包括:

(1)申请设立。申请设立保险公司,应当向国务院保险监督管理机构提出书面申请,并提交:设立申请书,申请书应当载明拟设立的保险公司的名称、注册资本、业务范围等;可行性研究报告;筹建方案;投资人的营业执照或者其他背景资料,经会计师事务所审计的上一年度财务会计报告;投资人认可的筹备组负责人和拟任董事长、经理名单及本人认可证明;国务院保险监督管理机构规定的其他材料。

(2)保险监管机构审查、批准。国务院保险监督管理机构应当对设立保险公司的申请进行审查,自受理之日起6个月内作出批准或者不批准筹建的决定,并书面通知申请人。决定不批准的,应当书面说明理由。

(3)筹建保险公司。申请人应当自收到批准筹建通知之日起1年内完成筹建工作;筹建期间不得从事保险经营活动。

---

① 保险监管包括对保险公司、保险代理人、保险经纪人、保险公估人等从事保险业务的机构的监管。限于篇幅,本章主要介绍和讨论对保险公司的监管。

(4) 开业申请。筹建工作完成后,申请人可以向国务院保险监督管理机构提出开业申请。国务院保险监督管理机构应当自受理开业申请之日起 60 日内,作出批准或者不批准开业的决定。决定批准的,颁发经营保险业务许可证;决定不批准的,应当书面通知申请人并说明理由。

经批准设立的保险公司,凭经营保险业务许可证向工商行政管理机关办理登记,领取营业执照。

2. 对分支机构设立的监管

保险公司的分支机构是指保险公司申请设立,依法经营保险业务的分公司、中心支公司、支公司、营业部或者营销服务部。保险公司分支机构不具有法人资格,其民事责任由保险公司承担。保险公司可以根据业务发展需要申请设立分支机构。保险公司在中华人民共和国境内设立分支机构,应当经保险监督管理机构批准。

第一,设立分支机构应当具备的条件。

保险公司以规定的最低资本金额设立的,在其住所地以外的每一省、自治区、直辖市首次申请设立分公司,应当增加不少于人民币 2 千万元的注册资本。申请设立分公司时,保险公司注册资本已达到规定的增资后额度的,可以不再增加相应的注册资本。保险公司注册资本达到人民币 5 亿元,在偿付能力充足的情况下,设立分公司不需要增加注册资本。此外,保险公司申请设立分支机构,还应当具备下列条件:上一年度偿付能力充足,提交申请前连续 2 个季度偿付能力均为充足;保险公司具备良好的公司治理结构,内控健全;申请人具备完善的分支机构管理制度;对拟设立分支机构的可行性已进行充分论证;在住所地以外的省、自治区、直辖市申请设立省级分公司以外其他分支机构的,该省级分公司已经开业;申请人最近 2 年内无受金融监管机构重大行政处罚的记录,不存在因涉嫌重大违法行为正在受到中国保监会立案调查的情形;申请设立省级分公司以外的其他分支机构,在拟设地所在的省、自治区、直辖市内,省级分公司最近 2 年内无受金融监管机构重大行政处罚的记录,已设立的其他分支机构最近 6 个月内无受重大保险行政处罚的记录;有申请人认可的筹建负责人;中国保监会规定的其他条件。

第二,设立分支机构的程序。

(1) 申请设立。保险公司申请设立分支机构,应当向保险监督管理机构提出书面申请,并提交:设立申请书、拟设机构 3 年业务发展规划和市场分析材料、拟任高级管理人员的简历及相关证明材料、国务院保险监督管理机构规定的其他材料。

(2) 保险监管机构审查、批准。保险监督管理机构应当对保险公司设立分支机构的申请进行审查,自受理之日起 60 日内作出批准或者不批准的决定。决定批准的,颁发分支机构经营保险业务许可证;决定不批准的,应当书面通知申请人并说明理由。

经批准设立的保险公司分支机构,凭经营保险业务许可证向工商行政管理机关办理登记,领取营业执照。

（二）对保险机构变更事项的监管

应当报保险监管机构批准的变更事项如下：

保险公司有下列情形之一的，应当经保险监督管理机构批准：变更名称；变更注册资本；变更公司或者分支机构的营业场所；撤销分支机构；公司分立或者合并；修改公司章程；变更出资额占有限责任公司资本总额5%以上的股东，或者变更持有股份有限公司股份5%以上的股东；国务院保险监督管理机构规定的其他情形。

保险机构有下列情形之一，应当自该情形发生之日起15日内，向中国保监会报告：变更出资额不超过有限责任公司资本总额5%的股东，或者变更持有股份有限公司股份不超过5%的股东，上市公司的股东变更除外；保险公司的股东变更名称，上市公司的股东除外；保险公司分支机构变更名称；中国保监会规定的其他情形。

（三）对保险机构解散、撤销的监管

1. 保险机构的解散

保险公司因分立、合并或者公司章程规定的解散事由出现，经保险监督管理机构批准后解散。保险公司依法解散的，应当并报送下列材料：解散申请书；股东大会或者股东会决议；清算组织及其负责人情况和相关证明材料；清算程序；债权债务安排方案；资产分配计划和资产处分方案；中国保监会规定提交的其他材料。保险公司依法解散的，应当成立清算组，清算工作由中国保监会监督指导。清算组应当委托资信良好的会计师事务所、律师事务所，对公司债权债务和资产进行评估。

2. 保险机构的撤销

保险公司违反法律、行政法规，被保险监督管理机构吊销经营保险业务许可证的，依法撤销。保险公司依法被撤销，由中国保监会及时组织股东、有关部门及有关专业人士成立清算组。清算组应当委托资信良好的会计师事务所、律师事务所，对公司债权债务和资产进行评估。

保险公司撤销分支机构，应当经中国保监会批准。分支机构经营保险业务许可证自被批准撤销之日起自动失效，并应当于被批准撤销之日起15日内缴回。

保险公司合并、撤销分支机构的，应当进行公告，并书面通知有关投保人、被保险人或者受益人，对交付保险费、领取保险金等事宜应当充分告知。

保险公司依法解散或者被撤销的，其资产处分应当采取公开拍卖、协议转让或者中国保监会认可的其他方式。

保险公司依法解散或者被撤销的，在保险合同责任清算完毕之前，公司股东不得分配公司资产，或者从公司取得任何利益。

（四）保险机构的限期改正、整顿、接管和破产清算

对于未依照《保险法》的规定提取或者结转各项责任准备金，或者未依照该法规定办理再保险，或者严重违反该法关于资金运用的规定的保险公司，由保险监督管理机构责令

限期改正，并可以责令调整负责人及有关管理人员。

保险公司逾期未改正的，国务院保险监督管理机构可以决定选派保险专业人员和指定该保险公司的有关人员组成整顿组，对公司进行整顿。整顿决定应当载明被整顿公司的名称、整顿理由、整顿组成员和整顿期限，并予以公告。

整顿组在整顿过程中，有权监督该保险公司的日常业务。该保险公司的负责人及有关管理人员，应当在整顿组织的监督下行使自己的职权。在整顿过程中，保险公司的原有业务继续进行，但是保险监督管理机构有权停止开展新的业务或者停止部分业务，调整资金运用。

被整顿保险公司经整顿已纠正其违反《保险法》规定的行为，恢复正常经营状况的，由整顿组提出报告，经国务院保险监督管理机构批准，结束整顿，并由国务院保险监督管理机构予以公告。

保险公司有下列情形之一的，国务院保险监督管理机构可以对其实行接管：公司的偿付能力严重不足的；违反《保险法》规定，损害社会公共利益，可能严重危及或者已经严重危及公司的偿付能力的。接管的目的是对被接管的保险公司采取必要措施，以保护被保险人的利益，恢复保险公司的正常经营。接管期限最长不得超过2年。接管期限届满，被接管的保险公司已恢复正常经营能力的，由国务院保险监督管理机构决定终止接管，并予以公告。

被整顿、被接管的保险公司不能清偿到期债务，并且资产不足以清偿全部债务或者明显缺乏清偿能力的，国务院保险监督管理机构可以依法向人民法院申请对该保险公司进行重整或者破产清算。

重整是对可能或已经发生破产原因但又有希望再生的债务人，通过各方利害关系人的协商，并借助法律强制性地调整他们的利益，对债务人进行生产经营上的整顿和债权债务关系上的清理，以期摆脱财务困境，重获经营能力的特殊法律程序。重整一方面把债权人权利实现，建立在企业复兴的基础上，使债权人得到比在破产清算分配的情况下更为有利的清偿结果；另一方面通过债务调整，消除破产原因，使企业摆脱经济困境，获得复兴的机会。

保险公司的破产须经保险监督管理机构同意，由人民法院依法宣告。保险公司被宣告破产的，由人民法院组织保险监督管理机构等有关部门和有关人员成立清算组，进行清算。清算组应当委托资信良好的会计师事务所、律师事务所，对公司债权债务和资产进行评估。

经营有人寿保险业务的保险公司被依法撤销的或者被依法宣告破产的，其持有的人寿保险合同及准备金，必须转移给其他经营有人寿保险业务的保险公司；不能同其他保险公司达成转让协议的，由保险监督管理机构指定经营有人寿保险业务的保险公司接受。

二、保险经营监管

保险是一种风险转移的过程。对保险经营的监管，有利于控制保险公司的承保风险，使承保风险与偿付能力相适应，保证保险公司的稳健经营，维护被保险人一方的权益。

(一) 经营范围的监管

我国《保险法》规定,保险公司的业务范围包括:人身保险业务,包括人寿保险、健康保险、意外伤害保险等保险业务;财产保险业务,包括财产损失保险、责任保险、信用保险、保证保险等保险业务;国务院保险监督管理机构批准的与保险有关的其他业务。保险人不得兼营人身保险业务和财产保险业务。但是,经营财产保险业务的保险公司经国务院保险监督管理机构批准,可以经营短期健康保险业务和意外伤害保险业务。保险公司应当在国务院保险监督管理机构依法批准的业务范围内从事保险经营活动。经国务院保险监督管理机构批准,保险公司可以经营该法第九十五条规定的保险业务的下列再保险业务:分出保险;分入保险。

中国保监会发布的《〈保险公司业务范围分级管理办法〉的通知》(保监发〔2013〕41号)根据保险业务属性和风险特征,把保险公司原保险业务范围分为基础类业务和扩展类业务两级。财产保险公司基础类业务包括机动车保险(包括机动车交通事故责任强制保险和机动车商业保险)、企业/家庭财产保险及工程保险(特殊风险保险除外)、责任保险、船舶/货运保险、短期健康/意外伤害保险五项。财产保险公司扩展类业务包括农业保险、特殊风险保险(包括航空航天保险、海洋开发保险、石油天然气保险、核保险等)、信用保证保险、投资型保险四项。人身保险公司基础类业务包括普通型保险(包括人寿保险和年金保险)、健康保险、意外伤害保险、分红型保险、万能型保险五项。人身保险公司扩展类业务包括投资连结型保险和变额年金两项。新设保险公司,只能申请基础类业务,且应当符合保监会规定的条件。财产保险公司申请农业保险业务、特殊风险保险业务、信用保证保险业务、投资型保险业务,人身保险公司申请投资连结型保险业务、变额年金业务,都应当符合保监会规定的条件。

中国保险监督管理委员会 2009 年制定的《保险公司管理规定》规定,保险公司的分支机构不得跨省、自治区、直辖市经营保险业务。保险机构参与共保、经营大型商业保险或者统括保单业务,以及通过互联网、电话营销等方式跨省、自治区、直辖市承保业务,应当符合中国保监会的有关规定。

(二) 承保规模的监管

我国《保险法》规定,经营财产保险业务的保险公司当年自留保险费,不得超过实有资本金加公积金总和的 4 倍。保险公司对每一危险单位,即对一次保险事故可能造成的最大损失范围所承担的责任,不得超过实有资本金加公积金总和的 10%;超过的部分,应当办理再保险。

三、条款和费率监管

(一) 条款和费率的监管的一般要求和原则

保险条款是用来确定保险合同双方当事人的权利和义务关系的,因而是保险合同的核心部分。为了使保险公司制定的条款和费率对被保险人一方是公平的,保险监管机构必须对保险条款和费率实行监管。

在保险条款的监管中,各国保险监管机构的要求是:①保险条款内容完整,即保险条款要涵盖保险标的、保险责任与除外责任、保险期限、保险金额确定的方式、保险费缴付的方式、保险赔款及保险金给付办法、违约责任和争议处理等必备的内容;②保险监管机构还要求保险条款表述清晰、用语准确、通俗易懂;③在订立保险合同时,保险人应当向投保人说明保险合同的条款内容。保险合同中规定有关于保险人责任免除条款的,保险人在订立保险合同时应当向投保人明确说明,未明确说明的,该条款不产生效力。

在保险费率的监管中,各国保险监管机构所坚持的原则是:①充足性原则,即保险费率必须充分地反映保险损失和保险经营成本,不能因保险费率过低而影响保险公司的偿付能力;②合理性原则,即保险费率既应当保证保险公司能够取得合理利润,也不能因保险费率过高而损害被保险人一方的利益;③公平性原则,即保险费率应当以承保风险为基础科学厘定,不危及保险公司偿付能力或者妨碍市场公平竞争。

从我国的实际出发,我国《保险法》规定,中国保监会在履行保险条款和保险费率监督管理职责时所遵循的原则为:保护社会公众利益和防止不正当竞争原则;与偿付能力监管、公司治理结构监管、市场行为监管协调配合原则。中国保险监督管理委员会制定的《保险公司管理规定》(2009)也规定,保险机构应当公平、合理拟订保险条款和保险费率,不得损害投保人、被保险人和受益人的合法权益。

(二)保险条款和费率的审批与备案

我国《保险法》规定,关系社会公众利益的保险险种、依法实行强制保险的险种和新开发的人寿保险险种和中国保监会规定的其他险种的保险条款和保险费率,应当报国务院保险监督管理机构批准。国务院保险监督管理机构审批时,应当遵循保护社会公众利益和防止不正当竞争的原则。其他保险险种的保险条款和保险费率,应当报保险监督管理机构备案。

1. 财产保险条款和费率的审批与备案

保监会发布的《关于实施〈财产保险公司保险条款和保险费率管理办法〉有关问题的通知》(保监会令〔2010〕3号)规定,应当报中国保监会审批的保险条款和保险费率的保险险种为:机动车辆保险;非寿险投资型保险;保险期间超过1年期的保证保险和信用保险;中国保监会认定的其他关系社会公众利益的保险险种和依照法律和行政法规实行强制保险的险种。其他保险险种的保险条款和保险费率,应当报中国保监会备案。

2. 人身保险条款和费率的审批、备案

保监会发布的《关于〈人身保险公司保险条款和保险费率管理办法〉若干问题的通知》(2011)规定,应当报中国保监会审批的保险条款和保险费率的保险险种为:普通型、分红型、万能型、投资连结型以外的其他类型人寿保险;普通型、分红型、万能型、投资连结型以外的其他类型年金保险;未能比照保监会《关于印发人身保险新型产品精算规定的通知》(保监发〔2003〕)之《个人分红保险精算规定》开发的团体分红型人寿保险和团体分红型年金保险;中国保监会规定须经审批的其他保险险种。除此以外的其他保险险种的保险条款和保险费率,应当报中国保监会备案。

保险公司需要修改已经批准或者备案的保险条款或者保险费率的,应当重新报送审批或者备案。保险公司省级分公司可以在中国保监会规定的范围内调整其总公司报经审批的保险费率,但应当报经其总公司同意,并在获得总公司正式批复后报告所在地保监会派出机构。保险公司省级分公司调整其总公司报经审批的保险费率超过中国保监会规定的范围的,应当由其总公司报送中国保监会审批。

（三）保险条款和费率的执行

保险机构应当严格执行经中国保监会批准或者备案的保险条款和保险费率,不得随意改变保险条款或者保险费率。经中国保监会重新批准或者备案后,保险公司不得在新订立的保险合同中使用原保险条款和保险费率。

保险机构使用的保险条款或者保险费率被发现违反法律、行政法规或者保监会相关规定的,由中国保监会或者其派出机构责令停止使用,限期修改;情节严重的,可以在一定期限内禁止申报新的保险条款和保险费率。

四、资本金、保证金和准备金监管

（一）资本金的监管

我国《保险法》及保监会制定的《保险公司管理规定》规定,设立保险公司,其注册资本的最低限额为人民币2亿元。保险公司注册资本最低限额必须为实缴货币资本。保险监督管理机构可以根据保险公司的业务范围、经营规模,调整其注册资本的最低限额。

保险公司应当建立健全资本管理制度和资本约束机制,在制定发展战略、经营规划、设计产品、资金运用等时要充分它们考虑对偿付能力的影响;应当建立与其发展战略和经营规划相适应的资本补充机制,通过融资和提高盈利能力保持公司偿付能力充足。

（二）保证金的监管

为了保证保险公司的偿付能力,保护投保人利益,维护保险市场平稳、健康发展,保险公司必须依据相关法律、法规的规定,遵循"足额、安全、稳定"的原则提取用于保险公司清算时清偿债务的资金,即资本保证金。

保险公司成立后,应当按照其注册资本总额的20%提取保证金。为保证资本保证金的安全,并开立独立账户存放资本保证金存放在两家以上商业银行,除保险公司清算时用于清偿债务以外,不得挪作他用。每笔资本保证金存款的金额不得低于人民币1 000万元(或等额外币)。保险公司增加注册资本(营运资金)低于人民币5 000万元(或等额外币)的,对增资部分应当提存一笔资本保证金。

资本保证金可以定期存款、大额协议存款、中国保监会批准的其他形式存放,存款存期不得短于1年。为了加强对银行的约束以保证资本保证金的安全,保险公司应要求存放银行对资本保证金存单进行背书:"本存款为资本保证金存款。存款银行未见到中国保监会的书面批准,不得同意存款人变更存款的性质、将存款本金转出本存款银行以及其他对本存款的处置要求。存款银行未尽审查义务的,应当在被动用的资本保证金额度内对保险公司的债务承担连带责任。"

存放银行应为保险公司法人机构住所地、直辖市、计划单列市或省会城市金融监督管理部门的指定银行,且应符合以下条件:

(1) 全国性中资商业银行。
(2) 上年末净资产不少于200亿元人民币。
(3) 上年末资本充足率、不良资产率符合银行业监管部门的有关规定。
(4) 具有完善的公司治理结构、内部稽核监控制度和风险控制制度。
(5) 与本公司不具有关联方关系。
(6) 最近两年无重大违法违规记录。

保险公司无权对资本保证金独自处置。保险公司对资本保证金的以下处置行为,应事先得到中国保监会的批准:

(1) 到期变更存款性质。
(2) 提前支取。
(3) 转存其他银行,包括在同一银行所属分支机构之间转存。
(4) 清算时使用资本保证金偿还债务。
(5) 注册资本(营运资金)减少时,部分支取资本保证金。
(6) 其他动用和处置资本保证金的行为。

(三) 准备金监管[①]

我国《保险法》规定,保险公司应当根据保障被保险人利益、保证偿付能力的原则,提取各项责任准备金;应当按照已经提出的保险赔偿或者给付金额,以及已经发生保险事故但尚未提出的保险赔偿或者给付金额,提取未决赔款准备金。含投资或储蓄成分的保险产品,应对其风险保障部分提取未到期责任准备金和未决赔款准备金。保险公司提取的各项准备金必须真实、充足,而且不得贴现。

1. 未到期责任准备金的提取

未到期责任准备金是指为尚未终止的保险责任而提取的准备金,包括保险公司为保险期间在1年以内的保险合同项下尚未到期的保险责任而提取的准备金,以及为保险期

---

① 这里的内容主要包括准备金的提取与补充,准备金及资本金、保证金运用的监管放到后面的"资产负债管理"之中。

间在1年以上的保险合同项下尚未到期的保险责任而提取的长期责任准备金。

未到期责任准备金的提取,应当采用1/24法(以月为基础计提)或1/365法(以天为基础计提)。对于机动车辆法定第三者责任保险,应当采用1/365法评估其未到期责任准备金。对于某些特殊险种,可以根据其风险分布状况采用其他更为谨慎、合理的方法计提。1/24法假设保险业务在1个月内是均匀分布的,因此可以近似认为所有保险业务均是月中承保的,到月末只有半个月,即1年的1/24。例如,1月份任何一天承保的业务,均可以认为是1月15日承保的,到年底(会计年度结束时),只有半个月是未到期的,为1年的1/24,即应当提取全年保费的1/24作为未到期责任准备金。又如,5月份任何一天承保的业务,均可以看作是5月15日承保的,到年底(会计年度结束时),有七个半月是未到期的,为1年的15/24,即应当提取全年保费的15/24作为未到期责任准备金。1/365法是以天为基础计提未到期责任准备金的,即未到期的每一天提取全年保费的1/365作为未到期责任准备金。例如,1月5日承保的业务,到年底(会计年度结束),有5天是未到期的,为1年的5/365,即应当提取全年保费的5/365作为未到期责任准备金。与1/24法相比,1/365法在理论上是最精确的,但是计算未到期责任准备金的工作量较大。不过,即使是1/24法,也比原来的1/2法(以半年为基础计提)要准确得多。由于未到期责任准备金的提取具有连续性,因此,未到期责任准备金的提取方法一经确定,不得随意更改。

保险公司在提取未到期责任准备金时,应当对其充足性进行测试。未到期责任准备金的提取金额应不低于以下两者中较大者:

(1) 预期未来发生的赔款与费用扣除相关投资收入之后的余额。

(2) 在责任准备金评估日假设所有保单退保时的退保金额。

当未到期责任准备金不足时,应提取保费不足准备金。提取的保费不足准备金应能弥补未到期责任准备金和上述两者较大者之间的差额。

2. 未决赔款准备金的提取

未决赔款准备金是为已发生,但尚未结案的赔案而提取的用于赔付的资金。它包括已发生已报案未决赔款准备金、已发生未报案未决赔款准备金和理赔费用准备金。已发生已报案未决赔款准备金是指为保险事故已发生,并已向保险公司提出索赔,尚未结案的赔案提取的准备金。已发生未报案未决赔款准备金是指保险事故已经发生,但未向保险公司提出索赔的赔案而提取的准备金。理赔费用准备金是为处理尚未结案的赔案可能发生的费用而提取的准备金,包括处理赔案需要支付的专家费、律师费、损失检验费,以及为非直接发生于具体赔案的费用而提取的间接理赔费用准备金。

第一,已发生已报案未决赔款准备金的提取。

对已发生已报案未决赔款准备金,应当采用逐案估计法、案均赔款法以及中国保监会认可的其他方法谨慎提取。

逐案估计法(Case-By-Case Estimating Method)是指理赔人员对已经报告的全部赔案进行逐案分析判断,估计出每案赔款额,然后汇总得出未决赔款估计总额,再加上少数尚未报告的赔偿案件的估计金额,汇总即得未决赔款准备金数额,最后加以适当的修正。这种方法对索赔金额确定、索赔频率较低、个案之间索赔金额差异较大、平均索赔金额难以估算的险种较为适合,如企业财产保险、信用保证保险等。对机动车辆保险和家庭财产保险等其他险种则不一定适合。此方法几乎完全凭估算人的主观判断,容易造成估计偏差,且无法对未报案的未决赔款进行统计。

　　案均赔款法是指依据保险公司一定时期的历史数据计算出每案赔款额的平均数,再根据对赔付金额变动趋势的预测加以修正。这一方法不依据个人主观判断,适用于索赔案多但索赔金额不大的保险业务如机动车辆损失保险等。利用这种方法所得的平均赔付额会因所选择的时期的长短而不同,所以它不适合理赔延迟时间较长的险种。

　　赔付率法是指用该类保险所假定的赔款率来估算最终赔付总额,再从估算的最终赔付总额中扣除已支付的赔款和相关理赔费用,即为估算的未决赔款额。估算的未决赔款额可用作确定未决赔款准备金的基础。例如,在机动车辆损失保险中,估计赔付率一般为60%。用60%乘以满期保费,即得估算的最终赔付额。由估算的最终赔付额再减去已付的赔款及理赔费用的余额,即为估算的未决赔款额。未决赔款准备金可以按这个数额提取。这种方法的优点是简单易行,但假定的赔付率和实际的赔付率可能有较大的差异,因此,按此种方法计算出的准备金可能不够准确。

　　保费比例法是按照本年度保费总收入的一定比例来估算未决赔款。目前,国内有个别保险公司采用这一办法,提取比例大概是本年度保费收入的10%左右。这种方法的优点是简便易行,但可靠性较差。

　　第二,已发生未报案未决赔款准备金的提取。

　　对已发生未报案(Incurred But Not Reported)未决赔款准备金,应当根据险种的风险性质、分布、经验数据等因素,采用链梯法、案均赔款法、准备金进展法、B-F法及其他合适的方法中的两种进行谨慎评估。由于链梯法简单,且属于基础性的方法,这里只简单介绍一下链梯法。要了解其他方法,可详细阅读精算方面的书籍,如谢志刚、韩天雄编著的《风险理论与非寿险精算》等。

　　链梯法(Chain Ladder Method)是根据流量三角形(Run-off Triangle)中各列的比例关系来外推预测未来累积索赔额,并用预测索赔额与累计支付赔款之差来确定未决赔款的准备金。

　　流量三角形是将索赔数据(如赔付额、索赔次数、逐案估计值等)按照保险事故发生的年度和赔付额支出的年度进行交叉排列所组成三角形的表格形式。链梯法只涉及赔付额,而不涉及其他因素,故其流量三角形的构成较为简单。表19-1给出一个索赔支付额的流量三角形的例子。

表 19-1

索 赔 支 付 额

单位:万元

进展年	发 生 年													
	1982	1983	1984	1985	1986	1987	1988	1989	1990	1991	1992	1993	1994	1995
0							510	734	711	624	770	1 202	1 793	2 340
1						617	665	862	769	760	805	1 455	2 524	
2					371	429	457	664	659	671	1 067	1 670		
3				291	363	389	429	331	720	834	1 109			
4			151	179	192	236	224	247	488	669				
5		109	134	118	172	120	180	233	312					
6	86	102	96	156	90	181	170	208						
7+	133	179	152	231	198	276	208	340						

在表 19-1 中,从左下角到右上角的每一条对角线上的数字为每一会计年度的索赔支付额。表 19-1 中共有 7 个进展年的数据。7^+ 为在进展年 6 年末尚未支付的赔款余额的估计值。

表 19-2 为每一会计年度与此前所有年度的索赔支付额的累积值。表 19-2 中右下方的空白三角形可以填充以后年度累积索赔支付额的估计值。

表 19-2

累 积 索 赔 支 付 额

单位:万元

进展年	发 生 年							
	1988	1989	1990	1991	1992	1993	1994	1995
0	510	734	711	624	770	1 202	1 793	2 340
1	1 175	1 596	1 480	1 384	1 575	2 657	4 317	
2	1 632	2 260	2 139	2 055	2 642	4 327		
3	2 061	2 591	2 859	2 889	3 751			
4	2 285	2 838	3 347	3 558				
5	2 465	3 071	3 659					
6	2 635	3 279						
7+	2 843	3 619						

由表 19-2 可以计算出各年度累积索赔支付额的流量比率。例如,计算进展年 5 年对进展年 4 年的流量比率。方法是:取进展年 5 年的索赔支付额之和与进展年 4 年对应的

索赔支付额之和(皆为相继年,即1988年至1990年)的比率。

$$\frac{2\,465+3\,071+3\,659}{2\,285+2\,838+3\,347}=1.085\,6$$

这样计算出来的比率,即为表 19-3 中的"平均"比率。表 19-3 的"选定"比率为精算师在平均比率的基础上,综合考虑各种因素对平均比率加以调整的结果。

表 19-3

累 积 索 赔 支 付 额 比 率

进展年	发 生 年							平均	选定
	1988	1989	1990	1991	1992	1993	1994		
0～1	2.303 9	2.174 4	2.081 6	2.217 9	2.045 5	2.210 5	2.407 7	2.235 8	2.240 0
1～2	1.388 9	1.416 0	1.445 3	1.484 8	1.677 5	1.628 5		1.525 8	1.630 0
2～3	1.262 9	1.146 5	1.336 6	1.405 8	1.419 8			1.319 1	1.400 0
3～4	1.108 7	1.095 3	1.170 7	1.231 6				1.156 5	1.200 0
4～5	1.078 8	1.082 1	1.093 2					1.085 6	1.090 0
5～6	1.069 0	1.067 7						1.068 3	1.070 0
6～7$^+$	1.078 9	1.103 7						1.092 7	1.100 0

表 19-3 中的选定比率是计算以后各年度累积索赔支付额预测值所使用的比率。例如,对 1992 年发生,进展年 5 年的累计索赔支付额预测值的计算。其方法是:用 1992 年发生,进展年 3 年的累积索赔支付额 3 751 乘以进展年 4 年对进展年 3 年的选定比率,再乘以进展年 5 年对进展年 4 年的选定比率。

$$3\,751\times1.2\times1.09=4\,906.3$$

把用这种方法计算出的累计索赔支付额预测值加在表 19-2 的空白三角形中,即得到表 19-4。

表 19-4

累 积 索 赔 支 付 额

单位:万元

进展年	发 生 年						
	1989	1990	1991	1992	1993	1994	1995
0	734	711	624	770	1 202	1 793	2 340
1	1 596	1 480	1 384	1 575	2 657	4 317	5 242
2	2 260	2 139	2 055	2 642	4 327	7 037	8 544

(续表)

进展年	发 生 年						
	1989	1990	1991	1992	1993	1994	1995
3	2 591	2 859	2 889	3 751	6 058	9 851	11 961
4	2 838	3 347	3 558	4 501	7 269	11 822	14 354
5	3 071	3 659	3 878	4 906	7 924	12 886	15 645
6	3 279	3 915	4 150	5 250	8 478	13 788	16 741
7+	3 607	4 307	4 565	5 775	9 326	15 166	18 415

从累计索赔支付额预测值中减去评价日(会计年度结束日)的累积支付额(折线上方的数值)所得的差,即为应提取的未决赔款准备金。例如,计算1990年发生,进展年为6年年的年末未决赔款准备金为648元(4 307－3 659)。计算1989年至1995年发生,进展年为6年末的未决赔款准备金,可形成表19-5。

表19-5

未 决 赔 款 准 备 金

单位:万元

发生年	1989	1990	1991	1992	1993	1994	1995	合计
已支付额	3 279	3 659	3 558	3 751	4 327	4 317	2 340	25 231
估计最终支付额	3 607	4 307	4 565	5 775	9 326	15 166	18 415	61 161
未决赔款准备金	328	648	1 007	2 024	4 999	10 849	16 075	35 930

35 930万元为1989年至1995年发生的,进展年为6年末全部未决赔款准备金。

链梯法在计算上简单方便,而且当实际情况与上述假定吻合时,预测结果较为精确。但是,当实际数据与假设条件不符时,预测结果则不够精确。

3. 理赔费用准备金的提取

理赔费用准备金是指为尚未结案的赔案可能发生的费用而提取的准备金。理赔费用准备金包括直接理赔费用准备金和间接理赔费用准备金。直接理赔费用准备金是为直接发生于具体赔案的专家费、律师费、损失检验费等而提取的准备金;间接理赔费用准备金是为非直接发生于具体赔案的费用而提取的准备金。

对直接理赔费用准备金,应当采取逐案预估法提取。

对间接理赔费用准备金,采用比较合理的比率分摊法提取。

4. 准备金的报告

保险公司应当定期向中国保监会报送由公司精算责任人签署的准备金评估报告。保险公司应当指定精算责任人负责准备金的提取工作。报告应当包括：报告的目的；声明报告所采用的方法符合保险监管部门的规定；对准备金提取的精算评估意见；对准备金评估的详细说明；对报告中特定术语及容易引起歧义概念的明确解释。

对准备金评估的说明应当包括：险种或类别的明确划分标准和名称；险种或类别数据的完备性、准确性，并说明数据中存在的问题；评估的精算方法和模型，如精算方法和模型与过去采用的方法和模型不一致，要说明改变的原因和对准备金结果的影响；精算方法和模型所采用的重要假设及原因；上一次准备金提取的精算结果与实际情况之间的差异；准备金提取的充足性情况；对未到期责任准备金的提取，应当说明险种的周期性、保险费基准费率、风险调整系数、赔付率、费用率和退保率等因素的变化情况；未决赔款准备金的提取，应当说明赔款案件数发生规律、结案规律、案均赔款变化规律、承保实务、理赔实务、分保安排和额外成本增加等因素的变化情况。

5. 对未按规定提取未决赔款准备金或提取不足的保险公司的处理

保险公司未依照《保险法》规定提取或提取不足的保险公司，由保险监督管理机构责令限期改正，未提取的要依法提取，提取不足的要予以补足；并可责令其调整负责人及有关管理人员。保险公司逾期未改正的，国务院保险监督管理机构可以决定选派保险专业人员和指定该保险公司的有关人员组成整顿组，对公司进行整顿。

五、偿付能力监管

所谓偿付能力（Solvency Margin），是指保险公司清偿与其所承担的风险有关的到期债务的能力。保险公司有足够的偿付能力，意味着它有足够的能力按照保险合同的约定，在保险事件出现后对被保险人一方进行赔偿或给付。如果保险公司的偿付能力不足，则意味着它没有足够的能力在保险事件出现后按照保险合同的约定对被保险人一方进行赔偿或给付。偿付能力严重不足又不能进行有效补充时，保险公司就会破产，给广大保户和社会造成严重损失。因此，对保险公司的偿付能力实行严格的监管十分重要。上述对保险经营的监管和财务监管，都与偿付能力有关，都属于偿付能力监管的重要组成部分。

我国《保险法》规定，保险公司应当具有与其业务规模和风险程度相适应的最低偿付能力。保险公司的认可资产减去认可负债的差额不得低于国务院保险监督管理机构规定的数额；低于规定数额的，应当按照国务院保险监督管理机构的要求采取相应措施达到规定的数额。保险监督管理机构应当建立健全保险公司偿付能力监管指标体系，对保险公司的最低偿付能力实施监控。中国保监会制定的《保险公司偿付能力管理规定》（2008年公布施行）规定，保险公司应当建立偿付能力管理制度，强化资本约束，保证公司偿付能力充足。

（一）保险公司的偿付能力指标

衡量保险公司的偿付能力是否充足的综合性指标是偿付能力充足率。保险公司的偿付能力充足率是用保险公司的实际资本与最低资本的比率,即资本充足率表示的。

1. 保险公司的最低资本

保险公司应具备的最低资本是指保险公司为应对资产风险、承保风险等风险对偿付能力的不利影响,依据中国保监会的规定应当具有的资本数额。

财产保险公司应具备的最低资本为非寿险保障型业务的最低资本和非寿险投资型业务的最低资本之和。

非寿险保障型业务的最低资本为下述两项中数额较大的一项:

(1) 最近会计年度公司自留保费减营业税及附加后1亿元人民币以下部分的18%和1亿元人民币以上部分的16%。

(2) 公司最近3年平均综合赔款金额7 000万元以下部分的26%和7 000万元以上部分的23%。综合赔款金额为赔款支出、未决赔款准备金提转差、分保赔款支出之和减去摊回分保赔款和追偿款收入。

经营不满三个完整会计年度的保险公司,采用第(1)项规定的标准。

非寿险投资型业务的最低资本为其风险保费部分最低资本和投资金部分最低资本之和。

非寿险投资型业务风险保费部分最低资本的计算适用非寿险保障型业务的最低资本评估标准,非寿险投资型业务投资金部分最低资本为下述两项之和:

(1) 预定收益型非寿险投资型产品投资金部分期末责任准备金的4%。

(2) 非预定收益型非寿险投资型产品投资金部分期末责任准备金的1%。

人寿保险公司应具备的最低资本为长期人身险业务最低资本和短期人身险业务最低资本之和。

长期人身险业务最低资本为下述两项之和:

(1) 投资连结保险产品期末责任准备金的1%和其他寿险产品期末责任准备金的4%。

投资连结保险产品的责任准备金,是指根据中国保监会规定确定的投资连结保险产品的单位准备金;其他寿险产品的责任准备金,是指根据中国保监会规定确定的分保后的法定最低责任准备金,包括投资连结保险产品的非单位准备金。

(2) 保险期间小于3年的定期死亡保险风险保额的0.1%,保险期间为3年到5年的定期死亡保险风险保额的0.15%,保险期间超过5年的定期死亡保险和其他险种风险保额的0.3%。在统计中未对定期死亡保险区分保险期间的,统一按风险保额的0.3%计算。

风险保额为有效保额减去期末责任准备金,其中有效保额是指发生保险合同中约定的保险事故时保险公司向被保险人一方支付的最高金额;期末责任准备金为中国保监会规定的法定最低责任准备金。

短期人身险业务最低资本的计算适用非寿险保障型业务最低资本评估标准。

再保险公司应具备的最低资本等于其财产保险业务和人身保险业务分别按照上述标准计算的最低资本之和。

2. 保险公司的实际资本

保险公司的实际资本是指认可资产与认可负债的差额。

认可资产是保险公司在评估偿付能力时依据中国保监会的规定所确认的资产。

认可资产包括非独立账户资产和独立账户资产。

非独立账户资产包括现金和投资资产、应收及预付款项、固定资产、无形资产和其他资产。

第一，现金和投资资产。

(1) 银行存款是指保险公司在银行的各种存款，而不包括在非银行金融机构的存款。

(2) 政府债券是指保险公司持有的、不带有返售协议的国债。短期国债投资按成本与市价孰低法计价；长期国债投资按摊余价值（面值加未摊销溢价之和或面值减未摊销折价之差）计价并计提长期投资减值准备。

(3) 金融债券是指保险公司持有的由金融机构发行的债券。短期金融债券投资按成本与市价孰低法计价并计提短期投资跌价准备；长期金融债券投资按摊余价值（面值加未摊销溢价之和或面值减未摊销折价之差）计价并计提长期投资减值准备。

(4) 企业债券是指保险公司持有的由非金融机构企业发行的债券。短期企业债券投资按成本与市价孰低法计价并计提短期投资跌价准备；长期企业债券投资按摊余价值（面值加未摊销溢价之和或面值减未摊销折价之差）计价并计提长期投资减值准备。

(5) 股权投资是指保险公司作为被投资单位的股东，以获取股利收入或资本利得为目的所进行的权益资本投资。短期股权投资按成本与市价孰低法计价并计提短期投资跌价准备；长期股权投资按历史成本计价并计提长期投资减值准备。

(6) 证券投资基金是指保险公司在证券交易所市场购买的各类证券投资基金。证券投资基金均作为短期投资核算，按照成本与市价孰低法计价并计提跌价准备。

(7) 保单质押贷款是指保险公司按照保险合同向保单持有人提供的质押贷款余额。

(8) 买入返售证券是指保险公司在银行间拆借市场或交易所市场以合同或协议的方式，按一定的价格买入证券，到期日再按合同或协议的价格卖出该批证券，以获取买入价和卖出价的差价收入。

(9) 拆出资金是指保险公司在《保险法》实施前对外拆出或《保险法》实施后违规拆出的资金。

(10) 现金。

(11) 其他投资资产包括不动产投资、在证券营业部等非银行金融机构的各类存款以及其他无法归入表格独立项目的投资资产。

(12) 融资资产风险扣减是保险公司因为从事证券回购交易而被用于质押的证券的价值,以及公司通过证券回购等方式融入资金购买的投资资产的风险扣减额。其"账面价值"计为零,"非认可价值"等于认可负债表中"卖出回购证券"余额的 50%,"净认可价值"等于"账面价值"减去"非认可价值"。

现金和投资资产等于(1)至(12)共 12 项的加总数。

第二,应收及预付款项。

(1) 应收保费是指长期人身险业务以外的保险业务,按保险合同规定应向投保人收取而暂时未收取的保费。账龄小于 1 年的应收保费为认可资产,账龄等于或大于 1 年的应收保费为非认可资产。对账龄小于 1 年的应收保费,保险公司应合理预期其可收回程度,计提坏账准备并列入"非认可价值"。

(2) 应收分保账款是指保险公司开展分保业务而发生的各种应收未收款项。分保应收账款以扣除合理预期的坏账准备后的金额确认为认可资产。账龄不长于 3 个月的,最高按账面价值的 100%确认为认可资产;账龄不长于 6 个月的,最高按账面价值的 70%确认为认可资产;账龄超过 6 个月但小于 1 年的,最高按账面价值的 30%确认为认可资产。账龄等于或大于 1 年的,全额确认为非认可资产。

(3) 应收利息是指保险公司的各类存款、债券、保单质押贷款等资产产生的应收或应计利息。如果生息的基础资产是认可资产,则相对应的应收利息也是认可资产;反之则为非认可资产。

(4) 预付赔款是指保险公司在处理各种赔案过程中按照合同约定预先支付的赔款。账龄不超过 1 年的预付赔款为认可资产,其余为非认可资产。

(5) 存出分保准备金是指分保业务中分入公司按照合同约定存出的准备金。存出分保准备金最高按账面价值的 80%确认为认可资产。

(6) 其他应收款是指保险公司除应收保费、应收分保账款、应收利息以外的各种应收、暂付款项以及存出保证金。保险公司根据这些应收款项的可收回程度谨慎地计提坏账准备。外国保险公司分公司对总公司的应收款项为非认可资产。

应收及预付款项等于第(1)至(6)共 6 项的加总数。

第三,固定资产。

固定资产包括固定资产净值、在建工程和固定资产清理科目的余额。保险公司按计提固定资产减值准备后的金额确认认可资产。固定资产确认为认可资产的最高金额为资产负债表中实收资本、资本公积、盈余公积三项之和的 50%。

第四,无形资产。

无形资产是指保险公司以提供保险服务、对外出租或管理需要为目的而持有的没有实物形态的非货币性长期资产。在无形资产中,除土地使用权为认可资产外,其余均为非认可资产。如果有证据表明,土地使用权的预计可回收金额低于账面价值,则应对其计提减值准备。

第五，其他资产。

其他资产是指保险公司的材料物品、低值易耗品、待摊费用、递延资产、抵债物资、待处理固定资产净损失以及其他无法归入本报表独立项目的各类资产。其他资产为非认可资产。

非独立账户资产等于第一项至第五项共五项加总数。

独立账户资产是指保险公司根据投资连结保险合同的约定而设立单独进行资金运用和核算的投资账户中的资产。投资连结保险投资账户内的投资资产，有市场价格的，应以市场价格计价。

认可资产为非独立账户资产与独立账户资产之和。

认可负债是保险公司在评估偿付能力时依据中国保监会的规定所确认的负债，包括准备金负债、非准备金负债、独立账户负债、或有负债。

第一，准备金负债。

准备金负债包括：

（1）未到期责任准备金，指保险公司对保险期不超过1年的非寿险保单，为承担报表日后的保单责任而提取的赔款准备。未到期责任准备金由两部分组成：一是未赚保费准备金；二是保费不足准备金。未赚保费准备金是从未到期保单的自留保费中计提的尚未实现的保费收入。未赚保费准备金可以年（1/2法）或季（1/8法）、月（1/24法）和日（1/365法）为基础计提。如果提取的未赚保费准备金小于预期的未来赔付（含理赔费用），则应按其差额提取保费不足准备金。

（2）未决赔款准备金，指保险公司对在保单有效期内发生的未决赔款提取的赔款准备。未决赔款准备金包括已发生已报告赔款准备金和已发生未报告赔款准备金。

（3）长期财产险责任准备金，指保险期在1年以上的财产保险业务的责任准备金。对长期工程险、再保险等按业务年度结算损益的保险业务提取的责任准备金，在未到结算损益年度之前，按业务年度营业收支差额提存；对长期工程险等以外的，不需要按照业务年度结算损益的长期财产险业务提取的责任准备金，按精算结果提取。

（4）寿险责任准备金，指保险公司对寿险保单为承担未来保险责任而按规定提取的准备金。寿险责任准备金按照保监会的有关精算规定计提。

（5）长期健康险责任准备金，指保险公司对1年期以上的健康险业务为承担未来保险责任而按规定提取的准备金。长期健康险责任准备金按照保监会的有关精算规定计提。

认可负债为（1）至（5）共5项的加总数。

第二，非准备金负债。

非准备金负债包括：

（1）预收保费，指保险公司在保单责任生效前向投保人预收的保险费。

（2）保户储金，指保险公司开办以储金利息作为保费收入的保险业务而收到保户缴存的储金。

（3）应付保户红利，指保险公司已宣告但尚未支付给保单持有人的红利。

（4）累计生息保单红利，指保险公司已派发的保单红利中，因为保单持有人选择保单红利留存保险公司生息而产生的本利之和。

（5）应付佣金，指保险公司应向个人代理人和保险经纪公司支付的报酬。应付佣金按期末余额列报。

（6）应付手续费，指保险公司应向保险代理机构支付的报酬。应付手续费按期末余额列报。

（7）应付分保账款，指保险公司之间发生分保业务而产生的应付款项。

（8）预收分保赔款，指分保业务中分出公司按照分保合同预收的分保赔款。

（9）存入分保准备金，指分保业务中分出公司按照合同约定接受分入公司缴存的准备金。

（10）应付工资和福利费，指保险公司应付未付的职工工资和按规定提取的福利费。

（11）应交税金，指保险公司应交未交的各种税金。

（12）保险保障基金，指保险公司按规定提取的保险保障基金。

（13）应付利润，指保险公司应付未付给投资者的利润。

（14）卖出回购证券，指保险公司在银行间拆借市场或交易所市场以合同或协议的方式，按一定的价格卖出证券，到期日再按合同或协议的价格买回该批证券，以获得卖出该批证券后所得资金的使用权。

（15）其他负债，指保险公司的短期借款、长期借款、拆入资金、存入保证金、预提费用、长期应付款、货币兑换以及其他无法归入本报表独立项目的各类负债。

非准备金负债为(1)至(15)共15项的加总数。

第三，独立账户负债。

独立账户负债指保险公司根据投资连结保险合同的约定而设立单独进行资金运用和核算的投资账户，保险公司应按合同的约定将与该投资账户相关的责任确认为独立账户负债。

第四，或有负债。

或有负债指保险公司过去的交易或事项形成的潜在义务，其存在须通过未来不确定事项的发生或不发生予以证实。如未决诉讼、未决仲裁、债务担保、可能补交的税款等。如果预期该义务最终发生的可能性大于50%，则应确认为认可负债。

认可负债为准备金负债、非准备金负债、独立账户负债、或有负债之和。

相关计算公式如下：

保险公司的实际资本＝认可资产－认可负债
保险公司的偿付能力充足率＝保险公司的实际资本÷最低资本

(二) 保险公司偿付能力的分类监管

中国保监会制定的《保险公司偿付能力管理规定》(2008)规定，中国保监会根据保险公司偿付能力状况将保险公司分为不足类公司、充足Ⅰ类公司和充足Ⅱ类公司三类，对于不同类别的保险公司实行分类监管。不足类公司是指偿付能力充足率低于100％的保险公司；充足Ⅰ类公司是指偿付能力充足率在100％到150％之间的保险公司；充足Ⅱ类公司是指偿付能力充足率高于150％的保险公司。对于不同类别的保险公司，中国保监会采取不同的监管措施。①

1. 对于不足类公司偿付能力的监管

不足类公司，指偿付能力充足率低于100％的保险公司。对于不足类公司，中国保监会应当区分不同情形，采取下列一项或者多项监管措施：

(1) 责令增加资本金或者限制向股东分红。
(2) 限制董事、高级管理人员的薪酬水平和在职消费水平。
(3) 限制商业性广告。
(4) 限制增设分支机构、限制业务范围、责令停止开展新业务、责令转让保险业务或者责令办理分出业务。
(5) 责令拍卖资产或者限制固定资产购置。
(6) 限制资金运用渠道。
(7) 调整负责人及有关管理人员。
(8) 接管。
(9) 中国保监会认为必要的其他监管措施。

2. 对于充足Ⅰ类公司和充足Ⅱ类公司偿付能力的监管

中国保监会可以要求充足Ⅰ类公司提交和实施预防偿付能力不足的计划。

充足Ⅰ类公司和充足Ⅱ类公司存在重大偿付能力风险的，中国保监会可以要求其进行整改或者采取必要的监管措施。

六、资产负债监管

资产、负债和两者相互关系的状况，直接影响保险公司的偿付能力。由此，资产负债

---

① 偿付能力是债务人用其资产来抵偿负债的能力。与其他行业的公司债务不同，保险公司的债务是与其所承担的风险联系在一起的，有很大的不确定性。因此，其资产价值不但应该超过负债，而且还要超出一定的规模，以便在发生超出正常年景的赔偿和给付保险金数额时能够正常履行其赔偿和给付保险金的责任。这是要求保险公司必须具有较高偿付能力充足率的主要原因之所在。

的监管是对保险公司偿付能力监管的重要途径。

1. 对保险公司负债业务的监管

负债业务是指生产经营主体通过吸收和借入等形式筹集生产经营资金的活动。保险公司的负债业务是其通过吸收股本、承保保险业务等形式筹集保险经营资金的活动。承保性负债业务是保险公司最基本、最主要的负债业务，是保险公司全部经营活动的基础。

第一，对保险公司承保业务在数量上的监管。

承保业务是保险公司最基本、最主要的负债活动，也是对保险公司进行监管的重要领域。我国《保险法》第一百零二条规定："经营财产保险业务的保险公司当年自留保险费，不得超过其实有资本金加公积金总和的四倍。""保险公司对每一危险单位，即对一次保险事故可能造成的最大损失范围所承担的责任，不得超过其实有资本金加公积金总和的百分之十；超过的部分应当办理再保险。"这里的"当年自留保险费"和"对一次保险事故可能造成的最大损失范围所承担的责任"，都是保险公司的负债。因此，这两条规定实际上是对保险公司由承保业务所形成的负债所作的限制性规定。保险公司承保业务符合这两条规定，就可能把由承保业务带来的经营风险限制在一个合理的界限内。保险监管机构可以通过现场检查和非现场检查的方式，对保险公司承保的业务在数量上是否符合这两条规定作出明确的判断。对于违反这两条规定的保险公司，保险监管机构可以进行行政处罚。

第二，对保险公司承保业务在质量上的监管。

保险公司承保的业务不仅有数量上的问题，而且有质量上的问题。为了保证承保业务的质量，保险公司应当在展业、核保等环节对拟承保的业务进行严格的审查、核定，对被保险人一方违反最大诚信原则，告知的重要事实不真实，保险标的程度较高的，可以提高保险费率或增收保险费；保险标的程度过高的，可以选择不予承保。

承保业务的质量优劣，在很大程度上表现为保险公司收取的保险费能否满足赔偿或给付保险金的需要，并使其获得合理利润[1]。因此，保险产品的定价及实际实行的价格[2]的合理与否，是衡量保险产品质量的一个重要标准。如果保险产品的定价或实际实行的价格过低，将人为地降低保险业务的质量，导致保险业务收不抵支，降低保险公司的偿付能力，还会扰乱保险市场秩序。因此，保险公司的定价及实际实行的价格应当公平合理[3]。对于通过现场检查和非现场检查发现保险产品的定价或实际实行的价格过低的保险公司，保险监管机构应当严肃处理。

---

[1] 合理利润可以理解为社会平均利润，但保险公司获得的合理利润可以是承保业务的利润，也可以是承保业务和保险资金运用业务的总和利润。

[2] 实际执行的价格可以理解为扣除了不合理的佣金、回扣之后的价格。

[3] 保险公司的定价及实际实行的价格是否公平合理，不仅体现在承保公司与被保险人一方的关系上，也体现在承保公司与其有竞争关系的其他保险公司的关系上。

2. 对保险公司资产业务的监管

资产业务是指生产经营主体利用其所有、控制的资金从事的资金运用活动。保险公司的资产业务包括因承保业务而发生的资金运用活动，和因非承保业务而发生的资金运用活动。

第一，对与承保业务直接相关的资产业务的监管。

与承保业务直接相关的保险公司资产业务，主要包括直接保险业务的赔偿和给付与分入再保险业务的赔偿和给付。对于直接保险业务的赔偿和给付，保险公司应当加强核赔环节的风险监控，既不惜赔，也不多赔。对于分入再保险业务的分摊赔款，分入公司应当认真审核由分出公司制作的账单，对分摊赔款的真实性与合理性进行正确的判断，严格控制分出公司因通融赔付或不合理赔付而转嫁来的分摊赔款。对于通过现场检查和非现场检查发现直接保险业务的赔偿和给付、分入再保险业务的分摊赔款存在问题的保险公司，保险监管机构应当根据实际情况予以提醒和责令改正。

第二，对与承保业务非直接相关的资产业务的监管。

与承保业务非直接相关的资产业务，主要是保险资金的运用业务。保险公司通过负债形成保险资金。按照来源、用途可以把保险资金分为资本金、公积金、未分配利润、各项准备金等。在这些资金中，各项准备金（未到期责任准备金、未决赔款准备金等）所占的比重大，是可以运用的保险资金中的主要部分。

(1) 保险资金运用的原则。

保险资金的运用应当遵循安全性、收益性、流动性兼顾，以安全性为主的原则和资产负债匹配原则。

(2) 保险资金运用的形式。

保险资金运用的形式主要包括银行存款、证券投资、不动产投资和股权投资。

保险资金办理银行存款的，应当选择资本充足率、净资产和拨备覆盖率等符合监管要求，治理结构规范、内控体系健全、经营业绩良好，最近3年未发现重大违法违规行为，连续3年信用评级在投资级别以上的银行。

保险资金投资的债券主要包括政府债券、金融债券、企业（公司）债券、非金融企业债务融资工具[①]以及符合规定的其他债券，且应当达到中国保监会认可的信用评级机构评定的、符合规定要求的信用级别。

保险资金投资的股票主要包括公开发行并上市交易的股票和上市公司向特定对象非公开发行的股票。

保险资金投资证券投资基金的，应当选择治理良好，净资产连续3年保持在人民币1

---

① 非金融企业债务融资工具是指具有法人资格的非金融企业在银行间债券市场发行的，约定在一定期限内还本付息的有价证券。

亿元以上；依法履行合同，维护投资者合法权益，最近3年没有不良记录；建立有效的证券投资基金和特定客户资产管理业务之间的防火墙机制；投资团队稳定，历史投资业绩良好，管理资产规模或者基金份额相对稳定的基金公司。

保险资金可以投资的不动产包括土地、建筑物及其他附着于土地上的定着物。保险集团(控股)公司、保险公司在购置自用不动产时，不得使用各项准备金。

保险资金投资的股权应当为境内依法设立和注册登记，且未在证券交易所公开上市的股份有限公司和有限责任公司的股权。

保险集团(控股)公司、保险公司对其他企业实现控股的股权投资限于保险类企业，包括保险公司、保险资产管理机构以及保险专业代理机构、保险经纪机构；非保险类金融企业；与保险业务相关的企业。对其他企业实现控股的股权投资，应当满足有关偿付能力监管规定。

保险集团(控股)公司、保险公司在从事对其他企业实现控股的股权投资时，不得使用各项准备金。

(3) 保险资金运用的比例要求。

保险集团(控股)公司、保险公司从事保险资金运用应当符合下列比例①要求：

投资于银行活期存款、政府债券、中央银行票据、政策性银行债券和货币市场基金等资产的账面余额，合计不低于本公司上季末总资产的5%；

投资于无担保企业(公司)债券和非金融企业债务融资工具的账面余额，合计不高于本公司上季末总资产的20%；

投资于股票和股票型基金的账面余额，合计不高于本公司上季末总资产的20%；

投资于未上市企业股权的账面余额，不高于本公司上季末总资产②的5%；投资于未上市企业股权相关金融产品③的账面余额，不高于本公司上季末总资产的4%，两项合计不高于本公司上季末总资产的5%；

投资于不动产的账面余额，不高于本公司上季末总资产的10%；投资于不动产相关金融产品④的账面余额，不高于本公司上季末总资产的3%，两项合计不高于本公司上季

---

① 中国保监会《保险资金运用管理暂行办法》(2010)。

② 第(1)项至第(6)项所称总资产应当扣除债券回购融入资金余额、投资连结保险和非寿险非预定收益投资型保险产品资产；保险集团(控股)公司总资产应当为集团母公司总资产。投资连结保险产品和非寿险非预定收益投资型保险产品的资金运用，应当在资产隔离、资产配置、投资管理、人员配备、投资交易和风险控制等环节，独立于其他保险产品资金。

③ 未上市企业股权相关金融产品是指股权投资管理机构依法在中国境内发起设立或者发行的以未上市企业股权为基础资产的投资计划或者投资基金等。

④ 不动产相关金融产品是指不动产投资管理机构依法在中国境内发起设立或者发行的以不动产为基础资产的投资计划或者投资基金等。

末总资产的 10%；

投资于基础设施等债权投资计划①的账面余额不高于本公司上季末总资产的 10%；

保险集团(控股)公司、保险公司对其他企业实现控股的股权投资，累计投资成本不得超过其净资产。

(4) 保险资金运用的模式。

保险资金应当由法人机构统一管理和运用，分支机构不得从事保险资金运用业务。保险集团(控股)公司、保险公司根据投资管理能力和风险管理能力，可以自行投资或者委托保险资产管理机构进行投资。

(5) 保险资金运用决策权、运营权、监督权的分离与制衡。

保险集团(控股)公司、保险公司应当在公司章程和相关制度中明确规定股东大会、董事会、监事会和经营管理层的保险资金运用职责，实现保险资金运用决策权、运营权、监督权相互分离，相互制衡。

保险资金运用实行董事会负责制，其主要职责包括：确定保险资金运用管理制度和资金运用绩效考核制度；审定管理方式、投资决策程序和授权机制、资产战略配置规划、年度投资计划和投资指引及相关调整方案、新投资品种的投资策略和运作方案；决定重大投资事项；审议通过保险集团(控股)公司、保险公司决定委托投资，以及投资无担保债券、股票、股权和不动产等重大保险资金运用事项。保险公司董事会应当对资产配置和投资政策、风险控制、合规管理承担最终责任。

保险集团(控股)公司、保险公司经营管理层根据董事会授权，主要负责保险资金运用的日常运营和管理工作，审议资产管理部门拟定的保险资产战略配置规划和年度资产配置策略，并提交董事会审定，控制和管理保险资金运用风险，执行经董事会审定的资产配置规划和年度资产配置策略，提出调整资产战略配置调整方案。

保险集团(控股)公司、保险公司应当设置专门的保险资产管理部门，主要负责拟定保险资金运用管理制度，拟定资产战略配置规划和年度资产配置策略，拟定资产战略配置调整方案，执行年度资产配置计划，实施保险资金运用风险管理措施。保险集团(控股)公司、保险公司自行投资的，保险资产管理部门应当负责日常投资和交易管理；委托投资的，保险资产管理部门应当履行委托人职责，监督投资行为和评估投资业绩等职责。

(6) 保险监管机关对保险资金运用的监督管理。

保险监管机关对保险资金运用的监督管理，采取现场监管与非现场监管相结合的方式，根据公司治理结构、偿付能力、投资管理能力和风险管理能力，对保险集团(控股)公

---

① 基础设施等债权投资计划是指保险资产管理机构等专业管理机构根据有关规定，发行投资计划受益凭证，向保险公司等委托人募集资金，投资基础设施项目等，按照约定支付本金和预期收益的金融工具。

司、保险公司保险资金运用实行分类监管、持续监管和动态评估,并根据评估结果,采取相应监管措施,防范和化解风险。保险集团(控股)公司、保险公司的股东大会、股东会、董事会的重大投资决议,应当按规定的时间向中国保监会报告;重大股权投资①,应当报中国保监会核准。

保险集团(控股)公司、保险公司违反资金运用形式和比例有关规定的,由保监会责令限期改正。保险集团(控股)公司和保险公司的偿付能力状况不符合保监会要求的,保监会可以限制其资金运用的形式、比例。

保险集团(控股)公司、保险公司违反保监会有关规定运用保险资金的,由保监会依法给予行政处罚。严重违反资金运用有关规定的,保监会可以责令调整负责人及有关管理人员。

保险集团(控股)公司、保险公司严重违反保险资金运用有关规定,被责令限期改正逾期未改正的,保监会可以决定选派有关人员组成整顿组,对公司进行整顿。

保险资金运用的其他当事人在参与保险资金运用活动中,违反有关法律、行政法规和该办法规定的,保监会应当记录其不良行为,并将有关情况通报其行业主管部门;情节严重的,中国保监会可以通报保险集团(控股)公司、保险公司3年内不得与其从事相关业务,并商有关监管部门依法给予行政处罚。

3. 对保险公司资产负债业务的匹配监管

保险公司的负债业务为其资产业务提供了资金来源,保险公司的资产业务则是其负债业务的延伸和实现其盈利目标的重要途径。保险公司的负债业务与资产业务之间密切的相互依赖的关系,决定了两者之间应当相互匹配。如果两者之间不匹配,那么或者形成可利用保险资金的闲置,影响保险公司的盈利目标;或者降低保险资金的流动性、安全性,导致保险公司偿付能力不足。为此,必须把资产业务与负债业务结合起来,对两者进行匹配监管。

(1) 资产负债业务总量匹配监管。

资产负债业务总量匹配监管的基本要求是,保险公司的资产业务必须与负债业务在规模上适应,保险资金实际运用的规模与可利用的保险资金规模相平衡。

(2) 资产负债业务结构匹配监管。

资产负债业务结构匹配监管的基本要求是,保险公司的资产业务必须与负债业务在性质和期限上适应,长期负债和短期负债中的长期稳定部分可用于长期资产投资,其他短期负债应当用于短期资产的投资。

(3) 资产负债业务币种匹配监管。

---

① 重大股权投资是指对拟投资非保险类金融企业或者与保险业务相关的企业实施控制的投资行为。

资产负债业务币种匹配监管的基本要求是,本币资产业务与本币负债业务匹配,外币资产业务与外币负债业务匹配。

资产负债业务匹配监管是保险公司资产负债监管的核心。当市场利率等市场因素发生变动时,如果资产价值的变化与负债价值的变化不同步,就可能造成资产与负债的不匹配,由此降低保险公司的偿付能力,出现偿付能力不足的情况。保险监管机关应当要求其通过资产结构的动态调整,增提准备金等手段,确保偿付能力充足。

七、行为监管

对保险机构的具体行为监管,主要是防止其实施损害被保险人一方权益和其他保险经营主体利益的行为。

(一)对保险机构的行为的禁止性规定

保险监管机构对保险机构的具体行为的禁止性规定包括:

(1)保险机构开展业务,应当遵循公平竞争的原则,不得从事不正当竞争。

(2)保险机构不得委托未取得合法资格的机构或者个人从事保险销售活动,不得向未取得合法资格的机构或者个人支付佣金或者其他利益。

(3)保险机构不得捏造、散布虚伪事实,损害其他保险机构的信誉。

(4)保险机构不得劝说诱导投保人或者被保险人解除与其他保险机构的保险合同。

(5)保险机构不得利用政府及其所属部门、垄断性企业或者组织,排挤、阻碍其他保险机构开展保险业务。

(6)保险机构不得给予或者承诺给予投保人、被保险人、受益人保险合同约定以外的保险费回扣或者其他利益。

(7)保险广告或者业务宣传资料不得预测公司的盈利以及保单分红、利差返还等不确定的保单利益。

(8)保险机构不得利用广告宣传或者其他方式,对其保险条款内容、服务质量等作引人误解的宣传。

(9)保险机构不得将其保险条款、保险费率与其他保险公司的类似保险条款、保险费率或者金融机构的存款利率等进行片面比较。

(10)保险机构应当建立保险代理人的登记管理制度,加强对保险代理人的培训和管理,不得唆使、诱导保险代理人进行违背诚信义务的活动。

(二)对保险机构的行为的约束性规定

监管机构除了对保险机构的具体行为作出了一些禁止性规定外,还有一些其他约束性规定,主要包括:

(1)保险机构应当对其保险代理人的业务代理行为进行监督管理,发现保险代理人有违法、违规行为的,应当立即予以制止或者纠正。保险机构对其保险代理人在展业过程中出现的虚假陈述、误导等损害被保险人利益的行为，依法承担责任。

（2）保险机构应当设立专门的客户服务部门或者咨询投诉部门，并向社会公开咨询投诉电话。

（3）保险机构对保险合同中的除外责任或者责任免除、退保及其他费用扣除、现金价值、犹豫期等事项应当采取明确的方式特别提示。

（4）保险公司应当建立控制和管理关联交易的相关制度。保险公司的重大关联交易应当按照规定于发生后15日内向中国保监会报告。

与保险公司有下列关系之一的企业，视为与保险公司有关联关系：在股份、出资方面存在控制关系；在股份、出资方面同为第三人所控制；为保险公司高级管理人员或者与其关系密切的家庭成员直接控制。保险公司高级管理人员或者与其关系密切的家庭成员，视为与保险公司有关联关系。

重大关联交易是指保险公司与其关联方之间的下列交易活动：再保险分出或者分入业务；资产管理、担保和代理业务；固定资产买卖或者债权债务转移。

八、现场检查与非现场监管

我国保险监管机构对保险公司的监督管理，采取现场检查与非现场监管相结合的方式。

（一）现场检查

现场检查也称现场监管，是指政府保险监管机构（我国为中国保险监督管理委员会及其派出机构）依法对被检查单位经营管理情况进行实地检查的行政执法活动。现场检查可以是全面检查，也可以是专项检查。

现场检查的目标是对公司的风险结构和承受风险的能力进行比较，找出任何有可能影响到公司对被保险人一方承担长远义务的能力的问题及其原因，并找到解决问题的方法，维护被保险人一方的权益；发现或确认保险机构所从事的非法或不正当经营行为，并采取必要的惩戒措施加以纠正或制止，维护保险市场的正常秩序；对保险公司管理层的决策过程及内部控制能力进行更切合实际的评估，找出有可能影响到保险公司长远发展的深层次问题，以防患于未然；了解保险机构对于保险监管工作的意见和建议，改进保险监管机构的监管工作，健全与完善保险监管的规章制度。

1. 现场检查的对象

现场检查的对象为保险机构，包括保险集团（控股）公司、保险公司、保险资产管理公司及其分支机构；保险中介机构，包括保险代理机构、保险经纪机构和保险公估机构及其分支机构；境外保险机构的代表机构。保监会负责对保险集团（控股）公司、保险公司、保险资产管理公司等法人机构和境外保险机构的代表机构实施现场检查。必要时，可以对保险公司分支机构和保险中介机构实施现场检查。对保险公司分支机构、保险中介机构的现场检查通常由保监会的派出机构以及保监会授权或者委托的其他机构实施。

现场检查与非现场监管紧密联系、相互衔接,是实现对被监管机构持续跟踪观察的有效手段。现场检查的重点对象往往是非现场监管发现和认定的经营状况和财务状况较差的保险机构,包括存在财务状况异常、偿付能力不足、严重违法以及中国保监会认为需要重点监管的其他情形的保险机构。对列入重点对象的保险机构,现场检查通常会更加频繁和深入。

2. 现场检查的事项

保险监管机构对保险机构的现场检查包括的事项为:机构设立、变更是否依法经批准或者向中国保监会报告;董事、监事、高级管理人员任职资格是否依法经核准;行政许可的申报材料是否真实;资本金、各项准备金是否真实、充足;公司治理和内控制度建设是否符合中国保监会的规定;偿付能力是否充足;资金运用是否合法;业务经营和财务情况是否合法,报告、报表、文件、资料是否及时、完整、真实;是否按规定对使用的保险条款和保险费率报经审批或者备案;与保险中介的业务往来是否合法;信息化建设工作是否符合规定;需要事后报告的其他事项是否按照规定报告;中国保监会依法检查的其他事项。

现场检查应当从承保、理赔、销售、财务等方面着手。承保主要检查投保单和保险单;理赔主要检查已决案卷内容;销售主要检查本年度各类台账情况;财务主要检查财务手续是否合规。对于检查中发现的特别问题应当深入调查与核实,并作好现场检查谈话记录。

3. 现场检查的主要程序

第一,现场检查的计划的制定。

现场检查分为常规检查和临时检查。常规检查是指按照年度工作安排对被检查单位进行现场检查的行政执法活动。临时检查是指针对举报投诉、其他单位移送事项、非现场监管预警信息、突发事件或者其他事项,临时组织实施现场检查的行政执法活动。

常规检查计划原则上按年度制定,临时检查计划根据工作需要实时制定。现场检查方案应当包括检查对象、检查依据、检查目的、检查范围、检查内容、检查方式、时间安排、实施步骤、检查组成员分工、纪律要求等。监管机构在拟订现场检查计划之前,应当对被监管机构的有关业务和财务报告及其他信息,尤其是非现场监管中发现的问题,进行认真分析研究,以便在制定检查计划时有针对性地突出检查的重点。

第二,现场检查的方式和步骤。

(1) 调阅、查阅有关资料。检查组根据检查需要,可以调阅原始凭证、会计账簿、管理报表、会议记录及其他相关资料,可以进入被检查单位计算机系统查阅有关资料。

(2) 调查取证。检查组对检查中发现的问题可以采用询问、查阅资料、实地察看等方式进行调查取证,获取书证、物证、视听资料、证人证言、当事人的陈述、鉴定结论、勘验笔录、调查笔录等证据。检查组根据检查需要,经派出单位负责人批准,可以进入涉嫌违法行为发生场所调查取证;可以询问当事人及与被调查事件有关的单位和个人,要求其对与被调查事件有关的事项作出说明;可以查阅、复制与被调查事件有关的财产权登记等资料;可以查阅复制与被调查事件有关的单位和个人的财务会计资料及其他相关文件和资料。

(3)作出检查结论。检查组对上述证据以及有关资料进行核对、分析,并依照有关法律、法规、规章,进行综合判断,就检查事实作出结论。

(4)制作检查事实确认书。在检查事实已经清楚的情况下,检查组应制作现场检查事实确认书,内容应当包括被检查单位基本情况、检查中发现查证的各种问题和事实等,并可根据需要附上相应证据。现场检查事实确认书制作完成后,应当提供给被检查单位,由主要责任人签字认可并加盖公章。如果被检查单位对检查事实有异议,检查组应当进行核对,确有差错应当予以更正;未能达成共识的意见,检查组应当通过核查、咨询、讨论、请示等方式进一步论证,形成最终意见,书面反馈被检查单位。

(5)形成检查报告。检查组根据检查事实及反馈意见形成现场检查报告,内容包括检查工作基本情况、被检查单位的基本情况、现场检查事实、对现场检查事实的反馈意见和给予或者不给予行政处罚、其他监管措施的建议与相关依据,以及其他需要说明的问题。

(6)补充调查。检查组退出被检查单位后,在进入行政处罚程序前发现存在事实不清、证据不足等问题需要进一步核查的,或者进入行政处罚程序后,因主要事实不清或者主要证据不足,被案件审理部门退回并要求进一步核查的,可进入被检查单位进行补充调查。

第三,对违法违规行为和犯罪行为的处理。

现场检查中发现被检查单位有涉嫌违法违规行为需要实施行政处罚的,应当启动行政处罚程序对该行为进行处理。对现场检查中发现的其他问题,应当根据有关规定采取其他监管措施。对被检查单位给予行政处罚或者采取其他监管措施的,派出单位可以根据情况决定是否开展后续检查,以了解对行政处罚决定书、其他监管措施等行政文书所载内容执行情况和有关监管要求的落实情况。

检查组发现被检查单位及其工作人员的行为涉嫌犯罪的,应当及时报告派出单位,由派出单位按照有关规定移送司法机关处理。后续检查中发现有新的违法违规线索的,应当及时报告派出单位,依照有关规定组织检查。

在检查过程中发现与被检查单位存在业务、资金等往来的机构或者个人存在涉嫌违法违规问题的,检查组应当及时向派出单位报告,属于保险监管范围内的由派出单位组织检查,属于保险监管范围以外的由派出单位按照有关规定及时移交有关单位或者移送司法机关。

(二)非现场监管

现场监管需要耗费大量的人力等监管资源。随着市场主体的增多,对所有的保险机构都实行有效的现场监管无法做到。只有加强非现场监管,对保险公司实行分类监管,将有限的现场监管资源主要用于有问题的保险公司,才能保证保险监管的全面性和有效性。

非现场监管(也可称为非现场检查)是政府保险监管机构以风险监管为核心,在采集、分析、处理保险机构经营状况、财务状况和资金运用状况等方面的相关资料的基础上,对保险机构的风险状况进行监测、评估,发出异动预警和进行分类监管,使风险得到有效控制和妥善处理的监管方式。非现场监管是政府保险监管机构实施日常保险监管的重要方式。监管部门要求保险公司报送的各种资料以及日常监管中收集的信息,是其进行非现场监管的重要依据。

1. 非现场监管的原则

实施非现场监管应遵循的原则为:以保险公司法人机构为主要监管对象,强化法人责任,将分支机构非现场监管结果纳入法人机构非现场监管体系;以风险监管为核心,持续识别、监测、评估保险公司的风险,进行异动预警和分类监管;有效监测和评估保险公司存在的风险,审慎采取相应监管措施;与其他金融监管机构、社会监督机构、社会中介机构信息共享与协调合作,提高监管效率。

2. 非现场监管所需要的资料来源与要求

政府保险监管机构有权根据监管需要,要求保险机构提供报告或专项资料。

(1)保险机构应当按要求及时向政府保险监管机构报送营业报告、精算报告、财务会计报告、偿付能力报告、合规报告等资料,并确保其真实、完整、准确。

(2)保险机构应当按规定向中国保监会报告股东大会、股东会、董事会的重大决议。

(3)监管机构在日常监管中收集的现场检查信息、行政处罚信息、调研信息、信访投诉信息、保险机构高管人员信息等。

(4)新闻媒体、独立评级机构等社会监督机构发布的保险机构的相关信息,以及社会公众对保险机构的评价等相关信息。对于其中可利用的重要信息,监管部门应在核实后用于非现场监管。

对发现的保险机构可能存在的风险或经营管理中可能存在的问题,保险监管机构应当采取询问、要求提供补充材料、走访被监管机构、约见会谈等方式予以确认和核实,以及通过函件、传真、电子邮件的形式要求保险机构相关人员对有关问题进行答复。

3. 对保险公司业务风险的监测①

监管部门应及时利用收集整理的非现场监管信息,对保险公司业务风险进行监测。保险公司业务风险监测包括指标监测、异动预警、异常原因分析、编制风险监测摘要等几个环节。

第一,风险监测指标。

---

① 对保险公司业务风险的监测、评估等主要参照中国保险监督管理委员会制定的《寿险公司非现场监管规程(试行)》(2006)及其附件中的内容。

就寿险公司业务而言,风险监测指标包括收入类、支出类、营销管理类、结构类四类指标。

(1) 收入类指标。

收入类指标包括保费收入增长率、新单保费增长率和标准保费增长率。

保费收入增长率按保险责任分为人寿保险、健康保险、意外伤害保险保费收入增长率;按产品类型分为传统产品、分红产品、投资连结产品、万能产品保费收入增长率;按承保方式分为个人业务、团体业务保费收入增长率;按销售渠道分为个人代理、公司直销、兼业代理(含银邮代理)、专业代理、保险经纪保费收入增长率。其计算公式如下:

$$\text{××险(类)保费收入增长率} = \frac{\text{××险(类)本年累计保费收入} - \text{××险(类)上年同期保费收入}}{\text{××险(类)上年同期保费收入}} \times 100\%$$

新单保费增长率按保险责任分为人寿保险、健康险、意外伤害保险新单保费增长率;按产品类型分为传统产品、分红产品、投资连结产品、万能产品新单保费增长率。其计算公式如下:

$$\text{××险(类)新单保费增长率} = \frac{\text{××险(类)本年累计新单保费} - \text{××险(类)上年同期新单保费}}{\text{××险(类)上年同期新单保费}} \times 100\%$$

标准保费增长率的计算公式如下:

$$\text{标准保费增长率} = \frac{\text{本年累计标准保费} - \text{上年同期标准保费}}{\text{上年同期标准保费}} \times 100\%$$

指标释义:

"标准保费"按保监会《关于在寿险业建立标准保费行业标准的通知》(保监发〔2004〕102号)的规定折算。

(2) 支出类指标。

支出类指标包括死伤医疗给付变化率、满期给付变化率、年金给付变化率、赔款支出变化率、退保金变化率、短期健康险赔付率、意外伤害保险赔付率、简单退保率、佣金率、手续费率和营业费用比率。

死伤医疗给付变化率按保险责任分为人寿保险、长期健康险死伤医疗给付变化率。其计算公式如下:

$$\text{××险(类)死伤医疗给付变化率} = \frac{\text{××险(类)本年累计死伤医疗给付} - \text{××险(类)上年同期死伤医疗给付}}{\text{××险(类)上年同期死伤医疗给付}} \times 100\%$$

满期给付变化率按承保方式分为个人业务、团体业务满期给付变化率。其计算公式如下:

$$\text{××险(类)满期给付变化率} = \frac{\text{××险(类)本年累期满期给付} - \text{××险(类)上年同期满期给付}}{\text{××险(类)上年同期满期给付}} \times 100\%$$

年金给付变化率按承保方式分为个人业务、团体业务年金给付变化率。其计算公式如下：

$$\text{××险(类)年金给付变化率} = \frac{\text{××险(类)本年累计年金给付} - \text{××险(类)上年同期年金给付}}{\text{××险(类)上年同期年金给付}} \times 100\%$$

赔款支出变化率按保险责任分为短期健康险、意外伤害保险赔款支出变化率。其计算公式如下：

$$\text{××险(类)赔款支出变化率} = \frac{\text{××险(类)本年累计赔款支出} - \text{××险(类)上年同期赔款支出}}{\text{××险(类)上年同期赔款支出}} \times 100\%$$

退保金变化率按保险责任分为人寿保险、长期健康险、长期意外险退保金变化率。其计算公式如下：

$$\text{××险(类)退保金变化率} = \frac{\text{××险(类)本年累计退保金} - \text{××险(类)上年同期退保金}}{\text{××险(类)上年同期退保金}} \times 100\%$$

短期健康险简单赔付率的计算公式如下：

$$\text{短期健康险简单赔付率} = \frac{\text{短期健康险本年累计赔款支出} + \text{未决赔款准备金提转差}}{\text{短期健康险本年累计保费收入}} \times 100\%$$

短期意外伤害保险简单赔付率的计算公式如下：

$$\text{短期意外险简单赔付率} = \frac{\text{短期意外险本年累计赔款支出} + \text{未决赔款准备金提转差}}{\text{短期意外险本年累计保费收入}} \times 100\%$$

简单退保率按保险责任分为人寿保险、长期健康险简单退保率；按产品类型分为传统产品、分红产品、投资连结产品、万能产品简单退保率。其计算公式如下：

$$\text{××险(类)简单退保率} = \frac{\text{××险(类)本年累计退保金}}{\text{××险(类)本年累计保费收入}} \times 100\%$$

佣金率的计算公式如下：

$$\text{佣金率} = \frac{\text{佣金支出}}{\text{个人代理保费收入}} \times 100\%$$

手续费率的计算公式如下：

第十九章 保险监管

$$手续费率 = \frac{手续费支出}{保费收入 - 个人代理保费收入 - 公司直销保费收入} \times 100\%$$

营业费用比率的计算公式如下：

$$营业费用比率 = \frac{本年累计营业费用支出}{本年累计保费收入} \times 100\%$$

（3）营销管理类指标。

营销管理类指标包括营销员持证率、营销员人均标准保费、营销员人均佣金、营销员留存率。

营销员持证率的计算公式如下：

$$营销员持证率 = \frac{期末持证营销员人数}{期末营销员人数} \times 100\%$$

营销员人均标准保费的计算公式如下：

$$营销员人均标保 = \frac{当期个人代理业务标准保费}{(期初营销员总数 + 期末营销员总数) \div 2}$$

营销员人均佣金的计算公式如下：

$$营销员人均佣金 = \frac{佣金支出}{(期初营销员总数 + 期末营销员总数) \div 2}$$

营销员留存率的计算公式如下：

$$一定时期营销员留存率 = \frac{一定时期新增营销员当前仍在职的人数}{一定时期新增营销员人数} \times 100\%$$

（4）结构类指标。

结构类指标包括新单保费比率、长期险新单保费期缴率、保费收入占比变化率。

新单保费比率的计算公式如下：

$$新单保费比率 = \frac{本年累计新单保费}{本年累计保费收入} \times 100\%$$

长期险新单保费期缴率是针对长期险（1年期以上的人寿保险、健康险、意外伤害保险等人身保险）业务设立的指标。其计算公式如下：

$$长期险新单保费期缴率 = \frac{本年累计长期险新单期缴保费收入}{本年累计长期险新单保费收入} \times 100\%$$

保费收入占比变化率按保险责任分为人寿保险、健康保险、意外伤害保险保费收入占比变化率；按产品类型分为传统产品、分红产品、投资连结产品、万能产品保费收入占比变化率；按承保方式分为个人业务、团体业务保费收入占比变化率；按销售渠道分为个人代理、公司直销、兼业代理(含银邮代理)、专业代理、保险经纪保费收入占比变化率。其计算公式如下：

$$\frac{\text{保费收入}}{\text{占比变化率}} = \left(\frac{\text{本年累计××险(类)保费收入}}{\text{本年累计总保费收入}} - \frac{\text{上年同期××险(类)保费收入}}{\text{上年同期总保费收入}}\right) \times 100\%$$

第二，系统性异动监测。

寿险公司业务风险监测包括系统性异动监测和个体性异动监测。

系统性异动监测是将各监测指标当期行业值[1]与其历年平均值[2]进行对比，进而找出当期行业值与历年平均值偏离程度较大的监测指标以及对行业值异动产生重要影响的公司，并进行异动预警的过程。系统性异动监测分为指标分析、行业值异动预警、异常原因分析等阶段。

(1) 指标分析。

首先，按收入类、支出类、营销管理类、结构类分别将上述各监测指标的当期行业值汇总成表。

其次，以行业值的历年平均值为标准，找出当期行业值与标准值相比偏离程度较大的前几个监测指标，作为行业值异动指标。

再次，就行业值异动指标将各公司的当期值汇总成表，将各公司每一指标的当期值与该公司历年平均值进行比较，选取偏离程度最大的前几个指标值及其所对应的公司，即对行业值异动指标具有重要影响的公司。

(2) 行业值异动预警。

对行业值异动的指标和对行业异动指标具有重要影响的公司及其相应指标值进行预警，形成行业值异动预警表。

(3) 异常原因分析。

监管人员可根据行业值异动预警进一步收集信息，判断行业值异动的原因以及对行业值异动指标产生重要影响的各公司该指标值异动的原因。

第三，个体性异动监测。

个体性异动监测是对各公司各监测指标分别进行行业数据比较分析和历史数据比较分析，进而找出各公司当期值与行业均值[3]及历年平均值偏离程度较大的监测指标，并进行异动预警的过程。个体性异动监测分为指标分析、异动预警、异常原因分析等阶段。

(1) 指标分析。

个体性异动指标分析包括行业数据比较分析和历史数据比较分析两个阶段。

---

[1] 当期行业值指根据监测当期全行业数据或保监局辖区内行业数据计算得到的指标值。

[2] 本体系中的历年平均值指过去3年同期指标值的几何平均数。

[3] 本体系中的行业均值指当期全行业或保监局辖区内各公司指标值的算术平均数。

行业数据比较分析是指将各公司各监测指标的当期值与行业均值进行对比,进而找出与行业均值偏离程度较大的公司和相应指标的过程。

历史数据比较分析是指将各公司各监测指标的当期值与其历年平均值进行对比,进而找出当期值与历年平均值偏离程度较大的指标的过程。

(2) 异动预警。

根据行业数据比较分析和历史数据比较分析的结果,确定各公司各监测指标的异动值,对异常公司及其异常指标进行预警。

(3) 异常原因分析。

根据日常监管获取的信息对异动预警情况进行专业判断。对确认切实可能存在风险的进一步收集信息,分析指标异常的原因。

(4) 编制风险监测摘要。

监管部门应在上述工作的基础上编制风险监测摘要,反映指标的异动情况,揭示指标异常的原因及反映的问题,提出监管意见。

4. 风险评估

监管部门应针对保险公司法人机构和分支机构的不同情况,进行风险分析和评估。保险公司风险评估包括潜在风险水平评估、风险管理能力评估、确定综合风险等级、编制风险评估摘要四个阶段。

第一,潜在风险水平评估。

监管部门应分别对保险公司法人机构和分支机构的潜在风险因素进行识别,通过定量分析与定性分析,确定每一潜在风险因素的单项潜在风险水平以及在此基础上加权汇总后得到的总体潜在风险水平,划分单项及总体潜在风险水平等级。保险公司法人机构的潜在风险因素包括资产风险、负债风险、资产负债匹配风险和管理风险。其分支机构的潜在风险因素包括业务风险和管理风险。单项及总体潜在风险水平等级分为:高、中、低三个级别。

第二,风险管理能力评估。

监管部门应针对保险公司法人机构和分支机构的不同风险管理职能,通过定性分析,确定单项风险管理能力以及在此基础上加权汇总后的总体风险管理能力,划分单项及总体风险管理能力的等级。风险管理能力等级分为:良好、一般、欠佳三个级别。

第三,确定综合风险等级。

监管部门应根据保险公司单项/总体潜在风险水平等级和单项/总体风险管理能力等级,分别确定单项/总体综合风险等级。单项/总体综合风险等级分为:很高、高、中、低四个级别,如表19-6所示。

表19-6

单项/总体综合风险等级

单项/总体风险管理能力等级	单项/总体潜在风险水平等级		
	低	中	高
	单项/总体综合风险等级		
良好	低	低	中
一般	低	中	高
欠佳	中	高	很高

监管部门应将寿险公司本年度总体综合风险等级和前一年度总体综合风险等级进行比较，确定总体综合风险等级的变化方向。总体综合风险等级的变化方向包括：下降、稳定和上升。

监管部门在评估寿险公司法人机构的风险状况时，应对资本和盈余充足性状况进行评价并划分等级，并据此对保险公司法人机构总体综合风险等级进行调整。资本和盈余充足性状况等级分为：合格、不合格。当资本和盈余充足性状况等级为合格时，总体综合风险等级维持不变；当资本和盈余充足性状况等级为不合格时，总体综合风险等级向上调整一级。

第四，编制风险评估摘要。

编制风险评估摘要的作用在于，反映寿险公司在评估期间内的运营状况、财务状况、潜在风险状况和风险管理状况等。

风险评估摘要的主要内容应该包括：

(1) 经营总体情况及评估期内经营管理发生的重要事项，如股权变动、高级管理人员调整、组织架构重组、重大诉讼案件、重要投资决策等。

(2) 存在的主要风险及潜在风险水平评级情况。

(3) 风险管理的薄弱环节及风险管理能力评级情况。

(4) 综合风险评级及其变化方向。

(5) 上一年度监管部门发现的问题及其改进情况。

(6) 监管意见和建议。

(7) 非现场监管人员认为应当提示或讨论的其他问题。

5. 分类监管

监管部门应根据所评定的保险公司综合风险等级，对综合风险等级不同的保险公司实施分类监管。

对总体综合风险等级为"低"的保险公司，监管部门无须采取特别的监管措施，实施日常的非现场监管和常规的阶段性现场检查。

对总体综合风险等级为"中"的保险公司,监管部门应在实施日常监管的同时,可采取有限度的监管措施:

(1) 进行风险提示,指出保险公司存在的风险点及风险管理的薄弱环节,要求其予以关注、加以改进,并限期提出整改方案。

(2) 针对保险公司存在风险的领域进行现场检查。

对总体综合风险等级为"高"的保险公司,监管部门应在实施日常监管的同时,进行严格的监管。可采取以下监管措施:

(1) 约见保险公司高级管理人员。

(2) 要求公司提出整改方案,限期改善风险状况、提高风险管理水平。

(3) 对总体综合风险等级为"高"的保险公司分支机构,应将其存在的问题通报寿险公司法人机构。

(4) 增加现场检查频率,加大现场检查力度,对保险公司存在风险的领域重点进行现场检查。

(5) 提高非现场监管信息报送的详细程度。

对总体综合风险等级为"很高"的寿险公司,除采取对总体综合风险等级为"高"的保险公司同样的监管措施外,监管部门还可采取以下措施进行严厉的监管:

(1) 通报董事会和股东大会。

(2) 要求聘请合格会计师事务所对公司提供的非现场监管信息进行鉴证。

(3) 根据需要采取其他必要的监管措施。

监管部门应编制分类监管摘要。分类监管摘要的主要内容应包括当年监管措施的实施情况、实施效果及存在的不足等,以总结经验,调整监管思路,提高监管工作的效率和质量。

本章小结

保险监管是指政府利用法律手段和行政手段对本国保险业进行的监督和管理。保险监管的主体是政府设立的专门的保险监管机构,或由政府授权的其他机构代行保险监管机构的职能。不过,要实现保险监管的目标,只有政府监管机构的监管是不够的,还要有保险行业自律和保险经营机构本身的内部控制。

在保险监管过程中所适用的原则,主要有坚实原则、公平原则、健全原则和社会原则。坚实原则要求保险人的资产坚实和负债坚实;公平原则包括进入公平、竞争公平和合同公平;健全原则要求保险经营机构正常经营和健康发展,不断改进保险服务质量,提高保险经营的经济效益和社会效益;社会原则是指应当充分发挥保险的社会管理功能,促进国家的经济发展和社会进步。

保险监管的目标主要包括保证保险人有足够的偿付能力和保证保险业的公平竞争。

保险监管体系应当由政府监管、行业自律、保险经营机构内部监管和社会监督几部分构成。

政府监管系统包括政府监管的法律规范、政府监管机构、政府监管的内容和政府监管的方式。政府监管的内容包括对保险机构设立监管、对保险机构变更事项的监管、对保险机构解散、撤销的监管，对保险机构经营范围的监管和承保规模的监管、条款和费率监管、资本金、保证金和准备金监管、偿付能力监管、资产负债监管和行为监管等。

我国保险监管机构对保险公司的监督管理，采取现场检查与非现场监管相结合的方式。

关 键 词

保险监管　政府监管　行业自律　内部控制　未到期责任准备金　未决赔款准备金　链梯法　偿付能力　资本充足率　最低资本　实际资本　现场检查　非现场监管

复习思考题

1. 简述保险监管过程中所适用的原则。
2. 简述保险监管的目标。
3. 简述政府监管系统的构成。
4. 简述保险行业自律与政府监管的关系。
5. 简述保险经营机构内部控制的目标。
6. 简述保险经营机构的内部控制应遵循的原则。
7. 我国《保险法》对保险公司的承保规模有何规定？
8. 简述保险条款监管的要求。
9. 简述保险费率监管的原则。
10. 简述对保险机构具体行为监管的主要内容。
11. 简述对保险公司分类监管的主要内容。

主要参考文献

1. 埃米特·J·沃恩,特丽莎·M·沃恩.危险原理与保险[M].8版.北京:中国人民大学出版社,2002.
2. 陈欣.保险法[M].北京:北京大学出版社,2000.
3. 陈继儒.再保险[M].成都:西南财经大学出版社,1993.
4. 方明川.商业年金保险理论与实务[M].北京:首都经济贸易大学出版社,2000.
5. 高鸿业.微观经济学[M].北京:中国人民大学出版社,2001.
6. 霍萨克,波拉德,策恩维茨.非寿险精算基础[M].北京:中国金融出版社,1992.
7. 胡炳志.再保险[M].北京:中国金融出版社,1998.
8. 蒋芳.论海上保险合同中的保证条款[J].水运管理,2004(12).
9. 克拉克.保险合同法[M].何美欢,吴志攀,等,译.北京:北京大学出版社,2002.
10. 克里姆斯基,戈尔丁.风险的社会理论学说[M].北京:北京出版社,2005.
11. 肯尼斯·布莱克,哈罗德·斯基博.人寿与健康保险[M].北京:经济科学出版社,2003.
12. 粟方,许谨良.保险学[M].北京:清华大学出版社,2006.
13. 李继熊,魏华林.海上保险学[M].成都:西南财经大学出版社,2000.
14. 林宝清.保险法原理与案例[M].北京:清华大学出版社,2005.
15. 林威.试论我国海上保险人代位求偿权的行使名义[J].海商法年刊,1999.
16. 刘燕宁.浅析代位求偿原则及其与委付的关系[J].保险研究,1998(3).
17. 刘冬姣.人身保险[M].北京:中国金融出版社,2001.
18. 刘愈,张志安.财险核保实务[M].成都:西南财经大学出版社,1998.
19. 穆林林.出口信贷与保险[M].北京:中国对外经济贸易出版社,1996.
20. 欧阳天娜.人寿保险理赔概论[M].北京:中国金融出版社,2004.
21. 乔林,王绪瑾.财产保险[M].北京:中国人民大学出版社,2003.
22. 潘瑾,徐晶.保险服务营销[M].上海:上海财经大学出版社,2005.
23. 沈豪亨.我国海上保险中的保证和违反保证时的法律后果[J].珠江水运,2005(6).
24. 孙祁祥.保险学[M].北京:北京大学出版社,2005.
25. 孙祁祥,朱南军.保险功能论[J].湖南社会科学,2004(2).

26. 孙蓉,兰虹.保险学原理[M].成都:西南财经大学出版社,2004.
27. 所罗门·许布纳(S. S. Huebner),小肯尼思·布莱克(Kenneth).财产和责任保险[M].北京:中国人民大学出版社,2002.
28. 唐若昕.出口信用保险实务[M].北京:中国商务出版社,2004.
29. 庹国柱.保险学[M].北京:首都经济贸易大学出版社,2004.
30. 许谨良.保险学[M].北京:高等教育出版社,2000.
31. 许瑾良,等.人身保险原理和实务[M].上海:上海财经大学出版社,2002.
32. 王绪瑾.保险学[M].北京:经济管理出版社,2004.
33. 王立军.人寿保险[M].北京:中国财政经济出版社,2002.
34. 韦生琼.人身保险[M].成都:西南财经大学出版社,1997.
35. 王树森,梁振华.论保险表见代理[J].保险研究,2004(1).
36. 吴宗敏,夏光.保险核保与理赔[M].北京:中国人民大学出版社,2006.
37. 吴韬.保险索赔[M].上海:中国检察出版社,2006.
38. 魏巧琴.新编人身保险学[M].上海:同济大学出版社,2005.
39. 魏华林.论人类对保险功能的认识及其变迁[J].保险研究,2004(2).
40. 魏华林,林宝清.保险学[M].北京:高等教育出版社,1999.
41. 韦生琼.人身保险[M].成都:西南财经大学出版社,1997.
42. 谢志刚,韩天雄.风险理论与非寿险精算[M].天津:南开大学出版社,2000.
43. 英国.1906年海上保险法.
44. 余志远.人寿保险与索赔理赔[M].北京:人民法院出版社,2002.
45. 约翰 T·斯蒂尔.保险的原则与实务[M].北京:中国金融出版社,1992.
46. 张虹,陈迪红.保险学教程[M].北京:中国金融出版社,2005.
47. 张洪涛,郑功成.保险学[M].北京:中国人民大学出版社,2004.
48. 张洪涛,庄作瑾.人身保险[M].北京:中国人民大学出版社,2003.
49. 张洪涛,王和.责任保理论、实务与案例[M].北京:中国人民大学出版社,2005.
50. 张红霞.保险营销学[M].北京:北京大学出版社,1999.
51. 赵苑达.消防灭火造成的多摊位财产损失不能套用近因原则[J].保险研究,2005(12).
52. 赵苑达.保险价值与可保利益不可分割[J].保险研究,2005(1).
53. 赵苑达.保险交换关系的性质探析[J].东北财经大学学报,2012(3).
54. 赵苑达.插因存在情况下近因的判断与近因原则的运用——对暴雨条件下保险车辆发动机进水损失保险索赔争议案件的思考[J].保险研究,2013(5).
55. 赵苑达.再保险学[M].北京:中国金融出版社,2003.
56. 郑功成,许飞琼.财产保险[M].北京:中国金融出版社,2005.
57. 邹海林.保险法教程[M].北京:首都经济贸易大学出版社,2002.

58. 卓志.论保险职能与功能及其在我国的实现和创新[J].保险研究,2004(1).
59. 中国保险行业协会.机动车辆商业保险示范条款(2012).
60. 中国保险行业协会.机动车商业保险行业基本条款A款(2007).
61. 中国保险行业协会.机动车商业保险行业基本条款B款(2007).
62. 中国保险行业协会.机动车商业保险行业基本条款C款(2007).
63. 中国保险监督管理委员会.保险公司管理规定(2009).
64. 中华人民共和国保险法(2009).
65. 中华人民共和国道路交通安全法(2003).
66. 中国保险监督管理委员会.保险公司偿付能力管理规定(2008).
67. 中国保险监督管理委员会.保险公司非寿险业务准备金管理办法(试行)(2004).
68. 中国保险监督管理委员会.保险资金运用管理暂行办法(2010).
69. 中国保险监督管理委员会.保险公司业务范围分级管理办法(2013).
70. 中国保险监督管理委员会.保险公司内部控制基本准则(2010).
71. 中国保险监督管理委员会.保险资产配置管理暂行办法(2012).
72. 中国保险监督管理委员会.财产保险公司保险条款和保险费率管理办法(2005).
73. 中国保险监督管理委员会.保险资金间接投资基础设施项目试点管理办法(2006).
74. 中国保险监督管理委员会.寿险公司非现场监管规程(试行)(2006).
75. 中国保险监督管理委员会.中国保监会现场检查工作规程(2009).
76. 中华人民共和国国务院.机动车交通事故责任强制保险条例(2006).
77. 中华人民共和国国务院.国务院关于修改《机动车交通事故责任强制保险条例》的决定(2012).
78. 中华人民共和国国务院.中华人民共和国道路交通安全法实施条例(2004).
79. Mark S. Dorfman.当代风险管理与保险教程[M].7版.齐瑞宗,等,译.北京:清华大学出版社,2002.
80. Scott E. Harrington, Gregory R. Niehaus. Risk Management and Insurance[M].北京:清华大学出版社,2001.
81. Bryan. A. Garner, Black's Law Dictionary, 8th ed., West Group, 2004.
82. Frederick Templeman, R. J. Lambeth, Templeman on marine insurance: its principles and practice. 5th ed., R. J. Lambeth. London: MacDonald and Evans Ltd., 1981.
83. Jeremiah Smith, Legal Cause in Actions of Tort, Haward Law Review, Vol. 25, No. 2. (1911).